我与孩子共同成长丛书

我家孩子养成记
——北京百位中小学家长教育启示录（上）

主　编　荣飞雪
副主编　王燕彤

学苑出版社

图书在版编目（CIP）数据

我家孩子养成记：北京百位中小学家长教育启示录 / 荣飞雪主编 . —北京：学苑出版社，2019.9

（我与孩子共同成长丛书）

ISBN 978-7-5077-5853-5

Ⅰ.①我… Ⅱ.①荣… Ⅲ.①中小学—家长工作（教育）—北京—文集 Ⅳ.① G636-53

中国版本图书馆 CIP 数据核字（2019）第 236609 号

责任编辑：任彦霞
出版发行：学苑出版社
社　　址：北京市丰台区南方庄 2 号院 1 号楼
邮政编码：100079
网　　址：www.book001.com
电子信箱：xueyuanpress@163.com
联系电话：010-67601101（营销部）、010-67603091（总编室）
印　刷　厂：北京工商事务印刷有限公司
开本尺寸：787×1092　1/16
印　　张：39
字　　数：693 千字
版　　次：2019 年 12 月第 1 版
印　　次：2019 年 12 月第 1 次印刷
定　　价：88.00 元（全 2 册）

编委会

顾　问：赵忠心

主　编：荣飞雪

副主编：王燕彤

编　委：（以姓氏笔画排序）

卫　春　马　青　王　昕　王　菲　朱　奎　刘玉新

刘　艳　刘　晶　刘瑞连　李庆元　杨　芳　杨　曦

宋　群　张　洁　张　瑜　陈　艳　陈朝晖　林春腾

周兆红　胡东华　胡晓峰　胡　颖　钟　闻　贾旭姗

徐永梅　高　军　郭　蕾　黄　葵　梁振毅

丛书序言

作为社区学校家庭教育课题组的负责人，无论是申报课题，还是组织主编这套家庭教育系列丛书，都是源于对家庭教育始终不变的情怀。记得刚进学校时，我还是一个19岁的年青班主任，但家长的泪水和苦恼、家长会后不散的围谈、家长电话中的喋喋不休，就督促我成了一名倾听者，成了一名努力去探索儿童世界的老师——我报考了北师大心理系大专班和研究生班。过往做大队辅导员、做德育干部，在处理学生问题的过程中，在与家长的接触中，总是能看到、感受到家长的困惑、焦虑、无奈，甚至那种强烈的无力感，这些都给我留下了深刻的印象。

后来我调到少年宫之后，在开办学前班中努力做家长学校的管理工作。2015年，北京市西城区教委正式给西城各少年宫挂牌——家长学校，从此圆了我做家长学校的梦想。我开始大张旗鼓地每周六做家长讲座、做沙盘治疗。我们的家长学校从讲座发展到亲子活动、家长沙龙、家教咨询，内容涉及的范围也越来越广，从直面学生的幼小衔接、青春期教育、时间管理、学习能力提高、职业生涯规划等，到后来的亲子沟通、情绪管理、做好妈妈、做好爸爸、隔代教育，不但涉及亲子关系，还涉及夫妻关系、婆媳关系。从每周开办的一两百人大讲堂到上下午联办的能和专家面对面的精品课堂，从在少年宫开办讲座到送讲座进学校、进幼儿园，从单一讲座到后来的"情绪管理"系列讲座、"家庭幸福密码"系列讲座，从到校与专家互动听讲座，到实现了家长课程直播回放，我们做到了每年上一个台阶。

在这之中看到家长感动的泪水、感激的笑容，就焕发出我们无穷的动力。我们为帮助到每一个家庭而欣喜，为家庭的收获而满足，为家长的进步感到高兴。为了与更多的家庭分享我们的成果，分享我们在家庭教育中的探索，让更多的家庭受益，我决定从做家长学校时就开始收集这方面的案例，请家长和教师共同记录成长的心得，于是就形成了这套丛书。这套丛书共分三个部分：专家指导篇《教养孩子的21个怎么办》、家长启示篇《我家孩子养成记》（上、下）、家校共育篇《好家长携手好老师》。

因为我也是一名普通的家长，切身地感受到家长困惑、焦虑之所在，了解那种面对孩子成长过程中各种问题的痛楚和彷徨，我愿意在这条道路上不断探索、不断前行。如果能借助这套丛书对各个家庭有所帮助和启迪，那将是我最大的欣慰。

荣飞雪

北京市西城区德胜少年宫主任

序 言

去年年底，学苑出版社的任彦霞编辑给我打来电话，说要出版一本北京市中小学生家长写的家庭教育经验、体会的书，书名为《我家孩子养成记——北京百位中小学家长教育启示录》。还说，如果身体状况允许的话，希望我能给家长写的每篇文章，分别做简短的评论，以提炼出经验、体会的精华。

我经常为要出版的家庭教育图书撰写序言。迄今为止，由我撰写序言推荐的家庭教育图书，不下百种。我撰写序言的家庭教育图书，其作者基本上都是从事家庭教育理论研究的学者、专家，或对中小学生、幼儿园孩子的家庭教育有研究的教师。这些作者，一般都具有从事教育工作的经历，指导过中小学、幼儿园的家庭教育，具有教育学、心理学的理论素养。

而《我家孩子养成记——北京百位中小学家长教育启示录》一书，是由普通中小学生家长撰写的。其中，绝大多数家长没有从事教育工作的经历，也不具备教育学、心理学方面的素养。这些家长写的书，究竟怎么样呢？

我为家庭教育图书撰写序言，从未有过没有阅读过书稿就答应撰写序言的。我向来是很负责任的，既为出版社负责，也为作者负责。出版社出版发行了"次品"，会损害出版社的名声；作者出版了"次品"，也会丢人现眼。

每次撰写序言，我都是先行认真审读书稿。我认为，达到出版标准的，我便答应撰写序言，予以推荐；若不够出版标准的，我便婉言谢绝。为此，我还得罪过一些作者。但我并不后悔。我是从事家庭教育理论研究的学者，是广大家长的朋友，我不能当那些不够出版标准的图书的"托儿"，蒙骗家长的事不能做。

尽管我很忙，但我还是愿意帮助出版社尽量多地出版优质的家庭教育指导图书，支持我们的年轻父母认真总结教育子女的经验和体会。

我怀着将信将疑、惴惴不安的心情，打开书稿。

没想到，我一看，便给吸引住了，一鼓作气，用了一天一夜的时间把上百篇稿子一口气看完。一份份稿件，一个个家庭教育的鲜活经验，使我大开眼界，耳目一新。这些普普通通的家长，都是教育子女的有心人，在平时教育子女的实践中，总结出了一些相当有价值的经验，用朴实、清新的语言表达出来，很耐人寻味，读来深受启迪。

我边看，不禁边惊叹："了不起，真是了不起！这么多教育子女的有心人！"在我的眼前，一代新型的家长出现了！他们正在默默地探索改善我国家庭教育的新途径，为开创一个社会主义家庭教育新局面在竭诚尽力。

尽管我的身体状况欠佳，但我还是花费了两个月的时间，为一百多篇家长写的家庭教育经验、体会文章，一一做了简单扼要的评论。把这些家庭教育的经验、体会，集中起来，公开出版，是一份极好的家庭教育教材，肯定会成为广大家长的良师益友，会推动全市乃至全国家庭教育工作的深入开展。这些文章行文流畅，亲切感人，篇篇都自然流露出父母对子女深沉的爱。每个家长的经验、体会，都是父母教育子女可以借鉴的良方。我深信，家长们得到这本书，肯定会爱不释手，反复阅读，细细品味，从中悟出教子成人、成材的真谛来。《我家孩子养成记——北京百位中小学家长教育启示录》一书，具有以下几个突出特点：

第一，这本书的内容很真实。

所谓"经验"，即实践中获得的知识或感悟；"体会"，即实践中得到的体验或理解。介绍经验、体会，必须得真实；编造的"经验""体会"，迟早会露出破绽。这本书中所介绍的家庭教育经验、体会，是真实可信的，表现出作者坦荡的胸怀和高度的社会责任感，对读者真诚，有一说一，有二说二，不文过饰非，不藏掖躲闪，始终坚持实事求是。成功的经验是宝贵的，失败的教训也是财富。任何事物都是不完美的，不完美才是真实的。而越是真实的，可信度就越高，就越具有感染力和说服力。

第二，具有鲜明的时代特征。

当前，我们正在进行社会主义现代化建设，发展市场经济。这是前无古人的事业。处在这样一个社会环境中的家庭生活和家庭教育，都带有鲜明的时代特色。家长们在教育子女的实践中，遇到的种种实际问题，有中国传统文化的影响，但更重要的是当今社会现实环境的影响。因此，家长们在总结、介绍自己教育子女的经验、体会的时候，不仅注意到继承我们中华民族的优良的家庭教育传统，更切实针对家长自己在教育子女的过程中遇到的新情况、新问题，进行理性、科学的思考、总结，注意更新教育观念，抛弃旧观念，树立现代的教育思想。读者阅读此书，会有耳目一新的感觉。

第三，共性和个性相结合。

在今天的家庭教育实践中，家长们所遇到的问题，有的带有一定的普遍性。但每个家庭都是个别的，是特殊的。完全同样的家庭是不存在的，完全同样的孩子也是不存在的。家长们在书中，不仅介绍了家庭教育中带有普遍性的问题，还对一些比较特殊的家庭和孩子的教育问题做了介绍和论述，充分体现了共性和个性相结合。既满足一般家庭教育子女的需要，也对特殊家庭的子女教育有所启示。我想，一般家庭和特殊家庭，有普遍性问题和个别性问题的家长都可以从中得到帮助。

第四，通俗易懂，雅俗共赏。

这本书的读者是年轻父母。年轻父母生活经历不同，受教育的程度不同。这本书中家长的家庭教育经验、体会，使用的是一般家长能看得懂、弄得明白、理解得了的语言，列举了大量生动、鲜活的实例，既能满足文化素质比较高的家长的需求，也能适应那些文化程度比较低的家长的阅读能力。

这本书的一个重要特色就是，文化水平高的家长读起来不觉得浅，文化水平低的家长读起来也不觉得深。真正做到了通俗易懂，雅俗共赏，让人感到很亲切。

北京市这次征集了许多宝贵的教子经验，这仅仅是个开端，还有待于深化，还要更广泛一些。广大家长是教育子女的实践者，究竟怎样才能教育好子女，家长是最有切身体会的，最有发言权的。

我热切地希望广大家长，在教育子女的实践中，注意积累、总结一点一滴的体会，争取在不久的将来，再看到第二、第三本……这样来自家庭教育第一线的家长写的书。

赵忠心

（作者系中国家庭教育学会原副会长，中国教育学会家庭教育专业委员会名誉理事长，全国网上家长学校名誉校长，北京师范大学教授）

目录 Contents

第1章 品德与性格培养

1. 让孩子坚强起来 …………………………… 朱　疆 003
2. 期待遇见更好的她 ………………………… 赵志红 005
3. 以规矩　成方圆 …………………………… 王丕屹 007
4. 注重培养孩子的"红线"意识 ……………… 郝　心 009
5. 信守承诺是做人之本 ……………………… 李　颖 011
6. 我家的"随心所欲不逾矩" ………………… 马　楠 013
7. 为女儿重塑信心 …………………………… 管　毅 016
8. 陪伴是最好的爱 …………………………… 赵　敏 018
9. 自信让孩子更美丽 ………………………… 董庆媛 020
10. 创造环境，及时鼓励，成就阳光小孩 …… 刘　辉 022
11. 阳光自信的孩子如何养成 ………………… 林谊安 024
12. 孩子自理能力的培养 ……………………… 李　瑾 028
13. 注重培养孩子的独立性 …………………… 王　瑾 031
14. 对自己的行为负责任 ……………………… 关震平 034
15. 品格教育 …………………………………… 田　宾 036
16. 只有一支笔和一本书吗 …………………… 周　婕 038
17. 热爱班集体 ………………………………… 崔　路 040
18. 对孩子进行爱国主义教育 ………………… 孙保东 042
19. 沐浴阳光，一起成长 ……………………… 李晓红 044

20. 儿童思想品德教育……………………………………………陈　颖 046
21. 如何培养善于交往、乐于助人的孩子………………………周　翀 048
22. 善解童真………………………………………………………高爱华 051
23. 孩子之间的理解与包容………………………………………翟玉兰 053
24. 养成良好习惯　培养健康心态………………………………杜　莉 055
25. 我们需要给下一代什么样的价值观教育……………………林　松 057
26. 与孩子一起正面挫折…………………………………………曹　颖 059
27. 正确引导孩子面对挫折　培养健康向上人生态度…………石晓鹏 061
28. 挫折教育………………………………………………………芦晓丹 063
29. 一个小挫折，恰恰是一次与孩子共同成长的机会…………尹安琪 065
30. 温柔的坚持……………………………………………………崔本根 067
31. 时间管理是孩子受益终身的能力……………………………黄　蔚 069
32. 日就月将，精进不休…………………………………………邓小娟 071
33. 懂得坚持，学会感恩…………………………………………王桂凤 073

第2章　学习兴趣与能力培养

34. 家长是孩子的榜样……………………………………………于　群 077
35. 引导和鼓励孩子多方面发展兴趣爱好………………………刘艳吉 080
36. 习剑习心，练剑育人…………………………………………霍春颖 083
37. 学着培养孩子的思维能力……………………………………赵毓成 085
38. 从高考状元谈孩子的学习兴趣………………………………马新宇 088
39. 浅谈家庭引导对学习兴趣的培养……………………………张春颖 090
40. 家庭教育要紧密结合孩子的特点……………………………韩秀艳 093
41. 给孩子一个加速度……………………………………………杨　琳 095
42. 培养孩子自主学习，激发孩子学习兴趣……………………王　京 098

43. 如何培养孩子独立思考和学习的能力 ··· 冯　雨　100

44. 我是如何培养孩子学习能力的 ··· 张雯梦　102

45. 诗教在家庭教育中的价值 ·· 张金栋　105

46. 如何开启孩子音乐之门 ··· 陶　勇　108

47. 学习国粹京剧有助于提升孩子综合素质 ·· 康　静　115

48. 小学低年级学生课后家庭辅导教育浅谈 ·· 张　妮　117

49. 从认字小能手到国学小迷弟——如何引导孩子爱上大语文 ················ 裴　虹　120

50. 培养孩子语文素养的一点体会 ·· 杨　青　123

51. 家校配合帮孩子开启作文之旅 ·· 马　喆　125

第3章　良好习惯养成

52. 家校一致，从培养好习惯开始 ·· 宁　静　131

53. 良好习惯的养成 ··· 杨兰蕾　133

54. 淡定陪娃写作业 ··· 王　晶　135

55. 如何培养孩子的自控力和良好的学习习惯 ·· 颜翠玲　138

56. 孩子写作业磨蹭，我是这样做的 ·· 赵　锦　141

57. 良好的学习习惯从小学抓起、从"头"抓起 ······································ 胡海平　143

58. 让书香润泽孩子的心灵——我们是如何培养孩子阅读习惯的 ············· 张　云　145

59. 与孩子一同成长 ··· 李韦韦　147

60. 培养低龄儿童阅读习惯的做法和体会 ··· 周有恒　149

61. 孩子阅读习惯的养成 ·· 肖　武　151

62. 从"小问号"到"小书虫" ··· 杨　薇　154

63. 怎样让孩子爱上阅读 ·· 洪希娟　157

64. 阅读的世界 ·· 孙　淼　王　鲲　159

65. 让书籍成为陪伴孩子一生的伙伴 ·· 张荣华　162

66. 培养孩子良好阅读习惯的经验 ·· 邓　华　165

67. 让孩子体会阅读的乐趣⋯⋯⋯⋯⋯⋯⋯⋯⋯⋯⋯⋯⋯⋯⋯⋯⋯⋯⋯陈　宁　167

68. 培养孩子良好的读书习惯⋯⋯⋯⋯⋯⋯⋯⋯⋯⋯⋯⋯⋯⋯⋯⋯⋯韩　然　169

69. 我帮孩子改变了早上拖沓的习惯⋯⋯⋯⋯⋯⋯⋯⋯⋯⋯⋯⋯⋯⋯赵　悦　172

70. 养成良好习惯　铸就美好人生⋯⋯⋯⋯⋯⋯⋯⋯⋯⋯⋯⋯⋯⋯⋯杜　平　175

71. 养成良好习惯　完善美好人生⋯⋯⋯⋯⋯⋯⋯⋯⋯⋯⋯⋯⋯⋯⋯黄　伟　178

72. 教会孩子"我的习惯我做主"⋯⋯⋯⋯⋯⋯⋯⋯⋯⋯⋯⋯⋯⋯⋯⋯胡晓雪　181

73. 家长如何帮助孩子改掉早晨磨磨蹭蹭的坏习惯
　　——赛罗·奥特曼光速行动任务⋯⋯⋯⋯⋯⋯⋯⋯⋯⋯⋯⋯⋯李晓春　183

74. 环保从孩子抓起，从小事做起⋯⋯⋯⋯⋯⋯⋯⋯⋯⋯⋯⋯⋯⋯⋯李　珺　187

75. 良好的习惯是一生的财富⋯⋯⋯⋯⋯⋯⋯⋯⋯⋯⋯⋯⋯⋯⋯⋯⋯胡　彩　190

76. 儿童良好习惯的培养⋯⋯⋯⋯⋯⋯⋯⋯⋯⋯⋯⋯⋯⋯⋯⋯⋯⋯⋯毕　征　192

77. 事半功倍源于好习惯⋯⋯⋯⋯⋯⋯⋯⋯⋯⋯⋯⋯⋯⋯⋯⋯⋯⋯⋯孙爱光　195

78. 儿童良好行为习惯的养成⋯⋯⋯⋯⋯⋯⋯⋯⋯⋯⋯⋯⋯⋯⋯⋯⋯支　静　197

79. 好习惯让人受益终身⋯⋯⋯⋯⋯⋯⋯⋯⋯⋯⋯⋯⋯⋯⋯⋯⋯⋯⋯王　歆　199

80. 没有规矩，不成方圆⋯⋯⋯⋯⋯⋯⋯⋯⋯⋯⋯⋯⋯⋯⋯⋯⋯⋯⋯王　华　202

81. 与孩子共同成长⋯⋯⋯⋯⋯⋯⋯⋯⋯⋯⋯⋯⋯⋯⋯⋯⋯⋯⋯⋯⋯杨　华　204

82. 父母是孩子第一任老师⋯⋯⋯⋯⋯⋯⋯⋯⋯⋯⋯⋯⋯⋯⋯⋯⋯⋯赵毓成　206

83. 养成良好习惯　培育开朗性格⋯⋯⋯⋯⋯⋯⋯⋯⋯⋯⋯⋯⋯⋯⋯孔　圆　208

84. 从小培养孩子的良好品格和习惯⋯⋯⋯⋯⋯⋯⋯⋯⋯⋯⋯⋯⋯⋯苗会娜　210

85. 家长是孩子行为习惯的榜样⋯⋯⋯⋯⋯⋯⋯⋯⋯⋯⋯⋯⋯⋯⋯⋯俞　蓓　212

86. 如何引导孩子自觉高效利用家长下班前的时间？⋯⋯⋯⋯⋯⋯⋯向　敏　214

87. 教孩子做一个独立自律、正直博爱的人⋯⋯⋯⋯⋯⋯⋯⋯⋯⋯⋯徐晓鹏　217

88. 家长是孩子最好的老师——培养孩子良好的行为习惯⋯⋯⋯⋯⋯赵华梅　219

第 4 章　亲子互动与沟通

89. 陪伴是最好的爱 ······ 刘　宁 225
90. 陪伴成长 ······ 程　渊 228
91. 当青春期遇到更年期 ······ 郑　洁 230
92. 学着做家长 ······ 吴　媛 234
93. 对家庭教育的解读
　　——遇到爱欺负人的孩子如何教育自己的孩子 ······ 白景艳 237

第 5 章　家风家训与传承

94. 家风 ······ 明千华 241
95. 养心莫善于诚 ······ 黄斌斌 245
96. 讲述家风事 ······ 杨　磊 249
97. 家风传承与践行二三事 ······ 郝大鲲 251
98. 朴素家风伴我成长 ······ 郭雪燕 253
99. 家庭教育点点滴滴 ······ 王朝霞 255
100. 不忘初心，牢记使命——家风 ······ 杨　青 257
101. 借力书法　培养耐力 ······ 宋　群 260
102. 忠厚传家久，诗书继世长 ······ 韩西霞 263

后　记 ······ 267

第1章

品德与性格培养

1. 让孩子坚强起来

北京市西城外国语学校附属小学家长　朱　疆

中国有句古语:"人之不如意之事十有八九。"人的一生不可能一帆风顺,在人生的历程中,遭遇挫折是十分正常的事情。对孩子进行坚强和挫败教育很重要。只有坚强的孩子才能永远立于不败之地。

我的儿子朱笑闻是独生子,但在他的成长过程中,我和他爸爸还有爷爷奶奶达成一致观点:不溺爱、不娇惯。否则他在性格上就会缺乏独立性,过分地依靠父母,甚至爷爷、奶奶。从小就开始对他进行坚强性格的锤炼。小时候不小心摔倒,都是自己爬起来,从不要家长扶。

记得不到3岁时,我们去动物园玩。孩子一边跑一边跳,十分兴奋。突然一个年龄差不多的小朋友猛然跑过来,两个孩子一下子撞在了一起,那个小孩摸着头坐在地上大哭起来,然而笑闻却摸着头,眼泪在眼圈里打转,硬是没哭。我关切地问孩子:"疼吗?"孩子摸了摸头上撞起的大包,坚定地说:"不疼!就是有点痒痒。"我顺势鼓励说:"你真棒!像个男子汉。"孩子听到夸奖,一下子高兴起来,天真地说:"我是超人!"

其次,要给孩子创造锻炼的机会。我们会在寒、暑假安排好时间让他独自参加不同主题的冬、夏令营。让他独立与小朋友接触,甩开父母的庇护。一周时间的行程,不仅锻炼了孩子的体魄,同时还让孩子得到了快乐和收获。在这些活动里,好几次小伙伴们都选他当队长,他就勇敢地担当起来。以往在家是家长照顾他,而现在却需要他照顾其他同学。反差之大的环境,让他快速地成长起来。每次活动都使孩子的独立性和吃苦精神得到了提高。

鼓励、赞美,使孩子充满信心。在孩子遇到困难而退缩时,鼓励就是最好的精神支柱。孩子只有不断地得到鼓励,才能淡化困难,获得坚强和信心。

学琴是一个苦差事。笑闻在学琴的过程中,经常遇到难点和问题。为了鼓励他,让他有个好心情,我主动向他请教,让他给我示范。笑闻很喜欢当老师的感觉，情绪一下子高涨很多。在讲解的过程中他巩固了知识，同时许多困难也都迎刃而解了。

现在笑闻已经9岁了，我希望在他漫长的人生路上，坚强地、身心健康地成长！

*

　　培养孩子坚强、勇敢、不怕困难的性格，是家长的一个重要任务。正如这位家长所说："人的一生不可能一帆风顺，在人生的历程中，遭遇挫折是十分正常的事情。"特别是在市场经济社会，竞争激烈，生存难度加大，孩子们的未来将面临严峻的挑战和考验。家长注重孩子坚强、勇敢、不怕困难性格的锻炼和培养，是很有远见卓识的。

---

* 点评专家为赵忠心教授。赵教授多年来从事家庭教育研究和实践工作，是中国当代家庭教育科学研究的开拓者，在国内外150多家刊物上发表论文和科普文章1400多篇，独立撰写、主编出版30多部家庭教育著作。

2.
期待遇见更好的她

北京市西城区阜成门外第一小学家长　赵志红

从她呱呱坠地的那一刻起，在经历了激动与喜悦后，初为人母的我便清楚地意识到她已经作为一个独立的个体存在于这个世界。医生在经过各方面的检查后确定地告诉我她是个十分健康的孩子，我一颗悬着的心终于归位了……

在她4岁的时候，我带着她去聆听了一场钢琴独奏会。她当时两眼放光，兴奋地告诉我她也要学。经过再三考虑，我尊重了她的选择。

从那时起，漫长的学习生活就开始了。钢琴这门艺术是需要每天都练习的，她自然也不例外。一开始，她非常积极，那短小可爱的手指在黑白相间的琴键上略有笨拙地跳跃着，有意思极了。可是，好景不长，没过多久，她就和我说："妈妈，我不想学了……"，我便询问她为什么。她说觉得没意思，不好玩，还要天天练习等一连串的理由。发生的这一切都在我预料之中。我认真地想了想，决定跟她做一次必要的谈话。我说："钢琴是你自己坚持要学的，要为自己的选择负责任，你光看到别人的光鲜亮丽，殊不知他们在人后付出了多少倍的努力。在任何的学习过程中都会遇到这样或那样的困难，难道都放弃？那你将一事无成，更不要说什么做对社会有贡献的人了。宝贝坚持一下，从中找到乐趣，你就会体会到它给你带来的快乐，有了快乐也就有了坚持的动力。"她似懂非懂地看看我，也没再说什么。从那以后，我都会时常跟她讨论与坚持、挫折等有关的话题。在学习、生活中当她遇到困难、挫折时，我总会陪在她身边协助她解决问题。随着年龄的增长，她也渐渐有了自己的理解和见解，明白了当初坚持的意义。她坚持学习钢琴7年了，后来又参加了多个校外学习班。在这当中她经历了无数次的挫折与失败，但从未言放弃，我想这种坚强意志已融进了她的骨髓里。在当今这个竞争激烈的社会中生存，不光要有强健的体魄、渊博的学识……建设强大的心理素质尤为重要。

时光荏苒，她长大了。现在的她积极进取、内心坚强、不畏困难、热爱生活、有主见，我有幸陪伴和参与了她的成长，不会因为错过某一个瞬间而留下遗憾。

期待,她的绽放!

期待,更好的她!

专家点评

现在,学钢琴的孩子很多,但能够持之以恒地坚持下来的并不多。原因是孩子选择学弹钢琴,只是被美妙的钢琴音乐所吸引,并不知道要弹好钢琴是一个漫长的过程,需要付出大量时间、精力和艰苦的辛劳。而只有达到一定的境界——体验到苦中有乐,才能坚持下去。孩子选择学钢琴,家长必须有充分的思想准备。

3. 以规矩　成方圆

北京市西城区育翔小学家长　王丕屹

"不以规矩，不能成方圆。" 2300多年前的战国时期，思想家、教育家孟子在《离娄章句上》有如此论述，表明"立规矩、守纪律"的重要性。比孟子略早100年，在西方文明中，古希腊哲学家、教育家苏格拉底的名言"好习惯是一个人在社交场中所能穿着的最佳服饰"，一直流传至21世纪的今天。无论东方还是西方、无论古代还是现代，"讲规矩、守纪律"永远是人类的优秀品质。

学校是传授知识的平台、育人的神圣殿堂，更需要严明的纪律。儿子自从进入育翔小学学习后，经历了懵懂的6岁、讨狗嫌的7岁、8岁，略叛逆的9岁。每次家长会与班主任老师沟通，其他同学的家长总是得到"语文好""数学好""英语好"，我得到的反馈居然都是"纪律好"。我小失落的同时也有一些小体会与大家分享。

怎样才能让孩子在学校、老师、家长共同努力下做到"纪律好"呢？

首先，学校严要求。育翔小学每星期都会对全校各班学生的行为习惯和纪律表现进行总结，为表现优异的班级颁奖。学校还定期为学生开展各种遵守纪律养成好习惯的讲座。在学习生活中，每个学生有不同的习惯。学生也会遇到各式各样的"规矩"——课堂上，专心听讲是对老师最大的尊重；升旗仪式上，全神贯注、目送国旗冉冉升起，是对祖国最深的敬意。小学生以《小学生守则》《小学生日常行为规范》，以及学校的校规校纪来规范自己的行为。只有学校严要求，全体学生才能步调一致养成好习惯。

其次，老师勤叮咛。进入四年级，同学们课间更加好动。班主任李颖老师除了正常教学外，每天多了操心，多了嘱咐，多了沟通。在班级里，李老师反复嘱咐同学要遵守纪律；在家长微信群，老师会与家长沟通同学在学校的表现，请家长配合学校工作。记得儿子回家向我复述老师的耐心讲解："茫茫海岸，一艘艘巨轮靠港，必须听指挥，否则，轮船你争我抢都会相撞沉大海。苍苍高原，一列列火车驰骋，必须有调度，否则，没有规则都会脱轨出事故。"通俗易懂的语言，让孩子的"规矩"意识一天天加强。

最后，家长多沟通。与老师沟通、孩子谈心是了解学校要求、掌握孩子心理动向的有效途径。我常常教育儿子——"遵守纪律是一种尊重，遵守纪律是一种美德，遵守纪律更是一种责任"。要求孩子做到的，家长要先做到，从小事做起，从每天做起。我会带着孩子，等绿灯走斑马线过马路、排队上公交车、在公园不折花草。此外，我更会按照学校的要求，"啰里啰唆"地嘱咐孩子：上下楼不能跑，教室里不要打闹，学习用具要带全。行为影响、言语嘱咐，每天潜移默化，孩子就会养成遵守纪律的好习惯。

学校、老师、家长携手努力，会把每一个同学培养成"遵守纪律""养成好习惯"的模范，同学们有了"规矩"，"成方圆"那一刻一定会到来。

专家点评

常言说："不以规矩，不能成方圆。"这句话虽然人们都耳熟能详，但在现实生活中，却有不少的家长忽略教育孩子"讲规矩，守纪律"，怕管教孩子太严、太多了，压制孩子个性的发展。其实，这是一种糊涂认识。人们要在生活中享有充分的自由，"讲规矩，守纪律"是前提。不"讲规矩，守纪律"就会处处受到限制。

4. 注重培养孩子的"红线"意识

北京市西城区阜成门外第一小学家长　郝　心

家庭是孩子的第一所学校，家长是孩子的第一任老师，家庭教育对孩子健康成长的作用不言而喻。教育孩子，我认为最主要的是培养孩子的"红线"意识。这里所说的"红线"是指：生活中不能违反的、不能逾越的规矩、准则。培养"红线"意识就是让孩子牢牢记住这些规矩、准则，不去触碰和违反。

一、案例背景

现今在大城市长大的孩子，往往过于自我，不懂规矩，缺乏约束。我的孩子是独生女，从小被家人所宠爱，特别是家里的老人，对她所提的要求都无条件地满足。在这种迁就型沟通模式中，她容易养成任性、不守规矩的性格。

二、案例描述

案例一：一天，姥爷在看一部军事题材的电视剧，因为有孩子不喜欢的画面，她就非要姥爷把电视关掉，姥爷说还有5分钟就看完了，可是她不听，发脾气强行关了电视，并把遥控器拿走藏了起来，还要去打姥爷。我严厉地批评了她，结果她哭着跑回了自己屋里。我没有去哄她，等她哭完，耐心地和她沟通，还给她讲了一些古人尊老爱幼的小故事，并告诉她在我们这个家庭里，决不允许发生不尊敬长辈的事情，如果再犯，就会受到惩罚。孩子听得很认真，知道了自己的错误并主动向姥爷道了歉。

案例二：一天，电视里播放禁毒的教育片，孩子看到吸毒人员的惨状，有些害怕。我把她抱在怀里，陪她看完了片子，同时给她讲解毒品的来源，对社会、对自身的危害，告诉孩子永远不能沾染毒品。虽然孩子还小有些东西并不理解，但是我相信在日常的潜移默化中，孩子会慢慢提高自我防范意识。

三、案例分析

平时工作忙，经常加班，和孩子一起的时间较少，难免对孩子有些溺爱。但多年的社会经验告诉我，一个人的成长绝不可能是一帆风顺的，有些想法和做法一旦越过道德、法律的"红线"，就会造成不可弥补的遗憾。单纯地、和颜悦色地说教，永远是解决不了所有问题的。因此必须抓早、抓小，从点滴做起，让孩子知道家长的底线在哪里，使孩子养成一个良好的行为习惯。

> **专家点评**
>
> 这位家长注重培养孩子的"红线"意识，是很有见地的，值得赞扬。何谓"红线"？这位家长的解释是："生活中不能违反的、不能逾越的规矩、准则。"我理解，所谓"红线"，就是界线。我们的行为举止，都要在一定的界线之内，不能逾越，要学会自我约束。只有这样，才能融入社会，被社会所接纳。

5. 信守承诺是做人之本

北京市西城区育翔小学家长　李　颖

中华民族绵延数千年，有太多的优良传统值得我们予以继承和传扬。作为组成整个社会的一个个小家庭，都各自具有自己的传统家风，并一代代地沿袭下来。记得小时候，爸爸经常教育我"食不言、寝不语"，"站有站相，坐有坐相"，"与人相处信为先"……如今，身为人母的我，配合学校的教育与宣传，极力地将这些好的传统家风传承给我的女儿。

我觉得，一个人要想在社会立足，首先要成为一个重承诺、守信用的人！记得女儿小时候学过一篇文章，讲述的是宋庆龄小时候的事：父母要带宋庆龄去伯伯家做客，她欣喜万分——因为那里有她最喜欢的小鸽子。但是，她突然想起自己答应过小伙伴要在这个时间教她叠纸花篮。虽然父母再三劝告、出主意，但是她最终还是选择遵守承诺，留在家中等待小伙伴。虽然只是一篇小短文，但是含义却值得深思。因此，我在询问了女儿老师上课所讲的课文主旨后，结合文章的教育主题，就文章内容为孩子又进行了更加深入的分析与讲解：其实，当时宋庆龄完全可以转告小伙伴改日再教她叠纸花篮，或者像妈妈所说的，事后向小伙伴道歉。但是，她当时想到的是小伙伴的感受，最终决定遵守承诺，放弃和父母去伯伯家做客。我想：宋庆龄之所以后来能够受到人们的尊敬与爱戴，与她儿时就养成的遵守承诺的品行是分不开的！

与女儿一起分享了课文内容后，我又为她列举了我经历的很多实例，不仅告诉她信守承诺带给我怎样的快乐，同时也从反面使她了解不信守承诺有哪些危害。我这样做的目的就是告诉她：你从小就要成为一个信守承诺的人！

随着孩子年龄逐渐长大，她经历的事情也逐渐增多，有时也会遇到这样的问题：我遵守承诺了，别人却不遵守，怎么办？这时候，我会对孩子说："你遵守了承诺，首先自己是问心无愧的！长此以往，你会得到周围人的认可，会交到很多真正的朋友；别人的想法与做法我们不能左右，但是你可以婉转地将自己的感受与想法告知他，尽量地去影响与改变他。"

当然，在"信守承诺"这个问题上，我也告诉孩子有时不能"一刀切"：如果自己有不得已的情况，没能够遵守承诺，一定要向对方解释清楚，并且在事后极力地进行弥补；如果他人没有遵守承诺，一定要先了解情况，不要无端埋怨，要能够站在别人的角度去思考与解决问题。

孩子们以后终将走向社会，作为父母，作为一个成年人，我们一定要教会孩子做人的准则。现在，学校、老师也非常重视对孩子进行信守承诺的教育，我们应该大力配合，不断地强化这种观念，使其最终成为一个信守承诺的人，立足于社会！

专家点评

小孩子思想没有定型，且可塑性很强，教育效果明显。从小进行诚信教育方向正确，可以使之成为人生的道德支柱。诚信是做人的最基本的、最起码的行为准则，是人类共同追求的美德。不论是哪个历史时代的人，都无一例外地倡导、坚持诚信的道德品质。我们应当继承发扬，坚定不移地加强孩子的诚信品德教育。

6. 我家的"随心所欲不逾矩"

北京市西城区进步小学家长　马　楠

《三字经》一开篇便有：人之初，性本善。性相近，习相远。就是说每个孩子天生都是一样的善良、美好，只是后天接受了不同的教育与学习，慢慢就产生了巨大的差距。

孩子一生中会遇到很多良师益友，但无疑他（她）的父母是一生中第一任老师，也是终生的老师。所以教育自己的孩子是为人父母责无旁贷的义务。一说起"家庭教育"这四个字，似乎有点复杂。好像真的是千头万绪无章可循。其实距今 2500 年前的圣人孔子，早就为我们规划好了人生坐标，同时也为后人揭示了教育成果的最高境界：随心所欲，不逾矩。

当今社会纷繁复杂，各种教育理念涌现。很多家长断章取义，片面和错误地把"解放孩子的天性"理解成不要给孩子约束，不要给孩子从小立规矩，单纯地没有原则地扩大了"随心所欲"，但恰恰没有重视"不逾矩"。所以很多孩子在走向社会以后，在与人交往的过程中经常会有师长说某某孩子没有教养。说白了就是这种只会片面解放天性的孩子没规矩。

作为家长，如果听到别人说自己的孩子没有教养，我想没有谁会心情愉悦。但一味地指责是没有用的。好的父母就像良医，不但要会给孩子"把脉"，确定孩子的问题出在哪儿，更重要的还要会"开方子治病"，告诉孩子应该怎样做，怎样做才是一个懂规矩、有教养的孩子。

我家给孩子"立规矩"粗略归纳起来有两个方面。一个是日常行为规范，一个是体现在学习方面。

日常行为规范方面我们要求孩子做到"无我"。也就是说在任何两个人以上的环境里，请你做到不要让别人感受到你的"突兀"。例如早晨上学离开家时，你要轻轻关上房门。如果重重地一摔门就走了，会让邻居听了很不舒服。站在楼道里不要大声交谈，因为也许还有邻居没有起床，你的高谈阔论会影响到别人。进入电梯你要自觉往里靠墙站好，因为你要为后来进入电梯的叔叔阿姨、爷爷奶奶留出地方，不要因为你站在中间给别人带来麻烦。上学不要迟到，因为你的迟到会打断老师讲课，会给同学们的课堂秩序带来小小的混乱……在公共场合不要大声喧哗，在餐厅就餐，我们的交谈只限于我们这桌能听见就好。因为别人对你的生活没有兴趣。吃完快餐的餐盘你要主动收拾好。当你离开后，你用过的桌子就像没有人坐过一样……

有一次我们过马路，一些不遵守交通规则的人，或者根本没有交通意识的人在计算着通过道路的最省时模式。他们无视行人通行的灯红着，肆意妄为地通过路口。我告诉孩子：这种精心计算其实是很蠢的行为，他们看似快速省时地通过了路口，但这种计算无形地夺去了他们内心的平静。生活里如果有太多这种低级的计算，它会浇灭你所有的光彩。殊不知"守规矩"才是让自己最大限度获得"自由与平静"的途径，你不需要在这方面去计算，你只要把"遵守"融入你的血液就好了。它会形成你的潜意识：红灯就止步，无须计算。绿灯亮时就通过，通过时大大方方，从容淡定，无须左右躲闪，前后腾挪……孩子用他的眼睛观察着这个世界，用心灵感受着这个世界。他通过观察后问我："妈妈，遵守有时很吃亏的，因为绿灯设置的时长太短了，不抢跑根本过不去。"我笑着对我的孩子说："时间设置的不合理这是另外一个话题。哈哈，你偷换了我们话题的概念，但这不是破坏规矩的借口。正所谓：风没动，铃没动，是你的心在动……"

在学习与练琴方面，"规矩"更是不可小视。"规矩"是让孩子在学习的道路中不会迷失方向的信标。我的孩子从小学习钢琴。与他一起开始学琴的孩子到目前为止基本都已经放弃了。很多家长从一开始就错误地秉着"培养兴趣，不要约束孩子的发展"，从而在很多应该严格要求的地方太放任了。我们在学习钢琴的道路上曾经遇到过很多困难，遇到过很多瓶颈，我只拿"折指"这一项来说明一下。我们曾因为手指触琴键折指而千百次地提醒孩子停下来，纠正，再重新开始……我告诉孩子：旧时孩子学戏，师傅都是拿着一个小鞭子在底下等着。只要小孩子跟头翻得不够标准，上去就是一下。师傅不是要跟孩子过不去，师傅是要给孩子一口饭吃。

因为我们的肌肉是有记忆性的，只有千百次地纠正，肌肉才能"记住"正确的。只有"记住"了正确的，在台上每一次翻跟头的时候你才会时时刻刻知道师傅的小鞭子就在那里。

孩子有一次实在坚持不住了，就用一个实例反驳我：我觉得根本不是这么回事！我就是看到电视里好多钢琴大师他们在弹奏时也抬小指，也偶尔折指……我笑着给孩子讲了一个我自己小时候学琴的故事:"妈妈小时候也用同样的话,理直气壮地质问过姥姥姥爷,'我看盛中国演奏《梁祝》时也抬小手指!我为什么不可以呢?'但当我考少年管弦乐团时,只要抬手指的孩子老师都不会录取的。理由只有一个:这样的孩子走不远。所以孩子你知道吗,当乐曲简单的时候,你可以糊弄糊弄蒙混过关。但当乐曲一复杂起来,没有下过成百上千遍功夫去遵守'规矩'的手指,是不会有正确的'记忆'的,它们一定吃不消。当然你说那些大师偶尔会'逾矩'一下,偶尔'随心所欲'一下,我承认是有的。但正因为那些大师他们从小也是经历了成百上千遍的纠正,他们的能力已经可以完全凌驾于乐曲的时候,偶尔抬抬手指与你抬手指的意义是完全不同的。就像小孩子学习写诗,开蒙时就是要严格遵守格律,遵守平仄的对应。但如果你真的成为了像李白,像杜甫那样的大诗人。他们的诗句有很多都是没有按照格律处理的。但人们一样敬仰他们是因为他们有'随心所欲'表达自己超然境界的能力!"

所以给孩子立规矩,不是要磨灭孩子的天性,而是要从小告诉孩子什么该做,什么就是不要做。当好的思维方式、生活习惯融入孩子的血液,形成他们良好的素质,他们就可以"随心所欲"地去发展自我了。因为到那时他们才有能力去驾驭自己想要的生活!

佛与石阶的区别就在于:佛是经历了千刀万剐的打磨,而石阶只需两刀……

> **专家点评**
>
> "随心所欲,不逾矩"这句话出自《论语》。原文是,子曰:"吾十有五而志于学,三十而立,四十而不惑,五十而知天命,六十而耳顺,七十而从心所欲不逾矩。""随心所欲,不逾矩"的意思是,随着自己的意思,想要干什么就干什么,而从不超越界限。这是很高的道德修养。从孩子小时候就按照这个方向培养、引导,孩子就会最大限度地获得"自由与平静"。

7. 为女儿重塑信心

北京市西城外国语学校附属小学家长　管　毅

从孩子呱呱坠地开始，伴随着滔天的喜悦，也迎来了一份为人父母的责任。十年树木，百年树人，如何教育是永恒的话题。作为一名在校学生的家长，我想在这里与大家分享一下我在和女儿同行过程中提高女儿自信心方面的一些尝试与感悟。

在女儿学龄将至时，作为家长疯狂地恶补如何迎接这场战役，"不让孩子输在起跑线上""西方教育"等纷乱复杂的教育理念、教育方面的新名词把我们搞得像考试前背书一样，每天脑袋都昏昏沉沉的，不知所终。经过无数次激烈与不激烈的沟通和讨论，我们为女儿在课外选学了一项乐器，本来在选择之前已经充分考虑过困难，但是真正体会过之后才知道此道题那是真的难呀。

女儿在接受新鲜事物方面总显得心不在焉甚至有些抵触，所以在这件事上压根就没有蜜月期，直接到了磨合期。本来高高兴兴的，一提到琴，就眼圈发红，满满的慷慨就义状。在练的过程中随便一个指出她错误的语言便可以触发女儿的崩溃，于是融融爱意的父女情或者母女情眨眼间变得剑拔弩张。"不许哭""不练好不许玩"等父母可以打的底牌一股脑全出了，结果便是从头哭到尾，也没把错误改正过来。每每到了练琴的时候全家都精神紧张，整件事走入一个恶性循环，女儿一练琴就开始哭，接着是大人的大声呵斥，再练再哭再呵斥，错误越来越多，学习进度丝毫没有进展。此间我们发现了一个更严重的问题，女儿的自信心不见了，越来越害怕新事物，不只练琴，在其他方面也表现得很保守，没见过的水果不想吃，没看过的动画片不愿意看，作为父母失去了应有的从容，整个家庭处在失控的边缘。

多少个难眠的夜晚，看着安详熟睡的女儿，我们陷入了沉思。换位思考一下，女儿在练琴时的感受，不时会被打断一下指出错误，某个错误重复出现会被反复提醒，但是错误其实并不是故意的，每个人都不希望出错，小孩也有自尊，她在被发现出错的时候，也会自责，但是年幼的她不知道这是需要反复练习才可以掌握的技能，她只是积累这种自责的负面情绪，她觉得这件事没做好导致平时疼爱她的父母对她恶言相向，逐渐她觉得这是自己的问题，失去了信心。通过漫长的探索，我们将问题聚焦在这里。找到了问题，如何解决呢，如何重塑女儿的信心？

"表扬"，我们经过多方征集专家（大一点小孩的家长）意见和反复论证，把解决办法归纳成这两个字。什么时候表扬？为什么表扬？怎样表扬？每一个问题都是需要理论和实践结合才能解决的课题。作为父母我们花了一点小心思，比如漠视练琴过程中的无数错误，使劲表扬练琴态度，又或者为孩子营造可以被表扬的事件，让孩子做一件她熟悉或者比较容易完成的事，在事情成功后便毫不吝啬地表扬一通。总之表扬一切可以表扬的，没有可以表扬的就创造可以表扬的事。经过这一轮努力（中间的艰辛和曲折不再赘述），孩子通过了乐器一级考试。"路漫漫其修远兮"，小目标的实现让我们小舒了一口气；"吾将上下而求索"，为了孩子，做父母的也一定会不断学习，一直用在路上的心态迎接挑战。

"师者，所以传道、授业、解惑者也"。传道在先，在人生的道路上好的心态比好的成绩更重要。育人比教书更难，"熟读唐诗三百首不会作诗也会吟"，学习的东西只要下功夫，总会有成效。可是情感态度价值观的培养却是一个长期具有延续性的过程，像雨水之于庄稼，时时浇灌，不旱不涝，才能培育出茁壮的苗子。拔苗助长不行，置于温室不行，要因人而异，因势利导。好的性格其实是为了更有效率地学习做事打下基础。学习好是一时，正确的人生观却能伴她终生。过度关注学习方面，忽略情感的培养，有舍本逐末的成分。金榜题名固然万人敬仰，采菊东篱也未尝不让人向往。

为人父母，关注孩子的成长要多从长远着想。谨以此文与大家共勉，多有偏颇之处，还请见谅。

> **专家点评**
>
> "自信心"就是相信自己的一种积极的自我评价，是一种来源于内心深处的强大内驱力。这种力量一旦产生，就会勇敢地面对面前的任务和责任。这是非常珍贵的心理品质，家长要小心翼翼地保护。对于小孩子，无意之中扼杀他们的自信心是很容易的，但要重新建立，却是很难很难的。为此，家长应该特别慎重。

8.
陪伴是最好的爱

北京市西城外国语学校附属小学家长　赵　敏

　　1岁半时，孩子们在游乐场排队玩滑梯。我的女儿文文悄悄地躲在一个角落，因怕别人碰到她而止步不前。3岁上幼儿园，文文每天早晨5点准时把我叫醒，趴在我的怀里，不断地重复一句话："我不上幼儿园，我怕上幼儿园。"5岁，文文英语班的老师向我投诉："孩子从不发言，我根本无从知道她知识掌握的状况。"每每这时，作为妈妈，我的情绪是崩溃的。

　　而偏偏文文的生日又是8月31日，这意味着从幼儿园起，她就是班里最小的学生。刚上幼儿园时，文文永远躲在不起眼的地方，人家跳舞她愣神。晚上她会对我说："班里的××好高，他总站在我身后，会不会推我？"我将她揽在怀里对她说："他也许想当你的朋友可不知道怎么表达，你可以多冲他笑笑，拿玩具跟他一起分享。"有一天，文文开心地对我说，"她已与那个高高的男孩成了朋友"。之后的很长一段时间，我推掉了所有的出差和聚会，每天下班准时回家，和她游戏、聊天，听她讲幼儿园发生的事。直到有一天，文文幼儿园的班主任跟我说"文文在班里第一个学会了唱校歌，并且成了领唱。"文文每天早上不再因上幼儿园而哭闹了。

　　然而，文文胆小、敏感的性格并没有因此而改变。在家里背个课文、弹个琴，都要关上门，不允许爸爸和其他人进来听。在英语课外班，文文拒绝与老师互动，也拒绝发言，以至于老师屡屡向我投诉。幼儿阶段的经验教训告诉我，解决类似问题的办法只有时间和陪伴。等她对环境慢慢熟悉了，就不再排斥；等她知识掌握得足够牢固了，就可以自信地表达。每天下班回到家，我都会和文文一起温习英文，一起背单词、背课文……三个月后，文文在课堂上已经可以踊跃发言了。一年后，她的英语成绩已超越了班里的大多数孩子，在剑桥一级考试中取得了满盾。她不再因为自己最小而烦恼，因为班里只有她是一年级的"小豆包"，其他的孩子已经上二年级了。

　　人生就像一场长跑，作为陪跑的父母可谓步步艰辛。文文依旧不是人群中那个勇敢、善言的孩子,但我始终相信润物细无声式的改变。文文今年学习了自然博物馆小小讲解员的课程。记得第一次进馆讲解,只要一有人围观她就紧张忘词……半年后结业,她已经能从容地讲解一个展馆,绘声绘色。

文文刚刚跑出起跑线,妈妈深知欲速则不达。妈妈愿陪你慢慢长大,妈妈相信,你会越来越勇敢、自信,你的未来会越来越精彩。

专家点评

小孩子胆怯,不愿意上幼儿园,跟别的小朋友接触、相处,不合群,不愿意在别人面前表现自己,上课不主动发言……这反映孩子性格内向。性格不是天生的,是可以改变的。孩子这种表现,实际上是怕受到别人的伤害,是在进行自我保护。家长要多鼓励、带领孩子跟别人接触、共处,让孩子亲身体验到自己是安全的,性格就会逐步得以改变。

9. 自信让孩子更美丽

北京市西城外国语学校附属小学家长　董庆媛

我们常常说自己是这个世界上最爱孩子的人，我们也希望自己能够把最好的都给孩子，希望孩子能够成为同龄人中的佼佼者，希望孩子能够更加优秀。什么才是适宜的爱，怎样给孩子适宜的爱，其实是我们每一位家长的必修课。

孩子的自信心很重要，自信心也是一种心态，是个人对自身力量的认识和充分评估，是一种良好的心理品质，也是一个人克服困难，自强不息，取得成功的内在动力。记得一位哲人曾经说过，谁拥有了自己，谁就成功了一半。

给孩子锻炼的机会。多提供锻炼的机会，多鼓励孩子做力所能及的事情，善于发现孩子的优点，多观察孩子，发现孩子身上的闪光点，表现好的时候多多表扬她，鼓励她，让孩子不断得到家长的肯定，认为自己很棒，从而建立自信心。

家庭是培养孩子自信心的最重要的基地，天下没有教育不好的孩子，只有不懂得教育的父母。作为家长，在家庭教育方面还有很多的地方需要学习。我的孩子缺乏自信心，甚至不知道如何和同学们相处。这学期班里选班干部，我就鼓励她去竞选中队长、小队长。我知道孩子距离班干部还是有些距离的，但是我还是告诉她，孩子，你去竞选，选上选不上都没有关系，重要的是能够勇敢地站在讲台上，勇敢地告诉同学们你的想法，即使落选也没有关系。几天后，回到家她告诉我，妈妈，我没有选上队干部，竞选中队长，没有同学选我，竞选小队长，有6位同学选了我，同学们还都给我鼓掌了呢。我告诉她，这就是进步。对于她自己来说也是一个大大的进步。她是个老实的孩子，在班里话不多，不主动和同学交流，回到家她告诉我，没有同学和她玩。我问她为什么不主动去找同学呢？她说人家都有好朋友。我告诉她，如果你想和同学一起玩，你就要主动去找小朋友，告诉他们你想和他们玩。孩子立刻反问我，那如果他们不和我玩怎么办？我告诉她，当你有勇气去向同学表达你的想法、愿望的时候，说明你已经成功往前迈了一步，你的同学肯定会和你一起玩的，慢慢地你的朋友就会多起来。回到家，她会告诉我在学校发生的事情，我也时时提醒她课间多和同学们玩，让她每一天都开开心心，快快乐乐的。

时间过得很快，孩子马上就要升入三年级了。作为家长，我深深地感觉到，学习固然重要，但我并没有给孩子报过多的补习班。孩子喜欢画画，我给她报了个美术班，英语只是让她有个兴趣。从我做起，改掉之前望女成凤的毛病，不要和别的孩子比，每一个孩子都是一块璞玉，要看到自己孩子身上的闪光点。我希望她在小学阶段渐渐建立自信，提高情商，每天都高高兴兴的，身体健健康康，做最真实自信的自己，让自己度过美好的6年小学生活。

专家点评

"谁拥有了自己，谁就成功了一半。"这话很有道理。自信心是一种积极的心态，是克服困难，自强不息，取得成功的内在动力。孩子的自信心不是天生的，就是说自信心是可以培养的。培养孩子的自信心，当然要靠多鼓励，但最为重要的是靠实践锻炼。家长要尽量多地给孩子创造实践锻炼的机会，让孩子在实践中亲身感受到"我行"。

10.
创造环境,及时鼓励,成就阳光小孩

北京市西城区进步小学家长　刘　辉

新生命的诞生,带给父母的不仅是幸福和快乐,同时也带来痛苦与困扰。小孩子懵懵懂懂,如同一张白纸,在与世界的接触中,不断地观察,不断地学习。而在这成长的过程中,父母就是孩子的第一任老师。有一句话说"孩子的品性会反映出一个家庭的环境"。可见,父母在孩子初步形成自己的性格和世界观的过程中,起着非常重要的作用。尽管小孩在一开始性格会有差异,但是在父母和长辈对孩子的正向引导下,孩子未来都能够形成正向健全的人格。

以我家孩子为例。我家的孩子是双胞胎,我和孩子妈妈都在想,这真是个好事情。在现在大都是独生子的大环境下,两个孩子可以有个玩伴,不会孤单。同时也更容易进行分享、互相关爱等方面的教育。在一开始的时候,姐妹两个确实每天互相玩得很开心,也有很多互动和交流,很亲密。可是在孩子的成长过程中,却渐渐发现了一个问题,孩子只在自己熟悉的环境下表现得很自然,只和熟悉的人进行互动;在陌生的环境下就会很紧张,同时也不和陌生人交流。比如,在路上遇到邻居或者长辈时,让他们打招呼,他们就会躲在家长后面,不敢出声;在小区和一群小朋友玩的时候,也不合群,只是两个小姐妹一起玩,不和其他小朋友互动。我感觉小孩似乎有了交流恐惧症,大人的责怪使得他们变得更为敏感,甚至只喜欢在家里玩,不喜欢到户外见陌生人,也不喜欢和其他小朋友玩。

我和孩子妈妈发现这种情况后,经过商讨,认为小孩子有虚荣心,喜欢表扬,所以就制订了一系列的小方案,让孩子不断体会到成功的喜悦,从而一步步摆脱胆小怯懦的性格缺陷,逐渐变得开朗大方,充满阳光。

首先,给孩子制定一个非常容易实现的小目标,小孩子一旦完成任务,实现目标后,要及时给予鼓励,提高孩子的自信。比如先和孩子讲各种关于勇敢的小故事,告诉他们好孩子就是要勇敢,使他们内心产生勇敢的欲望。然后陪伴孩子一起完成小任务,如陪孩子一起去和小朋友握手,陪小孩和其他小朋友一起游戏,陪小孩一起和其他人打招呼。在父母的陪伴下，孩子内心会有安全感，更容易接纳外部陌生的环境和人。同时在小孩完成小任务后，要立刻给予表扬鼓励，使孩子产生自豪感和成就感。这样，孩子就会更加期盼完成新的任务。

其次，要给孩子不断创造表现自己的机会，让他们感觉到展示自己是一件快乐幸福的事情。我们在家里会制造一个小舞台，让孩子们在上面表演自己学到的节目。在不抗拒舞台表演后，我和孩子妈妈就趁着小区广场里没有人的时候，让孩子在小区广场的舞台上表演，我和孩子妈妈还有爷爷奶奶做观众。渐渐地，邀请小区里的邻居和其他小朋友来观赏，孩子越来越感觉到自己的价值，越来越勇敢，变得愿意展示自己，并和其他人互动。在这个过程中，要循序渐进，主动给孩子创造机会和环境来锻炼自己。

最后，我们也有针对性地给孩子报了幼教班，学习朗诵和舞蹈。孩子说话变得更有底气，形态训练也让孩子变得更加阳光。孩子整个的精气神都有了很大变化，大家都夸赞孩子。而这就形成了一个良性循环，使孩子有了更大的动力来改变自己，提高自己。

孩子改变了自己胆小怯懦的性格，在整个小学一年级的学习中，他们上课积极回答问题，和其他小朋友一起玩耍，主动帮助老师完成小任务，生活得非常开心快乐。同时也得到了老师的表扬和同学们的喜爱。

在孩子性格的变化过程中，父母的作用至关重要。遇到问题，不要责骂，责骂只会让孩子更加敏感甚至逆反。父母要具体问题具体分析，制订方案，循序渐进。方案是船，鼓励是帆，只有及时的持续的鼓励，才能让小船不断前进。在小船不断到达一个个目的地的过程中，孩子会逐渐成长改变，最终让你看到一个惊喜的结果。

专家点评

世界上的任何事情都具有两面性，有利有弊。就是说，有有利的一面，也会有不利的一面。双胞胎在家庭里倒是有玩伴了，但也容易导致孩子只跟家里熟悉的人互动，不适应陌生的环境，不乐意跟不熟悉的人接触，成为"宅女"。这不利于孩子将来融入社会。难能可贵的是，家长及时发现了这个问题，针对自家孩子的特点加以引导，孩子终于走出了家门，进入了广阔的天地。

11. 阳光自信的孩子如何养成

北京市西城外国语学校附属小学家长　林谊安

怀聿今年8岁，是西外附小二年级学生。在老师和同学心中，他阳光自信，聪明活泼，好动脑筋，调皮而又自律，充满正能量。作为家长，平时倒没刻意发现孩子的这些优点，若一定要说有什么育儿经，细细想来，可能我们比较注重把握以下几个原则。

一、该放手时要放手

怀聿从小就是个特别有主意的孩子，不管是吃东西、穿衣服，还是玩玩具、做游戏，都总是要按照他自己的想法来。我们也尽量顺着他的个性，只要不是违反原则的事情，就不过多地管束他，放手让他按照自己的想法，自由伸展自己的天性，自己解决自己遇到的问题。记得上幼儿园中班时，有一年暑期，怀聿和同学到我单位来玩，跟我同事的孩子一起做游戏，期间可能是一个孩子用一根小棍戳疼了他，他很生气。我办事路过他们玩的地方，看到他眼睛里噙着眼泪，就问他："你怎么啦？"他对我说："跟你说没用，我得跟他妈妈去说，让他妈妈管管他。"当时我是既惊讶又高兴，小伙伴之间发生了问题，他没有一味地哭着喊自己的妈妈，而是自己想办法解决掉了。

怀聿同学生活自理能力比较强，这得感谢幼儿园学前班一年的寄宿生活。现在回想起来，一个五岁多的孩子，离开自己熟悉的家，离开父母的视线，每周一早上送到学校，周五下午接回家，无论对孩子，还是对父母，都是一个情感的考验。记得刚送去的时候，每周一早上都哭，不愿意离开家，不愿意上学。我们慢慢跟他讲道理，讲为什么要坚持去啊，爸爸妈妈也要每天去上班啊，也不能三天打鱼两天晒网啊，等等，后来就不怎么哭了。不管严寒酷暑，住校期间没有无故缺过一次课。每周五下午接回家，他就兴高采烈地给我们讲学校发生的有趣的故事。还自学了几句日语，问他怎么学的，他说，隔壁班上有时上日语课啊，通过风就吹到我们教室里了，我用顺风耳听进去，然后就记住了呀……像这些有趣的事情很多。有了这些锻炼，一上小学，他就很快按照学校的要求，养成了新的良好的生活、学习习惯。每天定点起床，自己穿衣服、洗漱、吃饭，出门前检查要带的书包、水杯、小黄帽，每天放学回家先做作业、整理书包，然后再玩，等等，这些事情都完全不需要大人来操心。

二、该立规时要立规

放手让孩子伸展自己的天性，并不是对孩子放任不管。孩子良好习惯的养成，离不开必要的规矩。怀聿同学很喜欢看电视，一开始自己控制不住时间，而且有上瘾的趋势。我们找了时间跟他谈看电视的事，约定：周一到周五是上学时间，家里电视不能打开，当然大人也不能看。周五晚上至周日下午是休息时间，可以看，但是每次看20分钟左右，或者看完一集节目，就要休息会儿，一天总的时间不能超过2小时，且前提是要先把作业完成。他同意了，我们监督他按照这个规则来执行。现在他基本上能比较自觉地控制自己看电视的时间了。为了让他尽量少看电视，我们尽量想办法转移他的注意力，比如多带他到楼下玩，带他去附近的书店、图书馆看书，或者尽量帮他约同龄的小伙伴一起玩，等等。

三、该训导时要训导

古人云，蓬生麻中，不扶而直。要让孩子养成向善的品德和良好的修养，最重要的是给孩子提供健康、文明的生活环境。父母家人是孩子最好的老师，和孩子朝夕相处的亲人的一言一行，都是孩子学习、模仿的对象。在日常生活中，我们尽量以身作则，给孩子做好榜样。但哪家的父母，都不可能是完人，孩子成长的环境也不可能是真空，加上孩子辨别是非善恶的能力尚未形成，因此孩子言行不妥、做错事情，严重时甚至养成不好的习惯等，都是难免的。这时候就要对孩子进行必要的训导，不仅要及时指出孩子的错误，还要让孩子明白他错在哪里，否则同样的错误他还会再犯。比如，有时怀聿跟爷爷奶奶说话的语气不对，我们就会及时警告他不能这样跟长辈说话，并告诉他为什么要尊敬长辈。再比如，怀聿比较好胜，有时跟小伙伴或者同学闹了矛盾，常常一定要争个输赢，有时受了冤枉，会急得大哭。我们一般会先用好言劝服他，控制住事态，过后再细细给他讲道理，让他逐步明白怎么跟小伙伴和同学相处，尤其是怎么自己解决小朋友之间的矛盾和纠纷。怀聿同学在班上的各种投票、评比活动中，往往支持率都不错，这学期还被高票评上了中队委。

四、该引领时要引领

俗话说,习惯成自然。一个良好习惯的养成,不是一蹴而就的事情,必定会有一个反反复复,逐步"成型"的过程。孩子明白一个道理,不等于就能够按照道理去做,尤其是一开始,做好引导工作非常重要。比如在阅读习惯的培养上,怀聿同学刚上学时,由于幼儿园阶段我们基本上是让他敞开了玩,没教他学多少文化知识,他的识字量比较少,还缺乏自己看书的能力,但他一直喜欢听爸爸妈妈给他讲书。当时他们班上有的孩子识字水平很高,已经能自己看课外书了,我心里暗暗着急,但没有对孩子表现出来。每天晚上,我们给怀聿讲书的时候,有意挑一些带拼音的书,一边给他讲,一边也带着让他自己慢慢看。一个学期过去了,他自己看书的能力逐步提高。一年级寒假,我们让他自己独立阅读拼音版的《三毛流浪记》,怀聿看得很认真。等他看完了,有一天晚上我跟他聊天。我问:"你看完了《三毛流浪记》,觉得怎么样啊?"他说:"三毛好可怜啊!"我说:"怎么可怜呢?"他说:"三毛那么小,吃不饱,没有衣服穿,还要打工,挨打,真可怜。"我问:"这些故事你都是认字后看懂的吗?"他说:"有些是认的字,有些是看的拼音,还有一些是看的图画。"我们心里有底了,春节前他爸爸就专门带他去了一趟书店。在选择阅读书目的问题上,我们也很注重加强引导。如,怀聿喜欢听故事,爸爸睡前就放《地心旅行记》的广播剧给他听;他喜欢看电视剧,爸爸就找来美国大片《海底两万里》《金银岛》等给他看。这些故事听完、看完了,带他到书店买书,他就对前一阶段还特别着迷的那些纯图画的书有些不屑一顾了,很高兴地挑选了《地心历险记》《海底两万里》《金银岛》等名著,并兴致勃勃地一本接一本地都看完了。二年级上学期,怀聿同学阅读量是三十多本书,这学期怀聿同学计划是阅读50本书,5月底就已经提前完成任务了。

五、该鼓励时要鼓励

鼓励是孩子成长的动力,孩子需要鼓励,就如植物需要浇水一样。但鼓励不是无原则的表扬,鼓励也要讲究方法。记得刚上一年级不久,班上组织一个活动,让同学们准备一个5分钟的小故事上台演讲。怀聿同学性格虽然比较活泼,但登台表演还是有些腼腆,容易紧张而口齿不连贯。我们精心和他一起选了《小麻雀学做窝》的故事,他爸爸帮他把故事进行改写加工,文字适合一年级的孩子演讲,篇幅符合老师的要求,并把故事做成图文并茂的PPT,然后让他反复练习。为了增强现场演讲的效果，我们让他站在沙发上，全家人规规矩矩地坐在下面，认真听他演讲，一遍遍地鼓掌，一遍遍地点评。一开始让他拿着稿子站在台上读，读熟后脱稿背，背熟后再按自己的理解用自己的话讲，最后配合PPT用自己的话把故事流畅地讲出来。经过连续几周反复的练习、点评和鼓励，最后他在班上脱稿配合PPT演讲成功。那次课，班上不少同学都是拿着稿子上台的，怀聿同学对自己的脱稿演讲很是自豪。通过这些锻炼，增强了他在公众场合讲话的自信心。那个故事的结尾，爸爸还苦心给他总结了两个道理：一是做什么事情都要不怕吃苦，要付出汗水，才会有收获；二是做什么事情都要坚持，要持之以恒，才能成功。这两个道理，至今一直被怀聿同学奉为自己的座右铭。此外，我们还设计了日常表现奖励积分表和阅读奖励积分表，用积分制的办法，对他的日常生活和课外阅读等情况进行奖励，深得怀聿同学的喜爱。

六、该陪伴时要陪伴

用心陪伴，营造氛围。一直以来，我和他爸只要有空，都会尽可能抽时间陪伴孩子。由于一、二年级没有期中、期末考试，所以相对来说，孩子比较轻松，我们也没有给孩子加任务，就是开心玩，认真学。我们给怀聿制定了作息时间表，除了在学校的时间外，其他时间都尽量合理安排，他自己就知道什么时候自己该干什么，自我管理、自我约束做得很好。怀聿兴趣广泛，打牌、下棋、骑车、玩滑板、羽毛球、乒乓球、篮球、棒球、跆拳道、钓鱼，等等，他都喜欢。他想玩什么，我们只要没有特殊情况，都用心陪着他玩。每天放学后，作业一完成，就见缝插针地安排时间陪他玩；每个周末，或者陪他出门玩，或者安排活动，邀请他的小伙伴一起玩；逢节假日，必安排到郊外或者外地去参观游学。怀聿同学就这样在快乐中茁壮成长！

专家点评

把孩子培养成为阳光自信的孩子是所有家长共同的愿望。这位家长的教育经验是成功的，做法很全面，值得其他做父母的效法、学习、借鉴。其具体的做法是：放手，立规，训导，引导，鼓励，陪伴。该家长在总结中特别强调"该做什么就做什么"，表明家长不盲目，很清醒，根据孩子成长发展的需要施教，有的放矢，具有强烈的针对性。因此获得了预期的效果。

12. 孩子自理能力的培养

北京市西城外国语学校附属小学家长　李　瑾

记得前不久看到的一篇新闻：一位成绩优秀的大学生，因为生活不能自理，除了读书、吃饭之外什么都不会，最后被学校劝退了。

看了这篇报道，我不禁深思：学习成绩是孩子优秀的具体表现，但一个学习成绩好的孩子并不一定是一个优秀的孩子。我们家长的共同目的都是希望培养出具备优良心理素质、热爱学习又能自立自强的孩子。而现在在我们的家庭中，孩子多为独生子女，有些家长对孩子宠爱有加，百般溺爱，生怕孩子吃苦，这样培养出来的孩子将来怎样去面对社会和生活呢？所以从小我就特别注重培养孩子的独立自主的能力。

一、自理从习惯开始

培养孩子的自理能力，应该先让孩子养成良好的自理习惯。举几个简单的例子：（1）从小我就让孩子自己穿衣服、叠被子、洗脸、刷牙，不论衣服穿得好不好，脸和牙洗得干不干净，最起码是她自己亲自动手操作的，从小就养成了一个好习惯。（2）自己的书包自己收拾。从一年级开始，每天都自己收拾书包、削铅笔、整理第二天要用的书。只有这样，才能让她对第二天上课有所准备，心中有数。

孩子的能力和潜力是很大的，他们并不是我们想象中的那么娇弱。孩子自己其实可以做很多事情，我们应该鼓励他们、相信他们。

二、自理要适当地找"苦"给孩子吃，家长不妥协

相信家长们也跟我一样经常遇到这些情况：当让孩子收拾摊在桌上的书本、玩具时，孩子经常会说："我马上……知道了……等一会再收……我太累了，妈妈您替我收拾吧。"这时，我一定会坚定立场，坚持让孩子自己收拾。如果这时顺从了孩子，就会让孩子对家长有依赖感，失去了他们自己该有的责任感。不论孩子多累，自己的

事情自己就得负责完成。

三、家长要做孩子自理的榜样

孩子们的眼睛是照相机，脑子是录音机，家长的一言一行都刻在他们的心上。以前每次下厨后由于很累，饭后我经常会将碗筷放在洗碗池里，等上一阵子才洗。渐渐地，孩子吃完饭后，就把碗筷一放，直接就离开饭桌了。从发现孩子的这个不良现象后，我立刻改正了自己的习惯，渐渐地孩子也养成了自己碗筷自己收拾洗刷的习惯。

四、要勤于表扬孩子的自理并与孩子探讨改进的方法

家长对于孩子表现出来的自立行为要及时地予以表扬和鼓励，不能认为这是应该做的就不表扬，这样会挫伤孩子的积极性，久而久之，孩子就会失去成就感。比如说：有时我会将衣服泡在盆里，想着晚一点再洗。孩子看到了，有时她就偷偷地给洗好了，想给我个惊喜。这时，我就会特别惊讶地对她说："宝贝，你太贴心了，你怎么知道妈妈累了，不想洗啊？真的很谢谢你啊！"这时孩子就会感到特别开心，觉得自己的自理被家长认可了，让她有了成就感。

同时，在孩子自己干某件事情的时候，也许结果并不让你很认可。但是我们绝对不能不高兴，或表现出挑剔的感觉，应该积极与孩子探讨改进的方法。比如：我跟孩子规定，衣服晒干后自己的衣服自己负责整理好。孩子经常会将晒干的衣服叠得歪歪扭扭的，然后就直接塞到衣柜里去。如果这时我要直接批评她的话，就打击了她的积极性。这时我会说："不错，今天叠的衣服比昨天有进步，更加整齐了。你发现了吗，如果衣服这样叠的话，是不是更整齐一些呢？"这时孩子看到了用不同的方法确实达到了更好的效果，这样她就会更认同你，同时也激励她下次做得更好。

综上几点，是我在平时生活中培养孩子自理能力的一些小经验。孩子的独立自主能力是在实践中逐步培养起来的。随着孩子的成长，从不会做到学会做，从做得不像样到做得井井有条，都是必经的过程。在这个成长过程中作为家长我也会不断摸索、积累好的经验和方法，与孩子共同成长、进步。

 专家点评

　　这位家长注重从小培养孩子独立自主的意识和能力,这是很有远见卓识的。孩子长大了,迟早要离开家庭、父母,走向社会,独立地面对、应对周围的一切。孩子的独立自主意识和能力要及早训练、培养,而小时候正是训练、培养的极好时机。这位家长采取的实践锻炼、坚持不妥协、家长以身作则、勤于表扬、共同探讨等方式方法,都是值得推广的。

13. 注重培养孩子的独立性

北京市西城区阜成门外第一小学家长　王　瑾

国人自古讲求"有所为,有所不为"。大到治国方略,小到为人处世,都在践行这一理念。在家庭教育中,我们也时常面临"为"与"不为"的选择。在家庭教育中,作为孩子的父母,我们一直在努力研习这门学问,注重"有所为,有所不为",培养孩子的独立性。

我家孩子是男孩,孩子父亲在很早的时候就有意识地培养孩子的独立性,注重将选择权交到孩子自己手里。比如,穿衣服是日常事务,也是培养孩子独立性的很好机会。在孩子不能独立穿衣的时候,我们会把几件衣服放在他面前,让他自己选择穿着搭配。在买衣服鞋子的时候,也充分征求和考虑他对颜色、款式的意见,把选择权交给孩子,而不急于引导他,不干涉他做决定的过程。孩子感受到自己的意见受到了尊重,他的责任感和主见就慢慢培养起来了。

在培养孩子的兴趣爱好方面,我们"摔过跟头",后来通过"为"与"不为",及时调整做法,培养和发挥了孩子的独立性和主观能动性。西城区教委在小学推广实施"城宫计划",得知这一消息,我们非常高兴,希望能够好好利用这些资源,把孩子的潜能都发现出来,挖掘出来!我们认为孩子还小,有些能力只要大人创造机会并适时引导,就可以培养。因此,我们遵从了自己的主观意愿。我们希望孩子上美术班、写字班,将来练得一手好字,所以积极联系老师报名。可一学期下来,孩子除了经常带着大花脸,一手一身的墨汁回来之外,写字、画画却没有明显进步。跟孩子交流,才知道他根本兴趣不大,还没学入门呢!经过这件事情,我和孩子爸爸进行了反思,我们的出发点是好的,但是不是做得太多了?第二学期开学时,我们让孩子自己研究课后班,并告诉他,每个课后班名额有限,让他决定好了自己报名。孩子果然认真研究,选择了创客社团、机器人等课程,并在第一时间找老师报名。在此后的学习中,孩子更是兴趣满满,从未间断,还经常向我们分享课堂乐趣,展示他的学习成果,并在家里自己练习和尝试。我和孩子爸爸在这方面都感觉很轻松。

记得孩子刚上小学时，手里转着黄色的学生帽，自己在那说："我是小学生，我是小学生"。那时的他，对小学生活充满了向往，我们也认为他会很好地适应小学生活。可是接踵而来的一系列事情，让我和孩子爸爸"措手不及"。先是孩子经常给我们打电话，说是忘带东西，让我们赶紧送到学校去。对于这种现象，我们没有简单地定性为"丢三落四"，而是认为孩子可能是太小，还没有养成独立准备书包的习惯。所以，我们并没有像有些家长那样，"东西落在家里就自己解决，家长不给送到学校去，有了一两次教训，孩子就长记性了"。因为在我们的认知里，孩子还太小，东西忘在家里后，他在学校是很无助的，如果家长不及时帮助解决，孩子的内心是受伤的。因此，每次接到电话，孩子爸爸就颠颠地往学校送东西去。但我们也告诉他"爸爸妈妈也要上班，不可能每次都有时间帮你送东西，你要学会自己解决问题，也要养成自己整理书包的习惯"。慢慢地，他就知道找临班的同学借书本学具上课，再慢慢地，他也养成了独立整理书包的习惯。在这件事情上，我们不强迫他"独立"，而是陪伴他一起成长，一起解决问题。"不为"是不一概而论，根据他心性成熟度，不指责孩子，不苛求孩子，不给孩子定性。

孩子上小学后，我们还遇到一个问题，就是"做作业"。由于没有做好"为"和"不为"，我和孩子爸爸又"摔了一跤"。从一开始，我们就决心做负责任的好家长，每天孩子回来之后，我们的说话套路就是"回来了？""今天作业做完了吗？赶快做作业""考试考得怎么样，给妈妈看看卷子"。然后认真地帮他检查作业，看卷子，分析错题。可是时间长了，我们发现，虽然老师对孩子的课堂表现和回答问题的情况一直有很好的评价，但孩子始终不积极做作业，经常有漏做的现象，学习成绩也一直在中游晃荡。我们是不是又多做了什么？孩子爸爸和我进行了深刻的反思，也查找了一些家庭教育方面的资料。原来，"学习没有对手，动力发自内心"。在孩子表现出对学习的兴趣之后，家长过度关注作业、考试成绩，孩子很容易会认为"学习是为家长学的，爸爸妈妈只重视考试成绩"，学习热情就会减退。所以，学习需要内驱力，家长的过度参与会适得其反。认识到这一点，我们转变了思路，孩子回来后，我们会问他在学校开心不开心，今天累不累，但不会主动敦促他做作业，也不会第一时间问他的考试成绩。孩子上了一天课之后很累，只想放松放松，玩玩游戏，看看课外书，甚或躺一躺，我们都不干涉，等他休息够了，自己就会做作业。我也曾担心这种做法，会不会让孩子养成"拖延症"啊，但实行一段时间下来，孩子的作业反而完成得较完整，成绩也进步了。这件事，又教育了我们，不要固守成规，"到家后第一时间完成作业"不是硬道理，尊重孩子的身体健康和作息规律，保持孩子的学习热情，才是最重要的！只有这样才能真正地激发孩子的主观能动性，培养独立学习的能力。

以上是我们在培养孩子的独立性方面，"有所为和有所不为"的一些做法和体会。家庭教育中，家长的"有所为，有所不为"非常重要，好的做法，有利于孩子的品德培养、"三观"形成、心态养成。尊重孩子，孩子要慢慢养，家长不能着急，不能过多介入，做哪些，不做哪些，如何做，都是需要我们认真考虑的。

专家点评

"有所为，有所不为"的意思是：人要审时度势，决定取舍。有的事是必须要做的，有的事又是绝对不能做的。简单地说，就是做该做的，不做不该做的。只有这样，才能像《孟子》中所说："人有不为也，而后可以有为。"培养孩子的独立性，要大胆放手，让孩子进行实践锻炼。家长事事包办代替，就是"做了不该做的"，孩子的独立性就无法养成。

14.
对自己的行为负责任

北京市西城外国语学校附属小学家长　关震平

我是一个二年级孩子的家长，总感觉不经意间孩子从懵懵懂懂、咿咿呀呀的小宝宝忽然变成了大孩子，她的长大应该伴随的是身体、心智共同的成长，对自己的行为负责任是孩子真正长大的标记。说到此，不禁让我想起我半年前的一次经历。某个周末，我和家人一起到餐厅吃火锅。一对父母带着两个小男孩坐我们隔壁桌，这两个孩子一直吵闹不休，不一会儿，他们离开桌子互相推搡了起来。推着推着，可能一时失手，一个孩子就把我们这桌的火锅菜盘推掉在地，还好盘子是塑料的，没摔破，但菜掉了一地。孩子的父母看到后，立刻大声训斥孩子，要求孩子跟我们道歉。两个孩子立刻说了"对不起"，然后他们就回座位去了。我开始跟女儿一起蹲下来捡菜，在捡的过程中，我抬了一下头，刚好看到那两个孩子正在看我们，我就问他们："你们要不要来帮忙？"两个孩子先是愣了一下，较大的孩子回答："可是我们已经说过对不起了。"较小的孩子则转过头去看妈妈，他妈妈看了我们一眼，说："真的很不好意思啊！"然后，妈妈叫两个孩子坐好，开始严肃地教育起孩子来，讲了很多道理：包括不应该乱跑、要尊重别人、不应该影响到别人、做错事要说对不起……就这样，一直到我和女儿把地上的菜叶捡好，也没有服务员过来清理。而那位妈妈就在边上看着我们收拾，边训斥孩子，但大人和孩子，没有一个人过来帮忙。

孩子较小的时候，接受的教养方式大概就是这种"说对不起加不停说理"的管教方式，而这种管教方式显然是有问题的。近几年，独生子女的时代伴随着父母教育程度升高，我观察到一个现象，父母们开始很少用打骂的方式管教孩子，而倾向于用"讲道理"的方式处理孩子的犯错行为。标准的模式是，当孩子做错事时，父母会先要求孩子说"对不起"，然后很仔细地告诉孩子他究竟错在了哪里，为什么这样做是不对的。当孩子道了歉，也表示理解及同意父母的说理时，这个管教就结束了。但是这整个过程中，却缺少一个非常重要的关键：对自己的行为负责任！年幼的孩子因为经验不足，原本就很容易犯错。重要的是，当他做错事的时候，父母如何回应他，将影响下一次他犯错时的反应。如果父母在孩子做错事时用打骂的方式回应，这个过程中，孩子处在恐惧的情绪中，很难去对事件本身进行反省。但是，如果孩子做错事时，父母就是要求他道歉，并不断地讲道理，孩子可能学到的是：我做错事后，只要说了"对不起"，再被父母训斥一下，其他就没我的事了。把这两种管教孩子的方式比较起来，其实谁也不比谁高明，因为同样都没有达到管教的目的。

有一次，孩子把别人的玩具弄坏了，我们也不生气和打骂，但要她补偿对方，比如，把自己心爱的玩具赔给对方。下次她就会知道，玩别人的玩具要小心爱惜，否则会换来让自己心痛的代价。

如果是不可补偿的状况，例如孩子和其他小朋友打架，把别的小朋友弄伤了，那么，就应该带着孩子去看别人流血的伤口，让他看受伤的小朋友接受治疗的过程，让他看见他是如何造成了别人的痛苦。如果受伤的小朋友需要协助，尽量让孩子动手帮忙。之后父母可以说些道理，但不是训斥，只要恳切地让孩子知道，他这样做让父母觉得很难过，以后要怎么做会更好一些。

不必打骂，不必过度说理，重点是要让孩子有真实的体验，真真切切地体会到这样做的后果。孩子就会认识到：为什么我不要再做这样的事，因为我要付出代价，因为我造成了伤害。我们常说，教养孩子要认知、情感、行为三管齐下，因此，管教绝不是讲理就可以了，还要让孩子有情感的体验和让孩子负起责任的行动。

专家点评

从小培养孩子"对自己的行为负责任"的意识，这个选题是十分重要的。然而，又是常常被家长所忽略的问题。一个人如果连自己的所作所为都不负责任，孩子将来怎么会有家庭责任感，社会责任感？怎么能够融入社会，被社会所接纳？而培养"对自己的行为负责任"的意识，不是靠说教，而是让孩子亲自承担、亲身体验做错事的后果。

15. 品格教育

北京市西城外国语学校附属小学家长　田　宾

美国哈佛大学教育心理学者加德纳说:"多元智慧固然重要,但品格教育优先于多元智慧的学习。"我们的孩子未来在社会上安身立命的根本,归根结底还是要有个高尚的品格。尊重、诚实、责任、自省、爱、感恩、自律、公平、容忍,都需要融入他们的生活,甚至于血液之中去。

女儿是家中的独女,和大多数中国家庭一样,我们也是会把最好的都给孩子,不免孩子会养成骄纵的脾气。我为此感到非常苦恼,感觉孩子缺少一种感恩的心,后来我决定尝试带她做义工,培养她有一份社会责任感。为此我加入了"心飞扬志愿者团队",我们会利用周末的时间去养老院做义工,给老人们表演节目,和老人们说说话,聊聊天,唱唱歌。时间虽然不算太长,也就半天,但每次活动前,女儿都会很认真地准备。一个小节目,一个小手工,一些水果,老人都会很满足,很开心,甚至于会激动得流下眼泪。每次活动结束后,孩子都会很激动,她对我说:"一个人高兴只能叫快乐,如果把快乐分享出去,让大家都快乐,那是一种幸福。"她说她学会了分享,现在很幸福。

我们还会去参加一些环保的公益活动,比如去捡拾垃圾,回收废旧电池;也会去西单等繁华商业地区和志愿者工作人员一起帮助外地游客指路;或者用自己的零用钱为青海、重庆、贵州等边远山区的孩子实现一个"微心愿",让他们在春节、六一等节日收到一份来自北京的礼物及问候。

一年多的志愿活动,让孩子变化不少,孩子明白了比自己贫穷的人大有人在,帮助弱者是自己的义务,也意识到自己是多么的幸福。"施比受有福",有时候人只有离开小我,去帮助他人,才能真正认识到自己的价值所在。

前一段时间,我的一个朋友带着她患有先天性孤独症的女儿到北京来玩,那个孩子13岁了,虽然比我女儿还大3岁,但行为只相当于2~3岁的孩子的能力,我们一起去浏览了雍和宫。一路上女儿领着小姐姐,慢慢地走,细声细语地说话,时不时地帮她整理衣服，问寒问暖，吃饭的时候帮她夹菜，整理掉落在桌上的食物，带她上厕所。我非常震惊女儿的细心和爱心，看到她的变化，我非常感动和欣慰。

孩子通过参加志愿活动，自己亲身去感受爱，奉献爱，触摸爱，以此培养爱心，不断提高爱的能力。这份爱将陪伴她成长，让她受益一生。

专家点评

带孩子参加社会公益活动是对孩子进行道德品质教育的一个重要举措。独生子女生活在一个很特殊的家庭，一家大人都围着这独一无二的孩子转，转来转去，孩子很容易养成心里只有自己而没有别人的自我中心意识。这很不利于孩子将来融入社会。这位家长敏感地意识到这样的问题，及时加以引导，收到了理想的教育效果。

16. 只有一支笔和一本书吗

北京市西城区进步小学家长　周　婕

一次数学课外班结束，得知班上张同学的妈妈择日要前往广西支教，随即班里引发热议。希望工程的名字像标志般出现在孩子们的视野中，孩子们的好奇，家长们的诠释，让希望工程如心形的海浪托起一轮喷薄欲出的太阳一样，悄然走进了这群善良孩子们的心。孩子们相约下次相见让张同学妈妈带给广西的小朋友一份礼物。

准备礼物的事情女儿很上心，先思考，后上百度查询信息，经过一番深思熟虑后，她选择用积攒的零用钱购买一支精致的笔和一本精心挑选的书。整件事看似如此循规蹈矩，无丝毫的新意可言。"孩子，能告诉妈妈选择她的理由吗？""妈妈您看，这个小女孩，手握短铅笔，她有认真的眼神！"苏明娟那双大眼睛出现在我家电脑屏幕上，我立刻明白了孩子的心意，其实我的内心是感动而满足的，至少孩子用心去体会了，她没有选择优质的物质，只选择了一支笔和一本用心挑选的图书。

"只有一支笔和一本书吗？"

女儿突然回头："还能有什么？"

我也陷入了思考。一所所"希望小学"拔地而起，越来越多的失学儿童接受了教育，这是刚需，是毋庸置疑的大好事。随即每年都会有许许多多的好心人给希望小学提供文具衣物等物质帮助，甚至很多家长带孩子前往体验生活，用那里的艰苦环境教育自己的孩子珍惜自身幸福的来之不易，让孩子们捐赠物品奉献爱心。在我看来这并非刚需，而是奢侈品。"希望小学"的孩子缺乏的是优质的教育资源和带来思想转变的精品好书，需要的是心灵交流的朋友，是内心的自信，是信念的坚定，而非带有同情色彩的帮助！

我不知该如何向女儿表达我内心的想法，一时语塞了。"为什么要给广西的小朋友送礼物？"

女儿脱口而出："因为他们什么都没有，很可怜。"

我和女儿一起上网查阅了苏明娟后续的故事，她通过自己的努力完成了学业，成为一名银行工作者，开始回报社会。她一直受到了媒体的关注，脚踏实地走出了一片小天地。她从容的经历，平静的感知，积极的努力，坚定地创造自己的未来，不应该仅获得同情，而更应该获得的是尊敬。

女儿拿起笔在精心挑选的图书里，抽出书签写上了：你会是我的榜样！

我的女儿，愿你天真而善良，温柔而坚定，哪怕看不见未来，把握现在，就是把握明天，只要积极努力地对待每天的生活，就比站在原地更接近幸福。

专家点评

利用一名同学的家长去广西支教的事，引导、组织城市里的孩子们给老少边穷地区同龄的孩子们赠送礼物，学习大眼睛姑娘苏明娟自强不息的奋斗精神，这是很好的教育活动。充分利用家长群体的教育资源，班里组织这样的活动，家长积极支持孩子参与活动，表明教师和家长是很有教育意识的。

17. 热爱班集体

北京市西城区阜成门外第一小学家长　崔　路

背景交代

此事件发生在孩子幼升小时。孩子刚进入小学一年级学习，由于我和孩子父亲的单位都在西城，所以孩子要从朝阳区搬到西城区来生活和学习，新的住房、新的同学、新的老师、新的环境，导致孩子各种不适应。

过程回放

2015年9月7日开学第一天，我领着儿子高高兴兴地走路去学校。路上我说："儿子，你今天的新书包真漂亮，你真棒，从今天起你就是一名小学生了。"儿子说："妈妈，我不想去学校，我肚子疼！"当时我就脑袋"嗡"的一声，心里像百只兔子挠心一样，牵着儿子的小手一步步走近学校，5分钟的路程，我却觉得那么漫长。

到了校门口听见："妈妈再见，爸爸再见……"就见其他孩子们纷纷挥手和家长告别，高高兴兴地进了校门。我低头对儿子说："去吧，今天你就会认识更多的好朋友了。"只见儿子眼泪在眼圈里打转，依依不舍地进入校门。我的心总算踏实一些。不料没到1分钟，孩子掉头就从学校跑出来。我马上站在校门口，有意识地堵住，不停地往学校里推。保安和老师看见此景都上前来帮助，一边把孩子往学校里拽，一边和我说："同学妈妈您走吧，别站在校门口，孩子交给我们，您放心！"

就这样持续了3天，在老师和同学的帮助下，经过我软硬兼施，语言的引导和行为的诱导，儿子终于"正常了"！现在他已经是一名尊敬老师、团结同学、热爱集体的二年级学生了。

解决方法

从孩子不进校门的那一刻，我就搜集和学习了很多关于家庭教育的材料及书籍。我认为让孩子真正热爱学校、爱上上学，不单单是从学习这方面抓起，而且要从孩子的心理着手。只有孩子把学校和班级当成自己的家，才能融入这个集体里，才能热爱这个家。

我用《一滴小水珠》的故事感染了孩子，他懂得了：一滴水，只有放进大海，才不会干涸；一个人，只有融进集体，才能充分展现他的才华和生命的价值。离开了集体他就会体无完肤，就像小水珠一样，离开了大海，就会在阳光的照射下化为乌有。

孩子现在不仅爱上学，还担任了班级数学和音乐课代表；不仅愿意帮助同学，还成了老师的左右臂。在校生活中他也更加善于观察了。发现班集体没有干湿纸巾、洗手液等，他会用自己的压岁钱为班里积极主动地购买。这就是进步。

个人体会

教育孩子，就应该做一个有教养的家长。在家里要孝敬孩子的爷爷奶奶，让孩子知道敬老爱老是中华民族的传统美德；在社会上要遵守公共道德，养成勤俭节约的好习惯，教育孩子不要在同学中去比阔；要让孩子有羞耻感，同时，要知错必改；要养成团结协作的好习惯，在社会上乐于助人。

教育孩子，就应该做一个有进取心的家长。要教育孩子"勤"字当先，从力所能及的事情做起，不断进步；要教育孩子用正确的心态面对失败和挫折，不要逃避责任；要鼓励孩子大胆创新，勇于探索；要培养孩子的自信心，遇事不人云亦云，而是拿出自己解决问题的办法。

教育孩子，就应该创造一个良好的家庭氛围。要建立平等互助的人际关系，不要动不动就以家长自居发号施令；在发现孩子的长处时要及时表扬，相反，在发现他的行为规范出现偏差时，要及时批评；要杜绝言行不一致的事情。

专家点评

现在，很多家长送孩子上学，唯一的期望是好好学习，争取获得优异的成绩，不怎么关心孩子的道德品质教育。这位家长意识到，首先应该培养孩子热爱班集体，融入班集体，进行集体主义教育，难能可贵！对于自我中心意识过强的今天的孩子们来说，是很有必要的。要培养好孩子，家长首先要以身作则，创造良好的家庭氛围，也是值得肯定的。

18. 对孩子进行爱国主义教育

北京市西城外国语学校附属小学家长　孙保东

爱国主义是一种伟大的精神力量，只有每个人的心头都有一种爱国意识，才能把祖国建设得更加美好、富强。爱国精神是华夏子孙的传统美德，对儿童进行爱国启蒙教育，从小培养儿童热爱祖国，萌发作为中国人的自豪感，历来是儿童德育的重要内容。当今社会独生子女居多，家长往往看重孩子智力发展，一味满足孩子物质生活需要，常常忽视对孩子优秀品行和情感的培养。少年儿童是祖国的花朵，是民族的未来和希望。今天的孩子，就是明天的建设者，要使他们成为新世纪的合格接班人，不仅需要具备渊博的知识、强壮的体魄，更需要一颗爱祖国的赤诚之心。因此，培养孩子的爱国意识是时代的要求，是我们义不容辞的责任。

"爱国"对儿童来说似乎是一个抽象的概念，对刚上学的儿童进行爱国启蒙教育采用什么形式？在博大精深的资源和题材中，提取出哪些适合孩子的教育内容呢？这些问题并不好回答，真是知易行难啊！有一件小事给我印象深刻，并且对我有所启发。记得有一次坐公共汽车，孩子只瞥了一眼马路两侧的社会主义核心价值观标语牌，便倒背如流说出全部24个字，眼睛看着我，脸上露出十分自豪的笑容。我在惊喜的同时，顿感这就是学校以及社会进行爱国主义教育的收获。因为学校教会了孩子背诵社会主义核心价值观，社会上做到了以标语等形式的广泛宣传，家长应该怎么做呢？当天，我抓住机会和孩子一起把社会主义核心价值观的内容仔细温习了一遍。在说到"爱国"时，特别强调了作为公民，无论大人，还是小孩，都要爱祖国。我担心孩子理解不透，就循序渐进地解释说，人人都要有爱心，要爱父母、爱老师、爱同学、爱班集体、爱学校、爱家乡，这种爱最终发展为爱祖国，就这样，年幼的孩子通过交谈和思考，似乎也明白了爱国的大道理。

少年儿童时期是人生最美好的开端，远大的理想在这时孕育，良好的习惯在这时养成，人生的风帆在这里起航。平时在和孩子的交流中，我和家人了解到小孩所在的学校非常注重这方面的教育，除了设置相关课程外，还经常开展多种多样的、少年儿童喜闻乐见的爱国教育活动。班上准备了许多相关图书，用多种方式对儿童进行浅显的、启蒙的爱国主义教育，使孩子们萌发爱祖国的情感，激发作为中国人的自豪感。爱国主义教育是历史赋予学校每个教育者的责任，学校固然是对青少年进行教育的重要场所，同时，帮助孩子树立崇高的爱国主义精神也是每个家庭的分内工作。

父母是孩子们的第一任老师。家长是什么样子，孩子也是什么样子，家长要配合学校把爱国主义教育贯穿到育人全过程。家庭对孩子进行爱国主义教育的形式也应该是丰富多彩的，比如说，家长和小孩一起参加相关活动等，因为活动是培养儿童成长的一种常用方式，可以启发儿童情绪化的学习。我们有时候周末带孩子去看爱国主义的电影、红色旅游和参观展览等。另外，注意从孩子的爱好兴趣出发，细心观察，注意点滴，把爱国主义联系到日常生活细节中。比如和孩子一起看看新闻，了解国家的情况；给孩子讲雷锋、邱少云、王二小等英雄人物的事迹；给孩子买一些关于中国灿烂文化及优秀人物的书籍、画册等。还要定期和孩子相互讨论热爱国家话题的感受，培养爱国主义意识。

少年兴则国兴，少年强则国强。我们家长要具备时代责任感，注意发挥自身的作用，让学校、家庭与社会对下一代的培养教育更加有机结合起来，使爱国主义教育更加系统化，以德为先，加强德育，特别是加大力度培养孩子们的爱国主义情感。为了祖国的明天更加美好，让我们携起手来、共同努力，从少年儿童的教育抓起，把我们的孩子真正培养成为祖国未来建设的一支充满生机活力的生力军。

专家点评

这位家长注重对孩子进行爱国主义教育的经验值得推广。在改革开放，外国文化涌入中国的今天，对孩子进行爱国主义和民族传统教育是非常必要的。就像邓小平同志所说的那样，教育人民"以热爱祖国、奉献全部力量建设社会主义祖国为最大的光荣，以损害社会主义利益、尊严和荣誉为最大的耻辱"。树立民族自尊心和自豪感，让我们的孩子永远以我们是中国人而感到无比的自豪。

19. 沐浴阳光，一起成长

北京市第七中学家长　李晓红

天下的父母都是一样的，孩子一出生我们就对他们寄予厚望，或望子成龙，或望女成凤，恨不得把全世界最好的东西都给予他们。然而什么是最好的东西呢？作为一名母亲我认为把最优秀的品质教给孩子，就是给孩子最好的礼物！作为家长我们需要长期以身作则去引导孩子，言教不如身教，身教不如境教。我们要给孩子以榜样，让孩子在潜移默化中学到"善良，诚实，友爱，谦逊，积极，向上"等的优良品质，这样孩子的人格才是健全的。

儿子上初二时，他的数学不是很优秀。期中考试完他兴奋地告诉我："妈，我这次数学考了106，是全班第一。"看着儿子高兴的样子，我虽然心里有些疑惑，但我相信一直诚实的儿子是不会撒谎的。我就说："你的数学进步不小，继续加油。"儿子脸上露出自豪的神情。

第二天数学卷子发下来，儿子回家改错题时发现老师给他的分数加错了，多加了10分。他问我："妈，老师给我的分数多加了10分，这可怎么办？"我欣慰地看着他说道："你打算怎么办？"儿子有些失落，想了想："我想明天早上告诉老师，但是我当不了第一，我怕同学们会笑话我。"我始终都是微笑地看着他："第一名和诚实，哪个重要？""当然是诚实。"儿子答道。我笑着说："妈妈为你高兴，你在妈妈眼里永远都是第一名。"

第二天他把卷子给了老师，重新改了分数，虽然不是第一名。当他回家告诉我时，我给儿子一个大大的拥抱。我为儿子做出的决定而自豪。有高贵品质的人，他的内心是阳光的。儿子的积极、阳光、诚实也在感染着我。

一晃儿子走进了高中时代。有段时间由于工作原因，我回家很晚，那段时间他迷上了手机游戏，作业完成得不是很好。我几次和他交谈，希望他有所改变，但是都收效甚微。家长会上，老师的一番话对我触动很大，我开始深刻反思自己。我总认为孩子在小学、初中需要我的陪伴，到了高中我就可以不管了，不用陪他一起学习。但是我错了，高中生正处于青春期，各个方面都需要家长的密切关注。开完家长会，我们家也召开了家庭会议，儿子也意识到自己存在的问题，三个人共同制订了新的计划。

1. 我对自己的工作做了调整，保证每天晚上6点半到家，回家后不能玩手机。

2. 每天用20分钟左右的时间和孩子交流他在学校的情况，及时掌握孩子的思想动态，有问题及时解决。

3. 对孩子在学习和生活中遇到的问题和困难，保证心平气和地和孩子一起想办法。

4. 孩子要在规定时间内完成作业，并保证作业的正确率，家长每天及时配合老师检查孩子的作业完成情况。

5. 在规定时间内孩子可以玩手机游戏，到时间手机自动上交。

6. 每周五陪孩子对一周所学知识进行梳理复习，做到"日清，周结"。

就这样我和孩子一起进步一起成长，坚持了一个月后，儿子的注意力明显提高，玩手机游戏时间缩短了，学习劲头比以前更足。相信期末考试他会有更大的进步。

儿子的体育不是很好，上次体育考试没及格很是沮丧。我告诉他："你不是最快的那个，但是你可以坚持到最后，只要没有停下来，结果总是好的。人生不是百米冲刺，而是场马拉松长跑，能坚持不放弃，你就是强者。"他感悟到了这句话的道理。这学期在老师的引导下，不会踢足球的他也在绿茵场上奔跑。有时回家会高兴地告诉我："妈，我今天踢的是前锋。"这是一个可喜的变化。我再一次拥抱儿子："在妈妈眼里你永远都是最棒的。"

母亲对孩子的影响力不仅言语，而且是日积月累的付出关心与热爱。在孩子成长过程中，父母扮演的不仅仅是家长的角色，更多的是朋友的陪伴，人生的导师！有时候我觉得我不是在陪孩子，而是孩子在陪我。感谢孩子给予我这世间最大的幸福！

专家点评

道德品质教育，就是做人的教育。没有优良的道德品质，就无法立足社会。这位家长重视孩子的道德品质教育，头脑是清醒的。全家人共同制订"计划"，实际上就是制订"家规"。不仅是对孩子，而是对全体家庭成员的行为做了规范，人人都遵照执行，这是值得推广的教育方式方法。特别值得赞赏的是，家长首先规范自己的行为这一点。

20. 儿童思想品德教育

北京市西城区奋斗小学家长 陈 颖

学校发来"关于征集'家庭教育案例'的通知"后,我想了很久,最终选定《儿童思想品德教育》这个题目来讲述一下,我家是怎样教育孩子的。

我之所以选这个题目,是因为现今社会年青一代有些人缺乏对社会公德的认知,损人利己,自私,不道德的现象到处可见。所谓无规矩不成方圆。生存在社会里是有它自然的规范的,而我们就要遵循这个规范,让我们的下一代有这样的意识,生活在一个文明的社会里。社会公德是社会生活中最简单、最起码、最普通的行为准则,是维持社会公共生活正常、有序、健康进行的最基本条件。因此,社会公德是全体公民在社会交往和公共生活中应该遵循的行为准则,也是作为公民应有的品德操守。社会公德主要包括文明礼貌、助人为乐、爱护公物、保护环境、遵纪守法。

下面我来说说我家是怎样教育孩子的吧。孩子从小是跟我们生活在一起的,作为父母,我们都是以身作则,回家见到长辈要问好,过马路看红绿灯,坐地铁上扶梯时会告知孩子靠右站,垃圾要扔在垃圾箱里……我们大人都要做到,并让孩子能看到通过从小的灌输及大人的坚持,孩子潜意识里就知道该做什么不该做什么。在外活动时,我和孩子之间会对路上看到的事情进行讨论。有一次孩子看到有位小朋友随意扔垃圾,我问他:"这位小朋友做得对吗?"他对我说:"这样做不对,要爱护环境。"我看那个小朋友和我家孩子差不多大,就鼓励他去跟那位小朋友说这样做是不对的,让他不要这么做,把垃圾扔到垃圾箱里。孩子犹豫了一下,还是拉着我的手走到那个小孩面前(我也知道孩子是有些害怕所以并没有拒绝),一起过去后他真的是大声地对那位小朋友说:"你应该把垃圾扔垃圾箱里,要爱护环境"。小朋友听了确实把垃圾捡了起来扔进垃圾箱。我在边上说:"知错能改就是好孩子"。孩子很开心,觉得做了一件很伟大的事情,我也鼓励他勇敢。但有些时候看到有毁坏公共设施的,不爱护花草的小朋友,在和孩子讨论对与错的时候我也会看那些小朋友的状况,如果是特别淘气特别猛的,我就不会让他去制止,而是离远一点,因为极有可能会被伤害,我会亲自上前制止那些淘气的孩子，我的孩子在远处是能看到的。我个人认为，仅仅自己做好是不行的，在当今社会，看到不对的地方大家还是漠视的态度，犯错的人就会更加得逞，应该有人上前去制止，哪怕是制止不了，也应该把态度表示出来。但我也会判断，也会告诉孩子哪些人可以去制止，哪些人就要远离，现在的垃圾人还是有的。

孩子稚嫩的心灵是纯洁无瑕的，坚持正面教育，树立正面典型形象，使孩子学有方向，学有榜样。在生活中，父母对孩子进行正面的教育和诱导，同时要以身作则，言传身教，潜移默化地影响孩子良好品德的形成。孩子的社会公德意识是在成人的引导下逐步建立起来的，因此我们要重视对每个孩子进行品格和习惯养成教育，促进社会公德意识的形成与提高。

专家点评

这位家长说得很好："社会公德是社会生活中最简单、最起码、最普通的行为准则，是维持社会公共生活正常、有序、健康进行的最基本条件。因此，社会公德是全体公民在社会交往和公共生活中应该遵循的行为准则，也是作为公民应有的品德操守。"对孩子进行社会公德教育是家长的一个不可推卸的责任，也是家庭教育的一个重要任务。

21. 如何培养善于交往、乐于助人的孩子

北京市西城区阜成门外第一小学家长 周 翀

目前,社会正处于一个快速变革阶段,人与人之间的交往越来越紧密,团队合作也变得越来越重要。交往能力已经逐渐成为人生发展的重要能力,善于交往的人往往能够更快地融入新的团队中去;乐于助人作为一种难得的优秀品质,让人容易结交到更多朋友。

作为两个孩子(大宝儿八岁,小宝儿两岁半)的父母,我们两个人都相当内向,不愿意和陌生人打交道,在实际工作和生活中受到了一些影响。因此,在孩子的教育上很早就达成了一致意见,要尽可能地为孩子创造条件,让他们多接触社会,多锻炼与人交往的能力和主动性。

一是尽量早、尽量多地带孩子到外面去开阔视野。"读万卷书,不如行万里路"。家长的说教和书本上的故事远不如到外面去走一走、看一看,如果条件允许,应该多出去旅游。旅游期间,孩子接触到的一切都是新的,和日常生活中的事物完全不一样,这样能够很好地刺激孩子大脑发育。尤其是在孩子小的时候,会明显感觉到旅游一次孩子就突然长大一些。同时,旅游也是很好的亲子时机,全天都有父母的陪伴,孩子会觉得很安全、很幸福。当然,由于旅游目的地气候差异、作息变化、过度劳累,孩子很容易生病,这也是很多家长,尤其是老人不让孩子过早外出旅游的借口。其实,只要准备充分、合理安排行程就能降低孩子生病的概率,即便是生病了也可以看作是孩子成长中的一种必然要经历的"修炼",伴随外出次数的增多,相信孩子会越来越皮实的。此外,家长日常外出聚会、购物等活动时,只要条件允许,也都可以带孩子一起去,让他们多接触社会,充分理解人际交往的必要性,直观感受交往的方式方法。有的家长可能会认为小屁孩啥也不懂,带出去只会添麻烦,其实多经历几次,孩子的学习能力总会给人以惊喜。最近,有一次逛商场时,我们家小宝儿偶然看见一件她喜欢的衣服,拿起来就往收款台跑,还喊着妈妈结账。

二是不要拒绝孩子接触陌生人。受社会大环境影响，为了安全，家长往往嘱咐孩子不要接触陌生人，甚至面对陌生人的搭讪要敬而远之，所以有些孩子一到外面就怯场。多接触不同的人，恰恰是让孩子逐渐摸索、积累与人交往的经验的最好办法。最初，孩子可能由于不知道如何与人交往而害羞，这时就需要家长适当给一些压力和鼓励。我们家大宝儿还小的时候，每次到外面吃饭都会让他自己点自己想吃的菜，但条件是得自己找服务员说。开始几次总是很不情愿，甚至会说我不吃了或者哭一鼻子，我们会想尽办法鼓励和引导，实在不行那就真的不点。经过几次锻炼后，孩子会很乐意帮我们找服务员点菜或者寻求帮助，我们则不断地鼓励他，让他增强成就感。现在，问路、联系服务人员等这些需要和陌生人打交道的事情已经基本被我们家孩子承包了。有时，孩子看到新鲜的事物，会主动向人求教，只要对方不是太生硬，就能聊很久，问很多的问题。一次回家的路上，孩子看见了一个正在进行绿化施工的工地，就跑过去问两个正在休息的工人："种的这是什么树啊？为什么要挖这么深的坑啊？为什么要换土啊？"简直就是十万个为什么，由于嘴甜，对方居然认真地回答了不少问题。

三是鼓励孩子多管闲事。不少老人（个别家长也是）都觉得孩子只要学习好就行，其他的什么都不用管，因此无论在家里还是在外面，都剥夺了孩子帮助别人的机会。其实，多管闲事不只锻炼孩子综合能力，也有利于养成乐于助人的优秀品质。首先是培养孩子多做家务，不仅是要收拾好自己的东西和房间，还可以帮助家长一起做饭、美化环境等。孩子对于做饭、收拾屋子等日常家务也会有天然的好奇感，因此我们比较注意引导，无论孩子干成什么样，都会对态度大加赞扬，然后再教一些具体方法。慢慢地，孩子会热爱上劳动，享受其中的乐趣，也担负起了家庭成员的一份责任。我们家小宝儿现在包饺子已经像模像样了，大宝儿更是能独立洗菜、切菜、炒菜了。由于在家经常帮助家长做事，所以出门在外的时候，孩子也会愿意帮助别人。只要没有人身危险，我们都会鼓励孩子去帮助想帮助的人。去年，我们和大宝儿一起办了游泳卡。第一次游完泳后，大宝儿发现有两个挨得很近的回收浴巾的容器，一个是筐，一个是推车，就跑去问服务员为什么要两个，得知推车方便送去清洗后，就赶忙把筐里的浴巾都搬到了车里。当时，服务员一脸惊讶地看着我们家大宝儿。后来大宝儿经常帮服务员搬浴巾，也成了那里最受欢迎的小朋友。

总之，培养一个善于交往、乐于助人的孩子比一个喜欢宅在家里的孩子需要家长付出更多努力,成长过程中也难免会遇到更多风险,但对于孩子未来的成长非常必要。作为父母,我们付出了,我们感觉很值得。

专家点评

现在是工业化的社会,开放的社会,人们的劳动场所由家庭转移到工厂、农场或其他工作单位。要适应社会生活,立足社会,必须从小培养孩子的社会交往能力。这位家长多带孩子到外面去开阔视野、不要拒绝孩子接触陌生人、鼓励孩子多管闲事等经验行之有效,值得推广。

22. 善解童真

北京市西城区阜成门外第一小学家长　高爱华

我的女儿上四年级，是一位开朗、活泼、乐观的小女生，她特别喜欢和我分享学校、班级里的各种事情。每次放学接到她，她就像一只快乐的小鸟，叽叽喳喳地讲给我听，有时候还会卖关子："有一个好消息和一个坏消息，妈妈您想先听哪一个？"于是回家的路上充满了欢歌笑语，我们迎着五彩的晚霞，笑成了两朵绚烂的花朵，体会着温馨的亲子快乐。

可是有一次放学接她时，女儿却像霜打的茄子一样蔫了，我心里不禁咯噔一下，暗自着急起来。虽然已经提前接到了班主任老师的电话，对孩子的遭遇有了一些心理准备，或者说在没有见到女儿前我甚至还觉得没什么大不了。女儿是个乐天派，总能让自己快乐无比，但是她的表现却让我有些意外。我调整了一下自己的情绪，若无其事地和她聊起来："妞儿，找个学校有趣的事儿给我讲讲呗？""妈妈带你去买点水果？""我们先去哪里玩一会儿呢？"……我的这些话没有引起女儿的欢呼，只听她淡淡地说："妈妈，我们先回家吧。""好的，那就先回家。"我忍着不问，在电话里和老师已经达成共识，让女儿自己主动说出来会比较好！但我的心里却一直在犯嘀咕，她会不会不说出来呢？此时此刻车窗外的风景也变得黯淡起来。

快到家停车等红灯的时候，女儿突然开口了："妈妈，我们班有个同学冤枉我了，我在学校被气哭了，大哭一通！""哦，怎么了？你跟妈妈说一说，我帮你分析一下。"女儿的眼泪又开始在眼圈里打转，小肩膀也跟着颤抖起来。"宝贝，不哭，妈妈把车停路边，认真听你讲。"原来是班里一个淘气的男孩子，给女儿造谣，说女儿同桌男生喜欢她，结果班里其他几个男生也跟着起哄，在放学前引发了一场"班级轰动"。班主任老师及时处理了这个问题，并安慰了女儿。因为要组织学生们排队放学，老师只能简单了解情况后及时与我沟通，让这样的事情不要影响孩子的情绪，同时协助老师搞清楚事情的真相。

听完女儿的哭诉，我反而冲着她笑了："就这点小事情，你还掉眼泪啊？你的同桌经常让你给他讲题这是好事情，是同学间互帮互助，团结友爱的体现；你是班里的中队干部，除了学习好，还要会处理同学间的误会和矛盾；遇到问题首先要冷静反思，从自身找原因，然后再去想如何化解才对；你的眼泪不能带给你任何帮助，只能让大家对你的误解加深，是吧？所以，亲爱的宝贝，如果以后成长的路上遇到别人或者自己被冤枉的事情，请一定保持冷静，分析问题，解决问题，不要人云亦云！"

听了我的话，女儿认真地点了点头，又重复了一句："妈妈，我记住了一定不要人云亦云！其实老师安慰了我，我已经原谅那些造谣的同学了，只是觉得他们的做法特别不对，他们不懂得尊重同学间的友谊，把一些坏毛病带到了我们这个集体里，这样是不对的，我明天会告诉他们以后不要这样做就好了！"说完还做了一个"胜利"的剪刀手，露出灿烂的笑容。

第二天这场风波随即在班里平息下来，两位班主任老师用这次事件给全班的同学上了一次心理沟通课，除了让造谣的同学给女儿和那个男生道歉后，还让同学们都在自己重要的笔记本上用醒目的笔写上了"不要人云亦云"的警示语。两位老师满满的爱意形成了一股无形的能量吸引，让每一位孩子受益匪浅；他们还第一时间和我沟通这样的处理结果，并一直关注着女儿的情绪变化。

这件事情过去了许久，但是对我的触动特别深刻，所以我非常愿意拿出来和大家分享！孩子是上天降临在人间的珍宝，她（他）们是那样的可爱、纯真，她（他）们成长的过程中需要我们创造一个纯净的生长空间；这无瑕的童年岁月里，会有很多对未来的憧憬，当然也会有各种疑惑和不解，而成长就是这样神奇的过程，离不开家庭、学校和社会的紧密配合！让我们家长和老师一起携起手来，及时修正，及时指导，用爱陪伴，善解童真！

专家点评

孩子在学校与同学相处中，难免会发生一些不愉快的事，遭遇不公平的待遇。家长如何对待，如何处理？这是对家长修养的一个考验。有的家长，发现孩子在学校受到委屈，直接介入，这往往会把简单的问题人为地复杂化，不利于问题的解决。这位家长的高明之处在于，遇事沉着冷静，鼓励孩子自己去处理、解决，既顺利地解决了问题，孩子也从中得到锻炼和提高，应该点赞！

23.
孩子之间的理解与包容

北京市西城区阜成门外第一小学家长　翟玉兰

我家有两个孩子,姐姐上小学五年级,妹妹刚上幼儿园中班。妹妹学说话刚会走路那会儿,年纪小还不太懂事,好动,调皮。姐姐放学后,妹妹经常打扰姐姐学习,拿姐姐的课本撕着玩,在姐姐的课本和作业本上乱写乱画,要是不让玩了又哭又闹。在家长看来,这本来是小孩子成长过程中逐渐认知的过程;孩子小,还不能明白她的行为有什么不妥的地方,也没有太明晰对与错的观念,是可以得到理解的。但妹妹的这种行为直接导致她的姐姐非常生气。因为学习时间紧张,学业压力也大,自己的劳动成果被人毁掉,姐姐也不能接受,于是多数时候就会又哭又闹,导致家里边乱成一锅粥。

姐姐年纪也还小,有些时候理解不了妹妹那个年龄的行为。作为家长的我,内心也很纠结,因为妹妹年龄小,没法去直接责备妹妹。姐姐呢,会以她的年龄段行为标准来要求妹妹,她认为做了不对的事就应该教育她、处罚她或者骂她。每当这时候作为家长,我只得先把妹妹抱在一旁,安抚她,给她讲道理,告诉她什么事情该做,什么事情不能做。告诉她当姐姐做作业的时候,不能去打扰,更不能去踹门,踹门是一种很不礼貌的行为,更不能撕姐姐的书,不然老师会批评姐姐,不让姐姐进教室正常上课等等,等姐姐做完作业了就会来找你玩的。另外,还可以在姐姐学习的这段时间里,安排妹妹让她自己看看图书,玩玩具等来转移她的注意力。

其次再安抚姐姐,先安慰她让她把该做的作业做完,要让妹妹向姐姐道歉,同时姐姐也得多体谅妹妹。告诉姐姐,人在成长过程中的每个年龄段所表现的行为是不一样的,她自己也有跟妹妹一样大的时候,也是一天天长大的,从懵懂无知到生活跟学习的阅历越来越广,让姐姐能接受妹妹这个年龄段的这种成长过程。

经过不断的教育引导,姐姐在以后的日常生活细节方面就会有所注意了。比如说,妹妹不经意间毁坏东西啦,损坏玩具啦,小贴画到处乱贴啦,各种乱涂乱画啦,当姐姐无意中看到的时候,我可以悄悄地告诉她:你这么小的时候和你妹妹的行为一模一样，这样可以让她慢慢地在内心里接受妹妹的这种成长过程。在姐姐还没提出存在的问题之前，就告诉她小的时候和妹妹比较是怎样，用她小时候的正常年龄段的行为实例来解释给她听。

这些年姐妹俩一起相处下来，期间发生了很多这样那样的故事。有过焦虑，有过烦恼，也有过生气等各种各样的心态，目前姐妹俩已经找到很多共同点了，就像姐姐在做作业的时候，妹妹也在一旁有模有样地写写画画，虽然写的画的旁人也看不太懂。总而言之，互相也能容忍对方，理解对方，一块学习、长大。

专家点评

国家放开"二胎"的计划生育政策出台以后，家庭里有两个孩子的越来越多。孩子有玩伴，解决了独生子女孤单的问题，又会产生新的问题：两个孩子如何和谐相处的问题。小的干扰大的学习，大的又还不理解，不懂得包容，矛盾不可避免地会发生。这位妈妈的心态、性格非常好，不急不躁，耐心细致地分头做工作，取得了很好的效果。

24.
养成良好习惯　培养健康心态

北京市西城区阜成门外第一小学家长　杜　莉

如何培养孩子是个大命题，各种媒体平台上出现的各类儿童教育类文章比比皆是。作为一个三年级小学生的妈妈，这些年一路陪她成长，自己也有些心得记录下来与大家分享。

对于孩子来讲，学习成绩并非是第一位的，良好习惯的养成才是关键。如果养成了良好的习惯，学习成绩自然会好，但是如果只是学习成绩好，没有良好的习惯，孩子在未来的成长中也会遇到麻烦。所以，我对孩子好习惯的培养非常重视：放学以后先写作业，自己的床铺要自己整理，自己的东西要收好不能到处乱放，要适当做一些力所能及的家务事等等。小朋友刚上一年级的时候回家不知道要先写作业，总是摆弄自己的小玩具，我下班回家以后她才开始动笔，而且经常是要我在旁边督促。我发现这样不行，于是和小朋友讲道理，告诉她放学回家要先做作业，养成良好的学习习惯。刚开始几天发现孩子还是有回家先磨蹭的情况，但是后来慢慢地她自己也习惯了回家第一件事情就是先写作业。改变一个人的习惯很难，同样，让孩子改起来就更难了，但是好习惯一旦养成会受益终身。

对于孩子来讲，健康的心态也至关重要。每个孩子都有自己独特的性格。人的性格有些是基因决定的，有些是在后天环境中慢慢形成的。每种性格都是双刃的，很难评价好坏。尽量培养孩子这样一种心态：遇到顺境，不会洋洋得意；遇到逆境，不会消极颓废。要永远保持一种积极向上的心态，努力做一个理想主义者。

未来的世界拼的一定不是成绩的好坏，一定是创造力！所以，让孩子多涉猎各方面的知识，多接触诗歌、绘画、音乐等，让他们的心灵填满高尚的情趣。这些高尚的情趣会支撑他们的一生，使得他们遇到困难的时候能够从容应对。

让孩子学会做一个幸福的普通人。不用样样都拿第一，因为第一只有一个。无论我们怎样对人进行分类统计一定是正态分布的，我们所谓的最成功的人一定是很少数的，绝大多数是普通人。但是，普通人也有普通人的幸福。其实我们今天看到大量的人是普通人，但是他们的生活很乐观、很幸福。让孩子知道做幸福的普通人也是非常幸福的道理。

除了如何教育孩子之外，如何做一名合格的家长也是一门艺术。经常有人聊起：要孩子是为了什么？传宗接代还是养儿防老？后来听到一个令人感动的答案：为了付出与欣赏。不求孩子完美，不用替我争脸，更不用帮我养老。只要这个生命健康存在，在这个美丽的世界上走一遍，让我有机会与她同行一段，我就很知足了。每个孩子都是独特的存在，作为家长的我们，不要过于焦虑，懂得理解和欣赏孩子足矣。

专家点评

这位家长把"养成良好习惯，培养健康心态"，作为培养教育孩子的重点，我很赞赏。这表明家长对社会，对人生，认识得很深刻。"习惯"是完全自动化、不容易改变的行为模式，良好习惯一旦养成，会受益终身。"心态"是面对特定环境表现出的情绪状态，养成积极健康的良好心态，能应对各种复杂的环境。

25. 我们需要给下一代什么样的价值观教育

北京市西城区阜成门外第一小学家长　林　松

最近，网上沸沸扬扬地转发，跟帖评论一名曾经在云南省昆明一中完成中学学习，而后在美国 MARYLAND 大学深造的女生杨同学。今年毕业季，杨同学作为美国 MARYLAND 大学 2017 年度优秀毕业生代表发表了毕业感言。该女生在讲话中描述中国云南昆明空气污染严重，出门都要戴五个口罩，并称一踏上美国国土，就呼吸到美国的空气"新鲜而香甜"，有种"奇妙的奢侈感"，"民主和自由就像新鲜空气一样，值得为之奋斗"。

实时同步，没有任何时差的网络视频在我国各大媒体转发。一石激起千层浪，杨同学的话激起中国网络谴责和媒体评论批评，云南省昆明党政信息官方微博针对上述讲话引起对昆明空气质量的质疑表示，"这个锅我们不背！昆明四季如春"。官媒大众传媒，尤其是网络传媒"深挖"并解释了这位女留学生对美国听众投其所好，说"言论自由并不代表不尊重事实"。外交部发言人说："任何中国公民对于任何事的表态都应该负责任，不仅是有关中国的问题，对任何问题都应该如此。"

我们的年青一代怎么了？他们怎么可以不顾事实，贬低自己的祖国，而妄加抬举杨同学去做客的美国？中华泱泱五千年的优秀文化，"受人滴水恩惠必当涌泉相报"的感恩思想，最朴素的"子不嫌母丑，狗不嫌家贫"这些最基本的做人做事的准则，都在受到中国国内完好教育的这个女学生身上荡然无存。在杨同学的学识里，可谓是"数典忘祖！"

这就需要我们再回到教育的根本上来。"十年树木，百年树人！"发扬博大精深国学的精华部分，剔除其迂腐的糟粕部分。让我们整个社会每一分子都来洗涤自己的心灵，再一次回归教育的本源。

在人生观、价值观培养的重要阶段——小学，我们作为家长也从身边小事做起，培养孩子公德意识。为了女儿能接受较好的教育，我们从其他区转回到户口所在地月坛地区。二环以里，老小区在初建阶段没有考虑到日后经济如此发达，百姓能买得起私家车辆。我们居住的是个老小区，政府花大量人力、物力对小区进行改造。经过一个半月的辛苦付出，焕然一新的小区展现在小区居民面前。

很快，不和谐的事情就发生了，小区私家车车主开始了私装地锁工程。居委会、房管所也用北京市公共道路制止私装地锁相关文件警示私装地锁的私家车车主，然而，虽然有法规明示，却丝毫阻止不了法不责众的行为。在这种情况下，我们也想花一二百元私装地锁，给自己的私家车有个方便的停车位。这样做肯定破坏环境，破坏辛苦工作的工人朋友的劳动成果。最后，我们和孩子商量遵守社会公德，不私装地锁，不侵占公共资源。

我们和女儿讲，别人怎么装地锁，咱们不用去管，只要做好自己，成为好公民就好。

2014年3月习近平总书记在法国访问期间，在联合国教科文组织发表了精彩的主旨演讲，提到了弘扬中国文化，用中华民族的软实力，向世界人民推广中国的正能量。

中华文明经历了五千多年的历史变迁，但始终一脉相承，积淀着中华民族最深层的精神追求，代表着中华民族独特的精神标志，为中华民族生生不息、发展壮大提供了丰厚滋养。中华文明是在中国大地上产生的文明，也是同其他文明不断交流互鉴而形成的文明。

作为家长，我们要以身作则，为孩子起表率作用，用日常的身边事，积极配合学校教育，使我们的下一代成为有益我们社会的栋梁之材。

专家点评

所谓"价值观"，就是对人、对事、对行为总的看法。进行价值观的教育，实际上就是教孩子学会分辨是非、善恶、美丑、对错，这对孩子一生的发展具有方向性的意义。这位家长从小就注重对孩子进行价值观的教育，站得高，看得远。但具体实施价值观的教育，不是空洞地讲大道理，而应该"用日常的身边事"引导孩子，值得赞赏。

26. 与孩子一起正面挫折

北京市西城区阜成门外第一小学家长　曹　颖

许多事例告诉我们：人生之路不可能永远是鲜花，只有鲜花与荆棘相伴的人生才是真实的。然而当孩子面临荆棘之时，如何予以引导？我想作为一名家长，在忙于教育的同时万不可忽视了教会孩子坚强地面对挫折。学会生存是人发展的根本，培养孩子的耐挫教育，正视生命的价值，无疑是育人的一个重要的方面。

陈天怡从小身体不太好，总爱生病，但她喜欢水。我们的初衷是想让她强身健体，提高身体素质，于是在她幼儿园毕业那年找了启蒙教练开始学习游泳，在短短的15次课后她就学会了蝶、仰、蛙、自四种泳姿，在随后俱乐部组织的游泳比赛中取得了小组第一、总分第二的好成绩。为此我们感到十分欣慰，教练也很高兴。从那时起，她就开始坚持训练，一切似乎都很顺利，她也没有因为训练而感到厌烦。第二年的春天进入了北京SOYO游泳俱乐部，那里的教练和训练就更加正规了。同年的4月，她代表SOYO去香港参加Mantas比赛。作为家长，我们只是抱着让她试试看，开阔一下眼界的目的去的，当时我们希望她能知道真正的比赛是什么样的，只要能游下来就可以了。但是这个想法我们并没有和孩子说。她兴高采烈地去了。那次比赛她一共参加了四个项目，最终的结果是四个项目都取得倒数第三名，成绩很不理想。虽然当时的她只有七岁，但从知道结果的那一刹那，她的表情有些凝固，这样的结果对于她可能是出乎预料的。在当时那种情形下，我从正面引导孩子，给了孩子一个大大的拥抱，给予鼓励、安慰和肯定，告诉孩子："你在训练的时候其他人一样也在训练，那就要看谁更努力更有天赋，无论是今天的比赛还是你以后的学习都是一样的，任何成就都是刻苦劳动的结果，一分耕耘一分收获。不经历风雨，怎能见彩虹？"我说完这些话，过了好一会儿，她的情绪好多了，对我说："是呀！妈妈！没有人能随随便便成功。我知道了，以后我会更努力的。"就这样游泳这件事坚持到现在，她仍旧那么喜欢游泳，一年又一年，春夏秋冬从未间断过。带她的教练觉得她是个好苗子，水感好，她也陆续地参加过很多比赛，在稳步地提高着自己的成绩，但是有些不足也就凸显出来了。

就在今年的香港 Mantas 游泳比赛时，她在参加第一项 100 米自由泳比赛时游出 1 分 24 秒的成绩。这个成绩是教练都没有想到的，比预期目标成绩提高了很多，教练高兴极了，我们也高兴极了，表扬了她。表扬是无可厚非的，但她因为受到了表扬后整个人的情绪激动得再也无法平静下来，当天之后的项目都发挥失常，成绩很不理想。看到这样的成绩我的情绪一落千丈，努力地控制了即将爆发的情绪，深呼吸……冷静下来想想：由此看来，"表扬"也应适时、适度更要注意因人而"扬"。当天晚上，我和她爸爸去找教练就她比赛出现的问题商量解决的办法。我们以朋友的身份边帮她压肩做拉伸边和她聊天，告诉她要看到自身的优点、长处，而且要学会自我否定，让她在取得成绩时要看到自身的不足，以便锦上添花。以后无论在经历比赛还是学习时，都要用冷静的反思，顽强的毅力，理想的信念去亲身经历。不怕今天的失败，失败乃成功之母，关键要知道问题出在哪儿，正视每个挫折，想办法解决它。孩子似乎听懂了，明白了，在之后第二天的比赛发挥得都很出色，拼劲全力。看到她的每一点进步我们都欣喜万分。

一个月后的北京市"六一杯"儿童游泳比赛，她深知有资格参加这次比赛是多么的难能可贵，所以每一次训练都特别地认真。努力终究不会白费，最终在这次比赛中她取得了 50 米自由泳小组第一、总成绩第三，50 米自由泳打腿项目的小组第一、总成绩第五以及 4×50 米自由泳接力赛的第五。

通过这次比赛，她更加喜欢游泳，也认可了我们一直所说的，面对自己觉得不可能的事情不要轻言不行，要让自己永远有试试的想法，只有试了才可能会有机会，不能用否定作为固定模式。不刻苦，不努力，成功从何谈起？正确对待挫折，学会克服挫折。现代孩子的家庭给予了他们太多的关爱，每个家长都希望自己的孩子是最棒的。我们需要的是教她方法，孩子需要自己摸索着去运用它。孩子就如同小鸟，她总有长大的那天，飞上蓝天是要靠自己的。现在的陈天怡每天都能积极地学习，认真地听讲，主动地完成老师布置的作业。在不影响学习的前提下参加体校的训练，完成教练给她制订的训练计划，朝着她的梦想快乐地前行着。

专家点评

孩子的成长发展，需要人生导师。作为孩子的第一任教师，承担起这个职责责无旁贷。孩子的成长发展，前途是光明的，但道路是曲折的，不可能一帆风顺。孩子涉世不深，生活经验缺乏，对前进中遇到的困难心理准备不足，这就需要家长冷静、清醒，及时加以引导。

27. 正确引导孩子面对挫折 培养健康向上人生态度

北京市西城区阜成门外第一小学家长　石晓鹏

女儿今年 10 岁了，生性文静，乖巧懂事，自理能力比较强，在校表现一直不错。第一次遇到挫折，是她二年级上学期参加学校组织的民乐团汇报演出，因为没有竞选上演出主持人，几天时间闷闷不乐，郁郁寡欢，干什么事情都打不起精神，学习成绩也有所下滑。刚开始，我们以为孩子身体不舒服或者跟同学闹别扭，经过反复询问，女儿才说出为了竞选主持人，她准备了很久，结果她的好朋友选上了，她落选了，心里很难受，在同学面前很没有面子。听着女儿的细细诉说，看着她满脸失落的表情，瞬间，心里存在多年的小乖乖、萌宝宝的印象彻底改变。孩子开始成长了，渐渐有思想、有目标、有自尊，知道难过、郁闷、伤心。这一变化，来得如此突然，真令我有些措手不及。为了化解孩子心中的郁结，用简单的道理让她明白这个能改变人生命运的问题，培养她树立健康向上的人生态度，经过考虑，我安排了一次周末旅行——游香山。

正赶上香山山花烂漫的季节，我们从山脚出发，在熙熙攘攘的人群中缓慢前行。在一个台阶休息处，我指着路边的花丛问女儿："你看这花好看吗？"女儿说："真漂亮！"说完，便拿起手机拍照留念。看她拍完后，我又问她："如果这花没有绿叶，你觉得好看吗？"女儿不假思索道："肯定不好看啊！"我说："是啊！花儿只有一朵，绿叶却有很多，没有这么多绿叶的衬托，哪有鲜花的美丽？人的一生也是这样，能当鲜花固然光鲜，但甘当绿叶的人才叫伟大。"女儿若有所思，继续登山，把我和爱人甩在身后。我们相视一笑，我们知道，这个道理她听懂了。

爬到半山腰，爱人实在爬不动了，我们决定坐下来休息会儿。我们一边喝着水，一边尽情享受山风带来的凉爽。女儿像一只美丽的蝴蝶，在草丛中飞舞，吹蒲公英，抓小虫子，一刻也不停歇。过了一会儿，女儿拿着一棵蒲公英过来对我说："爸爸，蒲公英吹开后，为什么会变成更多的蒲公英啊？"我笑着说："因为蒲公英不娇气，所以它的生命力很顽强,不像温室里的花朵,看似名贵,却弱不禁风。温室里永远长不出参天大树。"女儿听完后,噘起小嘴,气嘟嘟地冲我说:"你就是拿蒲公英说我娇气呗!我才不娇气呢,我很坚强的。"说完,一个人向山顶爬去,留下目瞪口呆的我们夫妻二人。

晌午时分,我们登上了山顶。我们找了一个僻静的地方坐了下来,望着茫茫群山和远方的城市,我对女儿说:"人的一生,就像爬山,坎坷和风景同在,山外的山,山下的城,只是你人生的一个又一个目标,只要努力了,只要在前行,不管能不能到达,始终要记住,过程比目标重要。"这次,女儿没有说话,只是默默地看着远方的城市。下山的路上,女儿很少说话,一步一步,小心翼翼地踩着每个台阶,仿佛正认真地走着属于她的人生之路。

女儿一直在学校民乐团预备团拉大提琴,今年学校要从预备团中选拔人员进演出团,女儿一直精心准备曲目,选拔时,表现也很出色,但受名额限制,没有被选上。我本以为女儿会因此伤心难过,放弃练琴。谁知道,她在难过一阵后跟我说:"爸爸,这次我很努力了,我还得继续努力,争取下次能选上。"那一刻,我的眼眶湿润了,我知道,爬山的人生哲理,女儿听懂了,而且正在正确的人生道路上前行着。虽然她现在还很弱小,但我看到了她未来的坚强。

我是一名军人,从孩子懂事起,我一直用军队的传统教育她,用军人的故事感染她,用军人的责任激励她,用军人的坚强鼓舞她。我没有给孩子报任何课外班,只要求她在学校尊重老师,认真学习,遵守纪律,相信她就不会输在起跑线上;我从来不娇惯孩子,从她6岁起,洗澡、梳头、洗衣服、做家务全能独立完成。给她饭来张口,衣来伸手的生活,看似爱,实则害。我从不吝惜对孩子的爱,只要有时间回家,总是陪孩子聊天,玩游戏,参加户外活动等,让她在亲密接触中感受亲情,健康成长。

孩子一天天在成长,对孩子的教育,就像盖楼打地基一样,前期基础靠家长,后期发展靠自己,孩子未来发展如何,取决于前期基础是否牢固。授人以鱼,不如授人以渔,作为家长,教会孩子人生道理,培养孩子健康的心态,锻炼孩子坚强的品质才是最重要的。

专家点评

人们常说"祝你一路顺风""万事如意"。很明显,这是祝福人的用语,是人们的美好期望而已。事实上,人们在成长发展的过程中,不可能"一路顺风",生活中也不可能"万事如意"。这位家长注重"正确引导孩子面对挫折,培养健康向上人生态度",反映家长对社会、人生认识很深刻。

28. 挫折教育

北京市西城区阜成门外第一小学家长　芦晓丹

挫折教育，其实从字面上就可以理解出来，就是通过让孩子受到挫折，从跌倒处自己再次站起来，从而激进孩子进步，发挥自己的潜能。现在的孩子成长过程太过顺利，很多事情都由爸爸妈妈帮助完成，缺少了应有的挫折和经历，这样反而不利于孩子今后的成长。

我讲一个发生在孩子身上的事。有一次，孩子参加校外活动，任务是让孩子们自己挣午饭钱，辅导员带领孩子们去领矿泉水卖给路人，卖得多就挣得多，就能吃上丰盛的午餐，否则就要饿肚子。刚开始，孩子们都扭扭捏捏的，不好意思。我就鼓励孩子大胆一些，孩子拿着矿泉水几次走到路人跟前，还没开口，就又跑了回来。过了一会儿，孩子又鼓起勇气跑到一位年轻女士跟前，卖掉了一瓶水，拿着自己挣的钱很高兴地跑了过来。我就趁热打铁让他再去。他又跑到一名男士跟前，说了半天，还是没卖出去，回来竟哭了起来。我就和他讲，每个成功的人都是经过被拒绝多次，最后才成功的。经过几次的磨炼，孩子的胆子越来越大，卖出了好几瓶水，中午拿着自己挣的钱吃午饭，别提多开心了。

人生总是充满理想和希望，而要实现理想和希望，则总难免碰到困难和障碍。克服了困难，便有成功的愉快和满足。反之，就产生挫折感。现在的孩子都是爸爸妈妈、爷爷奶奶心中的小皇帝，家长对孩子百依百顺，孩子提出的要求基本都可以得到满足。所以现在的孩子很怕被拒绝，遇到事情就退缩。

所以，我们家长在平时应该做到以下几点：

1. 树立正确的态度。我们总会遇到各种各样的困难，怎么去面对，怎么去克服，要让孩子知道遇到困难是很正常的，关键是怎么解决问题。

2. 借助榜样的力量。给孩子多讲一些名人在挫折中成长并成功的例子，鼓励孩子以名人为榜样，不畏挫折。

3. 肯定孩子的进步。要让孩子从父母的肯定和夸奖中不断积蓄经受挫折、克服困难、获得成功的勇气和动力，让孩子重拾信心。

以上是我对挫折教育的一点看法，我认为挫折教育对现在的孩子来说是十分必要的。我们要从小注重培养孩子的抗挫能力，引导孩子大胆自信地去面对挫折，解决问题。

专家点评

"宝剑锋从磨砺出，梅花香自苦寒来。"此语出自《警世贤文·勤奋篇》。意思是宝剑的锐利刀锋，是从不断的磨砺中得到的；梅花飘香，来自它度过了寒冷的冬季。喻义是，要想拥有珍贵品质或美好才华是需要不断地努力、修炼，克服一定的困难才能达到的。家长的责任是支持孩子参加实践活动，引导孩子勇敢面对挫折。

29. 一个小挫折，恰恰是一次与孩子共同成长的机会

北京市西城区进步小学家长　尹安琪

在孩子成长的过程中，每一个家长也都在不断思考："什么是好孩子，怎么去培养一个好孩子？"作为一名普通学生的家长，我曾经在孩子两岁多上早教课时哇哇哭、不能按照早教老师要求的方式参与课程而失落，也曾看别人的孩子认真地弹琴然后回过头来对他说咱也学弹琴吧，听到他说"我不想学"后又执着地反复诱导，那个时候，我嘴里时常出现"别的孩子怎样，你也应该怎样"这样的话语。

和别人的孩子比较，总是让家长伤脑筋，但更重要的是，它对幼小的孩子是不公平的，孩子更容易因此受到伤害。

什么是真的好？七载的相伴，我渐渐领悟到：孩子能积极地希望自己做得比现在好一些并为之努力，便是好。

小宋同学大概6岁开始学围棋。他比较谨慎也很期待自己做得更好，在一次升级比赛中，即使比赛规定赢了五盘棋就能顺利升级，他七盘赢了六盘了，输了最后一盘棋后还是哇哇哭了。看到他流着眼泪走出来，听到别的家长说"这孩子怎么一盘都输不起"的时候，我脱口就说："输了就哭，怎么就输不起了呢！"我现在还记得他那会儿怯怯地看着我的小神情，也正是那个有些无助、又有些茫然的小神情，让我意识到，我只在乎到别人的看法，把自己的"垃圾心情"这样堆砌到孩子面前，这样对吗？

越看重越不容易淡定，这说明他希望自己能做好。可是越不淡定却往往也越不容易把事情做好。经过反复思量，我意识到让孩子有一个对失败更理性的认识，避免产生极度追求完美的偏激性格，远远比苛责孩子宠辱不惊的表面表现更重要。同时，我也回忆起小时候我一次考试结束后，才想起来卷子有一面没做时的慌张无助，以及妈妈什么也没说给了我一个大大的拥抱，并鼓励我继续完成下一课程考试时我内心的触动与温暖。我意识到，包容与审时度势地引导才是我这个时刻应该去做的，才是一个母亲应该付出的给予。

再一次看到他为输棋掉眼泪的时候，我给他有声有色地讲了我那次考试只做了一半卷子的"真实历史"。给他讲了遇到问题的时候如果哭了，之后的比赛肯定受到影响，如果不哭，能用更好的状态去想，就能做得越来越好的道理，并且认真地告诉他"妈妈觉得你能行"。他听着慢慢停止了哭泣……后来，一次、两次、三次，在输棋的时候他慢慢地真的能够不再哭泣了，并且后来，我看到他回到家自己在本子上把输得很惨的棋局在格纸上一点点地记录下来，并且还在下面用歪歪斜斜的、夹杂着拼音的文字分析了自己这盘棋遇到的问题。

孩子的不淡定，很容易造成家长的连锁反应。家长的不淡定往往给孩子带来的不是一个相对理性的引导。孩子遇到的一个小挫折，恰恰应该是一次与孩子共同成长的机会。我很庆幸我能够那样用一个"自己不怎么好的经历"换取孩子内心的一个"小小的平衡"，看到他在失落的时候能够选择去用努力更好地前进。今年5月，小宋同学很幸运地以最后一名出线的成绩升级成为业余1段的小棋手。除了看到他对成绩明显的不满和更加认真地钻研外，还看到他继续有一搭没一搭地记录着自己的下棋琐事，并且看到，以前写下的拼音，很多已经被他默默改成了文字……

这样一件小事儿，却给了我一个大的启发：看到孩子希望自己能够做得好，主动想去改变，不要去苛责他，而要顺势而为，试着去观察，试着帮他放下些包袱，给他一些小小的鼓励。成长的路途上，总会有些挫折，有些沟沟坎坎，有时候孩子比我们想象的要强大，有能力依靠自己的勇气和决心独自去战胜挑战；有时候孩子也很弱小，需要家长给他一个支撑力来面对挫折。而这个支撑力如何给予，没有唯一答案和标准做法。这需要我们在孩子的成长过程中用心关注孩子的内心表露，适度地沟通、包容，适度地鼓励和批评。孩子一路成长，家长一路探索，且行且珍惜，珍惜他们那颗纯洁而努力向上的心，珍惜他们的每一步成长。

专家点评

在成长发展的道路上遇到困难、挫折或失败，对孩子的心理承受能力是一个考验。更是对家长心理素养的考验。小孩子生活阅历很浅，难以经受困难、挫折、失败，这很正常。要紧的是作为孩子人生导师的家长，必须沉着、冷静、坚强。只要家长能够正确对待，孩子一定能在家长的正确引导下渡过难关。

30.
温柔的坚持

北京市西城区进步小学家长　崔本根

作为 20 世纪 80 年代出生的一对夫妻，我们的经历像大多数人一样，自己深受传统教育影响，而希望在孩子的教育上更多借鉴西方国家的教育理论和经验。除了知识方面的学习，我们更加看中孩子整体素质的培养及心理人格的完善。但在这个过程中先后出现过很多问题，与父母在教育理念上的不合、尝试用自己的亲身经历教育孩子、脾气急躁、沟通方法有问题等等，有些问题现在仍然在调整的过程中。

目前，我们在教育孩子过程中遇到的最大问题是孩子对于困难的态度问题，这也与孩子的抗压能力、耐挫能力息息相关。事情的起因是孩子在幼儿园大班的时候（2013 年），我们决定让孩子学钢琴。最初的目的是为了孩子上学做准备，希望孩子通过学钢琴培养注意力集中、上课遵守纪律的能力和毅力，当然能学习一些音乐方面的基础知识也很重要。

然而，随着时间的推移，我们慢慢发现虽然孩子已经考过了钢琴五级，但我们最初的主要期望并未达到，虽然孩子在做事情坚持方面有一定的发展（比如我们夫妻曾经和孩子商量放弃钢琴的学习，孩子经过考虑表示还是愿意继续坚持学习），但对于学习钢琴过程中的困难，始终是畏之如虎，缺乏迎难而上的精神，需要我们不断地说服甚至发脾气。这个过程中，我们夫妻二人都曾经想过让孩子放弃钢琴的学习，因为教育过程中夹杂着与孩子的冲突、与老人的教育理念不合以及自己的放松懈怠情绪等问题，似乎只要不学钢琴这一切就都烟消云散了。

这件事情我们夫妻二人反复犹豫了几个月之久，在这个过程中讨论了两个最主要问题：首先，孩子学钢琴的目的是什么，我们认为是培养孩子遇到困难迎难而上的精神和做事情坚持到底的毅力；其次，我们自己身上有什么问题，因为父母是孩子的第一任老师，孩子的问题实际上是父母自身问题的反映。教育孩子的态度和方式我们可以努力改进，与老人的教育理念不合我们也可以想办法解决，我们相信只要为了孩子好，老人们最终会理解。

在这个问题上达成一致后,我们夫妻二人决定共同努力改变孩子对于困难的态度,妻子将我们采用的方法命名为"温柔的坚持",我觉得特别恰当,具体有以下几点:

第一,在教育技巧方面,首先要平心静气尽量不发脾气。因为孩子的脾气跟我们一样容易着急,一旦我们发脾气就会陷入单纯的发泄,对于孩子的教育往往不了了之,过程一般是发脾气——孩子哭——平静下来——教育孩子——孩子表态——结束。其次要坚持。这点特别重要,因为这个过程很难,会有时间拖延、老人不忍心孩子吃苦难受等问题。

第二,在孩子同父母有矛盾冲突时,当孩子情绪平静下来之后,让孩子把事件以隐私日记(家长不看)的形式记录下来,包括事件经过、孩子的想法、对父母的意见、准备采取的措施等等,让孩子有一个发泄的渠道而不单单通过父母的权利完全把自己的想法强加给孩子。

第三,在事情过去之后,要利用其他方式教育孩子不畏困难。首先,与孩子一起开展一些锻炼毅力方面的体育运动,如慢跑、徒步、平板运动等;其次,在精神方面鼓励孩子,除了少打击多鼓励外,还可以尝试从自尊心、信任等方面教育孩子,因为10岁左右的孩子自尊心逐渐增强,希望得到尊重和信任。

第四,从自身方面找问题,跟孩子一起改善一起成长。这一步是最难坚持也是最难实现的。江山易改禀性难移,如果希望孩子在某方面有所改变,父母需要和孩子一起努力一起改变。我相信身教重于言传,如果父母不能成为孩子的榜样,再美妙的说辞也是无效的。

截至目前,对于孩子对待困难的态度问题,我们仍然在努力改变的过程中。虽然我们自己的成长经历、教育方法随着时代、环境、物质条件等变化,可能不再适合我们的孩子,但只要认真思考、客观分析,我们和孩子一定会一起进步。任何性格方面的改变都离不开坚持,但这次我们选择"温柔的坚持"。

专家点评

"温柔的坚持",这是家长总结出的培养孩子勇于面对困难、克服困难的教养态度。这个提法具有艺术的特色,耐人寻味。小孩子遇到困难,往往有畏难情绪。家长"心一软",一妥协,就会前功尽弃。采取粗暴的态度强制孩子坚持,效果一定是不好的。改变教养态度,采取温柔的态度鼓励孩子,效果一定是好的。

31. 时间管理是孩子受益终身的能力

北京市西城区进步小学家长　黄　蔚

孩子的成长是一个神奇而充满梦想的过程，时间是每个孩子生命中最重要的财富，管理好时间是一项重要的能力。管理好学习和生活时间，不仅能让孩子改掉拖拉、磨蹭的习惯，更重要的是让孩子有了受益终身的本领，从而获得人生无限的乐趣与智慧。

一、制订计划是最简单的方式

学习任务和要求是逐级增加，最基本的是要和孩子一起，制订合理而科学的时间管理计划。基础是制订两张计划表：第一张是周一到周五，包括早晨准备阶段的时间安排、放学后完成学校的作业和自加作业、复习旧课、温习新课、课外辅导班的作业、阅读课外书以及体育活动时间。第二张是周六、日，包括本周的作业、功课复习以及做家务、户外活动。为了便于操作，生活时间以钟表时间来划分，比如早晨6:30~6:40起床穿衣服、晚上9:00准时上床；学习时间以时间段来划分，比如用40分钟完成语文作业，用30分钟练习钢琴。同时计划要根据每学期的学习情况进行调整，进入三年级后，放学后语文和英语的完成作业和复习时间段相应要增加。制订计划之初，要在完整跟踪孩子的学习生活情况基础上，正确评估时间点和时间段。更重要的是要让孩子参与计划的制订，亲手写和画，孩子才既有兴趣，又有压力。

二、做好监督检查很重要

监督检查：一是孩子的自我监督，每天制订一张计划完成情况评分表，让孩子对自己每项计划完成情况进行打分和盖印章，并统计分数和印章数量，进行自我管理。二是家长的监督，每天跟踪孩子的计划完成情况，进行适当的提醒，鼓励孩子每天进步，及时纠正孩子拖延时间的行为，但谨记提醒不可变成过多无用的碎碎念叨，要少而精，要严肃而有效。

三、表率的作用不可忽视

家长管理好自己的时间，与孩子共同成长，能带动孩子管理时间的积极性。家长制订一份自己的时间计划，来与孩子交相呼应。比如每天孩子弹钢琴的时候，也是家长看书的时间段。孩子做作业的时间，也是家长整理内务的时候。家长给自己的时间管理评分和盖印章，与孩子开展时间管理竞赛，都是很好的激励。孩子在忙碌的时候，无所事事的家长会让孩子从心理上去抵制时间管理。家长要通过管理好自己的时间，来营造一种管理的氛围。

四、碎片时间的充分利用

除了完整的学习生活时间，生活中还有很多碎片时间可以利用来发挥作用，利用碎片时间要寓教于乐，才能收到好的效果。比如小朋友们一起坐车出去，5分钟比赛谁记得英语单词多；旅游路途上，用30分钟学习了解目的地的风土人情材料，在此过程中又学习了历史和地理知识。积少成多，通过积累让孩子懂得了珍惜每一分钟。

五、增强时间观念是核心

计划、监督等都是客观制约，孩子主观的心理时间观念的增强才是重头戏。建立时间观念，可以让被动变为主动，让管理时间成为一种习惯和能力伴随成长。比如用时间管理的成果激励孩子，今天计划完成得好，阅读自己喜欢的课外书的时间就增加了；本周自我监督得分和印章达到规定数量，就可以实现自己的一个小愿望。在生活时间管理上，可以教会孩子用好闹钟，早晨让闹钟叫醒孩子，而不是家长的催促。在监督的时候，启用计时器和倒计时，比如完成语文作业时，中间或者结束的时候提醒孩子两次，距离完成任务还有多少时间，提醒孩子紧张起来，持续进入状态。这些小措施，都可以一点一滴渗透到生活和学习中，让孩子有时间观念，有珍惜时间的意识，自觉地养成管理时间的习惯。

专家点评

家长重视培养孩子"管理时间"的能力，这是很有见地的。常言说："一寸光阴一寸金，寸金难买寸光阴。"人世间最为宝贵的是时间。最大的浪费不是物质财富的浪费，而是时间的浪费。物质财富浪费了，还可以通过劳动重新创造；而时间浪费了，是无法找回来的。引导孩子学习管理时间，可以大大提高学习、工作效率。

32.
日就月将，精进不休

北京市西城区进步小学家长　邓小娟

　　白驹过隙，时光荏苒。转眼间，一年级的小学生即将结束一年的学业，暂别美丽的校园和朝夕相处的老师同学们，迎来小学阶段的第一个暑假。这一年，相信所有的孩子们在班主任辛老师和各位老师的谆谆教导与悉心呵护下，不仅快速适应了小学的学习生活节奏，在收获知识的同时，也收获了友爱与欢乐，他们正在慢慢挣脱爷爷奶奶、爸爸妈妈温暖的怀抱，正在一天天地成长。

　　陈子昂在班上属于年龄比较小的孩子，他有一点胆小、有一点慢性子、有一点点粗心，但很爱思考、很有主意，还很爱"面子"。上课能跟着老师的节奏认真听讲但举手发言不积极，课后能按照老师、家长的要求按时完成作业但不爱主动学习，学习成绩时好时坏；兴趣爱好广泛，如电子琴、足球、画画、乐高、轮滑、模型制作，但专注度不够，无一特长。很短的时间，班主任辛老师就发现了孩子的这些特点，尤其是胆小、不积极举手发言这个方面，并通过多种方式与我进行了沟通。我们达成一致，要共同努力让孩子突破自我，变得更加主动、更加自信。

　　记得有一次家长开放日，辛老师点孩子回答问题的方式让我印象深刻，以组为单位，让每一个孩子轮流回答，孩子们的注意力都非常集中，都有机会发言，不让任何一个孩子掉队。对于平时不爱举手的孩子，老师还特意增加了他们发言的机会，给孩子尽可能多的锻炼机会。数学老师池老师在家长会上苦口婆心地讲述孩子口算不过关的后果及每天坚持练习、提高准确率的重要性正是说到了我的心坎上。孩子们的成长离不开老师的用心良苦，也需要家长们的积极配合与监督。

　　回到家后，我与儿子促膝长谈，了解到他不爱举手发言的原因是"怕回答错误"后，告诉他："回答问题是老师了解你是否掌握知识的最重要的方式，回答对了说明你掌握了，回答错误正好老师再给你讲一遍，目标就是要学会。"孩子郑重地点头。经过一个学期的训练与鼓励，辛老师告诉我，他今年进步很大，也敢积极举手发言了，成绩也进步了很多。

最近孩子喜欢上了足球,每天晚饭后和院里的孩子们一起踢球,认识的、不认识的、比他大的、比他小的,他总能特别勇敢地走上去跟大家打招呼并自然地说:"哥们儿,加我一个吧。"

看着儿子一天天健壮奔跑的身影,日益工整的书写和逐渐规律的学习习惯,我充满了感慨与感恩。日就月将,精进不休。相信在老师的帮助和他自己的努力下,他一定会越来越好。

专家点评

"日就月将,精进不休。"前一句话是说,天天有成就,月月就会有进步。形容学问、品行要靠日积月累,才能不断地进步。后一句话是说,专心努力上进,永不停休。家长看到自己的孩子在家长和老师密切配合下,不断地进步,二是为孩子不断进步高兴,一是表达了对老师精心培养的感激之情。

33.
懂得坚持，学会感恩

北京市西城区进步小学家长　王桂凤

时间飞逝，昀泽小朋友已经度过了一年级的学习生活。在这一年的时间里，他从腼腆的小男孩到活泼开朗、乐观向上的小学生，离不开老师的关注和肯定。

现在的孩子大多数是独生子女，娇生惯养，自己都说是蜜罐里长大的。所以相信每位家长在教育子女的问题上都会绞尽脑汁，各显神通。而我的心得是：懂得坚持，学会感恩，是在塑造孩子的健康心理，也是在培养孩子良好的品德。

一、懂得坚持

孩子的生活学习免不了会面对刚开始兴致勃勃，等学到了难点，碰到了问题就想放弃的情况。对此，我们坚持让儿子慎重选择自己想做的事情，只要选择的事情就必须坚持。比如钢琴学习，比如画画学习。必须要懂得坚持才有收获的道理。

选择画画的时候是因为他的小朋友当时在学，儿子很感兴趣，于是就报了个学习班。在学的过程中，他的小朋友中途不学了，但是他坚持学习，每次上课都很快乐。他自己也总结了一下，说现在画画有进步，画画过程很快乐。这充分说明持续地坚持是非常必要的。

选择钢琴学习的过程也是如此，一样是儿子看小朋友在学，自己求我们给他报名。学了有半年的时间，感受到了一些难度，动了不想学钢琴的念头。我们再三强调关于坚持下来的意义，而且让他自己考虑，如果选择了放弃，以后将永远没有机会再回来。后来还是孩子自己选择了坚持，到现在快两年了，自己也感受到了坚持下来的成果。尤其在同学和老师面前表演完成的时候，很是快乐和自豪！

这两件事不大，但是孩子在坚持中看到了成果。

二、学会感恩

感恩是一种成长，不懂感恩的人会越来越没有价值。学会感恩既是高尚品德的基础，更会让生命焕发光彩。

儿子在情感上继承了爸爸妈妈的一些特点，感情细腻，喜欢表达。在家偶尔会跑到我身边抱抱我，说这是爱的抱抱。儿子在情感上的这种表达，我很欣慰，也逐渐感受到了他学会感恩的过程。他对感恩的表达就是喜欢给帮助过他的人送点礼物，我很支持，我相信这是他的一种表达方式，相信他随着年龄的增长，自然懂得如何感恩。放学回家，儿子会和我讲述在学校的点滴生活：在一次图画课上他画了一幅漂亮的太阳画送给美术老师，他说因为老师教他绘画，他表示感谢。在一次英孚的英语课上，他喜欢他的外教老师，也会画一幅画送给这个老师。

孩子成长的道路是漫长的，以后我们也将会面对成长的烦恼，但是坚信培养孩子的健康心理，必须让他懂得坚持，学会感恩。

专家点评

这位家长总结自己培养教育孩子的经验，一是"懂得坚持"，二是"学会感恩"。前一点说的是如何对待自己，后一点说的则是如何对待别人。小孩子做事缺乏常性，家长要引导孩子在坚持中体验到坚持的收获、愉悦和乐趣，从而持之以恒；引导孩子学会感恩，就是培养孩子做一个知恩图报、有良心的人。只有这样，才能立足于社会。

第 2 章
学习兴趣与能力培养

34. 家长是孩子的榜样

北京市西城外国语学校附属小学家长　于　群

几岁的孩子，涉世未深，对世界充满了好奇。许许多多的为什么有时令家长汗颜。家长是孩子的第一任老师，所以，在日常生活中，家长必须时时起模范带头作用，做孩子的榜样。要求孩子做到的，家长必须做到。

日常生活习惯

良好的生活习惯，是孩子一生享用不竭的源泉。生活习惯从一点一滴做起，没有轰轰烈烈的大事，是由琐碎的小事组成。给孩子设立作息时间表，起床时间、睡觉时间、餐饮时间、学习时间、娱乐时间、洗漱时间等等。制定好了制度，要严格执行。可以有小的浮动，不可有大的变更。

例如说睡觉，到了晚上9:00必须睡觉，有时她不想睡，还想玩，这时不能妥协，必须坚持。那么让孩子睡觉的同时，家长也必须睡觉，全家熄灯，这样她才能安心睡觉。否则即使上了床还会挂念大人在做什么，也睡不着。不能要求孩子睡觉的同时，你在这边看电视，玩手机，那她也不服。

现在是信息社会，手机人手一部，无论是在乘车还是在店铺，无论是在单位还是在家里，手机无时无刻不在影响我们的生活。手机人人都喜欢，无论是大人还是小孩，即使是1岁不懂事的小孩子，也喜欢拿手机来玩。作为家长就要注意这方面的影响。在家里尽量控制手机的使用。很多家庭用手机、电脑、iPad来哄孩子，只要玩这些孩子就不闹了，还有3~5岁的孩子玩游戏，有时甚至家长都不会玩的游戏孩子却都会玩了。小小的孩子沉迷于游戏，正所谓玩物丧志，另一方面，孩子的视力正值发育时期，长时间的手机屏幕的刺激损伤视力，而且这种损伤是不可逆的。我家小孩是不给手机玩的，现在仅仅会发微信，问候长辈；电脑、iPad是用来学习、做作业的时候才可以使用，并且除了特殊的情况需要使用外，不让孩子看，我们自己也不看，以身作则。

电视也是影响孩子成长的一个问题。虽然电视能学到一些知识，但其对孩子健康状况的影响也是不可忽视的。小学生看电视可以每日两次，每次30分钟。这是原则，但是实施起来就很难把控。所以，我家的做法是，基本不看电视，不让孩子看，大人也不能看，否则就没有说服力。长时间看电视，对孩子视力的影响，对身体发育的影响是很难估量的。也许这种做法未必可取，但是，孩子拥有健康的身体是她一生的财富。

现在的居住条件封闭了邻里之间的交往，也封闭了童年的许多快乐。作为家长尽可能地为他们创造快乐，在家的时间可以和孩子一起做游戏，在游戏中增长知识和快乐。休息日带他们去公园野餐嬉戏，感受大自然的美好和快乐，培养乐观向上的性格。如果时间不长，就带她散步，跑步，去商场，去超市，见识社会的方方面面，积累知识和素材。

我家孩子的成长是粗放型的管理，有人家的孩子4岁没出过屋，说是怕细菌感染。我家在她小的时候就带她出去，比较暖和的天气去公园，比较冷的天气去商场。在商场妈妈看鞋子的时候会把鞋倒过来看鞋底，是看鞋底上的价位签，这样一个动作被她学去了，只要到鞋摊位，她就会拿一只鞋，倒过来看。当然她不知道看什么，也不识字。由此可见，家长平时的一言一行都对孩子产生影响。这种影响是潜移默化的。

现在很多家长为了培养孩子，让他们参加各种各样的补习班，周六、周日，孩子忙得不可开交。我不认可这种做法，不要给孩子这么多压力，应该给他们一个快乐的童年。现在学了这么多，长大就能成为科学家吗？未必。现在未学那么多，长大就不能成为科学家？也未必。当下，家长需要做的是培养孩子的综合素质和综合能力。有良好的能力比学几样专长更重要。快乐的童年对他们身心健康、心智发展更为重要。培养孩子的目的不是把她拘在象牙塔里，而是要她适应社会，服务社会，奉献社会。

对孩子不能溺爱，虽然她还有些小，但是可以做些力所能及的事情，家长不要都包办。比如洗袜子、自己的小衣物，洗脸刷牙，扫地，清扫卫生，择菜，洗菜等。我家包饺子的时候就给她一块面团，让她揉，还让她包。家里的事情可能的都让她参与。其实她的加入有时候会更麻烦、更慢，但重要的是参与。

学习习惯

从小培养良好的读书学习习惯。这个习惯的养成是天长日久的结果，也是家长必须和孩子一起做的。在孩子小的时候看的那些看图识字类的书，可以读给她听，让她喜欢，每天都要给她读一段，逐渐地就养成了习惯，她会自己拿来一本书说讲故事。之后认识了一些字，就自己翻书看，当然不认识的字很多，主要就是看图。现在一年级了，认识的字多些，能自己看了。她会经常自己把书拿出来读，当然她还不能完全理解，不管效果如何，这总是一个好的习惯，必须坚持下去。

家长必须首先做好表率，在她学习看书时，也看书，不能她看书，你在娱乐，一起看书学习，她会更有动力。在和孩子一起学习的过程中，家长也有收获和提高。正如之前参加学校培训的一位老师所说，即使你不喜欢读书，在孩子面前，装也要装出来你也在看书，哪怕你拿着书进了房间去玩手机，但是在孩子看来，你是在读书，让孩子觉得读书是一件很有意思的事情。家里可以随处放上几本书，哪怕孩子每天只是翻一翻，看几页，长久下来也是大有裨益的。

家长是孩子的榜样，也是她的朋友。不能把她当成小孩子看待，动辄训斥，也不能以为她小什么都不懂，就事必躬亲，培养孩子的自理能力也很重要。每一个人无论大小都有自己的思想，所以要尊重她，把她当朋友看待，有事商量。如果事事以家长自居，态度蛮横，就会助长儿童的逆反心理。

专家点评

家长教育孩子，说服教育是一种教育方法。但比说服教育更好更有效的教育方法是家长的身先士卒、以身作则。孩子跟家长几乎天天在一起，家长的言行举止，都会被孩子录像机一样的眼睛记录下来，家长是孩子最为直接的学习榜样。"要求孩子做到的，家长必须做到"，这是无声的，也是最高明的教育。

35. 引导和鼓励孩子多方面发展兴趣爱好

北京市西城区阜成门外第一小学家长　刘艳吉

一、案例背景

我是地道的工科女,大学学的化学,工作也是专业的工程技术,和艺术类没有半毛钱关系。但我的骨子里还是特别羡慕和欣赏有艺术专长的同龄人,自己的身上也有那么一点点的文艺青年的小情结。所以,我特别希望自己的女儿从小就有机会接受艺术方面的熏陶,无论是画画、泥塑、手工,还是唱歌、跳舞、弹琴。

二、案例描述

孩子都喜欢看动画片,也都喜欢涂涂画画,这是孩子的天性。估计每个孩子成长的过程,都有在白白的墙壁上涂鸦的经历。大部分的家长都会制止孩子的这种涂鸦行为,但是我却没有,而且鼓励孩子画,家里的一个房间的墙壁成了女儿画画的启蒙地。最开始的时候,女儿也是乱画,我就引导她,看看这本绘本上的插图多棒啊,你是不是要照着它画呀?慢慢地,墙上不再是凌乱的线条,而是绘本里的动物或人物。其实,在墙上画比在纸上画难多了,孩子过一阵就会发现,还是在纸上画比较容易,自然而然就不去墙上画了。女儿从4岁开始学习儿童画,每周上一次课。虽然孩子将来几乎不可能成为画家,但是我觉得她能成为一名美术老师,我就很欣慰。女儿一直说,画画是唯一不觉得累的课,上多久她都不累,这种状态太好了!

女儿的手工也是可圈可点的,尤其是创意特别好。在学校的劳动课,或者是剪纸课上,她的作品是常常老师展示的样板。就例如昨天的劳动课,她做了一个救护车的模型。其实原来的模型是没有车底板的,但女儿发现这样的话车子不够牢固,没办法停牢固,就用白纸做了一个底板,这样就足够牢固了。而且还有点睛之笔,居然做了一个担架,上面有枕头,来运送伤员上下救护车。前几天六一儿童节,学校刚刚组织学习过急救的一些常识。孩子居然学以致用,做救护车的同时,想到了做担架,太让我惊喜了!

女儿从小有点五音不全,唱歌的嗓音也不是太好。为了弥补女儿的这个缺陷,在她5岁多的时候,我带她试听了一节声乐课,让专业的老师看看,有没有什么可以补救的措施。女儿是幸运的,试听的曹老师对儿童学习声乐特别有办法,女儿跟曹老师学习了24节课,就学会了好多好听的儿歌,而且节奏感及嗓音有了明显的提高,不但弥补了天生的不足,还略领先于同龄人。这让女儿在后来学习民族乐器——竹笛的过程中,也受益匪浅。

三、案例分析

女儿属于老实乖巧型的孩子,对学习各种知识都充满好奇心。无论去上什么兴趣班,都没有哭闹过,都是情绪高昂的状态,同事们特别羡慕我。实际上,孩子的这种状态是我忽悠出来的。例如画画,我忽悠她,你不是喜欢动画片吗?动画片里的动物人物都是画出来的,你好好画,将来也能画出更好更可爱的卡通形象。例如竹笛,我还是忽悠她,你看看妈妈,每次同学聚会或者公司年会,妈妈只能当观众,为什么呢?因为妈妈不会表演啊,你现在好好学吹笛子,将来可以给老师同学朋友们表演才艺。不是每个孩子都适合我的教育方法。做什么都要因人而异,因地制宜,顺其自然。但家长也要充分了解孩子的特长和先天不足,尽可能想办法弥补和引导。

四、案例反思

女儿的兴趣广泛,但我也深知,学得多就很难学得深。例如,前一阵的民乐团演出团选拔,女儿就落选了,女儿一直问我:"妈妈,我吹得挺好的,为什么不选我呢?"虽然我也很失落,也对学校的选拔制度有不满,但在孩子面前,这些都不能表现出来。只能鼓励孩子,选拔就是择优录取,你觉得自己吹得好,但其他人吹得更好,我们要从这次失败中寻找教训,落选的主要原因是自己练习得太少,虽然你很聪明很有灵气,但每天练习一小时和每天练习半小时,老师是听得出来的。不是现在有人说嘛,比情商更重要的是抗挫折的能力。我现在也发现,女儿远比我能抗挫折。自从民乐团落选,女儿反而练琴更用功了,难道这就是人们常说的"塞翁失马焉知非福"吗?现在女儿三年级,马上升入四年级,过来人都劝我说,要尽快决定,兴趣爱好只保留一样,主要的精力要用到学习语数英上。但我的计划是,在升入初中前,我不会主动提出减少孩子兴趣爱好学习的时间,除非女儿自己提出来。我的观点是,语数英就算都得100分，但将来在工作中，100分和98分有区别吗？用牺牲自己兴趣爱好的时间来提高文化课的2分值得吗？

总而言之，我们家长在教育孩子时要从孩子的兴趣爱好出发，适时地引导和鼓励，从情感上关心孩子，从人格上尊重孩子，从行为上规范孩子，我们的尊重、理解与信任会给孩子极大的鼓舞，我们耐心的、持之以恒的陪伴和帮助，会让孩子安心学习，乐于探索，发挥自己的专长！

专家点评

培养、发展孩子的兴趣爱好，并不是打算将来让孩子从事这个专业的职业。而是通过兴趣爱好的训练，提高孩子的智力，养成认真、专注、有恒心的优良品质，使孩子的个性得到充分发展。这位家长坚持培养、发展孩子的多种兴趣爱好，我很赞成。让孩子体验多种专业、不同的思维模式，有利于开拓孩子思考问题的思路。

36.
习剑习心,练剑育人

北京市西城区阜成门外第一小学家长　霍春颖

孩子 6 岁之前,纯属于散养,曾经试图报些兴趣班,但始终没有激发起孩子强烈的热情。直到快 7 岁的某一天,一次偶然的机会接触到击剑,孩子便不肯离开那 10 米剑道,手里的剑始终不愿放下。因为那一次遇见,击剑也成了孩子童年成长中重要的一部分。

习剑的过程给予了孩子很多,有汗水、泪水;有欢笑、悲伤;更重要的是通过练习击剑,锻炼了孩子不怕困难、顽强拼搏的意志品质;同时具备了挑战自我、团队合作的心理素质。至今孩子练习击剑已有 4 年,期间酸甜苦辣各种滋味,成功和失败都历历在目。

因为孩子对击剑的兴趣加之具有一些天赋,击剑水平提高很快。不管是俱乐部内的比赛,还是北京市小学生的击剑比赛,孩子的成绩一路上升,特别是拿到全国冠军以后,教练的肯定、家长的赞扬、剑友的羡慕,应接不暇。获得荣誉后的兴奋之情也伴随着自我膨胀慢慢填满小小的内心,冠军的光环使孩子认识不到自身的问题,不再谦虚,固执己见。看在眼里的父母希望让现实给孩子上一节教育课。正如所料,接下来的比赛成绩让人感到了失望,看到因遗憾痛哭的孩子,除了安慰,也告诉了他如何面对以前的荣誉和眼前的失败。成绩只代表过去,走下领奖台后一切从零开始。 看到孩子又开始认真训练,原以为经历此事后,孩子可以像从前一样。可是,接下来的比赛中,孩子的心理又出现了新的问题,曾经的成功和失败,让他变得缩手缩脚,渴望成功又害怕失败的心理压力导致发挥失常,这时我才意识到孩子的心理其实很复杂。他在意是否成功,在意别人的看法,在意父母是否会失望……这时候,给予孩子一个正确的观念至关重要,于是,我没有像其他父母那样,那么地在乎比赛成绩,而是淡然处之。而且找了一个适当的机会,跟孩子促膝长谈,告诉他过程远比结果重要,成绩并不是唯一。只要平时努力提高自己,比赛中发挥出自己的技术水平,即使结果不能尽如人意,也可以坦然地面对,下次再来。经历了一段时间的挫折和磨炼后，在不断地鼓励和疏导下，孩子终于能够在场上冷静地处理各种局面，客观地看待输赢，很好地控制自己的心理和情绪了，并因此以剑会友，还体会了友谊的珍贵。我想这比成绩更有益于孩子的成长。

一路陪伴中，作为家长，需要扮演各种角色，有时是慈爱的父母，有时是严厉的教练，偶尔还要成为无话不说的朋友。因为对于一个八九岁的孩子来说，不管是成功的喜悦还是失败的痛苦都可以让他迷茫，骄傲自满或是妄自菲薄，都需要家长及时的心理引导，才能够让孩子拥有良好的心态去面对成长过程中的一切，让他们成为一个更健全的人。我想这也是所有家长的期望吧！

专家点评

无论做什么事都不会是一帆风顺的。道路是曲折的，但只要坚持不懈地努力，前途一定是光明的。发展任何一门特长，都不是轻而易举就能成功的，都要付出持续而艰苦的努力，但对孩子的意志品质都是一种磨炼。无论发展什么特长，孩子要有克服困难的心理准备，家长也要随时随地观察孩子的心理状态，发现问题，及时加以帮助和引导。

37.
学着培养孩子的思维能力

北京市西城外国语学校附属小学家长 赵毓成

我是赵鹏博的家长,作为西外附小的 2016 级校级家委会代表,同时也是一(1)班的家委会主任,这段时间接触很多孩子,深刻感受到培养孩子的思维能力,对开拓孩子的视野,提升孩子的智慧以及创新能力极为重要,也是孩子进入学校教育阶段必须锻炼的一种学习能力。

那么怎么培养孩子的思维能力呢?个人觉得除了配合学校的数学逻辑推理思维,语文的识文断字能力的教育之外,在日常生活中还要注意下面三点:

一、从孩子日常的生活习惯入手

赵鹏博从幼儿园 8:00 到园,变为了小学 7:20 从家出发(7:40 到校)。开始有一阵子他特别爱赖床,尤其是一年级上学期的冬天早上,加上天气冷,总是磨蹭不想起来,起来后又不抓紧时间洗脸。我们和孩子同时起床,等我们洗漱完毕做饭并已经开始吃早餐了,他还没穿好鞋子呢。洗脸刷牙抹油的整个过程都是慢吞吞的,等我们说要出发,他才着急。

有一次,已经 7:20 了他还在床上赖着不起来,我已忍耐到极限,粗暴地把他从被窝里拉起来,三两下套上了衣物,冷冷地说:"牙膏早已经挤好了可是你没时间刷了,水在盆子里你已经没时间洗了,早餐在碗里但是你没时间吃了……走吧,什么都别说,背书包上学,因为快迟到了。"他见我是真的恼了,啥话也没说跟着我出门了……晚上,我压了一天的火准备惩罚他,把他叫进了书房,拿出戒尺,关上了房门,孩子一看,马上急着说:"爸爸先等等,我知道我错在哪里了:赖床就是不好,要饿肚子,饿了肚子就会营养不良,营养不良就会体质差,体质差时万一有手足口病毒我就会被传染,万一我被传染了就有可能传染给我的同桌和坐在我前后的同学,那万一这些同学被传染了,就有可能传染给我们班其他同学,万一我们一(1)班都被传染了,就会波及其他班,甚至扩散到社会上。"虽然我很清楚地知道他说这么多就是害怕挨打，想找理由狡辩，但我一直认真地听着，还附和着点点头。不得不说他这段话里隐含的从小到大的逻辑推理和思维能力，就像那个著名的段子"如果不来我家打麻将就会导致世界大战一样"。当然这么说不是要纵容孩子狡辩和找理由，关键看在孩子这个时期我们关注的是什么，重点是什么。当然最后，我没有打他，但还是严肃地指出他找借口的目的和磨蹭的坏习惯，但心里对他的推理能力有些许欣赏。

二、从培养孩子的阅读习惯入手

当孩子能把从书本上阅读得来的知识说出来的时候，我们要不吝表扬和赞美。常说的"好孩子是夸出来的"，我的理解不是孩子的什么都要夸而是要有选择地夸。记得秋季的一天，我和鹏博妈妈一起陪他在龙潭湖公园边散步，看见落下的树叶很多都已经变黄了，我说："这树叶还真漂亮啊！各色各样的都有。"鹏博听见了说："那是因为树叶里的叶绿素变少了，叶黄素、胡萝卜素、花青素多了。"我听了很惊讶，说实话，那时我也不是太清楚，就问："那叶绿素为什么少了？它去哪儿了？"他说："秋天的太阳没有夏天多，温度低了叶绿素就少了，是少了不是没有了。"我恍然大悟，因为孩子那时正在看《十万个为什么》。我借机大加赞赏："鹏博，你知道得太多啦，看来以后得你来教我了，我叫你小赵老师吧！"他非常开心，大笑着说："《十万个为什么》里有，看来我得多看看，才能好好教教你们。"我说："呀，原来是书告诉你的啊！看来爸爸不看书就要变笨啊，我以后也要多看书。"实际上，《十万个为什么》青少年版本的还是我悄悄买给他的，那里面很多为什么，是用科普的笔法解释的，可以锻炼儿童独自阅读推理等多种思维能力。

再有两个月，赵鹏博的一年级生活就要过去。这几天，我整理了孩子的语文、数学单元测验，《弟子规》等厚厚的读物，看到孩子的进步，加上他逐渐养成的好的学习习惯，我们做家长的，在对老师、学校表示感激的同时，也对我们找对培养孩子思维能力的方法感到庆幸。我觉得要培养孩子的思维能力就要善于给孩子提出些小问题，让他积极运用已有的感知经验去独立思考和找答案。在孩子思考问题遇到困难时，家长可以启发孩子的思路。要让孩子畅所欲言，要鼓励孩子敢于发表自己的看法，解决问题，哪怕是错误的也应让他说完，适时而又恰当地给予指导，让孩子在鼓励、宽松的家庭和学校环境下，因为进步获得赞扬和鼓励，在成就感的指引下，走向主动培养思维能力的良性循环。

三、从身边的玩具、游戏入手

我家有孔明锁、魔方（二阶、三阶都有）、魔尺等益智玩具，游戏主要是数独和围棋、飞行棋，结合我们制定的规则（很多是他玩腻了一种规则后，改变初始规则，然后我们就按照新规则进行），一直乐此不疲地玩。最让他感到兴奋的是，很多规则被他说不如他的方法好，比如说复原魔方，他有他的方法，速度虽然有点慢，但还是能复原，非常让人吃惊。其实这就是一个逻辑判断思维的过程，后期我还专门给他做了个小黑板，把规则写上去备忘。

最后说几句，做父母的永远不要对孩子失望，哪怕他满身缺点和不足。想想我们的童年，谁又曾是完美的呢？另外，也不要抱怨养育孩子的辛劳，人类的繁衍更替从来都是这么传承下来的。不要盲目地相信或者崇拜国外的孩子如何如何教育，因为那不但是听来的，也不一定适合自己的孩子。我们要相信老师，相信我们对孩子的耐心付出最终会见到成果。请大家怀着最真最深的爱——静待花开……

> **专家点评**
>
> "开发智力"，是年轻父母经常挂在嘴边上的一句话。但很多人并不明白"智力的核心"是什么，教孩子认字、读书、学知识是重要的，但最终目的是发展孩子思维能力。一个人智力水平的高低，主要反映在思维能力上。赵鹏博的家长从孩子小时候，就在日常生活中注重培养孩子的思维能力，表明具有很强的教育意识，是培养教育孩子的明白人。

38. 从高考状元谈孩子的学习兴趣

北京市西城区奋斗小学家长　马新宇

高考成绩出来以后，朋友圈就被各种状元的故事刷爆了，有一条相当吸睛，题目叫作"从'外交留守儿童'到北京高考状元"。也许是因为长久以来大家都习以为常地认为外交人员的下一代多是垮掉的一代，因为父母长期外派、孩子在家疏于管教，所以今年出了个文科状元，就显得尤为难能可贵了。

曾经的我，对于这样的生活是那样地畏惧、没有勇气面对。但当生活一步步走到今天，当我发现除了坚强别无选择的时候，原来，一个人也可以为孩子撑起一个家。当读到这篇文章的时候，我被打动了，不是被状元打动，而是被这样一种目标打动，自己觉得很汗颜。原来，自己在培养孩子方面早就找好了借口，觉得一个人带孩子太不容易了，没有想过还可以取得这样的成就，还可以向着这样的一个目标迈进。虽然文中说"这绝对不是一个高考状元成才的典型经验，但却是一个中国外交官家庭的日常。而此间，少年熊轩昂，在父母为国坚守，不能同时相伴的青春岁月中，该是付出了多少，才成长为一个如此坚强、独立、聪慧的孩子呢"。是啊，我也很想知道他在成才之路上究竟经历了怎样的故事，他的父母究竟是怎样为人父母的？天下的父母，虽然付出的心意或许相同，而收获却各有悲喜。

我们常说，孩子是父母的复制品，父母怎样，孩子就会怎样，想让孩子成为什么样的人，自己首先要成为那样的人。显然，很多时候，方法对了，孩子会超越我们，达到更高的目标；方法错了，不但亲子关系受损，孩子也可能背道而驰。这几天我常想，熊轩昂同学一定是激发了内驱力，在追求卓越这一"念力"的引导下，不断鼓励自己向着梦想去拼搏、去努力。齐大辉在其所著的《一次管一生的教育》一书中指出："学习是人与生俱来的能力，是人的本质特征之一。然而，很多家长头疼的居然是孩子不爱学习，不会学习，学习不好。"我相信每位家长都特别希望自己的孩子学习好、出类拔萃，在孩子学习上投入了大量的精力、时间和金钱，但为什么不是每个孩子都能达到相应的效果呢？

齐大辉先生将孩子分为三类——顺教育型、缺教育型和逆教育型。顺教育型孩子有学习能力，爱学习，也会学习，处于快乐、积极、主动学习的状态，充分享受学习带来的快乐和自信，这是学习的最佳状态。缺教育型的孩子，处于麻木状态，觉得学习枯燥无味，他们有学习能力，也喜欢学习，但不会主动学习，家长如果不盯紧，孩子就不知道学，甚至连老师布置的作业也不能完成。逆教育型孩子有学习能力，但不爱学习，常常处于痛苦状态，且容易厌学。

一年级的宇莱介于顺教育型和缺教育型之间，大多时候她很享受学习带来的快乐和自信，偶尔也会犯犯懒，需要我盯一盯。我一直认为一、二年级处于学习习惯培养的重要阶段，于是我花了整整一个学期培养她的学习习惯，和她商定了"家庭公约"：每天回家第一件事便是写作业，自觉地完成复习、预习，对照《黄冈小状元》语文和数学详解对所学知识点进行查缺补漏，每一单元学完做一份单元测试卷。一学期下来，她坚持得很好，成绩也很棒，自然带给她不少自信。随着我的工作忙碌起来，我慢慢地开始放手，让她知道学习是她自己的事情，她可以自己合理分配好时间。二年级以来，我每天还是会过问她的学习，但时间基本由她自己安排。她渐渐地发现了自己的兴趣点——阅读、音乐和绘画。在周二、周五半天没课的时间里，她自己会把一下午的时间安排得很充实，看课外书、弹琴、画画，完全沉浸在她自己的世界里，这时如果想给她加一些额外的学习，她便不再像一年级那样容易接受了，比如每单元的测试卷、计算小超市，等等。对此，我也没有强压她，还是顺其自然了。但她对于自己感兴趣的内容，很投入、很专注，即使是短暂的时间，她也可以随手拿起一本书津津有味地阅读，令人佩服。从她4岁独立阅读以来，我一直注意给她挑选适合她读的书，家里的书架满满，她也一直喜爱阅读。有时看到好书还会推荐给我看，说，妈妈，你也应该看看孩子的书，你会发现有很多知识你也不知道。有了阅读的积累，写文章对她来说就很容易了。

有时晚上卧谈时，我会帮她分析她的长处，及时地给她鼓励，让她对自己形成一种正向的、积极的评价，让她在妈妈的肯定中更有自信。

专家点评

"孩子是父母的复制品。父母怎样，孩子就会怎样。想让孩子成为什么样的人，自己首先要成为那样的人。"这话说得很好。提到"家庭教育"一词，很多人首先想到的是如何教育孩子。其实，还有一句话："教育者先受教育。"要想把孩子培养教育好，首先要切实提高家长的教育素养。"水涨船高"，家长的教育素养提高了，孩子的素养也会跟着提高。

39. 浅谈家庭引导对学习兴趣的培养

北京市西城区进步小学家长　张春颖

有人说："孩子们都像种子，种子各异，结果不同。有的能长成参天大树，有的能开出炫目的花朵。"学习的过程如同种子成长，父母是土壤，学校和社会是阳光和雨露，教师是园丁，良好的学习习惯、浓厚的学习兴趣则如同土壤里源源不断的养分。家校协作，培养孩子良好的学习习惯、对学科浓厚的兴趣是学习持续的动力。

我的孩子今年上小学一年级，在学前没有上过任何培训班。入学之初，经历了短期的忙乱后，他较快地适应了教学进度，得到了老师的认可。我有几点经验与大家分享。

一、从小培养阅读兴趣，帮助孩子更快跟上一年级教学节奏

我的孩子接触阅读的时间比较早。还不会走路的时候，我就给他看大量的绘本，给他指读书中的文字。因为他特别喜欢车，所以我买了很多与车有关的初级阅读书籍，他的阅读兴趣随之培养起来。稍大一些后，我又给他买了科学类、探索类书籍，比如《神奇校车》《我的第一本职业体验书》《绞尽脑汁》，等等。坚持亲子阅读，慢慢积累下来，阅读范围逐步扩大，在没有特意教授的情况下，他的识字量得到了很大扩充，6岁时他可以自主阅读。

学前大量阅读的好处在上学后得以体现。因为有阅读基础，他对于教学内容、应用解答、考试答卷，能更好地理解，更准确地做出判断。而且在长期的阅读训练中，能提高孩子的专注力，本身对他学习能力上是个促进。所以，我对阅读这件事的意见就是越早越好。

二、打好简单运算基础

一年级上学期，20以内的加减运算是数学运算的基础，打好这个基础对于以后的高阶复杂运算很重要。首先，按照课本要求背诵数字拆分，从不让他采取掰手指数数方式。根据任课老师的教学要求，我买了一套口算卡，坚持让他进行口头计算训练。在进行10

以内计算时，让他反复练习前几位、后几位运算方法。在日常计时口算题书写时，我发现，他经常会把运算符号看错，个位十位看反。通过了解，知道了这源于两方面的问题：一是运算不熟练，二是视觉捕捉能力弱。我根据任课老师的建议，采取了反复训练的方法。将20以内进退位计算阶梯表打印出来，让他每天在计时口算前将阶梯表横向、竖向各读两遍。通过一段时间的训练，他的运算速度和准确度都有了提升。

一年级下学期，开始学习100以内的运算，上学期的运算训练为100以内运算打了一定基础，但是还是不够。除了每天按老师要求进行口算册练习外，我不定期对他进行家庭口算练习强化。在将口算册子反复做了5遍之后，我将口算册由原有的由简到难的顺序打乱，按一页简易题一页复杂题顺序让他练习，由每天60题运算提高到120题。我发现，虽然训练量增大，但是他并没有反感，反而愿意每次先完成较难的运算，再做简单的，运算速度也有所提升，或许这就是挑战的乐趣吧。

三、培养自主学习习惯

在上小学前，很多人都说要报一个衔接班，但也有人说不要上，我在犹豫很久后没有给他报学前班。但是开学后我仍然担心他跟不上教学进度，放学后又不能认真学习，所以还是报了托管班。在上了两周后，我感觉到他很疲惫，对学习提不起兴趣。后来我和他谈了一下，问他是否能够自己在家里搞好自己的学习，孩子给了肯定的回答。

一个月后我开始让他放学后在外玩30~40分钟后再回家学习，实话实说，一年级学习任务很轻松，回家后确实没有什么需要笔头完成的作业，我就给他安排了一些简单的口诀背诵、书写任务，让他自主完成。因为在家里环境宽松，他的学习兴趣还比较高。到了第二学期，我帮他制定了学习任务表，每天对照完成。每个单元学习前，我都会翻看《数学 学探诊》单元开始的提示内容，这部分很好地总结了单元重点，这样在日常辅导时就可以有针对性。每个单元学习结束，我也会对他进行单元自测。对于学校的单元测试卷，每次都认真查找丢分原因，有针对性再强化训练不熟悉部分。这种方式持续下来后，他能每天回家自己复习、预习、抄错题、完成家庭练习卷。

四、学习兴趣来源于观察生活

在日常生活中，我会和他探讨一些数学问题，比如，我们数楼层讨论地下楼层和负数、数物品数量采取规律运算方法、分析物体形状和图形关系等，从生活中发现数学、了解数学。他对数理化有着特别的热爱，我就为他买了《特别要命的数学》《走进奇妙的几何世界》《你好 科学！》等课外书籍，有些书其实是超出他的阅读年龄段的，但是这些书我从来不强迫他去看，都是他自己想什么时候看就什么时候看，有时候他会将读到的感兴趣的内容与我分享。通过阅读大量的课外读物，他的知识面得到很大扩充。

五、逐步开拓思维

一年级开学不久，我给他买了思维训练书。同样的，我也不强迫他去学，也不给他讲解，完全凭他的爱好自己去阅读。因为没有任务压力，他很乐意去了解其中的内容，常会挑选自己感兴趣的内容去研究，遇到不解的时候再来问我，我再给他进行讲解引申。慢慢地，他掌握了一些简单的思维技巧，从中体会到数学学习的快乐。从第二学期开始，任课老师建了"数学小老师讲解群"，每周一道思维训练题，我和孩子都认真对待，我们一起寻找条件、找到方法，再表达清楚。这个过程有的时候很轻松，有的时候很困难，但不管怎么样，我都鼓励他坚持，哪怕三遍五遍才能表达清楚解题过程。通过这种训练，孩子养成了较好的逻辑分析及表达的习惯，为日后进一步进行应用题解答打下条理清晰的基础。

六、配合老师，做好家校共建

前面说了很多，但是最重要的一点就是，所有的家庭引导工作必须是基于学校教学要求之上的，不管是口算练习，还是思维拓展，都要紧跟任课老师的教学要求。家长最了解自己孩子的优缺点，老师最清楚孩子应该掌握哪些知识、强化哪些方面、提高哪些技能，所以家庭训练应该是围绕学校教学的，只要和老师配合好，根据老师的反馈，采取针对性的训练，一定可以找到最适合自己孩子的那种方法并收获学习的乐趣。

专家点评

孩子的读书学习是一个漫长的过程。如何让孩子在漫长的学习过程中，始终保持浓厚的学习兴趣，在孩子刚刚入学的时候，及时进行培养、训练是一个奠基工程，十分重要。学生王振远的家长，主动与学校老师密切配合，在孩子学习的进程中，发挥家长的辅助作用，努力激发并稳固孩子的学习兴趣，其做法值得推广。

40. 家庭教育要紧密结合孩子的特点

北京市西城区进步小学家长　韩秀艳

作为父母,从孩子出生,我们的教育就已经开始实施。我们也一直重视对孩子兴趣的开发、习惯的引导和观察孩子的特点,希望能够创造出良好的家庭环境助力孩子全面充分地成长。虽然我们学习了很多的教育方法,但遇到具体问题时仍然需要不断观察摸索,才能找到适合孩子的成长路径。

围棋课是涵涵很喜欢的课外活动。经过了一段时间轻松和愉快的学习之后,小学一年级的时候进入了困难期,进步缓慢,常常输棋,进而不爱下棋。作为不会下棋的家长无法辅导,但是又不希望半途而废。围棋曾经是孩子的兴趣所在,以此来锻炼他面对困难的能力是可行的办法。作为家长,我们努力做到:(1)了解孩子特点,和老师密切沟通,熟悉孩子学习的情况和困难所在。涵涵性格上希望自己解决问题,较少诉苦,实际上是想赢怕输,面对难题和高手时有畏难情绪。(2)具体执行时,爸爸多陪伴,妈妈多收集资讯,爷爷奶奶多鼓励,大家日常多引导。家庭各成员共同做到不单纯施压,以鼓励为主,多陪伴。注意帮助孩子克服面对困难的畏难情绪,寻找学棋的有趣方法,及时提醒并陪伴孩子的学习,帮助孩子日积月累,不断进步。(3)创造机会,突破困难,提升自信。经过一段时间的努力,通过参加比赛来检验孩子的学习效果。每一次参赛的过程,由于有较为强烈的仪式感,孩子会更加努力不放弃,全面检验日常练习效果,同时高强度的比赛本身就是对棋艺的锻炼。在最近的升二段比赛中,经过两天的努力,涵涵坚持到最后一盘,最后升段成功。

在孩子克服这个困难的过程中,我有以下几点感触:

1. 家长对孩子的投入和陪伴是前提

现在家长都有较好的文化知识和先进的教育理念。但是,面对孩子的困难时,照搬书本知识仍然会觉得效果不佳。很大的原因是没有细心观察或者了解孩子的困难所在,也未结合孩子的性格特点,有的放矢开展家庭教育。而多陪伴多交流可以使家庭成员间形成良好的亲子关系,有利于互相信赖,能够预判各方面对不同情况的反应,为共同面对困难、解决问题创造条件。

2. 家庭成员的齐心协力是核心

家庭成员各有所长，齐心协力做到优势互补，更能够有效帮助孩子建立良好的学习和生活习惯。也要意识到，即便怎么努力，孩子仍然会在日常生活中有偷懒，有对付情况，这些都是人之常情，要理解和相信孩子。创造宽松且积极的成长环境，使得孩子在潜移默化中感受家庭的关爱和支持。

3. 尊重孩子的成长规律是关键

每个孩子都有自己的认知规律和成长路径。家庭是孩子的港湾，要尊重孩子的学习特点，不以别人家的孩子或者社会上宣传的典范孩子为标准，尽量鼓励支持孩子在自己的水平范围内多成长多进步。孩子认知或者兴趣缺乏时，不强迫，不拔苗助长，多引导多观察；孩子有兴趣时多创造条件；孩子遇到困难时多帮助，不缺位，做孩子的有力支持者。

在和孩子共同成长的过程中，一定会遇到挫折和失误，家庭成员间及时交流，家长多反思，适应孩子的特点，及时调整方法，一定会事半功倍。

专家点评

每个孩子都是特殊的，每个家庭也都是特殊的。完全相同的孩子，完全相同的家庭，是不存在的。这就要求我们做父母的，在培养教育孩子的时候，首先要认真了解自己的孩子，从孩子独具的特点出发，有的放矢，实施有针对性的指导或辅导，才会达到预期的效果。从孩子的实际出发，因材施教，就是以儿童为本。

41.
给孩子一个加速度

北京市西城区进步小学家长　杨　琳

明朗从很小的时候就表现出对各种符号的关注和喜爱，大到交通标志，小到数字和字母。所以，他认字、算术开始的时间也比同龄小朋友要更早一些，认识他的人都觉得他是一个爱学习的孩子，将来上学肯定没问题。我对此一开始也抱着很乐观的态度，所以在明朗刚进入小学的时候，把大部分精力都放在如何引导他控制情绪、遵守纪律方面，对他的学习有所忽略。

一年级的时候还好，大部分课内知识他之前都接触过，依靠吃老本也没出现大问题。但上了二年级之后，明朗开始出现课上作业完不成、课后作业拖延的现象，生字听写和单元测试也屡屡出错。我旁敲侧击地提醒过几回，效果也不明显，为此我暗暗着急。接下来的一段时间，我仔细观察了他在家学习时的习惯，发现他对待课业处于比较被动的状态，基本上都需要家长督促才会去做，而且每一项完成之后，下一项的启动都需要家长提醒甚至催促。虽然学校留的作业不多，但是因为效率不高，再加上课外兴趣班的课下练习，每天往往都要到九点之后才能洗漱上床。而且在这个过程中，我们小声提醒他，他可能会充耳不闻，声音大了或者语气严厉一些，他又会产生反感情绪。但令人欣慰的是，我发现明朗在完成某一项任务时一般都会比较投入，如果没有外源性的干扰，这种投入的状态可以持续较长的时间。

综合观察的结果，我认为孩子本身对于学习这个过程是喜欢的，但因为没有建立起良好的习惯，家里的干扰因素也过多，所以才导致他的学习效率不高。为此，我跟明朗爸爸想了很多办法。

我首先跟他约定了一个大原则：每天回到家，先把未完成的课堂作业补完，再完成课后作业和其他任务，包括弹琴、练习英语等，所有任务完成了之后，剩余时间他自己支配。听说能自己支配时间，明朗很高兴，回到家之后急急忙忙做作业，然后很快就开始玩了。我问他："任务都完成了？"他回答："是啊。"我再问："英语录音做了吗？明天的书包收拾了吗？"他恍然，连忙扔下手中的积木去做。

所以，光有大原则还不行，还得有操作性更强的策略。我试着引导他把每周要完成的课内外作业整理出来，然后每天回到家，先问他自己打算完成哪些项，按照什么顺序完成，他自己会想一想然后做出安排。我尽量做到不插手，免得破坏了孩子的自主兴致。但惰性使然，他往往会选择把轻松的任务先完成，留下一些比较棘手的，到了周末就比较紧张。

为此，我心生一计。明朗平时特别喜欢写写画画，模拟各种表格，包括饭店菜单、列车时刻表、电视选项卡等等。所以，我就建议他针对自己的家庭作业规划一个表格，引导他先想好可能会涉及哪些课业，并适当地给了一些建议。给自己设计表格是头一回，孩子兴致勃勃地打表格，填内容，内容写了又改，忙活了一晚上。最终，一张还算合理的任务计划表诞生了，并被贴在他房间的书架上。

有了这张表格，明朗每天的家庭任务完成起来确实更主动更有效率了。偶尔，他也还会搬出"懒得动""我好困"类似的借口拖延执行，我心里着急，但表面上也不多加干涉，而是采用"迂回"战术：明朗，如果你不想做那就先休息一天，不过我倒是为你坚持了这么久的习惯被中断了感到挺惋惜的。或者，我会说，你不做可以，但是你得保证明天去学校的时候乖乖接受老师的批评。这种情况下，孩子一般就会认识到后果，不再找借口了。

为了保证孩子的注意力集中，提高学习效率，我会提醒他把可能会吸引他注意的课外书、玩具、手机之类的东西，放在不容易看到和拿到的地方。我还建议他建立了一个综合错题本，把平时写错的字词、算错的题目都记录在上面。我们有意识地帮助他慢慢养成完成一项作业收拾完毕之后再进入下一项的习惯，让面前展开的只有当下需要的书本。针对他课堂作业拖沓的情况，这也应该有一些效果。

针对明朗喜欢重复性的工作、不喜欢接受挑战的特点，我跟明朗爸爸也想了一些办法。我们会陪他一起钻研某一道数学题，故意发出质疑：给这个条件有什么用处？孩子就会跟着开动脑筋，一般情况下，原本不会的题目就迎刃而解了。我们还会比赛做数独，玩词语接龙、英语单词接龙，这能很好地激发他主动学习的热情。

在我们看来，孩子对学习的热情远比他的任务完成情况更重要。所以，我们的大原则是绝对不破坏他对学习的兴趣，尽量尊重他对于学习的选择性和倾向性，通过不易察觉的方式引导他学习的方向。前段时间，我专门买了一些关于历史的漫画书，放在书架上不起眼的角落，某一天他翻看起来，然后就开始跟他爸爸交流一些浅显的历史知识了。

现在看来，明朗在学习方面虽然还存在着一些这样那样的问题，但总体上来说，学习主动性增强了，学习效率相应地也提高了不少。其实道理很简单，如果是"要我学"，家长推着他跑，那么他的速度只能取决于家长用在他身上的力气；而如果是"我要学"，那他可能会爆发出源源不断的潜力，把家长远远地甩在身后。

帮助孩子建立好的学习习惯，想办法维持他对知识的好奇和兴致，这就相当于帮助孩子建立起"加速度"。在这一点上，我们才刚刚做了初步的尝试，将来还需要对孩子给予更加用心、更加科学的引导。

专家点评

"给孩子一个加速度"，这个标题很有深意。孩子从幼儿园到小学，学习的模式发生了变化，低年级的孩子还不是很适应，这属于正常现象。一般来说，孩子是有学习的欲望的。但学习毕竟是一种比较艰苦的脑力劳动，有的孩子缺乏主动性，家长应该想方设法激发孩子的内驱力，努力促使孩子变"要我学"为"我要学"。这位学生家长的做法值得参考。

42. 培养孩子自主学习，激发孩子学习兴趣

北京市西城区进步小学家长　王　京

一、召开家庭会议，商讨制定每周日程安排，培养孩子独立自主完成学习任务

在一年级新生入校时，学校组织家长课堂，主讲老师介绍了召开家庭会议，和孩子一起商讨制定学习计划日程表的方法，我感觉不错，便尝试着运用这个方法和孩子一起商讨制定她的学习日程安排。

召开家庭会议的方式，首先让孩子感受到了尊重，她很愿意参与进来。通过家庭会议，孩子和家长一起梳理、汇总她一周之内每天所需完成的课内外学习、生活事项，再根据事情的轻重缓急进行合理的时间安排，制定出一周日程计划。这既让孩子对自己需要完成的事情有了较为全面客观的了解，也帮助孩子学会主动考虑、提前谋划和统筹安排，提升了孩子管理时间的能力，有助于她独立自主地完成各项学习任务。

二、由监督执行，到自主执行，再到习惯的养成，培养孩子自我管理和自我学习能力

初始阶段，在家长协助孩子制定好日程计划后，家长需注意督导孩子按计划执行，并引导孩子检查计划执行情况，及时发现问题，纠正她自己做得不到位的地方，也进一步调整日程计划，使计划更合理，也更易于执行。

随着孩子自主执行计划能力的提升，家长逐渐放手让孩子自我管理和完成任务，最终养成习惯，孩子不再需要家长协助，便能自己梳理所需完成的任务，结合实际提出自己的计划安排，并自主完成。这样的过程，更能激发孩子的学习自觉性，也培养了孩子自我管理和自我学习能力。

三、激发学习兴趣，提升学习效率

兴趣是最好的老师，也是孩子学习的强大动力。因此，在孩子的学习生活中，家长应尽量多地了解孩子，抓住孩子的兴趣点，抓住时机，适时给予引导，激发孩子的学习兴趣，并适时给予肯定和鼓励，让孩子感受到学习的成就感，调动起孩子的学习积极性，通过爱学、乐学、会学，形成良性循环，提升学习效率。

专家点评

召开家庭会议，跟孩子一起商讨、制定孩子的学习计划，这是一个很好的家庭教育模式，值得推广。召开家庭会议，首先反映了家庭生活的民主性，体现了对孩子的尊重；也反映了家长具有"利用家庭集体教育孩子"的意识，有利于督促孩子好好学习。家长从督促孩子执行学习计划，到逐步引导孩子自主执行学习计划，这个思路有利于激发、培养孩子学习的自觉性和自我管理能力。

43. 如何培养孩子独立思考和学习的能力

北京市西城区阜成门外第一小学家长　冯　雨

每周末我都要带孩子去上音乐基础课。每节课上总能见到一位家长陪在孩子身边，整节课她都在忙碌着一边记着笔记，一边在旁边辅助孩子上课。而孩子整节课其实并不那么认真，上课的态度跟妈妈形成鲜明的对比，遇到老师提问或布置课堂练习时他总是将视线转向妈妈，投去求助的眼神。每每看到这样的情景，同为家长的我一方面很佩服这位妈妈的学习能力和认真态度，毕竟中级音基对于我们毫无音乐基础的家长们而言有一定的难度；另一方面对于这位妈妈教育孩子的方式方法有一些不认同。

爱因斯坦说过："学会独立思考和独立判断比获得知识更重要，不下决心培养思考习惯的人，将失去生活的最大乐趣。"让孩子学会独立思考和学习是一项非常重要的能力。作为父母，如何培养一个能够独立思考和学习的孩子呢？

首先，让孩子学会思考。父母与孩子相处时，要经常以商量的口吻进行对话和交流，留给孩子自己思考的余地，要给孩子提出自己想法的机会。这种家庭相处模式也会使得孩子在其他环境下敢于表达自己的想法。曾经有一次儿子在上二胡课时，在老师演奏完一首曲子后，他直接告诉老师有一个音拉错了，当时我心想老师怎么会拉错呢，可能是孩子急于在课堂表现自己。结果老师认真看谱子后，很诚恳地说确实是自己疏忽了，并且表扬了孩子。

其次，孩子在学习中遇到难题时，父母不要代替孩子。就像我上面例子中讲到的家长对孩子采取的"陪听""有问必答"，这对培养孩子自主学习和独立思考是非常不利的。如果家长不让孩子动脑筋自己解决问题，而是轻而易举地将答案告诉孩子，久而久之孩子就会养成不动脑筋而依赖别人的不良习惯。当然，孩子在学习中遇到问题时，家长需要做的是教给他思考的方法，或在关键处给予适当的提醒。总之，要给孩子留有思考的余地，这样逐渐使孩子养成良好的习惯，有利于提高孩子独立学习和思考的能力。

最后，当孩子通过自己的思考和努力取得一点点进步时，父母要及时给予肯定和鼓励，使孩子从中感受到成功的喜悦。

"我思故我在"，培养孩子养成独立思考和学习的能力，孩子将会受用一生。

专家点评

小孩子学习，需要家长帮助。但帮助，不是代替，不是越俎代庖。帮助孩子也不是要一直帮下去。帮助的最终目的，是使孩子不需要帮助，学会自主。帮助孩子学习，不仅仅是帮助孩子学习知识和能力，更重要的是在帮助的过程中，培养孩子独立学习和思考的能力。如果家长帮来帮去，帮得孩子离不开家长了，这种帮助就是"帮倒忙"。

44. 我是如何培养孩子学习能力的

北京市西城区阜成门外第一小学家长　张雯梦

前几年，有位英国学者进行了一项调查，并得出结论说：一个孩子的成功，遗传因素占百分之七十，后天的教育只占百分之三十。英国学者的观点不知道是否有科学依据，我相信人的差距除了天赋之外，另一个重要因素就是人的学习能力的差距。

一个学生的学习成绩以及今后的成功，可能与这个学生的天赋有关。另一方面，我觉得最主要的因素是孩子的学习能力的不同。

儿子今年11岁了，我几乎天天跟儿子在一起。从孩子的身上我发觉人是一种天生爱学习的动物。小孩从出生就想感知这个世界、了解这个世界、认识这个世界。身边很多家长说孩子不爱学习，我觉得不是这样的。

人为什么变得不爱学习，认为学习枯燥，是一件艰苦的事情？我觉得，都是后天的教育与环境造成的。我们作为家长，做的一件重要的事情就是别去破坏孩子与生俱来的学习能力。

先说说孩子学习兴趣的培养。0~3岁是孩子最重要的成长阶段，也是培养孩子学习兴趣的开始阶段。因为这段时期孩子刚出生，还是一张白纸，孩子的心理、性格包括学习能力的培养刚开始。能否画出好画，第一笔与初期的构图很重要。这个时期也是对孩子性格最容易教育与塑造的时期。孩子3岁之前对父母依赖性强，孩子需要父母足够的关爱与成功体验。

我儿子小时候爱哭，半夜经常哭闹，一见孩子哭，我马上赶过去，抱起孩子，摸摸孩子的头，安慰孩子说："没事。"我儿子现在长大了也爱说"没事"这个词。

上次学校合唱团的同学去中央音乐学院演出。一个学生吹笛子吹错了，很自责。我儿子主动过去对那个同学说："没事。"那个同学妈妈听了很感动，后来还主动感谢我儿子，说我儿子懂事。

孩子在三岁之前最爱哭闹，哭闹是需求的表达，做家长的应该满足孩子的需求，而不是责骂与用权威进行压制。强制可能见效，孩子有需求也不哭了，但这种需求会变成潜在的焦虑,影响孩子今后的心理。父母对孩子的最大的爱就是要有耐心。

除了爱之外,还要给孩子足够的成功体验。孩子能握住东西,让他感到成功握住东西的快乐;孩子能站立,让他体会到成功站立的快乐;孩子一下学会骑车了,让他体会到会骑车的快乐。早期的快乐体验是孩子建立起学习能力的必要条件。

现在有的人说西方的"快乐教育"是鸡汤,中国的孩子就应该苦。我不这样认为。趋乐避苦,是人的本能,快乐不仅是人行为追逐的目的,而且是人行为的动因。人之所以喜欢学习,源于学习带来的成功的快乐,人在幼儿时期,成功的、快乐的体验应越多越好。

除了学习兴趣,孩子的学习习惯也要从小培养。父母与孩子的共同参与有利于养成孩子的学习习惯。

儿子小时候,我经常与他做游戏,一起玩玩具。我家离天意商城近,天意儿童玩具城卖东西的都认识我。儿子小时候,几乎天意所有的玩具我都给儿子买来玩过。孩子玩的过程,其实也是学习习惯培养的过程。随着年龄变大,儿子变得爱听故事,爱看书了。

记得幼儿园有段时期,我经常给儿子讲故事,儿子特别感兴趣。有些故事将近十分钟长,儿子能一个字不错地复述出来。儿子刚开始也是看小人书,到了小学一二年级特别喜欢看僵尸书,我家的僵尸书都买齐了,装了一柜子。到了三四年级,儿子阅读兴趣也变了,开始看《西游记》《三国演义》,还有一些文学名著。五年级喜欢看历史书了,儿子看完了两套30本的中国历史。

总之,培养孩子的学习习惯需要家长的参与,同孩子共同学习,共同实践。我们都是从开始给孩子讲故事,然后跟孩子一起阅读,慢慢养成孩子的学习习惯的。

最后,说说培养孩子的自学能力。我儿子小时候学钢琴,是自学的,没正规请过钢琴老师。起初,我教他五线谱,学会识谱,然后叫他自己看光盘学弹琴,从小汤学到大汤,从拜厄学到车尔尼599,都是儿子自学的。前两年才开始给他请老师学钢琴,现在钢琴也到达九级水平了。通过学琴儿子不仅体会到了音乐的魅力,最大的收获是提高了自学能力。

我儿子英语也是自学的。一年级的时候,刚入学,同学都报英语课外班,我们也报了爱心英语,学了半年。我发现儿子天天回家做英语作业,写字母,效率很低。于是,我们下半年就没报课外班,怕孩子失去学英语的兴趣。我给儿子买了洪恩英语,没用多久他就点读完了洪恩英语二十多册书,小学阶段的单词基本都会了。后来我给他买了韩国人编的冒险岛英语，儿子边看书边听光盘，五本故事书自己看完了。他又叫我买了冒险岛英语第二辑继续学习。大概是到了三四年级，儿子开始自学《典范英语》，先看故事，然后自己听光盘。他目前已经把《典范英语》八级看完了。有时候跟儿子一起看《典范英语》故事，我发现，儿子的英语阅读能力比我都强。孩子自学效率比一般去外面上课外班效率高。

前天，儿子上音乐课回来，说自己乐理知识不够，想学音乐基础。昨天放学前，我就给儿子桌子上放了一本音乐基础教材。孩子回家看到书很高兴，马上拿着书，边看边听光盘。今天上午，儿子就自己把中央音乐学院音基考级的书看了一遍。看到最后，他自己还拿起笔，把书后面的模拟考试题自己做了。在外面学音基要很多时间，路上还要来回折腾，自己学习效率更高。

教育就是保护与培养孩子的学习能力，学习能力强的孩子在今后的成长过程中，教育成本要少很多，要顺利得多。学习是一个人终生的事业，学习能力使孩子终身受益。

专家点评

"教育就是保护与培养孩子的学习能力。学习能力强的孩子，在今后成长过程中，教育成本要少很多，要顺利得多。学习是一个人终生的事业，学习能力使孩子终身受益。"这位家长的体会是很深刻的。对孩子进行培养教育，当然是要孩子学习知识，但这不是最终的学习目的。最终的目的是把知识转化为能力。一个人素质的高低，有没有发展的后劲，不是在于掌握知识的多少，而是学习能力的强弱。

45.
诗教在家庭教育中的价值

北京市西城区阜成门外第一小学家长　张金栋

中国人对古诗的热爱是深植于基因之中的，在孩子咿呀学语之时，不管是爷爷奶奶，还是爸爸妈妈，都会教孩子背几首唐诗。那些耳熟能详的句子，在奶声奶气的娃娃口里吟出，别添一种韵味。听到的人心中，自会升起一种不可言说的欣喜。孩子当下或许还不知道这些诗句的意思，但是终究有一天，对着春花秋月，望着大漠孤烟，他或她的心中，不由得会涌出这些童年的诗句，这就是所谓的文化传承吧！

或许有的家长心中会有疑问，诗的作用就是为了增加文辞的优美吧？而文辞的作用又在于粉饰吧？而当今科技的重要性要远远大于文辞的重要性，学好数学理工才是未来赚钱就业的好出路，还是不要浪费太多的时间在这些旁枝末节上。

的确，科技的发展异常迅速，包括最近热炒的人工智能，这些都将深刻而现实地影响我们和孩子们未来的生活。那么，中国古时候的传统诗教，在今天，在未来，还有什么样的价值，对人有什么作用，还有存在的价值吗？这真是一个问题，简直如同是生存还是毁灭般尖锐。

诗教，不只是读诗那样简单。我们看看古人怎样对诗教进行定义的。"温柔敦厚，诗之教也"，"诗三百，一言以蔽之，思无邪"。古人的定义，似乎和我们平时理解的背会几首古诗，增加写作时候的文采意义不太一样啊。古人眼里，诗教的作用，更多是通过美好诗句的感动，让人的心灵和情感更为广博和丰富，性情更为温柔与平和，感情更为稳定与厚重，让人的心能"深"下去，而不是泛滥与浮动，成为温润如玉的谦谦君子。诗的教化，是一种潜移默化的影响与熏陶，让人的思想和行为更合乎人性本有的道德规范，起心动念间不走入邪路僻径，"喜怒哀乐，发而中节"，"随心所欲而不逾矩"。

诗教如此重要，那么它的核心是什么，怎样来把握和培养呢？在家庭教育中，又该怎样应用呢？中国的儒家文化，核心的价值在于开发和指归人性中的真情感。最近媒体报道，很多北大的学子得了"空心病"，这实在是让人难过的消息。这些最聪明最优秀的孩子，在学业上取得很好的成就，为何心灵却早早地枯萎并失去生机？从根本上来看，正是我们整体教育过于功利，缺乏诗教对人性情的涵养陶冶所造成的吧！

古人对儿童的诗教，是注重"下学而上达"的，日常的功夫是在"洒扫应对"，关注点是在"孝"和"敬"。一个孩子在收拾屋子打扫庭院的日常起居时，在回答师长的提问中，都能看到他对人对事的态度，看到他精神是否集中和安定，神态是否安详。一切行动，都是内心的真实呈现。记得一位大儒说过，他写字不是单纯为了字好，更是为了心好。

这里的"孝"字，在今天看，更多的意义是"爱"字。比如春天的时候万物生发，无故攀折柳枝也是不"孝"的举动。因为这种破坏，是有一念残忍之心存在的。值得爱惜的重要的不是嫩绿柔软的柳条，而是自己的内心是否感到春天里那种弥漫四野勃勃的生机，那种目之所及万物欣欣向荣的欣喜。这种景星庆云的气象，也不必一定要用如何美妙的词汇来描述，只是一鸟啼，一虫吟，半缕清风，数点微雨，都让人有浑然忘我，与天地万物融为一体的感动，这便是最好的诗教了！

而"敬"字，更多的是让孩子体验到庄严和肃穆的情感，知道生命不是一个游戏，是有大事要完成的，这是立志的基础。人生下来就有向上的心思，这是生命的本能。正如宋代陆象山先生在诗中说："墟墓兴衰宗庙钦，斯人千古不磨心。"生命中自有一番神圣和悲悯，千载而下，亦不磨灭。"敬"首先是对自己的。古时候的例子在外学习有得，回家后喂猪的态度也像招待宾客一样。内心没有庄重的情感，外表和礼节如何规范都不是真正意义上的"敬"。据说明朝遗民朱舜水流亡日本时，在海上遇到大风浪，白昼如晦，船上人都很恐慌。他于是提笔神情肃穆地写了一个"敬"字，便一切风平浪静了。这或许是个比喻吧，喻示着不管我们有多大的习气烦恼，当内心有了恭敬之情、虔敬之念，其他的私心杂念就退避三舍了。内心不能真正体验到"敬"，对人就不会有真正的尊重。"敬人者人恒敬之，爱人者人恒爱之"，而不会敬人不会爱人的结果，只能是"他人即地狱"了。在工作和生活中无法和别人真正融合，事事我字当头，给自己和他人都会带来很多的烦恼。

没有一定的修养和体验，年龄本身不能带来成长，所以有了"巨婴"的说法。《论语》中开篇就说："学而时习之，不亦乐乎？"孔子在学什么，习什么，给他带来如此的快乐？他传授给弟子们的又是什么，来拔济我们的灵魂？一直到民国时期，学堂中都要悬挂夫子的画像，学子们也要每天参拜，感念他对后人的恩泽。中华诗教的缺失，对整个世界都是一个很大的遗憾。由于东西方文化的不同，我们经常看到西方的老年人也做着年轻人一样的游戏，并因此换来阵阵掌声。其实，长不大的彼得·潘并不是一个值得称道的现象，而是一种生命向上成长文化的缺失。嬉戏玩耍成了目的本身，胡闹无厘头成为本领，宝贵的生命只是在无序的盲动中耗尽。从根本上说，游戏娱乐的价值，在于体会到其中的真善美，是为了回归，而不是放任。在舜帝时期，有苗族要叛乱。舜帝请他们的部落首领来赴宴，让人给他们表演了一段舞蹈。看过后有苗人反叛之心全无，那种杀伐的戾气完全被雍容和乐的气象所涤荡，内心起了巨大的变化。孔子在齐闻《韶》乐，三月不知肉味。礼仪之邦，仁者无敌，善良的力量同样伟大，同样动人心魄，可以化干戈为玉帛，可以不战而屈人之兵，这正是中国几千年王者之风的秘密所在吧！好的诗歌，好的音乐，好的舞蹈，都是诗教的素材和手段。"万物静观皆自得，四时佳兴与人同"。

让人高兴的是，现在我们从国家层面到教育基层越来越重视复兴和继承传统文化了，前贤们几千年传承下来的智慧，会越来越多地出现在孩子们的视野中，浮现在他们的脑海里。这些一点一滴的积累，慢慢终将凝聚为洪流，冲破重重阻碍，汇归于和谐生命的大海。正是每一个个体自我的和谐，才能谱就整个中华大地和谐的乐章。诗教的价值，也会被越来越多人发现和重视，并更多地应用到家庭教育之中，培养出越来越多温柔淳厚德才兼备的好青年。让中华的和乐文明，薪火相传，在新的时代绽放出新的异彩，为更多的迷茫者照亮回家之路。

> **专家点评**
>
> 张金栋家长的这篇文章，像一篇激情澎湃的散文诗，文字优美，论述深刻，具有很强的感染力，发人深省。"诗教"自古以来，就是我们中国家庭独具特色的传承传统文化的教育方式。只是在当今浮躁的社会氛围中，我们的家庭教育太功利化了，值得做父母的认真反省。

46. 如何开启孩子音乐之门

北京市西城区阜成门外第一小学家长　陶　勇

艺术教育，其实属于美育的范畴，所以要讨论的是美育的重要性。美育，其实是三观教育的重要组成部分，主要是真善美的能力。

真善美给人带来什么？那就是获得更多的社会性支持，从而完成儿童与社会的连接。这个连接有什么用？能增强儿童内在的价值感，以及精神力量。有了这两个东西，儿童就能应对未知世界的挑战。

说简单点，就是获得生存自信，从而不会迷失成长的动机。

美育为什么能起到作用？因为它展示了一个人的创造性，与众不同，辨识度极高，意味着优秀的基因，从而获得更多的选择机会和社会性支持，确保生存与发展不受现实的威胁。

一、发挥潜能是最大的幸福

每一个人对幸福的理解可能不太一样，无论各自如何讲述自己幸福之所在，在心理学家看来，每一个人最大的幸福就是发挥自己的潜能，创造最大的价值。

每一个儿童都自带天赋而来，这是上天赐予每一个生命的礼物。作为父母，首先要发现儿童的天赋所在，然后在生活中悉心地创造环境，让这种天赋能够被唤醒，让孩子能够沿着这条道路一直走下去，尽力发挥他们所具备的潜能，创造更大的价值。

二、充满希望地走向失望

现实往往不尽如人意。在真实的生活中，我们可以看到，有一部分父母，热衷于培养孩子各种兴趣特长，辛苦耕耘几年，最后发现孩子什么都不喜欢，什么都不爱好，自然学过的东西，也无法变成自己的特长。

如果仅仅是浪费了一些金钱，那也罢了。留得青山在不愁没柴烧，钱用完了还可以再挣。问题在于，儿童把生命中最重要的一些时间花在一些并无实际意义的方面，这是一笔巨大的时间成本。如果我们能够有效地利用儿童求知欲极强、探索精神十足的时候，让他们真正去学习他们喜欢的事物，那么他们早已成为某一个领域的"专家"了。

比这还要可怕的是，恐怕有些孩子就会产生学而无用之感，从而开始轻视学习的意义，甚至开始讨厌和逃避学习。我们应该理解这种感受，如果换作您，花了好几年的时间去琢磨一些事情，到头来既不能给您带来愉悦的体验，也无法给您带来未来生活的意义，您是不是也会感到很悲哀？

如果学而无用，那也罢了。毕竟，人生总是还要走一些弯路。不经历风雨，怎么见彩虹？且慢，我还想说的是，如果经历经历风雨，我觉得也有一定的意义。但是，您要知道，很多父母一旦付出了精力和金钱，他们需要回报。付出越多，则索取的回报就越多。但是儿童却并不会因为我们付出很多，就给予我们想要的回报。甚至像我这样自命为深谙育儿之道的资深父亲，也会是一样的结果。那就是：你的努力和付出，并不能让儿童完全按照你所期望的那样去发展。

对于期望很高、选择很糟糕、过程实施充满了简单粗暴的父母来说，这样的结果无法接受，于是就会变本加厉地向孩子索取结果。结果毋庸置疑，肯定会发生亲子关系冲突，彼此信任的遗失，家庭陷入混乱。

三、发现优势所在

之所以很多家庭陷入糟糕的境地，不是因为父母不爱，主要还是因为他们并没有真正发现儿童的天赋，而是把自己认为重要的事情，强加给孩子，期望由此完成自己未竟之理想。殊不知，去教小白兔游泳，终其一生都不太可能成功。

与小白兔不同，儿童具有本能发展的学习能力，具有适应环境的能力，是否意味着儿童具有一切的可能呢？

当然会有非常多的可能，但是我们真正要做的事情，并不是把所有可能都培养起来，那不太现实，毕竟儿童的精力是有限的，我们去关注所有方面的成长，那么结果可能就是，每一个方面可能都很一般，甚至顾此失彼，匆匆忙忙，患得患失，终其一生。

最重要的是，发现每一个孩子独特的方面，这里需要大致了解多元智能的概念。由哈佛大学加德纳博士在20世纪80年代提出来的多元智能概念，可以简单地帮父母界定孩子天赋所在的八个方面：

语言智能；空间智能；逻辑数理智能；运动智能；音乐智能；自然智能；人际智

能；内省智能。

了解每一个人在这八个方面的智能表现各有千秋之后，我们应该找出自己孩子最具潜能的方面，然后加以悉心地培养，孩子就能脱颖而出，最终发挥出自己最大的潜能，创造最大的价值。

四、如何发现优势所在

一是在生活中细心观察。

比如：孩子听见音乐就开始摇摆，或者简单的歌曲听几遍就会唱，而且唱得还比较准，那么我们可以认为孩子在音乐方面可能会有天赋；

孩子喜欢活动，行动敏捷，爆发力强，在一些运动项目方面比别的孩子更容易学会，也表现得更加出色，可以认为孩子具有一定的运动天赋；

孩子喜欢玩积木，而且喜欢使用大量的积木来完成比较复杂和宏大的作品，可以大致认为孩子具有一定的空间智能方面的天赋；

孩子学习说话很快，接受新的词汇很快，而且能够组织好语言，复述故事比较流畅，则可以认为孩子具有一定的语言天赋；

……

父母需要在生活中仔细观察，尽量少去进行价值引导，根据观察结果来判断孩子的喜好。

比如，我儿子有一位好朋友，他们从小就在一起玩。据我观察，这位小朋友比我儿子跑得快，而且在其他运动项目方面表现也非常出色，即便彼此都没有参加过什么训练。比如，在排球、跳绳等方面，他都表现出过人的学习能力和表现力。

我就建议这位孩子的爸爸，能够多关注孩子在运动方面的天赋，给他创造一些机会，让他去体验或者参与一些活动，找到喜欢的方面，再进行系统训练。

二是创造机会发现孩子的天赋。

比如，我们可以带孩子去各种各样的地方参观、浏览，或者体验一些活动，在这个过程中，去发现孩子在哪些方面表现出兴趣盎然。

也可以带孩子去一些兴趣辅导机构参加一些体验课程，让孩子有机会接触到不同的课程，在课程进行中去观察孩子的兴趣，以及他们学习这些项目的进展。

父母可以从如下几个方面判断孩子是否会有一些天赋：

1. 喜欢做这件事情；

2. 学习这件事情比常人快；

3. 遇到一点困难，不会轻易逃避；

4. 愿意付出精力去琢磨这件事情，达到废寝忘食的程度。

在我儿子三年级的时候，有一个周日的下午，我俩无所事事，喝水果茶的时候我就请他听一首贝多芬的音乐《命运》，他欣然同意。于是，我们听了轻音乐风格的钢琴版的《命运》，古典风格的交响乐版的《命运》，甚至有摇滚风格的《命运》，最后他得出一个结论是：钢琴版的最好听，交响乐版的最丰富。

我把手机借给他，他就开始用手机搜索贝多芬的其他作品来听，之后开始用手机搜索各种古典音乐听，之后开始尝试在五线谱本上作曲，之后开始尝试在电脑上作曲……

在鉴赏音乐到作曲的过程中，他开始自学钢琴半年之后，开始系统学习钢琴。之后，他开始自己研究各种稀奇古怪的乐器，有些乐器拿到手，一两个小时就能演奏……

我想说的是什么呢？我想说，只要给孩子创造一些机会，创造一些环境，就能发现他们的天赋所在，然后再沿着这条路线走下去，他们的核心竞争力就自然显现。

五、沿着强项顺势培养

如果您认为，喝了几杯水果茶，就发现了孩子的天赋，让孩子开始热爱音乐，那您就完全错了。喝茶是真，但是不仅如此。

从我的儿子热爱音乐这件事情上，我需要补充的细节是：

（1）为什么启蒙是贝多芬？

因为之前，我们刚好读完一本《100位名人小故事》。读完之后我们曾经玩过一个根据描述猜测是哪位名人的小游戏，由此他记住了贝多芬，也知道他是做什么的。

如果没有这个铺垫，他不会去搜索贝多芬更多的音乐，也不会去搜索莫扎特，更不会去主动了解各个时代的名家。

（2）为什么是周日的下午？

他之所以愿意听我推荐音乐，是因为周日下午没有什么事情，他的妈妈也不在（如果她在，可能会因为无所事事而感到焦虑），我们喝着自己泡的水果茶，吃着小点心，这是多么愉悦的享受啊，何乐而不为呢？

（3）为什么要用手机来搜索名人名曲？

没有一个孩子总是喜欢父母的推荐，即便父母的推荐可能更加靠谱。如果是他们自己的选择，那么他们就会为自己的选择而认真学习，所以，他自己用手机搜索的乐曲，不但能够给他带来想要的行为的结果，更能让他为自己的选择，自己的主动性而感到满足。这恰好是现在很多儿童成长环境中所缺失的部分。

（4）为什么要自学钢琴半年以后才开始系统学习？

刚开始的时候，我们根据《小汤普森》自学识五线谱，自学弹奏钢琴。因为这教材非常简单明白，所以他能学会。

在他自学的半年内，我们听了大量的钢琴曲，大量的古典音乐，但是只字不提学习二字。也就是说，我们从来不要求他去学钢琴，反而让他想要尽快把钢琴学好，以便能演奏更厉害的曲子……

如果一开始就送孩子去学习钢琴，那么在他入门之前就被迫进入他人的教育，这种形式是不适合儿童的学习的，是会违背儿童自我探索的意愿的。也就是说，可能会让一件美好的事情，变成一种任务，变成一种要求和压力，从而败坏了儿童自发的学习天性，后果不堪设想……

（5）为什么要用电脑作曲？

在很长一段时间里面，他一直用五线谱本作曲。这段经历恰到好处在于，他做的所有曲目，谁也不知道是什么，我们也无法评价，所以他能够一直写下去，而得不到任何负面评价。也就是说，正是因为我们不懂，所以他才得以被保护了求知欲和创作精神。

一段时间过后，我发现他已经能够熟练地使用乐理知识，也能熟练地书写乐谱了，在这个时候我才建议他使用软件来创作。由此，他进入了高科技创作的阶段，与之前相比不同在于，现在写的曲子，是可以用软件导出音频或者视频，马上欣赏到。

我们可以设想，如果他刚开始作曲就能够被大家所评价，恐怕这并不是一件好事情啊。所以，我认为一切都是恰到好处，水到渠成。

六、创设成长环境，才能真正脱颖而出

如果您认为，培养孩子的核心能力，仅需支付培训班的费用，请最好的老师，使用最好的器材就Ok，那么我只能呵呵一笑。

事实上，唤醒了儿童的天赋，才只是万里长征第一段行程。在这个过程中，不断地创造环境，实施过程激励，满足他们的求知欲，提供学以致用的场景，才是关键。

这两三年时间内，孩子跟我们聊得最多的是音乐。我们的生活充满了音乐——虽然有时候比较烦躁，各种各样的噪声实在是太多，但是你又能如何？只能欣慰地接受它，甚至要和它融为一体，这才能形成更加强大的驱动力，我们可以称之为激励。

比如，在此之间，我们在短短的一个学期之内，完成了中央音乐学院音乐基础初级、中级的考试。这极大地提升了孩子的自信——在考试训练期间，他能够明显地发现自己与其他考生的区别。他对音乐基础知识的掌握，全部都是自发的研究，广泛的研究，深入的研究，实践性的研究。而其他学生往往都是被迫参与学习和训练，所以他学得非常轻松，考试成绩非常理想，这是他自信心的源泉，价值感的源泉。

最近，我儿子迷上了歌剧。起因可能是我们听过一些经典的歌剧片段的曲目，比如《卡门序曲》，比如《魔笛》的《哼哼五重唱》等。于是，我们见机行事，开始在电视上看歌剧，在音乐厅看歌剧，甚至我们还买了一些歌剧的总谱供他研究。

于是，他开始创作歌剧，虽然我认为这个极为不靠谱，但是由他去吧。毕竟，创作歌剧，既需要剧本，还需要作曲，甚至需要规划架构，这难道不是了不起的学习经历吗？

这一切还未结束，一切还在成长的过程中。现在他有一个新的想法，要成立一个儿童的轻音乐乐队，名字暂定为"菜鸟儿童乐团"，打算专门编排脍炙人口的儿歌，未来演奏给儿童听，让儿童开始喜欢音乐，热爱音乐。

多么了不起的想法啊，无论成败，都是一次学以致用的实践，都是一次生命的尝试。

七、要想地里不长草，就得种满庄稼

如果您认为，发现儿童天赋，顺势培养他们的核心竞争力，仅仅是为未来的职业做准备，那么我只能说您并不真正理解儿童的成长方式，或者期望太低并不容易真正达到您想要的目标。

在我看来，发现和唤醒儿童的潜能，让他们未来能够由此来创造更大的价值，是我们做这件事情的首要目的。也就是说，这是为了儿童未来的幸福而为——本文开篇就讲，心理学家认为，每一个人能发挥自己最大的潜能，创造自己最大的价值，这是幸福的源泉。

还有一个顺势收获的好处在于，做这样的事情，或者按这种思维做事情，可以让孩子明确成长的目的，获得成长过程的意义，避免成长的陷阱。

什么是成长的陷阱？如果您的洞察力足够敏锐，您就会发现，现实生活中，实在是有太多的人，不知道为什么活着，不知道学习和工作是为了什么。于是，他们很容易被一些现实的诱惑所吸引——令我们胆战心惊的移动互联网，手机游戏，网络小说，等等。

我相信没有几个孩子会真心喜欢学科学习，如果有，那么只能说这个孩子的价值感是依赖于学习成绩而获得的，而非丰富而美好的生活所提供。所以，大多数孩子并不会真心喜欢学科学习，如果一个孩子学科学习方面不能提供价值感（虽然我认为这种价值感非常不可靠），也无从发现自己的天赋和潜能，那还有什么事情是值得他去做的呢？

那就是大吃大喝、玩手机看电视，得过且过，了此一生。因为这是最容易的选择，也是最无奈的选择。之所以说容易，是因为这些活动能够提供不断变化的需求满足，从而让你暂时感到宽心。但是，这些事情，并不能给你带来真正的满足，或者持久的追求。主要原因是，太容易得到就不会给你带来震撼心灵的感受。

人本主义心理学家马斯洛，曾经提到一个"高峰体验"的概念，大致意思就是说，人只有通过一定的付出，攀越，从而获得了某种意义上的成功，就能产生一种"高峰体验"的美好感觉，这种感觉会给一个人带来巨大的心理满足，提升他们的心理能力，从而开始做卓越的事情。

而前面提到的，吃喝拉撒玩，都无法产生这种"高峰体验"，所以用先古哲人的话来说，就是这样的日子不值得过。

当一个人发现了自己的天赋，唤醒了自己的潜能，他就有太多的事情需要去做。在做这些事情的过程中，他们获得了巨大的满足，从而避免陷入成长的困惑、丧失生命意义的陷阱。这样的"顺便收获"，难道不正是我们做父母的，所梦寐以求，也极其难以达到的目标吗？

发现孩子的天赋，确认孩子的使命，明确生命的价值和意义，请悉心培养孩子吧，别再瞎折腾了！

专家点评

培养、发展孩子的特长，是促使孩子身心健康、茁壮成长、发展的一个重要举措。这位家长培养、发展孩子的音乐特长是成功的，他的经验值得其他家长参考。一是究竟要培养、发展孩子的什么特长，家长要通过观察、实践发现孩子的潜能，不能主管臆测；二是要循循善诱，"沿着强项顺势培养"；三是要积极创造条件，唤醒、激发孩子的潜能。

47. 学习国粹京剧有助于提升孩子综合素质

北京市西城区进步小学家长　康　静

我是晋京的妈妈康静，是一名从事专业京剧表演艺术的演员。我出生于梨园世家，爷爷和父亲均从事京剧事业。从小家庭环境的熏陶和父亲的引导使我逐渐走上了专业的道路，如今已是院团青年演员中的中坚。

儿子晋京可以说也是在京剧这个家庭环境里长大的。我怀晋京五个月的时候还在中央电视台录制《名段欣赏》栏目，晋京的胎教就是每天听西皮二黄的经典唱段和我的演出唱段。晋京从小就表现出了对于京剧的浓厚兴趣和悟性，很多唱段姥爷教几遍他就能唱出来了。晋京很小就跟随我上电视台录制节目，表现得非常镇定自若。上了幼儿园以后，晋京就经常在班上主动请缨，为小朋友们表演京剧节目，因此受到老师和小朋友们的喜爱，成了班上的"小明星"。晋京还有一个小伙伴，从小也和晋京一起跟我学习京剧，学习兴趣和热情非常高，经常在各种场合站出来演唱一段，引起周围朋友们的喝彩与夸奖，无形中增加了孩子的自信。

京剧这门艺术对于口齿和形体的要求非常高，吐字要清晰，韵味悠长，一般人很难掌握，需要口传心授，不断地打磨和纠正才能逐渐掌握。从幼儿园开始，我与晋京一起成长，开始培养孩子爱好京剧、教授小朋友唱京剧，我也不断地总结和提高自己的幼儿教育水平，不断探寻适合于幼儿的京剧教育方法和唱段。很多孩子的家长跟我沟通，说孩子自从跟我学习京剧以后，说话吐字清楚了，生活中讲规矩了，也能坐得住了，胆子也大了，性格也活泼了。这些点点滴滴的变化都是孩子们综合素质提高的表现。

京剧的很多唱段都是弘扬"真善美""仁义礼智信"和"孝道""忠义"等中华民族的传统美德，通过唱段的学习，孩子们了解了唱段背后的故事和所传达的信息，这样在孩子们幼小的心灵中就会种下"真善美"的种子。晋京在央视录制节目时特别讲到"孝"和"教"字的意义，引得在场嘉宾们交口称赞。这些都是平时我在教戏时潜移默化地讲给他的。另外，孩子们在学习京剧的同时，也带动了整个家庭对于国粹京剧的兴趣和关注。家长们从一开始抱着试试看的心态，到后来有感于孩子们的变化，也都一起学习京剧，带着孩子们走进剧场，欣赏京剧艺术。

近年来，北京市在全市范围内的中小学推广京剧，开展"京剧进校园"活动，加强传承和弘扬中华优秀传统文化教育，效果显著。我也受邀参与其中，作为北京市教委"高参小"项目的京剧老师在进步小学等多所小学和中国儿童中心教授京剧。越来越多的孩子们开始喜欢并选修京剧课，在这些孩子的身上，我欣喜地看到了京剧的希望之光，京剧启蒙深深扎根在孩子们的心中。今后无论这些孩子从事什么职业，京剧已经在他们幼小的心灵种下传统文化的种子。许多中国人，都曾经在弥足珍贵的童年唱响国粹。积少成多，由点及面，未来京剧国粹的舞台所面对的观众将越来越多，越来越年轻。我也希望通过我的绵薄之力，推动京剧国粹未来在孩子们中间得到更好的传承。

专家点评

康静家长极力倡导，并热心对孩子们进行京剧艺术的培训，我非常赞赏。京剧是我们中华民族的国粹，是我国传统文化宝库中的璀璨明珠。引导孩子从小喜欢京剧，学习京剧，不仅有利于提高孩子们的艺术素养，还能陶冶情操，修养品德，涵养孩子的人文素养，值得大力提倡。

48.
小学低年级学生课后家庭辅导教育浅谈

北京市西城区进步小学家长　张　妮

不知不觉中，小家伙儿已经在进步小学这个大家庭中度过了两年快乐的学习时光。在既往的两年时间里，一方面，我们真心地感谢学校为孩子们提供了安全、舒适的学习环境，也感谢班主任杨老师及其他各科老师对孩子的悉心教育和无私关怀；另一方面，作为第一次成为低年级新生家长的我们来说，"如何更好地教育和陪伴小学新生"确是一个崭新的命题。而我们也是一直在通过不断的学习、思考、体验和实践来解答这个命题，并且根据孩子的反馈进行及时更正。下面就对"小学低年级学生课后家庭辅导教育"这个话题，简要地谈一谈自己的体会。

一、与孩子约定规则

在校期间，孩子们由老师根据教学安排按部就班地指导学习；放学后，离开了学校的指导，就需要家长和孩子共同约定某些规则，并按照规则更好地完成课后相关内容。我们与孩子约定的规则主要包括：

1. 独立完成课上及课后作业。独立，是我们对孩子提出的最重要的要求。在两年的时间里，我们从来没有陪过孩子写作业，都是他自己独立完成。一年级刚入学的一两个月，只要是他自己独立完成的作业，不管质量如何，我们都是奖励和鼓励。慢慢地，孩子就明白了作业是他自己的事情，应该由他自己独立完成，也逐渐养成了独立完成作业的习惯。

2. 培养学习的主动性。男生的主动性一般都要比女生差一些，尤其是低年级的男生。听过很多位老师提到过主动学习的重要性，因此，即便很费力，我们也是一直在和孩子强调，在课上要主动发言，回到家要主动学习，钢琴和声乐也需要主动去练习，等等。如果孩子今天比昨天主动一些，我们就会特别予以鼓励。

3. 学会安排自己的时间。除了课堂知识和课后作业之外，我们在课下也会找一些练习题来强化和巩固知识点。此外，孩子还需要参加钢琴、声乐和英语等课外辅导班。说实话，孩子每天需要练习的内容不少，一开始难免会不知道先做哪些、后做哪些。最初是由我来安排孩子在家的时间表，规定了具体时间段需要进行的科目。时间久了就会发现，孩子好像仅依赖于我的安排而不会自己分配时间。因此我们改变了原来的方式，只要求他每天总的任务数，至于具体的时间安排，则由孩子自己来掌握。现在看来，这样的方式更好一些，孩子自我掌控时间的能力就会更强一些。

4. 保持正确的书写姿势。"三个一"一直是我们比较重视、并且要求孩子一定要做到的。保护视力和颈椎的同时，也可以让孩子保持一个良好的体态，看上去更加挺拔。好的书写姿势还能有助于写出一手好字，在这一点上，孩子两年间的进步让我们非常欣喜，从一开始生字本上每页都有"窟窿"到现在基本上每篇都能得到"优"，孩子在书写上的进步大家有目共睹。接下来打算让他系统地练习字帖，写出更加漂亮的字来。

二、明确家长在孩子课后辅导中的责任

课堂上每节只有40分钟，老师能够将当天教学大纲中最重要的知识点讲完已实属不易，接下来的纠错、巩固和加强，就需要家长承担起相应的责任了。在孩子课后辅导中，我的做法包括：

1. 逐条清楚地记录错误点。我的习惯是在教科书、卷子上面直接做笔记，详尽地记录错误点和难点。在此要特别感谢班主任杨老师，没有因为我直接在书本卷子上面写字而制止我，让我随时能够清楚地回忆起孩子的错误点，方便指导。

2. 分析错误的原因。记录之后，还要仔细分析错误产生的原因。孩子的数学学习情况较语文要弱一些，尤其是比较大小、日常生活，以及文字类题目。究其原因，是理解力上存在盲点，就像那句话说的"数学成绩不好，其实是语文没有学好"。应用类和语言分析类题目，都需要有丰富的生活常识和较高的文字理解能力，才能将题目做对。所以接下来我们的重点，是要带着孩子提高语文阅读的能力了。

3. 加强易错点和难点知识的巩固和练习。因为孩子的数学弱一些，所以我们放在数学练习的时间就多一些。比如一个做错的题目，在改正的同时，我会给孩子再出2~3个类似的题目来做，以此检验孩子掌握的程度和效果，也通过这种方法来加强和巩固易错点和难点的知识。

三、耐心陪伴，静待花开

不管上班有多忙、多累，我们每天都会抽出至少 2 个小时来辅导孩子。但孩子进步的过程是很缓慢的，是循环式上升的——有时进步了，有时却不太理想，甚至有时会退步。

家长们包括我自己在内，总会不知不觉犯下一个错误，就是会拿自己曾经的成绩与孩子做比较，总是希望孩子要做得比自己更好才对。所以当某段时间看到孩子的学习效果不太理想甚至有所退步的时候，就开始慌了、急了，甚至怒了，会控制不住自己的情绪对孩子大发脾气。对此行为，家长们应该进行自我检讨，教育孩子的前提是要能够先控制住自己的情绪。

我们希望自己的孩子每天都有所进步，但其实家长们更需要学习、修炼和成长。学习如何更好地陪伴孩子，修炼自身的素养来正面引导孩子，与孩子一同成长和进步。

我也曾经因为孩子的"慢"而焦虑过，甚至怀疑过孩子的能力，但当我看到小家伙拥有的极强记忆力，还有学习英语时高过同龄人的成绩时，我知道并且相信，他其实是一朵晚开的花，只是现在还没有"开窍"。我们要做的，就是耐心陪伴、静待花开。

专家点评

从幼儿园到进入小学，对孩子们来说是一个"飞跃"。刚入学的孩子不大适应小学的学习生活，既需要老师引导、训练，也需要家长做些辅助性的帮助。家长"与孩子约定规则"，而不是由家长"强行规定规则"，体现了家长民主、平等的教养态度和对孩子的尊重，有利于增强孩子的自信心和自觉性。家长在课后辅导孩子学习，对刚入学的孩子来说是有必要的，但要注意，不要包办代替。要引导孩子独立思考，不要把现成的结论塞给孩子。

49. 从认字小能手到国学小迷弟
——如何引导孩子爱上大语文

北京市西城区进步小学家长　裴　虹

翻阅近几年的高考试卷不难发现，无论是哪一科目的题目，都是以语文知识和基本功为基础的。从理科题的文字叙述，到作文要求所涉猎的阅读材料，无不体现出大语文的重要性。语文学习的不同之处在于，平时知识的涉猎与积累比考前突击重要得多，而广泛大量的阅读，正是日常积累的必由之路。

一、要有认字的意识

发现儿子 Jerry 可以认识很多字，是源于一张买错了的电影票。当时 Jerry 刚刚上幼儿园大班，一个周末，我带他去看电影。电影开始后我才发现，是英文原版带中文字幕的。我担心他看不懂，小声在他耳边念字幕，但他却说不用念。我疑惑地问他能看懂？他点点头。我将信将疑，不时偷看他的神情，果然看得津津有味，随着剧情起伏跌宕一会儿紧张，一会儿高兴。电影结束后我问他，你能看懂字幕？他说是啊，但有的字不认识，不过可以猜。

在这之后不久，幼儿园老师告诉我，Jerry 在班里承担了一项重要任务——每天午睡前为小朋友念故事。老师夸奖 Jerry，说他是班里的认字小能手，已经能念很多故事书了。我略感讶异，但回想起教他认字的过程，又觉得是意料之中。

Jerry 四岁的时候，朋友送了一块玩具小黑板。我便随手在小黑板上写了几个当时 Jerry 痴迷的小火车的名字：托马斯、培西、詹姆士、高登。我煞有介事地指着这些名字教他念，他似懂非懂地看着小黑板。教了几遍之后我问 Jerry，哪个是托马斯啊？他居然真的指了指小黑板上托马斯这 3 个字。我不敢相信，又接着问，几个名字竟然都指对了。这之后，我便有意识地教 Jerry 认字。

但这个过程并不顺利，单纯地在小黑板上写字然后教 Jerry 认读，对于一个 4 岁的孩子来说，确实有点难了。很多时候，头天可以指对的字，第二天就忘了。我开始利用一切环境资源教他认字。比如，看有字幕的动画片时，帮他指出主人公的名字；给他念故事书的时候，用手指着文字；户外活动看到广告牌时，给他念一遍。

其实，我这样做并不是急功近利想让 Jerry 在几岁之前就认多少个字，成为家人的骄傲或是别人眼中的小天才，我只是让他有认字的意识。正是有了这种意识，Jerry 才会经常指着某个广告牌上的字问我这个字念什么，那个字念什么。孩子在学认字的时候，并不能明确地告诉你哪个字认识，哪个字不认识。有时候他自己会拿着故事书念得头头是道，但你很难分辨到底是他真的认识字，还是听了很多遍已经完全记住。即便他可能真的已经认识字了，也会黏着大人讲书，这是孩子很自然的心理需求。而当 Jerry 能够看懂字幕，朗读我从未给他讲过的故事书时，我才觉得这是水到渠成。

二、孩子的潜能是无限的

上小学之后，我让已经有了一定认字量的 Jerry 开始阅读相对长一点的故事书。注音版的读物只是过渡，在一年级的下半学期，我让 Jerry 开始看《哈利·波特》系列。这套书不但没有注音，而且每本都很厚重。进步小学开设的阅读课，以及每天中午的午休时间，便成了 Jerry 阅读的黄金时间。超乎我的想象，Jerry 很快看完第一本《哈利·波特》，向我要第二本。我惊讶于他的阅读速度，更惊讶于他对书中人物名字和关系记得很牢。要知道，那些又长又拗口的外国人名，令很多大人都难以记住。

Jerry 屡屡让我吃惊的阅读潜能，令我更加放心地给他"施压"，并着力培养他每天阅读的好习惯。我规定，每天要有至少半个小时的看书时间，寒暑假的时候至少每天要有 1 个小时看书。但这个规定对于一年级的"小豆包"来说，一时的热乎劲儿有，坚持下来却很难。这时就显出家长以身作则和力行监督的重要性了。比如每天问一下孩子，看了什么书，有什么好玩的故事等；而家长保持每天阅读的习惯则是最好的言传身教。

三、发现兴趣点

在读书的过程中，我发现一本硬皮精装的《三国演义》连环画已经被 Jerry 翻烂了。这本书我给他讲过很多遍，他自己也看过很多遍。看完后经常会问我关于三国的问题。我果断给他买了青少版的《三国演义》，让他了解更多的三国故事。我还从《三国演义》延伸到中国四大名著，让他看了青少版的《水浒传》和《西游记》。

即便是青少版，书中也难免会有一些古文。遇到 Jerry 看不懂的，我会帮他查资料。有时候，他会很得意地考我一些古代知识。例如，在古代"衣裳"指什么？我装作不知道，他就会认认真真地告诉我，古代人是不穿裤子的，上衣下裳，裳就是裙子。我问他怎么知道的，他说书上说的。于是，我便试着给他讲更多的古诗词。对于朗朗上口的古诗词，Jerry 很快就能背下来。而教他这些知识，我都是利用边边角角的时间，比如出去玩的路上，或者在餐厅等待上菜的时候。

不得不感叹，孩子对知识的渴求就像海绵，仿佛有多少水都能吸收。当 Jerry 问的问题我不是装不知道，而是真不知道的时候，我知道，该给自己充电了。我买了相关书籍，决定从远古神话故事，到先秦诸子百家，再到中国历代封建王朝，给他系统地讲课。身边有不少家长给孩子报了某些知名机构的大语文课外班，我也动过心，但最终我决定自己教。因为我是最了解 Jerry 的人，知道他读过哪些书，知道他的接受能力如何，可以将历史发展与文学作品更好地结合，让这些国学知识融会贯通。

阅读为 Jerry 带来了很多好处，不但语文成绩在学校一直名列前茅，对数学题的理解也变得很容易。尤其是逻辑推理题，更是应对自如。而其他学科的学习，也同样不无裨益。

阅读能力的培养和阅读习惯的养成并不是一朝一夕的事，也不可能一蹴而就，但从现在开始也并不晚。作为家长，我们需要做的就是为孩子营造一个良好的阅读环境，并关注孩子日常的聊天，从中发现他的兴趣点，加以引导。当然，陪孩子一起阅读，也是家长再学习的一个契机。你会发现，那些曾经为了考试而不得不背的《岳阳楼记》《爱莲说》是那么的文辞优美、意境高远，《阿房宫赋》《长恨歌》是那么的言辞犀利、荡气回肠。

专家点评

隗铭成同学的家长具有强烈的教育意识。在日常生活中，见缝插针，能够随时随地利用一切可以利用的机会，引导孩子识字、阅读。由于是"诱导"而不是"强制"，既达到了促使孩子喜欢读书的预期效果，也没有加重孩子的学习负担，值得年轻父母们学习。"教然后知不足"，"教学相长"。在引导孩子阅读的过程中，也促使家长不断地充实自己，提高自己，难能可贵。

50.
培养孩子语文素养的一点体会

北京市西城区进步小学家长　杨　青

语文是什么？简单地说，就是语言文字。语文不仅是人们在日常生活中交流、学习的基础工具，而且是任何领域知识学习的基础。对于语文学科学习的重要性，我国著名数学家华罗庚认为："要打好基础，不管学文学理，都要学好语文，因为语文天生重要。不会说话，不会写文章，行之不远，存之不久。"苏步青也曾说过："如果允许复旦大学单独招生，我的意见是第一堂先考语文，考后就判卷子，不合格的，以下的功课就不要考了。语文你都不行，别的是学不通的。"类似观点，古今中外的许多大家、名家都有过深刻阐述。

任何学科的学习都要有一个积少成多、细水长流的过程，我认为语文学习更是如此，不能一蹴而就、急于求成，要从小培养孩子正确、科学、有效的语文学习的习惯和方法。在帮助孩子学习语文的过程中，我有以下几点体会，和大家分享。

一、走进教材，反复朗读，让孩子加深印象，更好地体会文章的内涵和意义

我始终认为，小学低年级阶段，大声且反复朗读课文是非常好的一种学习方法。语文课本里的文章基本都是行文优美且朗朗上口的好文章，其中的内涵和教育意义更不必多说，因此，我们在平时可以采用带有趣味性的方法和孩子一起大声朗读，可以分角色朗读，也可以分段落朗读，只要是孩子喜欢的方式都是可以的。我们要用孩子喜欢的方式把他们带进教材，他们用稚嫩可爱的声音朗读的过程，其实也是对好词好句积累的过程，更是深刻领略文中丰富的情感和人文内涵的过程，对孩子精神领域的影响更是深远的。

在和孩子一起朗读的过程中，我们还可以教会孩子用欣赏的眼光看待每篇课文。让他们从中体会中国语言文字的美，对课文中有一定内涵的词句进行解释和体会。

二、走出教材，让孩子扩展阅读，多读多背多实践，提高语文综合能力

据我所知，孩子所在的学校和班级里，语文老师会组织孩子在课上进行精彩两分钟的语文实践活动，给孩子们一个锻炼和实践的机会，非常好，相信每个孩子都能从中得到不同的收获，让他们有不同于传统语文教学的感受和体验，让他们每个人的语文素养在潜移默化中得到一定的提升。

另外，加强课外阅读我觉得也是非常必要的。现在，大家都很重视孩子的课外阅读，一本好书，不仅语言规范、内容深刻，对孩子的影响更加深远。帮助他们在小学阶段就形成正确的世界观，高质量的阅读功不可没。孩子所在学校就很重视阅读，不仅在走廊里摆放着开放式的书架，让孩子们身处书的海洋，还将学校的图书馆在周末全体开放，鼓励孩子们在课余时间不忘阅读。

其次，在孩子阅读的过程中，也要鼓励孩子将自己喜欢的精彩片段背诵下来，融会贯通，化为己有，出口成章。

三、语文生活化，教会孩子观察生活，为高年级的作文学习打好基础

叶圣陶说："作文是各科学习成绩、各项课外活动的经验以及平时思想品德的综合表现。"好的文章源于生活，写出自己的所见所闻、亲身体会、真情实感的文章，才会生动感人。可是，写作并非一朝一夕就能成功之事，需要我们平时帮助和引导孩子多背一些好词好句好文章，学会积累，多接近大自然，多观察人、事、物，培养孩子热爱生活、懂得欣赏的习惯。还可以坚持每天写日记，不论篇幅，不论好坏，只要坚持，就会写出与众不同，具有自己视角和特点的好文章。

专家点评

于子涵家长介绍的培养孩子语文素养的一些经验，值得借鉴。"书读百遍，其义自见。""走进教材，反复朗读"，既能引导孩子喜欢语文学习，又有利于加深对课文内涵的深入理解。"走出教材，让孩子扩展阅读"，走进教材，又不囿于教材，引导孩子进行广泛的课外阅读，增长知识，开阔眼界。引导孩子注意观察生活，既为写作文积累素材，也是为将来学习理性知识积累感性知识。

51.
家校配合帮孩子开启作文之旅

北京市西城区育翔小学家长　马　喆

　　学校和家庭作为孩子成长、学习的最重要的两个环境，需要紧密相连。如果家庭和学校能够积极有效地配合，在教育孩子的理念、期望和实际操作要求上能够保持一致、同步并互相呼应，可以大大减少孩子在成长道路上的困惑，更有助于良好习惯的养成和保持，使得学校教育在家庭生活中可以强化。这一点，在我辅导上小学三年级的女儿写作文的过程中，深刻体会到。

　　自从女儿三年级开学后，我们明显感觉到各科学习的难度大了，知识点多了，进度也快了。让孩子压力最大的恐怕就是语文课的大作文环节了。作文已经正式进入了平时单元测验的成绩，而且每两周就要完成一篇400字的作文。对于孩子来讲，从写句子一下跳转到大作文，她还不太适应口语表达和文字表达的区别，困惑可想而知。

　　秋季学期的第一单元的作文，是写"我熟悉的一个人"。最开始我也没太在意，没有主动辅导孩子。语文老师有经验，一方面是非常了解第一次写大作文，孩子们没章法、没思路，一次肯定不能成文，所以只让交作文纸，不合格不能上本；另一方面，也是通过第一次大作文让孩子养成良好的写作习惯。所以在作文要求中，强调了在描写人物时候，需要通过人物的表情、语言和动作的细节描写来体现文中要表达的人物特点。

　　孩子第一次写了爸爸，没有合格。第二次孩子不知如何改进，改写了姥姥，又被退回了。第三次孩子爸爸主动辅导，遗憾的是爸爸也没有详读老师的作文要求，爸爸帮着辅导写的作文也失利了。我有点坐不住了，看了孩子的作文，语句也算顺畅，为什么还是不过关呢？在我详细阅读了前三次作文老师的评语，和老师最开始给出的作文要求之后，我明白了问题在哪里，老师的用意是什么。

　　孩子作文中的事例描述并没有突出表现出要表达的爸爸的优点；没有通过爸爸的语言、动作、神态来展现文中要表达的爸爸的优点。

第四次写，动笔之前，我认真地和孩子分析了每段的重点。第一段通过相貌、体态等特点介绍爸爸，引出要描写的爸爸的一个优点。第二段通过一件事情来佐证，深入地体现爸爸这个优点。在叙事描写中，要写出爸爸说了什么，动作是什么样的，当时面部表情又是如何。通过细节描写，来体现爸爸的优点。而且为了避免跑题，我和孩子讲，叙事中的每一个细节，情景是要和反映爸爸的这个优点有关系，没有关系的话可以不写。最后一段，再次点明爸爸的这个优点，和对爸爸这个优点的感想。这一次终于过了关，孩子和我也终于深深地松了一口气。

通过辅导孩子作文的经历，我归纳出了自己孩子在写作文上主要的问题，我想这也是孩子们普遍存在的问题。

1. 细节不够，作文不生动。要注意观察，注意细节的描写。

2. 容易跑题。细节描写要与主题相关。我和孩子强调，每写一个细节，一定要和你要表达的主题有关，无关的细节可以不写。

3. 万事开头难。要注意开头和结尾，需要引出和强调主题，但不啰唆。

4. 要注意修辞方法，成语，四字短语的应用。有时，写完作文后，我和她一起读的时候，我也会和她商讨，在哪个部分可以加上拟人、比喻、夸张等描写。或是某一段描写是否可以用一个成语来替代。

目前学期过半，孩子的作文对我的依赖还是比较重。每次作文，我还是需要帮她分析，列出提纲，强调重点。秋季学期已经完成了写人、写事、写景、观察事物的几种类型的作文题目。因为我这样坚持辅导，这几次作文的成绩还算稳定，但是我也经常担心，我这样的辅导，会不会加重她对我的依赖性，让她不动脑筋了呢？会不会我把自己的思路思想强加给她太多了，不利于她想象力、创造力的发挥？

所以，我打算当她熟悉了每类作文的写作思路和方法之后，逐步减少指导。希望通过目前每次写作之前的一起分析，梳理思路，列提纲，可以帮她掌握这类作文的写作方法，有一天可以完全脱离对我的依赖，写出自己的特色，树立她自己对写作的乐趣和信心！

所以作为家长，同步跟进学校的课程进度，观察孩子的接受能力，关注其学习效果，在发现问题的时候，可以及时和老师沟通，帮助孩子，是家校配合中重要的一个方面。但是怎样才是更有效的帮助，因为每个孩子的特点、性格不同，所以方法、操作一定也因人而异。

就像前一段时间学校、社区发起的关于孩子、种子、花期的讨论一样。老师是园丁，家长更是园丁，也最了解孩子。作为最了解孩子的园丁，可能不会催促花儿开放，也不会默默地静等花开，而是采用更为积极、家校促进的方法让花朵自然绽放。了解这颗种子，什么时间需要浇水，什么时间需要除草，配合学校的教学安排，在适当的时机，采用适当的办法帮助督促孩子，陪着她一起长大。

> **专家点评**
>
> 　　培养孩子写作文，这是一个基础性工程。不论孩子将来是学文科，还是学理科，也不论孩子长大了从事什么样的职业，都必须毫无例外地具备一定的写作能力。学校和家庭都不要忽略这个问题。作文就是要把自己想要说的话，用文字表达出来，这对孩子来说，的确不是一件容易的事。这位家长指导孩子写作文的方法是科学的，家长的耐心、恒心、毅力更是值得钦佩的。

第3章
良好习惯养成

52. 家校一致，从培养好习惯开始

北京市西城区育翔小学家长　宁　静

在孩子的成长中，我们的经验是稳定的学习成绩来源于良好的学习习惯。

每个人的学习能力和学习动力不同，但是我相信科学的学习方法和良好的学习习惯可以帮助孩子取得事半功倍的学习效果。下面我再简单说说我理解的好习惯和培养习惯过程的心得。

第一，自学预习的习惯。预习是培养自学能力、提高听课效率的重要方法。提前预习、自助查找资料、研究新知识的要点、发现疑问从而在课堂内重点解决，可以掌握听课的主动权。语文课里就有查生字、复杂词语查词义等预习作业，我们对孩子说这项作业非常重要，必须认真完成。

第二，专心听讲的习惯。这个习惯的重要性不必多说，一二年级时孩子年龄小主要是听讲和看板书，升入三年级后，孩子书写速度加快了，我们开始提醒她在不影响听讲的前提下适当记笔记，一定是重点和易错点，为以后复习打下基础。

第三，独立完成作业的习惯。做作业不是为了交差应付家长，而是为了巩固所学的知识。一二年级我会花很多时间陪伴她写作业，不会就问，写完帮她检查。升入三年级，作业量增加了，我发现她有点依赖性而且拖延时间越来越长，我开始适当放手，有意识地培养她独立做作业。要求她回家后先复习然后做作业，有充分的时间自己主动思考，独立作业独立检查。给她一盒彩色便笺纸，让孩子把不会的难题和需要查资料的作业贴上便签，我下班回家后为她答疑解惑。经过一段时间锻炼，她的独立性有了很大提高。

第四，复习归纳的习惯。我们要求她每天做作业前先复习当天的知识。要想击败"遗忘"这个大怪兽，复习是不二之法宝。错题本、记笔记等都是常用方法，平时常复习考试前就很轻松了。

第五，讲究方法的习惯。高效的学习必须讲究方法。三年级要求写300字的作文，记得第一篇作文是《我的课余生活》。孩子开始兴致勃勃地坐在书桌前写起来，但半小时就写了两句话，产生了畏难情绪。我先安抚一下情绪，然后和她聊聊我上学时怎么写命题作文，比如选题很重要、列个提纲、选事例、简写等，孩子很快就写出了作文《我真喜欢看展览》。

第六，管理时间的习惯。孩子开始独立做作业时是眉毛胡子一把抓，不分主次花费很长时间。我们对她说把作业分类，比如按重要性和紧急性分，按难易程度分等，排好先后顺序可以提高效率。另外由于孩子现在年龄还小，认为简单的事花费时间就少，例如她说作业只是编一个小报，很简单的，就出去玩了，等到晚饭后开始做，又写又画又装饰花一个多小时才做满意，睡觉就晚了。开始我也催她，后来我理解孩子可能不是故意拖延，而是做事认真，但是缺乏时间概念，没有足够的生活经验不会合理估计时间，需要我们家长耐心地提醒、善意地建议，孩子会一点一点进步的。

最后，我认为家庭教育的氛围很重要。营造一个热爱学习的家庭环境，对孩子会有潜移默化的影响。孩子学习时，家长也研究一门兴趣爱好，比如我在家学习小儿推拿、烘焙，爸爸学学英语，不必是高大上的学科。记得二年级时语文老师让孩子整理可以前后颠倒的词，例如相互和互相、黄金和金黄。孩子做作业时，爸爸和爷爷一边想一边查字典整理了满满一页纸（科学和学科、子孙和孙子等），然后我们全家和孩子玩游戏比着说，让孩子感到活到老学到老。

在学习中遇到困难是很正常的。孩子遇到难题不会做时或者简单题做错时，我也急躁过，声音提高八度严厉批评过，可是我发现家长越急躁孩子越是大脑放空不知所措。有一次，孩子睡觉前对我说："妈妈下次您批评我时能不能不那么激动？"我听了心中很不是滋味，想想自己工作中遇到困难时如果老板指责我、同事嘲讽我，我会多么伤心沮丧，何况是孩子啊。做错一道题改起来容易，如果孩子因为家长批评而对学习产生"紧张、焦虑、胆怯"的情绪，那才是真正的难题。从那以后我开始更好地控制情绪，多鼓励，尽量平静地指出她的错误，温和地说出我的期望和要求，孩子变得乐于接受我的建议，学习也更快乐、轻松和自信了。另外，孩子爸爸性格更温和，我们在教育孩子时会相互提醒，父母的教育观点一致，对孩子成长更加有利。

专家点评

所谓"习惯"，通俗地说，就是一种不用特意努力、完全自动化的行为模式。"习惯"是个中性名词，有好习惯，有坏习惯。好习惯会有益终生，坏习惯会贻误终生。这位家长重视培养孩子良好的学习习惯，诸如，自学预习的习惯、专心听讲的习惯、独立作业的习惯、复习归纳的习惯、讲究方法的习惯、管理时间的习惯等，这是很有远见的，值得推广。

53.
良好习惯的养成

北京市第七中学家长 杨兰蕾

儿子出生后,我便留心观察邻居带孩子的方式和方法。邻居孩子正上小学三年级,每天都能听到家长那焦躁的训斥声,最多的几句就是:"你能不能写完作业再玩呀!""怎么还没写完呀,都半夜啦!"等等,于是天天陪着孩子写作业,一盯就是一晚上,大人小孩都累。那孩子是一个非常聪明开朗的小朋友,每天放学就喜欢来我家里玩。一次,我问他:"你为什么放学不先写作业呢?"他一本正经地说:"等爸爸妈妈回来再写,不然他们老说我就知道玩不写作业,反正写完作业妈妈还会给我加好多作业,烦死了。"给我印象最深刻的是,当他的父母回到家,那孩子脸上的笑容立刻没有了,也不爱说话了……

终于,儿子该上小学了,入学前学校开了家长会。教育主任第一句话就对我们家长说:"首先第一件事就是希望大家能让孩子养成好的学习习惯,这很重要,并且在头三个月必须养成。这个习惯就是每天放学第一件事就是完成作业,并且是尽量独立完成作业!这个好的习惯对今后的几年学习生活有重大的意义。有些家长可能认为这不是最重要的方式,但你们可以用实践来验证。"而我牢记在心,因为这正是我所认同的。

第一天儿子放学回来,一进门就打开电视看动画片。我问他:"有作业吗?先写行不行?"他跟根本没听见一样,眼睛只盯着动画片:"现在不写,我要看电视。"我没有管他,任他看电视,玩玩具。到了晚上 9:00,我对他说:"宝贝该睡觉了,想想还有什么事情没做完吗?"儿子张着嘴看了我半天,说:"老师留了作业,我还没写。"我笑笑说:"那就不写了呗,反正明天是老师那一关难过,同学们笑话你。"儿子急了:"那不行,那不行!"然后急急忙忙地写起作业来,当天晚上很晚才睡,而第二天回来时还哭了,说还忘记了一份作业没写。我笑笑说:"这回你知道难过了吧,不过没关系,咱们以后做好就成。妈妈有两个小要求,看看儿子能不能完成?因为你长大了,我觉得你没问题。"儿子点点头看着我。我接着说,"以后呢,老师布置的作业一定要用笔记清楚,这是第一件事。放学回家最好是先把作业写完再做其他事情,这是第二件事。能完成吗?"儿子乐了:"就这点事呀,可以。"

第三天,儿子回到家很自觉地拿出作业开始写起来。正当我高兴的时候,儿子叫道:"妈妈,这个怎么写呀?"过了一会儿,又问:"妈妈这个又怎么写呀?"……没完没了地问,终于写完了这场作业。

儿子最爱吃巧克力,平时很少让他吃,因为上火。这回,我放在他手里一块巧克力,说:"儿子很不错呀,写完作业了,妈妈奖励你。"儿子很高兴并且得意地说:"作业写完了吧,那我看电视啦。"我蹲下来看着他说:"当然可以看电视,不过我想问问你,这作业是你自己完成的吗?""是呀,就是我写的呀,你不是看着我写的嘛。"他很无辜地看着我。我摸了摸他的头说:"这明明是妈妈写的作业呀,都是妈妈告诉你怎么写的,你一个晚上都在问我呢。"儿子想了想没说话。我接着说:"要不然以后你先仔细想想,万一自己能做出来那多牛呀,如果实在不会再问妈妈行不行?"儿子认真地点了点头,高兴地吃起了巧克力。日子过得很快,在新入学的两个月里,孩子基本每天回来都是认真地完成作业,然后做其他事情。甚至有一回因为来了客人要一起出去吃饭,儿子第一反应就是:我还没写完作业不能出去吃饭。

在整个小学期间,只要按质量完成作业就可以去做自己想做的事情,我基本不给他私自增加作业,给他一个相对自主自由的生活空间,主要是培养孩子健康快乐的性格。培养阳光一般的性格我认为比任何事情都重要!

如今,我亲爱的儿子已经是北京七中初中一年级的学生,每天放学回来第一件事永远是写作业。虽然学习一直不算很好,但一切都还比较顺利,让家长操心的事情不算多。当然,随着年级的升高和作业量的加大,不可能每回都全部写完作业才做其他事情。但他自己很会安排,先写作业,然后在家里做做室内运动,然后再写。在实在不会的问题上,他会选择和同学讨论或问老师,最后才来问我。可以这么说,对于孩子完成作业这一问题,我费的心思并不多,这主要就是最初养成良好习惯的结果。独立自觉的学习习惯真的很重要,在他以后的生活学习中都是受益的。

专家点评

这位家长培养孩子独立完成作业的习惯的做法很好,我很赞赏。一是抓得早。孩子一入学就开始抓。及早培养好习惯比较容易,等养成了不良习惯再纠正就很难了。二是巧妙地利用"自然后果的惩罚"方法,刺激孩子养成良好习惯的欲望。三是孩子做得好,及时给予奖励,以资鼓励,不断强化。四是引导孩子先独立思考,实在解决不了再问别人。值得别的家长参考。

54. 淡定陪娃写作业

北京市西城区五路通小学家长　王　晶

最近新闻里报道说，一位五年级小学生的家长因为陪孩子写作业气到心梗住院。刚巧我家孩子也是五年级，每天放学后都能自主完成老师布置的作业。一些查询资料、准备辩论稿、制作PPT等自主性作业，也都可以独立操作完成。作为家长的我能有更多的时间去处理自己的事情，不必终日围着孩子转。

同样是五年级，为什么差别这么大？所谓"冰冻三尺，非一日之寒"，一切要从低年级说起。

带低年级的娃写作业心得：有耐心，定规矩，守原则。

第一，养成注意力集中的习惯。每天放学回家后，稍事休息就要立刻开始写作业。我会给孩子创造一个安静的学习环境，让孩子注意力能够集中在一件事情上，不轻易地去打断她，不在孩子看得到的地方放与学习无关的东西，如零食、玩具等。不接孩子任何问题，包括作业中的。一定让孩子把会做的内容全部做完后，再让她对不清楚的地方提出问题，绝对不能做一道问一道。

第二，养成专时专用的习惯。每项作业计时，完成一项后可以休息5分钟再做另一项。比如50题口算需在5分钟内完成，如果开始比较慢不用着急，只要坚持天天练，速度和正确率都会提升。

第三，养成统筹规划的习惯。孩子刚开始写作业就像小猫钓鱼，生字刚写两行，突然想起了数学作业，又赶紧拿出数学写两题。东一榔头西一棒子，没有条理，结果是哪个也没做好。我的办法是利用好记事本。孩子都会有作业记事本，每天作业前，先拿出记事本，看看今天每个学科各有多少项作业，其中多少项是笔头的，多少项是口头的，然后按照先笔头再口头，先简单再复杂的顺序来做。

第四，养成打扫战场的习惯。作业完成后，一定要把第二天的书包立即收拾好。桌面保持干净，不再留有任何作业相关物品。

除了以上这几个习惯外，如何回答孩子提出的问题也是有技巧的。

刚才说过，孩子做作业时不解答任何问题，必须在全部会的题做完后才允许提问。但是，提问后要根据具体问题来提供不同的解决办法。

如果是题目中出现了不认识的字，那么告诉孩子这个字读什么后，一定要求她把拼音注上，这样孩子以后再看到就会记得，也算是课外生字的补充积累。

如果是对题意不了解，比如孩子的购物经验少，对促销、赠品之类的活动不清楚，那么就可以用孩子听得懂的语言来引导她自己理解。

如果是需要动动脑筋才能做出的题，我会给出适当的提示，引导孩子自己去发现规律或方法。

如果需要动手才能完成的题，一定是让孩子自己亲自动手操作去找到解决办法。

如果孩子喜欢问为什么，按照百度上的定义去回答的话，孩子肯定要追问100个为什么。如果不耐烦地说"不为什么"，那样又会打击孩子的求知欲。我的做法是用孩子听得懂的话让孩子先大致了解，然后引导她自己去书中找答案。有些涉及以后学科内容的知识（如物理、化学等），正好借此引发孩子对未来学习的兴趣。对于一二年级的孩子来说，正是求知欲旺盛的时候，当她发现自己的"为什么"其实都会在日后的学习中学到后，就会非常认真地去听讲或是自学，这就是把学习从老师家长的要求变成自己对知识渴求的过程。

培养习惯的过程必然不是一帆风顺的，到了三四年级时，孩子变得没那么听话了，喜欢顶嘴和挑战，这时怎么办呢？我的做法是让孩子自己制定规则。

带中年级的娃写作业心得：自定考核制度，严格奖惩制度，培养自学能力。

孩子到了三四年级，自我意识增强，想要独立但缺乏真正独立的能力。这就需要家长加以引导。

在孩子三年级的时候，我带着她共同制定了一份日常考核制度。我们从每天的生活起居到作业情况、纪律情况等都做了规定，并用小印章的"你真棒""加油啊"这些来记录每天每项的情况。每两周根据印章获得数量来决定奖惩。奖励可以是去喜欢的地方玩、看一场电影等自己喜欢的活动；惩罚一定是抓住孩子最想要或最喜欢的事物，剥夺她拥有最喜欢事物的权利远比打骂孩子效果要好得多。

下面再来说说自学能力的培养。从低年级起，学校会常留一些手抄报作业，我从来都是让孩子自己来完成，我只在图文的排版上、内容的选取上做一些指导工作，具体如何写如何画必须由孩子自己完成。不要在乎是否好看，独立完成的过程比好看的作品更重要。

到了三年级，我开始教孩子如何自己制作 PPT。从规划结构开始，到软件使用和动画特效添加，再加上打字速度的训练。到四年级时，她已经可以独自完成一个带有动画效果的主题 PPT 了。

带高年级的娃写作业心得：独立自主学习，鼓励多角度思维，多探讨课本外的内容。

高年级的孩子日常学校作业家长就不要再陪着写了，经过前面四年的培养，独立完成作业已经是小菜一碟了。

老师们此时也常常会留一些需要孩子们思考后才能完成的作业。家长这时的角色应该是配合者，而非指导者。在孩子遇到困难的时候予以适当启发。

作为家长，还有一个重要的工作是帮助孩子开拓思维。比如一道数学题是否有多种解法，一篇课文的某些段落你是怎么理解的，你自己有什么样的观点和看法等。让孩子发散思维，提出问题并自己去寻找答案。

在上个学期期末的家长会上，一位教育专家告诉我们，在教育孩子时要做到 6 个结合：激发兴趣与严格训练相结合；明确要求与具体指导相结合；纪律制约与自我要求相结合；反复强化与积极疏导相结合；严格要求与循序渐进相结合。这正是我几年来教育孩子的方法，实践证明，这些方法的确对孩子学习能力的提升和独立性的增强大有裨益。

总而言之，我的教育经验是"授之以鱼不如授之以渔"，养成好的学习习惯比学习知识更为重要。

专家点评

这位家长培养孩子良好学习习惯的指导思想和做法值得推广。一是要从一入学就开始。无论做任何事情，开好头，就等于成功了一半。二是要有耐心，不要急躁，不要操之过急，要循序渐进。三是培养良好学习习惯要抓重点，诸如注意力集中、专时专用、统筹规划时间等。四是家长陪伴、指导孩子学习的过程中，教孩子学会独立学习，陪伴、指导的目的是让孩子尽早摆脱陪伴、指导。

55. 如何培养孩子的自控力和良好的学习习惯

北京市第十三中学附属小学家长　颜翠玲

一、家长一定要了解的自控能力

自控力是一种善于控制自己情绪、支配自己行动的能力。自控能力关乎着孩子将来健全性格的发展。作为一名6岁孩子的家长，我很重视培养孩子的自控力。

二、自控力对孩子将来的影响

1. 能帮孩子意识到自己的目标，并实现目标。
2. 提升学习效率。
3. 有利于培养孩子良好的学习习惯和自学能力。

三、自控力差的表现和原因

1. 个人性格和气质原因。

每个孩子天生气质是有差异的，有的孩子急躁，有的孩子安静。脾气暴躁的孩子，常常行为不能自控。而这种情绪，有先天的因素，也有后天的影响，如果父母或经常接触的朋友脾气暴躁，会直接影响到孩子的性格。

2. 环境的影响。

小孩都喜欢看电视，尤其是卡通片。可是他们一进入学校，单调的课堂难以引起孩子的注意及兴趣，于是，注意力不集中等行为就出现了。

3. 不良教育方式的影响。

例如暴力式的管教，或对孩子漠不关心、放任自流，或过于溺爱、过度表扬和肯定等，都会导致孩子自控力缺乏，意志力薄弱。

四、如何培养孩子的自控力和良好的学习习惯？

1. 制定规则，按照规则行事。

没有规矩不成方圆。作为父母，我们应当适时制定生活中必须要遵守的规则，但是这种规则必须征得孩子的同意，让孩子有参与感。

2. 教会孩子换位思考。

孩子的思想比较直观，比较简单，如果要培养孩子的自控力，必须让孩子学会换位思考。

例如：如果孩子在学校顶撞老师，这时父母可以问孩子："如果你是老师，你的学生和你顶撞，你会感觉怎样？"让孩子站在老师的立场上考虑问题。如果孩子打了同学就可以问他："你的同学要打你，你会觉得怎么样？"给孩子一定的思考空间。父母要以这种方式，有意识地让孩子站在别人的立场上考虑一下他们的感受，并鼓励他（她）勇敢地说出自己的想法，对于正确的和好的想法要给予肯定，对于不正确或是歪曲的想法，要给予引导。对孩子的自制力，不应消极地等待它能树大自然直，务必从小积极培养。

3. 营造和谐的家庭环境。

父母要多给孩子鼓励，相信孩子，不应对孩子施以压制，不能打骂。经常与孩子进行对等的沟通和交流。

4. 教孩子学会控制时间。

父母们可以帮助孩子设定一个小小的目标，让孩子在一定的时间内完成作业，时间一到，即使没有完成，也不要再继续做。对于没完成的作业，几次之后他（她）就能意识到没有按时完成的好处和坏处了。

不仅要学会控制时间，还要给孩子自由，让孩子自己合理安排时间。

例如，周末的两天，给足孩子节目和项目，让他（她）自己选择时间安排：用多久的时间完成作业，什么时间看动画片，什么时间出去玩，是先完成作业还是先出去玩。

以上可以让孩子自己选择时间，连续几次以后他（她）就会发现哪个合理，哪个不合理；当然家长也要起到协调作用，例如，跟在身边提醒，哪个用的时间过长，哪个时间没到，等等。

5. 限量和限时。

例如，吃饭的时候全家都不看电视。很多孩子都是边看电视边吃饭，造成消化不良,而且有时为了看电视忘记吃饭;这个时候家庭的作用很重要,全家都遵守,比孩子一个人遵守要来的效果快!

再例如,有些孩子喜欢购物买东西,这个时候要培养孩子学会限量的习惯。例如,一次只能买一件,或是一次只能买一类,帮他(她)认清什么是最重要的,逐步养成良好习惯。

基于以上:

我觉得老师讲得对,培养孩子习惯应该集中在三大块,即:做人、做事、学习。

做人:真诚待人、诚实守信、认真负责、自信自强;

做事:遵守规则、讲究效率、友善合作、合理消费;

学习:主动学习、独立思考、学用结合、总结反思。

专家点评

如何培养孩子的自控能力?这个切入点很有价值。小孩子常常出现这种情况:家长、老师反复提醒,孩子自己也知道不该这么做,但往往是明知故犯。孩子并不是故意气家长和老师,而是缺乏自我控制能力,"自己管不住自己"。这是不成熟的表现。提高孩子的自控能力,靠批评、训斥是不起作用的,需要靠科学的训练。这位家长的培养方法值得借鉴。

56. 孩子写作业磨蹭，我是这样做的

北京市西城区进步小学家长　赵　锦

一转眼，孩子上小学已经快一年了。令我没想到的是，这一年里，曾最令我头痛的事是写作业。真应了那句传言："不提作业，母慈子孝；一提作业，鸡飞狗跳。"

老师留的作业其实不多，如果认真写，全部科目半个小时就能完成。可孩子每次都拖拖拉拉到临睡。

"你别磨蹭了！你太磨蹭了！快点！"这些话，成了我的口头禅。

渐渐地，我下班回家后，开口问的第一句话，不再是："宝贝，你今天在学校过得开心吗？"变成了："你今天的作业写完没有？"如果快睡了，孩子还在磨蹭，我就会像热锅上的蚂蚁，忍不住着急。有时候，还会控制不住自己的脾气，曾经特别和谐的母女关系也受到了影响。最严重的一次，孩子甚至哭了，跟我说："妈妈，我不喜欢你了。你不温柔，我要告诉我们李老师，让她说你。"

看着孩子委屈的小脸，我忽然发现，我并没有认真地思索过孩子为什么会磨蹭，而是把自己的焦虑传递给了孩子。

于是，经过观察，我发现导致孩子做事磨蹭的原因中，父母，尤其是我自己的原因，占了绝大多数。

我不再跟孩子讲那么多大道理了，而是针对原因，逐个击破。

1. 孩子完美主义，字写得不好就擦掉重写。

这个问题是我和孩子一起解决的。在征求了孩子的意见后，我带她去试听了硬笔书法课。果然，孩子一去就非常喜欢，强烈要求我给她报了名。一节课下来是一个半小时，孩子端端正正地坐在那里，一写就是一个半小时。老师都纳闷：其他的孩子写累了会歇一会儿，只有我家孩子从头坚持到尾，一个半小时不走神，一直认真地练字。下课后，孩子竟然跟我说，妈妈，我没写够，我还想继续写。现在孩子的字写得比以前整齐了，来回擦掉重写的次数大大减少，写作业的效率有所提高。

2. 不自觉，必须父母看着；但父母有时玩手机。

我和孩子爸爸约法三章，不论有任何事情、任何借口，只要和孩子在一起时，不看手机。我的想法是，孩子写作业的时候，我始终专注于她，她就会慢慢习惯"做眼前的事情应当专注"的道理。目前孩子还是偶尔需要有父母看着，但专注性已经有了改善，走神的时候明显少了。

3. 父母批评居多，赞扬少。

我们的孩子很幸运，遇到了一个很好的班主任李老师。在上学前的家访时，李老师在了解了孩子的情况后，就嘱咐我："教育孩子要以鼓励为主。"但在生活中，发现孩子做得好时，我常常认为理所当然。而孩子的每个错误，我都要指出来。这导致了孩子很清楚什么情况她做得不对，但并不清楚如何做才是对的，也会让孩子故意拖延：我不干总不会出错了。因此我有意识地提醒自己，每当她主动地完成作业，我都会及时地表扬她。有时还会学着老师的办法，奖励她一个小贴画。我发现效果比单纯的批评好得多。

4. 父母过于焦虑。

以前，孩子磨蹭到临睡还没写完作业，我会非常郁闷。现在，我分析了一下郁闷的原因，不外乎两点：（1）担心孩子学习跟不上进度；（2）担心晚睡影响孩子身体。所以对孩子要求很严格，不能有任何一天达不到我的要求。其实，如果孩子偶尔一两天晚睡，并不会对孩子造成很大的影响。所以，孩子偶尔磨蹭一次，家长不用太过焦虑。过于焦虑就会情绪化，而儿童对成人的情绪是非常敏感的。

作为一名小学一年级学生的家长，我会多学习，积极参加展览路社区家长学校举办的课程，争取早日成为一名合格的家长。

专家点评

这位家长从孩子写作业磨蹭的问题中，看到家长的责任，主动进行自我反省，这种严于律己的精神值得赞赏！孩子是家长的镜子，孩子身上出现的问题，责任首先在于家长。发现孩子身上的问题，首先不要责怪孩子，而是从家长自身上找原因。按照这个思路教育孩子，家庭教育一定会成功。从这个意义上说，家庭教育与其说是教育孩子，倒不如说首先是教育家长，提高家长。

57. 良好的学习习惯从小学抓起、从"头"抓起

北京市西城区进步小学家长　胡海平

俗话说得好,"万事开头难"。小学教育是人生教育的"头",这个头如何开好至关重要,它有时可以决定一个人的人生以后走什么样的道路,决定一个人今后的品行如何。

当女儿上一年级时,我总觉得这段时间应该是培养她良好学习习惯的最好时机。上学后,我每天陪她一起完成家庭作业,并要求做完后一定要检查,并做好复习和预习。我总觉得如果养成这种习惯以后她学习就不会有什么困难了。说起来容易,做起来却很难。

刚开始,女儿动作非常慢,写字慢,做题慢,一个字写了擦,擦了写。一篇课文没几个生字,可她却要写上半个小时,甚至一个小时。有一次语文测验考了55分,后来老师打电话来说我女儿不是不会做,而是动作慢,来不及做,叫家长在家里多锻炼她。于是,每天放学回家做作业我在她写字台上放了个闹钟,让她有时间观念,让她在规定的时间内完成作业。经过一段时间的锻炼,女儿写字的速度明显加快,回家作业的质量也很好,女儿也有了自信心。

我还帮她买了一些课外作业,让她利用双休日在家多练习,做好以后我像老师一样用红笔帮她批改,并写上分数,错的帮她讲解,直到她弄懂为止。从一年级到现在,一直保持这种习惯。我想小学这些知识都是基础,不外乎就是多做题。题目类型看得多,做得多,考试肯定能考好。所以她的成绩一直名列前茅。

下面我来谈谈在家里是怎样辅导三门主课的。

先说语文。低年级的语文不外乎就是把学到的生字记住,再慢慢扩展成词语,词语学多了就会造句。基础一定要打好,每天的生字和词语一定要默写出来。这样日积月累,她认识的字多了阅读能力也会提高。这对孩子今后的阅读分析和作文大有帮助。多看课外书,刚开始可以看一些注音课外书,有助于拼音的提高。还要多带小孩

出去看看大自然，让她仔细观察周围的一切，这样等到高年级写作文时，就可以把看到的听到的写进去。有了这样的基础，再加上孩子理解能力的提高和阅读量的增加，要表达自己对事情的看法就轻而易举了。在家里我也经常买一些开放阅读、阅读分析的书，让孩子在家多练习，这样可以提高孩子的阅读分析能力，也可以让她读到好的文章，真是一举两得。

关于数学的学习我没有特别的绝招。孩子小的时候，大脑语言功能的发育大过逻辑思维。就是说小孩子的逻辑思维比较迟缓。所以说，孩子遇到不会做的题目你要用简单的方法告诉她。往往你以为很简单的题目轻描淡写地跟她一说，可她还是不理解。一定要根据孩子的思维去想，去理解。为了使教育符合孩子的生长发展规律，可以重点地训练她对于数字的敏感。用做游戏的方法，用扑克牌一张一张出出来，来训练她的计算能力。等她学完了加减乘除还可以和她一起玩24点的游戏。这既能学到知识，又能和孩子增加感情。等到孩子逻辑思维有了飞跃前进的时候，对数学的学习会更加迅速和轻松。

现在的英语比我们小时候难得多了，我也是跟女儿一起从头学起。白天在学校里学的知识，晚上在家里多听几遍，让她会读，读熟了再让孩子把单词背出来，并且默写出来。当天的知识当天消化。读、背、默这三样是基础，基础扎实了，对今后的辨音、语法等都能应付自如。再让孩子在家多做一些课外作业，巩固一下，这样的英语成绩肯定OK。

总之，对小学生的家庭教育，要学会用心去与孩子交流，既要耐心细致，又要灵活多样，只要我们都成了孩子的好朋友，还怕教不好他们吗？

专家点评

"万事开头难"。万事开头也至关重要。小学生的学习跟幼儿园孩子的学习是不一样的。孩子刚刚进入小学，对小学生的学习生活很陌生，很不适应。这就需要家长的耐心帮助和辅助。家长的帮助和辅助，就像是走路拄的"拐棍"。家长的帮助和辅助，其目的是尽快让孩子学会独立行走，尽早丢掉"拐棍"。

58.
让书香润泽孩子的心灵
——我们是如何培养孩子阅读习惯的

北京市西城外国语学校附属小学家长　张　云

　　成绩并不是决定一个孩子将来成功与否或一生幸福的最重要砝码。尤其是对于进入小学的小孩子们，培养好的学习态度，养成独立思考、自主阅读习惯也非常重要。

　　还记得在孩子1岁时，我给他读《卖火柴的小女孩》。在读到小女孩对着烛光中的奶奶说"奶奶，请把我带走吧"以及到最后小女孩被冻死了的情节后，我不经意间发现小家伙的眼睛里竟然有晶莹的泪光。我不禁诧异于孩子的领悟能力和丰富的感情世界。

　　这样，我们的亲子阅读便一直坚持下来。只要不是我和孩子爸爸出差等特殊情况，亲子阅读从未间断过，时间往往是在固定的午睡前或晚上睡觉前。虽然没有具体教过他识字，但是在他上幼儿园大班时，我们发现很多常见字他基本都认识了，而且已经对阅读产生了浓厚的兴趣。

　　跟很多家长考虑的同样的问题是，如何让孩子从阅读绘本转向阅读文字为主的书，如何从听家长读转变到自己读。这期间我们也想了很多办法，也征询了很多大孩子家长的建议。我的做法是挑选了些趣味性强、经典的儿童文学读物。这期间读过的书，像日本作家黑柳彻子的《窗边的小豆豆》，瑞典作家林格伦的《淘气包埃米尔》，德国拉斯伯的《吹牛大王历险记》等，这几本书一开始采取我讲为主的方式，然后在其他非读书的时间，我和孩子会就书中有意思的环节进行共同讨论，或者我请他给家里其他人讲讲其中很幽默或很动人的故事情节。

　　例如淘气包埃米尔平常是那么顽皮，说话带着瑞典小地方的口音，总爱戴着"猫子"（实为帽子）、扛着"墙"（实为枪），会把自己的妹妹当国旗升到旗杆顶，用老鼠夹子夹了爸爸的脚丫，却又是个富有正义感的、善良的好孩子。他会为孤寡老人准备丰盛的晚宴，惩罚修道院的恶领班，最后成长为一个了不起的人物。贴近孩子心理和年龄的埃米尔的形象深入了孩子的内心。他会很乐意跟家里人分享淘气包的小恶作剧，学习模仿他的口音。继而孩子有了表达的意愿，家人也会表示很期待他下次的分享,这就更加激发了他对于这本书继续读下去的愿望。

之后的每次睡前故事,我都会说,你自己先读2页,之后妈妈再给你读。后来,我发现他通过自己默读,读书速度提上来了。通常我还没有念完一页,他就会说妈妈,翻页。他已经渐渐进入了自己阅读的角色。所以,慢慢地,我就提出希望孩子每天晚上自己读书,之后我们会有3~5分钟的读书心得交流时间,孩子会很开心地跟我分享书中有意思的情节或者一段话,之后安然入睡。在学校举行的分享好书的活动中,孩子还让我给他录了一段介绍《窗边的小豆豆》的视频呢。

此后,在跟孩子商量之后,我们买了全套的《哈里·波特》中文版。我先引导式地给孩子读了第一册的前几十页,把人物名字和关系给孩子做了解释,之后就开始了他读这部小说的过程。

除了正常的睡前读书时间,小家伙通常也会在周末吃完早饭后或者偶尔放学后回到家,就开始了读书,时间经常几十分钟到1个多小时不等。看着那么小的一个小人儿捧着一本厚厚的书在读,我的心里也有种安慰,阅读的小苗已经在他心里生长发芽了。

有一次,他还特地跟我分享了他读到的佳句,那就是哈利所在的魔法学校校长说过的一句话:"一个人的出身并不重要,关键是看他想成为什么样的人",他告诉我一个人要心中有理想。

出乎我们的预料,不仅文学作品孩子爱读,百科类、历史类、自然科学等方面的书籍孩子也很爱读。兴趣是孩子最好的老师。在阅读方面,我们没有给孩子设置很多条条框框的限制,趣味性、知识性、文学类或儿童幽默之类的,都可以成为他的枕边书籍。我们相信,孩子在书籍海洋里见识和体会到的世界和人生也会更加立体、丰富,这无疑有助于他心智的成长,培养他向善、爱人、健全的人格。我们也将和孩子一起在多读书、读好书的路上一直走下去。

专家点评

家长跟孩子一起阅读图书,就叫"亲子阅读"。亲子阅读是引导孩子对阅读图书感兴趣的必由之路,对孩子终生的学习、辅助都是大有裨益的。从孩子小时候就进行亲子阅读,可以引导孩子感受到图书的"神秘",让孩子觉得图书是知识的宝库,对图书产生浓厚的兴趣。孩子还不会认字时,是家长阅读,孩子听;孩子识字以后,孩子阅读、讲解图书的内容,可以让孩子亲身体验到阅读的乐趣。

59. 与孩子一同成长

北京市西城区阜成门外第一小学家长　李韦韦

常言说，子不教，父之过。孩子的成长进步，父母对孩子的影响最大。我们往往能从孩子身上看到自己的影子。家庭和睦，对生活、工作的态度等，所有的日常行为都在影响着孩子的成长。父母进步，孩子也会和我们一起进步。

书是人类进步的阶梯，它能启迪心智，开阔视野。为了让孩子爱上读书，从她几个月大的时候，我就经常给她买一些很厚、两面都有塑料薄膜的纸质书。这些书色彩鲜艳、内容简单，孩子翻起来也容易。我一有空，就教她指认书上的物体，孩子也很喜欢，看图识物水平提高很快。但这只是初级的简单的识物，真正开始阅读是在孩子两岁的时候。

那时，我为了学习养育孩子的经验，专门订了《父母必读》。有一天，我正在看书，孩子也很感兴趣地走过来，指着书上的插图，煞有介事地开始编起了故事，虽然只有短短的几句话，也足足让我高兴了半天。女儿居然能看图编故事了，这说明她已经有了一定的理解能力，我为什么不念书给她听呢？于是，我把每天晚上 8:00 以后至睡觉前的时间定为阅读时间。从此，便开始了我和女儿近五年的阅读之路。

在孩子学龄前的时间里，按照幼儿的兴趣点，我主要给她读一些儿歌、童话、儿童版《十万个为什么》之类的书。儿歌简洁明快，朗朗上口，适于诵读，读过几遍后，女儿就能把它背下来。每每在大家要求女儿来一个节目时，背儿歌便成了她的压轴大戏。童话像是为孩子插上了幻想的翅膀，无论是讲《丑小鸭》《卖火柴的小女孩》还是《舒克和贝塔历险记》，女儿总是睁大了眼睛静静地听，眼看到了睡觉时间，还是不肯睡，一再要求再讲一篇。《十万个为什么》更像是打开未知世界的钥匙，它恰如其分地满足了这个年龄段孩子对新鲜事物的好奇心。给我印象最深的一件事是在孩子四岁的时候，因为读了《地球的秘密》一书后，女儿竟然问我："妈妈，为什么地球会是圆的？"由于我在这方面知识有限，无法回答，只好对孩子说："让我们一起从书中慢慢找答案吧！"

由于经常听我念书、讲故事，孩子在学龄前对认字产生了浓厚的兴趣。走在街上，无论是商店门口的招牌，还是广告栏上的字，孩子总是不停地问，以至于在上学之前，我们没有刻意教她认字的情况下，就认识了五六百个汉字。同时在给孩子读书的过程中，我也取得了不少收获，把我儿童时代没看过的书，都逐一读过，并且从一个成年人的角度去思考，这让我有了一种不同的体会。

孩子上小学以后，我为孩子选择的书目也发生了一些变化。我主要给她挑选一些侦探类、益智类的书籍，开发孩子的逻辑思维能力。其中好多书籍我以前都没有看过，如今成了我和孩子共同的精神食粮，我们为书中人物的幸福而欢笑，为书中人物的悲惨境遇而落泪。

记得有一次，女儿在看《闪闪的红星》，当看到一位妇女怀中的孩子在米店门口被宪兵打死这段内容时，她再也忍不住心中的激愤，竟然气得哭了起来。她问我："妈妈，他们为什么能随便打死人？"当我给她讲了那个年代的社会现状后，女儿长时间沉默不语。我想此时的孩子，从书中读到的，一定不会是一个简单的故事，也许她从中悟出的会是一个更深层次的社会问题、一个历史问题。这也就是我让孩子多读书的主要目的：学会思考。

看着孩子一天天长大，在书籍的熏陶下思想不断成熟，能独立思考问题，自制力也在不断增强，我心中由衷地感到高兴。我庆幸找到了这样一条好的途径——阅读，是它让我成了一个思想上相对成熟的家长；是它让我们在繁忙的工作和学习之余，有了一块心灵的休憩之地；更是它促进了我和孩子之间的亲子交流，让我们在欢笑和泪水中一起成长。

专家点评

小孩子有天生的好奇心，总是充满探索不熟悉事物的欲望。而小孩子由于年龄和独立活动能力的限制，活动范围还比较小，眼界受到很大的限制。当孩子的生活环境不能满足他们探索的欲望时，通过阅读图书就可以开阔孩子的眼界。引导孩子热爱读书，就能满足孩子的好奇心和探索新鲜事物的欲望，开阔孩子的眼界。

60. 培养低龄儿童阅读习惯的做法和体会

北京市西城区阜成门外第一小学家长　周有恒

近年来，世界各国的幼教专家都十分重视和关注儿童的阅读习惯培养问题。书作为知识的源泉，是开发儿童智力的钥匙。读书能够启迪孩子的心智，能扩大他们的知识视野，能提高写作能力，使之才思敏捷，也能陶冶他们的性情，使其温文尔雅。而对低年级小学生来说，培养良好的阅读习惯尤其重要，因为这不仅对孩子的口语表达和思维能力发展起着非常关键的作用，而且会对其终身的学习能力和水平产生影响。

那么，怎样培养儿童的阅读习惯呢？我家有一个正在上小学三年级的孩子，我们在这方面做了一些尝试，有以下的做法和体会。

一、培养兴趣，让孩子在阅读中体验快乐

兴趣是人特有的心理倾向，是一种内在的力量，所以养成良好的阅读习惯，必先激发孩子的读书兴趣，因为兴趣是最好的老师。针对孩子爱听故事的特点，可以先给孩子讲好听的故事，然后加以引导，激发其自己阅读的兴趣和热情，让孩子感到阅读是一种快乐，而不是一种痛苦；是一种成长，而不是一种负担。久而久之，孩子就会爱读乐读了。

二、亲子互动，在阅读中加深亲情

为了培养孩子的阅读习惯，家长应该和孩子一起读书。在我们家里，姥爷、姥姥、爸爸、妈妈都会抽出时间，和孩子一起读各种各样的书。其实，这种共同阅读的时刻也是家庭生活中很幸福的时刻。与孩子共同阅读，分享名家经典，这对家长自身来说，是一种情操的陶冶，对孩子来说，更是一种无声的教育，不仅增强了彼此的交流，而且加深了彼此的感情。好书滋润着几代人的心田，也必然能够提升几代人的素质。

三、提供条件，为孩子创造阅读环境

为了让书香弥漫家庭，应该有必要的开支和投入。现在的图书市场发展迅速，各

种各样的儿童读物令人目不暇接，不仅有纸质的图书、期刊，还有电子版的光盘影碟，还可以通过电脑、手机在网上阅读。家长应该根据孩子年龄特征，选择合适的书籍供孩子阅读。对低龄儿童来说，童话、经典名著故事以及一些图文并茂的书籍、期刊应该是优先购买的。家里具备了比较丰富的书报杂志，就能够为培养孩子阅读习惯提供良好的环境。

四、方法多样，让孩子从阅读中成长进步

低龄孩子在鉴别能力和阅读方法方面都很欠缺，所以读书指导不可或缺。常言道："不以规矩，不成方圆"，所以，家长应该给孩子在书籍内容、阅读时间、读书方法等方面做出一些规定，并耐心地对孩子进行指导。推荐适合孩子阅读的书籍，教给孩子读书的方法，让他们多读书、读好书，并尝试着将书中的词汇、句子运用到造句、作文中去，成为一个会读书学习的人。同时，家长应该坚持正面教育，多表扬，多鼓励，让孩子通过阅读促进自己成长进步。

五、坚持不懈，让孩子形成读书习惯

"冰冻三尺，非一日之寒"。阅读习惯的养成是一个长期积累的过程。不能急于求成、拔苗助长，而要逐步培养、循序渐进；不能三天打鱼，两天晒网，而要坚持不懈，日积月累。这样，孩子的阅读能力才能得到良好的发展，而孩子从初步的成功中受到鼓舞，体验到阅读的乐趣，又会进一步激发其求知欲和进取心，一步步养成阅读习惯。

小学生自主阅读是获取知识的一条重要途径，养成早期阅读的良好习惯能够促进孩子健康、和谐、全面发展，让孩子终身受益。我们要很好地把握和利用这一黄金阶段，让孩子掌握一把开启智慧之门的金钥匙。

专家点评

孩子上学，老师是要通过教学传授知识。但不论孩子上到哪一级学校，课堂内老师所传授的知识总是有限的。要想使孩子具有发展的后劲，及早引导孩子热爱读书，养成喜欢读书的好习惯，这有益于孩子终生的长足发展。这位家长通过激发兴趣、亲子互动、以身作则、创造读书环境、教孩子读书方法等措施引导孩子热爱读书的经验，值得推广。

61.
孩子阅读习惯的养成

北京市西城区阜成门外第一小学家长　肖　武

良好的阅读习惯对孩子理解能力的养成,有很大的促进作用。理解能力在学习中的重要性毋庸置疑,但如何培养孩子日常良好的阅读习惯,让孩子主动阅读,在阅读中体会到乐趣,的确是一件不容易的事情。

回顾我们对孩子阅读习惯的培养经历,把握好兴趣、好奇心、坚持、反馈、陪伴这几个关键词并持之以恒地付诸实施,对孩子阅读习惯的养成起到了至关重要的作用。

一、"兴趣"是关键

让孩子能自觉去寻找喜欢的书籍并主动地阅读,阅读兴趣的培养是关键。从孩子半岁开始,我们就用大字图片卡让孩子对文字有了最初的印象。在孩子2~3岁的时候,我们坚持每天给孩子读故事,比如《幼儿画报》等简单易懂的小故事,从小让孩子觉得读书是生活的一部分,是很自然的事情,不是刻意为之。不要担心孩子听不懂,儿子现在快9岁了,但是对小时候我们给他读《幼儿画报》里红袋鼠的故事,还是印象挺深的。

二、保护好孩子的"好奇心"

我们认真地回想了这些年在孩子阅读习惯培养上走过的路,"好奇心"的保护和培养是最重要的,也是最难做到的。因为这需要家长的耐心、恒心和坚持。儿子读了一年级后,为了让他能多熟悉一些历史方面的书籍,我们挑出了中国历史上特点鲜明的人物和历史事件,自己先熟悉了,再找合适的机会给儿子讲有意思、吸引他的情节,慢慢地引导他主动问,主动到书里去寻找答案。平时带儿子出去玩的时候,我们也注意随时发现景点中的历史小故事,随时随地地进行历史知识的学习。儿子逐渐对历史产生了浓厚的兴趣和好奇,经常会问我们他不懂的问题,我们也会竭尽所能地满足儿子的好奇心，尽量把答案解释得符合孩子的认知水平。

三、注重"坚持"

兴趣和好奇心培养初见成效以后，"坚持"是最重要的。我们主要坚持了以下几件事情。一是随时随地地读书。出行的包里总是要装几本书，车里也要放几本孩子喜欢的书，这样在旅途中也能随时静下心来认真地读书。二是坚持睡前读书时间。每天睡前半小时，是我们法定的读书时间，每人选一本自己喜欢的书，在灯光下认真地阅读。三是坚持读书形式的多样化。最开始的时候让孩子自己认真读一本书是一件很困难的事情，但是如果是依偎在妈妈怀里听妈妈讲，他却是非常乐意的。慢慢地长大了些，孩子就不再满足于妈妈的讲述，开始自己去书中寻找乐趣了。不同的阶段需要不同的方式，但唯一不变的就是要坚持，坚持住，希望达到的目标或早或晚都会到来。

四、"交流"和"反馈"

把孩子放在和我们平等的位置，认真地倾听孩子读书的感受，平等地和他交流对书中人物、故事情节的不同解释，对孩子的阅读兴趣培养是很有意义的事情。每读完一个历史故事，我们都会找机会问儿子，对书中印象最深的是什么？你最喜欢故事里哪个人物？为什么喜欢呢？几乎每一次儿子的答案都会给我们惊喜，也许他的答案是最直接、最纯粹和最没有顾忌的。比如说三国故事里，他最喜欢的是关羽和诸葛亮，因为关羽最勇猛，诸葛亮最智慧；春秋故事里，他最喜欢的是介子推，因为他能为自己的主人割下自己的肉等。孩子的记忆力是非常惊人的，当我们都开始模糊的时候，儿子还是能清清楚楚地讲述书中的故事。我们欣喜的同时，也感觉到了孩子在一天天地长大。

五、随时的"陪伴"

父母能陪伴在孩子的身边，伴着他一天天长大，应该是每个孩子和家长都希望做到的事情。尤其是在"阅读"这件事上，父母的陪伴显得尤为重要。因为孩子的世界充满了未知和探索，读什么样的书，怎样读，什么时间读等，都需要家长认真引导和帮助。好习惯的养成不是一朝一夕的，和家长在时间、精力上的付出是成正比的。

以上是我们在儿子读书习惯培养上的一点小心得，实际上我们的培养还远谈不上成功，也经常会有反复，也有一些教训。比如不要限制、强求孩子读哪一种书，顺其自然，引导孩子广泛地接触书籍，慢慢地孩子自然会有所选择，如果一味强求，往往会适得其反。对孩子感兴趣的"漫画"类书籍，不要强制限制，规定时间就好。如果有时间，经常带孩子去综合性的书店，让孩子自己选择喜欢的适合自己的书籍来阅读。每个孩子都是上天赐予我们的最珍贵的礼物，每个孩子都不同，成长的道路也不会相同，希望每一位家长都能找到适合自己孩子的成长钥匙，让孩子健康、快乐地成长！

专家点评

　　陪伴、引导孩子读书，是做父母的一个重要的责任。这位家长养成孩子良好阅读习惯的做法值得赞赏：一是利用历史故事激发、引导、保护孩子的好奇心；二是持之以恒，不论是在家里，还是外出，都不忘创造读书条件和环境；三是坚持家长和孩子互动、交流，调动孩子读书的积极性；四是家长坚持陪伴孩子读书，舍得在时间和精力上付出。

62. 从"小问号"到"小书虫"

北京市西城区阜成门外第一小学家长　杨　薇

自打会说话起,大橹就爱提问。给他讲故事,和他说话,他总是瞪大眼睛目不转睛地盯着我,一副出神的样子,还冷不丁地抛出一句"为什么呀?"

大橹两岁多的时候,一次,要求我再给他讲讲《狼和小羊》,还主动从书架上找来书摊在我面前。

当我讲到结尾"猎犬冲过来,狼吓得丢下小羊逃跑了……",他突然打断我说:"狼为什么跑了呢?""因为狼怕狗啊。"我不假思索地说。

"狼为什么怕狗呢?"他接着问。"呃,因为……"我一时语塞,不知该怎么回答他,只好对他说:"这个问题妈妈需要想想再回答。"

之后好一段时间,他都重复问这个问题,有时问我,有时问爸爸。尽管我们都给了他答案,但他似乎并不满意,仍然追问不止。

上了幼儿园,"为什么"就更成了他的口头禅,时不时从他嘴里蹦出来。听广播、看电视、和我一起读绘本,总爱问"为什么",似乎他的脑子里装满了问号。家里人就笑着叫他"小问号"。

"小问号"渐渐长大,提出的问题越来越多,五花八门。有些在大人看来理所当然自然而然的事,他也问。比如"这里为什么建立交桥,为什么不挖隧道?""为什么桂圆又叫龙眼?"等等。对他越来越频繁的"为什么",我和他爸爸渐渐招架不住,有时也会不耐烦地训斥他,说他的提问没水平,让他问高层次的问题。

"什么是高层次的问题?"他追问。我趁势说:"想提出高层次的问题,那你得多看书。"那时,大橹已经升入幼儿园中班,既好问又爱说,我们觉得是时候培养他的阅读习惯,让他的心安静点了。

每个孩子都爱涂鸦,大橹也不例外。图画对孩子而言,有着天然的吸引力。爸爸送给大橹一本《父与子》,他被这本漫画书迷住了,天天翻看,看了一遍又一遍。每次看,都爆出阵阵笑声。

看他上了道，我们又给他推荐了《笨贼一箩筐》《爱心树》《爱书的孩子》《猜猜我有多爱你》等漫画、绘本，他也看得津津有味。这段时间，我坚持陪他一起阅读故事绘本。只不过，绘本中的文字越来越多。渐渐地，我讲的故事越来越少，而且一则故事最多讲两遍。大橹觉得不解渴，就自己把他喜欢的《一千零一夜》找出来，独自读完了。为了激发他独立阅读的热情，我大大夸奖了他一番，奖给他《窗边的小豆豆》。

"小问号"还是会提很多问题，特别是读了百科知识类图书后，他经常拿书中的知识考问我。对他的提问，我装作无知（有时也是真的不懂），让他讲给我听。这时候，他总是很兴奋，认真详细地为我解惑。渐渐地，他发现妈妈很"无知"，就自己到书里去寻找"为什么"的答案了。有时图书也解答不了他的问题，我就买来一批同学科、同知识点的图书给他，让他自己找答案。有段时间，他迷上了恐龙，我们赶紧搜罗了一批恐龙方面的图书给他。每本他都读了多遍，自己还比对几本书中的知识，发现了一些图书中的知识纰漏。慢慢地，他习惯了从书中找答案，问我的"为什么"越来越少。但他说，他的问题都提给班里的学霸——大队委了。他俩以提出对方回答不了的问题为乐。难怪有时候放学回家，他顾不上放书包就直奔书架找书看呢！

上小学后，看他读课外书的兴趣逐渐浓厚，我送给他纯文字的故事、小说，想引导他多读点文学类书籍，培养语感，为写作文打基础。一开始，他独立阅读很困难，读两三页就放弃了。我又变回讲故事的妈妈，读给他听。经过一段时间的共读，慢慢地，他也爱上了文学类图书。现在，他的提问少了，书读得越来越多，"小问号"变成了"小书虫"。反而是我，有时想检查他的读书情况，时不时地问他"为什么"。

"小书虫"的养成，有一个不短的过程。陪伴着"小问号"长成"小书虫"，我有这样几点体会：

1. 在幼儿早期，家长多给孩子讲故事、读绘本，可以培养孩子对书的亲切感。

2. 阅读从孩子的兴趣起步。一开始，给孩子读他喜欢的书，更容易让他爱上阅读。如果家长根据别人家小孩的阅读经验或某些推荐书单，给自己的孩子订阅读目标，而忽视他的阅读兴趣，容易伤了孩子的阅读胃口。

3. 培养孩子独立阅读的习惯，家长要有耐心。独立阅读犹如学习走路，家长要慢慢地放手。

4. 家长当学生，听孩子讲他阅读的内容，给孩子成就感，能激发孩子更大的阅读兴趣。

5.想让孩子喜欢阅读，家长就和孩子一起打开书读吧！

每个孩子的内心都有阅读的种子，家长要做的事，是适时、正确地帮助和引导孩子，让他心里的这颗种子发芽，抽茎，壮大。阅读给予孩子的不仅仅是知识、经验，阅读也能带给孩子快乐。愿每一个孩子都能在阅读中收获快乐！

《从"小问号"到"小书虫"》的故事，很值得品读，玩味。孩子好问"为什么"，是非常好的品质，表明孩子的求知欲望很强烈，具有好思考的习惯。"学问，学问，勤学好问。"勤学的孩子才会好问。家长要小心翼翼地保护孩子的求知欲望，不可轻易伤害。无意中伤害了孩子的求知欲望，很容易；要想再重新激发出孩子的求知欲望，却是很难很难的。

63. 怎样让孩子爱上阅读

北京市西城区阜成门外第一小学家长　洪希娟

女儿现在已经上小学五年级了，我认为一个孩子的成功有个关键词：阅读！在孩子的学习生活中，也充分证实了这句话的道理。

作为妈妈，我追求孩子的成功，但是，更加期望孩子的快乐。怎样才能快乐？我体会到阅读就是通往快乐的途径之一。

女儿在3岁左右，就认识了很多汉字。从最初学习看图识字中的花、鸟、鱼、虫，到逐步脱离了看图识字，这源于爸爸对她的付出。

为了让孩子对汉字感兴趣，爸爸总是给她买有趣的故事书。有时候爸爸为她读到一半，故意推托要忙其他事情，就让女儿自己先读一读，告诉她忙完事情马上回来。其实，他是在给女儿创造自己读下去的机会。的确，当女儿正在被书中那奇特神秘的故事情节吸引的时候，猜不出书中接下来还会发生什么事情，出于好奇心，她只能自己读下去。这样久而久之，就养成了她自己看书的好习惯。

直到现在我们也是把她喜欢读的书尽量布置在她可以随手触及的地方，书桌、床头等。是啊，孩子每打开其中任何一本书，就会遇到不一样的人间景色。

学龄前阶段，我们为她选择的大都是青少版的名著，故事精练，便于阅读。直到她识字量逐渐增多，就全部更换为原著。在选择图书方面，我和她爸爸也有些小心得，除了对图书内容的筛选，还要看发行的出版社，如：人民文学出版社、译林出版社、生活·读书·新知三联书店、商务印书馆，等等。

书读多了，理解力自然就会强，思想也会趋向成熟，正所谓"读书破万卷，下笔如有神"，女儿写的作文，满分时居多。知女莫若母，正是阅读给孩子带来了荣誉，意识到了自己的优秀，增加了她内心的自信。

读到一本喜欢的好书，是孩子最快乐的时候，书里精彩的内容带来的是难以描述的愉悦。有时，我会庆幸让孩子很早就爱上了阅读，常常想：阅读最终影响的，是一个人一生的习惯、态度，甚至生活方式。这正是父母最应该给予孩子，或者说帮助孩子创造的宝贵财富。阅读帮助孩子培养自信、开朗、乐观、进取的性格，并建立了亲密、信任、融洽、欢乐的亲子关系。父母能跟孩子一起做的最美好、最开心、最正能量的一件事，那就是分享彼此阅读的心得，这是最值得珍惜的快乐时光！

> **专家点评**
>
> 引导孩子读书，不在于让孩子读多少书，而在于让孩子从阅读图书中获得乐趣。这样引导孩子读书的出发点是很有远见的。当读书产生了乐趣后，便会欲罢不能，欲罢不忍。"阅读最终影响的，是一个人一生的习惯、态度，甚至生活方式。这正是父母最应该给予孩子，或者说帮助孩子创造的宝贵财富。"这位家长的体会是很深刻的。

64.
阅读的世界

北京市西城区进步小学家长　孙　淼　王　鲲

据不完全统计，王苏曦（牛牛）小朋友拥有四百多本图书，他今年7岁。从他一岁开始，我们全家就进入了全民阅读的世界，在这个世界里有爸爸、妈妈、姥姥、姥爷，还有他自己。我们全家无一缺席。

这个世界是吵吵闹闹的，更多的时候是讲一会儿，演一会儿，充满了讨论和想象，想象尼尔斯骑在白鹅身上翻山越岭，想象翡翠城的金碧辉煌。当我们开车行驶在北京的三环路上时，牛牛会指着外面的某个建筑说："你们看那个就是我想象的格里敏大楼。"这是我们的秘密语言，他童年的独特记忆。

这个世界是"恶心恐怖"的，牛牛非常喜欢屎尿屁的主题，最脏最脏的科学书，研究身体上的肚脐，耳朵里的叮咛，这些都令他无比开心、兴奋。他知道最早研究屁的不是医生，而是宇航科学家。他知道臭臭要是金黄色的，才是好屎！

这个世界是广阔无边的，三百万颗星星到底是多少，天有多高，海有多深？所有的问题，都有答案，又都没有答案。在这里，他在火山探险，和恐龙交谈；他走进哈利·波特的魔法世界，他在柳林风声里荡秋千。在这里他已走遍全世界，走进过去，走向未来。

这个世界是有温度的。他爱看书，更爱听书。他愿意听爸爸的怪腔怪调，他喜欢妈妈身上的温暖和气味。阅读的世界不孤独。

现在，他已经可以自主阅读，他也会被电子游戏吸引，他也喜欢看电视节目。但阅读的世界一直吸引着他，我们还在一起读书。

阅读的习惯是由每个睡前故事，每个30分钟，每个家庭成员共同持之以恒养成的。从书籍的选择，讲故事的方式，对故事理解的延展讨论，到重复阅读，每一个步骤都倾注了情感的沟通。而在这里我们帮孩子养成的是饥即食，困即睡，读书即读书的习惯。至于未来为了习得某种知识、某些技能而读书，这两者是不同的。当读书成为生活的必需，孩子自然会在需要时求助书籍，届时他（她）将会更好地使用书籍作为学习的工具。

关于养成阅读习惯，我们的几点建议：

第一，书籍的选择。这一点至关重要，好的故事、高质量的印刷、优美而准确的语言以及高品位的绘画，都会给孩子带来美的享受，家长在选择图书的时候一定要精挑细选。简单的方法就是可以参考许多获奖图书，再结合自身特点进行选择，最后就是一定要自己先读读。如果能产生共鸣，那么在给孩子讲故事的时候，家长必然就会十分投入，孩子也会被打动。

第二，亲子阅读的形式。可以是父母讲孩子听，也可以是各自阅读自己的书。根据孩子的年龄，根据自己家的喜好，完全可以有很多选择，比如在我们家，牛牛自主阅读为主，但他偶尔很累，或者很 High 的时候，都会要求爸爸妈妈给讲故事，或者分角色表演。形式的多种多样也有利于孩子阅读兴趣的保持。

第三，阅读时间。最好要有个固定的时间，营造仪式感。孩子读书的时候，家长也读书或者工作，不建议同时听歌，也不要去打扰孩子，喝点水？吃点水果？阅读时间就是沉迷时间。保证一个固定时间之外，想看就看，比较自由。

第四，重复阅读。孩子在阅读中，有一个很大的特点，就是喜欢的书，重复阅读次数特别多。在我们家，像《西游记》《尼尔斯骑鹅旅行记》《绿野仙踪》这些长篇，都读过不下十次，常常是半年都在反复读。对于这样的情况，不要心急，一定给他（她）自由，静待花开。

第五，阅读的题材。不要局限阅读题材，一开始可以选择家长有偏好的题材，比如童话、诗歌、百科等，但随着孩子成长，要和孩子一起，不断尝试各种题材的书籍。

第六，阅读的目的。其实这真是非常非常重要的一点，从我们的经验来看，阅读过程本身就是目的，享受的就是那个过程。阅读不是为了认字，不是为了背诗，不是为了背单词。但你会发现，随着阅读的深入，孩子认的字越来越多，理解力越来越强，表达能力也越来越好。这就是阅读带给我们的惊喜。

陪伴孩子的过程，也是家长的自我修炼，我们全家都在阅读中受益，在阅读中享受一种自由，在自由阅读中养成自律的习惯。我们也将把这个家庭传统继续保持下去，继续营造我们的阅读世界。

专家点评

这个家庭的所有成员，爸爸、妈妈、姥姥、姥爷和孩子，无一例外地都养成了阅读图书的习惯，整个家庭形成了一个"阅读的世界"。这实际上就是建立了读书的优良家风。生活在这样的家庭生态环境中，耳濡目染，潜移默化，孩子养成阅读的习惯是自然而然的事。这位家长关于养成阅读习惯的六个建议，实际上是这个家庭建成"阅读的世界"的成功经验，很有推广价值。

65. 让书籍成为陪伴孩子一生的伙伴

北京市西城区进步小学家长　张荣华

女儿今年8岁，在进步小学读二年级。我和她爸爸平时工作非常忙，陪伴她的时间很有限，加之孩子没有兄弟姐妹，所以她常常感觉孤独。

于是从她小时候，我和她爸爸就商量：人最重要的能力之一是要学会和自己愉快地独处，而能够时刻陪伴她的唯有书籍，让孩子养成热爱阅读的好习惯，便是为她找到了一位"睿智、博学、幽默"的良师益友。

读书的好处在此不赘述，仅从这些年孩子平凡而快乐成长的经历里与大家分享一下陪伴孩子阅读习惯养成的一些体会：

一、尊重孩子的差异性，从兴趣入手

深有体会的是，初为人母好像每一位妈妈都很焦虑，而焦虑的根源便是比较。别人家宝宝会背《三字经》了，而我家娃还背不全一首诗，是不是孩子有问题？！我也曾被此困扰好久。后来发现，孩子间的差异实在是太大了，别人适用的经验对自己可能并不合适。所以我们首先学习的是放下与其他孩子的比较，以孩子的兴趣为主导。比如女儿喜欢恐龙，那就带她去自然博物馆、古动物馆先让她看，然后买各种恐龙图册、恐龙故事，再然后她就自己主动去看恐龙类百科全书了。这样循序渐进，尊重她的爱好，她就自然会主动阅读。

二、阅读初期，陪伴最重要

当孩子还不认字或者刚刚学拼音的时候，读书就真的需要大人去逐字地读。小孩子喜欢重复，所以一个故事、一本书她会要求你反复读，有时甚至是一个月之久。后来发现，她喊停的标准就是她已熟记于心，甚至是包括认字。所以家长需要做的就是机械式地重复和耐心地陪伴。但是这一时期收获却是最大的，就是孩子在不知不觉中认识了大量汉字，突然间她就可以自主阅读了。所以我的体会是不要觉得孩子认识拼音了或者学了生字了就觉得她具备了读书的能力，此时要尊重她的要求继续为她读书，因为当孩子的注意力在拼读的时候她就没有时间去理解读书的内容，就不容易享受阅读的快乐。

三、让孩子安静地阅读

这里的安静，不仅是阅读环境的安静，更是给她独立思考和判断的空间。在陪伴孩子读书的过程中，家长常常会不自觉地把自己的感受分享给孩子，以为可以帮助她理解。其实，孩子一味去被动接受就会使她怠于思考。所以我们对于女儿感兴趣的图书，比如历史类的图书，就会帮她选择几本不同时代、不同国家的作者的书，让她比较着自己读。有些书成人都会觉得晦涩，所以会担心孩子不理解。其实大可不必，孩子的能力要远超我们的想象，真的要相信"书读百遍，其义自现"。家长需要做的，就是在孩子想分享讨论的时候，与她讨论，先听她的想法和观点，不否定，不要让孩子惧怕讨论中的分歧，让她知道每一个想法都值得尊重。家长仅需要适时引导，同时告诉她"尽信书不如无书"，引导她用批判的精神去读书，让孩子学会主动思考。

四、搭建展示平台，学会表达与分享

孩子天性爱玩儿、好动，所以在培养阅读兴趣的过程中也要利用这个特点。比如孩子读了《水浒传》《三十六计故事》，许多打斗的情节她很喜欢，作为家长就需要也入戏，和她分角色去演绎，甚至还要找些道具比画比画。这样就会增加她阅读的兴趣。

当阅读量有一定积累的时候，她就会迫不及待地想展示出来。所以此时家长要示弱，让孩子去做小老师给家长讲书。不要求全责备，讲错情节、说错字不要马上纠正，要在心里记下来，在带领孩子重新温习书籍的时候再加以提示，就会减少孩子表达时的紧张情绪。

五、方法很多种，听书很重要

为了保护孩子的眼睛，除了纸质书籍外，我们选了故事机，让孩子听书。这样随时随地，比如玩的时候、刷牙的时候，她会选择自己喜欢的故事去听。因为许多故事是节选，所以当她不满足于听的时候，就会请求我们可不可以买书去读。这时候就不是让她读书而是她要主动读书了。

六、家校配合，共同努力

这也是最最重要的一点。孩子上小学以后，非常幸运地遇到了班主任王玲玲老师。记得第一次家长会，老师反复强调家长需要做的就是培养孩子的阅读习惯，这也与我们家的理念特别契合。两年来，孩子一直在特别开放的学习氛围中、在老师的专业引导下享受着读书的快乐。孩子的阅读范围更广了，以前喜欢故事、绘本，现在科学类书籍、传记类书籍也开始选择了。所以家长要时刻与学校、老师的指导相配合，为了"让书籍成为陪伴孩子一生的伙伴"的共同目标而努力。

专家点评

这位家长陪伴孩子阅读习惯养成的六个体会，是在陪伴孩子的过程中总结、提炼出来的，是很有价值的，也是很实用的。其中，给人留下印象最深的是：一是不盲目攀比，尊重孩子的个性差异，从孩子兴趣爱好的实际出发选择图书；二是在阅读图书的过程中，给孩子留有充分的独立思考的余地，家长不越俎代庖；三是适应孩子好动、爱玩的天性，让孩子表演图书的故事情节，以增强孩子阅读的兴趣；四是在分享孩子读书体会的时候，不轻易否定孩子的观点，让孩子懂得尊重不同的观点。

66.
培养孩子良好阅读习惯的经验

北京市西城区进步小学家长　邓　华

对于小学四年级孩子的家长来说，如能看到孩子课余时间多读一些书籍一定会很高兴的。而且，喜爱读书并有良好阅读习惯的孩子，在学习方面应该也不会很吃力。

以我家孩子为例，今年截止到 6 月第 1 周，孩子利用课余时间累计读书已经超过 60 本，包括历史名著、童话故事、神话传说、人物传记、科学探索、幽默喜剧、自然探险等不同类型的图书，其中有 6 本是第二次阅读。那么，如何培养孩子良好的阅读习惯呢？

首先，我觉得培养孩子良好的读书习惯需要家长的长期关注和引导，绝非在孩子成长中的某个小阶段一蹴而就，便能一劳永逸的。对于孩子学前启蒙阶段，家长每天为孩子读故事，并且让孩子看着家长指读是很有效地培养孩子对文字产生兴趣的方法。入学后，应该培养孩子自己指读带拼音的图文并茂的儿童类图书，以激发孩子独立读书的兴趣。这个阶段，当孩子有不会拼的拼音，或有不懂的地方，家长应该及时告诉孩子。家长遇到不清楚的地方应该及时通过网络查询等方式学习后再教孩子。孩子读带拼音类的书，建议延续到二年级下学期（不建议低年级孩子过早读纯文字书），这样对培养孩子正确认字和读音会更有帮助。到了三四年级，孩子在认识了一定数量字的基础上读书速度已经有了明显加快，这个阶段，适合让孩子利用业余时间多读书，丰富读书的类型，加大读书的量。要注意的是读完一本再给另一本。这样孩子对知识的获取是多角度的，有助于孩子拓宽视野，从而对阅读更多有知识性的书籍产生渴望。

其次，良好的阅读习惯的养成，需要家长帮助孩子合理规划好时间。这里主要指，家长应合理控制孩子看电视、用电脑、玩 iPad 或手机游戏的时间。

科技发达的当今社会，电子产品为人们生活带来了很大的方便，人们对电子产品的依赖也越来越强。但是，长时间使用电子产品对成长期的孩子来说，无疑是不健康的，不仅是对眼睛不好，尤其是孩子对看电视、玩 iPad 等游戏上瘾后，是不可能通过自制力加以改变的。所以，家长在此方面如果纵容孩子，就会错过培养孩子良好阅读习惯的关键时期。

对此，我的做法是孩子在小学四年级以前，坚决不允许孩子玩电脑、手机和iPad游戏，每天观看适合的电视节目不超过30分钟（周末每天累计不超过1小时）。到了四年级，孩子在完成好学习任务后，可以定时玩10分钟iPad（禁止玩手机，因为屏幕太小）。家长如能做到严格有效地控制上述问题，孩子就会有足够的业余时间和精力分配到阅读上，并乐在其中。

第三，劳逸结合是不可或缺的，学习和阅读之间合理分配一些运动时间是很有益于健康的。如：鼓励孩子积极参加学校或自选的体育类、文艺类兴趣班，既能锻炼身体，又能丰富孩子的课余生活，还不至于让孩子变成只会沉迷于读书的人。事实上，这样做更能保护孩子读书的兴趣，孩子会更珍惜阅读的时间。

总之，家长引导好孩子阅读的习惯，孩子就会顺着阅读的阶梯找到他自己的学习和生活的方式。也会变得更加健康和快乐。相信阅读会让孩子受益一生的。

以上是我作为一个四年级男生家长对如何培养孩子良好阅读习惯的一些经验，与大家分享。

专家点评

一个四年级的小学生利用课余时间阅读了六十多本书，而且阅读图书的种类繁多。养成孩子读书的好习惯，一是得益于家长对引导孩子读书的意义认识深刻。养成良好的读书习惯，不是一蹴而就、一劳永逸的，要持之以恒。二是帮助孩子安排好课余时间，合理控制孩子看电视、用电脑、玩iPad或手机游戏的时间。三是鼓励孩子积极参加体育类、文艺类兴趣班，"既能锻炼身体，又能丰富孩子的课余生活"。

67. 让孩子体会阅读的乐趣

北京市西城区进步小学家长　陈　宁

由于我的工作一直比较忙碌，所以没有像很多有经验的家长一样，从孩子很小就注重培养她各方面的兴趣，尤其在阅读方面，跟周围的家长比起来算是后知后觉的了。但这一年多，小妞的兴趣的确是从电视成功转移到了书籍上面。回想自己跟小妞一起走过来，谈不上经验，可以粗浅地总结几句吧。

一、阅读兴趣的培养

最初的小妞并不十分接受看书，毕竟跟色彩鲜艳、有声有色的电视比起来，书籍显得枯燥许多，而且上小学以前认字不多，孩子自己看起来太吃力。针对她当时比较喜欢的动画片《小公主苏菲亚》，我订购了一套这个主题的图画书，里面的字不是太多，图画占据了大部分，以此为诱导提高看书的兴趣。随着上了小学，认识的字越来越多，她也逐步发现原来书籍里面有广阔的天地，而阅读本身又进一步扩大了认字量。最近小妞涉猎的书籍种类也由最初的动画主题，增加到动植物、科学和小说，《窗边的小豆豆》《小妇人》这样稍微大部头一点的作品也开始有所涉猎。

二、家庭阅读时间

睡前讲故事估计是每个家庭都会有的习惯，但是睡前的时间太短暂，而且往往是家长给孩子讲图书，孩子的独立阅读习惯很难从这里面培养出来。孩子往往是家长的一面镜子，如果你一直在不停地刷手机，指望靠家长的淫威强迫孩子阅读也是不太可能达成目标。意识到这一点，我跟孩子约定了一个"家庭阅读时间"，每天在晚饭后，抽出固定的至少半个小时时间，全家人不许看电视和手机，每个人选自己喜欢的图书进行阅读，久而久之，不仅仅是孩子，大人也从这段难得的静谧时间中收获不少。

三、良好的读书环境

除了家庭的阅读环境，图书馆也是不错的选择。我自己至今还记得小时候父亲带着我每个月去图书馆借书还书的情景，而现在我们有更为丰富的资源，从国家图书馆，到我们进步小学自己开办的周末图书馆阳光计划，都为孩子提供了特别良好的阅读环境。家庭所能购买的书籍毕竟有限，而且置身图书馆这个大环境，会让孩子体会到跟其他人一起阅读的快乐，以及在书架上发现一本心仪书籍的喜悦感。

每个孩子和家长的兴趣点不同，每个家长的经验也各有不同，这个孩子觉得好的书籍或者好的经验未必适用于另外一个孩子，但是我想最重要的是，保有一颗初心，陪伴孩子一起阅读，共同成长。

专家点评

在当今信息化的社会，除读书外，获得信息的手段还有很多，诸如电视、电脑、手机等，对孩子的吸引力是很难阻止的。家长及早引导孩子阅读图书，就可以有效地摆脱其他的各种诱惑。减少电视、电脑、手机对孩子的诱惑，家长以身作则、身先士卒是十分重要的。约定"家庭阅读时间"的做法值得广泛推广。

68. 培养孩子良好的读书习惯

北京市第十三中学附属小学家长　韩　然

常言道：家庭是孩子的第一课堂，父母是孩子的第一任老师。我深知家庭的学习氛围对孩子成长具有十分重要的意义。那么，从哪儿入手呢？

我觉得，孩子的成长是多方面的，对孩子的教育须做一生的计划。对孩子来说，最直观最简单也是最根本的莫过于养成一个良好的学习习惯，也就是说，要让孩子感到家里有浓浓的书香气。

学校进行家庭教育的心得交流，给家长提供了一个相互学习的平台，现在就来谈谈我在引导孩子阅读这一方面的心得体会。

一、引领孩子听故事，丰富词汇，学习说话

在孩子牙牙学语时起，我们以说故事为主，每天在哄她睡觉时给她讲故事，就像一首催眠曲，让她听着故事入睡。我用漂亮的、色彩鲜艳的动物、水果卡片吸引孩子的注意力，让她对汉字、拼音有了初步的认识。孩子懂事以后，我开始让她接触一些成语故事，像"守株待兔""掩耳盗铃""刻舟求剑"等。但是对于学龄前儿童来说，因为离生活经验太远，无法实现从理解到应用，我便开始琢磨别的方法。吃饭时，我给孩子形象表演什么叫"狼吞虎咽"，什么叫"细嚼慢咽"，夸张的动作逗得她哈哈大笑。连续一个星期，一上饭桌，她都要乐此不疲地看我表演。也就在我们一次次的重复演出中，她在脑海里深深记住了这两个成语。也可以通过做试验的方法教给孩子一些成语。比如用一个水盆，里面放了半盆水，用纸做一个小船，放盆里，然后陆续地给盆里加水，这样船就会慢慢地升高，然后我会告诉她这个过程就叫作"水涨船高"，还可以继续给她演示"水满则溢""水火不容"等一系列跟水有关的成语。在这个过程中，孩子非常有兴趣，并且也学会了如何去描述这个过程，从而学会了成语。后来我还给她讲一些名著，如《西游记》《水浒传》等，待她还想知道更多时就告诉她，这些故事都是从书上看来的，让孩子明白"读书有益"

这个浅显的道理。

二、顺应孩子认知发展规律，循序渐进地培养阅读的兴趣

快上小学之前，开始识字了，为了培养孩子的阅读能力，我让女儿自己去阅读课外书。于是，我开始买一些带拼音的、带彩图的书。如《探秘百科》《地图（手绘版）》，还有漫画版的《西游记》《宋词》等。这些大彩图的书自然一下吸引了女儿的眼球，所以，尽管我不陪她一起看，她也常常翻着那些书，有时还磕磕绊绊地读旁边的注释说明，遇到生字就来问我。日积月累下来，女儿的识字量增加了不少，很多没教过的字，她已经认识了。不过她此时的兴趣还只停留在彩色图片上，这是符合孩子的认知规律的。直观形象的东西才能引起孩子的注意。

三、营造读书氛围，是读书兴趣保持的重要保证

我们深知，父母是孩子模仿的主要对象，所以我们在孩子面前要十分注重习惯的养成。每天晚上，我和爱人都看书学习，孩子在这样的氛围中，受到了潜移默化的影响。在孩子看来，既然爸爸妈妈都那么爱读书，可见书是个好东西，读书兴趣被很好地保持下来了。因为我们家没有电视，所以每天晚上打发时间的工具就是读书。

女儿的班里每周都有一次古诗词欣赏活动，不仅是把诗词要熟读能背诵，还有讲解诗词的背景，作者以及他所处的年代，作者是在什么样的情况下写这首诗，表达了一种怎样的心情，抒发了一种什么样的情怀等。这样既可以让孩子能够了解古诗词的美，也能够帮助孩子提高读书的乐趣。他们班里还要求每学期精读一本书，这学期他们老师推荐的是《一年级的小豌豆》（拼音版），孩子非常喜欢看，这是专为一年级女生量身创作的幼年小说，讲述一年级女生的心理成长和生活故事。晚上睡觉前是女儿的读书时间，每天晚上她都在听完故事后进入甜甜的梦乡，可小豌豆的故事却让她割舍不下，小主人公那天真可爱、充满童趣的故事经常让我们忍俊不禁，笑后又给我们留下长久的回忆和思考。

四、要把好选书关

对于引领孩子读书，我觉得不能盲目。众多书目如夜空中的点点繁星，如何选最适合她的、最有教育价值的、最能闪烁道德光芒的书籍尤为重要。不同于我们童年时候的图书匮乏，现在童书的琳琅满目，让我们在庆幸我们的孩子可以有这么丰富的精

神食粮的同时，我们还不得不补上甄别童书这一课。仅仅让孩子喜欢是不够的。孩子爱看的这些书是不是真的能够促进他的成长？真的能够满足他的内在需要，并且可能为他一生的丰富埋下幸福的种子？所以，我们有必要引导孩子选择阅读经典。

五、读得厚厚万卷书，行得漫漫万里路

除了让女儿多读一些优秀的图书外，我们还经常带她外出旅行，感受大自然的美景，了解一些风土人情和历史知识。

几乎每周末都要带她在本市参观博物馆、纪念馆或郊外出游等。等到了寒暑假，就带孩子去旅行。我们先后去过厦门、青岛、海南、烟台等地，这些活动都给孩子留下深刻的记忆。在旅行途中，孩子看到的、听到的都将转化为知识储存起来，一些可能从书中是学不到的。而在旅行的途中，又可以将书中的知识与实践结合起来，达到学以致用。

一分耕耘，一分收获，孩子的教育也是如此。

专家点评

这位家长注重培养孩子阅读的良好习惯是很有远见的。其做法值得推广。一是孩子还不识字时，家长通过讲故事引领孩子对书籍产生兴趣；二是孩子识字以后，引导孩子独立阅读；三是家长以身作则，营造家庭读书氛围，给孩子创造好学的生态环境；四是引导孩子选好书，选择适合孩子阅读并有利于促使孩子健康成长的书籍；五是既重视孩子读书，也带孩子参观、旅游。读书是读"有字的书"，参观旅游是读"无字的书"，二者相得益彰。

69. 我帮孩子改变了早上拖沓的习惯

北京市西城外国语学校附属小学家长 赵 悦

我是个温柔和蔼的妈妈,在百分之九十九的时间里对孩子们不吼不叫。我了解孩子身心发展的客观规律,尊重他们的选择和想法。绝大多数时间里,我平静而快慰地看着他们一点点成长。

但是,这一切平和美好每每在晨起时被彻底打破——大宝需要按时去上学,我和老公需要按时上班,而二宝则处于步入幼儿园之前的散漫无序状态。俩宝天生都是觉少的孩子,每晚叽叽喳喳不折腾到十点是不会安心睡去的。为了让他们有足够的睡眠,每天早上我尽可能晚一点把大宝叫醒,然而又担心迟到。因此,总是一边做着无效的催促,一边手忙脚乱地帮他一起穿衣服。眼看时间一分一秒过去,大宝却在不慌不忙地愣神儿。于是,我任凭怎样也无法守住不发火的底线了。

要命的是,面对我夹杂着火药味的催促和斥责,大宝不只是无动于衷,甚至开启了消极抵抗模式。在我和老公单位各自建立了考勤打卡制度以后,每天早晨的战役更加是硝烟四起。

转眼间大宝升入一年级已经快八个月了,每天清晨的战役仍然持续着,矛盾也趋于白热化。为了赶时间,我不得不限制他吃早饭的时间,并不断叮嘱他不要左顾右盼,甚至要求他每咬一口烧饼都尽量张大嘴巴,以提高效率。在这样严苛的管制下,不但没有见到应有的效果,反而感受到大宝游离的眼神中充满畏惧和自卑。这一切使我幡然醒悟——如果把每天早晨的矛盾扩展到全天,我就将成为一个被自己鄙视的最差妈妈。

尽管这种焦灼状态仅限于每天晨起的50分钟,但是不得不警惕育儿过程中的短板效应。何况一天之计在于晨,如果每天大宝在离开我走进校园时都不能有一个好心情,对他全天的影响会是怎样的?

倒吸一口凉气之后,我立刻开动脑筋,把事情的每一个环节仔仔细细地思考了一遍,无论如何要打破僵局,找到真正的解决办法。

经过分析，我发现了以下几个问题点：

首先，要想让孩子配合家长提高效率，需要让他亲身意识到时间的紧迫性，否则催促永远是徒劳。然而，我真的有勇气让孩子去尝试迟到的滋味吗？客观条件确实不允许，因为他迟到就意味着我也得迟到。

其次，孩子本身习惯于用同一种速度去做事情，并不善于像成人那样因时间的充裕或紧张而改变效率。从这一点来看，我企图让大宝在短短30分钟内完成起床、穿衣、洗漱、上厕所、吃早饭这一系列动作，确实不够人性化。

最后，也是最关键的一点，为了让孩子多睡一会儿而导致早上的焦灼状态，全是我的一厢情愿。换位思考，如果是我，也许宁愿少睡半小时，也不愿在家长的催促和斥责中度过一天中最宝贵的时光。况且，早睡早起会形成一种良性循环，对于长身体来说，赖床绝对比不上早早上床睡觉。

至此，我已经有了一个大胆的想法——与大宝商量，把他无比期待的故事时间挪到每天的早饭后，同时尝试提前半小时起床，告诉他早饭后能留出多少时间讲故事，取决于晨起做事的效率。

昨晚回家便与大宝就故事时间的调整一言为定了。当然，我也说了自己的理由，就是这样可以免于二宝的干扰。如果二宝在场，会因为太小听不懂而捣乱。（早上如果二宝还没醒，我就带大宝先出发吃早饭；如果已经醒了，就把他也一同带到楼下，送到奶奶家去。）大宝睡前再三嘱咐我，早上叫他起床时一定要提醒他讲故事的事儿，因为一想到动作快就可以多听会儿故事，他就会打起精神来。

今天是试行新办法的第一天。除了花上一两分钟把大宝彻底叫醒之外，整个过程十分顺利，他无须我再帮他套上袜子或裤子，我也克制着没有催促他一次。临出门时，甚至是大宝在催促我希望再快一点儿。在餐厅里吃早饭之前，我告诉他距离出发去学校还有38分钟，在这段时间里，吃饭花的时间越少，听故事的时间就越多。大宝中途很认真地问我："照这样的速度吃，能剩多长时间听故事？"此外，我在过去了十分钟的时候提醒了他一次。最终，今天早上获得的故事时间是两分钟，最最欣慰的是，整个过程是由大宝自己在支配时间，没有受到我的一句催促和斥责。

坦诚地说，我竟也是第一次这样真正地享受早晨的时光，这与我自己在原生家庭中的经历有关，但我最终反思并突破了这一点。相信今天当大宝与我在校门口分别走进校园时，他心中洋溢着的也是满满的幸福和信心。

> **专家点评**
>
> 培养孩子良好的生活习惯也需要家长开动脑筋。早晨起来，时间紧迫，"皇帝不急太监急"。家长心里急得火烧火燎，孩子却是慢慢悠悠、磨磨蹭蹭。光靠家长数落、训斥、催促，不起任何作用。而家长把孩子无比期待的听故事的时间挪到每天早饭后，同时提前半小时起床。告诉孩子"早饭后能留出多少时间讲故事，取决于晨起做事的效率"。这样，起床后做事的效率关系到孩子的切身利益，问题就迎刃而解了。

70. 养成良好习惯　铸就美好人生

北京市西城外国语学校附属小学家长　杜　平

习惯决定性格，性格决定命运；今天养成良好习惯，明天铸就美好人生。一个人如果没有良好习惯，最多只能拥有一份工作，而如果养成良好的习惯，那他拥有的是一个系统、一个模式。工作只能亲力亲为，而模式则能自动工作。

大部分家长都认识到良好习惯对孩子成长和学习的重要性，在具体习惯的培养过程中，也都使出浑身解数，八仙过海、各显神通。对孩子生活习惯和学习习惯的培养，我有以下几点心得体会和大家分享。

一、家长潜移默化的影响不可小觑

"父母是孩子的第一任老师"，"每个孩子身上都有父母的影子和烙印"。要想让孩子养成一些好的习惯，最省时、省力的方法莫过于陪伴孩子成长的家长自身也具有这样的好习惯。

儿子三四岁时见人就会主动问好，会恰当地使用礼貌用语，懂得谦让。周围朋友问我们是怎么教育的，其实还真没有刻意地去教导，只不过是我们自己碰到街坊邻居的时候，也会热情地打招呼。经常带孩子参加同学朋友的聚会，彼此之间也都以礼相待。天长日久，孩子也受到潜移默化的影响。

再比如，儿子之前不怎么喜欢阅读，我们之前也通过各种方法进行引导，但都收效甚微。后来我和他爸爸约定，到晚上9:00，关掉电视、扔掉手机，我们每人也都捧着一本书看。经过半年多的努力，孩子也能到点就翻开书页，慢慢地喜欢上阅读。所以榜样的力量是无穷的，家长希望孩子怎么做，那么首先得自己朝这个方向努力。

二、适当放手有助于培养孩子自立能力

大部分家长都能认识到，适当放手对培养孩子自强自立能力的重要性。但在具体践行的时候，却有时会走偏。

我的体会是：

一是放手必须伴随着指导。也就是说，让孩子自己做某件事儿之前，必须给孩子以示范和讲解，讲解得具体明确，让孩子弄明白该怎么做。比如，我在教儿子整理书包的时候，就告诉他每个袋子分别装哪门功课，文具盒应该保证有哪些基本的文具，碗和勺子应该放在哪儿；我在教儿子洗碗的时候，就告诉他洗洁精的作用，用完洗洁精后，碗摸起来是什么感觉才算涮洗干净了，碗筷该如何摆放才能又稳又节省空间。

二是放手须能忍耐孩子的"慢"和"乱"。小孩子接触新事物都有个过程，一开始可能会慢一些、乱一些，这些一定要容忍，更不能因此而指责孩子。这方面，我就曾有过教训，儿子在学习吃饭的时候，会把衣服、饭桌、地面弄得一团糟，偏偏我又有点儿洁癖，见不得乱。所以，一看到孩子吃饭时"画地图"，就受不了了，嘴里一边抱怨，一边拿过碗勺来喂他。结果，孩子学会使筷子就比同龄孩子晚，手指的灵巧程度也受到一定影响。后来，在孩子学习洗袜子、整理收纳杂物的时候，我都吸取这个教训，不怕他弄脏弄乱，干完后先是鼓励，然后又针对引起脏乱的原因提几条建议。比如："洗袜子的时候，如果水别放得那么满，你的活儿会干得更漂亮"；"这个抹布如果多涮洗几次，桌子会擦得更干净"。这种先表扬、后建议的方式，既会让孩子有成就感，又会让孩子知道努力的方向。几次下来，孩子自己做的事情也越来越漂亮。

三、挫折教育对培养孩子自学能力必不可少

最近，儿子的学而思数学学习和魔方学习，让我认识到挫折教育对培养孩子的自学能力、增强孩子学习兴趣是非常有帮助的。

首先，以学而思为例，儿子刚开始学习学而思是在二年级寒假，每天都上课，内容还比较难，所以学起来比较吃力。每天回家我都要给他从头到尾再讲一遍，这对孩子跟上学习进度还是很有必要的。但新学期一周上一次课后，我发现儿子对这种方式竟然产生依赖，上课听讲不是很认真，碰到不会的题就喊我来帮着解决。这种学习方式显然不是我们所期望的，也达不到学而思锻炼思维方式的目的。

我先是很认真地和儿子谈了一次，告诉他为什么要上学而思，以及学习最重要的环节是什么。然后，告诉他以后我不会帮着他做作业，只负责检查。随后在他的学习过程中，我只是提醒什么时间我要检查作业，不再帮他辅导。一开始儿子也很抓狂，

有的题目抓耳挠腮的就是做不出来。这种时候，我会安抚一下他的情绪，提醒他冷静一下，或者提示他再回头看看老师讲的例题，看看有哪些相似和不同的地方，但不再对题目具体讲解。等他平静下来后，他会沉下心思继续做题。还记得他第一次靠自己的努力做完超常挑战的题目，能感觉到他发自内心的喜悦和自豪，而这种经历又会增强他对自己学习数学的自信，慢慢地形成良性循环，数学好像对他就不是什么难事儿了。

再比如学习魔方，也是同样的道理。一开始是我从"魔方小站"学会了再教儿子，发现他兴趣不大，基本上还是我让他学。后来，我也是改变方式，完全放手让其自学，学不会闹情绪的时候，就让他关掉电脑，玩点儿别的，过段时间再提醒他打开电脑继续琢磨。反复几次，那些卡住他进展的难关，都被他自己一道道打通了，玩魔方的兴趣也越来越浓厚了。

每个人的一生要经历的事情很多。在孩子童年的学习生活过程中，我们就要学会引导他体验挫败的沮丧。这样，才会让他更深地体会成功的喜悦，也才能更大限度地挖掘他的潜力，未来他的人生之路才能走得更加平稳、更加丰满。

专家点评

培养孩子的良好习惯，有益于孩子终生的发展。从某种意义上说，培养教育孩子就是养成孩子的良好习惯。培养孩子的良好习惯，首先要做的不是训练孩子，而是家长以身作则，"喊破嗓子，不如做出样子"。如这位家长所说："家长希望孩子怎么做，那么首先得自己朝这个方向努力。"培养良好习惯一定要大胆放手，通过让孩子实践来实现。

71.
养成良好习惯　完善美好人生

北京市西城外国语学校附属小学家长　黄　伟

我的孩子今年9岁了，从他红红丑丑一团，闭着眼睛呱呱落地到长成一个英俊少年，每天早晨去他的房间看他，我都会感慨这生命的奇迹。从他的眉眼间，从他的语言、小动作，从他的生活习惯、学习习惯来看，像极了以前小时候的我。只是比我小时候更好看，更聪明一些而已。杰克·霍吉在他的著作《习惯的力量》中写道："思想决定行为，行为决定习惯，习惯决定性格，性格决定命运。"我觉得这段话很好。人的正确世界观、价值观决定了个人日常的良好行为，进而形成良好习惯，对个人的工作、生活会产生积极的影响。

可惜的是，在孩子年幼的时候，由于阅读量小、社会实践活动少，要形成正确的思想谈何容易。那么，如果没有个人思想的指导，就不能养成良好的习惯了吗？

我们知道，军队是通过日复一日的出操、队列训练、宿舍内务整理、命令服从等一日养成计划来训练新兵战士的。新兵入伍的时候千人千面，三个月新兵营训练出来后就焕然一新，充满战斗力和纪律性。这其中的奥秘就隐藏在看似每天机械枯燥的整理内务、队列训练、集体出操、集体吃饭等细节中。例如，按军人标准的整理内务规定，新兵宿舍中被子的折叠和位置、床铺整理、生活用品、鞋的规范摆放、室内整体清洁程度都有严格的要求。光是看似简单的叠被子，就要运用"压、折、挤、掏"等基本动作，完成从普通人的棉被到折得像"豆腐块"军队被子的升华。

对于年幼孩子的教育，我的心得是：和新兵训练类似，当我们的孩子年幼的时候，还不具有成熟的世界观和方法论的时候，需要通过家长和学校良性互动配合，采用言传身教的方式，用标准化的训练，从小帮助孩子养成良好的生活和学习习惯，以便孩子更好更快地成长。

一、养成良好的生活习惯

孩子的生活由一点一滴的小事组成，那就从点滴小事做起，简单的事情重复做，重复的事情认真做。

1. 养成早睡早起的习惯，要求孩子每天晚上 9:30 前必须睡觉，早上 7:00 起床，从而保证充足的睡眠，这个习惯孩子从小学一年级开始一直坚持到现在。

2. 养成良好的卫生习惯，饭前便后洗手，勤洗澡，勤换衣，不乱扔垃圾，不随地吐痰等。

3. 养成有计划花钱的习惯。孩子每次参加家务劳动、课内外活动或竞赛，达到家长与孩子共同协商确定的，需要孩子踮脚努力才能获得的成绩，可得零花钱 10～100 元。但必须有计划有意义地使用，比如可以花钱在孩子喜欢的玩具、书籍上。

4. 逐步养成良好的饮食习惯。现在的孩子偏食现象非常严重，我的孩子也不例外，需要通过不断强化教育，逐步养成良好的饮食习惯。一日三餐按时按量进餐，尽量不挑食，控制零食，不买不吃路边摊上的三无食品，少吃垃圾食品。

5. 逐步养成良好的劳动习惯。自己的事情自己做，并干一些力所能及的事情，比如倒垃圾、买酱油等。最近，正在教孩子做饭，洗碗，从给家人准备的西红柿炒鸡蛋开始学习。

二、养成良好的学习习惯

学习成绩是一时的，而良好的学习习惯则是终身的。养成了良好的学习习惯，成绩的取得则是水到渠成的。

通过不断地尝试，不断地反复，以及与孩子的不断沟通，从二年级开始与孩子达成一致意见，制订出每周的学习计划。计划实施的最初阶段，孩子会经常忘记，而我经常督促。这个学习计划，孩子一直坚持到现在，并已基本形成每天放学回家必做首选之事，形成了习惯。

这个学习计划是：

1. 每天首先完成学校老师布置的家庭作业，自觉按老师要求完成复习和预习工作。

2. 每天复习课外班学习内容并完成相关作业。

3. 弹钢琴 40 分钟。

4. 每天室外体育锻炼 1 小时。

在老师、家长及孩子的共同努力下，我的孩子养成了许多良好的习惯。这些良好习惯将会伴他一生，让他受益匪浅。但孩子还有很多不好的习惯，需孩子去改变，需要家长去帮助，需要老师去指导。习惯成自然，改变不良习惯，养成良好习惯不是一朝一夕的事，我只想让孩子知道并记住：

每天改变一点点，那就是成功的开始；每天进步一点点，那就是成功的象征；养成良好的习惯，才能完善美好的人生。

最后，我觉得最重要的信念是要明确家长才是孩子真正的导师。我们家长不仅赋予了孩子的生命，传递着父母宗族的 DNA，也在通过我们日常的言谈举止潜移默化地塑造着孩子的灵魂。所以，作为孩子的家长，日常修身养性，每天坚持读书，热爱生活、严谨的工作态度，与人为善的思想和行为，给孩子做好思想和行为的榜样是非常重要的。没有家长的身体力行，再好的道德说辞、再好的习惯，对孩子的良好习惯培养是完全没有用的。

史蒂芬·柯维说："在很大程度上，我们总是在教授孩子某种东西，因为我们总是在向外辐射出我们自己的样子。"

专家点评

重视培养孩子良好的生活习惯和学习习惯的家长是有远见卓识的。小孩子缺乏生活实践的体验和经验，不懂得行为规范，家长引导孩子从小事持之以恒，就能够养成孩子的良好习惯。良好习惯一旦养成，会有益于孩子的终生。"没有家长的身体力行，再好的道德说辞、再好的习惯，对孩子的良好习惯培养是完全没有用的。"家长的这个体会是很深刻的。

72. 教会孩子"我的习惯我做主"

北京市西城外国语学校附属小学家长　胡晓雪

习惯成就性格，性格决定命运。良好的习惯将伴随孩子一生的成长。

整理书包丢三落四，作业三心二意，消极对待学习，小动作多，这些都是儿子在小学低年级时经常出现的状况。

作为妈妈，我曾经非常焦急，还一度怀疑孩子得了"多动症"，带着他四处求医。检查结果却是"孩子没有疾病"。我也曾经声嘶力竭地教育儿子，和儿子因为一道题争得面红耳赤，最后，以儿子的眼泪和我愤怒的绝望而告终。

后来，我开始寻求专业的教育专家的帮助，积极和学校老师沟通，并阅读学习了一些教育书籍，对我影响最大的就是"7个习惯"系列。

其中，积极主动是最重要的一个习惯。积极主动的习惯，就是我的人生我做主的态度。它告诉我们，我们要驾驭自己的命运之车，而不是只做一名乘客。其中最重要的方法包括学会按暂停键和使用积极主动的语言，创造出一个空间，然后，做更好的选择。

我从自己的积极主动做起，管理自己的情绪，在情绪失控前按暂停。"妈妈，这不是重点。"按照我们约定，儿子清脆的声音，就是最好的暂停键。"总会有更好的办法的""我们能做得更好，是不是？"，我刻意练习着使用积极的语言引导儿子，同时在这段暂停的时间里，运用人类的四大天赋——自我意识、想象力、良知和独立意志，重新开始寻找和选择更好的方法解决问题。

有一段时间，儿子和奶奶总因为看课外书的事情起争执。奶奶认为看《少年冒险王》对学习无意义。儿子每每总是反驳："我就想看啊！""没说不让看，少看点。"奶奶好心劝阻。"为什么啊？我就喜欢啊！"儿子不耐烦，两句就急了。

我引导儿子："先别急着反驳，暂停一下，想想奶奶为什么不让看？怕你影响学习是不是？""嗯，可我没影响。"儿子辩解。"那除了吵架，有没有更好的方法？你可以做得更好。"我继续引导，"比如，你是不是可以证明一下，看书对学习有益？"

儿子果然安静下来，连续几天不声不响，紧皱的小眉头下掩藏着一股力量，像蓄势待发的炮兵。我忍住没问，因为我相信儿子可以为自己做更好的选择。

直到一次题目是《我想对……说》的作文布置下来。儿子说："妈妈，我写《少年冒险王》的主人公，我喜欢他。"语气里有几分坚定。"好啊！"我打心眼里赞成。经过草稿、修改终于完稿。这篇作文得到了很高的分数和语文老师的肯定。

儿子特别高兴："妈妈，我要给奶奶看看。""你看，你能做到的，任何事情都有更好的方法，是不是？"我笑了。

自那以后奶奶再没有因为看课外书和儿子争执过。儿子对看书的热情与日俱增，连以前最讨厌的作文也成了他的最爱。这学期的翰墨杯征文比赛，他得了一等奖。

我时常鼓励儿子坚持下去，无论做什么。但最重要的前提是他已经明白自己的情绪自己可以控制，自己的人生自己可以做主。

这就是主动积极的习惯。这些习惯告诉我们的是：原则、思维方式是什么以及什么时候用。至于怎么用还需要练习，因为我们都知道，好习惯的养成不是一朝一夕就能实现的，需要持之以恒。

有了积极主动的习惯和思维方式，儿子开始自己做计划，开始专注地对待学习，也开始自己想办法解决问题。

"我的习惯我做主"是我们全家的必修课，我和儿子一起积极主动地成长着。

专家点评

孩子有不良习惯，只是靠批评、训斥，是解决不了问题的。因为这是一种消极的刺激，孩子处于消极被动的心理状态。要解决问题，必须通过积极的刺激，激发孩子内心的动力，促使孩子变消极为积极。自己控制自己的情绪，自己驾驭自己的人生。这位家长的体会很好："'我的习惯我做主'是我们全家的必修课，我和儿子一起积极主动地成长着。"

73. 家长如何帮助孩子改掉早晨磨磨蹭蹭的坏习惯
——赛罗·奥特曼光速行动任务

北京市西城区奋斗小学家长　李晓春

孩子的磨蹭是家长最为头疼的问题，但是大多数家长只是通过不断地催促和吼叫方式，效果甚微甚至会起反作用。在我学习了焦点解决之后，恰好又有机会去听了芬兰的儿童技能教养法，突然恍然大悟。只有尊重孩子发展规律，结合孩子的兴趣的方法才会真正有效。儿童技能教养法的核心理念是"问题不是问题，把问题转化成要学习的技能，让这个状况在将来变得更好一些"。儿童技能教养法是用心理学的焦点解决的方法帮助孩子克服情绪和行为问题，以孩子为中心，在家长的帮助下，一步步地帮助儿童通过学习技能来克服自身的情绪和行为问题，把家长当作是愿意并有能力帮助孩子学习技能的支持者，增强孩子和家长的合作，帮助孩子学习自我控制。儿童技能教养法的重点在于"怎样才能做得更好"而不是"为什么"，帮助孩子找到自己的潜在力量，相信他们具有足够的资源，能够克服自己的困难、解决自己的问题。我通过运用儿童技能教养法的14个步骤进行尝试，发现用这种方法对于改掉磨蹭的坏习惯非常实用，整个过程非常有趣，孩子也非常愿意配合，效果很好。

一、把问题变成孩子能够学习的技能，并跟孩子达成一致

首先要和孩子建立良好的情感联结，可以通过赞扬孩子最近好的行为，可以和孩子一起做一个他喜爱的游戏，可以给予肢体上的拥抱和亲吻，也可以和孩子一起度过一段精美时光，然后和孩子一起讨论他早晨磨磨蹭蹭的这个坏习惯。为了改掉磨磨蹭蹭这个坏毛病，他需要学习什么，或者他需要在哪方面变得更好一点儿。

妈妈：儿子，妈妈发现你最近每天早晨6:50起床，7:40到校，有50分钟的时间，但每次出门时我们都是匆匆忙忙的。为此妈妈总是很着急也很生气，忍不住催促你、吼叫你，搞得我们都很不开心，是不是？

儿子：嗯。（点点头）

妈妈：你觉得你早晨怎么做才能变得更高效？让我们氛围变得更开心、愉快呢？

儿子：早晨起床后，就上厕所、刷牙、洗脸，而不是玩玩具或者看书。

妈妈：你真是聪明，一下子就找到了原因。那你觉得我们怎么样能起床后就赶紧上厕所、刷牙、洗脸而不是去干其他事情呢？

儿子：闹钟响了，我就起床、穿衣服，然后去上厕所、刷牙、洗脸。

妈妈：好的。那早晨除了洗漱之外，你吃早饭的时候怎么能做到专心吃早饭并吃好呢？

儿子：吃饭的时候，放一个计时器，让计时器提醒我。

妈妈：好主意。你总是能想到解决问题的办法，非常好！

二、探索学习技能带来的好处，并给技能命名

挖掘学习技能的好处是获取学习动力的重要来源，家长可以帮助孩子提升学习技能的积极性。对于孩子来说，必须让他意识到，学习技能是一件非常值得和有回报的事情，他才会真的愿意学习。

妈妈：儿子，你觉得你在早晨能快速地上厕所、刷牙、洗脸，好好吃早饭，按时出门上学啦，都有什么好处？

儿子：我就不会被你们吼叫和催促啦。我还能早点到学校，老师也会很高兴。

妈妈：是啊！你可以开开心心地上学，爸爸妈妈也可以开开心心地上班，你还会被老师喜欢，被同学作为好榜样。早晨有一个美好的开始，这一天就会变得美好。那咱们一起来努力，好不好？

儿子：嗯。（点点头）

妈妈：那我们给这个任务起个名字吧。我们一起学习早晨高效地洗漱、吃饭，开开心心上学。如果你要给这个任务起个名字，你会起什么啊？

儿子：我想一想啊！想了一会儿说，我觉得奥特曼的速度就特别快，每次别人一有难的时候，他就很快站出来帮助大家了，就叫奥特曼光速行动吧！

三、选定魔法宝贝，并找到他的支持者

让孩子选择一个可以帮助他学习技能的魔法宝贝。这个魔法宝贝可以是任何东西，可以是一个动物，一个特别的物件，一个卡通人物，一个想象中的朋友甚至是超人。魔法宝贝是孩子内在力量的一个象征，借助这个力量可以用各种富有创意的方式

帮助孩子，让整个过程变得有趣。魔法宝贝可以帮助孩子出主意，也可以鼓励孩子的点滴进步，还可以提醒孩子的技能学习。

妈妈：如果，你需要一个魔法宝贝来帮助你，你想选什么宝贝呢？他有可能不在你的生活中，有可能是你崇拜的一个英雄或者你喜欢的一个人物。

儿子：那就赛罗·奥特曼吧，我觉得赛罗特别帅气，特别威武，做事还特别快速、敏捷。

妈妈：那你打算让赛罗如何帮助你呢？

儿子：剪一个赛罗·奥特曼的图片贴在墙上，每次看到他，我就会想起来我要快速去刷牙、洗脸。

妈妈：没问题啊！你需要妈妈什么支持，妈妈一定尽全力。除了赛罗，你还需要谁的支持啊？比如家人、你的小朋友、老师等。

四、建立信心，让孩子示范、演示，并一起设计如何庆祝

为了让孩子愿意付出努力去学习这个技能，需要让孩子有足够的信心，相信他一定能做到。接着和孩子探讨一下，如果他掌握了这个技能，他的行为会是什么样子的，让孩子表演出来。最后，和他一起商讨学会了这项技能后他想如何庆祝，这样就等于给了孩子一个心理暗示：他一定能掌握这个技能的。之后，给孩子创造机会去练习和示范他有多棒，在他每次做到时给予他及时的肯定和鼓励。

五、突然忘记了技能时，给予提醒

在孩子刚开始学习一项新技能的时候，总会有一些做不好的时候，他也很容易就忘记了。万一孩子一时忘记了所学习的技能，该怎么提醒？和孩子一起商讨他喜欢的提醒方式，并在需要时给予提醒。

六、不断练习技能、加强巩固技能，传授技能

孩子学习任何一门新技能时，都需要不断练习再练习。让孩子在生活中多多练习，每次有一点进步时都给予一点肯定和鼓励，这样孩子就更有信心和力量去做好。

目前，上一年级的儿子，早晨起床不用父母叫，闹铃一响就能按时起床，然后去上厕所、刷牙、洗脸、吃早饭、穿上学的衣服，不用再每次唠唠叨叨地催促他，晚

上也能自觉地写作业、刷牙。儿童技能教养法很适合孩子做事的思维方式，积极、正向、有趣，但往往大人缺乏耐心和执行。如果能完全按照这些步骤一步一步细化地执行，我想会有更好的效果。

> **专家点评**
>
> 早晨起床以后的时间十分宝贵，可以说是一刻千金。然而，让许多家长头疼的是孩子磨磨蹭蹭的不良习惯。如何解决这个问题，家长们是八仙过海，各显神通。这位家长选择了芬兰的"儿童技能教养法"。这个教育方法，适应孩子的年龄特征，采用了儿童喜闻乐见的训练模式，调动了孩子的积极性和主动性，取得了预期的效果。在训练的过程中，家长的耐心、细心、采取多种方式不断强化训练效果，值得赞赏。

74. 环保从孩子抓起，从小事做起

北京市西城区奋斗小学家长　李　珺

我带的二（11）班是环保特色班，我们班德育特色是团结、合作、文明、创新，而"绿意盎然"是我班的班级特色，"绿"代表着环保创新、健康快乐。

一、对孩子的教育重在平时，重在延伸

孩子们把爱护环境植入心中，在校园、社区，甚至在国内、国外也能看到他们的身影。班级中孩子们每天中午吃饭前桌上都铺一块桌布，吃完饭后每人手上有一块擦地布，负责擦自己脚下的一块地砖。自己动手创造出温馨、舒适的学习环境。

许多学生积极投身到社区开展的各项环保活动中去。他们经常在周末和楼下的小伙伴一起捡拾小区内的垃圾。在暑假期间，他们还针对一些问题为小区书写了倡议书，张贴在小区的大门口，让更多的人知道怎样爱护我们自己的家园。

学校组织的实践活动，学生们每人都拿一个环保垃圾袋，他们都会把垃圾扔到袋子里，离开前都要打扫干净地面不留下一片纸屑。人人都能自觉地爱护环境。

在假期外出旅游时，他们也很注意保护环境。

保护环境就要从身边的小事做起，不应该让周围变得脏乱不堪，所以我们环保班的口号是"爱护环境卫生人人有责"。学生在参与过程中找到自己的"位置"，觉察到自己的利益所在，从而形成责任意识。

二、环保节能扎根心中

我们环保班的学生个个都是节能的小标兵。例如节能志愿者在全班同学离开教室时或在听广播、做眼保健操时随手关灯。志愿者不光在本班能做到节能也能提醒其他班做到节能，如周鼎熙同学看到没人的教室和办公室都会主动帮助关灯。

捐旧还绿是我校的传统活动。我抓住教育契机为他们讲解了捐旧还绿的意义，播放了奋斗小学捐钱买的树木茁壮成长防沙保护环境的录像。学生受到鼓舞纷纷从家里

带来瓶子或报纸争着为保护环境做出贡献。

  学生在平时也很注意节约能源。例如参加学校实践活动时，学生自觉地把喝完的矿泉水瓶背回家；把平时喝过的饮料瓶收集起来，捐旧还绿时带到学校。

  学生利用家长单位的"废纸"或者把没用的作业纸撕下来订成学习用本，上课用它记录自己的想法，写写竖式、脱式，还可以打草稿等进行再利用，如果两面都用完了就回收废纸捐旧还绿。

  学生们还参观了国家社会科学环境院，知道了天气预报中 PM2.5 数据是怎么产生的，知道了研究人员是怎么检查水的质量的，孩子们还亲自动手收集空气中的污染物。这次活动激发了学生爱护和保护环境的意识，回校后每人写了篇感想，做了旗前演讲，并向全校发出保护环境的倡议书。

  学生们还监督家长在公共场合不吸烟，建议家长买菜用布袋子，尽可能挑选绿色蔬菜，洗衣服时使用无磷洗衣粉；建议妈妈电池集中回收不随便乱扔；提醒家长电脑、电灯、空调，任何电器不用时应随手关掉；手机充电完成，立即拔掉充电插头；使用节能电灯泡，选择节能空调并把温度调成 26℃；倡议家长少开车多绿色出行，如骑自行车、坐轻轨或地铁上班；电视机屏幕不要太亮，调成中等亮度，既能节能又能保护视力，还告诉家长仅调暗亮度这个小动作，全国每年就可以省电 50 亿度。

  顾炎武曾经说过："天下兴亡，匹夫有责"。保护环境与维护生态平衡的历史重任要落到他们这一代的肩上。虽然孩子们现在做的不过是一些微小的事，但我坚信只要人人都有保护环境的责任心，从自己做起，从小事做起，我们的社会一定会更美丽纯净。

三、实现节能环保，让旧物换新颜

  学生们平时勤动手勤动脑，用旧物布置教室、校园和家庭，使教室、校园和家里充满生机，用行动来响应国家环保政策。教室里可以看到他们用糖纸叠成小花和用废的彩纸剪成漂亮的图案装饰板报，黑板上有他们用硬纸板制成的课表，窗台上有他们用大可乐瓶制成的花盆。楼道中可以看见他们用不同颜色的瓶盖粘成的"锦绣大地"的环保图，楼梯旁是他们用各种废弃物制作出的精美图画。孩子们用一双双小手和一颗颗智慧的心铸起一道绿色环保的大堤，捍卫资源、捍卫环境、捍卫地球、捍卫我们美好的家园。

古语云：勿以恶小而为之，勿以善小而不为。节能环保是一项利在千秋的伟大工程。构建和谐节约型校园，需要每一位师生及社会各界坚持不懈的努力。相信节能环保有你我共同的参与，明天天会更蓝，水会更清，生活也将更美好！

专家点评

任何新生事物都是一柄"双刃剑"。社会的工业化，既给人类创造了日益丰富的物质财富，也严重污染了人们的生活环境。这所学校组织、发动全校学生以实际行动参与节能环保活动，从自己做起，从点点滴滴的小事做起，既有利于创造优美的生活环境，也有利于培养孩子们的社会责任感，一举两得，值得赞赏。

75. 良好的习惯是一生的财富

北京市西城区阜成门外第一小学家长　胡　彩

习惯,是伴随我们一生最宝贵的财富。

学生时代的学习习惯,工作后的工作生活习惯将伴随我们一生。

我的女儿今年已经四年级了,从牙牙学语,到幼儿园,课外班再到小学,每一年对孩子都是一个学习内容逐步增加和探知世界知识不断宽广的过程。学习的内容越来越多,所需要的时间越来越长,如何养成良好的学习习惯,在最短的时间内最高效率地完成所学知识,从而有更多的课余时间做自己喜欢的事情(运动、看书、画画等)就成为我对女儿最关注的课题。

我经常跟女儿说鲁迅先生的名言:时间就像海绵里的水,只要你愿意挤,总还是有的。在这个世界上只有时间对所有人都是公平的。每天都是 24 小时,又被很多很多的事情分解成了很多片段。如何把每天的时间有效合理安排好,达到效率最大,是最需要养成的习惯。

还有就是在孩子面临学习和玩耍的选择的时候,我经常跟她讲李大钊先生的一句话:学要学得踏实,玩要玩得痛快。这个时候也是教她统筹方法、管理时间技巧的最佳时刻。

记得是女儿三年级的一个周末,我正好陪同她一天。前一天晚上我就对女儿说:"孩子,明天你有什么计划?"孩子告诉我明天有很多件要做的事情,有学习内容,有练习琵琶,有傍晚要去看的音乐会的演出等等。我就问她打算如何安排呢?孩子一时无语。于是我就和女儿一起制定了一天的计划:先让孩子把要做的所有事情写下来,包括每件事情要花费的大约时间等。然后,我们就画个表格,第二天早上从 8 点半开始起,每件事情往里填充,中间还安排了 15 分钟左右的茶歇时间或者她喜欢的阅读等。第二天我们就严格按照这个时间表来进行,结果到了最后发现比原计划提前了两个小时就完成了所有的任务。因为距离晚上演出还有两个小时时间,我们又安排了月坛公园的游玩,对女儿来说这是意外惊喜,女儿很高兴,也特别有成就感。从此之后我就发现女儿书桌墙上多出了很多计划表,我也经常监督和帮助她更好地改进统筹安排方法。孩子在一次一次的惊喜中收获了更多的成就感和更多的自己可以支配的时间,可以做她喜欢的事情了。

我觉得在小学阶段,培养孩子良好的学习习惯,锻炼孩子们自我管理自己的时间,统筹安排学习和课余计划,并且养成做任何事情都能专心专注的好习惯,孩子们会受用一生,也才会真正做到"学得踏实,玩得痛快",孩子们也才能有更加充实和幸福的童年。

我相信,在老师和家长们共同努力下,孩子们一定有更加美好的未来!

专家点评

最大的浪费,不是物质财富的浪费。即使浪费了,也可以通过劳动重新创造出来。最大的浪费是时间的浪费。时间浪费了,无论如何也不能挽回的。从孩子小时候,就注重培养孩子自主管理自己的时间的良好习惯,将有利于孩子的终生。这位家长培养孩子学会用统筹的方法来管理、支配自己的时间,这个培养良好习惯的切入点很好,有利于孩子一生的发展和事业的成就。

76. 儿童良好习惯的培养

北京市西城区阜成门外第一小学家长　毕　征

作为一名家长，我认为家庭教育和学校教育必须要同步进行，孩子才可以健康快乐地成长。

今天我想说的是孩子在小时候的好习惯培养问题。在我的孩子还在上幼儿园时，经常在送孩子上学时听到有些家长抱怨："我们家孩子在家和在幼儿园里简直是两个样子，在家吃饭要我们追着喂，可是在幼儿园吃饭多乖啊，还是老师有办法！""在家几个大人都看不了一个孩子，在幼儿园三个老师能看好二十多个孩子，老师真的是很有办法，很厉害。"……其实不全是这样的，关键是我们家长自己的教育观念在影响着孩子的成长。我自己也为人母，就更加能体会到家庭教育的重要性。我儿子陶陶在2岁以内时，平时都有姥姥在家照看，活动安排得还挺丰富，玩玩具、看图书、逛公园、逛菜场……看着孩子开心、快乐地成长我和老公由衷地高兴，同时也感谢姥姥的辛勤照料。但是随着年龄的增长，我发现孩子身上不知不觉地也出现了一些小问题。

第一件事：

姥姥做自己的事情时，总会拿出玩具让陶陶自己玩，所以玩玩具是陶陶每天必做的功课，于是他每天都会把各种各样的玩具从抽屉、茶几底下，架子上，盒子里搬出来，一件一件地摆弄，然后丢在地板上，再去拿其他的东西……在很短的时间里他就会制造出一大堆的混乱。这时姥姥就会隔着老远遥控指挥："不要再拿了，快捡起来……再乱扔不给你玩啦"。可陶陶还是一个劲地扔，越是说，他就扔得越起劲，还开心地笑着。没办法，每天姥姥都只能等他玩够了，再在后面收拾、整理，那真是件没完没了的事。一天下来，孩子玩得开心，姥姥累得腰酸腿疼。

其实，姥姥的"不要扔、不许扔"这样的命令口气对2岁大的孩子根本无济于事，语言的变化更加深了陶陶扔玩具的兴趣。孩子年龄小，常常会像狗熊掰玉米一样，看见一样新的就丢掉旧的，玩一路，丢一路。当孩子玩好、丢好以后姥姥只是一边抱怨一边帮着把玩具"物归原处",而孩子根本没有意识到玩具不能到处乱扔,制造的"混乱"大人还要收拾、整理。

玩是孩子的天性,在很短的时间里制造出一大堆"混乱",这几乎是每一个有孩子的家庭都会碰到的问题。我们如果站在成人的视角,就会觉得家里被孩子弄得一塌糊涂,而如果我们了解儿童心理发展规律,能静下心来仔细观察孩子制造混乱的整个过程,你就会明白他们正是在这个"制造混乱"的过程中探索周围世界的。他们经常是即兴的、热情的、带着一种创造的情绪,看见什么都想摸一摸、敲一敲、摔一摔……很容易被新的东西所吸引,还会在摆弄玩具的过程中不断产生新的想法。而我们家长,应该去引导孩子,带他一同参与收拾的过程。

第二件事:

我专门为陶陶开辟了一块玩玩具的地方,和他一起把玩具一样一样地翻出来,再一样一样地装进去。把玩具倒得满地都是的时候我就对他说:"看,地上好多的蘑菇啊!""小白兔采蘑菇啦!"看着我在地上一边捡一边说,儿子也开心地和我一起捡起来,嘴里也咿咿呀呀地说:"采蘑菇啦!"地上的"蘑菇"就这样捡好了。再和孩子一起把玩具一件一件地放到柜子里——"玩具送回家啦!"儿子渐渐地也知道玩具玩好要收拾、放好,还会说"收好,明天再玩!"

虽然我知道"混乱"是必然的,是有孩子的家庭的正常风景,但是我还是尽力改变这种现象。不要因为孩子还小就惯着她,不要因为孩子还不懂就一切都由大人包办代替。习惯的培养很重要!两千多年前我们的孔老夫子就有一句名言,叫"少成若天性,习惯如自然"。像幼儿园的区角一样,我专门为孩子开辟一块玩玩具的地方,平时下班回到家或双休日在家,我都会抽时间和他一起玩玩具。让他"要乱就乱一块去"。事实证明,这一方法很有效,他再也不像以前那样走一路,丢一路,这里玩一玩,那里玩一玩,在这一个专门的玩具角有他要玩的所有玩具。作为妈妈,我尽量抽时间陪孩子一起玩,一起收拾。用"采蘑菇"的方法增加了他收拾玩具的乐趣!也达到了收拾整理的目的。他的积木、汽车、套圈……也都有了自己的家。家里再也不像以前那样,到处都丢着儿子的玩具了,也不用姥姥每天都追在屁股后面一路捡一路唠叨。

培养孩子收拾玩具的意义绝不仅仅是让家更舒适、更整洁,其实也正是在收拾玩具的过程中,孩子学会了分类摆放,学会了体谅他人,学会了对自己的行为负责,学会了独立,学会了自我管理……当然,收拾玩具不是件容易的事,不能操之过急,也不要对孩子提过高的要求。我们要以身作则,要循序渐进,要耐心,要鼓励……

所谓猫有猫路,鼠有鼠道,相信我们一定会找到适合自己的方法和契机,培养孩子收拾玩具的良好习惯。

"播下行为的种子,你就会收获习惯;播下习惯的种子,你就会收获性格;播下性格的种子,你就会收获一定的命运。"我国伟大的教育家叶圣陶说:"教育就是培养习惯。"对孩子良好习惯的培养,一直是古往今来家庭和学校教育的一个重要内容。

专家点评

培养孩子收拾玩具这件事虽然很小,但意义重大。"不仅仅是让家更舒适、更整洁,其实也正是在收拾玩具的过程中,让孩子学会了分类摆放,学会了体谅他人,学会了对自己的行为负责,学会了独立,学会了自我管理……"这位家长的体会是很深刻的。在培养教育孩子的过程中,是没有无足轻重的小事的,应该从细微处着眼,小中见大。

77. 事半功倍源于好习惯

北京市西城区阜成门外第一小学家长　孙爱光

曾经，我和大多数儿童家长一样，有个同样的困惑，那就是教育孩子既辛劳又收效甚微。但是，谁都希望自己的孩子在校是个好学生，成绩优秀，在家是个好孩子，懂事听话。很多时候，儿童家庭教育不尽如人意，孩子不愿意学习，怕困难、贪玩，家庭教育也越来越吃力。

现在，我家孩子上五年级，虽算不上优秀，但他还是有些让家长欣慰的好习惯，借此机会，我谈几点建议供大家参考。

一、让孩子牢记好习惯

上学的最初两年，孩子不会学习，丢三落四，不会与同学交往，不知道哪些习惯是好是坏，家长就和他一起梳理出十条日常生活学习必备的好习惯，诸如养成上学期间按时睡觉、按时起床的好习惯；养成自己穿衣、脱衣、衣服、鞋子排放整齐的好习惯；养成上课集中精力听讲，积极回答问题的好习惯等等，打印出来，张贴在墙上，每天都要求孩子背诵几遍。家长也时刻提醒孩子，让孩子记住一些必备好习惯，然后按照好习惯的标准去提醒他，监督他，渐渐地有些好习惯养成了。

早上起床对孩子来说是困难的，针对这种现象，家长和孩子商量要养成克服困难的好习惯。每天早上起床时，家长提醒孩子，克服困难从早上起床开始，让孩子感觉到，早上起床是个困难，我要克服它。渐渐地，孩子起床难的问题得到较好解决，同时也增强了孩子克服困难的意识，锻炼了毅力。

二、定期重新梳理好习惯

过一段时间之后，孩子逐渐养成了一些好的习惯，同时也出现了一些新的毛病，这时家长再和孩子一起重新梳理好习惯，把新的更高要求的好习惯贴上墙，替换下那些已经养成的好习惯，让孩子牢记，时刻提醒，有效监督。就这样周而复始，孩子养成的好习惯逐渐增多。

目前孩子基本养成自己管理时间，主动、自觉、独立完成家庭作业、预习复习等好习惯。家长也轻松了许多，孩子的学习成绩也明显提高，很多时候能够礼貌待人接物。

三、家长也要养成好习惯

家长的身体力行、言传身教对孩子的影响很大，因为孩子效仿能力很强。在日常生活中，尽量不发或少发脾气，多与孩子沟通交流，密切关注孩子的思想动态，及时正确引导和教育，对孩子要耐心、细心。

毋庸置疑，好习惯是我们的宝贵财富，是我们的良师益友，它让我们终身受益。让好习惯从孩童时期养成，伴随孩子成长，成就孩子的美好未来。

专家点评

孩子的良好习惯不是天生的，是后天培养、教育、训练出来的。只要家长能够根据孩子的年龄特征，采取适合孩子年龄特征的方式方法，一定会取得理想的效果。孩子小时候不懂得应有的行为规范，家长和孩子一起共同制定出必须遵守的行为规范，来引导孩子，规范孩子的行为。同时，家长的身体力行、以身作则也是非常重要的。

78. 儿童良好行为习惯的养成

北京市西城区进步小学家长　支　静

2016年9月1日，我的儿子成了一名北京进步小学的一年级小学生。本着对孩子负责的态度，我和孩子的爸爸一直坚持自己管理孩子的生活和学习。因为搬家的原因孩子并没有接受学前班教育，而我也意识到未来我与儿子将面临学习艰巨的挑战，孩子的挑战是角色的转变，是自我管理的体现，而对于我来说则更侧重于与学校配合，根据孩子不同阶段的问题制订教育方案与计划，从而有效促使前者不断进步。

现实正如我所料，新学期伊始，孩子在知识学习、行为习惯方面都出现很多问题，但幸运的是孩子遇到了一位管理严格、经验丰富的班主任老师，她会根据孩子的表现明确指出问题。面对孩子出现的种种问题我有些焦虑，如何运用最适合孩子的方法帮助他解决这些问题是我的当务之急。在向老师了解后，我知道了孩子在学校学习中的问题，并将孩子的不良习惯列入了首要解决的环节，我相信良好的行为习惯的养成最终能够帮助他提升各方面的表现。经过反复的实践与调整，我觉得《周表现记录表》最有效果。记录表纵轴为时间，横轴为具体的行为考核，内容会根据孩子不同阶段的问题而调整。例如寒假结束后孩子没有调整好状态，课堂纪律总是出现问题，特别是体育课经常被老师减分，甚至出现扣10分的现象，而这也使得孩子每天都得不到班级的"小印章"。针对这个问题，我调整横轴的考核内容，增设特殊加分项即得到班级"小印章"并且体育课未减分，这样额外增加体育纪律分10分，以此调动孩子的积极性。记录表整体以积分的形式给予奖罚。每天睡觉前进行这一天行为表现的总结与反思，这个环节尤为重要，好的地方突出表扬、树立信心、持之以恒，但对减分的项目更多的是引导孩子梳理出解决问题的办法，并让孩子自己加强管理，每周进行积分计算与对比。

运用了这样的方法，孩子发生了很明显的变化。首先是意识方面，由被动转化为主动，他会主动计算自己哪些环节最容易被扣分，分析改正的方法，在第二天上课的时候他会时刻提醒自己，并控制住自己。当孩子通过自己的管理达到不再扣分的时候非常开心，这也就尝到了自我管理的甜头。其次是树立信心，项目包含一些孩子较容易完成的内容，通过表扬与加分树立孩子的信心，使孩子也更有意愿去配合家长完成《周表现记录表》，从而达到良性循环。为了让记录表更加生动，经过一段时间后我调整为贴图片的形式，对需要努力或不好的地方给予"蓝色""红色"警告并用便笺纸记录减分的原因，对好的地方给予水果、动物图片予以表彰，每周拍照总结表彰与警告的数量，从而以更生动的形式激励孩子不断进步。

通过上述的方法，孩子在行为习惯方面有了很大的进步。

专家点评

培养孩子的良好习惯，需要说服教育，给孩子讲解养成良好习惯的重大意义和不能养成良好习惯的危害。但说服教育不是万能的。单纯靠说服教育，不可能达到预期的教育效果。因此也需要加强管理。特别是对小孩子，加强管理是养成良好习惯不可或缺的重要环节。管理是给孩子制定行为规范，既是指明、引领孩子方向，实际上对孩子的行为也是一种制约。管理不要让孩子感觉是消极的限制，而是积极的引导；不要让孩子感觉是被动的，而要主动接受管理。

79. 好习惯让人受益终身

北京市西城区进步小学家长　王　歆

家长一般都非常重视孩子的智力开发，我们也不例外。各种作文、书法、舞蹈、英语等培训班都报了。但是在孩子成长过程中，还有一项内容极为重要，那就是从小培养孩子拥有良好的行为习惯。

习惯的养成并不是一朝一夕的事，一旦养成了坏习惯，就会使你受害终身；相反，养成了好的习惯会使你受益终身。养成良好的习惯并不是一件轻而易举的事，因为孩子并不是单纯地受理性支配，还要受自己思维和行为惯性的影响。下面我就谈谈自己培养孩子的行为习惯的做法。

一、自己的事情自己做，做一个独立自主的孩子

让孩子养成自己的事情自己做，家长应该有意识从小就锻炼孩子独立自主的习惯，不要替他做自己力所能及的事情，这样不仅建设了孩子独立思考和系统想事的环境，同时也给了孩子一定的空间和尊严，容易养成孩子有责任感、自主能力、自尊心、自信力和办事能力。例如，从上幼儿园开始，晚上就培养孩子自己一个人在独立的屋子睡觉，上学后孩子屋中与上学有关的课本、书籍和玩具都是自己收拾、自己找。我们不仅给予孩子必要的鼓励，也会给孩子一定的权力。比如衣服和鞋子自己挑、每天有一定的自己支配的时间、看自己喜欢的书籍等等。我们感觉孩子的独立意识与自我责任感增强了很多，特别是形成了有困难自己想办法或与大人商量方法解决，而不是有困难就不做或找大人直接解决的意识。

二、养成爱读书的习惯，做一个能自主学习的孩子

家长要以身作则和陪着孩子一起来激发孩子爱学习、爱读书的兴趣和习惯。家长要言传身教，从自身的行为习惯做起，用行动产生说服力，再根据孩子的不同年龄阶段的特点，通过不同的方法和不同的书籍，培养孩子养成爱读书爱学习的好习惯。例

如，孩子上学前喜欢看动画片，我们就带着孩子找各种插画版、贴画版、电视版的书籍，和孩子一同看、讲，让孩子从不同的方式和手段去了解一个故事，培养孩子有读书的兴趣；上幼儿园时老师出的问题，不上网去百度查找，而是带孩子去图书大厦找各种书籍，找问题找答案，让孩子对读书、学习有一种成就感；上学后，孩子又喜欢看《大唐荣耀》《女医•明妃传》等人物漂亮、衣服华丽的历史偶像剧，而且能把里面的人物关系和故事脉络讲清楚，我们就去找电视剧情节中的正史人物和历史内容给孩子讲，同时用一些穿越概念的书籍引导孩子去关注真实的历史，让孩子形成有兴趣学习的习惯。

爱读书的习惯对孩子一生都会有影响，会培养孩子有一种强烈的自主学习愿望，我们觉得读书习惯的养成比知识储备更为重要。但同时要注意一并培养孩子做事要有节制，不仅通过讲清道理，必要时要强制孩子执行。

三、培养孩子尊敬师长，团结同学，做一个高素质的孩子

讲文明、有礼貌、尊敬师长，让孩子和同学、朋友以及周边形成一个良好的、体现中华美德的环境，是体现孩子自身素质的基本条件，我们觉得这都是在日常生活中，从文明语言的习惯、集体意识的习惯等一点一滴的小事来培养出来的。

培养孩子学会说话和气、举止文雅、活泼大方、形成待人诚恳、落落大方的良好习惯。孩子最早接受的教育是对生活环境中接触最多的人的模仿。父母如何待人、如何做事、如何学习等行为对孩子来说，就是一本生动教材，所以父母具有良好习惯是培养孩子养成良好习惯的重要前提。父母的日常行为习惯是教育子女最好的典范。做父母的在日常行为中要处处小心谨慎，处处以自己的模范行为来影响孩子，感染孩子。

培养孩子尊敬师长，父母首先要尊重老人，使孩子生活在一个尊敬他人的环境里。家长要告诉孩子，老师是他们最可亲最可敬的朋友；对老师要有礼貌，见了老师要行礼问好；要树立老师的威信，培养孩子应该自觉接受老师的教育和管理；家长要与老师有沟通，力争做到家庭教育与学校教育的一致性。

对孩子来说，如何与伙伴相处是他们亟须学习的一门学问。家长要有意识地引导孩子与同伴交往，提醒孩子与周围伙伴友好相处，要让孩子有集体荣誉感，鼓励孩子帮助别人，或为集体做事情。尽管有时，孩子所做的"帮忙"可能在成人眼中有些可笑，但切忌打击孩子的热情；家长应因势利导，支持孩子主动帮助他人，积极参与学

校的各项活动，这样才会使孩子在潜移默化中产生集体意识，学会遇事考虑他人的感受，不能仅仅以自己为中心。

总之，习惯贯穿于生活的方方面面。一个人，生活、卫生习惯好，就有益于身体健康成长；文明礼貌习惯好，品德就优良，学习习惯好，定能取得好的学业成绩。习惯的培养不是一日之功，需要我们的耐心和毅力，还要有小小的智慧。希望我们共同努力，让我们的孩子从现在开始就养成良好的行为习惯，使其受益终身。

专家点评

这位家长重点培养孩子的三个良好习惯，都是非常重要的，有利于孩子一生的可持续发展。一是"自己的事情自己做，做一个独立自主的孩子"。这样的孩子独立生活能力强，自信、自尊、自强。二是"养成爱读书的习惯，做一个能自主学习的孩子"。这样的孩子学习主动性强，自我发展能力强。三是"培养孩子尊敬师长，团结同学，做一个高素质的孩子"。这样的孩子容易被社会所接纳，能够顺利融入社会。

80.
没有规矩，不成方圆

北京市西城区进步小学家长　王　华

每一位父母都是爱孩子的，尤其是我们这一代80后的爸爸和妈妈们。我们80后大部分是独生子女，给孩子的不仅仅是父母的爱，还有四位老人的爱，或者更多的是老人们的溺爱。如何让宝贝在这么多爱中健康成长，养成良好的习惯，是一个不小的挑战。

如何让孩子养成良好的习惯，是每一位家长都要思考的问题。

作为一名8岁小学生的妈妈，在此谈一些浅薄的经验，或者讲得高大上一些，表述一些我的小小策略，供大家分享，探讨。

直入正题，我的策略基本如下：

1. 首先必须明确表示，爸爸妈妈都很爱宝贝，但是制度和规则是必须遵守的。
2. 接着制定简练、清晰的制度条款，并得到家庭成员的统一认可。
3. 更重要的是严格督促宝贝按制度行事，并进行清晰的等级评判。
4. 最后明确奖罚制度，并按上条的评判结果执行。

说起来比较简单，但做起来就需要细致入微的规划，并在执行中不断地修正、优化。下面就举一个小小的例子吧。

如何让孩子养成独立整理个人物品的习惯。

相信每一位母亲都曾经或者正在面对孩子每天散落在家里各个角落的玩具、学具、零食、书籍、衣物等各色物品，收纳整理是家务劳动的第一项，也是孩子自我管理的第一项内容。为了能让自己偷个懒，孩子的整理个人物品的习惯必须培养好。

第一步，必须强调自己的东西必须自己整理。

第二步，制定制度和规则，那就是明确分类，比如物品分为学具、书籍、玩具三项，明确各类物品放置的位置，在放置的位置贴好纸条，写上相应的物品类目。一般情况下，孩子对新制度的制定和执行都抱有很大的热情，要最大限度地让他们参与到这一过程中，可以增大以后习惯养成的概率。初步执行过程中，相信都不会太顺利，一方面开始的分类可能不清晰，也可能放置物品的位置空间大小不适合，等等。应当多观察孩子在收纳中出现的问题，及时沟通，共同优化，保证孩子有持续的积极性。等习惯养成，就会成为一种自觉行为。

第三步，严格督促宝贝按制度行事，并进行清晰的等级评判。最好手绘一个表格，按照周一至周日，每天进行等级评判。A级是收纳完好，B级是3个以内物品未整理，C级是5个物品未整理，D级是5个以上物品未整理。如果孩子亲自动手来绘制这个表格就更好了。

最后，是按评判等级执行奖惩。怎样制定奖励和惩罚就要结合孩子的性格和喜好了。对孩子的惩罚最好不要太严厉，以免产生过激的效果。最好有一个简单的形式，既让孩子认识到错误，也不要让孩子形成太大的压力。比如安排一个专门的思过小凳，安静地面壁思过2分钟，或者一天不允许看最喜欢看的书等等。奖励方式建议也不要太随意。任孩子去挑选奖励，我认为是浪费了引导孩子更多兴趣点的机会。建议可以奖励看一部优秀的动画片，一起读一本期待已久的好书，一起创作一幅新画作，一起欣赏一曲好的音乐，奖励的方式也是促进兴趣养成的机会。

在上面的举例中，我用到了分类图签和表格两种工具，在一些更具有流程性的习惯培养中，还可以附加流程图。比如现在孩子除了学校的作业外，还有一些自己兴趣班的作业，孩子都贪玩，不是忘记这项就丢了那项，这时候流程图就可以出场啦。最重要的、必须完成的列在前面，其他依重要程度及缓急程度依次排列。例如，回家后的任务是：

刷牙、洗脸 ⟶ 换衣服 ⟶ 喝水 ⟶ 学校作业 ⟶ 吹号 ⟶ 舞蹈

并要求每做完一项都要在下面打对钩。

以上仅是个人作为一个家长的小小经验，欢迎各位老师和家长共同探讨。

专家点评

这位家长所总结的是管理孩子的经验。管理对小孩子来说是非常重要的，也是十分必要的。常言说，没有规矩不成方圆。小孩子缺乏生活经验，不大懂得生活的规则，除了给孩子讲道理，还必须要对孩子做一些实地训练。实践证明，明确"制度和规则是必须遵守的"，"制定简练清晰的制度条款"，"严格督促按制度行事"，"明确奖罚制度"等四条措施是行之有效的。

81. 与孩子共同成长

北京市西城区进步小学家长　杨　华

习惯的养成是行为积累的结果，孩子从某种行为中获得了成功感，自然就会重复这种行为，从而变成他的习惯。习惯决定人的性格，良好行为习惯的培养要从小开始，作为家长，我们要适时地给孩子提供机会，持之以恒，逐步引导。

一、培养孩子的习惯应该遵循五个原则

1. 家长的培养和陪伴。孩子好的学习习惯养成，需要家长的陪伴、监督和以身作则。孩子是家长的一面镜子，想要孩子变成什么样，首先家长要自己做到。因此培养孩子的过程，也是家长提升自身修养、不断成长的过程。

2. 耐心的引导。孩子好的学习习惯养成，是需要慢慢积累的一个长期过程，不能急功近利，揠苗助长。给孩子一个成长的空间，期待她每天一点点地成长，静待花开，家长和老师都要有一个良好的心态，要对孩子有信心，多一些包容。

3. 及时的称赞。发现孩子良好的表现无论事情大小，要给予及时的称赞与肯定，强化孩子的这种行为。

4. 家长的示范作用。家长要以身作则，因为细微的事情孩子也会看在眼里，所以要时刻提醒自己起到好的示范作用。

5. 坚决的态度。在孩子面前家长要有主见，做事要坚决，不然会影响孩子，使孩子没有主见。

二、如何培养孩子良好的自理习惯

1. 引导孩子形成自理的意识，扭转孩子的依赖心态。从上小学开始就慢慢学会自己管理好自己，在生活中，家长应有意识地安排孩子完成自己力所能及的事。比如要求孩子每天坚持自己穿衣、整理学习用品等，这样天长日久孩子的自理意识就会不断加强，自理习惯也会在自理能力的提高中逐步形成。

2. 培养孩子的时间观念。好的习惯与较强的时间观念是分不开的，必须培养孩子的时间观念，提高孩子的自我约束能力。家长要帮助孩子制定一个家庭作息时间表，督促孩子按时起床、按时睡觉、按时到校上课、按时完成家庭作业，使孩子逐步学会在时间的制约下调整自己的行为。

3. 帮助孩子掌握家庭学习的几个环节。孩子回家后的学习是学校教育的延伸和补充，但是最初，孩子并不知道在家如何学习，这就需要家长的精心培养。家长要帮助孩子掌握学习的四个环节，即复习、作业、检查、预习，在孩子熟悉并掌握了复习、作业、检查、预习的方法后，不仅会促进孩子在课堂上的学习积极性，而且会对孩子未来的学习产生深远的影响。

4. 给孩子树立好的榜样。要培养孩子的自理习惯，家长本身的表率作用很重要。所以，家长平时要注意以好的言行影响孩子，为孩子创造一个井然有序的家庭生活环境。

有一个公式：早期教育花 1 公斤的气力 = 后期教育花 1 吨的气力。说明早期教育的重要性。曾有记者问一位获诺贝尔奖的科学家："请问您在哪所大学学到您认为最重要的东西？"这位科学家平静地说："在幼儿园。""在幼儿园学到了什么？""学到了把自己的东西分一半给伙伴，不是自己的东西不拿，东西要放整齐，做错事要道歉，仔细观察事物。"这位科学家出人意料的回答，直接说明了儿时养成的良好习惯对人一生具有决定性的意义。

学龄儿童，学校和家庭应紧密联系，家校配合，把培养孩子好习惯作为一项长期、统一的工作，无缝衔接。

专家点评

这位家长所总结的培养孩子良好习惯必须遵循的原则：一是"家长的培养和陪伴"，既是教育，也是监督；二是"耐心的引导"，不能急功近利，拔苗助长；三是"及时的称赞"，就是肯定进步，起到强化作用；四是"家长的示范"，日常生活中家长要严于律己；五是"家长坚决的态度"，不能优柔寡断。这五项原则是家长在家庭教育实践中提炼出来的，很有推广价值。

82.
父母是孩子第一任老师

北京市西城区进步小学家长　赵毓成

大家好，我是赵鹏博的家长，今天我们试着谈谈孩子的思维能力吧，因为思维决定行为，行为决定习惯，习惯决定命运。说实在的，看了很多书，接触了很多孩子，也看过同事、邻居和朋友的孩子，深刻感受到培养孩子的思维能力，对开拓孩子的视野，提升孩子的智慧以及创新能力极为重要，但我们最终要培养孩子的良好习惯，习惯决定命运嘛！那么怎么培养孩子的良好习惯呢？下面就跟大家分享一下，我的家庭是怎样教育孩子的，谈不上成功经验，就是一部不断战斗的历史！

我简单地从我的家庭着手分析下，我是一个7岁孩子的爸爸，一家国企设计院的设计人，孩子妈妈是一家建材销售公司的普通销售人员。家庭很普通，但和每一位家长一样望子成龙，望女成凤。都说一岁看三岁，三岁看七岁，七岁定终身，可见教育好孩子，是每一位家长最重要、最关心的事。

首先要从一个良好的习惯开始锻炼。在这里首先要感谢的是我的妈妈，孩子从五个月大，白天就一直是奶奶一个人带的。爷爷在孩子三岁时就去世了，之后孩子就一直由奶奶带。白天上班我们都在外，孩子一白天都是和奶奶在一起，晚上是我们自己带他。因为家里房子很小，加上他比较恋妈妈，所以跟我们一起睡到六岁。后来因为家庭的客观的条件，我们在孩子面前有意无意地提到，现在的房子这么小，是因为爸爸妈妈小时候没有听爷爷奶奶的话，没有好好读书，现在找不到好的工作，所以我们现在才买不起大的房子。孩子虽然很小，在我们时常念叨这些话的时候，在他成长的过程中似懂非懂地知道了很多，也会联想以后自己想要有怎样的生活、什么职业适合自己等等。人生只要有梦想，有规划，做任何事情都很有激情。

2016年9月1日是孩子最开心的日子，他上小学了。经过了三年幼儿园的生活，他已经知道了这是人生道路上必经之路。怎样合理地安排自己的时间以适应学习生活？孩子做事情虽然慢也能在大人的督促下进行，自己的事情自己做，比如整理书包，带饭盒、水杯，上体育课要穿球鞋等等。在我们大人看来这些都是微不足道的小事，相比较同龄孩子虽然进步不算太快，但对他来说，已经很不容易了。慢慢地，孩子也能做得井井有条，我感到很欣慰，适当地表扬和鼓励，他觉得很有成就感，从而产生更大的兴趣。

儿子从小就很调皮，有一点多动，很小在幼儿园里就很出名，但他的读书执着以及读书能力也是很出名的。他比较喜欢文学类、动物世界和科技类的书籍。他很喜欢阅读，因为从两岁开始奶奶让他背诵《三字经》，认字比较早，所以阅读兴趣很大。四岁的时候一般的字就都认识了，可以自己独立阅读，稍后我们在睡前给孩子讲故事，他非要看着才放心，也可以让他认识更多的字。阅读习惯就这样慢慢地培养出来了。

周末和节假日在家，他也学着做一些家务，在母亲节以及每周六日，还给妈妈洗脚。此外我们也带他出去遛弯，吃好晚饭我们一般都会带他出去散步的，这个时候是跟他交流的最好时机。看见的事和物可以直接跟他分析对和错，是和非。做任何事情都要认真地对待，不管是大事还是小事，面对困难时，不轻言放弃，生活不可能是一帆风顺的，遇到挫折和困难要坚强地面对。做人不能太骄傲，要学会谦虚，要尊老爱幼，以礼待人，不懂的要多问多学……慢慢地孩子很享受这种饭后散步的习惯。

最近我在国外援建做现场设计，教育步伐往往有点跟不上，后来我就同孩子每天视频通话，间接起到一个监督和鼓励的作用。

好习惯让孩子具备成功者的素质，好习惯使孩子受益终身。好习惯的养成是个日积月累的过程。孩子每一点的进步，除了老师辛勤培育之外，家长的努力和付出也是至关重要的。父母是孩子的第一任老师，一定要做好榜样，以身作则，言传身教。我和孩子妈妈尽量以身作则，说到做到，这也让孩子学习到了很多。

孩子正在约束自己的道路上前进，也在不断地努力……

专家点评

这位家长面对孩子很坦诚，勇于反省自己，用活生生的家庭生活现实，引导孩子直面人生，从小立志要好好读书学习，这比空头说教的效果要好得多。家长不回避现实，我很赞赏。培养孩子生活自理的习惯，从小事做起，循序渐进；在日常生活中，随时随地引导孩子学会分辨是非善恶、做事要认真、不怕困难、勇敢面对挫折、谦虚谨慎、尊老爱幼、以礼待人等优良品质，都是值得称赞的。

83.
养成良好习惯　培育开朗性格

北京市西城区进步小学家长　孔　圆

家庭教育所做的工程，是造"人"的奠基工程，这项工程对于孩子一生的发展都有重要意义。父母要做好这项工程，并不一定要具有很高的文化程度，而一定要具有如下四项素质：健康善良的心理、积极向上的生活态度、充满热情的爱子之心和强烈的家庭教育观念。现在的孩子大多数是独生子女，出生后接触最多的就是自己的父母，因而在其成长发展中，父母的点点滴滴行为潜移默化地影响着孩子，因此在我们小家庭中的教育观念是：做榜样父母，帮助孩子养成良好的生活学习习惯，培养孩子积极开朗的性格。

孩子的生活由一点一滴的小事组成，那就从点滴小事做起，简单的事情重复做，重复的事情认真做。作为一名医生，我每天的工作生活状态规律有序，孩子也跟着我们家长的作息时间，养成了早睡早起的习惯。儿子每天早上 7:00 前起床，晚上 9:30 前睡觉，保证了充足的睡眠，不仅有好的精神状态迎接第二天的学习，也是他身体健康的关键。从小孩子就养成了良好的卫生习惯，饭前便后洗手，勤洗澡，勤换衣，不乱扔垃圾。现在为让孩子养成有计划花钱的习惯，儿子每周可得零花钱 10 元，但必须在专用记账本上记录收支情况，比如每次花钱必须记录清楚用途、金额、结余额。再就是，让孩子逐步养成良好的劳动习惯，自己的事情自己做，并干一些力所能及的事情，家里的垃圾满了，不需要提醒便会主动去倒垃圾。上了一年级之后开始洗自己的袜子，一开始洗得很认真干净，后来有段时间孩子洗袜子的积极性下降了，不愿意洗，也洗不干净。我和孩子的父亲没有用说教和批评的方式解决这个问题，而是在孩子洗袜子的时候夸赞他是勤快懂事的孩子，并且夸赞他洗得干净，孩子受到鼓励自然积极表现了。晚上睡前我们家长会和孩子聊聊天，讲讲我们那个年代以及孩子爷爷奶奶那一辈的一些辛劳、奋斗日子里发生的故事。用心沟通，孩子是可以感受到的，他知道现在的生活好但不能忘了吃苦耐劳、踏实认真的精神，因为他知道他的爷爷奶奶、爸爸妈妈就是这样走过来的。

孩子的学习习惯也是在日常生活中逐步养成的。我作为一名医生,不仅在临床工作,也要花时间做科研工作,因此下班回家,我每每都和孩子一起在"做作业"。孩子是真的在做作业,而我需要看各类文献资料。我也有烦躁的时候,但是看看孩子在一旁一笔一画认真学习,我也会继续投入自己的工作。我相信,孩子写作业的时候也会有走神的时候,但是我在他旁边认真工作的样子定会影响他,他也会再次投入到自己的课程作业中去。我始终认为学习成绩是一时的,而良好的学习习惯是终身的,保持好奇心探索未知的心是重要的,因此,我和孩子的父亲支持孩子上网查找资料,得到他想了解的学习内容。孩子的父亲由于工作会经常出差,每次回来后都会给孩子讲讲他在其他省份甚至其他国家的所见所闻。孩子对未知是充满好奇的,他会主动上网查找了解这些从父亲口中得到的信息。在这个过程中,他也收获了很多其他的知识内容。

培养孩子开朗热情的性格是我们作为家长格外重视的事情,而我们的方式就是让孩子与各年龄段的人多接触。鼓励支持孩子参加学校举办的各类集体活动,邀请孩子的同学来家里玩等都可以促进他与同龄人多接触沟通。与此同时,多带孩子参加大人的聚会,让他们接触不同年龄、职业和性格的人,大胆交流沟通,培养孩子广泛的兴趣。只做有限的事情总会让孩子感到厌倦,孩子又喜欢读书,又喜欢运动,还爱好艺术,激发他的兴奋点很多,这也有助于孩子变得开朗。

总之,成长进步是循序渐进的过程,要求孩子的同时,作为家长要做好自己的事情,树立良好的形象,与孩子一起进步。

专家点评

家长的职业决定自身的生活方式和生活习惯。家长的职业也是影响孩子教育过程和效果的一个重要因素。家长的生活工作规律有序,孩子的生活秩序也会有规律。家长讲究卫生,孩子也会养成讲究卫生的良好习惯。作为一名医生,每天白天要在医院做临床工作,回到家,每天晚上也还要做科研工作。家长对工作的认真态度,对事业的兢兢业业,直接影响孩子对学习的态度。家长还注意孩子的心理健康,通过鼓励孩子参加各种集体活动、社交活动,培养孩子开朗的性格。

84. 从小培养孩子的良好品格和习惯

北京市西城区阜成门外第一小学家长　苗会娜

上幼儿园时，随着孩子的渐渐长大，逐渐发现他有一些不好的习惯，如玩拼插玩具时，拼到一半就丢到一边不再拼了，看儿童读物没看几页就又玩别的去了……当时觉得他还小，就没太在意。长大一些后，他又去学画画和轮滑，但都没坚持下来。这时我们感到长此下去，会让孩子养成做事虎头蛇尾的不良习惯，将来对他性格的养成很不利。为此，我们有意识地找相关书籍进行学习。通过学习我们认识到，孩子有一个良好的品格和习惯不仅影响着孩子的现在，更决定着孩子的未来，它比所谓的财富、知识以及其他都重要。培养孩子的优良品格和习惯要从儿童时期就做起。做事能够坚持不懈，就是一个人重要的优良品格和习惯，古语说得好："锲而舍之，朽木不折；锲而不舍，金石可镂"。

我们决定找一个合适的时机扳一扳他半途而废的毛病。孩子5岁那年，一个偶然的机会带他去听钢琴演奏会，那优美的琴声，使他深深地被吸引了。回到家后，他提出想学钢琴，我们觉得这是一个好机会，就很严肃地告诉他，既然你对弹琴有兴趣，家长肯定支持，但必须承诺要坚持下去，不能半途而废，他想都没想就答应了。我们开始给他请老师、购钢琴，开始了学习。在学习过程中因为练基本功非常枯燥，不像他想象的那样有意思，他又不想学了，这次我们没有由着他。每次他提出不想学时我们就说：这是你自己的选择，并且承诺过要坚持到底的，所以不许放弃。为了督促他，我们每天给他规定学琴和练琴的时间，不完成就不能干别的事情。他妈妈以前不爱运动，为了给他做一个榜样，他妈妈和他约定好，"你每天练琴，我每天坚持跑步"，两人约定后除非特殊天气原因妈妈从没间断过。经过严格的督促和榜样的带动，他练琴坚持了下来，后来参加中国音乐学院主办的全国钢琴比赛时获得了幼儿组的金奖。获奖后我们都非常高兴，给他买了他喜欢的滑板车作为奖励，他也体会到了坚持不懈给他带来的快乐。有了这个良好习惯，上小学后，无论是学习功课，还是在校民乐团学习竹笛，遇到困难都没有放弃。现在他在班里担任中队长、被校民乐团选拔进了演出团，这些可以说都是因为从小培养了一个坚持不懈的良好习惯才取得的成绩。

通过这件事，我们对如何培养孩子坚持不懈的良好习惯有以下几点体会：

一是最好从孩子感兴趣的事情入手。这次从他学钢琴这件事入手，起因就是他自己喜欢，也愿意学，并从中得到了快乐。因为孩子有兴趣，才会把坚持的事情当作自己应该做的事情，才会肯为之努力坚持。

二是要循序渐进，由简到难。刚开始学钢琴时从最简单的开始学，让他很快就能弹一些小曲子，不会觉得学琴很难，避免产生畏难情绪。练琴时间也从每次10分钟、20分钟，逐步增加到半小时、一个小时。给孩子太多太难的任务，会使孩子望而生畏，以致对抗或放弃。

三是家长要坚持"狠心"。当孩子要打退堂鼓的时候，一定要旗帜鲜明地指出他的问题；当孩子提出无理要求的时候，家长一定要狠心拒绝，不完成当天的任务，其他任何事情都不许做。虽然孩子会抱怨，但如果家长很坚定，他的抱怨会日渐减少，练习的乐趣反而会与日俱增。家长这种"狠心"也要长期坚持，所以说培养孩子坚持不懈的良好习惯其实也是对家长的一种考验。家长对孩子提要求时，语气要坚定，但切忌总是在孩子身边不停地唠叨，甚至训斥孩子，因为培养孩子的坚持性本身就是个需要耐心的过程，要想孩子收获最后的成功，家长需要持续地播撒"坚持不懈"的种子。

四是要及时对孩子进行鼓励。针对孩子点点滴滴的进步，家长要及时进行鼓励。比如他刚会弹一首简单的小曲子的时候，我们就邀请亲戚朋友一起听他演奏，并给予他热烈的掌声和各种赞美之词，让他感觉很骄傲。他取得一些成绩时就会给他买一些他之前想要的玩具作为奖品，从而提升他学琴的兴趣。

五是发挥家长榜样力量。如果家长懒懒散散，生活懈怠，做事没有信心，经常半途而废，是难以培养孩子的意志品质的。父母以身作则、树立榜样，是责无旁贷的天职。每当孩子想打退堂鼓时，我们就会拿妈妈几年如一日坚持长跑的事教育他，让他向妈妈学习，并和妈妈比赛看谁能够坚持下去。

专家点评

小孩子做事好虎头蛇尾、半途而废，是注意力不稳定的表现，这是由孩子的年龄特征所决定的。随着孩子年龄的增长，要引导孩子逐步克服这种不良的习惯。培养孩子做事坚持不懈、有始有终的好习惯，从孩子感兴趣的事情入手、由简到繁循序渐进、坚持"狠心"不退让、及时鼓励、家长以身作则树立榜样，家长这几个体会是很深刻的。

85. 家长是孩子行为习惯的榜样

北京市西城区阜成门外第一小学家长　俞 蓓

著名的教育家叶圣陶曾经说过:"什么是教育?简单一句话,就是养成良好的习惯。"他认为教育的目的就是培养习惯。习惯对于孩子的生活、学习以及事业上的成功都是至关重要的。

当今信息时代的儿童通过网络、电视、书籍等途径,接收到各个方面的各种各样的信息,这些信息都会对儿童的行为习惯产生影响,然而都不及与之朝夕相处的家长的行为习惯对儿童产生的影响巨大。

案例背景:

于皓秋四岁时,刚刚上幼儿园不久,他的姥姥在游泳时不小心摔了一跤,把膝盖磕肿了,站立、走路都很不方便。

案例介绍:

于皓秋在每天放学回家,见到姥姥的第一句话就是:"您今天感觉怎么样?好一些了吗?"而且最让人感动的就是,姥姥一要活动,去厨房或者上厕所,他就推着一把椅子,像一个小尾巴紧跟在姥姥屁股后面。问他为什么这样做?他的回答出乎大人的意料。"姥姥膝盖摔了,站不稳,走不好。我怕她摔跤又摔伤自己,我推着椅子紧跟着她,万一她站立不稳要摔跤时,她可以坐到椅子上就安全了。"

案例分析:

在这件事情中,首先于皓秋对于自己在家庭中的定位是,自己也是家庭平等的一员,自己对于家庭这个集体而言,也要平等地承担责任,而不是一个局外人。在家庭这个集体中,人人都要互相关心,他也要力所能及地帮助别人。

在和孩子相处、互动的过程中,首先要处理好和孩子的平等关系。不想让孩子成为饭来张口、衣来伸手的小皇帝，首先家长自己就不要把孩子当成小皇帝。要让孩子意识到自己也是事情的责任者，和大人是平等的。其实在和孩子相处的生活中有很多细节，可以很好地培养孩子的责任心。

在于皓秋小的时候有一个细节我们都很注意，就是和他说话的时候，我总是蹲下来，让自己的视线和他的视线在同一个水平线上，让他感觉到家长不是高高在上的，是和自己平等的。在他想要某个玩具或者想养某个宠物时，不是简单粗暴地回答"不行！"，而是详细地告诉他这个玩具是不是重复的；如果买了，要爱护玩具，每次不玩了要收拾好，不能乱扔；养宠物自己要照顾宠物，喂水、喂食，打扫卫生等事情家长可以帮忙，但自己必须要做的。把事情和孩子说清楚，其实家长在日常的这样做也就是培养孩子的责任心，长此以往，孩子在家庭、学校等集体中使命感和责任心就会培养起来。

在和孩子相处的点滴事情的处理中，家长的行为习惯，会潜移默化地影响着孩子。家长是孩子的榜样，也就是古人说的"有样学样"。

孩子的成长是一个不断学习的过程。孩子的语言、动作、行为习惯会在无意识的情况下向自己周围的成年人学习。"孟母三迁"讲的就是这个道理。所以作为孩子的家长，要时刻注意自己的行为习惯。这是一个教育孩子的过程，也是自身修养提高的过程。家庭成员之间的相互关心，相互爱护，给孩子做出了很好的示范。在孩子的内心会形成潜意识的语言、行为习惯，比任何的说教更加有效。

案例启示：

家庭是孩子行为习惯的形成的环境，家长是孩子行为习惯的榜样。家长在孩子的家庭教育中至关重要，孩子会受益于家长良好的行为习惯。

专家点评

孩子的姥姥摔伤了腿，孩子关心、体贴姥姥，放学后问寒问暖，姥姥下地活动，孩子就推着一把椅子跟在姥姥后边。这表明孩子心里有别人，具有朴素的家庭责任感。从孩子的行动看，一是说明孩子心地善良，二是一定是受到家长的影响，孩子的父母一定是对姥姥无微不至地关心爱戴。孩子具有良好的习惯，跟家长平等对待孩子也有关系。在这种家庭氛围中，孩子自然而然地会学着当然的样子养成家庭使命感和责任心。

86. 如何引导孩子自觉高效利用家长下班前的时间？

北京市西城区西师附小家长　向　敏

"每瞬间，你看到孩子，也就看到了自己，你教育孩子，也是在教育自己，并检验自己的人格。"

——伟大教育家苏霍姆林斯基

转眼，孩子已经上学半学期了。从9月份顺利入学到现在，每个小豆包差不多都初步适应了在小学整整8小时的学习生活。但是，家长呢，我心里嘀咕着，应该不是每个人都适应了吧？

尤其是我，总觉得还没有完全适应这个新阶段，还没完全适应小学生家长这个新角色。刚开学的时候，我每天盼星星盼月亮似的盼望着班级群的动静，把老师发的每个视频、照片放大细看，研究孩子的教室、操场、座次、诵读、听讲、运动、跳舞、吃饭等无数细节，恨不得自己替她走过每个地方、经历每个时刻。虽然累，心里还是满心欢喜的。可现在呢，这种欣喜已经出现了很大的反转，每天下班那会儿我感觉自己是即将奔赴前线的斗士。到家了我带着孩子做作业、准备第二天上学要用的材料。事情并不多，但孩子比较磨蹭，你让她朗读英语，她读着读着就把英语书当成连环画书看下去了，把朗读的事情忘光了。你要她去刷牙，她在去卫生间的途中看到了自己的小娃娃，又停留下来玩去了。就这样，时间都被"挥霍"了，有天到睡觉时都快十点了。睡觉时间一拖再拖，早上就有点叫不起来，真是忙得鸡飞狗跳啊。偏偏屋漏偏逢连夜雨，紧张之余在班级群里还被老师@了几回。受这种忙乱气氛的影响，全家人一个个都好像自带小火药罐，不点都马上要自燃了，家里俨然已经变成了战场。

学校在第一次入学交流时就跟我们提过"家校共育"，当时没有太放在心上，也没真正理解这其中的含义。加上我们这批家长上学那会儿，父母基本不管我们的学习，最后大家都还成绩不错，这种意识导致了我对整个事情的根本态度不对。目前一年级课后的事情并不是很多，如何让孩子将我下班前的近三个小时利用起来，而且充分高效地利用好是问题的关键。

让一个六岁多的孩子独立地利用好两三个小时，需要孩子有很强的自控力。根据专家的建议，自控不是不做什么，而是可以怎样做。那我应该清楚地告诉孩子要做什么事情。家长会前后，班主任开始通过记事本这种方式来让孩子记录课后的注意事项。首先是分科目，然后每个事项后面都留了一个括号，完成后可以打钩。看到这个小本我真的是很感慨老师的智慧与经验，小孩的天性毕竟是玩，而且又太小了，不会自己主动想起来今天要做些什么。有了小本本就不一样了，在我回家前她可以对照小本本先自己准备准备。受这个启发，我设计出一个大的计划任务表格，把希望孩子做的事情都列出来，完成了就可以打钩。

开始两天，我的计划任务表的效果还不错。第三天，我一回家，豆豆就哭着鼻子过来了："妈妈，我的事情没有完成。"我先是告诉自己不要发脾气，然后宽慰她："宝贝，不要哭，你知道为什么没完成吗？""我在练古筝的时候，看到贴画了，就去玩那个贴画了。"我心想，毕竟孩子知道应该完成的事情没完成并不好，内心还是比较自觉的。她平时就是有点磨蹭的，每次在家吃饭洗漱都要在旁边催促："快点吃，不然来不及了""快点洗脸，上床时间晚了就不给你读故事了"。有时候催得不耐烦了，干脆不理你了。现在两三个小时，我没在旁盯着，注意力自然很容易分散了。怎么办呢？我心生一计，在每个事情后面加上完成所需时间。这样，她就能明确知道自己应该多久完成这个事情，会更加注重效率，也更容易有成就感。

改良后的新计划任务表实行了一段时间，加上孩子也慢慢适应了新的节奏，我下班前的这段时间她基本能比较有效率地利用起来了。等我回家之后，再花些时间检查下每个任务的完成情况，然后就可以母慈子孝地读故事了，家里人笑容渐渐多起来了。

好计划制定了难以落实也是没用的，还必须保证能长期有效地执行下去。孩子的积极性和热情需要激发起来。为了让孩子慢慢地把这些好习惯更稳定地坚持下来，根据专家讲的如何有效地鼓励的三段论，我考虑适当引进奖励机制，又制定了奖励表和奖励规则。每天哪些任务完成得好就可以得到一个小奖贴，当小奖贴攒到50个可以奖励一个零食，攒到100个可以外出吃饭，攒到200个可以申请一个礼物，攒到1000个就可以全家旅游一次等等。

孩子对于小奖贴的积攒还是很在意的，并已经通过自己的努力获得了第一份小礼物——电话手表。目前，正在憧憬筹划暑假出游的计划。当然，我也一再跟她强调奖励并不是目的。那天，她跟我说："妈妈，我们学校教了我们一句话'一寸光阴一寸金，寸金难买寸光阴'，我都知道你给我做的表是什么意思了。最近，我在学校得到的表扬也越来越多了。你看我棒不棒？"刹那之间，我真有点酸鼻子了，小豆包还真是一天天长大起来了。

目前来看，我们在充分而高效利用妈妈下班前的时间上走出了关键的第一步。但是，这只是一个起点，未来的路还很远。所谓万丈高楼平地起，只有从小培养成良好的学习生活习惯以及优良的品格，长大了才可能成长为参天大树！在陪伴孩子成长的道路上，希望我们家长和孩子共同进步、一起成长！

专家点评

如何引导孩子自觉高效利用家长下班前的时间？就是说，孩子放学了，家长还没有下班，这段时间完全是由孩子自主支配。如何让孩子科学地安排、高效地利用这段属于"失控"的时间，是很多家长关心的问题。小孩子缺乏自我控制的能力，必须逐步培养这种能力。帮助孩子利用记事本，把自主支配的时间做个规划，逐一完成，用这种方式加以引导，并及时给予鼓励，会收到立竿见影的效果。

87. 教孩子做一个独立自律、正直博爱的人

北京市西城外国语学校附属小学家长　徐晓鹏

十年前的秋日，我的小家庭迎来了一位重要的新成员，那就是我的爱女耿嘉琦。她的降临给我们的小家庭带来了无限的生机和欢乐，我们给她取乳名叫"开心"，希望她能人如其名，无忧无虑、开心快乐地成长，也希望她能给周围的人带来开心和快乐。

从为人子女到为人父母的角色转换中，我们深知作为父母的责任。没有哪个父母是不希望自己的孩子幸福快乐的，我们也同样希望女儿能够生活得轻松快乐。然而，我们深深知道"教育"这两个字的分量。娇惯宠溺不是爱，只有把孩子培养成一个勤学自律、自强独立的人，她将来才能够活得轻松、快乐、自由；只有把孩子培养成一个善良正直、包容博爱的人，她的人生才能够一直洒满阳光。所以在孩子的教育上，我们也一直小心地遵循着这两条原则，注重孩子的习惯养成和品德培养。

从孩子懂事起，我们便给她灌输一个思想："凡事靠自己，不要依赖别人"，只有学会自我管束，勤奋自立，才能拥有真正的自由。我们时常给她讲我们这代人儿时的故事，也给她买了许多励志的图书，教育她勤学上进、自强自立，并时常用自己的座右铭"宝剑锋从磨砺出，梅花香自苦寒来"督促她，让她懂得天道酬勤，一分耕耘一分收获。

在日常生活中，我和爱人从点滴小事做起，慢慢培养孩子的社会责任感，用自己的实际行动潜移默化地去感染孩子，教她学会感恩，懂得博爱，珍惜资源，爱护环境。告诉她"己所不欲，勿施于人"，教她学会包容和忍让。我们崇尚低碳生活，主张资源循环利用；我要求她节水节电，告诉她资源是属于全世界的，地球上还有很多缺水少电的地区，浪费资源就是对别人的掠夺；我给她看贫困地区的视频，带她到农村体验生活，跟她讲在这个世界上，仍有很多孩子挣扎在贫困的边缘，吃不饱穿不暖，过着食不果腹的生活，我们除了节约资源避免浪费，还应该尽我们的绵薄之力去帮助和关爱他们。

也许正是源于家庭潜移默化的影响，女儿从小便自强自律，勤学上进，有着很强的责任心和正义感。同时，她又拥有很强的同情心，喜欢帮助别人，热情善良、关爱同学、勇于承担，懂得包容和忍让。她从不乱买东西，旧衣物和玩具也从不随便丢弃，而是让我定期替她捐寄给贫困地区的小朋友。作为父母，我们为此感到欣慰，也期待着这份精神能传承下去，带给孩子一个阳光自信、乐观向上、自由快乐的美好人生。

专家点评

这个家庭培养孩子的良好习惯和优良品德无疑是很成功的。他们成功的经验，一是对孩子不娇惯溺爱，是深沉而理智的爱。希望孩子成为勤学自律、自强独立、善良正直、包容博爱的人。二是从小就给孩子灌输"凡事靠自己，不要依赖别人"的自主、自立的精神。三是家长以身作则，培养孩子的社会责任感，心中有他人，有担当。

88.
家长是孩子最好的老师
——培养孩子良好的行为习惯

北京市西城区阜成门外第一小学家长 赵华梅

在社会不断发展与进步的今天，一个孩子成了万千宠爱的对象，如何培养和教育好孩子，成了大家当下最为关心和关注的话题。作为一个8岁孩子的母亲，在孩子的成长路上，有过困惑、有过彷徨，但通过不断学习与实践，也收获了一些教育心得，借此机会和大家进行交流，以便我们大家在任重道远的教育路上，共同进步。

一、家长就是孩子最好的老师

我的儿子是一个非常普通的孩子，在上幼儿园前，已认识了六百多字。好多家长都觉得奇怪，问我是不是有什么特殊的教育方法。实际上真的没有特别的方法，主要源于家里爷爷爱看报纸，孩子耳濡目染，对报纸也感兴趣。从一岁半开始，就喜欢让爷爷抱着去报箱拿报纸，拿回报纸后，也学着爷爷把报纸翻来翻去，到两岁时，孩子就会按照版面序号，给报纸排序了，久而久之，孩子又学会了去认报纸的大标题，每天如此，到快三岁时，孩子已认识六百多字了。如果爷爷不喜欢看报纸，就没有孩子这个日积月累认字识字的过程，所以家长是孩子最好的老师。

当然，如果家长在日常生活中不注意自己的言谈举止，也会潜移默化地成为孩子的反面榜样。我记得我有一个不好的习惯，就是刷牙时爱边走边刷，结果我这个不经意的动作，也被我的儿子模仿了，当我看到儿子刷牙也习惯于走来走去时，我才意识到了自己的错误。我马上改正了这个不良习惯，但孩子已经形成了这个不良习惯，每次需要提醒才能改正。当我们批评孩子的时候，首先要学会自我批评，因为孩子的言行就是我们日常行为的一个缩影，作为家长一定要严格要求自己，才能培养出自律的孩子。

曾经有一天，孩子和我说了一句广告词："改掉手机瘾，多陪爱的人。"听后，我猛地一激灵，扪心自问，平时陪手机的时间确实比陪孩子的时间多。作为家长，我很惭愧，信息发达的社会，丰富了我们的视野、开阔了眼界，让我们常常流连于手机里的精彩，却差点错过孩子成长的点滴精彩，我非常感谢我的宝贝，能用广告词，提醒我这个不合格的家长。后来我买了很多有意义的书籍，我在学习的同时，也给孩子塑造了一个阅读的榜样，现在孩子也逐渐养成了阅读的习惯。

所以，当我听说好多家长在日常评判老师教得好与坏的同时，我觉得家长更应该自己评判自己在日常生活中对孩子言传身教得如何，因为家长是孩子最好的老师。

二、针对孩子不足，采取相应的纠正措施

每个孩子就像一棵小树苗，需要定期施肥和修剪，才能茁壮成长。我的儿子也不例外，他也有一些不良习惯：拖延时间、上幼儿园的早晨和爸爸总以眼泪告别、不按时睡觉、看电视不能控制时间、不好好吃饭等。这让我一度很苦恼。当多次说教都不起作用时，我有时也有想打孩子的冲动，但我知道：打孩子是最无能的家长，所以我还是忍住了。我最终想到了一个鼓励法：就是根据孩子的不良习惯，制作了一个纠错表格，把近期孩子的不足之处都罗列出来，写在一张表格上，每改正一个，我就给孩子一个小桃心，等小桃心攒到100个时，我就送孩子一个心仪的小礼物。孩子为了达到100个小桃心，每天都在好好地表现，改进不足。坚持了一段时间，孩子的不良习惯及不足被纠正了不少，孩子也乐此不疲。所以有智慧的家长，一定不能用武力解决问题，一定要找到适合自己孩子的教育方法，才能循序渐进地帮孩子纠错、改不足。

三、成长日记，见证孩子的成长

有一次参加朋友的婚礼，在婚礼上看到：父母把他从小到大的相片做成影像资料并配以文字说明时，我的朋友感动得泪流满面。从相片里，他体会到了父母的含辛茹苦，更体会到了父母对他无私的爱。我们现场的客人也眼含热泪。此景、此刻，激发了我给孩子写成长日记的灵感。从怀孕至今，在每一个重要的时间节点，我都坚持给孩子写成长日记，现在已经写了一百多篇了，我打算给孩子写到18岁，在孩子成人礼上，我要把成长日记当作一件礼物送给他，希望能给他带来一个不一样的回忆，也让他遇到挫折时，能体会到父母给予他的爱和牵挂，让他在爱的环境中鼓起勇气，努力拼搏。

我们的孩子都是人间的天使，给我们带来快乐的同时，也给我们带来了很多困惑，希望我们每个家长，都能从自身做起，不断学习、不断完善自己，放飞心灵，做

智慧家长，让孩子感受到的不是溺爱，而是博爱，让我们为培养"德智体"全面发展的好孩子而努力。

专家点评

"家长是孩子最好的老师。"这位家长的这个体会，我很赞赏。孩子一出生，首先投入的是父母的怀抱，孩子跟家长在一起的机会最多，时间最长。家长的一言一行、一举一动，孩子都会有意无意地模仿，对孩子产生深刻的影响。家长有了这种意识，就会在日常生活中，随时随地检点自己的言行举止，既能给孩子以好的影响，也促使家长不断完善自己。

第4章
亲子互动与沟通

89. 陪伴是最好的爱

北京市西城外国语学校附属小学家长　刘　宁

孩子是上天赐予每位家长最珍贵的礼物。当每个小朋友伴随着哭声落地的时候，就像一个纯洁的小精灵，降临在这个世界，这时每位家长都会开始含辛茹苦地抚养他（她），爱护他（她），希望孩子能过得比自己更幸福！但是在孩子成长的过程中，会遇到很多挑战。家长会发现孩子有时候并不如自己想象的那样按我们的想法成长，其中会有很多摩擦，冲突，尤其是在孩子青春期到来期间，家长会逐渐失去耐心，最终导致我们亲手将孩子从我们身边推开（疏远，亲子关系恶劣）。鉴于这些担心，和许多实际案例，我和爱人不断地吸取各种好的教育理念和经验，从我家女儿刘珈妤（依依）的成长过程中总结出些许粗浅的想法跟大家分享。

陪伴，是好的亲子关系和家庭关系的基石。依依今年11岁，她是早产儿，刚出生只有4斤3两，由于先天身体比较弱，小时候经常得病。在她上幼儿园之前，我由于工作性质的原因，对孩子的陪伴很少，但是还好，她的妈妈一直无微不至地照顾着她，所以她的成长还算健康顺利。刚上幼儿园的时候老师对我们说依依的胆子很小，什么事情都不敢主动尝试，没有自信，希望我们多鼓励她。之前我们没有重视这个情况，还以为就是每个小朋友必须经历的一个阶段，时间久了总会好的。没错，经过老师和我们的一起努力，她比以前大胆多了，也主动了很多。但是，后来上小学后，她的那种胆小、不主动的性格一直还是伴随着她。后来我偶然在一篇文章中看到"父亲在女儿成长中的更多的作用是帮她建立秩序，规则，自信"，我开始意识到是不是因为我陪女儿太少了的缘故。慢慢地，我开始刻意多陪她做作业，陪她出去玩，陪她看书，比之前花更多的时间来陪伴她。等到她上三四年级的时候，我发现她比以前更积极，更大胆了，做事情愿意主动去尝试了。我觉得在孩子的成长过程中，绝对不能只是妈妈一个人的事，父亲的陪伴也很重要，这样孩子才能更健康地成长，同时在陪伴的过程中你能随时发现她的问题，在问题不严重的时候就帮她改正。很多时候，孩子是不知道自己的行为是否正确，需要我们及时告诉她，这一切的前提是你需要多多陪伴她，而且是父母亲的同时陪伴。教育孩子是两个人的事情，不是爷爷奶奶、姥姥姥爷可以替代的，不是妈妈或爸爸可以独自完成的，孩子会在爸爸妈妈身上汲取到不同的思维方式和做事方法，所以父母的陪伴是我们能给孩子最好的爱。

冲突处理。依依在小学四年级之前一直很乖巧，基本上我们不用操太多心。上了四年级之后，她逐渐变得特别有主见，对自己的意见不管对错都会很坚持，难免跟我们顶顶嘴，用生气来表达不同的意见。不过一切还好。不料五年级我们给她转学来到新学校后，一切变得严重起来。她经常莫名其妙地发脾气，做一些我们认为不该做的事情，并且顶嘴、生气的情况越来越频繁，甚至于任何意见只要是我们提的她就会反对，哪怕这个意见对她是有利的。这种冲突越来越严重，有时候我的性格比较急，会很严厉地批评她，甚至于大声地吼她，把她吓哭过好几次，事后冷静下来我也很后悔！我们一开始以为她的青春期到了，开始叛逆了，想着冷处理就好了，遇到她的各种不合理行为尽量降低冲突，不理她，淡化处理，结果发现并不能根本解决问题。于是我和她妈妈商量，这样下去肯定不行，我们需要跟依依好好谈谈，敞开心扉了解她的内心。一天我们趁她心情还不错，就慢慢地跟她聊，跟她说她的行为给我们造成了很大的困惑，生气和发脾气不是一个好的解决问题的办法，如果她有什么想法，希望她能跟我们直接讲出来，我们一起想办法帮她解决。我们得到了一个我们一直没有预料到的结果，就是依依说她也不知道自己为什么会这样，只是觉得有时候很烦躁，我们问她是不是转学后的陌生环境给她带来很多压力和不适应，她表示有可能是，也就是说我们的孩子处于一种压力状态下，所有的发泄行为都是一种压力释放的表现，而我们并没有及时发现，差点让这种对立一直持续下去，愈演愈烈。经过这次谈话后，我们帮她认识到她自己的行为并不是一种解决问题的好办法，我们建立了一套好的解决问题的沟通渠道。这也让我们意识到，在面对冲突的时候，我们需要冷静下来，分析原因，孩子不可能无缘无故地发生改变，背后肯定有她的原因，关键是我们是否愿意耐心去寻找并发现、解决问题。所以面对冲突，除了要有耐心之外，告诉孩子你真实的感受很重要，因为有的时候孩子并不知道她的行为可能会对最亲近的人带来伤害。总之，冲突不可怕，最重要的一点是要建立一套良好的解决问题的办法，并且能达成共识。

曾经有人说过，孩子就像一面镜子，如果你发现孩子有这样那样的问题，那我们应该首先反省是不是自己的坏习惯传给了孩子，而不是一味地指责和埋怨，要帮助孩子学会发现问题，处理问题。我们希望能教会孩子独立面对世界和困难的能力，授人以鱼不如授人以渔，希望我们的孩子们能过得更好！

> **专家点评**
>
> 在很多家庭里，培养教育孩子都是"爸爸缺席"，做妈妈的独自"承包"了。这对孩子的培养教育和健康成长是很不利的。做母亲的有女性的优势，做父亲的有男性的优势，父亲母亲搭档教育子女，会优势互补。这位父亲主动承担起培养教育孩子的任务，而且自觉地改变急躁的脾气，难能可贵，值得赞赏！

90. 陪伴成长

北京市西城外国语学校附属小学家长　程　渊

从闺女呱呱落地的那一刻起，我就对自己说，我一定要参与她成长的每一过程，分享她的快乐，分担她的苦恼。她不一定要是最优秀的，但一定要成为一个幸福快乐、阳光自信、善良有爱心的女孩。

都说读书使人明智，读书使人聪慧，读书使人高尚，读书使人文明，读书使人明理，读书使人善辩。我还听说爱阅读的孩子不会变坏，所以我的陪伴就从阅读开始。学龄前每个晚上，我们母女俩在一起享受着美妙的亲子共读时间。每个周日，如果没有特殊情况，肯定是在图书馆里度过。要问这么多年的陪伴阅读带来什么好处，就是孩子疯狂地迷恋上阅读，从中获取莫大的快乐；开阔了视野（一年级的时候在公园里和一位老爷爷聊起德国，从人文到饮食头头是道，老爷爷问她是不是在德国生活过，孩子自豪地说我都是从书上学到的）；在书中学会了明辨是非，知道怎么保护自己（我偶尔问她遇到紧急情况该怎么处理，她的回答总能出人意料）；学会了勤劳、敬老（偶尔去爷爷奶奶家小住，总是抢着洗碗拖地，一直是爷爷奶奶口中的好孙女）。

从小孩子性格比较内向，不善言辞，更害怕与陌生人交流。为了让她能更多地接触陌生人，每周末去图书馆我们都选择坐公共汽车，在车上我会鼓励她跟旁边座位的人小声交谈。她也有不敢开口的时候，可是只要孩子先开口，每一位大人都会特别友善地对待孩子，半个小时的车程中总能收获欢声笑语、收获自信。公交车站到图书馆有五分钟的路程，每一次我都会跟在孩子后面，让她问路。因为喜欢阅读，恨不得早一分钟到达图书馆，她不得不壮起胆子向陌生人问路，孩子的方向感差，往往每次要问两三个路人才能到达目的地。一开始每周如此，经过一段时间锻炼，孩子面对陌生人的时候已经变得落落大方了。不过我在孩子心目中落下了路痴的形象，到现在为止只要我出门她都会叮嘱我不要迷路。

女儿现在不管是上台表演或者比赛都丝毫不紧张，不怯场，这还要归功于小时候的一次经历。记得是一场晚宴，主持人为了调节现场气氛，用玩具吸引台下的孩子们上台。哪怕就在台上待一会儿什么都不做就能得到一个玩具，闺女盯着台上的玩具两眼直冒光，起身、坐下如此反复几次后开口向我求助，我微笑着摇摇头。眼看着台上的玩具只剩最后一个了，她战胜恐惧冲到台上，可惜被另外一个孩子抢先一步拿走了。孩子委屈地回到座位上，我把她拥入怀中告诉她："你今天特别勇敢，是不是觉得上台并没有你想象的那么难？不过下次还要记得把握最佳时机哦，错过了就没有了。"从那以后只要有上台的机会，她就第一个冲上台去，从一开始的紧张羞涩，到最后完全淡定而且享受其中。

十几年来，不管工作有多忙，我都坚持自己为她做早餐，陪她一起运动，陪她一起参加活动，陪她一起阅读。不知有多少次孩子动情地跟我说："妈妈，虽然我们家没有大富大贵，可是我真的觉得自己很幸福，有这么爱我的爸爸妈妈，有不管多忙都陪伴我的爸爸妈妈。"

我的孩子不是特别优秀，就是众多平凡孩子中的一员。但我确信她现在很幸福、很知足、很阳光、很快乐、很有爱心。她爱我们的国家，她总是说长大了一定要为习大大的中华民族伟大复兴梦做出自己的贡献；上外教课时外籍老师问她以后会不会选择去美国生活，她毫不犹豫地回答说，有机会我一定会去美国学习，但学成后也一定会回国为国家效劳。她爱家人，说工作后要买一座大房子，让爷爷奶奶、姥爷姥姥、爸爸妈妈所有的家人住在一起方便自己照顾。

养育孩子这么多年，也看过很多有关教育的书籍，大道理也懂了不少，不过能用上的不多，毕竟每个孩子都是独立的个体，他们有自己不同的天赋。但是我觉得父母的用心陪伴是每个孩子的成长道路上不可缺少的。

专家点评

"陪伴孩子"这是做父母的经常议论的一个话题。孩子年龄尚小，还缺乏独立自主的意识和能力，家长的陪伴是必需的，也是家长不可推卸的责任。但如何陪伴，却大有学问。有的家长陪伴是"走过场"，是"低质量的陪伴"，而有的家长的陪伴却是高质量的。比如这位家长的陪伴就是真心实意的，在陪伴中不失时机地引导孩子接受锻炼和教育，收获了意想不到的效果。

91. 当青春期遇到更年期

北京市西城区北师大二附中西城实验学校家长　郑　洁

生命中的瞬间，我和女儿进入了各自的成长轨迹，我的更年期和她的青春期不期而遇了！凭借对生活不同的诠释，青春期和更年期相遇迸发的火花孤独冷艳！

初中的学习生活开始了，作为母亲的我是信心满满地迎接新学期的开始，准备用更热情的"独有的方式"辅导管教孩子，因为女儿一向比较听话！作为孩子的女儿也是信心百倍地迎接青春期的到来，也准备好了和我进行生命中的第一次抗争！

开学后，我依旧一如既往地像打了鸡血一样，每天晚上一放下碗筷就坐在了她的身边不停地用小鞭子在后面督促孩子，做完了学校作业做课外作业，希望孩子能在新的集体、新的学校生活中更优秀！但是——一天晚上终于在我督导后她随口扔回来一句："我是你亲生的吗？我觉得自己像一匹马，而各科作业倒像是人，人歇马不歇！你这么对待我简直是有精神病！"第一次听到这种逆反的声音，我瞬间惊呆了，真的不知所措了，脑子里一片空白，只是重复着自己都觉得老掉牙的话："我为谁？你以为我这样做是为了我吗？还不是为了你有个好的将来！……""我不要！我不需要你为我好，不需要好的将来！……"只几个来回，我就败下阵来，为这突然而来的惊变感到无所适从，气急败坏的我狠狠地抡起拳头给了她后背一下！她的眼里此刻没有从前挨揍后的泪光，有的只是用眼狠狠地回报着我做的一切！瞬间，一种莫名的失落感油然而生，怎么女儿不再像从前我动手时赶紧讨好地说我错了我错了呢？

这样的抵触一直在我们母女之间悄然无声地发生，终于在期中考试后升级为一场始料未及的唇枪舌剑的战争："你给我总结辅导的历史还不如我自己复习的地理生物考得好，今后学习上的事情我自己做主，我会管理好自己，不用你管！我是一个有尊严的人，期末我会用成绩证明给你看的！"看着豹眼圆睁、气势汹汹的女儿，我彻底晕倒了！随着哐的一声，门被狠狠地关上了，这道门成了一道年龄的阻隔，里面关着的是青春期的女儿，外面拦着的是更年期的我。

接下来的日子是我说东她走西，我指前她错后，完全陷入了僵局！每一次看着她跟我你一句她十句的顶嘴，每一次望着她恶狠狠的眼神，我都是扭转身泪流满面！也只有天天给外地工作的老公打电话，历数着孩子的各种罪状，发泄我的怨气与不满，而在老公那里得到的却永远是各打五十大板的敷衍！终于因为生气上火外带感冒，我连续低烧不好，白天头痛欲裂，焦躁不安，晚上不是梦中在题海中挣扎，就是整宿失眠，不断地恶性循环，更年期该经历的事情都发生了，我感觉身体被掏空了一样。医生建议我做一下检查，结果各项指标都不好，这时候我真的是崩溃了！把孩子爸爸从外地叫了回来，希望爸爸与女儿的谈话能改变这种状况，但是竹篮打水一场空！女儿根本不买爸爸的账，爸爸也是和颜悦色的，认为孩子问题不大，就是我太焦躁了，劝我放手！终于忍无可忍，我向老公提出离婚，准备出去走走散心，给女儿一个教训！这种不现实的想法回过来的是一句："你神经病吧！总不能永远让我和孩子都顺从你吧，你的控制欲太强了，你好好反思一下自己吧！"

大的大的说我神经病，小的小的说我精神病！在极度的痛苦与思考后，我想也许真的是自己出了问题吧。在朋友的劝说下，我第一次尝试做了从来没有想过的事——给女儿写了一封信，在信中承认了做母亲的不完美！"孩子，我当妈妈也是头一次，因为从小没有妈妈，我没有经验可以借鉴，教育你只能靠摸索，原谅老妈的不够好，希望孩子你能够部分理解我就好，对于偶尔老妈的恨铁不成钢的动作篇的上演，就当是你成长的经历！就像阳光和雨露，就像光明与暗淡，就像平坦跟荆棘，都是人生路上不可少的经历。我承认自己控制欲太强，总是强迫你按照我的意愿行路，这是不对的，我表示道歉！决心今后让你自我管理，但是我会每天提出一些学习建议……"肺腑之言，自己被信感动得稀里哗啦！满以为女儿看了也会被感化，结果她无动于衷，没有任何表情，没过一会儿反而用更加强烈的态度对付我的每一句台词，我的心顿时凉到了谷底！这是我从前听话的孩子吗？

我又听从建议去听了青春期讲座，在讲座上讲师耐心帮我分析了我的问题，给我提出了一些建设性的意见。我想任何外在动力的推动，都需要自身改变来配合！我要行动起来，自己拯救自己，拯救我和孩子的关系，拯救我和这个家庭的和谐！

每天早上起床第一件事我就是读《父母规》，朋友推荐的数十条建议，强化于心，然后告诉自己早上第一眼见到孩子的时候一定要微笑，甚至我都会对着镜子练习一下！告诉自己从此刻起我要试着多鼓励、赞美孩子，而不是批评、指责、埋怨孩子，因为只有鼓励和赞美才能带给孩子自信和力量，批评、指责、埋怨只是在发泄我的情绪，伤害孩子的心灵；我要无条件地去爱孩子本来的样子，而不是去爱我要求的样子，因为那是我的自私和自我；我要控制自己的情绪，和孩子一起安静平和地处理好每一个当下，因为脾气和暴力只代表我的无能和对孩子的伤害；我要让孩子长成她要长成的样子，而不是我期待的样子，因为孩子并不属于我，她只是经由我来到这个世界，去完成她自己的梦想和使命；我要通过孩子的问题，找出自己的问题，修正我自己，因为孩子所有的问题都是我的问题，我是一切问题的根源。晚上接回来的时候也是心里一遍一遍地提醒自己少说话少唠叨！有时候看着女儿休息时间过长，我会提醒她一句，知道接下来肯定会歇斯底里了，所以我索性提醒完立刻关上我的门，躺在床上看书，真的看不进就拿起手机上京东分散注意力！一天晚上在提醒后，自己内心又发泄不了快要爆发的时候，我想到了楼下健身俱乐部正在搞活动，于是我立刻出门，冲出了风雨欲来的家，在猎猎寒风中深深地呼吸着，此刻的寒风凛冽却让我感到了无比的温暖清爽，我在俱乐部办了一张健身卡，决定当我要发作的时候就出来健身！

尽管我知道孩子自我管理的能力肯定没有我管理的好，每天自己安排了一个小时的休息，如果这一个小时学习起来会做多少事啊。我是心里急得不行，但是还是听从讲师的劝告，给她一些空间，也许她经历了几次考试退步会自我意识到自己的能力，也许我们会有合作转变的机会！

"我们总是认为只有指出孩子身上的问题，才是爱他，才能让他更好，其实事实上，我们总想让孩子按照我们的期待生活，这隐藏在背后的是我们贪图控制他人的欲望，而这一切源于我们自己对未来的恐惧、担心、不安、爱的缺乏，甚至是自己深深的自卑。"听着讲师的分析，想到自己从曾经的一个学霸走到最终的家庭主妇，我突然意识到了什么，这句句针针见血的说辞，让我在风雨飘摇中清醒过来，我要把自己还给自己，把孩子还给孩子，让孩子长成该长成的样子。控制孩子就是控制自己，解放孩子就是解放自己，所谓自由就是让孩子自由，让树成树，让花成花，让我的孩子成为最好的自己！

仅仅两个星期、十多天的时间，我和女儿之间没有了唇枪舌剑的战争，有时候她会突然造访我的房间，进来跟我商量一下："妈妈我今晚想复习一下《朝花夕拾》，您给我打印点资料吧！""妈妈我一会儿休息的时候玩一会儿手机，十分钟后你提醒我一下吧！"这或许就是转变吧！我内心激动万分，更是从心底里涌上一个真诚的微笑。"好！"很简短，但是给女儿的信号是充满了对她的信任！渐渐地我发现，久违的聊天又回来了，孩子又跟我说起了一些学校发生的事情，晚上我提醒她一些学习的事情，她也认同并执行了！似乎我们之间的感情距离越来越近了！

一旦打开了自己的内心，我是天天有时间都去看看各种青春期教育的文章，从中学习进步！在实践中也是尽量不说教，用行动去影响；不急于评断，多聆听！老公在外地也是越来越在电话里鼓励夸赞我。

当青春期遇见更年期，我希望双方不再是愁容满面，而是笑容盈盈；当青春期遇见更年期，我希望双方不再是埋怨连篇，而是互相关爱；当青春期遇见更年期，我希望双方不再是矛盾不断，而是和睦相处！

一个月的时间转眼即逝。12月的月考成绩出来了，面对着女儿三门成绩的滑坡，我也能坦然地面对了，少了许多焦虑；面对着三门成绩的下降，女儿第一次惭愧地对我说："妈妈，我自己学习管理的能力确实存在问题，今后还是您管理我吧！"我的眼里涌出了激动的泪花，平静地说："你学着尝试管理自己的学习生活，已经做得很好了，妈妈相信你会越来越好，有时间我们可以一起看看课外书，通过多阅读提高语文成绩；一起每天背十个英语单词，增加英语的词汇量。加油！"

也许更年期的我还会在孩子的生活学习中出现这样那样的问题，因为我也是第一次接触更年期和青春期相遇的尴尬，但是我会尽量尝试改变自己，真正做到尝试改变自己才能让孩子也尝试改变她自己，尝试改变自己才能使自己快乐起来！才能让孩子顺利度过青春期！

当青春期和更年期相遇，我们一起努力！

专家点评

现在，晚婚、晚育的夫妻很多。"青春期"与"更年期"不期而遇的现象势必会很多。青春期一般是在小学高年级和初中阶段。青春期是个很特殊的年龄阶段，成人感日渐强烈，要求独立自主，摆脱大人的控制；而更年期则往往是过度忧虑，自寻烦恼，看什么都不顺眼。因此，要解决家长和孩子的矛盾、冲突，家长一是要尊重孩子，二是要逐步放手。该管则管，该放则放。

92. 学着做家长

北京市第十三中学附属小学家长　吴　媛

谈到孩子的教育问题，每一位家长都有自己的酸甜苦辣。我们的家庭背景塑造了孩子的性格，而孩子的性格决定了他在各方面的行为表现。为人父母都是希望自己的孩子能够拥有开朗的性格，健康的身体，我也不例外。到今天为止我的孩子进入小学已经整整103天，我也正式做了103天小学生家长，这一百多天里，孩子在一天天地成长，我也跟随着他慢慢地在成长，慢慢地学着做家长。

一开始，如同大多数家长一样，我也满怀期待地想把我的孩子培养成为大家口中的"别人家的孩子"，每天在学校能认真听讲，积极回答问题，团结同学、听老师的话，回家来能努力完成作业……但是事实告诉我，他只是我家的孩子，与大家口中的"别人家的孩子"几乎沾不了边。

一天，我下班回来，姥爷走过来低声说，放学时班主任老师说孩子在上语文课时没有认真听老师讲练习题，导致自己在做题时不会做，于是他就去看同桌小朋友的，人家不给他看他就去抢小朋友的练习册。听完姥爷的叙述，我大脑空白了一会儿，觉得自己所有的设想都崩塌了，随即只剩下一个想法：他以前的课堂练习册是不是也都是抄别人的？现在抄作业，以后慢慢发展成考试作弊可怎么办……一系列消极的画面不断地在我脑海里回放着。我赶紧给班主任陈老师打了个电话，陈老师仔细跟我讲了事情的经过，还一直强调孩子挺认真的，事后孩子又主动去找了她要求单独再讲了一遍题。陈老师的话浇灭了一些我本来即将点燃的怒火，也意识到自己过于激动。于是，当晚我和孩子爸爸商量了之后，决定跟孩子心平气和地谈一谈，先了解孩子的想法，再做打算。

走进孩子卧室，他似乎意识到气氛变化，一直低着头摆弄着手中的玩具车。我轻轻挪开玩具车，说道："儿子，今天上课的作业难吗？"

"不难呀，我一下子就写完了！"他突然抬起头，满脸得意。

"可是同学们都说很难的呀，你怎么这么快？"我故意试探道。

"因为……因为我不会我就看了同桌的,这样我就能变快啦,聪明吧!"孩子说得眉飞色舞,我心中亦忧亦喜。喜的是,孩子并不是明知故犯,而是压根不知道抄作业是不好的行为,他认为只要完成了就行了,也是为了能快速完成作业。忧的是,我认为自己的教育环节出了纰漏,孩子的是非观还在建立当中,而我似乎在这一点上不够重视导致其行为没有受到正确引导,再加之平时对其过于心急,责备颇多,使得孩子在遇到难题时只想着寻求捷径赶快完成,以免受到责罚。

怀揣着复杂的心情,我又去跟陈老师沟通。陈老师建议我和孩子好好就这一问题交心谈一下,帮助孩子树立正确的是非观。

回到家,我拉着孩子坐在客厅,认真地对孩子说:"儿子,妈妈要先和你道歉,有一件事没有提前教给你。听妈妈说,以后咱们不能抄人家作业了,那是别人的劳动成果,咱抄人家的就相当于'偷'了,你乐意当小偷吗?"

"不要……"他瞪大眼睛,用力摆了摆头。

"那以后要怎么办?"

"以后要自己写自己的作业,不会可以去问老师,也可以回来问爸爸妈妈。"

"好孩子!这样咱才能学得好又受大家欢迎!"

这件事对我触动挺大的,也让我在很长一段时间里反思自己的教育方式,总结起来就是:

第一,不能太过急躁。这个年龄段的孩子有他的性格特点,坐不住、自控力差、做事情拖沓……只能根据他的年龄和性格特点一步一步来,不能拿我们大人的理解力和思考方式要求他们。比如口算,这东西我一直认为要多练习,但忽略了孩子的接受程度,开始时他做起来总是很拖沓,有时做着做着还干起别的来,错题更是层出不穷,孩子很抵触口算,我也一肚子的怨气。就这个问题我又去请教孩子的老师,老师建议我根据他年龄特点减少一点题量,这样让他在短时间内集中注意力完成。细水长流的方式孩子不厌烦还有成就感,效果确实不错。

第二,不要因为自己的虚荣心而拿自己孩子跟别人家的孩子比较。这种比较对孩子的自信心打击太大,让孩子更加没有信心,我们只能自己跟自己比。曾经一度我挂在嘴边的话就是:你看人家谁谁谁多听话……孩子给我的回复是:你看人家妈妈也没你这样……听了孩子的话我真是心里不是滋味,可想想也是,他要是总拿我这个妈妈跟人家妈妈比,我也不舒服呀!后来下定决心不说这样的话,只拿自己跟自己比,只要孩子有一点进步就表扬,遇到问题跟他一起分析原因,想办法解决,想法子变成

"和谐母子""和谐父子"。

第三，要多多鼓励。孩子跟大人一样爱听好听的，多鼓励，学习的积极性会好，积极性有了，学好就不成问题了，这样就进入良性循环。就比如孩子学跳绳这件事，我们大概是在暑假期间开始教他跳，刚学那会儿，我看他拿起绳子试跳后，心里在想这样他能学会吗？协调性很差，而且他跳几下后，自己也觉得很难，很着急，把绳子一扔说不跳了。当时我心里也很急，但我马上意识到这个事情不能急，得慢慢来。先得稳住他，鼓励他。我就说儿子你别急，你肯定能学会，先学简单的。我让他先把绳子从后面摇到前面，然后起跳跳过绳子，他做到了。我立即说儿子你已经能跳一个了，好棒！就这样他一个一个地跳，慢慢地他自己找到了感觉，可以连续跳几个了！一旦能连续跳后，坚持练习很快就能跳起来。他现在跳得好了也就越来越爱跳了，现在有时比我跳得还多呢！孩子学东西的潜力非常大，但如何教会孩子真是一门学问呀！

第四，多跟老师沟通。开始的时候我也像很多家长一样，怕给老师添麻烦，很少去跟老师沟通。通过几件事下来我发现我们的老师们经验都非常丰富，老师甚至比我们家长更了解孩子的表现，老师会根据孩子的特点给我们提供中肯的建议，帮助孩子进步。

孩子的教育不是一朝一夕的事情，孩子在成长，我们家长在这个过程中更是在学习、提升，正所谓教育从来就是一个双向的过程。我知道到目前为止我的孩子身上依然有着这样或那样的问题，但是我们有信心一直陪伴他去面对、解决，让孩子每一天都有所进步，成为更美好的人。

专家点评

"学着做家长"，一看这个文章标题，给人的感觉是，这位做母亲的很虚心好学。年轻夫妇第一次做父母，承担培养教育孩子的责任，不知道如何培养教育。"教育者先受教育。"要把孩子培养教育好，家长作为孩子的首任教师，必须要虚心学习如何做父母。向谁学？一是向老师学，二是向专家学，三是向孩子学。

93.
对家庭教育的解读
——遇到爱欺负人的孩子如何教育自己的孩子

北京市西城外国语学校附属小学家长　白景艳

我儿子从小是个非常乐观的孩子，从小待人友善，从不恶意对小朋友，从来不与人打架，即使受到别的小朋友故意推打，孩子心里仍然会认为对方不是故意的。这个是优点，但也确实存在危险。

从前看过很多育儿的书，但是真正遇到孩子被人推或者抓的时候，心里还是很不舒服。曾经看过一篇文章，是教育孩子如果第一时间受到某个孩子的推打，一定第一时间还手，下次那个爱欺负人的孩子就不会再敢招惹，否则，孩子就会永远被那个孩子欺负。这个理论我虽不认同，却貌似有些道理。一方面不想让孩子欺负别人，一方面也不想让孩子受到伤害，只能教育孩子如果碰到这样的孩子躲着点，保护好自己，不欺负别人，也不能让自己受伤。

为此给孩子报了跆拳道班，希望强身健体，也能保护好自己。意想不到的是孩子自从学习了跆拳道，跆拳道精神深深影响了孩子：礼仪、廉耻、忍耐、克己、百折不屈。这使孩子更懂得了礼貌，也爱帮家长干家务，更锻炼了意志。

我们作为父母，遇到这种事情，也要心胸宽广，不能简单粗暴地教育孩子还手，孩子们的事情让他们自己处理。也许前边生气，后边家长还没消气，孩子们就又一起玩了。

作为父母，言语行为都在潜移默化地影响着孩子，我们也要提高自己的修养，让孩子多阅读的同时自己也要多看书，提高自身修养。一个心胸宽阔的母亲教会孩子穷则独善其身，达则兼济天下。一个善良的母亲让孩子懂得：老吾老，以及人之老；幼吾幼，以及人之幼。一个冷静镇定的母亲教会孩子理性思考，让孩子明白不以规矩，无以成方圆。一个善于学习的母亲懂得和孩子合作，让孩子明白三人行必有我师焉的道理。一个有修养的母亲教会孩子：爱人者，人恒爱之；敬人者，人恒敬之。一个文化底蕴深厚的母亲教会孩子懂得：读万卷书行万里路，培养孩子的学识、胆识、见识。

　　转眼孩子小学一年级就要毕业了。在老师们的精心培养下，孩子在学习、品德、生活以及为人处世上都取得了一定的成绩。家庭是孩子的第二课堂，孩子可以说是每一位家长心中最珍贵的宝贝。把孩子培养成为德智体美劳全面发展的优秀人才也是每一位家长的愿望。作为父母一定要配合老师，培养孩子健康的人格及体格。

专家点评

　　孩子被别的孩子打了，要不要还手？这个问题，是年轻父母们很关心的问题。我很赞成这位妈妈的态度："我们作为父母，遇到这种事情，也要心胸宽广，不能简单粗暴地教育孩子还手，孩子们的事情让他们自己处理。"这不仅表明家长心胸豁达、宽广，也表明家长站得高、看得远。家长作为孩子个性、灵魂的第一个塑造者，必须首先加强自我修养。

第5章
家风家训与传承

94. 家 风

北京市第七中学家长　明千华

党的十八大以来,习近平总书记在不同场合多次谈到要"注重家庭、注重家教、注重家风",使千千万万个家庭成为国家发展、民族进步、社会和谐的重要基点。

家庭是社会的基本细胞,是人生的第一所学校。良好的"家风"对于一个家庭乃至整个社会的和睦、和谐、文明、进步也是不可或缺的。家风其实就是一种无言的教育、无字的典籍、无声的力量,在日常的生活中影响着孩子的心灵,塑造着孩子的人格。要重言传、重身教,教知识、育品德、身体力行、耳濡目染,帮助孩子扣好人生的第一粒扣子,迈好人生的第一个台阶。

重要的家风首先是尊老爱幼。它既是中华民族的传统美德,也有助于促进家庭和睦,让孩子生活在一个良好的家庭氛围中,体现在现实生活里。

当孩子给我们一杯水、一个苹果、一块排骨,我们一定不要拒绝,因为,那是孩子的一份爱心。平时,往往因为我们拒绝了孩子的一杯水、一个苹果、一块排骨,所以,孩子慢慢长大后,就没有要给我们的意识。等到这时我们开始明白,孩子对自己的付出视为理所应当,他对我们的爱不能理解为感恩,更不知道回报,这时,我们后悔恐怕为时晚矣。

那还是孩子小学期间发生的事。有一次我买了一件羊绒衫,当时穿的时候,商标没有取掉,总感觉背痒,后来发炎了,去医院买了药水。

每天晚上临睡觉前,我总是要搽药。这时,孩子过来,总是懂事地问我:"妈妈,我能帮您搽药水吗?"孩子真诚的眼光表现出他很想帮我。

这时,我总是对孩子说:"你看书去吧,学习比什么都重要,妈妈什么也不需要你做,你只看书学习就行了。"孩子懂事地点点头。后来,又遇到几次这样的情景。比如:我感冒了,他爸爸病了,只要当孩子关心我们的时候,想帮我们做点儿什么的时候,我们都告诉孩子,要以学习为重,不要管我们。因为,在我们的眼里,学习才是最重要的事。家中所有的事,一切为了孩子的学习,只要他学习或是做手工,我们从不打扰，也不需要他帮忙。

当我们病了，基本也不需要他来关心照顾，而是催促他好好学习，这是我们全家人一致的态度！这个看法估计也和大部分父母的观念相吻合。

他爸爸病了，我去端汤送药；我病了，他爸爸端汤送药；老人生病了，我和他爸爸一起端汤送药。孩子看在眼里，却不让他做任何事。学习高于一切！不让孩子做任何与学习无关的事。孩子慢慢也习惯了我们的这一要求。

忽然有一天，孩子的爸爸出差了，我感冒病重了，非常重，我咳嗽好长时间止不住，头晕眼花，孩子就在我身旁认真地看着书，他的神情完全被书里的内容所吸引。有时，偶尔转过头来看看我咳嗽，又回到他的书上。我想吐，让孩子给我拿一个盆，叫了半天，孩子就跟没听到一样，仍然津津有味地看着他的书。我来不及，吐得床前一大片，嘴里气味异常难闻。孩子漠然处之，看了我一眼，继续看着他的书。我浑身发软，一点儿力气也没有，头都抬不起来，我让孩子给我拿感冒药。叫了几声，孩子没有任何反应。再叫几声，孩子不吱声，我急眼了，吼声如雷，喊着他的名字："给我拿感冒胶囊！快！"

孩子看都没有看我一眼，眼睛盯着书，头都没有抬："你自己拿，我要看书！"

"妈妈病了，快！拿药过来！我难受！"我吼道。

"稍等等！我把这点看完。"

"不行，我难受得要死，快拿药！快点儿！"

"稍等等！"孩子仍然没有抬头，眼睛盯着书说。

"儿子，快给妈妈拿药，妈妈病了。"我带着哭腔说道。孩子却不吱声，继续看书。

我"哇"的一声，放声大哭："我病了，你爸爸今天出差，你连药都不给妈妈拿，你读这破书有什么用啊！书都念到驴肚子里去了……"我絮絮叨叨地哭诉着，心里是悲恸欲绝，肝胆欲裂，那种痛感无法形容。孩子脸上却没有任何表情，继续看他的书。我的心彻底地凉了，辛辛苦苦教育孩子有什么用啊，关键时候连个药都不给拿，我气愤至极，怒吼道："你再看书，我给你撕掉，给我拿药去！"我有些歇斯底里，威胁着孩子。

可是，孩子仍然在看书，仿佛没有听到。我一把抓住书，扔到了地下。孩子"哇"的一声哭了，看看我，看看书，急忙捡起书，他又准备开始看。我艰难地、费力地用很大的声音吼道："给我拿感冒药，我快死了！"孩子慢慢转过头，极不情愿地到客厅找药。"妈妈，药在哪儿呢？""电视柜下面靠沙发的第一个抽屉里。""妈妈，什么药？""红色的感冒胶囊。""几粒？""两粒。""妈妈，杯子在哪儿？""妈妈……"我麻木地应付着。过了很长时间，孩子把药拿了过来。我强忍头昏脑涨，吃了药迷迷糊糊睡着了。

这件事给我内心触动特别大，我也开始反思。后来，在校门口一个烧烤摊上，一位漂亮妈妈带着一个约10岁的小姑娘，在烤火腿肠，只烤了一根，孩子习惯性地去拿火腿肠，摊贩却把火腿肠递给了妈妈，妈妈张开嘴吃了一口，小姑娘野蛮地一把抢过火腿肠说："一口也不能尝！凭什么你尝一口！这是我的！"当时正是放学高峰期，吃烧烤的人很多，围观的人也很多，大家都看着这对母女，妈妈什么也没有说，看着女儿吃火腿肠。这一幕，我至今难忘。

这几件事让我彻底清醒，孩子怎么会变得这么冷酷无情呢？家长这么爱孩子，为什么我们的孩子就这么自私呢？当我病得这么重的时候，孩子却视而不见，无动于衷。当火腿肠烤熟了的时候，辛辛苦苦养育孩子的妈妈就不能先尝一口吗？孩子心里有的只是自己，没有父母家人，他们心里装不下别人。我们真该静下心来，好好思考一下我们的教育方法。

后来，通过听家教讲座，我才彻底明白——原来，是父母的教育出了问题，原因就在我们自己身上。就拿我来说，开始孩子关心我、帮助我的时候，我总是在有意无意地拒绝着孩子的一片爱心。孩子对我们的关爱，多次被我们无情地拒绝了，慢慢形成了习惯。加上现在孩子多是独生子女，没有兄弟姐妹，不懂得谦让礼仪。独子在家是集万千宠爱于一身，只知道索取，不知道付出，更不懂得关心和帮助他人了。这样，以自我为中心，以个人利益为半径就一点不怪了。

要纠正孩子的坏习惯，我们要先做榜样。同时，告诉孩子，父母需要你的帮助，让孩子从小体验到关心他人，帮助他人的喜悦与快乐。从小就让孩子树立这种意识，让孩子关心长辈、同学、老师、朋友、亲人。这样，孩子到了社会上也不至于孤独冷漠。好多孩子在学校没有朋友，不会与人相处，从小就形成"人人为我""自私自利"的意识。所以，家长在教育孩子时，不要让孩子形成"人人为我"的意识，而是要培养孩子形成"我为人人"、助人为乐的高尚情操，学会分享，互帮互助。这也是我们今天大环境所要提倡的教育理念。

有了以上教训，以后我们家吃任何东西，一直坚持"好东西人人有份儿"。在家中，只要有好东西，先是让长辈吃第一口；大人需要帮忙时，孩子懂得了要主动参与进来。这种家庭生活中的美德，就对孩子有了潜移默化的影响。

后来，家里发生的一件事，更能说明我转变教育理念后，孩子的改变及我们的收获。

2017年3月10日下午，孩子的爸爸下班途中，走到东四十条桥北，被一辆出租车撞倒，当时就不能动了。急救车送往附近的医院进行抢救，做各方面的检查。这期间孩子也已经放学，电话联系后，得知此消息，他急忙坐地铁赶往医院，到医院后，跟我忙前忙后，他心里也十分着急，眼泪在眼圈里转，私下里一直在问我，妈妈，我爸爸以后能站起来吗？我说能，需要及时治疗，你好好听话，认真学习，你爸爸的心情好，病自然就好得快了。经过一系列的检查，最终确诊为腰椎第 1 节爆裂性骨折。折腾到深夜 1 点左右才住上院了。

接下来的几天中（期间他爸爸已接受手术），他每天放学，必定去医院看望，在他爸爸的病床前，陪他聊天，细心给其干点力所能及的事，然后再返回家中学习。

手术后第 8 天，他爸爸出院了，回到家中疗养，这样也免得他奔波于医院及家中。他爸爸在家疗养期间，遵医嘱，还是不能动，需要卧床休息。每天他上学走前或者放学回来时给他爸爸接大小便。正赶上当时天气逐渐变暖，为避免他爸爸身上躺久后生褥疮，每天还需要用温水擦拭身体。我把饭做好后，他将饭菜端到爸爸面前喂食，虽然看似简单的事，重复地做（卧床 4 个月），他的做法既给我减轻了负担，又让他自己懂得了肩上的责任。在帮助我做事情的同时，他也感觉到了在家庭遇到事情时，自己如何担当一个小主人的角色。待他爸爸卧床 4 个月后，能下地活动了，我发现孩子无比地高兴，他放学回家，搀扶他爸爸下床活动。通过这件事，就能看出孩子一下子长大了很多，他知道如何孝敬长辈，也说明了他知道自己肩上的责任。

我通过学习及自身实践，有了更好的教育方法，让孩子慢慢地参与到家庭事务中来，先从力所能及的小事做起，慢慢培养他的动手能力，并让他担当起自己的责任。让孩子一点一点地改变吧，在这方面教育中我已开启新的征程。

希望孩子今后在自己的人生历程中能真正做到把好的家风继续传承。

专家点评

"人之初，性本善。性相近，习相远。"意思是说，人在刚出生时，本性都是善良的，性情也很相近。但随着各自不同生存环境的影响，每个人的习性就会产生差异。这位家长所讲的故事，就印证了这一点。孩子身上的缺点、不足，往往反映家长在教育孩子中的问题。当家长意识到这一点，主动地调整了自己的教育思想，孩子也会随之发生相应的变化。

95. 养心莫善于诚

北京市第七中学家长　黄斌斌

"君子养心莫善于诚。至诚则无它事矣，唯仁之为守，唯义之为行。"这句话出自《荀子·不苟》，荀子想告诉人们，一个人如果想要成为君子，就必须陶冶和提高自己的思想情操，而最好的方法就是诚心诚意地对待每一个人或每一件事。

一、好家教出好家庭——君子养心莫善于诚，教子要有义方

暑假我们带孩子去深圳参加全国击剑比赛，从北京到深圳飞行三个半小时，就要在深圳降落时，传来乘务长的声音，因为航空管制飞机要在其他机场降落等待。狭小的机舱非常憋闷；颠簸的飞行令人疲乏；不知道什么时候才能降落深圳让人郁闷。飞机在厦门降落，长达三个小时的等待，我们一家三口都捧着书，沉浸其中。"哪位乘客丢失了物品，请和乘务长联系。"不经意的一条广播，谁承想会和孩子有很大的联系。不一会儿，乘务长带着一位年纪五十多岁的阿姨走到孩子身前，那位阿姨激动地握着孩子的手说："谢谢你，孩子！"

原来，在刚才降落厦门机场后，孩子自己去卫生间，没想到在卫生间的地上捡到了一块深绿色的碧玉。那块玉佛雕刻精美，色泽油亮，一看就价值不菲。孩子捡到后毫不犹豫地交给了乘务长，才有了刚才的那条广播。

失主握着孩子的手说："如果不是听到广播，下意识地摸了一下脖子，根本不知道玉佛已经丢了。这块玉佛我已经随身佩戴了好几十年，是我最心爱的一块玉。孩子你是哪个学校的？我怎么感谢你呢？"

孩子微笑着说："阿姨，帮您把丢失的玉找回来，我就很高兴了！我是北京西城区第七中学的学生。"

从孩子捡到玉佛到和失主见面，整个过程孩子都那么平静，一切感到那么自然。事后，我问孩子当时的想法，她很自然地说："你们从小不就教育我莫贪意外之财，君子养心莫善于诚吗？真心诚意地帮助失主找回玉，我觉得自己真的很快乐。而且，

现在我是中学生了,入校教育的时候校长说现在我以七中为荣,将来七中以我为荣。校长说七中是要培养敢担当的人。这是我努力的方向。"多么入心的一句话啊!

是啊,家庭教育其实是一种家风熏陶,只有家庭具有良好的家风,才能给子女提供良好的成长环境。从小我们就教育孩子"君子养心莫善于诚。至诚则无它事矣,唯仁之为守,唯义之为行。"这句话出自《荀子·不苟》,荀子想告诉人们,一个人如果想要成为君子,就必须陶冶和提高自己的思想情操,而最好的方法就是诚心诚意地对待每一个人或每一件事。在出租车上捡到手机时爸爸会教孩子怎么联系出租车公司找到失主;科技馆做志愿者时看到走失的小朋友会联系工作人员广播找到他的妈妈;班里捡到红领巾会主动交给老师……在孩子心中种下"不是自己的东西,一定不能要,尽自己所能物归原主。"这样的思想在孩子心中播下种子,这是一颗道德标准的种子,指引孩子在今后的人生中明辨是非真伪,做出正确的行为选择。

我们认为家长的责任不在于给孩子铺路,而在于为其指明方向,走向光明的大道。"外不寄傲,内有琼瑶,如彼潜鸿,拂羽云霄。"这是一种儒雅高贵的气质,是一种超凡脱俗的风度。家风是一个家庭在时代传承中形成的一种较为稳重的道德规范、传统习惯、为人之道、生活作风和生活方式的总和。家风作为一种无形的力量一直在潜移默化地影响着孩子,希望把孩子培养得更加懂事,更加奋进。

朱子家训:"居身务期质朴,教子要有义方。"平常做人修身一定要品质淳朴简约,教育子孙一定要用好的方法。作为父母,只有自身做人朴实,才能教育儿女遵守规矩法度。正所谓好家教出好家庭。

二、良好的家风熏陶和积极的学校教育,二者缺一不可

孩子升入中学,是她人生的一次转折。这次孩子被派位到了北京第七中学,虽然不是孩子心中所希望的中学,但是这所学校给予孩子的是一种养心的教育。

孩子真是一个幸运儿,遇到现在的班主任老师,她中等身材,平易近人的眼神中永远给人暖暖的感觉,从她的言谈话语中感受的是那份真诚和信任,每时每刻给予孩子们力量。她带班自有她独特的地方,学生都很喜欢她。入学教育一结束,老师让孩子们自荐班委。孩子在忐忑中大胆竞选班长,没想到竟高票当选。喜悦过后是各种担忧和紧张。

开学后,班主任老师组织了以"迈好初中第一步"为主题的班会。班会中的"龟兔赛跑新片",老师带过的学生经验分析,初中学习生活四大变化,认识自我,重新

定位等让孩子受益匪浅。进入初中后，孩子确实有一定的心理落差，比自己成绩优秀的大有人在，心理因此失衡，这是正常心理。但实际上，大家都站在同一起跑线上，过去的一切已经结束，未来有三年的时间让大家书写新的成功，所以同学们应尽快进入学习状态。班会后，老师根据综合素质评价指标引导学生各自制定自己初中三年的中学生自我成长计划，这是评价自己的新起点。一次家庭会议，一次和班主任老师的沟通后，一份我的成长计划出炉了："通过中学的三年，孩子希望成长为一个学习好，品德好，身体好的中学生。做一名同学们喜欢的班长，做好老师的左右手。希望增长才干，结交朋友，身心健康，做一个阳光少年。初一，调整好学习态度，不怕困难，不怕挫折，掌握新学科的学习方法。初二，与同学加深友谊，多读课外读物，扩大知识面。初三，考入梦寐以求的北京四中。"

  计划是制定了，但是这份广寒宫般高远的计划让孩子变得很压抑。在学校一定做到最好，可回到家为了消减压力经常无缘无故发脾气，每天回家花大量时间忙于各种班级事务的处理，经常手机不离手，回复了这个群的消息，那个群又发来了求助，作业拖拖拉拉到深夜。家长着急，自己也很困惑。在孩子压力无法排解的时候，班主任老师找到了孩子，问："你知道镜子效应吗？""照镜子还有什么效应呢？"老师告诉孩子："当你照镜子时，镜子里的你会随着你的喜怒哀乐而变化。这是最狭义的镜子效应！同样地，在人际交往中，你对别人好，别人也会对你好。相反你对别人不好，别人也对你不好！这就是镜子效应的真谛在现实中的应用。当你和你不喜欢的人相处时，或许他也不怎么喜欢你，但是只要你试着慢慢地喜欢他，逐渐地他也会开始喜欢和你相处！人都是相互的！现在镜子里的你，高高在上，像一颗璀璨的明星，照得人有些睁不开眼。你要让同学们看到真实的你，同学们才会真诚地对待你。同样，镜子还有一种心理暗示作用。我们人有两个'自我'：一个是消极的、颓废的、懒惰的自我；一个是积极的、向上的、奋发的自我。如果把自己当成镜子，照到的都是积极上进，奋发努力，开心乐观的人，你也会很开心快乐。所以经常用积极的自我去战胜消极的自我，你就会增强自信心，就会积极地应对各种挑战。"

  老师的话擦亮了孩子心中的那面镜子。我们配合学校一起帮助孩子尝试着重新评价自己，评价别人，评价身边发生的事情，重新修正自己的评价标准。渐渐地，孩子内心的自己更平和了，虽然自己是班长，更是同学们的朋友，学习的伙伴，在班集体里，应该更像是同学、朋友。孩子渐渐明白了某个人学习出色、有很强的竞争力是件好事，学习生活中同学们如果能互帮互助，发扬合作精神，就能达到双赢。

劳动中，孩子不仅仅是组织者更是劳动的参与者；学习中，不仅仅自己努力学习，还和学习需要帮助的同学成为朋友，鼓励他们；班委会上，尝试着更多地尊重每名班委的提议，发挥他们的主动性。在学校的各种活动中，孩子慢慢成熟长大，渐渐被同学老师认可，自己也更加快乐。

校风是一个学校的灵魂。北京七中是一所有着悠久历史和优良传统、办学质量较高的普通完全中学。正如七中校长说的那样，七中的每一名孩子都是一颗无与伦比的钻石。七中的每一名教师都是钻石的发现者和欣赏者，you are my diamond，you are our diamonds。我们要用爱与智慧搭建多元化的舞台，让每一颗钻石都发出耀眼的光芒。学校为学生开设了心理健康、社会实践等多种课程和活动，为家长开设心理讲堂。在一次次和班主任、任课教师的倾心交流里感受到学校对学生"人格健全、儒雅宽厚、会选择、敢担当、具备可持续学习力与可持续发展力"的塑造无时无刻不在进行。

家庭和学校合作有利于激发学生学习的动力。学校和家庭相互协调，将发挥最大的教育功能。当学生感到老师和家长在为发展而协同努力时，他们会因此而受到极大的鼓舞，产生向上的动力，激发成就感，并最终转化为进取的实际行动，很大程度上满足孩子们心理上受关注的需要。马卡连柯说："家庭是社会的一个天然的基层细胞，人类的美好生活在这里实现，人类胜利的力量在这里滋长，儿童在这里生活，成长着——这是人生的主要快乐。"孩子良好的人格和思想塑造必须要有良好的家风熏陶和积极的学校教育，二者相辅相成，缺一不可。

专家点评

家风对孩子来说，就像是物理学上的"磁场"，生活在特定的家风中，耳濡目染，潜移默化，孩子就会不知不觉地按照家风所指引的方向前进。家风好，孩子必然会朝着家长所期望的方向发展；家风不好，孩子也会朝着家长所期望的方向发展。良好的家风熏陶和积极的学校教育相互配合，形成合力，会对孩子的成长发展发挥"一加一大于二"的效果。

96. 讲述家风事

北京市第十三中学附属小学家长　杨　磊

中国是礼仪之邦，上下五千年文化传承至今，被每一个中国人铭记心中。偌大的文明古国的背后是数以万计的家庭支撑，而每个家庭都有家训、家规、家风。岳母刺字能体现出好的家风能成就一代名将，好的家训、家规、家风不仅承载了祖祖辈辈对后代的希望与鞭策，也同样体现了我中华民族优良的民族之风。良好的家风是我们创造美好世界的第一步，它影响着一个人的一生。

我是土生土长的北京人，从小父母就教育我要谨记"己所不欲，勿施于人"，"勿以善小而不为，勿以恶小而为之"。在年少懵懂时不明白这两句话的意思，通过成语字典的查询明白了大概意思，我时刻将此话记在心间，也是从那时起这两句成了我家的家训，家风也是围绕着这两句话而展开的。

转眼之间，我已为人父。随着孩子一天天地成长，我们做父母的也在适应这个过程。一转眼孩子已经6岁了，由于生日小的原因还没有上学，我们也趁着年假带着孩子出去玩一下，毕竟还有几个月就要上学了，我们不想耽误孩子的学习。我和她母亲商量好了准备带她到东方明珠——香港去玩玩，准备好行程我们就出发了。香港是国际化大都市，与我们生活的北京完全不同。我们带着孩子去了迪士尼、海洋公园、维多利亚港、太平山顶等多个景点游玩。在5天的行程里孩子玩得很开心也很懂事，没让我们跟她着急。但是在我们准备离开香港的时候发生了一件事情，虽然我们后来知道是我们家长冤枉孩子了，但是我还是通过这件事把我们的家训传递给了孩子。

5天的游玩时间非常短暂，转眼间我们就要准备回北京了。我们到达了香港国际机场。机场免税店有各种琳琅满目花花绿绿的商品，我们也带着孩子开始选购。走到一家卖巧克力的店铺前，孩子妈妈知道孩子喜欢吃巧克力，我们准备进去选购一些带回家给孩子吃。门口有位售货员手里举着托盘有试吃的巧克力，我和孩子妈妈都没要试吃的巧克力，但是售货员给了孩子一颗试吃的巧克力，我们的精力都集中在挑选商品上也没有注意，经过一段时间的挑选我们选好了商品，服务员将商品打包好，付过钱我们三人走出了店铺，就在刚走出店铺的时候孩子从兜里掏出来一个我们选购的巧克力，说道："爸爸妈妈买好的都包起来了，我一会儿可以先吃这个。"孩子妈妈一看到孩子手中拿着跟我们买的一样的巧克力就认为是孩子在我们选购时从货架上拿的装在自己兜里了，就说道："你怎么能拿人家的东西呢？"孩子委屈地说道："我没拿，是阿姨给我的"。我们没有看到包装商品的售货员给孩子拿巧克力啊！孩子妈妈看了我一眼说道："这样不行，要给人家送回去。"于是我们走进店里，从孩子手中拿过巧克力找到为我们打包的售货员说："不好意思孩子刚才拿了一个，我们给您还回来。"孩子这时委屈地说道："我没有拿，是阿姨给我的。"我当时心里想这孩子怎么这样了呢！就在我们都愣神的时候，刚才在门口发试吃的那个售货员过来了，说道："这个巧克力是试吃的，是刚才我给小朋友的。"我们到此时才反应过来是我们冤枉了孩子，孩子这时委屈得都要哭了。我们用最短的时间安慰了孩子，那两个售货员也说我们这样的家长少，这样教育孩子的更少。在登机口候机时我把孩子和她妈妈叫到我身边，我们两个大人先跟孩子赔礼道歉，然后我给孩子讲了"己所不欲，勿施于人"，"勿以善小而不为，勿以恶小而为之"这两句话并将含义告诉给了孩子。孩子听明白我说的话后点了点头，我很欣慰，我对孩子讲，如果因为一个东西小就拿了，拿惯了就变成偷了。孩子还是有些委屈一头扎进我怀里。

这件事情让我将家训传递给了孩子，同时又让我们明白了一个道理，我们所看到的也许并不是我们想象的那个样子，只有跟孩子有了沟通才能了解事情的真相，了解了真相就不会冤枉孩子了。从这件事以后，我们凡事发现孩子有问题的时候都是先通过沟通来了解事情的真相，然后再给孩子摆事实、讲道理。

少年强则国强，孩子不光是我们家长的希望也是国家的希望，民族的希望。真心地希望所有家长都能将自家的家训在适当时机传递给我们的孩子，也希望家长能真正走进孩子的内心世界。

专家点评

"勿以善小而不为，勿以恶小而为之。"这是我们中华民族的传统美德。从这位家长讲述的这个故事中，可以清楚地看到，这个家庭家风是正的，家长对孩子的要求也是很严格的。值得充分肯定。但家长在教育、管理孩子的过程中，也要先把实际情况了解清楚，不能靠"想当然"做出结论。免得在无意之中制造"冤假错案"，伤害了孩子。

97.
家风传承与践行二三事

北京市西城区德胜少年宫家长　郝大鲲

都说"家长是孩子的第一任老师",多年后,身为人民教师的我回忆起来,在我人生性格形成期的关键阶段,朴素节约、勤奋严谨的家风对我的学习和工作都产生了深远影响。

我的童年是在外公家度过的。外公外婆都是知识分子,20世纪50年代外公以新中国第一届"副博士研究生"的学历考入中科院,分配至古脊椎动物研究所工作,偕外婆赴京,外婆在北京中医院肝病科任职。小时候,外公经常给我讲起当年刚到北京时家里的情形:两个人,两套行李,两副碗筷,家徒四壁,白手创业。外公少年时经历过日本侵华战争,流离失所,衣食无着。60年代初,又赶上三年自然灾害,家里连基本的口粮都难以为继。所以在我的记忆里,家里对于生活上的细节要求是十分严格的。吃饭时,外公经常把我抱在膝头,拿着筷子把碗里剩下的米饭一粒一粒地喂给我,并把"谁知盘中餐,粒粒皆辛苦"这句诗解释给我听。长大以后,每每外出就餐,我总是把桌上的饭菜尽可能地吃光,有时还被朋友们取笑:"没吃过饭啊?""饿死鬼托生!"等等。每当此时我都微笑不语,儿时爷孙共餐的温馨画面浮现心头……时至今日,党中央又号召全民节约,一时间好像杜绝浪费又成了时髦的社会风气,由此我也算是"从小赶时髦"了。

外公是搞古生物的,是享受国务院特殊津贴的专家,在本专业之外还十分爱好古诗词及文史研究。岳飞的《满江红》、文天祥的《过零丁洋》等我都是从小听他吟诵,更爱听他讲这些诗词背后的历史故事。这些早期教育不仅使我懂得了"国家兴亡,匹夫有责"的道理,立志做一个对国家、社会有用的人,更重要的是使得我明辨了是非善恶,在为人处世中严于律己,宽以待人。为人父之后,我也经常给自己的孩子讲述这些故事和其中蕴含的人生哲理,希望能把民族传统文化中的精髓传承给下一代。

身为学者,外公的书桌上总是摆放着厚厚的一叠手稿,即便是草稿,也是字体工整,各种标注、修改井然有序。外公的书房里存放工具书的书柜占了一面墙。我至今还记得第一次在《辞海》编委的名单中看到外公名字时内心的激动和自豪,那时电脑还不普及,课余捧着《辞海》查阅各种感兴趣的词条成了我最大的乐趣。

现在,我已养成了遇到不懂的知识和词汇,随时随地通过各种方式查询的习惯。作为一名器乐教师,我也力求秉承外公治学严谨的学风。每次给学生布置一首新乐曲,我总是要求他们首先查找作者生平、风格流派等,在此基础上再开始识谱、练习。我始终坚信,不论从事什么职业,只有热爱并尊重自己的专业,把工作当学问去做,才能有所成就,而不是单纯的养家糊口。

我的思考:《左传》中曾提出"人生有三不朽"的著名论断:"太上有立德,其次立功,其次立言,经久不废,此之谓三不朽",其中以"立德"为"太上"之位置。在当今经济高速发展的社会背景下,人们的头脑不断被各种意识形态冲击,高科技犯罪、贪污腐化案件、网上造谣诽谤、因一念之差而报复社会的案例层出不穷。究其根本,这些人的童年往往都是缺乏家庭温暖或受到过不良引导,而造成了"德"的缺失。"父母是孩子的第一任老师",家庭是社会结构的基本组成单位,作为一个曾经的孩子,现在的家长,在平凡的家庭生活中我们都要身体力行地履行基本的教育义务,首先把孩子教育成为一个正直的人,才有可能进一步"立功"乃至"立言",推动社会发展。

专家点评

家风对家庭成员的影响是无意识的。越是无意识的影响,对人的影响就越深刻,会渗透到血液里。老一辈人所建立的优良家风是非常宝贵的精神财富,晚辈人应该继承下来,传递给下一代。这就像自然界的水一样,一定是从高处向低处流,不可逆转。

98.
朴素家风伴我成长

北京市西城区德胜少年宫家长　郭雪燕

家风既像陈年老窖，醇厚绵长，又像江南春雨，润物无声。古往今来，流传着无数脍炙人口的家风家训故事，给人以启迪和教益。幸运的是，我的父母，以及我爱人的家庭，虽然很普通，但都给了我良好的家风传承和感染，让我受益良多。我的女儿出生后，也受到"润物细无声"的家风熏陶，默默地成长。

俗话说，"百善孝为先"。孝道是中国传统文化的重要内容，也是家风传承的重要部分。我父亲在孝敬长辈方面给了我很好的言传身教。我的祖母长期跟我的大姑生活，20世纪60年代中期，父亲从参加工作的第一个月起，每月都从工资中拿出15元寄给祖母，当时他每月工资不到30元。随着工资的增长，给祖母的月赡养费也逐步增加，到20世纪90年代中期我读大学时已增至每月200元，大约占父亲工资的四分之一，而我们一家三口主要依靠他的工资生活。看到家里生活并不宽裕，但父亲雷打不动每月给祖母寄那么多钱，我有时不理解，父亲只是用"没有奶奶哪有我"这句质朴的话语来解释。后来我和爱人谈恋爱期间，有一次祖母来家里小住，他主动给80多岁的老人洗脚、剪脚指甲，这个小小的举动让我很受触动，也让我从心里认准了就选择他。我们结婚至今16年了，我父母一直跟我们一起生活，爱人时时处处敬着他们，从来没有跟他们红过脸，哪怕受了委屈也毫无怨言。将心比心，我对远在湖北乡下的婆婆也很体贴，只要没有特殊情况每年春节都跟爱人和孩子回去团圆，也从来没有让婆婆缺钱用。听婆婆说，村里的人都羡慕她有个孝顺达理的城里儿媳妇。

"历览前贤国与家，成由勤俭败由奢。"我家长辈对这句古训深信不疑、践行不移。我母亲是出了名的勤快人，在我上小学时，父亲在离家四百多公里的外地工作，母亲一个人在老家镇上操持家务，一天到晚、一年四季很少得闲，但她从来不叫苦叫累。后来父亲把母亲户口迁到城里，母亲仍然闲不住，做起饮食小吃生意，起早贪黑、风吹日晒，特别辛苦。我经常劝她不要那么辛苦，可她总是不听。父母一辈子节俭，从来不乱花一分钱，不浪费一粒粮食。如果看到谁在饭桌上糟蹋饭菜，他们就会用"想当年过粮食关……"来进行传统警示教育。季节转换的时候，我每要给父亲买一件应季衣服，总是遭到他的拒绝，有时"先斩后奏"买一件回来，往往也因为拧不过他不得不退掉。父母对自己是能省则省，但对需要帮助的人，一点也不小气。亲戚朋友谁家有困难，他们得知后总是慷慨解囊，从来不考虑人家还不还。在他们的影响下，我也习惯了勤俭过日子，不敢随意浪费。

"忠厚传家久，诗书继世长。"我们家世代把忠厚本分作为做人根本。曾祖父是读书人，地方开明乡绅，为人忠厚仁义、乐善好施，受到乡里称颂，老家镇上至今仍流传他的贤德故事，地方县志上也有关于他的记载。祖父响应国家号召，积极投身到西南三线建设中，把自己的青春和生命贡献在了他热爱的土地上。到了父亲这一辈，虽然书读得不算多，但忠厚本分的传统一点儿没有丢。在他看来，"为人不做亏心事，半夜敲门心不惊"，不贪不占公家便宜是本分所在。早年他在地级粮食系统工作，那可是计划经济年代"油水"比较多的单位。虽然不是共产党员，但父亲对自己要求严格，在廉洁奉公上一点儿不比党员差，从来没有利用职务便利为家里谋取一张粮票或是半斤米面。我爱人在军队总部机关工作期间，父亲经常提醒他要努力工作、廉洁谨慎，不要让领导操心、家人担心。我爱人也出生在一个忠厚本分的家庭，公公是闻名方圆十数里的厚道仗义人，他的两个儿子都性格耿直，质朴善良。受家庭影响和基因遗传，我和爱人都思想单纯、清澈见底，不喜矫揉造作、曲里拐弯。有时我们开玩笑，说："不是一家人，不进一家门。"在我们看来，为人要坦率，做人要简单，待人要真诚。只有这样，心才不累，生活才踏实。

非常有幸生长在这样一个有着传统朴实家风的家庭，让我从小就学会什么是真善美，给我播下了正确人生观、价值观的种子。随着时代的变迁，家族文化、家庭结构、家教方式也发生了变化，但传统家风永远不会过时。我们有责任把家风传承下去，让我们的孩子从小学会知耻明理、崇德向善，成为一个大写的人，一个对社会有用的人。

专家点评

这位家长说得好："家风既像陈年老窖，醇厚绵长，又像江南春雨，润物无声。"这一是说，优良的家风就像是传家之宝，千万不能丢弃，要代代相传；这二是说，优良的家风就像是甘霖，久旱遇雨，沐浴万物，润泽人的心灵。生活在具有优良家风的家庭是幸运的，也是幸福的，应当特别珍惜。

99. 家庭教育点点滴滴

北京市西城区奋斗小学家长　王朝霞

作为父母，家庭教育是一门深奥的学科，我们从为人父为人母的那一天起便开始了探索性的学习，并且是持续性的学习。女儿今年9岁了，在这九年中，总结了一些心得与大家分享。

首先，以良好的家风，和谐的家庭环境，为孩子创造成长的土壤。父母的一言一行便是孩子的第一本教科书。品德教育和心理健康教育尤为重要，这里给大家讲几个生活小故事。孩子的爷爷奶奶退休后，在自家院中梳理出一块小菜园，春耕秋收，一年四季供全家人吃食。每到春分时节，周末就带着孩子去菜园翻地培土、播种施肥；夏至前后，拔草除虫、浇水间苗；七八月份，顶着烈日、淌着汗珠、收获果实。孩子从中体会到了辛苦，更懂得珍惜食物，养成了不浪费、不挑食的好习惯。一年夏天，奶奶偶然在小菜园的杂物棚里发现了一大六小共7只流浪猫，并且6只小猫刚出生不久。奶奶毫不犹豫地为它们搭了窝棚，爸爸立刻去买了猫粮和鲜奶来喂它们，妈妈也很友善地与猫咪嬉戏。孩子看到了大人们收留流浪猫的举动被深深地感染了，经常喂食流浪的小动物，还把小鱼、小乌龟放还到河里，希望它们自由自在地快乐生活。寒假的一天，舅舅家的小哥哥来家里玩儿，突然听到"哗啦"一声，妈妈不知发生了什么赶紧跑过去看，两个孩子都还惊魂未定。原来是哥哥把球踢到了一幅镶着玻璃框的画上，玻璃粉碎。小哥哥吓得说不出话，雨若虽然也是第一次经历"闯祸"事件，但毫不犹豫地对妈妈说："踢球是我的主意，把玻璃踢碎不怨哥哥。"当时妈妈为他们的不安全行为板了面孔，其实心中为女儿的有担当而窃喜呢！也许因为姥爷是当年的"老八路"，孩子从小是听着姥爷唱的"三大纪律八项注意"等革命歌曲长大的，所以没有乱要东西的习惯。当然必需品或者有意义的玩具爸爸妈妈会主动提供。虽然是女孩子，但对于穿戴类的几乎没有要求，这是很让家长欣慰的！这些生活中的点点滴滴培养了孩子勤劳节俭、善良友爱、勇于担当、乐观开朗的优良品质。

其次，素质教育是在孩子成长过程中不断面临的问题。如今的孩子都是蜜罐里长大的，不敢面对困难，缺乏毅力，这是他们健康成长的绊脚石。我们一边给孩子讲自己小时候的各种经历，一边鼓励帮助孩子在遇到困难时敢于面对，勇于挑战。女儿从5岁开始学习游泳，当孩子很快度过了好奇期，面临专业教练的严格要求以及逐渐提高的难度和强度时，曾经出现过一段时期的强烈抵制情绪。教练无从下手，在一旁的妈妈表现出了无比的坚定，今天的课程必须今天完成，没有丝毫妥协，同时鼓励她相信自己的能力，相信自己是最棒的。自此之后的四年里，她学会了四种泳姿，经历了更大的体力极限，也从未退缩。教练也不禁称赞她具备了运动员的拼搏精神。孩子自小对音乐有浓厚的兴趣，便学习弹钢琴。众所周知，练钢琴是枯燥无味的，尤其是在考级前的练习。那么为什么要让孩子考级呢？我们的想法就是让她去经历面对这一级一级的挑战，首先考核一下自己的水平程度，真正的目的是锻炼她的坚强意志。在这次七级考级之前的一个月，孩子几乎是放弃的状态，毫无信心。通过第一次的面对面的正式谈话，孩子有了转变。家长先鼓励再"刺激"（自家娃还是比较了解的，她属于要强型的），让孩子坚定了决心，而后便是每天的耐心陪练。当得知顺利通过的消息后，我们看到了孩子脸上洋溢出的那种发自内心的喜悦，而后她跟妈妈说："妈妈，我真的行，我成功了！"这两件事对孩子的影响很大，现在她不会在困难面前驻足退缩，对自己信心满满，作为父母何尝不为此欣慰呢！

孩子现在三年级，已经有了一定的学习习惯和学习方法。但有时难免贪玩拖拉，对家长有依赖。我们给孩子制定了学习计划，要求她今天应该完成的事情，绝不能等到明天来做。这样课内课外的功课就能有条不紊地完成，形成一个良性循环，久而久之，她自己就有了良好的学习习惯。在学校还能帮助老师和同学做一些工作。

总之，家庭是圃，孩子是苗。家风家教如同雨点，"随风潜入夜，润物细无声"。小苗只有在雨露的滋润下才能健康成长。孩子的成长之路也许有更多的蜿蜒，但我们会如影如风地呵护相伴！

专家点评

长辈的言行举止给孩子做出了好榜样，父母的严格要求激发出了孩子的内驱力。"家庭是圃，孩子是苗。家风家教如同雨点，'随风潜入夜，润物细无声'。小苗只有在雨露的滋润下才能健康成长。"这位家长对家风熏陶的价值和家庭教育重要性的认识是很深刻的。

100. 不忘初心,牢记使命——家风

北京市西城区北师大二附中西城实验学校家长　杨　青

家风是一个家庭在世代传承中形成的一种较为稳定的道德规范、传统习惯、为人之道、生活作风和生活方式的总和,它首先体现的是道德的力量。

我们家是个大家庭,十多年来一直其乐融融。从小爸爸妈妈就教我们要有孝心,要尊老爱幼,他们自己也在身体力行我们中华民族的传统美德——孝道。

中国是礼仪之邦,五千年的文化传承至今,深深铭刻在中国人的心中。每个家,都有家训、家规、家风。俗话说得好:"无规矩不成方圆"。从孟母三迁到岳母刺字,好的家训、家规、家风不仅承载了祖祖辈辈对后代的希望、对后代的鞭策,也同样体现了中华民族优良的民族之风!

我家的家风是:以德立家,以德治家。家规是家风的具体体现。我家的家规是:主动向长辈问好;互相尊重彼此;路上捡到钱包等贵重物品必须上交;自己的事情自己做;作业做完了才有娱乐时间;当天的事情当天做,不能拖拉;每天都要运动(至少一种)。从小,家长就要求孩子做到,好的规矩,成就了孩子现在的成绩。

我生活在一个普通老百姓的大家庭里,我家孩子从小学习书法,自从学习书法以来,每年春节都要书写春联送给社区的孤寡老人。每当拿着自己书写的春联送给社区的爷爷奶奶,并且亲自帮着爷爷奶奶一起贴对联,那种喜悦和成就感不言而喻,每次都能得到爷爷奶奶的好评和赞美,所以这么多年能坚持下来的原因不光是得到赞美,更重要的是帮助了需要帮助的人,同时也提升了自己的写字水平和自信心。

在传统美德方面做得也还不错。平时生活中,孩子表现好的方面我们会给予奖励。从小教育孩子要勤俭节约,要知恩图报。在一次学校的捐助活动中,学校邀请了贫困地区的孩子来学校参观学习,孩子毫不犹豫地把成套的课外书籍都拿到学校送给了这些孩子们。看到了自己的学习环境和生活条件比这些孩子优越了很多,所以决定拿出自己的零花钱资助一个贫困同学。被资助的这个同学因为父母不在身边,长期住校,家庭非常困难,没钱买学习用具,穿的衣服也非常破旧,孩子把省下来的零花钱

寄给班主任，买一些学习用具和生活用品。这期间，俩孩子互相鼓励互相学习，一起进步。被捐助的孩子学习进步非常大，在班里每次考试都是名列前茅。通过这件事，孩子懂得了什么叫助人为乐，什么叫互帮互助，从中学到了很多平时书本上学不到的东西。

良好的家风是优良品质在家庭中的积淀和传承，是家庭留给每个成员的宝贵精神财富，古有仁义礼智信，今有勤孝谦和思，良好家风因背景各异，也各有千秋：或仁爱宽厚，父慈子孝，兄弟和睦，邻里友爱；或克勤克俭，常怀一粥一饭来之不易之念，靠勤奋兴家聚业，讲节约精打细算；或本分做人，不为富动，尽职敬事，诚信待人。以上种种，在无形中影响着家人，让子女终身受益，其价值取之不尽，用之不竭。

良好家风的形成绝非一朝一夕之功，需要长期的熏陶与积淀，应该加强教育，反复训练，注重养成，成为每个成员的自觉意识和行为。从上一年级开始，孩子就坚持给奶奶打洗脚水。因奶奶膝关节做过手术，腿脚不是很方便，最开始时是爸爸坚持每天给奶奶打洗脚水。在一次爸爸下班回家晚的一天，奶奶自己一瘸一拐地端着洗脚水，水洒了一地，被孩子看见了，主动上去给奶奶帮忙。从那以后，孩子就把每天打洗脚水的事承担了下来，这期间，孩子一直觉得很开心快乐，觉得这些事是她尊敬长辈应该做的。孩子觉得应该每天从小事做起，从自己做起。

良好家风一则要有意识地去培育养成。要明白代代相传的不仅是家财和地位，更应该有内涵和精神。把老一辈留下的美好品德和作风接续下来、传递下去，是造福当代、惠及后人的大事，接力棒在手，我自有责任，让良好家风薪火相传，发扬光大。

二则要在家庭中营造崇尚学习的气氛。古人讲，"非学无以明志，非学无以广才"，知书才能明礼，学习就能升华。要让家里多一分书香气，茶余饭后，看看书，读读报，谈天论事，让家人从中得到更多的教化和启迪。当然，家庭的学习不同于组织，不需要有计划地开展什么活动，但培养家人的读书情趣，在幽静的家庭环境里畅游书海，总能给人心情恬淡的意境，使人有所收获，有所感悟。

三则长者要做好传与带。家长是塑造孩子的无形力量，耳濡目染影响着孩子世界观的形成。你的穿戴、举止、观点、待人接物等，无不对孩子有着潜移默化的影响，上行下效，近朱者赤，近墨者黑，这样的道理应当人人都明白。

四则要创造和谐文明的家庭环境。居家里外，干净、明亮、整洁、有序。去朋友家串门，有的家庭还很注意家风家教文化，悬挂着激励感人的家训格言，如"积金积玉不如积书教子，宽天宽地莫若宽以待人""敦行致远，吃亏是福""家和万事兴"等等，让人置身其中，产生良好的心理状态，一种清新雅致的感受油然而生。

好家风就是一所好学校，其教育的方式就渗透在方方面面的密切接触里，谆谆诱导，亲切教诲，热情鼓励，严格要求，无不影响着家庭的每个成员，并且影响到邻里和社会。让大家都来关注家庭文明建设，给社会留下一片和谐、一片温馨。十九大提出不忘初心，牢记使命，为实现中华民族伟大复兴的中国梦而不懈奋斗！传承文化精华、弘扬时代精神。让我们接受红色精神的洗礼，激发我们内心深处对健康向上、积极进取的文化追求，增强我们爱家、爱国的情感，激发我们为中华之崛起而读书的拼搏进取精神。

> **专家点评**
>
> 这位家长对家风的认识是很深刻的。家风主要是侧重道德品质层面，而道德的功能就是调节人与人之间的关系。大家庭能够生活得和睦、幸福，靠的是优良家风的维系。优良家风的形成、延续、发扬光大、薪火相传，要靠家长有意识地培育、传递。要形成良好的社会风气，首先要从自身做起，从每个家庭做起。

101.
借力书法　培养耐力

北京市西城区德胜少年宫家长　宋　群

洁白无瑕的宣纸上突兀滴落了一滴残墨，缓缓地扩散开来，在纯白的世界里，它乌黑的身影是那么刺眼，仿佛惊醒了专注摹帖的儿子。见此，儿子惬意地笑了，自嘲道："今日出师不利。"看着他静心调整墨宝、换上新宣纸，我思绪万千，眼前浮现出十年前那个坐不住的小男孩。

儿子是个天生活泼的孩子，快上小学时我发现他做事的耐心不够，常常做一会儿这个又去干了那个，结果哪一项都没有完成好。于是我和儿子沟通，带他观摩少年宫的书法课，没想到，儿子对毛笔蘸墨在宣纸上留下印记特别感兴趣，我于是引导他成了少年宫书法班的一名小学员。

也许是机缘巧合，儿子从走进书法天地的那天起，便和它结下了不解之缘。他看到学长们临摹的优秀作品，常常流露出羡慕和向往的神情；他惊叹书法老师娴熟的书法功力，独树一帜、自成一体，对我说希望自己有一天也能气势如虹地挥毫泼墨，写一手好字让人刮目相看。于是我鼓励他从基础笔画学起，横、竖、撇、点、钩，一丝不苟，坚持不懈地耐心模仿练习。俗话说，"拳不离手，曲不离口"，写字也一样，儿子在我的引导和鼓励下每天坚持练习，从不间断，渐渐养成了甘于寂寞、心存耐力的好习惯。每当儿子完成学校的作业，便欣然铺开宣纸，移笔蘸墨、定心静气地挥洒自如起来，那神态仿佛沉醉于雅致悠远的黑白世界之中。

这一练就是12年。

学书法之路并不一帆风顺。儿子从楷书入手学习了几年，后来他听闻书法界有句名言："学楷，法宗四家（颜、柳、欧、赵）；学行，法宗二王（王羲之、王献之）"，顿觉自己在楷书上下了太多的功夫，再一板一眼地写下去太枯燥了，于是"弃楷从行"，开始了在行云流水中探寻，模仿行书字笔画的粘连和自在洒脱。无论我怎样给他讲打好基础的重要性他也听不进，那个没有耐心的毛病好像又回来了。有一段时间，儿子又迷上了书圣王羲之的《兰亭序》，全篇28行324个字，他得意扬扬地拿给书法老师看。让他没想到的是，老师看着他临摹的《兰亭序》说："还是回去再练练楷书吧。"儿子不服气地追问为什么，老师回答了四个字"空有其型"。原来如此！杰出的作品都是有灵性的，儿子写的既没有行楷的柔中带刚、刚柔并济，也没有行草的龙飞凤舞、笔走龙蛇，归根结底是楷书功底还不到位。儿子心悦诚服地告诉我，的确应耐下心来打好基础才行，我也暗自庆幸儿子在学书法爬坡的过程中历练了"耐力"的浇铸。

学书法，入门容易学好难。书法不仅是书写技能，更是一门艺术，是传统文化中的瑰宝。儿子听从了老师的建议，决定重修楷书。中国文字从甲骨文、金文、篆书、隶书一路走来，楷书的流变丰富多彩，最夺人眼球的是魏碑书法。一年暑假，我专门带儿子参观了洛阳石窟，那里至今保存了许许多多的碑刻题记书法作品，其中的《龙门二十品》就是魏碑的精华。我们欣赏着它刀砍斧劈的方硬笔法，也倾心它棱角分明、笔姿浑厚的风格。于是在儿子学书的第二个阶段里，他继续保持着耐力，日复一日地临摹、读帖，钻研学习，拿出自己认为满意的习作向老师请教或与学友交流。儿子在学习书法的过程中，不仅埋头练习，还多次参加各类比赛和笔会，最近的一次是在"抗日战争胜利暨反法西斯胜利70周年"前夕，儿子写的《重过泸定桥》和毛泽东诗词《娄山关》两幅书法作品以及篆刻作品《长征》，连同我写的文章《儿子你真棒》一并刊登在2016年10月30日《北京晨报》A15版上。

近两三年，儿子在学写隶书的同时痴迷上了篆刻。他利用课余时间从网上购买了刻刀、石料，自学了入门参考书，便摸索着动起手来。

学篆刻一样要有耐力。因为篆刻不仅要学习刀法、技法，需要书法功底，还要坚持不懈地雕刻练习。看着儿子的手指因为握刻刀而磨破、愈合，再磨破、再愈合，最后在右手中指形成厚厚的茧，我真是心疼，但儿子自豪地说："这是练习的杰作！"有时还给我讲篆刻知识，让我暗自惊讶的是儿子竟然默默地自学了不少与篆刻相关的理论知识，我知道他一定进行了长时间的自学。儿子搞起篆刻很有耐心，他给家人、伙伴刻名章，还在教师节送给老师做礼物，既表达了祝福又展现了个人才气，同时练就了耐力。

现在儿子已经上了高三，依然是学业、爱好两不误。学书的经历练就了儿子的耐力，养成了他甘于寂寞、专时专用、讲究效率的好习惯。作为家长，我认为不论在人生的哪个年龄段，若想有所作为，就必须具有守得住寂寞的耐力，有了这种品质，才能坚定不移地向终点进发，成就人生的辉煌。

那滴落在纸上的残墨终于干透了，在洁白如玉的天地中，它变成了一朵婆娑起舞的小花，不再那么刺眼，却撩动起儿子珍惜时光，练就耐力、奋发向上的志向！

专家点评

书法是我们祖国传统文化宝库中灿烂的明珠。引导、培养孩子学习书法，能够写出一手好字，这不仅有利于提高人的文化素养；在练习、学习的过程中，还会有更为重要的收获，诸如磨炼人的性格、气质，培养耐心、刻苦、沉稳、细心、意志、毅力等优良品质。在学习书法中养成的优良品质会迁移到其他各个方面，成就辉煌人生。

102.
忠厚传家久，诗书继世长

北京市第十三中学附属小学家长　韩西霞

儿子你好！第一次给你写信，感到有千言万语说不完的话，借这次主题"家风故事"征文活动，把想说的话写给你。

从爸爸的爷爷说起吧。

爸爸的爷爷，也就是你的曾祖父，性格忠厚老实，天生喜欢看书，特别是医学方面的书籍，在书里学到了很多传统医学留下的药方，所以他后来成了一名农村"赤脚医生"，在20世纪60～70年代，咱们国家还很穷，教育和医疗条件都很不好。由于贫穷落后，生病的人也尤其多，所以他帮助了很多人。由于免费给别人看病，你的曾祖父成了闻名乡里的能人和大好人。

曾祖父也很有远见，他要求他的孩子也就是你的祖父（爷爷）一代，要本本分分做人、要老老实实读书、要多学文化知识，所以你的爷爷就成了光荣的人民教师（奶奶是代课老师）。爷爷同样要求了你的爸爸、大伯、姑姑。所以大伯和两个姑姑都是人民教师，爸爸要是不来北京的话，也是教师。

从你的曾祖父到你的爸爸，虽然说文化都不是很高，但世代忠厚、不忘读书、家庭和睦、儿女孝顺。从平时爸爸对待爷爷是不是能感觉到点什么？

再说说妈妈这边吧。

妈妈这边要从外曾祖父说起，也就是妈妈的祖父。

妈妈的祖上是从陕西韩城老家出来一路辗转，经商做生意，经过几代人的奋斗到爷爷那辈，在天津开立家族货栈，与国外做易货生意，并定居北京。你的外曾祖父接受了中国正统私塾教育，之后又到日本留学商科，经历了事业跌宕起伏，以及战争时期社会巨大变革，外曾祖父留下了"忠厚传家久，诗书继世长"的家训，并以此家训的排字顺序，给后代按辈分取名。因此，外曾祖父韩哲武，取字忠望（忠字辈）-外祖父（大姥爷）韩厚成（厚字辈）-舅舅韩海传（传字辈）-哥哥韩家彦（家字辈）。

虽然你是随爸爸姓不按此取名。但我们仍希望你能够通过家庭、学校教育，将这句话的内涵深深融入你的内心,继承"忠厚传家久,诗书继世长"家训,并用实际行动传承这一家训。

"忠厚传家久,诗书继世长"是从德、知两方面言说了人们应该坚守的立身处世之道。"忠厚传家久"是指人在品德方面的修为,强调只有忠厚才能传家;"诗书继世长"强调文化知识在家族传承中的作用。书中的道理教育了一代又一代人,而人类积累下的宝贵知识又是通过书本一代又一代流传开来,长久不息。现在对你说这些,对于刚上小学的你来说,也许还不能完全理解,简单来说就是希望你能够做到两点:

一、做忠厚善良之人。记得上学后第一次开家长会老师也提到了培养孩子的理念——善良。这和我们的教育理念不谋而合,是巧合吗?不是,因为善良是做人之根本。内心的宽厚与善良,是成为快乐、幸福之人的基础。

正直、善良、忠厚的人也绝不会缺少朋友。我生长在大家庭,虽然是独生女但也从不缺玩伴。因此为了你的童年不孤单,从你2个月起,我们就和邻居小朋友们成了每天一起成长的好朋友,皮皮、小鱼、爱霓……虽然上学后我们聚少离多,分在不同学校,但是直到现在,我们每周都能和小朋友聚会,玩耍,交流上学后的学习心得,相伴成长!你的童年不缺少玩伴,希望你长大后无论顺境还是逆境,也有人倾听你,陪伴你!

二、做有文化的上进之人。有人说选择比努力更重要,但是选择的资本是什么呢?仍然是努力!努力学习,锻炼能力,勤于思考,才能善于思考,在面临人生抉择时,才能做出正确而有远见的决策。特别是经济、科技发达的今天,知识、文化底蕴是思考力的源泉。从你婴儿期,我和爸爸就开始给你读书,每天睡前必读故事的习惯一直延续到今天。本学期老师在班里开展了"背古诗"和"读书与语文实践活动展示"两项非常好的主题活动。前者既是对你文学底蕴的积累,又给予你一把打开华夏宝库的钥匙。后者要求不但要读书,而且大家一起通过画画分享读书感想,既锻炼了思考能力,又锻炼了语言表达能力。我们希望你能争取并珍惜每一次展示的机会,坚持下去,不断提升!

最后祝愿你成长为一个有能力选择人生的善良之人!

亲爱的妈妈

(也有爸爸功劳)

2017 年 12 月 14 日

专家点评

　　这位妈妈写给儿子的信，情深意长，字里行间饱含父母对儿子的殷切期望。利用写家书教育子女，是我国传统的教子方式。在传统社会，父亲在外做事或做官，妻子儿女一般都留在老家。但做父亲的不会因为子女不在身边，就放弃教育子女的责任，过去交通、通信不发达，就采取写家信的方法进行远程教育。今天，做父母的和儿女生活在一起，也可以利用写信的方式教育子女，子女可以反复阅读，加深理解父母的教诲。

后 记

这一套家庭教育丛书的诞生,凝结了我们做家庭教育者的辛苦,见证了我们走过的路程,也是我们这个团队几年来的坚持才有的成果。在实践与研究中,在探索与记录中,我们得到了很多专家学者的帮助与支持。在此,我们要特别感谢北京师范大学赵忠心教授的专业指导,他严谨的治学态度,对家庭教育全情投入的初心深深感动和影响着我,年近八旬带病为《我家孩子养成记——北京百位中小学家长教育启示录》(上)的每篇文章写点评,刚一出院又倾听我们的工作汇报,还给予很多的建议和指导。在此,还特别感谢北京市西城区教科院林春腾副院长的追踪指导和亲历关注,在每一个节点,她都会引领我走向更高。还特别感谢学苑出版社的任彦霞,她的严谨,她对事业精益求精的态度让我受益匪浅。在此,我还要特别感谢与我共同工作的课题组成员,他们富有成效的工作,不断进取的精神,都是我们继续前行的动力和不断创新的源泉,感谢大家!

荣飞雪

我与孩子共同成长丛书

我家孩子养成记

——北京百位中小学家长教育启示录（下）

主　编　荣飞雪
副主编　王燕彤

学苑出版社

图书在版编目（CIP）数据

我家孩子养成记：北京百位中小学家长教育启示录/荣飞雪主编. —北京：学苑出版社，2019.9

（我与孩子共同成长丛书）

ISBN 978-7-5077-5853-5

Ⅰ.①我… Ⅱ.①荣… Ⅲ.①中小学—家长工作（教育）—北京—文集 Ⅳ.① G636-53

中国版本图书馆 CIP 数据核字（2019）第 236609 号

责任编辑：	任彦霞
出版发行：	学苑出版社
社　　址：	北京市丰台区南方庄 2 号院 1 号楼
邮政编码：	100079
网　　址：	www.book001.com
电子信箱：	xueyuanpress@163.com
联系电话：	010-67601101（营销部）、010-67603091（总编室）
印 刷 厂：	北京工商事务印刷有限公司
开本尺寸：	787×1092　1/16
印　　张：	39
字　　数：	693 千字
版　　次：	2019 年 12 月第 1 版
印　　次：	2019 年 12 月第 1 次印刷
定　　价：	88.00 元（全 2 册）

编委会

顾　问：赵忠心

主　编：荣飞雪

副主编：王燕彤

编　委：（以姓氏笔画排序）

卫　春　马　青　王　昕　王　菲　朱　奎　刘玉新

刘　艳　刘　晶　刘瑞连　李庆元　杨　芳　杨　曦

宋　群　张　洁　张　瑜　陈　艳　陈朝晖　林春腾

周兆红　胡东华　胡晓峰　胡　颖　钟　闻　贾旭姗

徐永梅　高　军　郭　蕾　黄　葵　梁振毅

丛书序言

作为社区学校家庭教育课题组的负责人，无论是申报课题，还是组织主编这套家庭教育系列丛书，都是源于对家庭教育始终不变的情怀。记得刚进学校时，我还是一个19岁的年青班主任，但家长的泪水和苦恼、家长会后不散的围谈、家长电话中的喋喋不休，就督促我成了一名倾听者，成了一名努力去探索儿童世界的老师——我报考了北师大心理系大专班和研究生班。过往做大队辅导员、做德育干部，在处理学生问题的过程中，在与家长的接触中，总是能看到、感受到家长的困惑、焦虑、无奈，甚至那种强烈的无力感，这些都给我留下了深刻的印象。

后来我调到少年宫之后，在开办学前班中努力做家长学校的管理工作。2015年，北京市西城区教委正式给西城各少年宫挂牌——家长学校，从此圆了我做家长学校的梦想。我开始大张旗鼓地每周六做家长讲座、做沙盘治疗。我们的家长学校从讲座发展到亲子活动、家长沙龙、家教咨询，内容涉及的范围也越来越广，从直面学生的幼小衔接、青春期教育、时间管理、学习能力提高、职业生涯规划等，到后来的亲子沟通、情绪管理、做好妈妈、做好爸爸、隔代教育，不但涉及亲子关系，还涉及夫妻关系、婆媳关系。从每周开办的一两百人大讲堂到上下午联办的能和专家面对面的精品课堂，从在少年宫开办讲座到送讲座进学校、进幼儿园，从单一讲座到后来的"情绪管理"系列讲座、"家庭幸福密码"系列讲座，从到校与专家互动听讲座，到实现了家长课程直播回放，我们做到了每年上一个台阶。

在这之中看到家长感动的泪水、感激的笑容，就焕发出我们无穷的动力。我们为帮助到每一个家庭而欣喜，为家庭的收获而满足，为家长的进步感到高兴。为了与更多的家庭分享我们的成果，分享我们在家庭教育中的探索，让更多的家庭受益，我决定从做家长学校时就开始收集这方面的案例，请家长和教师共同记录成长的心得，于是就形成了这套丛书。这套丛书共分三个部分：专家指导篇《教养孩子的 21 个怎么办》、家长启示篇《我家孩子养成记》（上、下）、家校共育篇《好家长携手好老师》。

因为我也是一名普通的家长，切身地感受到家长困惑、焦虑之所在，了解那种面对孩子成长过程中各种问题的痛楚和彷徨，我愿意在这条道路上不断探索、不断前行。如果能借助这套丛书对各个家庭有所帮助和启迪，那将是我最大的欣慰。

荣飞雪

北京市西城区德胜少年宫主任

序 言

去年年底,学苑出版社的任彦霞编辑给我打来电话,说要出版一本北京市中小学生家长写的家庭教育经验、体会的书,书名为《我家孩子养成记——北京百位中小学家长教育启示录》。还说,如果身体状况允许的话,希望我能给家长写的每篇文章,分别做简短的评论,以提炼出经验、体会的精华。

我经常为要出版的家庭教育图书撰写序言。迄今为止,由我撰写序言推荐的家庭教育图书,不下百种。我撰写序言的家庭教育图书,其作者基本上都是从事家庭教育理论研究的学者、专家,或对中小学生、幼儿园孩子的家庭教育有研究的教师。这些作者,一般都具有从事教育工作的经历,指导过中小学、幼儿园的家庭教育,具有教育学、心理学的理论素养。

而《我家孩子养成记——北京百位中小学家长教育启示录》一书,是由普通中小学生家长撰写的。其中,绝大多数家长没有从事教育工作的经历,也不具备教育学、心理学方面的素养。这些家长写的书,究竟怎么样呢?

我为家庭教育图书撰写序言,从未有过没有阅读过书稿就答应撰写序言的。我向来是很负责任的,既为出版社负责,也为作者负责。出版社出版发行了"次品",会损害出版社的名声;作者出版了"次品",也会丢人现眼。

每次撰写序言,我都是先行认真审读书稿。我认为,达到出版标准的,我便答应撰写序言,予以推荐;若不够出版标准的,我便婉言谢绝。为此,我还得罪过一些作者。但我并不后悔。我是从事家庭教育理论研究的学者,是广大家长的朋友,我不能当那些不够出版标准的图书的"托儿",蒙骗家长的事不能做。

尽管我很忙,但我还是愿意帮助出版社尽量多地出版优质的家庭教育指导图书,支持我们的年轻父母认真总结教育子女的经验和体会。

我怀着将信将疑、惴惴不安的心情,打开书稿。

没想到,我一看,便给吸引住了,一鼓作气,用了一天一夜的时间把上百篇稿子一口气看完。一份份稿件,一个个家庭教育的鲜活经验,使我大开眼界,耳目一新。这些普普通通的家长,都是教育子女的有心人,在平时教育子女的实践中,总结出了一些相当有价值的经验,用朴实、清新的语言表达出来,很耐人寻味,读来深受启迪。

我边看,不禁边惊叹:"了不起,真是了不起!这么多教育子女的有心人!"在我的眼前,一代新型的家长出现了!他们正在默默地探索改善我国家庭教育的新途径,为开创一个社会主义家庭教育新局面在竭诚尽力。

尽管我的身体状况欠佳,但我还是花费了两个月的时间,为一百多篇家长写的家庭教育经验、体会文章,一一做了简单扼要的评论。把这些家庭教育的经验、体会,集中起来,公开出版,是一份极好的家庭教育教材,肯定会成为广大家长的良师益友,会推动全市乃至全国家庭教育工作的深入开展。这些文章行文流畅,亲切感人,篇篇都自然流露出父母对子女深沉的爱。每个家长的经验、体会,都是父母教育子女可以借鉴的良方。我深信,家长们得到这本书,肯定会爱不释手,反复阅读,细细品味,从中悟出教子成人、成材的真谛来。《我家孩子养成记——北京百位中小学家长教育启示录》一书,具有以下几个突出特点:

第一,这本书的内容很真实。

所谓"经验",即实践中获得的知识或感悟;"体会",即实践中得到的体验或理解。介绍经验、体会,必须得真实;编造的"经验""体会",迟早会露出破绽。这本书中所介绍的家庭教育经验、体会,是真实可信的,表现出作者坦荡的胸怀和高度的社会责任感,对读者真诚,有一说一,有二说二,不文过饰非,不藏掖躲闪,始终坚持实事求是。成功的经验是宝贵的,失败的教训也是财富。任何事物都是不完美的,不完美才是真实的。而越是真实的,可信度就越高,就越具有感染力和说服力。

第二,具有鲜明的时代特征。

当前,我们正在进行社会主义现代化建设,发展市场经济。这是前无古人的事业。处在这样一个社会环境中的家庭生活和家庭教育,都带有鲜明的时代特色。家长们在教育子女的实践中,遇到的种种实际问题,有中国传统文化的影响,但更重要的是当今社会现实环境的影响。因此,家长们在总结、介绍自己教育子女的经验、体会的时候,不仅注意到继承我们中华民族的优良的家庭教育传统,更切实针对家长自己在教育子女的过程中遇到的新情况、新问题，进行理性、科学的思考、总结，注意更新教育观念，抛弃旧观念，树立现代的教育思想。读者阅读此书，会有耳目一新的感觉。

第三，共性和个性相结合。

在今天的家庭教育实践中，家长们所遇到的问题，有的带有一定的普遍性。但每个家庭都是个别的，是特殊的。完全同样的家庭是不存在的，完全同样的孩子也是不存在的。家长们在书中，不仅介绍了家庭教育中带有普遍性的问题，还对一些比较特殊的家庭和孩子的教育问题做了介绍和论述，充分体现了共性和个性相结合。既满足一般家庭教育子女的需要，也对特殊家庭的子女教育有所启示。我想，一般家庭和特殊家庭，有普遍性问题和个别性问题的家长都可以从中得到帮助。

第四，通俗易懂，雅俗共赏。

这本书的读者是年轻父母。年轻父母生活经历不同，受教育的程度不同。这本书中家长的家庭教育经验、体会，使用的是一般家长能看得懂、弄得明白、理解得了的语言，列举了大量生动、鲜活的实例，既能满足文化素质比较高的家长的需求，也能适应那些文化程度比较低的家长的阅读能力。

这本书的一个重要特色就是，文化水平高的家长读起来不觉得浅，文化水平低的家长读起来也不觉得深。真正做到了通俗易懂，雅俗共赏，让人感到很亲切。

北京市这次征集了许多宝贵的教子经验，这仅仅是个开端，还有待于深化，还要更广泛一些。广大家长是教育子女的实践者，究竟怎样才能教育好子女，家长是最有切身体会的，最有发言权的。

我热切地希望广大家长，在教育子女的实践中，注意积累、总结一点一滴的体会，争取在不久的将来，再看到第二、第三本……这样来自家庭教育第一线的家长写的书。

赵忠心

（作者系中国家庭教育学会原副会长，中国教育学会家庭教育专业委员会名誉理事长，全国网上家长学校名誉校长，北京师范大学教授）

目录 Contents

第1章 家庭教育观点

1. 牢记责任，让孩子在快乐学习中茁壮成长 ······ 邢书才 003
2. 走进孩子心灵的教育才是真教育 ······ 任晓静 009
3. 做孩子的贴心朋友 ······ 王　容 012
4. 家长是孩子的镜子 ······ 冯　雨 015
5. 做孩子心灵的守护者 ······ 沈　贤 018
6. 疏，还是堵 ······ 吴慧敏 020
7. 相信孩子，欣赏孩子 ······ 王春发 022
8. 关注家庭，关注教育 ······ 青　鹏 024
9. 走心陪伴，关注成长，放眼未来 ······ 张嘉仁 027
10. 家庭教育，孩子的第一课堂 ······ 高西洋 030
11. 孩子教育从德做起 ······ 李　蜀 033
12. 做严格有度、宽容有格的好家长 ······ 段晓静 036
13. 我的家庭教育观点 ······ 王　爽 039
14. 从兴趣出发，给予孩子全方位的培养 ······ 冯兴利 042
15. 必须树立正确的家庭教育思想 ······ 国存丰 044
16. 和孩子做朋友 ······ 郝　佳 046
17. 家庭教育之我见 ······ 李元元 048
18. 用心沟通、表扬鼓励，做孩子的朋友 ······ 马　欣 051
19. 育儿先育己，与小朋友一起成长 ······ 钱　勇 053
20. 家庭教育是教育的根本 ······ 邬岩伟 056

21. 每个孩子都是独一无二的 ······ 邹峻峰 060
22. 品德教育是家庭教育的关键 ······ 王晓辉 062
23. 孩子是家长的影子 ······ 王 燕 065
24. 好的教育是不焦虑的教育 ······ 尤爱蓉 067
25. 让孩子接受最全面的关注 ······ 李俊芳 070
26. 给她空间，放她飞翔 ······ 荣飞雪 073
27. 把孩子当朋友，收获会更多 ······ 张 峰 076

第2章　家庭教育智慧和方法

28. 谈谈培养孩子看书这件事 ······ 李庆华 081
29. 读书与"少年才俊" ······ 陶 旭 085
30. 帮助孩子做更好的自己 ······ 殷宏亮 090
31. 用爱陪伴孩子成长 ······ 于 霞 092
32. 做孩子成长路上最忠实的"粉丝" ······ 赵莹莹 096
33. 改变自己，做孩子终身的老师 ······ 黎 桦 100
34. 如何帮助孩子发现最好的自己 ······ 赵 艳 107
35. 从毛主席诗词到家庭教育 ······ 王 成 110
36. 孩子自制力培养经验分享 ······ 刘甜甜 112
37. 与孩子一起成长 ······ 张岳鹏 115
38. 如何培养孩子的自控力 ······ 朱华彬 119
39. 我的家庭教育心得——三千零一夜 ······ 张绍岩 122
40. 关于孩子教育方面的几点思考 ······ 苏士贤 125
41. 身正不怕影歪 ······ 马新宇 128
42. 学做智慧父母，伴孩子一起成长 ······ 刘 洋 131
43. 妈妈，我觉得我好幸福 ······ 周 飞 135
44. 不放手让孩子做这件事，他永远学不会独立 ······ 满凯艳 138

45. 在"不经意"中告诉孩子 ·· 张　岩　141

46. 家庭自身形象塑造 ··· 张能鲲　145

47. 营造快乐，健康成长 ··· 邓孝华　148

48. 父母是孩子最好的老师 ·· 刘彩芹　150

49. 为了孩子，做一个行走的标尺 ··· 闫虹斐　154

50. 适时地陪伴与引导——谈谈孩子入学后的变化 ···················· 刘京梅　157

51. 细节决定高度，习惯影响未来 ··· 祝成红　161

52. 坚持真善美 ·· 贡　瑶　164

53. 让尊重和陪伴成为习惯 ·· 郑晓蕾　167

54. 关注孩子的情绪，促进身心和谐发展 ································ 王　健　170

55. 携手童真，共勉共进 ··· 陈　征　174

56. 陪伴和引导，与孩子一同成长 ··· 赵　娜　177

57. 探讨教育的艺术 ··· 刘　琼　181

58. 与孩子读童话 ··· 常　明　183

59. 家长对子女的影响力 ··· 张　娜　185

60. 教学相长，与孩子共同成长 ·· 王月红　187

61. 每个孩子都在带着自己原生家庭的痕迹成长着 ···················· 李　颖　190

62. 孩子的成长过程也是父母的成长过程 ································ 徐　蕾　193

63. 用心守护孩子一生的幸福 ··· 李国丽　195

64. 用孩子的眼光看待孩子 ·· 王继敏　200

65. 要将孩子培养成对社会有贡献的人 ··································· 向国萍　203

第3章　家庭教育感悟和反思

66. 如果妈妈只有一颗糖，怎么办？ ······································ 鄂丽娜　209

67. 一次考试答题卡填涂失误的感悟 ······································ 卫　忠　211

68. 让孩子品味成长中的点滴进步 ··· 刘　骞　213

69. 学会自己解决问题 ······ 陈　勇 216

70. 从"有问题"到"没问题" ······ 徐　青 219

71. 在家庭中给孩子营造良好的学习氛围 ······ 刘春联 222

72. 教育孩子是家长的自我修炼 ······ 谢群莹 226

73. 爱国教育的尺度应当如何把握 ······ 王　阳 228

74. 自觉与引导 ······ 潘　明 231

75. 熊孩子写作业——太磨蹭！ ······ 燕春荣 234

76. 家长是孩子的启蒙老师 ······ 周长军 238

77. 家庭教育心得之我谈 ······ 杨成东 241

78. 用智慧去解决问题 ······ 朱文南 243

79. 从"厌琴"到"爱琴"的历程 ······ 张永江 245

80. 为人父母，责任重大 ······ 闫　翠 249

81. 良好的家庭教育能够培养孩子的学习能力 ······ 许江梅 252

82. 野鸭湖度假的一次自我突破 ······ 陶　勇 255

83. 浅谈家庭教育——给孩子最适宜的爱 ······ 李依顿 260

84. 在失误中成长——一瓶矿泉水引发的冲突与思考 ······ 张朝晖 263

85. 家有男孩 ······ 刘傲然 267

86. 我与孩子共成长 ······ 胡冬梅 270

87. 在教育孩子中不断学习、不断探索 ······ 李　富 273

88. 所谓坚持，也许就是一种沉浸与热爱 ······ 贾海燕 276

89. 让我们慢慢来 ······ 刘　静 280

90. 教育孩子　我在修行 ······ 张艳凤 283

91. 不可忽视文字的力量 ······ 魏红彬 286

92. 做一个健康快乐的人 ······ 许海峰 288

93. 家庭教育与学校教育——点与面结合的"教育体系" ······ 王晓超 291

94. 好的教育会激发孩子的潜力 ······ 王宏燕 294

95. 与孩子相伴，牵手向前 ······ 董　靖 296

96. 家庭教育是一种社会责任 ······ 刘　彤 301

97. 父母助力孩子的成长……………………………………………吴娜琼 304

98. 我愿与你同行………………………………………………………沈帼威 306

99. 我伴你成长，你伴我成熟…………………………………………张　晶 309

100. 风信子………………………………………………………………朱丽红 312

101. 成长的路上…………………………………………………………黄铜林 315

102. 静待花开的日子……………………………………………………李艳红 318

后　记……………………………………………………………………………321

第 1 章
家庭教育观点

1.
牢记责任，让孩子在快乐学习中茁壮成长

北京市西城区北师大二附中西城实验学校家长　邢书才

常言道："家长是孩子的第一任老师。"家庭教育作为学校教育的延续和补充，在配合学校教育、社会教育上起着至关重要的作用。作为家长，我们重视孩子的品德素质教育，在配合完成学校教育教学工作的同时，也要引导孩子灵活学习，注重养成良好的学习习惯；带孩子走进大自然，向大自然学习，培养情趣，让孩子在快乐中成长。说起我家女儿的成长经历，那可是故事多多。

一、良好的学习习惯是培养优秀学生的重要前提

从小学一年级起，我们就要注重培养孩子良好的学习习惯，在学校要叮嘱孩子集中精力听讲，在家里要督促孩子按时完成老师布置的各项作业，绝不允许以任何理由拖延。

记得那是女儿刚上小学的一个下午，放学回家后她便打开电视看起了《喜羊羊与灰太狼》。我走过来问她："今天老师留作业了吗？"她点点头。我说："那你应该先去做作业啊。"她没有理会，继续看动画片。我上前关掉电视，她噘起小嘴儿，不满地看着我。我告诉她："你已经是个小学生了，回家必须先完成老师留的作业，准备好明天要带的学习用品，然后才能看一会儿电视。如果你作业完成得好，完成得快，爸爸还可以陪你一起看。"听完我的话，她高兴地去做作业了。陶行知曾说："要想学生好学，必须先生好学。"在家里也一样，要想孩子好学，必须家长好学。从此，每当孩子做作业时，我们都关掉电视，陪在孩子身边，妈妈看书，爸爸写文章，给孩子营造一个良好的学习氛围。当孩子又快又好地做完作业时，我们又会放下手里的事情，陪孩子看看动画片，做做小游戏，或者去楼下的小游乐场锻炼、玩耍。在孩子的成长过程中，作为家长，我们也享受到了陪伴孩子成长的那一份快乐。

认识责任，也是家庭教育的一项重要内容。在女儿稍大一些时，我们结合一些具体事情，简单地给她解释什么是责任："在这个家中，爸爸有爸爸的责任，妈妈有

妈妈的责任,你有你的责任。你的责任是搞好你的学习,还要孝敬父母。"我们还告诉她,"学习是你自己的事情,是你的责任,要靠你自己努力。"从二年级下学期开始,我们不再给女儿检查作业,只负责签字,她不理解。我说:"今后你去考场考试,我们可以给你检查吗?如果不可以,那从现在开始,你自己检查自己的作业。"几年过去了,孩子的学习和作业几乎从来不用督促,按时完成作业对她而言是最重要的事情,已经成为了一种习惯,阅读也已成为她生活中不可缺少的内容。良好的学习习惯和正确的学习方法,使孩子在学习中不断进步,也将使她受益一生。

二、寓教于乐,给孩子一个快乐的童年

学习的真谛,不是死记硬背,而是把学习变得有趣、生动,创造条件把学到的知识应用到现实生活之中,去体会、观察和思考。这样,孩子会发现学到的知识是那么的美妙和富有价值,心胸会随之开阔,智慧也会随之通达,创新之举便容易萌生。从孩子很小开始,我们便利用一切机会带她去各地旅游、学习,走进大自然,在大自然中学习知识,学习人文地理,感知万千世界。

一次郊游中,女儿在树下看到一只体型肥大的肉虫子,蠕动的身躯上长满了花斑,尾部还有一个尖儿,样子很吓人。女儿尖叫了一声,跑到一边。我看了一下,告诉女儿:"别怕,那是蝴蝶的幼虫。"她疑惑地看了我一眼说:"怎么可能?它又没有翅膀。"我说:"那就把它带回家,看看能不能变成蝴蝶。"女儿半信半疑地点点头。我们用树枝把花肉虫挑到塑料袋中带回家里,放到阳台的一棵植物上。每天女儿都会拉上我和她妈妈去观察一下,开始几天,除了植物的叶子被吃掉半片或一片之外,就是花肉虫的身躯越来越胖,其他并没有变化。直到有一天,花肉虫忽然不吃不动了,身体也好像越来越瘦。"爸爸,它要死了吗?"女儿焦急地问。我说:"不是,是它要变了。"没过多久,大肉虫变成了一只棕黑色的蛹。女儿有些着急,我告诉她,蝴蝶正在蛹壳里面生长呢,再有两三个星期就出来了。

两个多星期后的一个傍晚,我浇花时,忽见那个蛹的头部有些异样,裂开了一条缝隙。我赶紧叫女儿来观看,不一会儿那蝴蝶的头慢慢钻了出来,接着从头下伸出了几只小腿抓住上方的枝条,后背不停地颤动着,正慢慢从蛹壳里抽出翅膀。女儿一边拍照,一边想伸手摸摸它。我急忙摆手制止了她,并告诉她:"你一摸它,它的翅膀就不能伸展开了,那样蝴蝶就再也飞不起来了,就会死掉的。"听了这话,女儿赶紧把手缩了回来。那只蝴蝶已经把整个翅膀都抽了出来,趴在树枝上不停地抖动,随着

它身体的颤动,翅膀越开越大,不一会儿就变成了一只美丽的大蝴蝶,色彩斑斓,漂亮极了!女儿兴奋地欢呼起来,她看到了蝴蝶的羽化过程。我告诉女儿,蝴蝶从那么窄小的缝隙中钻出来,身体受到很大的挤压,是很难受、很痛苦的,但只有经历这个过程,蝴蝶才能长出翅膀,才能绽放美丽,才能一飞冲天!听完我的话,女儿点了点头,若有所思地眨了眨眼睛,嘴边也露出了一丝童真的笑意。

之后的日子里,女儿和我还一起去湖边树下抓过知了,带回家放在纱窗上,观看和记录知了的羽化过程。那些情节,我至今历历在目。然而,最具神奇色彩、最让全家难以忘怀的还是女儿的那段"螳螂情节"。那次我们去宜宾旅行,出发前,我对女儿说:"听说宜宾的竹林里有一种昆虫叫竹节虫,长得像竹节,可漂亮了。爸爸也没见过,不知道怎么抓。"女儿立刻上网搜出了竹节虫的样子,还把它的习性念给我听。那一天,我们来到了宜宾竹海。一下车,清凉的微风就挟着竹香拂面吹来,令人心旷神怡。置身无垠的竹海中,温暖的阳光透过醉人的翠绿,散散地照下来;风儿吹过,枝叶随之轻舞,我闭目凝神,可听到沙沙的竹语。

"爸爸,这儿有竹节虫!"女儿的一声呼唤,把我从陶醉中惊醒。我循声跑过去,只见女儿的小手中真的捧着一只竹节虫。它是碧绿色的,身上的纹络与那细竹节一般无异,真是天然造化,绝妙的保护色。我领着女儿穿过一道溪流,沿着曲径正往前走,女儿忽然指着道路中间止步不前。我低头望去,一只硕大的螳螂挡在路中,浑身碧绿,昂首挺胸,两把大刀一前一后举在空中,像个威风凛凛的大将军。我告诉女儿:"别怕,螳螂是益虫,专吃蝗虫、菜青虫这些害虫。"女儿想把它带回家养,我便把螳螂用手捧起,放进一个大塑料袋带回了北京。我们回家的第一件事,就是安置这两个昆虫宝贝。家里阳台上有一株一米多高的竹子盆景,正好安置它俩。我对女儿说:"螳螂是吃活食的,你要养它就要经常去外面的草地上抓蚂蚱、蛐蛐儿来喂它,你能做到吗?""能!"女儿坚定地答应了。从那天起,女儿每天和我一起去抓昆虫喂螳螂。每当螳螂跃起,用大刀抓住猎物的瞬间,女儿都会惊奇地感叹:"它可真厉害!"

时间一长,女儿再也不怕螳螂了,经常把它捧在手里玩耍,任螳螂爬到自己脸上、头上,还让妈妈拍下许多有趣的照片。一天,女儿忽然问我:"爸爸,螳螂能活到什么时候啊?"我说:"一般可到立冬之前吧。"她又说:"那您能找一只公螳螂,让它们结婚生宝宝吗?这样明年不是又可以养螳螂了吗?"第二天早上送女儿上学,刚到楼下就出现了惊人的一幕。或许是女儿童心的感召吧,在我家的单车座上竟然趴着一只绿色的螳螂,个头不大,是只雄的!来不及多想,我捧起雄螳螂赶紧放到家里的竹子上。下午回到家，已经放学的女儿跑过来，带着哭腔说："爸爸不好了，雄螳螂被吃掉了！"我来到阳台，只见窗帘顶上，那硕大的雌螳螂正抱着雄螳螂啃食着，可怜的雄螳螂已被吃掉了一半，让人看着于心不忍。我拍拍女儿的头对她说："你还记得《10万个为什么》那本书吗？上面就说过螳螂姑娘为什么要吃掉她的新郎。"女儿从书架上找来那本书查看，终于明白了其中的奥秘。在与大自然的亲密接触中，女儿快乐地成长着，学到了知识，懂得了责任，培养了爱心。最重要的是，她明白了要善待小动物，与大自然和谐相处。

三、当孩子输不起时，应该告诉他什么

每个孩子的成长都不是一帆风顺的，会遇到各种各样的困难和挫折，如果孩子内心脆弱，只能赢不能输，那他的人生会非常艰难。因此，对孩子进行适当的挫折教育，培养孩子坚强的意志，也是作为家长的必修课程之一。

女儿是个天性要强，凡事争先不服输的孩子。那年她上五年级，学校要进行仰卧起坐测验。从听到消息那天起，女儿每天晚上做完作业，就让妈妈帮她压着腿，坚持练习。两星期后，她每分钟可以做58个。她的同桌，也是她最要好的朋友问她秘诀，女儿直言相告了。那个女孩也每天回家练习，等到期末测验时居然做了64个，超过了女儿。晚上回到家，女儿一直闷闷不乐。妈妈问她原因，她"哇"的一声哭了起来，躺在床上边哭边说："我还不如不告诉她呢，凭什么她得第一呀？我不想跟她做好朋友了。"听完这话，我和她妈妈都忍不住笑了。等女儿平静下来，我静静地对她说："孩子，在一个大花园里，你觉得是只有一朵花开好看，还是百花齐放好看呢？"女儿说："我喜欢好多花。"我说："你的同桌就是在你之后开的第二朵花。你想一想，在你的帮助下，她进步了，你是不是应该为她高兴啊？还有，如果你门门功课都得第一，连个竞争对手都没有，那你还有前进和超越的目标吗？你觉得那样好吗？"妈妈也说，"咱们不能容不得别人比自己强，应该向别人学习，自己才能更进步。"听完我们的话，女儿抹掉眼泪，不好意思地笑了。

为了锻炼女儿的毅力，我们经常带她去爬山、游泳。之前，她参加了历时15天的"黄河之旅文化游学夏令营"，跨越了7省19个城市，走过了"六千里路云和月"。在锻炼体魄、开阔视野的同时，她也增强了独立生活的能力。假期里，我还带她去了我国培养奥运冠军的摇篮——青海多巴国家高原体育训练基地。在那里，我们住运动员宿舍，吃运动员餐饭，看运动员训练，体验和了解奥运冠军的历练过程。奥运健儿

艰苦训练、为国争光的坚韧精神,深深打动了孩子的内心。在经历了一些事情后,女儿的心胸变得宽广起来,愿意与人协作,经常给其他同学讲题补课,朋友越来越多,内心也慢慢变得强大起来。她能忍受挫折,克服困难,解决问题的能力也越来越强。

四、注重道德教育,让孩子从国学中汲取营养

人民教育家陶行知说过:"道德是做人的根本。根本一坏,纵然你有一些学问和本领,也无甚用处。"习近平同志也指出,"中华传统美德是中华文化的精髓,蕴含着丰富的思想道德资源。"传统美德,是中华民族历经几千年形成并流传下来的优秀道德遗产,也是我们对孩子进行家庭教育的重要素材。

要想做事,先学做人。在当今经济发达的网络信息时代,各种不良信息也充斥于我们的生活空间,会对孩子的内心世界产生负面的影响。在孩子教育的问题上,我们出现过许多问题,也有过犹豫和彷徨,有过无助和茫然,但始终没有想过放弃。为了让孩子接受传统美德教育,我们利用寒暑假时间,带女儿去曲阜"儒家文化体验基地"参加了"德行好少年"国学夏令营等活动。活动中,家长孩子共同学习,学国学,习礼仪,领会博大精深的传统文化,提升素质,陶冶情操。孩子从中可以领悟到如何做人,应该做一个什么样的人。

我们不赞同把孩子进重点中学、重点大学作为主要甚至是唯一目标的观念,也从来不过多关注孩子的考试分数。我们相信,如果孩子品德优秀,懂得做人,有认真的学习态度,正常情况下,成绩就不会差。我们对女儿常说的一句话是:"我们不要求你的分数,但你要学会做人,懂得感恩,要有良好的道德品质。如果不尊重师长,不孝敬父母,即使学习再好也没有意义。"为了学好中华传统美德,我们在家中约定,每天晚饭后,全家一起背诵《弟子规》《三字经》,并定期互动讲解。背得好的有奖励,背得不好有小惩罚。我们经常是在欢笑声中学习了国学知识。

社会在发展,孩子的家庭教育也要与时俱进。我们听过教育专家卢勤《如何培养孩子的责任感》的现场讲座,也参加过"我要做个好家长"训练营。经过学习,我们深深地感受到想要做个好家长,我们是不够格的,是不称职的。最大的问题是对孩子的事情不放手,管得太多,包办太多。孩子不会写作文,我帮她写;孩子不会做数学题,我帮她做;孩子整理不好书包,我帮她整理……最终使孩子失去了体验和学习的机会,还产生了依赖心理,究其根源是我们做家长的没有相信孩子。经过学习,我们下定决心要改变这一切,要把责任还给孩子。在周末的家庭短会上,全家探讨了关

于责任的问题。我们告诉孩子："你的事情我们以前总是包办，是爸爸妈妈做得不好。学习是你自己的事情，你自己的责任，所以你要自己做好。遇到困难，爸爸妈妈可以帮助你，但首先你要自己努力。"每天我们都一起背诵责任口诀："自己的事情自己做，分内的事情尽力做，出了问题敢担当，责任时时记心上。"

从那时起，在我们家，爸爸和妈妈努力工作，做好家务；女儿努力学习，争当优秀学生，德、智、体全面发展。经过不懈的努力，女儿连续3年获得区级三好学生，并被评为市级三好学生，同时获得了"北京市中华文化小大使"称号，还取得了CCTV星途·中国梦少年艺术大赛钢琴比赛金奖和北京市迎春杯奥数比赛二等奖的好成绩。时间过得很快，不经意间，女儿已经从小学生变成了一名中学生。不变的，是全家人依然一如既往地努力做好自己分内的事情；不忘的，是我们自己的那一份责任。

专家点评*

此是教子有方、收效甚佳的美文，不仅笔调细腻，而且记事周详，读来耐人寻味。邢书才先生在亲子家教中提炼出四条精髓心得体会："良好的学习习惯是培养优秀学生的重要前提"；"寓教于乐，给孩子一个快乐的童年"；"当孩子输不起时，应该告诉他什么"；"注重道德教育，让孩子从国学中汲取营养"。儿童的"三观"尚未成形，道德教育为首选，非常赞许邢先生谙熟中华传统文化，给孩子进行国学、儒学教育，首重德育，为家教中重中之重。同时又进行挫折教育，是为重举，在"望子成龙，望女成凤"的父母中，重视和运用挫折教育者尚未达标。培养子女的良好习惯必须从父母做起，身教胜于言教，潜移默化，润物细无声。快乐的童年不仅给儿童生活带来欢愉，重要的是有助于儿童身体、心理、智商的发育。

---

* 点评专家为李顺保教授。李教授主编的《中国古代家训集》被中国家庭教育学会和中国出版协会推荐为"百部家庭教育指导读物"之一。

2. 走进孩子心灵的教育才是真教育

北京市西城区阜成门外第一小学家长　任晓静

著名教育家夏丏尊说过:"教育没有情感,没有爱,如同池塘没有水一样。没有水,就不能称其为池塘;没有情感,没有爱,也就没有教育。"走不进孩子的心灵,再多的说教,也只会像隔着一堵无形的墙,无法触动孩子的内心,达不到教育的目的。

至今,我仍清晰地记得儿子6岁那年,他稚嫩的肩膀背着小书包,蹦蹦跳跳地第一次走进学校的情景。看到他这么开心、满足,我心里悬着的"孩子是否能够适应小学生活"的大石头才落了下来。可惜好景不长,入学不到一个月,班主任老师频繁打来电话:"您儿子怎么回事啊?怎么那么脆弱?一说就哭,男孩子这样可不行。"甚至连儿子班里的同学也开始反馈他爱哭的问题。于是,我决定找儿子好好聊聊。

我:"龙龙,老师说你爱哭,怎么回事?"

儿子:"……"

我:"怎么不说话?问你呢?哑巴了?"

儿子:"……"

我:"你别不承认,你们班同学也跟我说了,男子汉,爱哭,丢人不?"

儿子紧紧地攥着小拳头,"哇"地一声旁若无人地嚎啕大哭,哭声中带着委屈、不解,甚至是绝望。这次的谈话不欢而散,之后,每次儿子犯错,我都会严厉地指责、批评,而他每次都不知所措,唯独以"哭"来表达所有的感情。再后来,"哭"又变成了死一般的"沉默"。我们之间,似乎有一双无形的手,拨开了我们原本亲密无间的母子关系。

这种状况一直持续到儿子小学三年级,直到我幸运地看到了周弘老师的《赏识教育》这本书,情况才有所扭转。周弘老师在书中叙述了他利用赏识教育的巨大能量,把女儿周婷由一个令人同情的聋哑孩子培养成我国第一位聋人大学生的事情。我开始反思自己:当孩子呱呱落地,我对他的第一声啼哭充满了惊喜与幸福；当孩子刚学会叫"爸爸""妈妈"，无论发音多么含糊，我都欣喜万分；而孩子稍稍长大，我却吝啬于微笑和赞美，对孩子的许多优点视而不见，只将孩子的错误或缺点无限制地放大，狠狠地予以批评，甚至讽刺、挖苦。我以为这样的高标准、严要求会激励孩子，却不知孩子的心灵是世界上最精密的仪器，敏感而脆弱，稍有不慎就会受到伤害。于是，我开始擦亮双眼，用自己孩童时代的点滴感受来体会今天儿子的心境。三年级的暑假到来了，我决定单独带儿子出一趟远门。

我："儿子，想不想去旅游？"

儿子："嗯。"

我："想去哪里？"

儿子："随便吧。"

我："那就去美国，迪士尼和环球影城都玩玩，怎么样？"

我明显感觉到儿子眼中充满了期待，当然也有稍许的疑惑。

儿子："妈妈，你确定吗？"

我："当然，你从来没有学过心算，却连续两年获得全校数学口算冠军，老师和同学都不止一次夸赞你呢，妈妈也为你感到骄傲。所以，我要好好犒劳你一下。美国，妈妈也期待了很久了，咱们赶紧办签证，痛快玩玩吧。"

在去往美国的飞机上，连续12个小时，儿子激动得无法入睡。飞机即将落地时，儿子趴在我的耳边悄悄说了这样的话："妈妈，知道我为什么总爱哭吗？其实，我也不想哭，可就是没办法控制住眼泪，我还以为我太笨了，你不爱我了呢。我会坚强起来的，放心吧。"我一下子得到了追问了3年的答案，也似乎在那一刻，我们母子的心结彻底打开了。之后，我彻底转换角色，用孩子的眼睛去观察，用孩子的耳朵去倾听，用孩子的兴趣去探寻，用孩子的情感去体会，我努力观察并赏识孩子的每一个细微进步。

现在，儿子已经5年级了，在很多人的眼中，他学习成绩不错，开朗健谈，乐观向上，脾气好，人缘好。每天临睡前，他都会主动地说一堆他最近喜欢做的事情。只有走进儿子的心灵，我才能真正了解自己的孩子，才能知道他喜欢什么，厌恶什么，哪些是他的不足之处，哪些是他的优势所在，从而及时给予孩子指导和帮助。

苏霍姆林斯基告诫我们，"要像呵护荷叶上的露珠那样小心翼翼地关爱孩子幼小的心灵。"让我们的孩子都拥有花儿般灿烂的笑脸，让我们共同走进孩子的心灵，听听那一朵朵花开的声音是多么美妙吧！

专家点评

　　阅此美文，如看短视频，走进孩子的心灵，洒满母亲的大爱，浇灌祖国的花朵，"听听那一朵朵花开的声音是多么美妙吧！"令人动容。苏霍姆林斯基说的对："要像呵护荷叶上的露珠那样小心翼翼地关爱孩子幼小的心灵！"家长领悟"孩子的心灵教育才是真教育！"十分精辟。

3. 做孩子的贴心朋友

北京市西城区阜成门外第一小学家长　王　容

小学教育是一个人一生中最早接受的学校教育，搞好小学教育，对培养孩子的崇高品德和良好素质具有重要的作用。好的小学教育，可以帮助孩子将来顺利读完小学、中学，甚至大学。俗话说得好，"万事开头难。"小学教育是人生教育的"头"，这个"头"如何开好至关重要，它甚至可以决定一个人以后走什么样的道路，一个人今后的品行如何。

小学生像春天的花朵，天真烂漫，活泼可爱，纯真无瑕，但分辨是非的能力差，同时又有极强的好奇心、接受能力和模仿能力。所以对小学生施教，作为家长绝不能采用简单、粗暴的方法，应善于引导，想方设法激发小学生的学习兴趣，变被动学习为主动学习。对此，我主要有以下几个方面的体会：

一、相互沟通

教育和培养子女的问题并不能一蹴而就，而是需要一个相当艰难、复杂、漫长的阶段，然后通过这个阶段不断地总结经验教训，采取措施，最后可能成功，也可能失败。但只要你一直不断努力，不断付出心血，正确地对待每一件事情，就会有好的结果产生。

在孩子成长过程中，家长的关爱和教育是必要的。首先是学会相互沟通，学会如何培养和孩子之间的感情，学会如何跟孩子谈心，而不一定谈大道理。在这一点上，有的家长误认为把大道理讲给孩子听就会有好的效果，其实不然！孩子本身天真无邪，高兴的事就爱听，不高兴的事就会引起反感，甚至和你产生隔阂，以致无法沟通，所以这一点非常重要。在我和孩子沟通的过程中，我觉得孩子喜欢我，亲近我，甚至崇拜我，这就获得成功的第一步。接下来偶尔讲点大道理，他也比较容易听进去。道理要讲得通俗易懂，只要他懂了就立即停止，不能唠里唠叨没完没了。

在处理与孩子的关系时，要把孩子当作自己的朋友来对待，要做到以诚相待，不要因为他是孩子就随意编造一个理由去欺骗他；在他需要交流的时候，要认真听他诉说，与他分享喜与乐；在他需要帮助的时候，要认真帮他分析他认为非常复杂的问题，帮他解决困难，做到言必行，行必果；在与他讨论问题时，要允许孩子提出跟家长不同甚至相反的意见，认真听他讲理由，然后再告诉他你的想法；对于他让你保守的一些"小秘密"，要替他严格保守，不要轻易告诉别人。总之，要让他认为家长是值得信赖、值得交往的朋友，是讲诚信的，而不是一味居高临下地下指示、下命令，使孩子与我们平等沟通，无话不谈，从而及时地掌握孩子的思想动态和学习情况。

二、养成习惯

好习惯可以让孩子受益一生，会影响孩子的生活方式和成长道路。好习惯对孩子极为重要，能够指导孩子走向成功。我国著名教育家叶圣陶先生曾说："什么是教育？简单一句话，就是养成良好的习惯。"因此，作为父母，一定要在孩子的习惯培养上下大功夫。

自从孩子上学以来，我就严格教育他上课要认真听讲，作业应及时完成；遇到难题更要动脑筋，不能退缩；与同学要团结相处，要听老师的话，等等。为此在开学之初，我经常陪孩子一起学习，有不懂之处，与他一起讨论、解决，排除孩子似懂非懂的问题，让他树立信心，积极攻克难题。有时孩子背课文，一下子背不出来，我就帮他找出几个重点词，像插电线杆一样插好，要求他做到眼到、口到、心到，然后再逐句、逐节、逐段背诵，直到最后背出全文。现在孩子学习比较自觉，作业自己能独立完成，也有很强的上进心。

三、善于发现

教育与培养是彼此不能分割的两个部分，因此在教育子女的过程中，我们要注重培养孩子的特长和兴趣。除了发现孩子的长处外，我们还要能够发现孩子的不足。我的孩子有很多不足之处，其中最突出的就是胆小，不敢接触人，特别是接触老师，这是一个致命的缺点。人的一生主要是与人打交道，不然你就会被孤立，引起性格反常。再说一个人再有本领，如果不与人接触也施展不了你的本领，也就成了"废品"，因此我就设法培养和锻炼他。所有能锻炼他的场合，我都尽最大的努力跟他做工作，让他去经受锻炼。

当然，培养孩子不一定都是这样的模式，要根据他的自身条件、个性、爱好，采取各种不同的教育方式，这就是教育的复杂性。

四、正确对待

所有的孩子都有自己的优点，但又都难免会有缺点与错误。如何对待孩子的每一点成绩与每一个错误，是家长要考虑的关键问题。

取得了成绩应该表扬，犯了错误也应该批评，但表扬与批评的尺度很难把握。不鼓励、不批评是不行的，可鼓励与批评过度，孩子的心态往往出现反常。究竟如何对待，几句话很难讲清楚，我这里只说说具体的例子。

有一回，我无意中发现他的作业本上有很多"良"，当时我很气愤，但冷静一想，先别急躁，以免刺伤他的自尊心。于是，我很平静地问他："你的作业中哪来那么多的'良'呀，是不是又马马虎虎地做作业？"他做了一些解释，尽管他的解释明显有点牵强，我也不必去揭穿，至少他知道自己是有错误的，稍稍指责一下也就算了，关键看他本人怎样认识。我觉得成绩固然重要，但更重要的是学习态度和学习过程，注重态度和过程最后必然会有好的成绩。

总之，孩子有了一点成绩，家长不要过于高兴；犯了错误，也不要轻易发火。一方面要给孩子留有余地，另一方面在他知错时要抓住时机，理智地对他进行教育，具体如何正确对待还得看当时的情况。

其实每个家庭对孩子都有独特新颖的教育方法。说实在话，做个合格的家长并不是一件容易的事。有学者说："世界最难事之一，就是教育好孩子。"它是一门深奥的学问，而把握时机运用科学的方式教育孩子，才是现代家长的明智之举。愿每一位家长都更理解孩子，让我们共同努力吧！

专家点评

该家长在亲子教育中，总结和提炼出"相互沟通""养成习惯""善于发现""正确对待"四条明智之举，很有意义，可供年幼父母、小学教师、幼教老师借鉴。做好此四条，谈何容易，需在亲子教育中不断磨砺自己，方可到达彼岸。

4.
家长是孩子的镜子

北京市西城区阜成门外第一小学家长　冯　雨

常言说得好:"家长是孩子的镜子,孩子是家长的影子。"家长自身形象,直接反映在孩子身上。作为家长,我们如何通过自身的行动来影响孩子?首先,我们自己要热爱生活,将工作、学习合理安排。作为家长,配合老师教学是必须做的,因为教育孩子是我们的责任。

教育事件发生的背景

女儿澄澄是独生女,今年8岁,上小学二年级。我是一名央企职员,澄妈是一名公司职员。

5月15日,周一早晨,我像往常一样拉着澄澄的手走在上学的路上。澄澄对我说:"爸爸,我要珍惜现在的一切,要好好学习。"我什么都没说,等她继续说,可是一直走到学校门口她也没有再说什么。我在等她慢慢地学会表达,我认为等待是美好的,我也愿意等。我们经常告诉澄澄,努力学习就是爱国的一种表现形式,我相信澄澄的话是发自内心的。家庭教育是一个付出的过程,有付出就有回报。

澄澄出生后,澄澄妈妈辞去了原来单位的工作,全职在家照顾孩子,一直到澄澄5岁。当时,我们本想把澄澄送回老家,托老人照顾。但经过商量,我们觉得家长不自己亲自带孩子是不合格的家长,所以我们决定自己边工作边带孩子。孩子5岁后,为了照顾澄澄,澄澄妈妈放弃原有待遇不错的工作,换了一份离家近的工作,还放弃了两次晋升的机会,但对自身"家长"的角色却更用心了。我们的主要任务是配合老师,在学习习惯、学习方法上指导孩子。澄澄妈妈用行动告诉孩子,是金子总会发光的。

自从澄澄上一年级,我们主动找来一些育儿方面的书籍,学习有关孩子家庭教育的知识。我们经常看到,一些培养孩子学习习惯的文章提出孩子要"散养"的观点。个人认为,这个观点有些片面,如果孩子"散养",那还要家长干什么?孩子的行为习惯教育，家庭教育占50%，学校教育占40%，孩子自我教育占10%。如果"散养"，那90%都没有达到教育效果。

教育事件的具体描述

关于孩子可不可以玩手机，我们认为可以玩。

澄澄三岁时一个周日的上午，在家里给我们画了一幅iPhone手机的画。我们看到后，第一反应是，我们平时用手机的行为影响了孩子，孩子也在不自觉地看手机。因为看手机会对她的眼睛发育造成不好的影响，此后，我们就尽量避免当澄澄的面用手机。同时，我们也发现澄澄画的手机比例、构图都很准确，说明她观察事物的能力已经建立，就给她报了绘画班和手工彩泥班。5岁时，澄澄能记住我们的手机号码，用手机给我们打电话，但她只是知道手机能打电话，并没有真正感兴趣。

上一年级时，澄澄开始使用微信，她喜欢用微信发动画表情，还有了自己的微信号。一年级第二学期刚开学，澄澄就对手机产生了浓厚的兴趣。一天放学回来，她对我们讲："今天学校广播里老师批评玩手机的同学了，说玩手机耽误学习，老师反复强调玩手机的坏处，那一定还有好处。"没想到，这引发了她对手机的兴趣。我问她是不是班里同学都玩手机，还对她说："你想玩也可以玩，但我们用的手机要处理工作上的事，只能单独给你用一部我们更新后的旧手机。而且为保护眼睛，你用手机的时间要控制在15分钟以内。"对我们提出的可以玩手机的建议，澄澄感到有些意外，反应过来后又表现得非常快乐。第一个星期她还能严格控制玩手机的时间，但好景不长，有时澄澄在玩手机时会超过15分钟，比如一个短片就是16分钟。

面对这种情况，我和澄澄妈妈商量，先提醒，不粗暴地制止孩子，培养孩子连贯、专注的习惯。这个过程还在继续，我们相信一定会有解决的办法。我们也在思考保护孩子眼睛的方法，比如休息一定时间后，再把短片看完。我们觉得对玩手机提出过多的条件，会影响孩子的自我管理能力，我们应适当创造弹性的条件，发挥孩子自我管理的潜能。虽然我们还在摸索，但我们相信能找到平衡的方法。

对教育方法的思考

智能手机是一个时代的符号。个人认为，我们应顺势而为引导孩子。关于玩手机会不会上瘾，我们也有担心。但我们相信手机带来的是开放的平台，它的好处要比坏处多。想想我们当年对电脑游戏的兴趣，也没有谁耽误学习，电脑游戏还成为同学间一个重要的交流话题。

今天，面对孩子玩手机的问题，我们要有耐心。当然，孩子的玩耍不是只局限于手机，我们还可以培养孩子其他的兴趣，还可以多鼓励他参加学校组织的活动。我想，这就是家长的责任吧。我们的目的还是要孩子自己管理自己，自己控制自己。

在玩手机这件事上，我们还担心，手机里一些负面的、低级的信息会影响孩子。我们认为，越晚让孩子知道这些负面的、低级的信息，对孩子的保护越好。作为家长，我们还是要有防范意识，今后我们还要多培养孩子的分辨能力。

专家点评

请注意手机瘾，又称手机滥用综合征、手机综合征、手机焦虑症等，今年WHO（世界卫生组织）已将此症纳入心理性疾病，必须进行心理治疗，青少年和成人皆可罹患此病。我不是说此儿童患此病，借此提醒家长和教师注意而已。

随着智能社会、智能时代的到来，教育将出现智能教育的新事物，带来教育革命，这就要求学生家长与时俱进，尽快步入智能社会，迎接智能教育的到来。

"家长是孩子的镜子，孩子是家长的影子。"这是中国古语"将门无犬子，官家无白丁"的另一种表达。

5. 做孩子心灵的守护者

北京市西城区阜成门外第一小学家长　沈　贤

家庭是孩子出生后与社会最早的接触点，他们人生历程的各个阶段都与家庭息息相关。家庭是孩子的第一所学校，家长是孩子的第一任老师。家长能以独有的方式带给孩子最早的和最持久的影响。所以教育子女是我们每个家长都要面临的重要课题，那么怎样才能让孩子健康快乐地成长呢？

作为家长，我们要懂得尊重孩子。对孩子严格要求是好事，但是不讲原则，不尊重孩子的自尊心，不问青红皂白地指责孩子是我们家庭教育中的问题。我有个女儿，今年9岁，是个三年级的小学生。一个天真无邪的孩子刚刚开始集体生活，难免会出现一些小问题，学习习惯的养成以及同学关系的处理都会涉及。刚开始我也有些困惑，感觉道理已经掰开揉碎地讲了，为什么孩子就是听不进去呢？我也一直在不断地总结反思，希望通过与老师和其他家长的多方面沟通，能够找到一种方法，更好地了解孩子内心的想法，在孩子遇到问题时可以给予她一些建议和帮助。

其实孩子虽小，但她也懂得被尊重的快乐。作为父母，我们有时忽略了尊重孩子可以使孩子感到她与父母处于平等的地位，从而对父母更加敬爱，更加亲近，也更乐于向父母倾吐心里话并接受父母的意见。以前我总是一味居高临下地说教，渐渐地孩子有了一些抵触情绪，也不愿意多讲学校里发生的事，这一点令我非常不安。于是，我开始试着放下家长的架子，经常有意无意地讲一些自己单位的事情以及自己在工作上碰到的困难。慢慢地，孩子也会对我讲一些学校里发生的事。

对于她学习上的失误，我开始试着不直接批评，而是以鼓励和提出希望为主。当孩子考试成绩不理想，回到家看着我的脸色，小心翼翼地告诉我时，我会尽量平静地跟她交流为什么没考好，是因为不会做，还是其他原因？因为我像朋友似的与她交流，所以她会告诉我，这道题是不会做，那道题是粗心，如果不是她自己太粗心，成绩一定会达到多少分。这时，我就会顺势鼓励她说："不要紧，知道自己的缺点，以后上课听仔细，不懂的及时问老师，计算时细心点，下次一定会考出好成绩。"然后，我再给她讲一个粗心造成不良后果的小故事。

之后有时从学校回来,她会很主动地把在学校发生的事情、学习情况和内心的想法告诉我,我也会很认真地听,并帮她分析原因,提出想法供她参考。虽然有时还是免不了粗心的情况出现,但这时我会和她开玩笑地说:"什么时候你可以不说'如果'……"她也会笑着说:"老妈别说了,我知道了,要淡定。"

现在的孩子大多是独生子女,家里都是万般的宠爱,也造就了他们以自我为中心的性格,从来不考虑别人的感受,也不懂得关心别人。作为家长,我是处处注意自己的一言一行,尽量不把自己的负面情绪、工作压力带给她,以自己积极的行为来影响她。凡事都从正面去教育孩子,即便遇到一些负面的事情,我也会从成人的角度指出看法,并和她一起讨论,锻炼她判断是非的能力。只要有时间,我都会抽空和她聊天,让她说说学校里的事情,有的时候遇到问题我还会帮她分析一下,女儿渐渐地很乐意与我交流。作为家长,我也一直要求自己保持积极向上的心态,乐观地对待每一件事情。我想,这样也能潜移默化地影响到孩子吧。俗话说得好:"性格决定命运。"我相信良好性格的形成会对孩子一生有益。

孩子假期一到,我们全家就会一起出去走一走,看一看。看看外面的世界,增长孩子的见识,了解各地的风俗习惯。当然,旅行途中也会遇到一些突发事件,正好锻炼孩子自我保护及解决问题的能力。每次她都玩得特别开心,我们全家也是其乐融融。我们的理念是"读万卷书,行万里路",正所谓见多才能识广。

生活中的点点滴滴是说不完的,家庭教育是一个长期的任务,作为家长,我正在与孩子共同学习、共同成长。家长是家庭教育的主体,我正在为做一名尽责的、孩子喜欢的家长而努力。

专家点评

"做孩子心灵的守护者"非常醒目,其言教子事例犹如说故事,详尽而富有情感,阅之而获启迪。能否自幼养成良好性格,将决定孩子一生的命运。做好孩子心灵的守护者,是父母责无旁贷、义不容辞的责任。

6.
疏，还是堵

北京市西城区进步小学家长　吴慧敏

记得在孩子在上幼儿园之前，我经常带她去小区里活动。小区里有很多像她这么大的孩子，同龄的孩子很容易就会在一起玩。其中有几家大人关系比较近，经常会带上他们的孩子一起玩，还会给孩子带上很多零食。玩耍期间，孩子们会坐在一起，开心地吃零食。他们还会让自己的孩子把零食分享给我的孩子。

我是不太赞成给孩子吃太多零食的，平时也几乎没有主动给她买过，家里人也没有吃零食的习惯。我会告诉她，吃零食会影响吃饭，零食里面有很多添加剂，对身体不好。但是孩子是抵挡不住诱惑的，看到别的小朋友吃，她的眼神告诉我她也很想吃。有时我会让她拒绝，有时也会让她接受小朋友的分享。我会有意识地带她远离这些诱惑，但也是不可能完全避免的。太小的时候，她还不会主动让我给她买，但是如果跟我去超市，她看到那些花花绿绿包装精美的零食，就会自己拿到购物筐里。我不会完全拒绝她，会留下一两种。为了避免她跟我去超市，我一般不让她知道，即使知道了也尽量不带她去，就是不想让她看到零食。

我已经不记得她第一次吃麦当劳是什么时候了，但最开始的时候我肯定是这么告诉她的，这是垃圾食品，最好不要吃。有很多回，她说要去吃，我也没有答应她的要求。还有她看见别的孩子吃雪糕，也会想要吃，而且吃的时候特别满足。特别是有一次她生病了，可能是和吃雪糕有关系。我当时很严肃地告诉她："以后不能吃凉的东西了，对身体不好。"她当时答应得好好的，但是事后还是一样跟我要，而且带着一脸的祈求说："要是妈妈能给我买个雪糕吃那该多好。"在吃零食这件事上，虽然我一再地跟她讲不要吃零食，但是她并没有真的做到不吃，还是会时不时地让我给她买个棒棒糖、棉花糖、雪糕之类的东西。有一次，我买了一大包海苔放在家里，起初她是很高兴的，一下吃了好几包，但是剩下的那些就一直放在餐桌上，她也没有想起来去吃。

还有一件事情我比较关注，就是是否让孩子玩电子产品。在家里，我们几乎不看电视，她自己也不会主动打开电视。但是因为我们不可避免地要看手机，要用iPad，那她就会也想要玩。而且在外面和小朋友一起聚餐的时候，看到别的小朋友玩游戏，她也会不由自主地凑上去看。一开始我是用完全禁止的方式对待的，就是不允许她玩，告诉她玩游戏伤眼睛。但是她会时不时地跟我们提要求，于是我们就规定她如果想玩iPad的话，每天最多一次，一次最多十分钟。还好她能遵守，并没有一直沉溺在游戏中。

这些都是生活中的小事情，我们希望把好的东西带给她，让坏的东西远离她。可事情并没有按照我们想的那样发展，而且孩子不可能完全在我们的控制之下。我告诉她垃圾食品不要吃，要吃健康的食物，但结果却是她对吃一顿麦当劳就表现出那么明显的满足和兴奋。我一度很为这种事情苦恼，但是后来我发现，适当地满足她后，她并没有像我担心的那样不加控制地吃零食。

孩子慢慢在长大，除了在家里和父母相处，她还是生长在一个大环境中的。跨出家门，他们面临的环境中有好的东西，也有坏的东西，我们不可能把所有我们认为不好的东西都给他们屏蔽掉。采用完全控制的方式是行不通的，现在她还小，父母的话还会听一些，但是等她长大了，她可能就会背着父母偷偷去做。所以在很多事情上，我觉得疏比堵要有效。当然，每个孩子都是不一样的，这只是我在与自己孩子的相处过程中感受到的。

这些都是生活中看似平常的小事，但是对孩子来说就是教育中的大事。我一直觉得养孩子没有什么小事情，教育就是生活中很多小细节的积累。在教育孩子的过程中，就是这些与孩子相处的点点滴滴决定了孩子的成长。其中我们也犯过一些错误，也有做得很不好的地方。总之，参与孩子的成长也是我们自身的成长。

专家点评

教育子女，疏还是堵？天经地义，疏比堵更具人性，疏比堵更合自然，疏比堵更能获效。纵观古代大禹治水，采取疏导之法，根治黄河水患即是明例，该家长采用心理疏导，纠偏爱女的不良习惯，收效甚著，可供借鉴。

7.
相信孩子，欣赏孩子

北京市西城区进步小学家长　王春发

我的女儿名字叫王晨希，今年三年级，在西城区进步小学读书。时光荏苒，九年间，我们为孩子的教育花了不少心思。回想起来，我认为自己最成功的地方就是做到了相信孩子，用欣赏的眼光看待孩子。

一句简单的"我相信你"，有着不可估量的作用。

记得一年级时，有一段时间孩子常说有一位排队在她后面的女生总是拨弄她的头发，她感觉很不舒服，但跟那位女生说了好几次了也不管用。当时作为家长的我，只是想到跟老师反映一下的办法，但孩子说效果也许并不明显。我就说："我相信你一定会有办法处理好的。"又过了几天后，希希有一天放学回来很高兴地跟我说："妈妈，事情解决了！在舞蹈课上我站在她的后面，我也拨弄她的头发，她也说不舒服，我就跟她谈好，我们彼此都不去拨弄对方的头发，那样不舒服，她同意了。"当时的我很吃惊，没想到她能想出这么好的解决办法，对她说："希希能自己想出好的方法来化解同学间的矛盾，还不伤和气，真了不起！妈妈相信你今后有能力处理好这类的问题。"之后又遇到过类似的问题，希希都很好地化解了，跟同学相处融洽，学校生活也很顺利。

希希学习声乐已有4年，学钢琴也有3年了，二年级时又被学校管乐团的打击乐队选上。尽管她练得挺认真，老师反映也不错，但在学习了一年后她提出要退出。她说："我不喜欢打击乐，我的精力也有限，我想今后就学声乐、钢琴。"虽然我和她爸爸知道学校的管乐团是北京市排名第一的金帆管乐团，对她今后的升学会有帮助，非常不舍，但想到孩子自己的选择最重要，她懂得了取舍，我们也相信她的声乐学习之路会越走越宽，就支持了孩子的决定。现在希希的声乐马上要过童声九级了，对钢琴的兴趣也日渐浓厚，每次听到她唱歌、弹琴，我们都很陶醉。

希希在三年级数学第八单元的测试中想得到高分，结合平时学习和做题情况，我跟她说："妈妈相信你，只要认真审题，专心答题，你一定没问题。"最终这次测试她得了 100 分。卷子并不简单，但希希解题思路清晰，字迹工整，答得非常好。我表扬了她在这次考试中表现出的认真、专注和努力，这些是她获取高分的法宝。孩子日后会觉得学习必须认真专注，才能取得好成绩，而不是仅靠聪明。

我也会带希希去我工作的单位参观，她觉得工作环境很好，人们彬彬有礼。我告诉她还有更好的单位，以及在那种单位工作的条件，并鼓励她只要努力就能获得，让她意识到学习的重要性。

孩子的自信心除了来自于他们的自我激励，还来自于父母的赏识和鼓励。得到了肯定和鼓励，他们会开始新的尝试，带给你更多惊喜。和孩子一起成长，为他的成功而欣喜，为他的每一次进步而鼓掌吧。

"你不仅聪明，更重要的是你还努力。你已具备了这样的品质，妈妈相信你，将来一定能成为一个了不起的人。"这就是我常常跟她说的话。

专家点评

孩子的心智有很大的可塑性。家长积极地正向鼓励和引导对孩子有极大的激励作用。一句简单的"我相信你"，确实有着不可估量的作用。家长适时地鼓励、引导和帮助，会促使孩子更加自信。

8. 关注家庭，关注教育

北京市第十三中学附属小学家长　青　鹏

儿子今年踏入小学校门，成为了一名小学生。周围的一切对于他来说，既陌生又新奇。现在的孩子犹如一张白纸，学校的任何事对他来说都是新鲜的初次经历。对于父母来说，这更是一种考验。怎样帮助孩子熟悉校园生活，让他认真学习，养成良好的生活习惯，这些对于我们和孩子都是不小的挑战。

儿子刚刚踏入校门，有许多习惯需要改变，其中最主要的问题就是做事磨蹭，注意力不集中。班主任老师经常在微信群里提醒家长，帮助孩子克服拖拉磨蹭的习惯，而且老师也会不定期地在放学时留住孩子母亲，沟通孩子最近的表现。比如最近一次老师在放学时留住孩子妈妈，提出了孩子有时候作业写不完，上课时写字慢、注意力不集中的问题，并要求我们家长回家后要找到原因帮助孩子解决问题。我们非常感谢老师，能从课上课下的细节当中，帮我们发现并及时纠正孩子身上不好的学习习惯。

其实这个问题我们早就注意到了，就是没有想出好的解决办法。班主任老师也经常在班级群里，发一些有助于家长、孩子进行沟通的文章和案例。在老师的帮助下，我们改变了方式方法，首先控制一下自己急躁的脾气，给孩子一些自主选择的机会，让他自己安排写作业和玩的时间；同时培养他的自信心，让他自己有一种成就感，主动地完成作业。然后，对于学校安排的一些锻炼孩子自信和耐心的运动，我们要在家多做。

经过几次有意识的改变和行动，我们发现儿子和原来相比有了一些微妙的变化。我们规定每天 21 点钟结束一天的活动开始洗漱，21：30 上床睡觉。这样他自己在了解了规定时间以后，会有意识地去判断时间的长短，知道快要到睡觉的时间了，我还有作业没做完，就得抓紧时间。班主任老师安排的跳绳运动，儿子在专注地训练后，提高了效率，也提高了多次跳绳不失败的成绩。这些对于他来讲，都是微小的改变，也将是稳步提高的重要基石。

孩子的教育问题任重道远，我们家长身上的担子一天比一天重，在他身上发生的许许多多的事情和变化都是一种成长的经历。记得有一件事情给我们留下了非常深刻的印象，儿子长时间玩游戏，而且眼睛离手机屏幕越来越近。我们看不下去了，叫了他好几次，但他就是不听，还在不停地玩游戏，真把我气坏了。我上去一把抢过手机紧跟着就一巴掌拍在他身上，当时儿子哇哇大哭，歇斯底里地对我说："你俩也在玩手机，为什么不让我玩？"当时我是又气又恨，但又觉得孩子说的也对。经过这次事件，我们觉得到了应该改变的时候了，在自我调整的同时，又积极参加了学校组织的公益讲堂活动，听了专家《如何与情绪沟通》的讲座。从孩子真实而有力量的言语中，我感觉到儿子其实是缺少尊重的。我们家长基本属于控制型，只会批评、指责、催促、命令、发火，却没有认真地倾听孩子的感受，他们其实是缺少尊重与关爱的。

当遇到问题时，父母的情绪表达、批评方式和孩子是否配合是非常关键的。专家给出的意见是先稳定情绪，处理好心情再解决问题，然后与孩子沟通，让孩子参与玩游戏时间的管理。同时父母的批评教育要讲究方式方法，不批评人格特性，管理好情绪再制定解决方案。表扬方式要做到细节表扬、人格特质表扬，相信孩子并鼓励他继续努力。如果孩子不配合，我们需要找到原因，调整玩耍与学习的比例，兑现承诺，建立奖励与惩罚机制。

其实孩子玩手机这件事我做的是不对的，没有起到表率作用，在儿子长时间玩手机以后，不问青红皂白地强制管理，实际上是起到反作用的。我现在的处理方法是和儿子事先沟通好玩游戏的时间，并且与儿子一起玩游戏，在他过关的时候积极配合他，让他感觉到快乐和成就感。到时间了，我也会提醒他我们约定的时间，这样他自己就会乖乖地放下手机。这种互补沟通，对孩子的自我实现和自尊满足是有很大帮助的。通过听专家的课和自我实践，我们找到了一些帮助孩子成长的小技巧和好方法。

记得有个好朋友曾对我说，家庭教育成功的关键在于孩子的身上有没有和父母身上一样的缺点。这是一项艰巨的任务，我们不仅仅要抚养孩子，更要保护他们，并给予正确的引导。我们习惯于把孩子送到学校，认为教育的事就交给老师，但是如果把教育全交给学校和老师，那我们将是一个失败的家庭。孩子和父母组成一个家庭，我们之间是有血缘关系的，我们的血管里留着同样的血液，我们是一个整体，每个人都有归属感，都有爱，只有和睦的家庭才能教育好下一代。

我家的家训是"爱和互相尊重"，爱是包容而不是放纵，爱是关怀而不是宠溺。我们的家庭是一个整体，有父亲、母亲和可爱的儿子。互相给予的爱，让我们三个人都有存在感，对生活都有满足感，彼此嘘寒问暖，彼此关心爱护。我们三个人平等地相爱，因为我们互相了解，互相尊重。彼此的关怀，填补心灵的空白，弥补生活的遗憾。

俗话说得好，看一个孩子的表现就能知道这个家庭的教养与家风如何。记得有一次我带儿子去电影院看动画片，儿子座位旁边坐着一个和他差不多大的孩子，还有他的二姑。离开演还有一段时间，儿子就礼貌地和那个小朋友打了招呼，那个小朋友也很有礼貌地回应，两个小朋友聊了起来，询问各种问题，聊得很投机。

电影结束后，由于人多，散场后两个家庭就冲散了。我们父母认为反正也不认识散了场就各自回家吧，哪里知道儿子在一旁独自流泪，还说看不见那个小哥哥了很伤心。我们就安慰他，谁知在电影院门口又看见了那个小朋友和他二姑，那个小朋友也在哭，也说很想和我家儿子一起玩。这样两个孩子就又见面了，他们在电影院旁边的博物馆里又玩耍了1个多小时，临分别的时候还是依依不舍，并相约下次再见面。小孩的思想是很简单的，如果家庭给予他的更多的是爱与尊重，那么他对外面不认识的人也会给予爱与尊重。家庭教育、家风、家训能体现出这个家庭的基石是否稳固。

专家点评

父母是孩子的第一任教师，家庭是儿女温馨的港湾，父母是良好家风、家训的缔造者，奠基人，更是优秀的执行者和守约者。"立家规，传家训，树家风"是现今家庭和社会教育的需求，也是中华民族传统美德。非常欣赏青晨同学家的家训："爱和互相尊重"，且深刻认识到"家庭教育、家风、家训能体现出这个家庭的基石是否稳固。"此事该发扬光大，建议在中小学校组织的家长学习班或家教经验交流班上宣讲"立家规，传家训，树家风"专题讲座，将是利在当代，功在千秋之举！

9.
走心陪伴，关注成长，放眼未来

北京市西城外国语学校附属小学家长　张嘉仁

我从事企业管理十几年，感慨颇多。曾经巨兽一样的大企业，弹指间灰飞烟灭，比如柯达、索尼、诺基亚、摩托罗拉等。这些庞大的企业并非毁于资金断裂，恰恰相反，他们在死亡前夕，资金很充足。那么，为什么他们最终会消于无形？坊间说法很多，但真正的原因是，他们失去了未来竞争的能力，在滚滚的时代更迭中，不再被社会所需要。

"大道相通"，那么十几年后的那个时代，那个人工智能、万物互联、技术突飞猛进的时代，需要怎样的一批人才呢？孩子在那个时代得以立足的能力是什么？从今天起，我们要与孩子一起为未来做哪些准备呢？我认为有以下几点：

一、家风的熏陶

家风，是祖先留给人类的珍贵文化遗产。好的家风，是薪火相传的精神传承，对于孩子三观的确立非常重要。我们的祖先崇尚天人合一的宇宙观、自强不息的人生观、协和万邦的世界观和忠孝节义的价值观。一个人能在社会上立足，一定是德才兼备、知行合一的。所以，在是非荣辱的判断上，在名利得失的取舍上，在与人为善、自强不息、尊重他人等方面的教育上，父母对孩子的言传身教最为关键。

二、习惯的养成

儿童阶段的孩子，还处于"无意识、无能力"的时期，这个阶段大部分孩子会有的特点或问题，我的孩子几乎都有。比如在外面疯玩的时候不愿意回家，早晨起床一拖再拖，口头答应得好听但执行起来有偏差，做事情专注力不足，考试分数忽高忽低，等等。我曾经也为此焦虑过，但过后反思，我发现孩子出现的问题，实质上都是家长的问题。家长要透过孩子表现出来的诸多"现象"，分析背后的"原因"，鸡汤灌输和训斥打骂要适可而止，家长必须教给孩子正确的方法，而且指出的问题和给出的方法必须具体，不可用只能"意会"的语言。此外，要体谅老师的不易，主动与老师多交流，家校共进。

举例来说，要求孩子上课注意听讲，不如告诉孩子"上课时眼睛看着老师，耳朵听老师讲课，手里不要玩铅笔橡皮，不能跟前后左右的同学聊天说话"。这样更形象、更具体，孩子也更容易理解。我跟孩子一起做了一个每周学习与生活的计划表，针对本周最重要的事项或最需要解决的问题，进行内容细分。之后我们会根据当天完成的情况，打分并分析，一周后再进行整体总结，达到一定程度的分数，他就可以购买自己喜欢的玩具。在这个方法使用了2个月左右的时候，效果渐渐出来了，孩子做事情慢慢有了自己的逻辑思路和时间节点。当然，还有一些问题，需要再多一点时间来克服。在这个过程中，家长要坚持去做，不要轻易地放弃。

三、意志的磨炼

人们常说，这个世界上，聪明的人很多，但是真正静下心来扎实做事的人很少，确实如此。在智力水平相差不大的情况下，人们比拼的是耐力和意志力，未来尤其如此。为了培养孩子的意志力，我们参加了一项周末爬长城活动，基本能做到一个月爬一次。因为我们觉得，生活处处是学问，大自然就是非常好的学习空间。

带孩子去亲身感受这个世界，行走不同的地貌，触摸历史的印记，这才是真正令人印象深刻的直觉学习。亲近大自然，去大山里，去旷野上，体验无拘无束、自由自在、勇攀高峰的快乐，与不同年龄段的孩子玩耍交流，都是"润物细无声"的学习。将来孩子在事业受阻、感情受挫、心情不佳的时候，可以走出家门，去徒步，去爬山，然后不用任何心灵鸡汤，就会满血复活，重新出发。

意志的磨炼、系统的付出、失败的锤炼，这些看似很苦的东西，会给孩子带来成长中真正的快乐。我们的孩子，最终要离开温暖的巢穴，搏击长空。如果因为父母的不作为，孩子失去了变强的最佳时机，他会真的快乐吗？

四、能力的搭建

我们始终认为，有付出的快乐，才是真的"快乐"。家长应该把注意力放在未来，放在抗挫能力的锻炼，放在人生目标的追求，放在增长孩子的见识，放在孩子怎么适应未来社会的需要，而不是从享受现在的角度去思考。现在都在谈"顶层设计"，那么基于孩子未来能力的塑造，我们当下能做什么，应该做什么？我想，首先应该是爱的能力——爱自己、爱他人、爱生活、爱世界，有了爱的能力，就会拥有阳光的心态，不会走极端；其次是明辨是非的独立思考能力，不人云亦云，不做乌合之众；再次是终生学习的能力，能够及时断舍离，保持终生学习的好习惯，不做信息的奴隶；最后是追逐梦想的能力，以及团队协作能力和领导力。孩子既要脚踏实地，又要仰望心空；既要拥有梦想，又要有坚持不懈追梦的能力。在追梦的道路上，与伙伴同行，看淡得失，付出努力，享受过程。人生不就是一次美好的过程吗？

我们到底应该怎样影响孩子，教育孩子？如何在纷繁的世界中，让孩子不卑不亢、有尊严地活出自己？如何与学校老师密切配合，走心陪伴，这是每一个家长都应该思考的问题。

最后摘选一首小诗，与所有家长共勉："请乘理想之马，挥鞭从此起程。路上春色正好，天上太阳正晴。"

专家点评

本文是一位事业有建树的家长所撰写，颇有见地，有理论，有实践，高瞻远瞩，放眼未来，读之定获启迪，故无须再加诠释或点评。

10. 家庭教育，孩子的第一课堂

北京市西城外国语学校附属小学家长　高西洋

在当今这个高速运转的社会，工作生活压力越来越大。一些孩子的父母，作为业务精英、技术骨干，常常忙得脱不开身，于是就将孩子全权托付给老人；还有的父母不惜重金给孩子报各种各样的培训班，以弥补家庭教育的缺失，将培养成才的希望寄托在社会办学机构。但是，身为父母，无论工作再忙再累，请不要忘记——父母是孩子的第一任老师，家庭是孩子的第一课堂。

中国自古以来就十分重视家庭教育，历史上留下的许多经典著作都跟家庭教育有关，如《三字经》《弟子规》等，还有许多流传甚广的家教故事，比如孟母三迁、岳母刺字。在古代，即使是寒门，也有自己的家规、家训；即使古代的教育制度不是那么发达，但是厚道做人、勤俭持家、谦虚谨慎、团结友爱等基本的家风都是很重视的，这些其实都是家庭教育的基础。

一、家庭教育之教孩子明辨是非

在现代家庭教育中，我认为最重要的是教孩子做一个明辨是非的人。明辨是非，即坚持对的事情，不受错误的引诱。

举一个日常生活中的例子，当我带着孩子过马路时，总会遇有一小部分甚至个别情况下是绝大部分人不等红灯倒计时结束就走过去的现象。这种现象在7岁的女儿眼里，恰恰与他们学到的"红灯停绿灯行"的规则违背。在他们幼小的心灵里会有疑惑，会有冲击。女儿会问我："妈妈，为什么他们不遵守交通规则，我们却要站在大太阳下一直等呢？"

作为家长，我们一定要及时告诉孩子坚持对的事情，不动摇，不放弃，不随波逐流。我会告诉我的孩子："或许每个人都有自己闯红灯的理由，但生命安全比什么都重要，遵守规则是对自己负责，也是一种自尊自爱！我们不能要求别人做到什么，但是我们可以要求自己不去做什么！"我不知道我的话女儿能理解多少，但是，我知道自己一定要帮孩子守住他们心灵中那棵正直向上的幼苗,不能让这棵幼苗因经受不住风雨飘摇而折断。

二、家庭教育之教孩子勇于承担责任

在家庭教育中,我认为还有非常重要的一点,就是一定要让孩子从小学会独立承担责任。当小孩子犯错误时,通常会有许多人出来"和稀泥",我们常常会听到的一句话就是"孩子还小不懂事"。殊不知,儿童时期正是学规矩的"黄金时期"。如果在家里打碎了东西或是犯了其他的错误,孩子怕受惩罚不敢承认,大人也不计较,那么久而久之,孩子很可能到了三四十岁,仍然是一个没有担当的人。

坦白地说,我的女儿曾经就存在这样的问题,如果有了过错,首先想到的就是推卸责任。女儿上小学后,每天晚上都由她自己整理书包,准备第二天的学习用品。有一天,她因为没有带自己的作业记录本而受到了老师的扣分处罚。回到家,她叙述这件事时,首先把责任赖到了我的头上,埋怨我签完字后没有给她放进书包里。我严厉地对她说:"整理书包这件事情十分明确,是你的责任,不能因为有家长在本子上签字这一个环节,你就将责任推到了我的身上。因为归根到底,确认书包内东西齐全是你的责任。如果把这件事往大了说,就像一次团队合作,我只是负责其中一个环节(检查签字),而我已经完成了自己的任务;但要知道,你是团队的负责人,是第一责任人,如果你把过错推到队友身上,那么以后谁还愿意和你合作呢!"

是的,设想如果在这种日常小事上,她推脱给我,我就处处包容她,那么当孩子长大步入社会时,谁又能像父母一样无条件地迁就她呢?在团队合作中,谁又会愿意和一个处处推脱责任的人共事呢?她那时又如何自立自强,融入社会呢?

三、家庭教育之教孩子正确看待学习成绩

我的孩子已经开始了小学的学习生活,所以在家庭教育中有一个新的任务摆在了我的面前,那就是如何让孩子正确地看待学习成绩及学习本身的意义。

我女儿的学习成绩在班里尚可,但是我渐渐地发现一个问题,就是她过于看重自己的考试成绩,甚至表现得有些极端。一次聊天时,她对我说:"妈妈,今天数学老师念单元测验得一百分的同学名单时,我一直紧张得哆嗦,直到老师最后一个念出的是我的名字,我才不哆嗦了。"女儿对成绩极端地在意,甚至恐惧,让我认识到了问题的严重性。而且她才刚刚上小学一年级,未来学习的道路还十分漫长。

我对女儿说:"在学校,我们可以通过学习来获取知识,提高能力,增长见识;通过学习,我们懂得了很多道理,也拥有了独立思考的能力。但是,你会慢慢发现,学习知识的途径有很多,评价一个人是否成功、是否优秀也有多重方面。对于好的成绩,我们要尽量去争取,但是不要被局限进去,你需要对自己多一些自信。一个不自信的人无论如何也不是幸福的,妈妈希望你做个幸福、快乐的孩子!"在此之后,每当对待孩子的测验成绩时,我也特别注意自己的情绪和态度,并多角度地看待她的成长与进步,以免孩子对成绩的过分偏执影响她的心理健康。

现在学区房被炒得火热,主要原因是好多家长怕自己的孩子输在起跑线上。但最好的学区房,其实不贵,也不用挤破头去争抢,因为家庭才是孩子的第一课堂。家庭教育,是孩子的终身教育;良好的家庭教育,将照亮孩子的一生!

专家点评

高西洋女士深知中华民族传统文化中的家教文化,自出现家庭始,我国就产生了家教文化,古代的名人、名士、名贤、官宦之家,都立有严格的家庭、家训、家风,形式多样,内容丰富,延绵数千年,构成中华民族传统家教文化,应予发扬光大。

高西洋女士以培养其女明辨是非的品质为首位,这是领悟家庭教育精髓的表现,同时又培养其女勇于承担责任的律己精神,在家教中尤为可贵。这两点在古今家庭教育中是相通的,培养一年级幼女正确看待学习成绩,实属不易。

高西洋女士最后提炼出:"良好的家庭教育,将照亮孩子的一生!"乃至理名言也。

11.
孩子教育从德做起

北京市西城外国语学校附属小学家长　李　蜀

家庭是人生的第一个课堂，而家长则是孩子们的第一任老师。自孩子们懂事以来，家庭教育就如同一个无形的指南针，潜移默化地影响着孩子的价值观和今后要选择的道路。因此，家长的一举一动，都将深深地影响孩子们的未来。记得我曾看过这样一幅漫画，上面的内容是一个孩子坐在地上哇哇大哭，父母在旁边捶胸顿足地说："我们把心肝都给你了，你还要我们怎么样呢？"但孩子说："你们生我的时候怎么不要张使用说明书呢？"大家都知道，我们在买电器、家具之类的产品时，里面都会附上一张说明书，不按说明书操作就会出问题。可是，我们孩子出生的时候都没有附上使用说明书，怎么抚养孩子只有家长自己去摸索。了解孩子是前提，指导孩子是根本，只有不断磨合，才能让孩子的人生走向正确的道路。

我觉得，让孩子走向人生正确道路的根本是品德。德，是一个人价值观的体现，更是一切道德行为的基础。我认为，广大家长在对孩子进行教育时，应该从德教起。要教育孩子尊老爱幼、懂礼貌、讲文明、辨是非，养成正确的价值观，孩子们才能形成独立自主、敢于负责等优秀品质。比如坐公交车的时候，要教导孩子看到老人主动让座；在家里吃饭时，要教导孩子先让爷爷奶奶入座。生活中，我们要在一件件小事上狠下功夫，日积月累才能够让孩子们形成讲文明、懂礼貌的好习惯，为以后的成长之路做好铺垫。

在中国式"望子成龙、望女成凤"这种教育思想的影响下，家长们对于孩子的期望相当高，希望孩子从小就可以多学一些知识和技能，为将来的工作和生活做好铺垫。为了孩子更加全能、优秀，现在很多家长都会选择给孩子报兴趣班，可是在报兴趣班的时候，又不知道给孩子报什么兴趣班好。对此我想说，兴趣是最好的老师。孩子喜欢什么，就会拿出全部的热情和动力去做这件事情。如果孩子从心里讨厌一件事的话，她就无法拿出全部的精力去认真对待。

一直以来，我家孩子对中国传统古文十分热爱。因为喜爱古文，孩子自己会主动去学习，去背诵《弟子规》《笠翁对韵》《三字经》等古文，哪怕是节假日，孩子也会积极主动地学习《中庸》《大学》《老子》等传统文学，而这就是兴趣的魅力。有的家长可能会问，如果孩子们不喜欢的话，是不是就要任其为之呢？只要孩子不喜欢就可以不学了吗？其实不尽然。就拿我们西外附小的课余活动硬笔书法来说，学习硬笔书法不仅可以陶冶情操，更能够教会孩子人生的道理。如果有些孩子不感兴趣的话，家长可以亲自示范，带着孩子一起感受书法的魅力，逐步引导孩子喜欢上书法。

"读万卷书，不如行万里路。"虽然"书中自有黄金屋"，但如果不将理论知识运用到实践当中来，也无法发挥出知识的作用。我们家孩子从小就喜爱自然，喜爱旅行，喜爱祖国的大好河山。我和孩子的妈妈只要一有时间，就会带着孩子亲近自然。记得有一次，我们带着孩子在黄山游玩，孩子看到美丽的自然风景，有感而发，竟与母亲合诗一首。这件事情带给了我很深的感触。虽然我们为人父母，都希望自己的孩子可以有一个更好的未来，但如果过于强硬地逼迫孩子读书，不给孩子一点消化的空间，就等于扼杀了孩子的童年，而且孩子对于所学知识的掌握程度也不会很好。因此，我们常常抽出时间，带孩子一起去大自然中感受，一起看祖国的山川，希望孩子可以劳逸结合，同时也能够开阔视野，学有所用。

人生百年，立于幼学。幼年，是孩子成长的初级阶段。在这一阶段，如果孩子形成了良好的学习习惯和正确的认知方式，将会深深影响他们今后的学习和发展。现在，很多孩子对于传统文化不感兴趣，一些家长对于孩子学习传统文化也不够重视。殊不知，中华传统文化是中华文明的根本创造力，是中国历史上各种道德品质、文化思想、精神观念的总体，更是中国精神与文化的精髓所在。

中国，地大物博，历史悠久，有着五千年的光辉历史。在五千年的历史进程中，一批又一批的先辈们用自身的才华，凝聚了一幅幅瑰丽的民族文化画卷。它包含万象，既有古文、古诗、成语、乐曲，又有曲艺、国画、书法、对联。这些知识是先辈们留下的智慧结晶，对于孩子们学习中国文化有着重要的作用。对于孩子们来说，像古诗词之类的传统文化，学起来可能会有些晦涩难懂，但若用心学习，不断钻研，我们就会发现中国传统文化的独特魅力。

塞德兹说："人如同陶瓷器一样，小时候就形成一生的雏形。幼儿时期就好比制造陶瓷器的黏土，给予什么样的教育就会成为什么样的雏形。"要想让孩子变得优秀，就要有更加优秀的父母。对于父母来说，不仅要注重自身的素质修养、一言一行，更要学会多理解孩子,多站在孩子的角度思考问题,多倾听孩子的意见,多说一些鼓励孩子的话;不仅要当好作为父母的指导角色,更要当好孩子朋友的陪伴角色,和孩子共同进步,共同成长!

专家点评

德育位于家庭教育、学校教育、社会教育的首位,古今中外的德育是相同的,其意义、作用、价值的重要性不言而喻,可以列举古今中外教育家有关德育的至理名言多多,不容我再多言。我国的五育即"德智体美劳"的教育。

德育原则要紧密结合、围绕当今社会的价值观,即社会主义核心价值观:富强、民主、文明、和谐、自由、平等、公正、法治、爱国、敬业、诚信、友善。

对儿童的德育首先应从父母做起,责无旁贷,义不容辞担当儿女的榜样和楷模,父母的形象对子女具有潜移默化、润物无声的作用,不容小觑。

李蜀先生说得对,"广大家长在对孩子进行教育时,应该从德教起。要教育孩子尊老爱幼,懂礼貌,讲文明,辨是非,养成正确的价值观。"这种给儿童输送正能量的做法,应予称赞!

12.
做严格有度、宽容有格的好家长

北京市西城外国语学校附属小学家长　段晓静

　　人这一生当中要接受三种教育，家庭教育、学校教育和社会教育。而家庭是孩子的第一所"学校"，父母是孩子的第一任"老师"，潜移默化的家庭教育，将会直接关系到孩子道德品质、法纪观念、人生目标的形成。

　　在没有孩子之前，我曾告诉自己：我要成为孩子的朋友，凡事都跟他商量，绝不逼他做任何他不想做的事。然而有了孩子之后，我的想法渐渐变了。我越来越发现，父母绝对不可能与孩子成为朋友，尤其是在孩子小的时候，父母必须替孩子做出正确的决定，有时甚至要逼他们做不愿意做的事，尤其是在学习上。

　　所以，在教育孩子这条探索之路上，我们家始终坚持着"严格要求与宽容相待相结合"的教育理念来培养孩子的责任感。"严是爱，松是害"是中国的一句古话。千百年来，家长教育孩子，老师教育学生，说得最多的也是"严格要求"。的确，"严格要求"对孩子的健康成长有着重要的促进作用，能够使孩子按照成人理想的模式发展，少走弯路；但"严格要求"的负面影响也是不可忽视的，它会使孩子习惯于接受，不会批判地思考，丧失个性，甚至压抑心灵，从而造成性格孤僻。因此，我们认为对孩子的教育，需要严格，但更应该宽容。

　　记得有段时间，儿子特别排斥练琴，但是考级的日子越来越近，每天回到家后看到他磨磨蹭蹭不想练的样子，我就心烦气躁，想跟他发脾气。我一说他，他也烦了，然后就变得很抵触，我真的有点无所适从了。到底是继续严格要求训斥他呢，还是对他宽容些呢，我没有了主意。后来我和家人一起探讨，并从网上找来有关的文章阅读，收获了一些启示：首先，作为家长，严格要求是十分必要的，但像我儿子这种情况，我若过于强硬地要求他，只会让他更加排斥。我要在严格要求孩子的情况下，以爱为前提，让孩子感受到我是爱他的。孩子的错误，无论是大是小，都是有原因的。孩子眼里的世界和我们眼里的世界存在着巨大的差别，当我们真正理解了孩子为什么表现出这种排斥，并认识到孩子需要帮助的心理需求时，我们就应该充分宽容他，尤其是在学习问题上。因为从主观意识上讲，孩子也是愿意做好的。而且换个角度想，我们家长工作烦的时候还会闹情绪休假呢，孩子怎么就不能"罢工"了？我们做家长的怎么就不能宽容他们呢？

但宽容不是纵容，不是放任自流。以孩子的天性来讲，早期是处在一个探索阶段，对身边的新鲜事物都很容易感兴趣，但要想仅靠兴趣和内驱力让孩子长期对一种事物感兴趣并坚持下来，基本上是不可能的。如果儿子不想练琴我就不让他练了，那就是对孩子的错误听之任之。不知道从什么时候开始，中国的父母越来越"尊重"孩子，常常喊着给孩子"爱和自由"的口号，想要与孩子平等对话，然而很多时候却是矫枉过正、过犹不及。很多父母口里的"尊重"，变成了"遵从"。于是，在孩子对舞蹈、音乐、美术等感兴趣的时候，家长二话不说就报了名；然而在孩子学了一段时间不耐烦之后，家长又遵从孩子的决定，不想学就不学了，没事儿，孩子快乐就好。

"不要逼孩子学他不想学的东西，孩子快乐就好。"这句话不停地萦绕在我耳边，听上去好像是对孩子的尊重，实际上却是对孩子的放任，是父母的不负责任。孩子的任何学习，确实都要以尊重其兴趣为前提，但是大部分由兴趣引发的事情，在经过一段时期之后，必然会遇到瓶颈，这时候兴趣可能就变成了折磨。不过只要坚持下去，折磨期过了，兴趣变成了特长，以后就会成为享受。任何学习必然要经历一段枯燥乏味的阶段，这时候如果家长不"严格要求"孩子，家长不"逼"孩子，让孩子"不想学就不学"，那么孩子的学习永远只能停留在浅尝辄止的阶段，东学一下西学一下，永远体会不到深层次学习的乐趣，最终形成恶性循环。

当然，家长"严格要求"和"逼迫"时，也是需要讲究方法和策略的，不然会引起孩子的逆反心理。所以我选择语言委婉、心平气和地跟儿子进行交谈，先让他把不想练琴的原因说出来，再告诉他："儿子，长大以后，每个人都会有很多孤单的时候。如果那时我和爸爸都不在你身边，但还有钢琴和音乐陪伴你，你就不会感觉到孤单了，因为你能倾诉。要不要继续，你自己决定，这是妈妈对你的一贯原则。"通过这番对话，我慢慢地引导他改变态度，端正思想。从那以后，他又回到了以前的状态，每天自觉练琴1小时，并且顺利通过了六级考试。

所以，严格不是苛责和苛求，而是严而有度，严而有理。它不仅可以培养孩子的责任感，还有利于培养孩子做事严格要求自己、善始善终的好习惯。宽容更多的是对孩子感情和心灵上的宽容，而不是对孩子出现的错误和问题视而不见。让孩子拥有健康的心态，在宽松的环境下接受严格的教育，是我们对孩子的信任，可以使孩子更有信心，有勇气。

以上就是我的家庭教育心得，希望我们每一位家长在对待孩子时都能有一颗宽容的心，做一个严格有度、宽容有格的好家长！

专家点评

"严格有度，宽容有格。"这不仅是在教育子女上，即使成人在社交活动、待人接物、同事朋友相处中，亦需掌握的尺度。得心应手地应用此度，乃是"大道至简、知易行难。"难在人的修养和智慧，难在各人有异，尺度不一。掌握它、熟谙它，尚需经过磨难和坎坷。此是本书中第一篇谈及"度"的文章，望家长重视之、切磋之。革命家列宁说："真理往前一步就是谬论。"这就是个"度"，范围也。

13. 我的家庭教育观点

北京市西城外国语学校附属小学家长　王　爽

父母是孩子的第一任老师，培养孩子成才是一项复杂的社会工程，所谓"十年树木，百年树人"就是指培养人才的艰巨和繁重。从纵向看，人从胎儿到成人，要经过几十年的培养教育，甚至终生都要接受教育；从横向看，人从小到大要接受家庭教育、学校教育、社会教育这三个方面的教育，而且不但要接受各类科学文化知识的教育，还要接受思想品德和精神文明的教育。因此，可以说人想要"成才"需要经过全方位的培养教育。

下面我将从家庭教育方面谈谈自己的看法：

1. 在优质的教育中，家长需要不断学习，与孩子一同成长

所谓成长，就是人的知识、能力、阅历等逐步积累，人越来越成熟，进而越来越有成就。家长要想真正与孩子沟通，与孩子有共同语言，就必须不断学习，努力更新自己的知识结构，成为孩子成长路途中的教育者、引导者。

在教育儿子的过程中，我在陪伴他的同时，也不断地研究他所涉及的学习内容，悉心地引导，适时地鼓励。在遇到困难的时候，我们一起分析原因，帮他树立自信。久而久之，我成了他生活中的朋友，他也愈加坚强自信，能够勇敢地面对困难。

孩子在不断地学习，不断接受新信息、新思想，他们的知识面在拓宽，综合素质也在提高。所以，要想成为一名成功的家长，我们必须也不断学习，与孩子一起成长。

2. 尊重孩子，尊重自然规律

每个孩子都是独一无二的个体，都有自己的身心发展过程。真正成功的教育是让每个孩子成为他自己。他有独立的人格，有独特的个性，有自己的兴趣、特长和爱好。我们不能把自己实现不了的理想，强加给孩子。孩子不一定和家长一样聪明能干，他也没有义务去替家长实现理想。对孩子的苛求很容易造成孩子的逆反心理。因此，我们要有正确的期望和培养目标，要有科学的评价观。

例如在生活中，无论学习何种知识和技能，我对孩子的希望都是尽力而为，不过分地和他人攀比，不过多地追求极致。孩子的每一个点滴进步和每一次的优异成绩，我都视为他人生中的一个飞跃。由此，孩子会养成踏实认真的学习习惯，不盲目地追求成就。

3. 给孩子以智爱，而不是溺爱

溺爱是指不论孩子的要求合不合理，家长都一味地满足。智爱和溺爱的区别是：智爱是全面的关心，尤其是关照孩子的心灵；而溺爱是片面的关心，只是关照孩子的表面需要。

例如，我们要教育孩子从小养成勤俭节约的好习惯，珍惜每一粒粮食，每一滴水，每一件自己的物品和每一次学习的机会。最重要的还有珍惜时间，不断地锻炼和提高自己。

作为家长，我们首要的责任是教给孩子生存的本领；作为父母，我们最关心的不应是"学习"，而是"做人"，做人教育是成功教育的灵魂。如果孩子拥有了良好的人格，其他困难也会迎刃而解。

因此，真正的爱应该包含关心、理解、责任和尊重。我们对孩子的爱不是仅从物质上满足他们的要求，而是教导他们学会做人，学会勤勉，学会诚实友善，学会与人相处，等等。只有先成为一个堂堂正正的人，才谈得上成才。这样的爱才是智爱。

4. 教导孩子诚实

诚实是文明社会的通行证，是孩子的无形资产。而教导孩子诚实，我们首先要成为言而有信的家长、有权威的家长和有影响力的家长。

"信必行，行必果"是我们家的行为标准，制定的计划要按时完成，不拖拉。"今日事，今日毕"永远是家庭中的良好作风。

5. 培养孩子的好习惯

良好习惯是健康人格之根本。在家里，我们始终坚持良好的作息习惯，早睡早起，规划好自己的生活和学习。同时，我也引导孩子养成良好的学习习惯，自己阅读、预习、复习，归纳总结，自己制定学习计划，并付诸实施。因为我们深知，成功永远从好的习惯开始。

6. 尊重并理解孩子，创造民主、温暖的家庭环境

家庭是孩子的第一课堂，自古便有"孟母三迁"的故事，而作为父母，我深知言传身教对孩子至关重要。父母的人生观、价值观、兴趣爱好、待人接物、生活情趣等

都会对孩子产生潜移默化的影响。

如果父母生活情趣高雅，孩子自然也会受到熏陶。在家中，我们努力给孩子创造良好的学习氛围，给他创造机会接触丰富的文化并加以引导。同时，我们也给他自己决策的权利，让他轻松、快乐地发展自己的志趣。

此外，沟通和理解也是父母与孩子相互了解的关键。作为父母，我们要学会与孩子进行心理交流，学会倾听，发现孩子的优点，静下心来做一个倾听者、欣赏者、理解者。每个孩子都有他的闪光点，父母就是他们人生的第一位伯乐和心理咨询师。

7.培养孩子可持续发展的品格

（1）责任意识。我们应当时时想着让孩子自己承担应负的责任，比如孩子做错事，我们要让他虚心认错，知错就改，正视自己，剖析自己。

（2）善良教育。有同情心，懂得关爱，这是孩子的人生走向成功的重要因素。

（3）良好的心态。我们要引导孩子保持乐观豁达的心态，敢于争取，也懂得放弃。执着追求，冷静面对，张弛有度，才能领悟人生真谛。

（4）规则意识和秩序意识。"没有规矩不成方圆"，无论是在家庭、集体、社会，规矩意识都是一个人基本素质的体现。有了规矩才能受到尊重和欢迎，有了规矩才能享受生活的乐趣。

总而言之，家庭教育的目的就是把孩子培养成才。那么，就让我们共同为孩子营造一个温暖健康、积极向上的家庭氛围，使他们健康成长，在不久的将来为社会添砖加瓦，贡献一分力量吧。

专家点评

本文在家庭教育中总结出七点经验：家长孩子一同成长、尊重孩子、给予智爱、教导诚实、培养良好习惯、创建温馨家庭环境、培养优秀品格。凡此皆有经验之谈，有可取借鉴之处。持之以恒，"在不久的将来为社会添砖加瓦，贡献一分力量"当是众望所归。

14. 从兴趣出发,给予孩子全方位的培养

北京市西城外国语学校附属小学家长　冯兴利

"师者,所以传道授业解惑也。"我的孩子已经六年级了,马上就要步入中学,开启一段崭新的征程。回想这六年来的点点滴滴,孩子从懵懵懂懂的幼儿成长为玉树临风的少年,收获了丰富的知识,收获了纯洁的友谊,也收获了老师们悉心的关爱……借此机会,我要感谢各位老师对我家孩子无微不至的爱护,老师们落落大方的举止、谈吐不凡的气质、生活朴实的作风、勤奋好学的精神,时刻潜移默化地影响着我的孩子,使他既学会了读书,又学会了做人,让他在这里养成了良好的学习和生活习惯。在此,我对各位老师的辛勤教育表示衷心的感谢!

作为一名家长,我有很多需要学习和改进的地方,也希望能多向老师们学习教育孩子的好方法。在平时,我常向一些家长、朋友或借助网络探讨孩子的教育问题,我意识到小学前要培养孩子良好的生活习惯。小学阶段要培养好的学习习惯,中学阶段要寻找好的学习方法,这样才能进入良性循环,孩子长大以后,老师、家长都省心。一个好的习惯可以让孩子终生受用。

有一位研究家庭教育的老师曾经说过:"肯定、自由、情感、宽容、梦想是孩子心灵成长的五大营养,在给予孩子养分的同时,还要更加关注孩子主动生活的能力。"我们这个年代的家长存在着许多的困惑:一种表现为家长对孩子过度关注,什么都照顾到了,让孩子丧失了自理能力;一种是家长对当今社会过于焦虑,怕孩子输在起跑线上,把周末排得满满的,让孩子参加各种兴趣班,丧失了玩的时间。

我觉得,孩子情商和智商两方面的培养都很重要,在保证孩子认真学习的前提下,我们也要适当陪孩子做游戏,让他多接触大自然,这对孩子的成长是有好处的。我们家冯觉剑也参加了两个兴趣班,但都是他按照自己的兴趣选择的,因此他学起来比较开心,收获也很大。其他课余时间,我们都会抽空带他出去旅行,认知外面的世界。古人说"读万卷书,行万里路",每一次外出旅行,我们都会和他一起了解旅游目的地的相关资料,让他在游玩的同时,也学到很多知识。

另一方面，我们也很注重孩子的人际交往能力，从小带他去超市买东西，我们都会让他拿着东西跟营业员阿姨沟通、咨询，买的东西让他去称重，让他自己做决定，培养孩子与人沟通的信心。当今社会，生活压力大，拥有良好的心态就显得尤为重要。对于孩子，我们既要让他好好学习，还要让他有个阳光的心态，能对抗挫折和打击。所以，放手让他去做一些力所能及的事情，培养他的自理能力，也是非常必要的。

我们作为家长，对孩子进行爱的教育也是很重要的，让孩子懂得爱与被爱同样是美好的，要懂得感恩。比如对地震灾区的捐款，我们会引导他给灾区的小朋友送上一份心意；外公、外婆、爸爸、妈妈的生日，孩子也会悄悄地送份祝福，给长辈们一个惊喜，套句现在流行的话就是"生活要有仪式感"。

总之，孩子的教育任重而道远，家长是老师的助手，孩子的成长离不开老师的辛勤培育，我们要配合老师督促孩子学习，教育孩子做人。引导孩子树立自信、乐观的心态是我们家长的重要任务，让我们一起努力，使孩子的明天更加美好！

专家点评

本文提出"孩子情商和智商两方面的培养都很重要"的课题，情商又称情绪智力，是与智力和智商相对应的概念，主要指人在情绪、情感、意志、耐受挫折等方面的品质，主要包括认识自我情绪、妥善管理自我情绪、自我激励、认知他人情绪、人际关系的管理等。现今普遍认为情商之高低是人生事业取得成功之关键，情商重于智商。自幼培养孩子的情商，会终身受益。

15. 必须树立正确的家庭教育思想

北京市西城外国语学校附属小学家长　国存丰

家庭是社会的细胞，家庭教育是学校教育的基础，是伴随家庭成员最久最亲密的教育。家庭教育思想，是每个家庭成员对孩子进行做人、理家，乃至"治国、平天下"教育的先导。一个家庭的教育思想，不但直接影响家庭成员的道德品质和道德行为，而且关系到家庭成员以后成为什么样的人，能否成为国家栋梁，以及他们一旦参与政治，将对国家社会、经济的发展产生什么样重要的影响。因此，每一个家庭树立正确的家庭教育思想，对于这个家庭，对每一个家庭成员，对于国家和民族，都是不可忽视的。

目前，我们应该树立什么样的家庭教育思想呢？或者说，什么样的家庭教育思想才是正确的呢？简单地说，这种思想就是树立继承和发展中华民族的优良传统，创造有利于家庭成员成为具有博大胸怀、有志于人类进步事业的人才的环境。

中国在家庭教育思想上有所成就者不少，如曾国藩和被誉为"世界平民教育运动之父"的晏阳初等。中华民族的优良传统，就是家庭教育的重要内容。现在的家庭教育思想，应该继承我国历代家庭教育思想的成就，把中华民族优良传统的教育，作为家庭教育思想的重要组成部分。这是保持家庭这个社会细胞健康发展的需要，也是夯实我国实现中国梦的思想基础的需要，更是中华民族傲立于世界民族之林，贡献于世界的需要。

国家应该尽快组织相关人员，筛选用于家庭教育的中华民族优良传统的内容，然后把它作为各级教育的重要部分，并用它对社会其他成员及家长进行培训。同时，帮助成年人了解对未成年人进行家庭教育的规律，学习恰当的教育方式。也可以把对家庭中未成年人进行中华民族优良传统教育的方法作为硬性约束，放进法律。

吸收现代的教育思想，也是树立正确的家庭教育思想所必需的。现在的家庭教育思想，必须与时俱进，用现代家庭教育的理念引领家庭教育，推进家庭教育的现代化。科技的发展和社会的进步，对未成年人产生了直接的影响。这些先进的东西，能引导未成年人形成科学的思想萌芽。我们要保护这些先进的东西，而不能扼杀它。因此，家长及其他成年人，需要解决一些基本的观念问题。比如，家长和孩子之间的关系问题，如何对待孩子的错误，等等。

现代家庭教育思想的核心仍然是育人。对孩子进行优良的家庭教育，是家庭中成年人的任务。孩子出现问题，是家长及其他成年人的责任。有计划、有针对性地提高家长及其他家庭成员的自身素质，是我们刻不容缓的任务。

家庭是孩子的第一所学校，也是终身的学校。父母是孩子的第一任教师，应该充分了解孩子的身心发展规律，给孩子创造一个自由快乐的成长环境。我们要把孩子视为一个人格主体，不能把成年人的需求或意愿强加给孩子。不要一切包办代替，更不可以强迫他们服从。我们应公平地对待孩子，在孩子做得好的时候，要给予赞扬；在孩子做得不好的时候，给予谅解、指点和鼓励；在孩子悲痛、烦恼、颓丧的时候，给予排解、支持、安慰。尤其是对孩子的创造性思维，我们一定要严加保护，积极鼓励，尽力支持。

我们要做到以平等的姿态对待孩子，和孩子平等交流，帮助孩子形成健全的人格、平等的心态、正确的价值观及人生观。学会互相尊重，互相学习，达到子女与父母的双提高。此外，还要营造新型的家庭教育氛围，达到氛围与内容相适应，方式与对象相吻合的目标。

总之，家庭教育主要是家长及家庭中其他成年人的事。国家应从宏观上和基础上介入，为各个家庭树立正确的家庭教育观、进行优良的家庭教育，创造必要的条件。家庭教育的科学进行，将使社会细胞健康、活跃地发展，也将奠定人类文明进步的基石。

专家点评

欣赏此文融贯中西家庭教育理念，说到家庭教育思想，"应该继承我国历代家庭教育思想的成就，把中华民族优良传统的教育，作为家庭教育思想的重要组成部分。""是夯实我国实现中国梦的思想基础的需要，更是中华民族傲立于世界民族之林，贡献于世界的需要。"言之凿凿，毋庸置疑。国存丰先生又指出："现在的家庭教育思想，必须与时俱进，用现代家庭教育的理念引领家庭教育，推进家庭教育的现代化。"这种与时俱进的现代化家庭教育思想的理念，应受家庭教育者的注目。

16. 和孩子做朋友

北京市西城区阜成门外第一小学家长　郝　佳

八年弹指一挥间，我蓦然发现，孩子已从一个咿呀学语的小娃娃，成长为自律并懂得感恩的小男子汉。这其中有老师们的谆谆教诲，也有家庭成员间潜移默化的影响和教育。下面就来聊聊我在家庭教育方面的几点感受。

一、隔代教育

网络上时常有针对"老人带孩子"的调侃，我们反而觉得适度地由老人帮忙带孩子未尝不是件好事。由于上班早、下班晚，我和孩子爸爸不能接送他上下学，姥姥姥爷就承担了这一"重任"。从小跟着老人买菜、逛超市，孩子对数字非常敏感，加减法口算学得很轻松；从小听老人们讲那些过去的事情，孩子养成了爱劳动不浪费的好习惯。同时，作为父母，我们告诉孩子，要感恩姥姥姥爷的付出。他时常给姥爷捶腿，给姥姥揉肩、择菜、剥水果，提醒他们按时吃降压药。两位老人乐得合不拢嘴，一家人和和美美，其乐融融。

二、耐挫教育

孩子从一年级开始，参加了学校民乐团二胡的学习。由于没有任何基础，孩子初期非常吃力，看不懂简谱，甚至拉不出一个正常的音，他想到了放弃，怀疑自己并不适合学习乐器。拉着他的小手，我对他讲了自己类似的经历：从对英文字母的陌生和抵触，到英语专业毕业；从磕磕巴巴说不出一个完整的英语单词，到轻松地与英国同事交流；没有天赋，我只是不怕挫折，不放弃，一直坚持学习。语言与乐器的学习很相似，都是熟能生巧。孩子明白了"谱不离手、曲不离口"的重要，记清乐理知识后，他开始了长时间地反复练习，配合着老师的循循善诱，几次课以后，他和二胡成了好朋友！

三、自觉自愿的学习习惯

我想，喜欢玩电子游戏、看动画片的小朋友应该不在少数，陈郝也是其中之一。没有强行禁止、没有规定时限，我们只是告诉他，在不影响视力的前提下，他可以自己安排玩iPad和看电视的时间。可能有人认为，我们这是对孩子的不负责任，其实不然，我们是希望他养成自觉自律的好习惯。在孩子自己安排作息的初期，的确有安排不合理导致晚睡的情况发生，但大约两个星期后，他找到了可以兼顾学习和娱乐的方式，即提高效率。他每天先做完作业，收拾好书包，再适度锻炼身体，等洗漱完毕，最后再玩10—15分钟游戏或看20分钟动画片。这种方式很适合他，每天晚上九点左右，他就会心满意足地上床睡觉。

由于我们从不限制游戏或动画片的内容，他经常看英美和日本的动画片，不仅提高了英语口语，还学习了日语，也加强了用网络查找信息的能力。我们曾严肃地告诉他，网络是把双刃剑，包含着有益的信息，也存在污秽的内容。我们会讲给他一些小朋友因自控能力弱而沉迷网络的悲剧，也时常聊起几位成功的名人是如何严格自律，实现理想的。这样，孩子就明白了网络是学习的工具，可用但不可陷入其中。

今后的路还长，可能我们会一直这样"放养"下去，一家人无拘无束、坦诚沟通，我相信"家和万事兴"。

专家点评

俗语"隔代亲"，祖父母、外祖父母对孙子女之爱，毋庸置疑，但在隔代教育中，不可一概而论，因祖父母、外祖父母与父母对子女的生活照料和指导文化知识学习无差别，但因生活经历和社会履历是有某些差异，故在精神、思想、心理方面的教育会出现某些分歧，应予注意。所谓不可一概而论者，应辩证待之，不同的家庭各不相同，但"家和万事兴"，确是人之共识。

17. 家庭教育之我见

北京市西城区阜成门外第一小学家长　李元元

父母是孩子一生的老师，家庭教育是一切教育的基础。家长对孩子的影响是孩子成长中不可忽视的因素，这种影响是潜移默化、持续不断的。

我个人认为，在孩子的成长过程中，主要应做到以下几个方面：

一、给孩子一个和谐的家

孩子的健康成长，离不开祥和安宁的家庭环境。首先，和谐安宁的家庭氛围会给他以心理上的安全感与幸福感。要让孩子全面发展，家庭和谐至关重要，建立温馨的家庭，才能让他们有信心、有兴趣学习。在家中，我们不但要给孩子和谐愉快的学习空间，而且还要尽可能地培养孩子的基本生活技能，让他们有自理能力，有克服困难的意志，有爱心。其次，我们要抽出时间来陪伴孩子，无论是学习还是游戏。文化知识固然重要，但游戏对孩子来说也是必不可少的，父母要让孩子在学习和游戏中收获成功的喜悦，充分找到乐趣。我们要让孩子觉得生活在家庭中很幸福，给孩子一个愉快的成长空间。

二、父母教育孩子时要有耐心

教育孩子时，家长应先冷静下来，学会耐心等待孩子成长。平时与孩子相处时，父母总会发现孩子的不少言行不符合自己的意愿，有时甚至无理取闹。但父母应该给孩子辩白表达的机会，耐心地听取孩子的意见，要让孩子在父母的说服教育中感受到自己的过错，进而主动改进。家长对孩子的期望和付诸的行动，往往会起到关键性作用。同时，学校的教育也是同等重要，只有双方共同努力才能出效果。

三、培养孩子的自信心

在孩子的成长中，家长要引导孩子，无论做什么不但要用心而且要尽力，即使结果不是最好的，但只要努力了就是最棒的。只有让孩子们动一动，通过自己的努力取得成功，他们才能体会到成功的喜悦，从而建立起自信心。当孩子出现错误时，家长也不要过度斥责孩子，首先要教育孩子有承担错误的勇气，然后再帮助孩子分析错在哪里，为什么错了，会造成什么后果，以后又应该如何改正。多鼓励自己的孩子，看到他们的进步，要肯定他们的成绩，不要盲目地批评他们的失败。

家长要帮助孩子树立自信心。自信心是一个逐步积累的过程，不能让孩子害怕做一件事，因为其可能失败；而应该让孩子乐于做一件事，因为其可能成功。正因为这是一个渐进的培养过程，因此我们无论在生活的小事上，还是在游戏、学习中，都需要始终注意这一点。生活中，孩子需要帮忙，需要爱，但作为父母，我们不是全盘代替，而是进行合理的关怀和训练。我们要让孩子知道自尊和自信是自己用行动树立的，而不是别人给予的。这样，才能培养孩子独立自主的健全人格。

四、培养孩子良好的学习习惯和学习能力

孩子经过小学两年的系统学习，掌握了一些学习方法，也形成了一定的学习习惯。随着年龄的增长，孩子的心理和生理都发生了很大的变化，但只要孩子具有良好的学习习惯和学习能力，就能够跟得上今后的学习。培养孩子的学习习惯，首先要让孩子对学习有兴趣，对知识有渴求，对孩子的求知欲望家长不能轻易抹杀。其次在智育方面，家长应正确关心孩子的听课、复习、作业，并给予必要的指点。同时，指导孩子看一些有益的课外读物、辅导材料、经验分享等，还要教孩子科学用脑，培养他们的观察能力、记忆能力和思维能力，使其有一个好的学习方法。此外，培养孩子认真的品格，也是很重要的。

现在的孩子智商都比较高，大多数孩子是因习惯不良导致学习成绩较差。比如，一边看电视一边吃饭，一边做作业一边讲话，必须要大人陪伴才能做作业等。他们没有自觉学习的乐趣，把学习当作负担，经常要大人督促才能完成作业。所以，我提倡让孩子在最短的时间内把作业做完，当然还要做好。这样做的目的，是培养孩子做事专心致志的习惯，提高学习效率，否则会让孩子养成散漫的学习习惯。孩子做作业时，我们要避免看电视，玩电脑，最好看一些专业书籍，或看一些小说杂志，尽量给孩子创造好的学习环境。

五、正确对待孩子的考试成绩

考试是检查学生学习的手段，不是目的，家长应对孩子的考试成绩有一个正确的认识。当家长接过孩子的考试成绩单时，不要只看分数高低，而应本着了解孩子在校学习、生活状况的心态去看待它。决定成绩的因素有很多，作为家长，我们应该帮助孩子分析成绩不理想的原因，吸取失败的教训，总结经验，在以后的考试中更加努力；对于孩子的进步，则应及时鼓励，并帮助孩子明确进步的原因，树立孩子的信心。如果把孩子的考试成绩单看成是"奖惩通知单"，一看考了高分，就给予物质奖励；看到成绩不好，就打骂、惩罚孩子，只会增加孩子考试时的恐惧心理。

现代教育是学校教育、家庭教育和社会教育的统一体，三者的培养目标是一致的。我们每个家庭都毫无选择地面对着教育子女这个课题，这个过程是困难而艰辛的，但也是富有乐趣和慰藉的。孩子在学校的时间很长，同学的交往和老师的鼓励也会影响孩子一生的成长。只有双方共同努力，才能取得更好的效果。

专家点评

该文"家庭教育之我见"中，提到的前四点是家庭教育中的共性，不再多言。唯有第五点"正确对待孩子的考试成绩"可圈可点。现今父母多是"望子成龙，望女成凤"，力争不输在起跑线上，故对幼童的学习成绩十分看重，成绩优秀者，众多家长在精神和物质上都给奖励和表彰，本无可厚非，但一旦出现不满意成绩，各父母处置各不相同，其结果亦有异。本文作者提出不可将考试成绩单看成是"奖惩通知单"，正确对待孩子的考试成绩，其理可取，其法可用。

18. 用心沟通、表扬鼓励，做孩子的朋友

北京市西城区阜成门外第一小学家长　马　欣

孩子是我们每个家庭的希望，家庭又是孩子健康成长的摇篮。教育子女是我们每个父母的天职，而家庭教育对孩子的影响又是潜移默化、持续终生的。以下是我的一些体会，将从三个方面来阐述：

一、加强与孩子的沟通交流，做孩子的朋友

孩子8岁以后，对与家长的沟通会显得有些抵触，也不愿意主动交流学校里发生的事，为什么呢？是不是我以家长的身份与他说话使他反感，总有一种居高临下的压迫感？于是，我放下家长的架子，经常跟孩子讲一些自己遇到的趣事或者工作上碰到的新鲜事。渐渐地，孩子也会对我讲一些学校里的经历和学习上的问题。

对于孩子在学习上的失误，我尽量不直接批评，而是以鼓励和提出希望为主。当孩子考试成绩不理想，回到家看着我的脸色，小心翼翼地告诉我时，我会很平静地跟他交流为什么没考好，是不会做，还是有其他原因？因为我像朋友似的与他交流，所以他也会诚恳地对我说："这道题是不会做，那道题是粗心，如果不是自己太粗心，成绩一定会更好。"这时，我就会顺势鼓励他："不要紧，知道自己的缺点，以后上课听仔细，不懂的及时问老师，计算时细心点，下次一定会考出好成绩。"

慢慢地，他从学校回来会很主动地把在学校发生的事情和学习情况告诉我，我也会很认真地听，并帮他分析原因，提出想法供他参考。虽然有时还是免不了会有粗心的情况，但这时我会和他开玩笑说："什么时候你可以不说'如果'，不说'我太后悔没有认真检查'，你就成功了！"这时他会惭愧地笑着说："老爸别说了，我知道了！"

二、注重孩子的品德教育和性格发展

现在的孩子都是独生子女，家里都是万般宠爱，但这容易导致他们以自我为中心，从不考虑别人的感受，不懂得关心他人。作为家长，我尽量注意自己的一言一

行，尽量不把自己的负面情绪、工作压力带给他，以自己较好的行为来影响他。凡事都从正面去教育孩子，即便周围有一些不良的现象，我也会与孩子一起讨论，让他拥有判断是非的能力。

只要有时间，我都会抽空和孩子沟通，让他说说学校的事情以及和同学相处的关系等。有时遇到问题，我还会帮他分析一下，与孩子建立平等、良好的沟通关系。作为家长，我也一直要求自己尽量保持积极向上的心态，乐观地对待每一天和每一件事情。我想，这样也能潜移默化地影响到孩子。

俗话说得好，"性格决定命运"，养成良好的性格，孩子将终身受益。我们为孩子提供了兴趣选择的机会，他从4岁开始参加冰球训练，至今已坚持了3个年头。从这项体育运动中，他体会到了团队合作的重要性，增强了努力拼搏、战胜困难的能力，也强健了体魄，为将来适应复杂的社会迈出了坚实的一步。

三、经常带孩子出去走走，增长见识

利用孩子的假期时间，我们全家都会带他出去走走，看看外面的世界，我们的理念是"读万卷书，行万里路"。正所谓见多才能识广，全国从南到北都留下了我们的足迹。孩子曾代表北京参加国际冰球邀请赛，在香港、韩国比赛的那段时间，他忙得不亦乐乎，简直像个"大人"，自理能力有时让我们这些成年人都自愧不如！

生活中的点点滴滴是说不完的，家庭教育是个长期的任务。作为家长，我们应该与孩子共同学习，共同成长。家长应该是家庭教育的主体，让我们为做一名尽责的、孩子喜欢的家长而努力吧！

专家点评

父母与儿女之间建立平等、民主、互信的良好沟通关系，是消除误会、化解矛盾、填补代沟、加厚亲情的坚实轴心，家庭生活和家庭教育随之正常运转，可以产出父母所期待的丰硕之果，不失为一剂良方。进而言，在成人的社交活动中，倘能建立起此种良好的沟通关系，不但事业有成，还能产生一定社会效应和价值。

19.
育儿先育己，与小朋友一起成长

北京市西城区阜成门外第一小学家长　钱　勇

孩子是父母心中的宝贝，寄托着无限的希望。中国人最重视自己子女的成长、发展，对子女的前途寄予厚望。因此，孩子的教育问题也是我们家长之间经久不衰的永恒话题。

在小朋友们一生的成长旅途中，父母和老师是最重要的陪伴者和引领者。相对老师而言，家庭是孩子一生的学校，父母对孩子的影响开始最早、时间最长、印象最为深刻；孩子们从父母那里不仅得到了爱的抚慰，往往还收获了做人的道理、处事的态度以及面对人生的勇气与魄力。所以，我们需要不断地总结思考，为了能够培养出一个社会人，一个对社会及家庭有担当的人，应该从以下几个方面入手：

一、教育孩子也是自我修炼，给他一个停泊的港湾

对于孩子，家长们总是殷切期望：你必须变成优秀的，否则我就不满意；你必须变得有能力，否则我怎么能够安心？正是这些内心的恐惧，导致在孩子教育的问题上，家长无意识中把孩子当成了他们自我安全感的"人质"。恐惧导致掌控，我们自己的恐惧越多，越倾向于去把握，因而要求孩子的也就越多。但现实往往是我们越想抓住，越想驾驭，越想掌控，就越抓不住，越驾驭不了，越掌控不住。孩子是敏感的接收器，当你恐惧，他也能感受到恐惧；当你放松，他也会变得自信起来。

家长先要教育好自己，只有把自己教育好了，孩子才能是我们美好的反映，自然也会变得更好。对于小朋友们来说，一个和谐、宁静、没有大呼小叫的家庭，不仅是生他、养他的地方，还是呵护他、教导他的地方，更是一个可以为他遮风挡雨、使他安然入睡的港湾。

二、学会适度放手，给他一片自由的天空

在孩子面前，我们总认为自己知道什么东西对他来说最好，什么样的道路最适

合他，以"爱他"或"对他好"的名义，向孩子提出要求。但实际上你管得越多，他越顺从，也就越容易成为你；你管得越多，他就越会成为你不希望成为的那个样子，成为你心中讨厌的自己的那个形象。所以，我们要学会放手，让"孩子"自己成长。只有你真正放手，他才会越来越不像你，他才会发展出你的生命中所没有的新的部分。

要想孩子长大，变得成熟、理智，我们应该给他们机会，让他们从毫无经验到开始学习，学着自己解决麻烦，学会面对挫折，经得起摔打，更要学会从逆境中成长，甚至腾飞。这样，我们的孩子才能从容面对今后生活中的种种艰辛和磨砺。

三、着力培养责任意识，给他一副担当的肩膀

责任感这样的品质，不可能凭空得来，也不能靠提醒和督促来让孩子获得，孩子只有通过实际的付出和努力才能体会到承担责任的成就感。因此，爸爸妈妈不仅要为小朋友做出榜样，还要为他营造出良好的学习氛围，进而帮助孩子通过某些特定的环节来感受责任，体会担当，享受由此带来的荣誉感和成就感，最终使责任成为孩子品格的一部分。因此，根据孩子心智成熟的不同程度，给予适合他们的特定任务是很重要的，比如分配他们力所能及的工作，引导他们勇敢面对生活中的小错误，并改正错误等。

依照上述思路，我们在日常生活中注意加以实践，比如我的职业属于"朝九晚五"型，更确切地说是"朝九晚六"型，因此每天到家我只有一个半小时的时间与孩子沟通。从孩子入学起，由于倍感时间紧迫，为了在有限的时间内解决检查作业、辅导学习、练习乐器等问题，我时常会由于急躁，表现出情绪不好，不自觉地对孩子发脾气。为了改善家庭气氛、锻炼孩子，自二年级下半学期起，我与孩子约好：每一天我下班前，他要自己完成作业；然后自己检查作业，我只负责检查他的作业是否都做完；如果出现学习成绩差的情况，我们要有一些保障措施。经过半个学期的检验，虽然目前我孩子的学习成绩还没有家长"盯"得紧的孩子那么突出，但我感觉孩子的计划能力、自我管理能力，相较以前都有所提高。

此外，由于工作性质问题，我还要阶段性地值班，孩子父亲的工作也较忙。为了让孩子既得到锻炼，又能培养责任意识，从二年级下学期起，值班前我会和孩子说："妈妈要值班，晚上不能检查你的作业，所以全靠你自己了，完成作业后要自己检查，然后把要签字和需要妈妈知道的事写下来放在妈妈的桌子上好吗？妈妈回来后，会完

成妈妈该做的,你自己也完成你该做的好吗?同时姥姥身体不好,请你在妈妈不在家时,帮忙照顾好姥姥!"自此以后,孩子在完成自己的事情后,还会主动和我说:"妈妈,我会照顾好姥姥。"当听到这句话时,我心中有甜,也有酸。

以上只是我与大家一起聊聊,仅为一家之法,这中间有主观因素,也有客观原因。结果如何,成果怎样,言之过早。因为孩子还太小,教育本身又是个漫长的过程,只有当孩子能安身于社会,能尽可能地过上自己想要的生活,尽可能地获得更大的"自由",能对我说"妈妈,到目前为止,我过得还算幸福"时,我才可以卸下担子,总结自己教育得是否成功。这中间包括的不只是智商的培养,还有情商的培养。

专家点评

培养一个孩子的责任感、成就感、荣誉感,谈何容易,况且是一年级儿童,但在为母的心中已蕴藏着此潜意识,在其后期家庭教育中定会如涓涓溪水自然不断地流出,滋养儿女肥沃的心田。培育儿女的担当和责任感的情操,定可产出成就而获得表彰和荣誉,父母何乐而不为!

20. 家庭教育是教育的根本

北京市西城区阜成门外第一小学家长　邬岩伟

"合抱之木，生于毫末；九层之台，始于垒土。"孩子最初接受教育的地方是在家庭，家庭教育是教育的起点与基石，是教育的根本。

一个孩子的品品、行为、习惯，以及日后的创造力、胸怀志向和为人处事的能力，几乎都是在家庭教育中完成的。家庭教育就是学校教育和社会教育的补充，它确定了一个人的根基。

从十月怀胎到一夕分娩，从咿呀学语到步入学校，每一个过程都漫长而艰辛，每一次成长都离不开良好的家庭教育。在家庭教育里，父母是孩子的第一任老师，在孩子的人生中担任着最为重要的角色。

一、感知世界，不要忽视孩子任何一个成长阶段

孩子的成长是一个对世界感知的过程，每个孩子刚出生时都对这个世界充满了好奇和新鲜感。妈妈就是孩子最好的导师。

从胎教开始，孩子在妈妈肚子里就已经感受着这个世界带给他的惊喜。每一次抚摸，每一次对话，每一首音乐，每一个故事，都能带给他快乐和满足。在整个过程中，妈妈和孩子也是在互相了解、熟悉。

女儿出生后，我坚持每天为她做抚触，和她说话，为她播放音乐，给她讲故事。我发现，女儿在听音乐时会有种熟悉的感觉，听得特别认真，而且格外兴奋。这可能是因为从胎教开始，我就尝试给她听这些音乐。我想女儿从那时起，对节奏就有了简单的认知，以至于现在很喜欢唱歌，节奏感也很强，对合唱团和打击乐的学习十分热爱。事实告诉我，不能忽略孩子任何时刻的教育和引导，哪怕是腹中的胎儿。

二、做孩子的好朋友，陪她一起成长

父母在孩子的成长过程中不仅要当好一名老师，更重要的还应该成为孩子的好朋

友。作为母亲，除了安排好她的饮食住行，我更多的还是关心她的思想变化。从上幼儿园起，我就有意识地让她每天和我说一件令自己开心和烦恼的事，并从中了解她的心理状态，锻炼她的语言表达能力。在分享开心的事情时，我会和她一起享受快乐的瞬间；在聊到烦恼的事情时，我会帮她分析并找到问题的原因，让她学会区分善恶美丑，同时帮助她提高解决问题的能力。

父母的行为不仅在潜移默化地影响孩子，同时也是言传身教最好的方式。在日常生活中，我们首先要安排适合她的活动，并在活动中和她一起学习，体会学习的乐趣；尝试不同技能的学习，和她一起感受学习的不易，一起克服困难；还和她一起参观游览，增长见识，开发潜能，找到她的兴趣特长。其次，我们要引导她积极参加各种集体活动，主动承担力所能及的服务工作。在集体活动中，提高自身的服务意识和大局意识。再次，我们要养成遇到事情与她商量的习惯，不做专政的父母，让她有发表自己想法的勇气。最后，我们要耐心地听取她的意见和建议，尊重她的想法，让她学会承担责任。

三、注重培养孩子的自我管理能力，让孩子对自己的选择负责任

什么是自我管理呢？就是在一定的社会历史条件下，具有自我意识、自由意识的个人，在正确认识自己和所处环境的基础上，通过合理的自我设计、自我学习、自我协调和自我控制，来获得个人的自我实现和全面发展，这个过程就是自我管理。我认为，孩子的自我管理能力主要包括三个方面：

1. 日常生活能力的管理：就是要孩子具备生活自理的能力，要自己的事情自己做，养成良好的生活习惯，学会自我管理。

2. 自主学习能力的管理：在学习过程中，孩子要会合理安排时间，并在学习过程中养成良好的学习习惯。比如：制定学习计划，安排时间规划，独立完成作业并学会自我检查。

3. 行为控制能力的管理：主要是指孩子控制自己的情绪和行为的能力。这一件，我想应该是最为重要，但也最难做好的事情。现在的孩子抗压能力差，依赖性强，遇到困难不善于思考，喜欢退缩，容易产生极端情绪。

那如何让孩子学会控制自己的行为呢？俗话说："没有规矩不成方圆"，规矩意识是一个人基本素质的体现。好的行为习惯的养成是生活能力自我管理的基础，我们要让孩子从小树立规矩意识，不管做什么事都要讲规矩，有原则。讲规矩本身就是一个

好的行为习惯，学习需要养成好的学习习惯，培养孩子的自我管理能力需要从好的习惯养成做起。

另外，我认为在日常生活中应该让孩子学会担当，比如承担一些简单的家务工作，做好责任分工。还可以让孩子担任班里的班干部，为班集体和同学服务，勇于奉献。孩子要经得起挫折考验，敢于承认错误，学会承担责任；遇到困难，要学会思考，不退缩，要有勇往直前的精神。

四、注重学习能力的提高，不过分强调分数

所谓学习能力，就是指获取知识、增长才干的本事。作为家长，我们不应该总把注意力放在考试分数上，用分数来衡量孩子的学习能力。有位哲学家说过："每个孩子在这个世界上都是独一无二的，每个人都有他自身的身心发展过程。真正成功的教育是让每个孩子成为他自己。他有独立的人格，有个性，有他自己的兴趣、特长和爱好。"所以，我认为要根据孩子自身的特点，选择有利于他们身心发展的学习科目，设计符合孩子特点的学习计划，提高他们的学习能力。

以我家孩子为例，在每次单元考试后，我们更关心孩子因什么而失分，并不会因为考试分数低而责怪她。最初，我们会和孩子一起分析试卷中的错题，找到失分的原因。然后帮助她找到信心和突破口，并带她针对失分的题目进行训练，必要时还会选择课外班进行有针对性的补习。现在每次考完试拿到分数后，尽管有时分数并不是很高，孩子也会第一时间向我们报告，并且主动给我们分析错题的原因，深刻反思自己存在的欠缺和自身学习的弱点，从而加倍训练。另外，对孩子来说，她不会因为分数低而害怕被父母责骂，进而产生恐惧感，加重心理负担，也不会丢失自信心，影响身心健康。

五、注重孩子的身心健康，让孩子拥有乐观豁达的心态

身心健康从字面上看就是指身体健康和心理健康。实际上，健康包含三个要素：身体健康、心理健康和社会适应能力。单纯的身体健康，还不能叫做健康。只有身体、心理和社会适应都达到健康了，才是真正的健康。

让孩子拥有乐观豁达的良好心态，是每一个家长在孩子成长过程中都非常关心的问题。养成良好的性格和健康的心态，孩子才能拥有一个健康快乐的童年。有些父母凑在一起就喜欢谈论各自的孩子，打听别人家的孩子都在学什么，学的成绩如何。在

这方面，我们是很注意保护孩子的隐私，极力维护孩子的自尊心。我们很少主动与其他家长谈论孩子的学习情况，不会打听人家孩子报了多少个课外班，也不去比较考试分数。我认为，每个孩子的自身特点都是不一样的，没有一个统一标尺，也无须衡量，更不需要放在一起进行比较。比较只会带给家长无形的压力，进而盲目选择不适合孩子自身特点的课外班，造成孩子的逆反心理和厌学情绪。

如何让孩子有一个乐观豁达的心态呢？我认为，我们首先应该包容孩子犯下的错误，认真倾听，帮助他们分析问题，找出原因，并教会他们用正确的态度解决问题。二是提高孩子处理问题的能力，教会他们排解情绪的方法。三是培养孩子的兴趣爱好，增加体育训练，强身健体。四是多让孩子走出去，玩起来。让他们参加各种各样的活动，丰富业余生活，开阔视野，增长技能。让他们在玩儿中提高能力，在玩儿中锻炼意志，在玩儿中结交朋友，在玩儿中找到兴趣，从而更加地热爱生活。

总之，家庭教育是孩子健康成长的过程中不可缺少的一种教育，家庭教育对孩子学习习惯的养成、学习态度的改变以及学习成绩的提高都有着重大的促进作用。作为家长，我们也应该不断地进行自我学习，更新自己对孩子的教育思想，提高自己的教育水平和引导能力。同时，家庭教育应该与学校教育更加紧密地结合起来，使孩子更快地养成良好的行为习惯，提高孩子各方面的素质。只有这样，我们的孩子才能得到健康向上的成长发展。

专家点评

家庭教育是儿童教育的起点和基石，那是"幼学如漆"，幼儿和儿童时期学习和记诵的东西，如漆附木、终生难忘，故而启蒙教育十分重要，不可等闲视之。

这位家长特别关注其女的心理健康，值得称道。儿童心理学多数按年龄段分为新生儿期、婴儿期、童年期、少年期、青年期等，儿童各期各具有不同的心理特征，家长应予了解。诚然，儿童处于生长和发育期，也会出现某些不正常的心理表现，如多动、焦虑、恐怖、攻击、不合群等，其实也是儿童心理在发育中常见而不可避免的，正确的做法是应从心理调教入手，万不可施以家暴。像这位家长这样，参看一些儿童心理学著作，可获益多多。

21. 每个孩子都是独一无二的

北京市西城区进步小学家长　邹峻峰

昨天接到进步小学征集"家庭教育案例"的通知，通知中征集内容广泛，但本人水平有限，不便逐一论述。唯愿借此机会，介绍一下自己的教育观点和教育体验，抛砖引玉，欢迎广大老师和家长指正。

我的教育观点主要有以下几点：

1. 人生复杂，做人不易，育人更难。所谓"十年育树，百年育人"，培养一个对社会有用的人需要多方努力，包括国家、学校、家庭在内共同付出，还会受到社会环境和公民整体素质的影响。其中，家庭教育相对更重要一些。

2. 培养目标：把孩子培养成健康、乐观、独立、进取的公民，不一定追求"学霸"或"杰出人才"。凡事尽力而为，努力做到最好。

3. "先做人，后做事"，教育孩子如何做人比教育孩子如何学习课本知识更重要。孩子不仅要在学校的课堂上学习，也要向周围的良师益友学习，向社会学习，学习与人相处，以便今后更好地走向社会，为人民服务。

4. 合理分配作息时间。在完成学业的同时，保证孩子锻炼的时间和充足的睡眠，确保身体健康。

5. 不应因为孩子年龄小不懂事，就剥夺其话语权；但应教育孩子管住自己的嘴，在适当的时间和地点阐述自己的观点。

6. 掌握学习方法比学会具体的知识点更重要。

7. 家长要有承认"我的孩子是一个平凡孩子"的勇气。

总之，现代社会中孩子的教育面临着各种各样的问题，家长也面临着各种有关孩子教育问题的困惑。结合个人实际情况，我列举家庭教育案例如下：

至今，我仍记得初为人母时的激动，孩子刚上幼儿园时的兴奋，上小学前的期待。然而，在孩子刚刚进入小学不久，我就发现孩子和我期待的样子完全不同。我希望她乖巧听话，希望她能常常被老师表扬，希望她能自觉主动地学习，但是贪玩是孩子的天性，所以在那段时间里，我和孩子之间矛盾重重，孩子和我都觉得非常痛苦。

此后，我迷茫了很长一段时间，最终发现这是一个认知的问题。其实每个孩子都是独一无二的，"别人家的孩子"也是存在着各种各样的问题的。于是，我尝试着改变观念，承认自己的孩子在很多方面存在不足，而不是抱怨孩子的错误，挑剔她的毛病。我把奖励和惩罚相结合，鼓励她的每一个小小进步，把对她的要求调整到她能完成的高度。而且告诉孩子，我们对她的惩罚、鼓励、批评、奖励都是爱的表现形式，不是只有奖励和鼓励才是爱，惩罚和批评也是爱的一种。我们还告诉孩子我们不怕她犯错误，只要犯了错能及时改正就好。当我和孩子的思想逐渐改变后，我惊奇地发现孩子和我都在相处中获得了快乐。于是，我发现生活中许多的矛盾和烦恼都来源于期望过高，不符合现实。

其实，现在随着时代的发展和生活水平的提高，大家都舍得在孩子的教育上加大成本，但是也正因如此，很多家长对孩子期望过高。"望子成龙，望女成凤"，大家因为投入的多，也就希望回报的多。一旦回报不如预期，就会在家长和孩子的心里形成各种压力，进而激化孩子和家长之间的矛盾，产生各种各样的社会问题。

我们要引导孩子体谅家长的付出，家长要有承认自己的孩子是一个平凡人的勇气。要知道，世界那么大，同一时期又能出现多少伟人、多少杰出人才呢？我们家长要以平常心看待孩子的成长，不要逼迫孩子，要引导孩子树立正确的人生态度，正确地认识世界、认识社会，建立起面对困难和挫折的勇气。我们要培养孩子豁达宽广的心胸，让他正确地认识自己和他人，学会欣赏他人。

最终，引导孩子成长为一个有独立人格、心胸宽广豁达、正直善良的人就足够了。孩子的未来不需要我们安排，他们会在不断地成长中发现自己的未来，掌握自己的命运。

专家点评

这位家长在家庭教育中将"引导孩子树立正确的人生态度，正确地认识世界、认识社会、建立起面对困难和挫折的勇气"放在首位，培育孩子树立正确的"三观"：人生观、价值观、世界观，培养德才兼备的人才，方是教育学的真谛。

22. 品德教育是家庭教育的关键

北京市西城区进步小学家长　王晓辉

家庭教育的首要任务应该是孩子的品德教育，教育孩子学会做人，有明确的学习志向，做一个有毅力、有责任感、刻苦学习、勤劳节俭、有良好习惯、好学博爱、有孝心、能自立自强的孩子。引导孩子无论干家事，还是做公事，都要认真负责，尽自己应尽的义务。

1. 充分相信孩子。只有信任孩子，孩子才会放开手脚去做他喜欢的事情，而且在这样的信任之中，孩子会做得更好。我们非常关心孩子的学习，也对孩子采取了一定的措施，比如成绩好了就奖励一些东西。奖励在短时间内是有效的，但很快孩子的缺点就可能再次暴露，这时我们就对孩子多给予一些鼓励，帮孩子树立信心。在孩子做事时，我会及时给予肯定，让她产生一种即时的成功感，享受到成功的乐趣，从而增强自信心，把每一件事都干好。当然，这种表扬不能是不切实际的夸张。忽视惩罚，孩子就容易在同一个地方摔倒第二次、第三次。过多的否定和责备也不行，要知道责备孩子的声音越小，他们才越容易认真听。

2. 培养孩子独立思考的好习惯，引导孩子通过独立思考，发现、确立适合自己年龄、兴趣、性格的种种目标。我会告诉她怎样安排每天的时间，让自己定一个作息时间表。我也会教导她怎样听课，怎样预习、复习功课；参加什么课外活动，做什么家务，做什么样的运动，玩什么游戏；在家里和学校做一个什么样的孩子，长大后做一个什么样的人等。此外，我还会引导和鼓励孩子按照自己定的规划来管理自己的思维、言行、作息等。让孩子学会自我安排时间，比如督促孩子形成良好的作息规律。让孩子养成时间意识，除了把握作息时间，还要让孩子做作业不拖拉，在规定的时间内完成。除了经常关注孩子的学习情况，我们也要培养孩子的责任心。

3. 检查孩子的学习情况，帮助孩子养成良好的学习习惯。家长要让孩子养成先完成作业再玩耍的好习惯，每天查看孩子作业是否认真完成，读、写、算、默、背是否过关，有问题及时补救，并签字证明，督促孩子按质按量地完成。有些要回家修改的试卷或练习册，我们会在旁边帮她读题，为她解释题目意思。我觉得，孩子的家庭作业应该比课堂作业做得好，我们不会直接把答案告诉她，只是把题讲清楚，孩子是能够自己解答的。对孩子拿回家的试卷，我们不是只看分数，而是会认真检查，帮助孩子寻找问题，让她真正弄懂，并督促孩子订正好。此外，我们也会与孩子交流在学校学习了什么，比如在饭后或者在餐桌上和孩子聊一聊学校的情况，问一问最近的学习内容。然后，我们会帮她出上几道题，甚至和她一起读读课外书籍。培养孩子认真细心的习惯，让孩子做完作业自己检查，看清题目，认真书写、计算，等等。

孩子写字时，要严格要求，每一个笔画都要按要求写，帮助孩子培养正确的坐姿、读姿和写姿。同时，也要教育孩子爱护书本，听他人说话时要专心致志，晚上写完作业后马上把自己的学习用品整理好，每天早晨在家读读书、背背课文，然后再上学。此外，我们还鼓励孩子听广播，看课外书和新闻节目，为孩子准备有益的课外书籍，并督促他每天阅读，养成读书的好习惯。只要孩子在读，只要他这周比上周进步了，就值得高兴，就应当鼓励。我们要让她拥有值得骄傲的阅读能力，让她懂得学习是学生最重要的事情，完成作业是她应尽的义务。这样既可以增进家长与孩子的亲密关系，也可以帮助孩子提高学习成绩，好处是多方面的。

4. 督促孩子自己的事情自己做，养成良好的生活习惯。生活不包办，让孩子自己查看课表，整理书包，带好一切学习用品。教会孩子自己穿脱衣服，系鞋带，遇到困难知道寻求帮助，行走时不要跑、跳，不在马路上玩耍，会用钥匙开门，会自己倒开水等。家长要积极培养孩子的自理能力、动手能力。遇到问题，让孩子独立思考解决，自己分析有几种解决方法，判断哪种方法是最合适的，再做出选择。为孩子创设良好的学习环境，发展孩子的特长。给孩子营造一个安静的读书氛围，让孩子不受外界环境的熏染，有自己安静的学习空间。我们支持孩子参加学校里的各项活动，让其充分展示自我，锻炼能力；也支持孩子参加他喜欢的各类艺术班的活动，孩子学了特长，就能大胆地展示自我，成为有个性、有魅力的人。

5. 家长以身作则，做孩子的榜样。接孩子时，我们总记得要孩子跟老师说"再见"，或自己与老师打声招呼。爸爸妈妈一起陪孩子，和孩子一起学习，做游戏，做手工。爸爸对孩子的肯定、赞美以及榜样力量，对孩子的成长是非常重要的。我们要学会欣赏孩子，倾听孩子，不要用大人的眼光来看孩子，要向孩子学习，和孩子一起成长。多听孩子的话，并鼓励孩子大胆地去实现自己的梦想。同时，我们也要加强与老师的联系和沟通，每天询问孩子在校的情况，让她对学校的生活产生兴趣，留心观察，在叙述的同时也能锻炼她的语言表达能力。培养孩子坚定的意志和温和的性格，教会孩子做事不能只想自己，要从他人的角度考虑自己做得是否适当，温和地对待周围的人。

遇到问题时，我们要让她学会冷静分析，先分析各个方面、丝丝缕缕的利害关系，再做出自己的决定，同时保持冷静的状态，遇事不要慌慌张张。此外，要让孩子学会忍耐，向孩子传授正确的沟通技巧，学会控制自己的情绪，遇事不激动、不发怒，以免给别人造成不好的印象，损伤自己的人际关系。让孩子坚定正确的立场，学会抵制外界的诱惑，不攀比，不爱慕虚荣，不在花花世界中迷失自我。

我不认为教育只是学校的事，家长是孩子一生的老师，家庭教育的好坏将影响孩子成长的质量。因此，我觉得我们家长要与学校齐抓共管，为孩子的成长营造一个良好的学习环境。

最后，希望孩子们的明天更加美好，成为社会的栋梁！

专家点评

这位家长所说"品德教育是家庭教育的关键"，是至理名言。从儿童开始培育其正确和端正的三观，是家庭教育和学校教育之首位，是文化教育的根基和磐石。青少年是国家的未来，民族的希望，品德教育关系到国家的命运和民族的前途。近代思想家、教育家梁启超先生《少年中国说》："少年智则国智，少年富则国富；少年强则国强，少年独立则国独立；少年自由则国自由，少年进步则国进步；少年胜于欧洲，则国胜于欧洲，少年雄于地球，则国雄于地球。"振聋发聩，令人深思，斯言不谬也。

23.
孩子是家长的影子

北京市西城区进步小学家长 王 燕

家庭教育对孩子来说，既是启蒙教育，也是终身教育。因为家庭是孩子的天然学校，父母是孩子的第一位老师。人们常说："家长是孩子的镜子，孩子是家长的影子。"可见，家庭教育对孩子的健康成长有着举足轻重的作用。

家庭教育中环境因素不可低估。古语"近朱者赤，近墨者黑"，就说明了环境对人的重要影响。古代有"孟母三迁"的故事，从"其舍近墓"到"迁居市旁"，最后徙居"学官之旁"，终于使孟轲在学官的影响下成为一代学者。这说明人们很早就认识到了环境对人的影响。为了使孩子能够在良好的家庭环境中成长，我们家长应尽量在家里创建温馨轻松的氛围，而不是经常在家说粗话，打麻将……

俗语云："有其父，必有其子。"父母是孩子的第一任教师，父母的人格修养是孩子的一面镜子，对孩子的成长有着不可估量的重要作用。孩子的心灵是一张白纸，关键是父母在白纸上写了什么，因此作为家长，我们必须事事以身作则，塑造良好的自身形象，给孩子树立正面的榜样。我们要把正直勇敢、有责任心、言行一致、守时诚信的形象留在孩子心中，当好孩子的"启蒙教师"。如果父母道德修养不足，整日"出口成脏"，自私自利，不懂规矩，那么孩子在这样的家庭环境中成长，在学校也会表现出经常打架，上课不认真听讲，随意影响他人的负面形象。

家庭教育另一重要的任务是培养孩子健全的人格。生活中常常是"一俊遮百丑"，有了高分数、好成绩就被看作是好孩子。事实上，良好的品德和健全的人格才至关重要，才能使孩子快乐成长，才能受人欢迎、尊重。不少父母过多地关心学习，只要孩子考出好成绩，就什么要求都答应，品德低下的方面却不被关注，这也是家庭教育中的缺失。

培养孩子的良好习惯，让孩子体会快乐、建立自信，可以从兴趣入手。很多时候，孩子对家长要求他做的事情并没有太大的兴趣，但我们可以通过大人的情绪感染他，也可以通过赞扬、欣赏等方法来引导、激发他的兴趣。总之，只要孩子有兴趣做,那就会有更多的可能,也就有可能激发孩子更大的潜能。爱因斯坦曾说过:"兴趣是最好的老师。"在孩子学习绘画的过程中,我们对此深有体会。

王奕宁在上幼儿园的时候,就对绘画表现出浓厚的兴趣,于是我在少年宫给她报了美术班。作为班里年龄最小的插班生,起初我担心她坚持不了连续两个小时的课程,但是直到下课,她都是意犹未尽的样子。就这样,她很快就融入了绘画的世界。进入小学后,她进入另外一家美术教育机构学习,因为时间安排的关系,只有每次四小时的课程可以选择。我当时非常怀疑,一年级的小学生能否坚持连续四个小时的绘画课程。但让人惊讶的是,她依然没有表现出任何不耐烦,还是非常专注地上完了课。每次课,她几乎都是最后完成画作的学生。老师对我说:"孩子太细致,我都不忍心催促。"

平时有时间,她也会随手画些小作品。几年来,孩子在绘画过程中表现出的想象力、专注力、耐力,让我们感受到,只要是兴趣使然,就不需要家长过多的说教。同时在绘画的过程中,孩子也形成了自己对万事万物和美好世界的认识。而且,在与她谈论绘画时,她飞扬的神采能透出小小少年的自信。而这一切都来自孩子对绘画的兴趣,以及由兴趣引发的热爱。

宁静才能致远。精神充实,志向高远,追求执着,让良好的家庭环境成为孩子成长的乐园。让关爱不溺爱,培养不苛求,帮助不包办,交流不指责,成为我们家长教育孩子的指导原则;让我们跟孩子一起成长,成就孩子,也成就自己。

专家点评

这位家长言:"作为家长,我们必须事事以身作则,塑造良好的自身形象,给孩子树立正面的榜样。我们要把正直勇敢、有责任心、言行一致、守时诚信的形象留在孩子心中。"掷地有声之言,家长是家庭之舟的舵手,指引航行的方向,其责任重大,也是责无旁贷的光荣任务,培育祖国的花朵,造就祖国的栋梁之材,任重而道远。诸君共勉之!

24. 好的教育是不焦虑的教育

北京市第七中学家长　尤爱蓉

对孩子进行的教育，体现的是父母和家庭对人生的态度。教育不在于一时一事，而在于生活中的点点滴滴。有一句话是"孩子是家长的镜子"，所以想要教育好孩子，我们先要做一个明白的家长。

一、独立教育应该贯穿始终

没有哪个家长不希望自己的孩子将来能够独立，其实孩子的天性中就带有渴望独立的一面。在我家孩子上小学二年级的时候，有一天晚上，她突然和我说："妈妈，你以后能不能不帮我收拾书包？"孩子说的时候情绪非常复杂，甚至还流下了眼泪。我和她说："爸爸妈妈养你，不就是希望你长大吗？你不让妈妈收拾书包，说明你长大了，以后妈妈就不收拾了。"从那以后，她上学的东西就都是自己收拾。这个习惯也让她学会了自己承担学习上的任务，不用家长帮她惦记都有什么作业，也不需督促她按时完成。

因为没有家长的帮助，在小学阶段，她的成绩平平；到了初中，功课一下重了，她甚至有一段时间在班里排名比较落后。这个时候，她主动和我们说，能不能给她报课外班。我们就和她一起讨论，问她需要报什么班，我们对她的要求只有一个，报班可以，但必须有效果。可能这和很多家庭不一样，在我们家不是家长"求"孩子报班，而是孩子"求"家长报班。

到了高中后，孩子的学习依然是她自己的事情。作为家长，我们只在旁边做一些询问、督促、鼓励的事情。但是孩子在上高中以后，目标感越来越强，自己也越来越知道努力，更重要的是她学会了独立安排自己的学习计划。

二、更重要的是教会孩子爱与被爱

对于孩子的教育，我们往往过多地强调学习，其实最重要的教育是教她做一个人格健全、性格开朗、懂得爱与被爱的人。我认为这是一个人可以获得幸福的基本条件。

家里对她一个重要的要求就是参与家务，大概从她小学三年级开始，每天吃完饭的碗都是她自己洗。我们对她的要求就是，家里每个人都有自己的工作，每个人也必须承担一份家务，既然她不能做饭，就一定要洗碗。通过洗碗这件事，让孩子懂得了要承担责任，同时也培养了她心疼别人的性格。

有一次她在写作业，我去她的房间给她扫地，她就很反感地对我说："你不能回头再扫吗？"听了这话，我把笤帚扔在地上，对她说："这本来是你自己的事情，我替你做了，你不感谢别人帮助，反而是这个态度，你现在马上把自己的房间打扫干净！"

我们家还有一个规矩是不许浪费，家里总是把洗脸、洗手的水接到桶里冲马桶，这个规矩如果谁没做到，爸爸就会发脾气。还有一点是不许剩饭，不许浪费。同时，我们家也有"物尽其用"的规矩，对于需要用到的工具，尽量选择品质好的，好好使用。

初中的时候，她遇到一件事，一位老奶奶对她说自己要回家，需要车票钱，孩子就把自己身上的二十元钱都给她了。但后来她又碰到这个老奶奶向她要钱，孩子就很难过。我就对她说："其实，上街上要钱这件事，如果不是生活困难，谁也不想的。你看天气这么冷，你帮了她，她今天就可以早点回家，所以，你的帮助对老奶奶还是很重要的。"

三、平等地对待孩子

在与孩子的相处中，我们尽量做到把自己放在与孩子平等的位置上，什么叫平等？就是不代替孩子做事情，不代替孩子做决定。比如，孩子爸爸要求她每天要跑步两公里，至于她去哪里跑，什么时候跑就不管她了。比如，她想要剪短发，问我的意见，我和她说我认为她长头发好看，但如果她自己决定要剪，那就随她了。比如，她突然宣布今年冬天不穿秋裤了，我和爸爸就说："好呀，不过谁冷谁知道。"结果，哭着喊着穿秋裤的还是她自己。

尊重孩子的一个体现是要和她多多交流。她上高中后，因为学校离我们家比较远，我尽量早晚开车接送她上学。每天在车上，是我们交流最多的时间。但是有一段时间我晚上去接她，她就一直看着手机，和同学聊天。于是，我和她说："今天我上班很辛苦，我希望你可以和我聊聊天。"听到我说这个，她就很重视，问我："那我该怎么和你聊呢？"我告诉她："我希望你问我'你今天过得好不好'。"她问我的时候，我就会认真地把今天在单位遇到的事情告诉她，和她讲我和同事之间的事情，和领导之间的事情，我工作中的成绩，我工作中的不足，我要努力的方向，等等。同时，我也会问她："你今天过得好不好？"她就会给我讲她在学校里碰到的事情。对于我们说的问题，我们还会互相点评和讨论。在这样的讨论中，我们加深了理解，我也潜移默化地把对待事情的看法和处理问题的方法教给了孩子。

孩子处在青春期，非常需要空间，她们对于是不是"侵犯"她的领地非常敏感，对于一切大人的观点都要去质疑。其实，这又有什么呢？教育的目的，最终还是希望她独立。所以，对于所有独立的火苗，我们应该和孩子一起爱护。

杨绛曾经写过《我们仨》，记录他们一家三口的生活。对于孩子的教育，我认为是家长和孩子共同成长的过程。我们不要过分强调将来的竞争，也不要把社会上的焦虑传递给孩子，与孩子共同度过的每一天，不是为了将来的某一天要做什么，只要做好今天就够了。

> **专家点评**
>
> 本文言："好的教育是不焦虑的教育。"此言颇有深意。那么，为何在小学阶段，尤其是初小时期的父母，常因教育问题出现焦虑和急躁情绪呢？多数是因年轻父母怀有强烈的控制欲，且又背离少儿身心发育特征制定家教方案的原因，稍有不适而出现的负面情绪，甚则发生动口动手的家暴。此言可让少数年轻父母感到委屈，那是"孩子不能输在起跑线上"逼走梁山的啊！此言不谬，应引起教育家深思。

25. 让孩子接受最全面的关注

北京市西城区五路通小学家长 李俊芳

随着社会的进步，目前的教育模式已经发生了很大的转变，家长们以无比的关注参与到了孩子的教育中。父母对孩子的教育，已经不再是从前的把孩子交给学校，然后学习什么、学到多少父母都不操心的模式，而是形成了学校、孩子、家长三方面一起努力，力争让孩子受到最全面的关注，全方位地发展孩子的潜能。

但是，孩子的教育落到具体的方面还是"德智体美劳"。这五方面是对人素质定位的基本准则，也是人类社会教育的趋向目标，所以人类社会的教育离不开"德智体美劳"这个根本原则。现在是这样，过去也是这样。

孩子品德的形成多半是靠父母的言传身教，我相信在平日里父母的言行举止对孩子的影响是终身的。同时，孩子也是父母的一面镜子，孩子身上的很多问题也需要父母自己反思。因此，作为父母的我们达成了一致意见，就是在家中一定要让孩子感受到正面的激励，一定要避免不适当的刺激。当然，生活、工作中难免会有一些烦心的事情，在这种情况下，需要有出口发泄，但是我们会努力做到避开孩子。虽然很辛苦，但只要能够让更多的阳光照耀在孩子的心底，就是非常值得的。

孩子的品格，其实是家里非常关注的事情，这是做人的根本。否则，即使再有才智，品格方面出了问题，其他方面就都是空中楼阁，一定会坍塌。当然，即使是言传身教，孩子还是会出现一些问题。比如说，在待人接物方面，尤其在和同学的沟通和交往方面，总是有不尽人意的地方。这时，家长能否不护短，能否客观地处理问题就显得尤为重要。孩子在学校遇到问题的时候，我们会详细了解事情的过程，只有很好地了解问题，才能妥善地解决。

这时候，就需要家长和老师密切配合。因为在学校，孩子是和老师待在一起的，而且孩子天生会信任老师，他们对家长可能不一定讲实话，但是在学校，对老师他们大多是不隐瞒的，更何况还有其他同学的监督。在了解清楚事情的缘由之后，我们通常就是一番教育，包括惩戒。我一贯不主张用体罚的方式进行惩戒，但是会进行一场语重心长的谈话，包括严重的警告，并告知孩子正确处理此类问题的方法。这样试验下来，效果还是不错的。在孩子成长过程中，尤其是男孩子，老师和家长需要操的心很多。我们需要做到认真、客观地面对每一种状况，及时和老师达成一致，这样家长和孩子都会有发展和进步。

关于孩子智力方面的培养，相信是很多父母都关心的事情，也是父母会花费很多精力的事情，而且学校教育也普遍在这方面比较有建树。每个家长都希望自己的孩子在知识方面能不断进步。这方面的知识囊括得比较多，按科目来说，最基本的是语文、数学、英语，其次还有物理、化学、生物、历史、地理等。涵盖的范围也比较广，按古代的说法，就是"上知天文，下知地理"了。而且，我认为这方面的知识要从小培养，至少让孩子从小学开始就对这些知识感兴趣。孩子的大脑天生就对很多知识感兴趣，所以小的时候给他一定的积累，能为他以后的知识学习打下良好的基础。

这些方面我自己的经验是，从小学一年级孩子还不能读书的时候，就给他读或者让他听各种各样的资料，包括天文、哲学、科学方面的知识。也许有的家长认为这个阶段最适合的是童话故事，当然这样的故事也是可以的，但我觉得不要限定在童话故事里，可以在更广博的范围里，不要低估我们孩子的接受能力。有一次在天文馆的活动中，一位7岁的孩子关于"暗物质"的提问令我们在场的父母都很吃惊，讲解天文知识的老师也给了孩子很高的评价。我相信，孩子们对这种人类还不了解的宇宙奥秘充满了兴趣。

关于孩子语文的学习，由于孩子在写字和朗读方面还不是很好，所以除了家长在家里的辅导，我们也和语文老师沟通了这件事情。语文老师每天要接触很多孩子，经验也非常丰富，经过和语文老师的不断沟通，孩子在写字方面进步了很多。在语文的学习中，朗读是一件非常重要的事情，但是孩子一直读得不太好。开学班主任老师家访的时候，我和老师沟通了孩子的朗读问题。老师认为孩子可以朗读得很好，朗读的时候慢下来，不着急，把每个字都读清楚很重要。在后来和老师的沟通中，老师也一直说孩子的朗读有进步。我相信，这种点点滴滴的家校互动，对孩子的成长和进步非常有帮助。

"体"方面当然也是很重要的事情，身体健康对于孩子完成任何学习都是强大的支柱。学校有各种各样运动方面的课后兴趣班，像棒球、足球、田径等。我们孩子参加了学校课后的棒球队，已经坚持了3年，每周练习3—4天，每天2小时，寒暑假还有10天的集训。这样日积月累的体育锻炼为孩子的身体素质打下了良好的基础。学校举办的各种体育活动，对孩子们培养良好的身体素质也是非常有帮助的。更为重要的是，运动可以激发大脑的思考，使大脑更善于处理各种状态，使身体更加灵活。

"美"对于孩子的情操是非常好的训练,能吹出一首优美的曲子,能画出一幅美丽的画,自己创造的美对孩子的心灵是一种滋养,让孩子自己去鉴别什么是美,什么是丑。学校有音乐课和美术课,也有各种各样的课外乐器班,其中笛子老师带领孩子们在大型场合的演奏令人印象深刻。好多家长也会给孩子报乐器、绘画的辅导班。同样,美的教育对孩子素质的培养也是非常有帮助的。画画可以拓展孩子的想象力,音乐可以培养孩子的节奏感,想象力、节奏感对孩子的成长也是非常重要的。

"劳"是培养孩子们动手操作的能力和日常生活的自理能力。孩子未来要在社会上立足,要有服务集体的意识,从小培养爱劳动的意识对未来做个"有用的人"很有帮助。动手操作能力的培养对孩子以后处理问题、解决问题也有很好的锻炼。配合学校的劳动课,家长也可以在家引导孩子完成力所能及的劳动。

学校是学生成长的一个重要环境,它是培养社会人才的摇篮,它对学生的健康成长及行为培养能起到一个正确的引导作用。学生作为教育的对象,是教师教学活动的直接参与者,教育的最终目的是促进学生的全面发展。家庭是未成年人的第一课堂,家长是孩子的第一任教师。家庭成员尤其是家长的人格形象对孩子的成长有着直接、持久、潜移默化的影响。因此,校园教育与家庭教育的连接是十分重要的。

综上所述,家庭教育作为学校教育的有效补充,要和学校教育互相结合,有效配合,互益增进,共同培养身体健康、积极向上、德智体美劳全面发展的接班人。

专家点评

五育(德、智、体、美、劳)是教育的核心和方向,五育之间紧密相连、相辅相成,虽德育位于首位,其余四育亦同样重要,否则将有缺陷。

这位家长对德、智、体、美、劳阐述透彻,且以五育教育培养孩子,可算是全面性教育、全方位培养,完全符合教育标准和方向。

美育是培养孩子审美观、创美的能力,也称美感教育或审美教育,培养孩子的心灵美、行为美、语言美等高尚情操和文明素质。单纯学艺术(绘画、书法、舞蹈、乐器、音乐等)是狭义之美育,正如劳育不仅是参加劳动,而且要培养孩子树立正确的劳动观点,认识劳动光荣、伟大,劳动创造世界,劳育还要培养孩子热爱劳动和尊重劳动群众。美育和劳育有广义和狭义之分,我们推崇前者。

26. 给她空间，放她飞翔

北京市西城区育翔小学家长　荣飞雪

由于特别的原因，我家的孩子启蒙晚。3岁才会讲话，我安慰自己，这是贵人语迟。5岁之前，她一直是到处跑着玩的，我总觉得恣意玩耍的权利应该属于她，就什么都没教。可她上学的时候确实不行，上了一天的启蒙课，回家的路上，我问她："老师都说什么了？"她眨巴着眼睛想了好久，说出了令我哭笑不得的一句话："真对不起，妈妈，我全忘了！"

这就是我家的"小糊涂"，不会学舌，不知道作业，抄下的作业你问她，她也全然不知，好像写字的不是她。我知道，她可能是没听讲，或是没有听懂，我嘱咐她也是鞭长莫及。写起作业更是糟糕，三竖行的口算她能做二十多分钟。数学老师总说："您得带着她多练！"可是她每天做作业做到九点多，还是在我一直催着的情况下，我也要崩溃了！我烦闷，我焦虑，这可怎么办？对着她发火，她满脸无辜，泪流满面的样子让我自责不已。她就是接受得慢，她就是注意力不集中，我不能催促，只能等着她慢慢进步。

为了帮助我自己和其他家长有效地引导孩子，我坚持开办家长学校，开讲的课程我一次不落，每次都认真记笔记。我想：我需要学习，其他家长肯定也需要。尤其是亲子沟通和情绪管理的学习，让我在陪孩子写作业的过程中不断调整自己，努力让自己放松，并及时鼓励孩子。不能一辅导孩子作业就是刀枪剑戟、横眉冷对，网上说的那些陪孩子写作业的苦痛我都是经历过的，孩子的痛苦我也是看在眼里的。可想而知，这样的学习状态孩子怎么可能喜欢学习，怎么可能不抵触？我们尝试了各种办法，也取得了一些效果。只要孩子提前写完作业，放学后就可以去操场玩，这是为了加快她写作业的速度，让她有时间意识。为了提高她的阅读兴趣，我还带她去图书大厦挑选喜欢的书，同学给她推荐的《福尔摩斯》动画版，我们一起看。此外，我们还在每天的上学路上做口算。

艰难的2年过去了，眼看到三年级了，可效果并不明显。她的发育好像总是晚了

2 岁，如今 9 岁了还像是 7 岁的孩子。我想我必须要停止自己焦虑、瞪眼的"追逐式"学习和"磨耗式"学习，因为我们时间耽误不起，难度也是一个问题。

假期当中，我们从头补习外语，我发现她还相当于"零基础"，两年的学习基本都还给了老师。我们的集中学习使她看到了自己的进步，也为自己的小成功而欢欣鼓舞。开学之后，我把她要学的内容自己先学习一遍，该背的单词、该会的句型我先背会。这样，除了在课桌上的时间，就是在去操场的路上，在去公园玩耍的间隙，我都可以帮助她记忆、温习，学习时间化整为零。我们不再为几个单词记不住而耗上很长时间，也不再因为长时间坐在课桌前而身心疲惫，心里的坏情绪得到了很大的缓解。由于不断的记忆、重复，她感觉到自己能记住东西了。当一个又一个的"优"出现在她作业本上的时候，她开心得笑个不停。第一次英语单元测验后，老师给我发短信，说她得了 69 分，要加强训练。我赶紧和老师说："她原来是零基础，进步幅度很大。"我还对孩子说："老师夸你真努力，让你继续加油！"

人家的孩子已经在学万以内的加减法，我们还在坚持每天早晨做 20 以内的加减法训练，不过现在她也能做到脱口而出了。前几天为了呼应她"秋天"单元的学习，我利用接孩子放学回家的时间带她背诵杜牧的《秋夕》。复述了几遍以后，她问我"什么是银烛""什么是画屏""什么是流萤"，还都问在难点上，我表扬了她不懂就问的精神。之后又记了几遍，她就会了，我们也到家了。第二天再背，有的内容我也忘了，我们就一起回忆，她发现自己比我记得清楚，特别高兴。我就对她说："其实我小时候背东西很慢，但是我并不相信自己背不会，背得多了也就会了。"她听了，好像若有所思。尤其难办的是数学，就像专家说的，数学毁掉了三分之一孩子的自信，毁掉了三分之二家庭的亲子关系。我通过专家讲座，学习到数学就是带着孩子找规律，做游戏，用打比方、举例子、摆实物的方法就可以有效地帮助孩子理解。孩子看到我的变化后，说："妈妈，你变了，你这样教我多好！我和你都高兴呀！"我听了，眼睛都湿润了……

我们都想帮助孩子，但我们的急躁、焦虑其实是无能的表现，是我们面对孩子时的束手无策，是我们在无所适从下的恐惧。所以我们需要学习，需要了解孩子，了解孩子的认知规律，了解孩子的身体发育，了解更多的学习方法，了解和孩子的相处之道。也许我们都是在懵懵懂懂中长大的，没有太多的关注，也没有太多的指导。但是现在很多情况都变了，我们想让自己的孩子过得更好。

世界上没有两片相同的树叶，每一个孩子都是不一样的，现有的教育体制是先求同，再存异，但没有谁比父母更了解自己的孩子。所以我们要成长，要学着当父母，要学着做教育专家，最终受益的肯定是我们的孩子。不要把教育孩子的事全交给老师，也不要全交给父辈。我们要耐心地陪伴孩子，并与孩子一起成长，给她空间，放她飞翔。

专家点评

幼童的智力发育有迟早的差异，除因脑损伤所致外，均可经后天调理而恢复正常，后来者居上，历史上不乏其人。这位家长通过家教学习，克服了焦虑和恐惧心理，领会到"要学着当父母，要学着做教育专家，最终受益的肯定是我们的孩子。"甚为深刻，可谓入木三分。

27. 把孩子当朋友，收获会更多

北京市西城区五路通小学家长　张　峰

我家孩子现在是一名四年级的小学生。作为一名家长，我内心渴望孩子在德智体美各方面都表现得优秀一些，所以在日常生活中我对孩子的管教近乎苛刻。孩子从小是在部队大院里成长起来的，性格外向开朗，活泼好动。虽然孩子是一个小姑娘，但初为人父的我却十分乐意把她当成一个小兵来管教，用一个"严"字作为我家教的法宝。毕竟孩子"三观"未形成，处理事情简单幼稚，所以经常引发我的横眉冷对、严厉训斥。从孩子低头不语和似懂非懂的眼神中，我感觉自己是一名成功的导师，又像是对这个"淘气鬼"出了心头的一口恶气，却忽略了孩子能否从内心深处领悟我的想法。

不知为什么，我感觉对孩子越是严管，孩子就越是拖拖拉拉。只要是我下班在家的时间，从她起床上学到晚上睡觉，基本都是在我的催促和要求下进行的。渐渐地，我习惯了对孩子的训斥，孩子也对我的强横麻木了。直到有一天收到班主任的反馈，我才开始反思，自己对孩子的教育付出了很多，为什么效果却很小呢？

班主任对我说，孩子在学校的表现总体不错，学习也比较稳定，但是如果她遇到与同学意见不统一的事情，在处理方式上有点偏激，要么气得找老师告状，要么气得直哭，和班里同学之间的关系有点僵。班主任问我："孩子平时在家也爱哭吗？"我说："就算是把我惹急眼往她屁股上踢一脚，她也不哭啊！"班主任又和我交流平时是怎么带孩子的，我说："平时对孩子管得挺严的，孩子做什么事都磨磨唧唧，我唠叨得自己都烦了。"班主任告诉我："把孩子当朋友，收获会更多。孩子在处理问题方面，很多时候是受家人的影响，与孩子建立一种良好的沟通方式，比反复唠叨和严厉对待效果要好。"

班主任的一番话，让我恍然大悟，我回到家中沉思许久。我没意识到自己"一言堂"式的教育方式，潜移默化地给孩子在思想上造成了负面影响，导致孩子在交往中简单粗暴，无形中产生了一种恶性循环。但是把家长的绝对威严角色转化为和孩子做朋友的角色，我感觉有点别扭。"子不教，父之过"，当了朋友孩子会不会更不听我的话呢？可想起老师的话，我又觉得很有道理。试试吧，不管怎么说，我也是孩子的父亲，必须对孩子负责。

晚上，我便和孩子坐在一起聊天，我对她说："你大了，也懂事了，以后有什么事情我们商量着来，变父女为朋友，各自做好各自的事情，彼此平等友好相待。"女儿被我的一席话说得眼角湿润，这让我不知所措。几秒过后，她一个劲儿地点头，并和我拉钩约定。然后，她直接回到自己的卧室，专心写起作业来。一个小时后，她又开始在卧室里练习平时逼着她才愿意学的次中音号。

现在不用我唠叨，孩子每天在学习和生活中都能自觉地去做该做的事情，慢慢地养成了好习惯，平时也能主动地做些家务，闲暇之余还会帮着照看妹妹。家里的笑声多了，老师也说孩子的变化很大。当然我也有变化，在好朋友的劝告下，我吸烟问题也彻底解决了。

孩子是祖国的未来，望子成龙是家长的希望。在孩子的成长过程中，作为家长，我们不能只是考虑在物质上满足孩子，更应该在精神上和孩子融合在一起，引导孩子身心健康成长。

让我们把孩子当作朋友携手向前，一步一个脚印，陪孩子走好人生的每一步吧！

专家点评

我赞赏"把孩子当朋友"作教子之法。"把孩子当朋友"，凸显平等、民主、友爱：一可消除少年的逆反心理和对长辈的畏惧心理；二可建立互信基础及和谐的家庭氛围；三可自幼培养家庭内无等级观念和民主意识；四可填补代沟，相互了解，促进父女思想交流，从而达到"引导孩子身心健康成长"！

第2章
家庭教育智慧和方法

28. 谈谈培养孩子看书这件事

北京市西城区北师大二附中西城实验学校家长　李庆华

每一个家庭都要面对孩子的教育问题，作为父母，我们在孩子身上都是完美主义者，希望孩子不仅功课门门优秀，而且多才多艺，胸怀大志。这是每一位家长的愿望，也是每一个孩子努力的方向。在培养孩子这件事上，每一位家长都是用心良苦，十八般武艺轮番上阵。每一个孩子也都是独具特色，各有千秋。

今天，我想跟大家分享的是培养孩子爱看书这件事。不能算是成功案例，只是稍有心得，跟大家交流一下。

"书中自有黄金屋，书中自有颜如玉。"这是每一个读书人都信奉的理念，其中也蕴藏着每一个人对美好生活的向往。移至现代社会，在短视经济、眼球经济、碎片化知识充斥着人们的视野、占据了大部分时间的时候，我始终有一个坚定的信念，对于读书这件事，特别是读名著，读历史，一定要坚持。俗话说大道至简，虽然历史的长河绵延了几千年，但生活的真理、人性的智慧与哲学，却是亘古不变的。

有了这个坚定的信念后，我对孩子看书这件事尤为重视。我家孩子从小爱看书，现在也是一名标准的"宅男"，在家里常常是手不释卷，他所有的闲暇时间基本上都是在看书。他看书涉猎范围很广，包括名著经典、历史故事、名人自传、侦探小说、武侠小说、漫画，等等。我看过的书基本上也都会推荐给他看。

从他一年级看不带拼音、不带插图的书开始，到现在初二，他每年看书的数量基本保持在20到40之间，看过的书已经不下300本。而且随着年龄的增长，孩子看书的速度越来越快，喜欢的书还会反复看好几遍。在所有的书中，孩子尤其喜欢看历史类的书籍，柏杨白话版《资治通鉴》一套72册他看了两三遍，《中国人史纲》也是长读之书。当前明月的《明朝那些事》他更是爱不释手，看了不下10遍，现在更是迷上了这类书，《北宋那些事》《南宋那些事》等全都下载下来看。

让孩子喜欢上读书，也就帮助孩子打开了看世界、看历史的大门。

我以前也看到一些报道，说有的家长苦恼于孩子不爱看书。所以在孩子很小的时候，我心里就有一个念头，一定要从小就培养孩子看书的习惯，一定要让他喜欢上看书。那怎么才能让孩子喜欢上看书呢？《老子》上说："合抱之木，生于毫末；九层之台，起于垒土；千里之行，始于足下。"孩子在身心发育的过程中，有着广泛的兴趣和求知欲，这些是他们学习的内在动力。

我培养孩子看书的习惯是从给孩子讲有趣的故事开始的。

每个小孩子都是喜欢听故事的，我给孩子讲故事的时候都是拿着"书"讲的。不是读书，是讲书，而且一定要拿着"书"讲。最初，孩子对"书"没有概念，也不懂得"书"是什么。但通过"书"给孩子讲故事之后，孩子就会有一个想法，这个东西里面有好故事，有他喜欢的长颈鹿、小斑马、皮特曹等，他们都住在那里。后来，每当孩子想听故事的时候，就会主动把书拿给我。故事也不是讲得越多越好，我会有意地控制讲故事的时间，每次都不会太长，也不会讲太多。每次两到三个小故事，让孩子有所期待，意犹未尽，他就会惦记着这本书。

随着年龄的增长，孩子越来越不满足妈妈讲的这些故事了，还会要求多讲。在孩子四五岁的时候，他认识的字越来越多了，讲的故事也不能满足他的需求了，这个时候他自己就会想办法了。有一天，我在给他讲了3个故事之后就停下来了，但他执意还要听，我就跟他说："妈妈要去做饭了，要不然，咱们两个人都要饿肚子了。"儿子委屈地看着我，一百个不乐意，我轻轻地把书打开放在他身边，然后对他说："儿子，你已经认识很多字了，要不你自己试着看看，如果你认识它们，小动物们就会主动给你讲故事了！"儿子似懂非懂地看着我，说："如果我认识它们，它们真的会给我讲故事吗？"我坚定地对儿子说："会的，不信你试试！"儿子就这样开始试着自己看书，他拿起了书，静静地盯着那些字。盯了一会之后，他竟然轻轻地读了起来，读着读着，好像那些小动物真的在跟他说话！儿子高兴极了，读的声音越来越大，像唱歌一样！

从此之后，我开始尝试买一些简单的、带拼音的故事书给他，只要有机会就让他自己看。再后来，我买的书是字数越来越多，图片越来越少，他也在逐步地适应着这种变化。

从带拼音、图片的故事书到全是密密麻麻的字的儿童文学书，这个转变对他而言是一个挑战。我第一次将一本《格林童话》给他看的时候，他一看全是字，看了两眼就不看了，本能地拒绝。怎么才能让孩子接受全是文字的读物呢？我陷入了沉思。后来在一次开车的时候，广播里正在播放评书《三国演义》，我忽然眼前一亮，想到了有声读物。后来，我就购买整套的纸版书和有声读物，让孩子一边听故事，一边看书。孩子一开始只是拿着书胡乱地翻，但随着故事的深入，孩子逐渐能坐住了，开始随着讲解的故事一页、一页地翻着看，没再表现出不耐烦的情绪。听了几本有声读物之后，我发现他看的比读的快了，而且逐步地不再听有声读物了，他有了自己看书的节奏。从此之后，全文字的读物他也可以接受了。

让孩子爱上看书的问题解决了，但给孩子看什么书，也是非常重要的。首先要有一个基本的判断，那就是什么阶段的孩子读什么样的书。所有给孩子看的书，我基本都会先看一遍，当然除了他自己喜欢的漫画书之外。我一直认为漫画不算书，不过也不反对孩子看，因为漫画在一定程度上能起到愉悦身心、放松心情的作用，而且可以在潜移默化中培养孩子幽默的性格。

我给孩子选书的一个基本观点是，既要博览群书，各种奇书杂谈都能看上一二，也要有主有次，分清主流书籍。一开始，我给孩子买的基本都是一些比较好的儿童文学书，孩子也特别喜欢，其中我尤其推荐《不一样的卡梅拉》。这是我逛书店的时候一位家长推荐的，我一看就喜欢上了这套书，后来一本一本地买给孩子看。结果孩子也特别喜欢，每天都当宝贝似的捧在手里看，还经常学卡梅拉说话。

到了五年级之后，我开始尝试给儿子推荐一些自己看过之后觉得非常好的书，像《林海雪原》《狼图腾》《平凡的世界》等。没想到，孩子居然看得津津有味，而且百读不厌。在给儿子买的书中，最多的还是历史类书籍，因为我比较认同男孩子要多读历史的观点。

除了给孩子买书之外，我还给孩子订阅了杂志。书是知识的沉淀，而杂志是知识的前沿。孩子不但要了解历史，多读名著，还要了解现在科学技术的发展，这个就需要杂志了。我经常给孩子定的杂志包括：《我们爱科学》《博物》《中国国家地理》《中学生幽默》，等等。

培养孩子爱看书的习惯，除了要引导孩子多读书、读好书之外，还要有家庭氛围的熏陶。从上小学起，周一到周五晚上我们家里就从不看电视，作业做完之后，我们一般会陪着孩子一起看书。周末的时候，我们还经常带他去图书馆或预览室看书。每次到了图书馆，他就跟橡皮糖似的，粘在图书馆里迟迟不愿回家。

孩子不仅从书中获取了很多知识，也取得了自信。他能在和家人相聚的时候，侃侃而谈明朝各个皇帝的特点，跟你分析张居正的治国理念，向你讲述坐 32 人抬的轿子是多么炫酷。他还能和爷爷在晚上遛弯的时候，畅谈历史中的各类人物，甚至把爷爷都说服了。

对于孩子来说，学习是一个苦差事，取得好成绩更是件不容易的事情，需要付出很多努力。通过培养孩子看书的习惯，阅读已经被孩子当成一种放松心情、放飞梦想的方式。

专家点评

英国作家莎士比亚说："书籍是人类知识的总统。"俄国作家托尔斯泰说："理想的书籍是智慧的钥匙。"苏联作家高尔基说："书籍是人类进步的阶梯。"我国宋代有"书中自千钟粟，书中自有黄金屋，书中自有颜如玉"的劝学格言。我言："书籍是知识的源泉。"英国哲学家培根说："知识就是力量！"我言："书籍是文化的宝库。"文化是民族的灵魂。

培养子女从小养成读书的良好习惯，是家教的一剂良方。唐代诗人杜甫："破书万卷书，下笔如有神。"南宋诗人陆游说："书到用时方恨少。"在我国古代家训家规中劝学读书的名言例事唾手可得。

这位家长心领神会，培养孩子养成读书的习惯，多读书，读好书，他日孩子必成参天大树。

29. 读书与"少年才俊"

北京市西城区北师大二附中西城实验学校家长　陶　旭

近日，有个公益组织打算配合"全球一小时编程"活动，邀请我家孩子作为嘉宾参与，向小学生们讲述自己与编程、与书的故事，并在活动介绍中称我家孩子为"少年才俊"。看到这样的形容词，作为一个曾经的"学渣"，我多少有些不适应，实在没有想到自己能给"才俊"做妈妈。

面对我家的"才俊少年"，我一直责怪自己不是个好妈妈，没有做到生活上的无微不至，也没有社会竞争的紧迫感，是个不折不扣的"懒散妈妈"。但有的时候，我也偷偷安慰自己，也许就是这份懒散，不经意间为孩子撑起了自由发展的空间。也许对于"少年才俊"来说，我不是个称职的妈妈，但我希望自己可以做一个"才俊"的伙伴，共同收获，共同成长。

记得我家"少年"还不会走路的时候就喜欢水，看到有水的地方就指着要去看。至今我脑海里还常常浮现，他姗姗学步时只要看到一潭水，就一边重复着"鱼、鱼……"，一边兴奋地奔过去的画面。无论是地上的一洼积水，还是餐馆的洗手盆，都挡不住他找鱼的兴趣。直到现在，我还时常能看到他跑到泥泞的小河边看鱼的身影。每每这时，我都会尽量放松心情，陪着他找鱼，看鱼。

后来我会有意无意地收集一些关于鱼的画书和字书，其中一本关于鱼的小书就成了我家"少年"的至宝。回想起来，这本小书每页介绍一种水生动物，总计二三十页，上半页是照片，下半页是一段说明文字，比巴掌稍大一些。有一段时间，我家"少年"会拿着这本书要求周围的人帮他读上面的字，一遍又一遍。即使外出聚餐或是旅游，他也会记得带上这本书。那段时间里，各种认识的、不认识的人都给他读过这本小书，光我本人就至少读过三四十遍。渐渐地，请人读的时候，小"少年"会指出少念了的字和念得不准的音。我突然意识到，他大概是认字了，这时他差不多三四岁。

之后的时间里，我家"少年"的阅读开始扩展到其他自己喜欢的书籍，每本也不会反复读那么多次了。为了满足他找书的要求，我们开始带他去各个图书馆的少儿图书室选书。作为其他事情的奖励，我们偶尔也会买一些他特别喜欢的书作为收藏，并根据他的要求订阅一些儿童科普杂志。直到现在，我家"少年"每年都会选订四五种杂志，并且都会认真读完。

上小学之前，他已经可以阅读纯文字的书报了。除了图书馆外，我们也会推荐一些他可能感兴趣的博物馆，例如水族馆、自然博物馆等。上学前的一段时间，他迷上了恐龙，每周都跑到古动物馆参观，并有幸结识了《恐龙》杂志的编辑。通过编辑，他向专家提出了一些自己的疑惑，并得到了解答。其中，我印象最深的提问是"鱼龙到底是胎生还是卵生"。

此外，我家"少年"还喜欢涂涂画画。记得幼儿园的时候，他编过恐龙的故事。于是我让他画出来，再表述故事情节，还帮他在画旁写上他想出的情节表述，并记录上日期。这个过程后来就演化成用画画来记日记，需要补充文字的地方，我来帮他写上去。上学后，他开始学写字，于是画日记又有些变化，我们一起设计了"画＋文字"的日记页，除了日期、题目等，上半页画画，下半页写一些小说明。在学校学习写作小短文后，他画得少了，用的纸就变成了大格子的日记纸。再往后，他掌握的字多了，就用正常稿纸写日记了。

至于读书，在我家"少年"上小学的时候，我曾经推荐过一些有童趣的少儿读物给他，也有些是亲戚朋友赠送的书，但我基本没有强求，原因也很简单，他自己想看的科普杂志和少儿小说已经占了很多时间，我心里更希望他多走出去，增加运动。现在回想起来，这时的小"少年"，就已经掌握了通过读书来探索自己想知道的事情的方法。他知道一些具体的知识点，周围的大人也不一定能给他讲清楚，需要自己去探索来龙去脉。我原本以为读书多的孩子写作文会强一些，但小学阶段并没有见到显著的效果，他的作文成绩并不突出。

说起日常的生活环境，我家"少年"的爸爸是技术人员，日常需要阅读大量的资料。而我——懒散的妈妈，是个翻译，不是在准备国际会议的资料，就是在翻译书籍，平日在家也是文稿不离手的状态。家里一个月都不会开一次电视，手机、电脑也只是工作的工具。想来在这样的日常环境里，书对于我家孩子来说，可能自然而然就比较亲近。

就是在这样的环境中，出于为人父母的"懒散"，也出于对学校教育的信任，我们没有让家里的小"少年"在小学阶段参加系统性的课外学习，而是让他在宽松的环境中自然生长。周末的时候，我们会经常带他造访姥姥姥爷在郊外的住处，参与种植，亲身感受自然的变化。当然他最喜欢的还是姥姥姥爷家的鱼池，我经常会发现他在鱼池前蹲上很长时间，虽然有些无法理解，但也尽量不去打扰他。

渐渐地，我发现我家"少年"的读书范围不断扩展，开始订阅《博物》等非少儿科普杂志，并会选一些社会上的畅销书来看。晚餐上他时不时会发表些小见解，让我们做家长的都刮目相看。

由于我本人是日语翻译，所以我家"少年"从小对日语有些接触，又因为我和他爸爸都是搞软件开发出身，所以他对电脑编程之类的东西并不陌生。机缘巧合下，我承接了一本关于少儿编程的日文书译制工作，书的内容非常简单易懂。于是，我家"少年"在小学四年级结束后的暑假参与了部分译制工作，由此拉开了他参与编程的序幕。

译书出版后，出版社还将我家"少年"聘为讲师，举办了少儿编程讲座，并在同一系列书出第二本的时候，再次邀请我家"少年"参与译制工作。第二本的译制是在我家"少年"小学毕业后的暑假完成的，这时的他对日语、对编程都有了更深的理解，在这本书中也承担了更多的工作。现在这个系列的两本书在中国的销售量已经超过 3 万册，应该说我家"少年"功不可没。幸运的是，在这之后出版社又引进另外一本技术和内容相对容易的儿童编程书，并邀请我家"少年"作为第一译者承担主要译制工作。他已在初一暑假期间完成工作，预计初二下学期就可以看到书正式出版了。这段与编程的缘分，也是"全球一小时编程"活动将我家"少年"作为"才俊"邀请的原因之一。

就是这样与书籍的全方位接触，无形间构筑了"少年"与书的亲近感，自然生长的"少年"也顺利升入了初中。初中学科增多，周围的同学也有所变化。通过和班主任沟通，我发现我家"少年"在学校也是抓紧课余时间读书，在同学交往上不够积极，处理关系时有些生硬。这时，班主任的敏锐观察和丰富经验就起到了非常好的推动作用。渐渐地，我偶尔会从"少年"那里听到一些小故事，也感受到了他对班主任流露出的钦佩之情。我们知道把孩子交给学校是正确的选择。

听从学校的建议，我们家每天的晚餐时间开始打开电视，收看新闻联播。这样使得我家"少年"对家里常年订阅的报纸产生了更多的兴趣，他的阅读范畴也开始向了解时事和讨论社会现象的层面扩展。

进入初中后，作为一贯懒散的家长，我们基本上对"少年"的成长起不到明显的作用了，更多的是守望和分享。在这个过程中，我们收获了很多惊喜！

惊喜一

我家"少年"喜欢生物，小学阶段就吸收了很多零散知识，在生物方面也初步构建了自己的知识体系。上中学后，"少年"惊喜地发现，自己在吸收生物知识的同时，也顺带了解了一些地质、气候、矿产等方面的知识，这些与初中新增的地理学科有很多相通之处，于是他发现自己还非常喜欢地理！而地理老师的及时肯定，也成为他学习地理新的动力。学校老师组织并指导学生参加地学知识竞赛，其中我家"少年"拿到了全市地学知识竞赛一等奖。这是我们的一个惊喜，想来也是"少年"今后探索世界的动力。

惊喜二

我家"少年"在信息老师的辅导下，获得了"全国中小学电脑制作"活动的三等奖！由于家庭环境的影响，"少年"从小对电脑比较亲近，初一时自告奋勇当了班里的信息课代表。虽然他这个课代表做得并不是很合格，时不时还会调皮捣蛋，可信息老师并没有因此而放弃他，反而悉心指导，深度发掘，并利用业余时间进行针对性辅导启发。这样，"少年"在不知不觉间就捧回个全国三等奖来！

惊喜三

我家"少年"从小亲近文字，留下了不少日记，我们把这些装订成册，还时不时翻出来重读，非常有趣，回味的过程想来也是"少年"继续写下去的动力。进入初中后，语文老师开展了周末写"随笔"的活动，不仅鼓励大家写自己想写的内容，并且会在课上请一些同学读自己的随笔。

这个过程为我家"少年"打开了新天地，因为很多时候主题不限、篇幅不限，只要写自己想写的就可以。没了学校作文的种种限制，却有交流的平台，老师和同学的欣赏成为最好的动力，"少年"越写越来劲，创作了不少颇具情趣、极有底蕴的小文章。在"少年"的文字中，可以见到一些他读过的书的影子，运用得自然而有韵味。这时，我才不得不感慨阅读的力量和厚积薄发的意义所在。

惊喜四

我家"少年"告诉我，刚升入初中时班主任并不允许他课间看自己的书，想来可能是出于影响学习的考虑。但在了解到他真的喜欢阅读而且得益于阅读后，班主任就不再阻拦他在课间阅读课外书，并且号召全班同学向我家"少年"学习。从日常聊天中，我可以感受到"少年"很享受这样的阅读环境。

近期我家"少年"开始找地理、生物等学科的大学教材看，他不仅没有被一本本大书吓倒，而且还读得有滋有味，着实让我这个"学渣"妈妈汗颜。而且我发现，对于一些自己感兴趣的领域，我家"少年"已经可以无障碍地查阅日语资料了……我家"少年"带给我的惊喜太多，而且我相信之后会越来越多。

作为家长，我是新手，对孩子谈不上教育，更多的是感受到随着孩子的成长，我自己也重新长大了一次。也许正是因为没有经验，又比较"懒散"，所以我们更多的是选择相信学校教育，每位老师都带过很多的学生，在教育上面他们的经验比我们家长丰富太多。我坚信，如果虚心向老师请教，用心体会老师的做法，我们一定可以在与孩子的共同成长中找到共同进步的好办法。

我家的"少年才俊"作为我们三口之家中的一员，为我们带来了很多新的体验，今后也将引领我们获得更多的成长。

专家点评

该篇是论证早读书、多读书、读好书可取得惊人业绩和"才俊少年"称号的典范事例，给家长带来众多惊喜，其经验是父母为其子营造良好温馨的阅读环境和正确指导。该篇亦论证"书籍是知识的源泉""知识就是力量"至理名言的正确性。从侧面亦可知晓儿童早读书、读好书可较同龄儿童早成熟。项远方同学初中就阅读大学本科教材和日文资料等，使我联想起与科大少年班学生有相似之处，即"天才少年"。幼学如漆，该同学自幼掌握多学科知识，定会终身受益。

30.
帮助孩子做更好的自己

北京市西城区北师大二附中西城实验学校家长　殷宏亮

作为父母，我们时刻关注着孩子的成长，对孩子的教导也总是在不经意间进行。对孩子细心观察并给予必要的指导，能够很好地弥补孩子的思想局限，促使孩子更好地成长。

记得那是在孩子上小学五年级的时候，她在班级里担任宣传委员，但总是回家后向我们抱怨，班里的其他班干部对她不满意，可能还在唆使其他同学反对她，同时孩子也在针锋相对地联系自己的伙伴去反对她的对手，听起来还蛮有火药味的。

当孩子兴高采烈地给我们讲述学校中发生的"斗争"故事的时候，我觉得有必要和孩子认真谈论一下这个问题了。利用晚饭后的闲暇时间，我们把孩子叫到身旁，听她讲述学校中的见闻，看看孩子在为什么烦恼。从孩子那里得到的信息十分琐碎，无非是谁做了什么或者谁说了什么，我一边在心中暗笑，一边思考要怎么和孩子沟通。看着孩子说得那么认真，我忽然觉得不能简单地用"不要计较，学会宽容"等空洞的语句教导孩子，那样效果可能不会太好。现在最重要的是教导孩子怎么做，而且要能看到效果，这样才能让孩子真的接受。所以我决定先等一等，我需要认真思考一个有效的方案。

和孩子谈话后的第二天，我再次把孩子叫到身边，向她提出了我的解决方案：礼貌、尊重、善意、宽容。其中礼貌和尊重，是对自己的要求，这是个人修养的一部分，无论何时都需要坚持，即使受到他人误解，自己的意见不被接受，也要做到；善意和宽容是自己对同伴的态度，不能因为意见不同就认为他人对你不够友善，大家对任何事物的看法都可能会出现分歧，这是再正常不过的事情，要学会和同伴沟通，找到大家都能接受的方案，学会和他人相处，避免关系紧张。

同时，我也向孩子解释，她和其他同学的分歧只是意见上的不同，因为每个人的出发点是不同的，每个人都认为自己是正确的。这个时候就需要每个人充分表达自己的观点，同时说明自己为什么要这样做。即使你和他人观点不同，也要尊重别人的表达，你可以不支持他的观点，但你不能不让对方说明自己的观点。在倾听的过程中，可能你会发现对方观点中的可取之处，同时你的礼貌和尊重也会赢得他人的尊重。

在大家的观点都表达清楚后，如果你的观点得到支持，也不要沾沾自喜，更不要指责别人的错误，因为是大家选择了支持你；如果你的观点不被支持，也没关系，也许是你的方案确实不够完美，大家选择了更好的方案，你应该支持大家的决定，并和他们一起努力。在别人指出你设计的方案的瑕疵，甚至指责攻击你的时候，你要认真倾听他人的观点，专注于问题本身，无论对方是否正确，都要保持善意宽容的态度。正是因为有质疑的声音，你才会认真思考，不断完善。

经过一个晚上的促膝谈心，孩子似乎有些听懂了。不过我还是不太确定，接下来的几天，我都会主动和孩子交谈，问她学校的情况，要她时刻提醒自己"礼貌、尊重、善意、宽容"。慢慢地，她的学校生活有了一些变化，在她和同学的电话聊天中，听不到针对他人的指责了，听不到她要如何反对别人的计划了，我听到的更多的是倾听与建议，她能够和其他同学友好地沟通了。她在学校的宣委工作也更好做了，能够赢得老师和同学们的支持，她整个人也变得更加开朗自信了。一两个月后，情形发生了根本的转变，曾经意见分歧、针锋相对的几个孩子成了好朋友。我经常会听到她们一起商量班级里的活动，畅聊学校中的趣闻。

作为家长，能给孩子帮上忙，我感到十分欣慰。同时，我也感觉到孩子们都是善于学习的，他们做得不好只是因为现在没有经验，没有找到正确的方法和路径。这时候就要求家长要有耐心，让孩子自己去尝试，我们在旁边观察就好。当孩子需要帮助的时候，我们也可以帮他们进行客观分析，提出有效的建议。任何时候都不要一味地指责孩子，更不要代替孩子思考，生硬地提要求。终归孩子的路是要自己走的，我们只是陪伴他们成长，帮他们成为更好的自己。

专家点评

习近平主席讲："中华传统美德是中华文化的精髓。"这位家长深知此理，熟练运用中华传统美德中的"礼貌、尊重、善意、包容"启发、教导其女与同学消除分歧，化解矛盾，团结同学，达到互助互学，共同进步的目的。此种传统美德的教育，不仅在少年时代，乃至成人，踏进社会，都不可忽视；运用此种传统美德处理和协调人际关系，必获裨益，可以营造和谐、友爱、团结的人际环境。

31. 用爱陪伴孩子成长

北京市西城区北师大二附中西城实验学校家长　于　霞

对于教育孩子，可以说是千家有千法，没有最好的，只有最适合的，因为每个孩子的成长都是独一无二的。每个孩子的学习能力和认知方式，我认为都是基于家长的思维习惯、引导目标和日常的言谈举止、处事方式，以及孩子自己平时课内外阅读的信息量逐渐形成的，其中最重要的是孩子自己的亲身经历和感受。尤其是孩子上了中学以后，学校配备了很好的老师，在一次次家校共育的交流中，我受益匪浅，不但学到了新的理论，还收获了很多经验和解决方案。怎样按照我们的目标去培养孩子呢？我习惯于先分析一下自己的孩子，然后粗浅地设定一个他今后的人生发展，再努力朝这个方向引导和培养他。在我们孩子成长的过程中，有几件事情给我留下了深刻的印象，结合家教讲座上教育专家给出的思路和建议，我逐一梳理如下。

首先，做人要善良和宽容。作为母亲，我第一次感动得流泪是孩子在3岁多的时候主动踩着小板凳去刷碗，我问他："你怎么想到要刷碗？"他当时说想让我多休息一会儿。除了欣慰，我还想到孩子已经有了关怀他人的心思，于是就在日常生活中找到一些善良和宽容的场景让他去观察。比如有小朋友拾起垃圾就近扔到垃圾箱中，有子女扶着年迈的老人在公园中休息，周围有抽烟的人时不抽烟的人的表情和态度，遇到不礼貌的行为应该怎样对待和理解，捡到银行卡要交回银行因为失主很焦急，遇到家长在街上批评自己的孩子时，我会问他这样是不是很没有修养，等等。

这不但是观察，更是在有意地培养他的价值观。小学的时候，他们班上有一个大多数学生都不喜欢的同学，我们孩子在班上算是非常乖巧的，但是那个孩子挑衅地撕了我们孩子的书，从此两人就产生了矛盾。那我是怎么知道的呢？因为我会关注孩子嘴里经常提到班上哪些同学的名字，对于他不经常提的，我就主动问。当问到这个孩子时，我家孩子很激动，而且说："他太差劲了，自己的书没带把我的书也撕了。"我问他有没有原因时，他说："那个孩子还撕过别人的书。"我又问他："在班上这个孩子有朋友吗？"他说很少。于是我鼓励他说："你要与那个孩子做朋友，至少做到在他撕别人的书时，不会再撕你的。因为只要他认为不应该撕你的书，你就成功了。"至于怎么做朋友，我举例给他可以分组作业时拉他进一个小组，分享一下你喜欢的玩具或者喜欢的书等。我还告诉他，学生时代的朋友，即使有过争吵，以后也会变成美好的回忆。后来，我终于看到他俩在一个小组共同完成作业，小学毕业的照片两人也是挨着站的。善良和宽容是我要求孩子保持的第一特质，拥有这样的特质人生不会孤独。

其次，做事要专注。不够专注可能是大多数孩子家长都会遇到的比较头疼的问题，也包括我。我让孩子练过钢琴，但因为每天不能坚持练习放弃了；让他练过击剑，但因为没有好的比赛成绩不能升到专业班，也要放弃了；他之前喜欢围棋，但因为没有棋友和时间，也没有养成专注的爱好；还喜欢过单片机和机器人，但因为没有取得他自己满意的证书受到了打击，也放弃了……这样的经历很多，孩子在激发了短暂兴趣之后，如果没有成绩的激励，耐性很快就消失了。我会告诉孩子，坚持才是达到目标最重要的一环。在学习一门技能的过程中，随着学习的深入，难度的增加，你会感觉遇到了各种困难，这时先坚持看看，再寻找方法，只要迈过难关，攻克难关，你就会"得到"。在这个过程中，意志可能比方法更重要。

我们孩子比较掣肘的是体育成绩，一般都是在及格和良好之间，要想上到优秀很难，但我们就一项一项攻克。比如跳绳，开始他身体不协调，1分钟只能跳二三十个，我就在每天晚上带他去锻炼，与他比着跳，给他计时跳，帮他分析怎么又跳断了，怎么这一次跳的次数多一些。通过分析原因和寻找方法，体育运动就能找到那种感觉了，但是这种感觉一定是在大量的练习和敏锐的感知中获得的。在最后的体育考试中，他跳绳这个专项取得了满分，我相信这段经历会永远促使他坚持专注地做一件事情，并达到目标。

现在，孩子越来越大，思想也越来越成熟，学校的青春期教育和班主任的家长会，都不断告诉家长要关注孩子、尊重孩子。我们孩子已不再像他小时候那样对家长言听计从，我支持他有想法，就以推荐的方式让他选择书法来培养自己的专注力。我希望他不但能鉴赏优秀的传统文化，还能锻炼坚强的意志，并学习古往今来书法家们的优秀品格。抛开成绩谈专注，也许更是一种习惯培养，我相信，专注做事对他学习文化课知识一定大有裨益。

再次，学习要有态度。客观来说，我们孩子的成绩还可以，但是我更关注的是他在学习中养成的习惯和成绩中暴露的问题。我一直引导他学习要有主见，要有态度。你喜欢历史，可以，但是不能不管生物和地理；你喜欢做难题，可以，但是简单的题不能丢分。不要做喜欢哪位老师就把他教的科目学得很好，不喜欢哪位老师就不学他教的课这种幼稚的事情；相反，要有自己的态度，如果哪位老师的课自己不能适应，就尽快调整，认真听讲，牢记重点，多做习题，准确记忆。

虽然我从没有听到过孩子说哪位老师讲的课不好，但还是有一次非常惨痛的经历，他初中生物有一次期中考试只考了 69 分，把他的排名一下子拉到了年级 38 名。考试之后，生物老师在全班调整了教学方法，加强了重点检查。那我是怎么做的呢？我先把他卷子上的题不分对错，全都在课本中找到，然后逐一在每道题旁边标注课本页数、段落和原文。之后拿给孩子看，我与他分析的结果是试题全部是书中原文，商量的方法是上课听老师讲重点，下课抄课文中的重点段落和图，同时还买了一本《教材解读》时时补充。这是我们考了多年的试总结出来的经验，我这样做就是为了得出这个结论，让他有重点地看课文。为了培养他自主学习的态度，我没有督促和陪读，只是定期抽查。终于，孩子在期末考试中生物课成绩回到 94 分。这个经历告诉他时间花在哪里，成绩就出在哪里，自身的学习态度往往就是学习效果的最好体现。

最后，心中要有团队和朋友。生活要想过得如意，一定不能少了朋友的陪伴，工作要想取得成绩，一定要有团队的支撑，所以我会不失时机地引导他团队和朋友的重要性。比如，我常常带他去看足球比赛，分析上场队员的团队精神，也支持他和朋友去听相声，看喜欢的漫威电影。在他与同学的交流中，我会假装只听到某个重点，让他们自己深入讨论，这种习惯让他和最要好的朋友在初中的兴趣班中选择了创办思辨班。每次看到他们积极准备材料，发动同学参与，我也会给一些分工的建议和话题的选择，并让他们自己想办法让每个人都发表自己的看法、展示阐述的角度。我想让他知道，朋友往往是有共同爱好的，有了基本一致的目标和核心人物，就有了团队的价值。同时，团队中的每个人都要贡献力量，要学着发现团队中不同角色的特长，想办法让团队的功能发挥到最大。作为团队中一员，他要随时做好准备帮助朋友，组织团队完成任务或目标。

在初二学年第一学期的家长会上，班主任再次告诉家长：至少培养一个超过自己的孩子。我被这句话深深感动，我们谁也不敢说自己把孩子培养得最好，但是我们的目标肯定是寻找正确的方法,让孩子今后的生活至少比我们自己幸福快乐。为了这个目标,我愿与各位家长共享经验,共勉教育,用发自内心的爱陪伴孩子成长。

专家点评

　　善良是指心地纯洁,没有恶意。善良是做人之本,"人之初,性本善。"善良之人,幸福常驻。自幼培养子女善良品质,可让他们终身受益。善良之人定会"严以律己、宽以待人",具有一颗宽容的心。这位家长培育其子善良和宽容品质,做到"善良和宽容是我要求孩子保持的第一特质",铿锵有力,掷地有声!值得赞许!

32. 做孩子成长路上最忠实的"粉丝"

北京市西城区北师大二附中西城实验学校家长　赵莹莹

一、他有些小毛病，但拂去"灰尘"后，是一颗熠熠生辉的珍珠

孩子从小活泼好动，热情好客，不惧与陌生人接触，喜欢表达自己的观点，有时还会抢话说；对自己喜欢的事情，他会认真钻研，但不感兴趣的事情，就有些怠慢，给人不认真的感觉；他做事情不拘小节，但有丢三落四的现象，让人操心。进入小学阶段，他的这些小毛病就显现出来，出现上课说话、小动作多、作业完成不及时的情况。老师也很关心，多次向我们反映，有时还会留下我们单独谈话。

作为父母，我们内心也是非常焦虑，经常跟孩子沟通交流，当然有时候也会控制不住急躁的情绪。但静下心来想一想，着急也不能一下子解决问题。孩子天性善良、诚恳，有自己的想法，那些小毛病不是品行问题，但也不是一朝一夕就能改变的，需要我们有足够的耐心，也需要孩子自己慢慢领悟。于是我们就事论事，把问题摊开，一起分析，让他明白自己犯了错误，问题在哪里，能不能解决，方法有哪些。因此，我家孩子即使遇到挫折，也从不气馁，从不否定自己。

小学四年级后，孩子的班主任换了，新班主任是一位语文老师。他的教学方法是鼓励学生多阅读文章，并深入分析内涵，还让学生在课堂或微信群里自由发表自己的理解和观点。孩子仿佛找到了自由思维的火山口，不仅积极表达所想所感，而且会深入思考。他爱表达的特点也仿佛从缺点变成了突出的优点。对每篇文章，他都细细品味，积极思考，经常跟同学在微信上探讨到很晚。我们看到他的转变也很开心，买了很多课外书帮助他开拓思维。后来，在学校甚至区里的公开课上，孩子都毫不胆怯，积极发言。他自信的语态和独特的视角获得了大家的好评。这为他以后放飞思想，打开脑洞，积极探索打下了基础。

上初中后，班主任很快就发现了他的特点，于是安排他主持班级联欢会，孩子幽默风趣的主持风格获得了同学们的好评。班主任还特地在家长会上对他进行点评，这

是对孩子的认可，也使他更加自信。班主任还建议他参加更多的社会工作，在老师的鼓励下，他进入了学校广播站负责组稿工作，下一步还准备参加学生会。班主任还经常跟我家孩子谈心，对孩子办事、交友、学习等方面进行提醒和指点。我们会跟孩子平等相处，因此在情绪波动和感到困惑的时候，孩子会主动跟我们聊一聊，我们也会及时提出一些建议。在他有了进步和成绩的时候，我们也会开心地为他加油。

二、男孩来自火星，我们怎么办？

都说"男孩来自火星"，是的，他的兴趣爱好是那么与众不同。大约是从小学六年级开始，我家孩子对天体物理表现出了浓厚兴趣。他最初是一遍遍观看与宇宙有关的电影，像《星际穿越》《火星救援》《星球大战》等；还在网络上搜索相关的视频，如BBC的《宇宙之谜》《银河系》《宇航员》等。于是在他小学毕业后去美国度假时，我们特地绕美国半个圈，为他安排了一次航天之旅，参观了位于华盛顿的航空航天博物馆、位于佛罗里达州的肯尼迪航天中心以及位于得克萨斯州的休斯敦航天中心，还听了一场航天员的演讲。我本以为需要语音讲解器才能了解那里庞大的设备仪器，但是孩子没让我买，而是当起了我的讲解员。他对每个发射器和登月设备的熟悉程度让我大吃一惊，我这才发现孩子对宇宙航天已经到了痴迷的程度。这次旅行让他有了更多直观的认识，回来便请求我购买一些理论方面的书籍来查阅。

上初中之后，课业的压力明显要大很多，但他还是抽时间翻看、钻研那些晦涩的书籍。刚开始，我们也有些担心，怕影响他的学习和休息，但感动于他的执着，在观察了一段时间后，觉得影响不大。于是我们就放手了，只是偶尔提醒提醒。他那颗尚未成熟但活跃躁动的心，便自由飞翔在浩瀚宇宙的探索中，先后研读了《黑洞》《爱因斯坦想象颠覆世界》《时间隧道》《时间简史》《星际穿越》《平行宇宙》等理论书籍，一遍读不懂还会读两遍、三遍，再不明白就到百度上查询。

班主任发现他有这方面的特长，就鼓励孩子成立了天体物理社团，并找到物理老师作为顾问。首先是提交社团计划。天体物理是一个非常冷门的学科，感兴趣的同学会有多少？对中考是否有帮助？这些都是我们顾虑的问题，但是学校领导的眼光长远，批准了孩子提交的计划书，这让我们很意外，也让孩子更有信心了。接下来是制作招生海报。孩子的想法是呈现一种深奥、奇幻的感觉，但是制作完成后打印出来的效果跟电脑中呈现的感觉完全不一样。我们引导他，海报类似于商业广告，目的就是要吸引眼球，有了关注度，才会有更多的人去了解。因此他修改了背景和基调，海报的字体及位置也进行了调整，打印出来的效果就好了很多。

后面更重要的环节是布场招生。孩子先把跟他有相同爱好的两个伙伴拉进社团，然后商量了招生时每人负责的工作。但第一次招生并不理想，只有两三个人前来咨询。孩子的情绪有点低落，我们就开导他："天体物理本身就比较深奥，现在招到的肯定是对这方面有些了解的，还有一些同学对此不太了解，需要你们多宣传，如果能让他们觉得有意思就更好了。"于是孩子振作起来，重新制作了宣传单，并且在第二次招生时，主动跟学校要求调整了布场位置，最后有更多的同学加入了他的社团。

前面准备工作都完成了，接下来最重要的就是安排社团活动了。由于目前社团活动仅仅在学校内部进行，还无法拓展到校外，而且相关的设施和教材也无处寻觅，所以孩子就自己制作PPT，并根据目前入团同学的情况编制课堂讲义，还鼓励并带领社友们一起参加学校的天文物理竞赛。此外，他还接受物理老师的邀请，给初一的同学进行了一次天体物理方面的知识普及和答疑讲座。学校和老师的支持认可，让他更加坚定了信念。社团成立的每个环节对他来说都是一次磨炼，我们欣喜地看到了孩子的成长和进步。看到他的执着和努力，我们非常欣慰和感动，能做的就是全面支持他，成为他最忠实的"粉丝"。

三、我们永远是你的支持者

由于初为父母，我们没有太多教育孩子的经验，而且孩子父亲长年工作在外地，我的工作也是千头万绪。所以，起初我们就把孩子的教育和成长全部寄希望于学校，我们只在生活方面给予关心和保障，结果就错失了时机，有些孩子早期应该养成的良好生活习惯和学习习惯并没有形成。我们发现这些问题后有些着急，时不时地唠叨唠叨，孩子内心就比较抗拒，跟我们之间的小摩擦不断。从孩子进入高年级，特别是进入初中阶段，他的自我意识和自尊心越来越强烈，我们明显感到单纯的批评教育没有太好的效果。

家长会上，班主任强调家长要多关心、多陪伴、多鼓励孩子，毕竟孩子在学校的时间只是每天的一部分，还有一部分是在家，教育孩子需要学校与家庭形成合力。特别是孩子要进入青春期了，这是他人生观、价值观形成的关键时期。我们也意识到自己在教育孩子上的偏颇，于是努力调整自己的心态，对孩子的进步和成绩，我们及时鼓励，还经常在朋友圈发孩子的小成果，对他的赞美也毫不吝啬。这样孩子不仅感受到父母的关注，还会很有成就感，因此在自己感兴趣的方面投入了更多的精力。每次家长会后,我们也会开个家庭会议,跟孩子聊一聊,肯定他的进步,也提出他的不足,并找出改进方法。虽然孩子的缺点不会马上就改正,但是他能够清醒地看到自己的不足,不会产生逆反心理,这样孩子就能跟我们平等相处,并形成良性循环。

可以说我们对孩子的教育经历了三个阶段,从小学低年级的"什么都不管",到发现问题后的"事事都管",再调整到"有所为有所不为",我们在和孩子共同成长。在人生的竞技场,孩子未来会面临不计其数的困难和挑战,他终将要自己去面对,自己去努力,自己去解决。我们能够做的就是帮助他正确面对挫折和失败,正确面对成功和荣誉,做他坚强的后盾,永远做孩子的"拉拉队",做孩子最忠实的"粉丝"。

专家点评

每一位孩子都有潜能,家长、教师要具慧眼,发现孩子的潜能,挖掘孩子的潜能,发挥孩子的潜能,终能培育出一棵参天大树,为社会做出贡献!

这位同学自幼对天体物理学和地球物理学具有天赋,是一棵好苗。家长和教师可助力发挥其专长和潜能,大有可能将来会是一位天体物理学家呢,那是家庭和社会的福音!

33.
改变自己，做孩子终身的老师

北京市第十三中学附属小学家长　黎　桦

我家孩子目前二年级了，是个顽皮的女生，但顽皮也不全是坏事，她思维活跃，待人热情，天真活泼。其实由于我们工作都非常繁忙，她一般是由奶奶带着上托管班，这样她贪玩、松散的表现便开始不断加重。孩子贪玩本身是天经地义的，但是学习和约束也是应该有的，这样看似矛盾的理念让我们做家长的无从下手。

孩子在学校的表现也不大理想。一个班上一位老师三十几名学生，要求老师面面俱到地盯着估计不太可能。在这样的客观条件下，怎么才能让我们的孩子健康发展真是摆在老师和家长面前的一个难题。

2016年5月，我通过同在保险公司的朋友初步了解了正面管教，那是我第一次接触正面管教。通过朋友的只言片语，我就感受到，正面管教对于我这样的母亲应该是有帮助的。因此在之后不久，我参加了这位朋友开办的正面管教工作坊课程，算是真正了解了正面管教的内容和意义。

通过那次的工作坊，我才知道自己属于控制型人格。虽然之前潜意识里也有所认知，但是当我们对于控制型人格进行细致分析的时候，我才清晰地认识到自己的优点和缺点。对于孩子的教育，整体来说我是坚定的，但是也会出现心软或者不坚持的情况，而且由于脾气急躁，怒吼和惩罚都伴随在管理孩子的过程当中，但效果并不明显。通过工作坊的学习，我回家之后想出了一些改进措施。可是实话实说，这些改进措施坚持起来很难，特别是当孩子出现问题的时候，而且如果他的态度不好，场面就会变成一场"狮虎斗"……

其实我早已认识到这个问题，并希望更多地进行改善，但之前因为家里有很多事情还没有处理完毕，所以我一直没有继续进行学习和实践，这是我的问题。很高兴可以赶上这次正面管教家长讲师课的培训，我也再次拿起了正面管教课程的相关书籍，希望通过这次培训，我可以找到正确教育孩子的方向和方法。

最近在阅读《正面管教A-Z》这本书的过程当中，我一边读，一边对号入座，开始反省自己对于各种情况的应对，其中有对有错，但是不可否认，错的时候更多。我在阅读的过程中梳理出以下几点：

一、和善而坚定

我是一个比较坚定的母亲，但和善方面就做得非常不好了，往往孩子出现问题的时候，我的脾气分分钟就被点着了。这是我需要努力控制和改善的。

二、只说，不做

很多时候我说得比较多，一般期望通过讲道理达到目的，但是效果往往不够好。以后，我更需要以身作则，身体力行，以实际行动引导孩子。

三、用正面的信息和从错误中学习的机会替代惩罚

面对孩子的错误，我之前的做法会使用很多的惩罚措施，比如请他回自己的房间安静一会或者让他罚站多长时间，等等。以后我更需要保持平静、友善，并在尊重孩子的前提下，积极地帮助孩子学习如何以更恰当的方式处理问题。

四、建立日常惯例

我和孩子已经制定了周一至周五日常学习的时间规划表，但是里面还缺少了很多内容，包括做家务，或者一些他必须要完成的事情，比如刷牙、洗脸等。

五、积极的"暂停"

我们的孩子和我们一样也是有脾气的人，当他们被惩罚的时候，心情并不好，并且惩罚型的"暂停"只会让孩子对自己的感觉更糟，而事实是当我们的孩子感觉更好的时候才可以做得更好。这一点我更需要改进。

六、运用鼓励，而不是赞扬和奖励

受到鼓励的孩子会自爱并能感到归属感，而赞扬和奖励则会让孩子认为只有别人说我好，我才算好。但是这一点，我觉得实施起来有些困难，因为我和我的父母在孩子的教育过程中会有不同的做法，而我的父母又比较固执，很难进行改变，这也会造成我孩子的信息差异化。我希望能通过学习更好地改善这种状态。

七、先做分析，再提建议

我的孩子是一个爱发脾气并且爱哭的孩子，我需要做到先理解自己的孩子和具体情形，然后再给出建议。但这种情况发生的时候，我往往会第一时间就开始反应，看来还需要慢一点，先做分析，再提建议，不要直接地给出回馈和反应。

八、正确运用电子产品

现今社会，电子产品横行，电视、iPad、电脑、手机充斥在孩子的生活中。我儿子对于这些东西的热衷就不用说了，甚至都有上瘾的可能。很多时候，比如在外出吃饭点餐的过程中，他都会以无聊为借口开始闹腾，借此获得一些玩这些东西的机会。而我们自己也有错，为了获得一些自由的时间，可以做些自己的事情，让他安静下来不打扰我们，我们有时也会给他这些东西。在这一点上，我还真是没有做到坚定和坚持。

综上所述，这本书可以给予我们的帮助还有很多，我还在逐步地学习当中，教育孩子势必是一条漫长而需要时时提醒自己坚持下去的过程。希望我可以变成一个更好的妈妈，我的孩子也可以变成一个更优秀的孩子。

我们孩子所在的学校一直坚持"家庭与学校共管"的教育方针，家长深刻认识到要与老师坦诚相待，保持一致，形成教育的合力。家长是孩子的第一教育责任人，很多家长都认为孩子不用自己教，该是什么才就是什么才，为自己的"养儿不教"推脱责任。有的家长认为孩子"树大自直"，还有些家长认识不到家庭教育的重要性，把孩子教育推给学校和老师，经常不参与孩子的管理和教育。没有管不好的孩子，只有不管或不会管的父母。如果孩子发展得不尽人意，父母就要从自身找原因，看看你在履行职责上是不是不够尽职尽责。如果你觉得自己已经履行了一个家长的职责，那就再看看是不是在做法上有些欠缺，如果不是态度问题，那就是方法问题。

在与老师交流后，我们总结发现：在教育孩子方面一定要坚决。一个原因是，我们是孩子终生的老师，无论将来走多远，都应该在人生的旅途上，给他一些指点和建议。另一个原因是，我们要对家庭教育多学习，多研究，不断提高与孩子的沟通水平，使孩子永远和我们心心相印，永远把我们当成无话不说的朋友，永远把我们当成他的人生导师。从今天起，我们就要把教育孩子看得比什么都重要。因为这项事业不能等，一旦错过教育的有利时机，产生的后果将不能挽回。那怎样找到教育孩子的切入点呢？我想应该从以下几个方面努力：

一、做个称职的家长

家长要配合老师加强对孩子思想教育的引导，帮助他们形成正确的世界观、人生观、价值观，用自己良好的行为习惯做子女的表率，和子女一起互相监督，互相勉励，共同进步。

我们要做一个监督型的家长，包括作业上的监督、习惯上的监督，甚至周六周日的作息时间安排上也要监督。此外，我们还要做一个细心型的家长。孩子的喜怒哀乐常常表现在脸上，行为上。家长应从一系列的变化中探索子女在校的表现情况。我认为以下情况属不正常现象：在外留宿，回家很迟，打电话时间长，次数多，受伤回家，超额消费，成绩突然下降等。家长发现后应及时了解真相，对症下药，并将情况通报班主任。

二、勤和老师沟通

在教育孩子上，要多和老师沟通，尤其是和班主任经常沟通。因为孩子生活在学校和家庭的两个空间里，在老师和我们之间，有一些互不了解的情况，要做好孩子的教育，就要有针对性。如果老师对学生在家的表现不了解，就不能恰到好处地教育学生；如果家长对孩子在学校的表现不知情，也无法正确地教育孩子。因此，要想使家庭和学校的教育都有效，必须加强相互之间的了解。

生活中，有些学生在家里是个好孩子，但在学校却有很多缺点，而家长又不知道孩子在学校的情况，因此忽视了对孩子的教育。比如，有的孩子喜欢劳动而不喜欢学习，在家里爱劳动深得家人和邻居的喜爱，但在学习上却是非常头疼。家长如果了解这种情况，就会主动和老师配合，逐渐开发学生的学习兴趣，使学生不断改变自己的学习态度。如果家长一无所知，就会失去教育的最佳时间。有些学生在学校表现很好，学习成绩也深得老师的喜爱，但在家里却懒得帮助父母分担家务，甚至看不起父母，对父母言语顶撞或络之不理。这些家长也要及时和班主任老师取得联系，使他在老师的教育下理顺亲子关系，认识到对家长应有的态度。

所以，要想准确把握教育时机，家长和学校之间就要保持畅通的沟通渠道，相互了解孩子在家庭和学校中的表现。作为老师应该和家长主动联系，及时把孩子的表现反馈给家长，让家长清楚孩子在学校的表现，并从与家长的谈话中，了解孩子在家里的表现。如果因为学生多，工作忙，老师没有来得及和家长联系，家长也要主动沟通。这一切都是为了孩子以后的发展，老师教过的学生一辈子层出不穷，但家长拥有的孩子只有一个或两个，耽误不得。

三、要配合老师，支持学校

班主任对学生的要求和规定，家长要认真配合，哪怕是对老师的有些做法不理解，也不应该当着孩子的面对老师横加指责，更不能对老师的教育和管理在学生面前口无遮拦，恣意歪曲。这时你要主动和老师单独沟通，也许是双方所处的位置不同，考虑问题的方式不同，要相信经过沟通就能达到相互理解。如果不主动沟通，而是不负责任地胡乱评价，发牢骚，会使孩子对老师产生不正确的看法，影响孩子对老师的信任程度。如果学生不信任老师，老师的教育也不会走进学生心里，甚至会使学生产生逆反心理，影响教育的正常进行。

家长无论对学校和老师有怎样的不理解，为了教育孩子，你都要用积极的态度去支持学校和老师，树立老师在学生心中良好的形象。即使学生对老师有意见，家长在中间也应该正面引导，切记不要当着孩子的面对老师的做法胡乱评价。一旦老师在学生心中没了地位，老师的教育就会在学生身上失灵，直接遭受损失的是学生自己。在家里，一定要形成尊师重教之风，这对孩子的教育很重要。

四、对孩子的学习一定要过问

家长对孩子的学习不能长期不过问，要主动向孩子了解他在学校的表现和课堂上的收获，询问孩子在学习上有哪些得失，学习中又存在什么困难。发现问题就主动和老师沟通，寻求老师的帮助。如果孩子不愿意和家长沟通，家长要主动和老师取得联系，不可长期不闻不问。对孩子在学校的一言一行，孩子在课堂上的表现，经常和什么人来往，家长都要心里有数，使孩子永远在我们的视线之内。

学生放学之后，我们要督促孩子先完成作业，再做其他活动。不完成作业，就不能进行其他休闲娱乐活动。有些学生会对家长说作业已经在学校完成了，或者老师没有留作业。对于这种说法，家长不要盲目听信，要及时和老师取得联系，掌握真实情况，以防学生为了玩乐撒谎，使家长和老师两头受骗。这样做并不是不信任孩子，而是要时刻掌握真实情况，以防孩子已经有了很多问题，家长却还蒙在鼓里。每天完成作业之后，家长要让孩子养成预习和复习的习惯。

五、创造良好的学习氛围

学习需要集中思想，集中精力，不要让家庭生活中的矛盾影响到孩子；读书需要心静，做家长的有时就得做出牺牲。比如当孩子在家学习的时候，家长尽量不要做玩麻将、打牌等严重干扰孩子学习的事情。

我们要在家里创造安静的学习环境。如果家长不负责任，在家里摆酒场大呼小叫；或在家里搓麻打牌，烟雾缭绕，说笑声不时传遍房间的各个角落；或者孩子在书房学习，外面的电视声音开得很高，这样的环境都很难让学生安静学习。如果我们对孩子真的负责任，真心关心孩子的学习的话，就要控制自己的欲望，守住自己心灵的宁静。如果我们自己都不能守住孤独和寂寞，还怎样让孩子克服欲望，刻苦学习呢？

最好的方法是家长在看完电视新闻之后，把电视关掉，拿起书本进行阅读，使家庭形成一种文化氛围，家庭中的成员都养成读书的习惯，这样会给孩子创造一种宁静的学习氛围，学生的学习就能专心致志，学习效率也会大大提高。如果有兴趣，家长还可以看一看学生的教科书，因为新课程标准的课本很适合自学，大部分家长都具有一定的学习能力。只要我们有决心，困难的技术都能学会，课本更不在话下。当孩子有问题向我们求助时，我们就不会支支吾吾说不出所以然来，就可以对孩子指教一二，孩子也会对我们刮目相看，使我们在孩子心中竖起高大的形象，还有助于孩子成绩的提高。

六、学会赏识孩子

"你真行""你真棒""妈妈相信你是最好的"，这些话随着"赏识教育"的推广，已经比较普遍地被家长运用了。在孩子的赏识教育上，我们采用了以下的几种方法，在这里与大家分享：1.有意识地交给孩子一些任务，锻炼孩子独立做事的能力。随着孩子年龄的增长，爸爸妈妈要逐步教孩子自己的事情自己做。在做之前提出要求，鼓励孩子认真完成。如果孩子遇到困难，家长可在语言上给予指导，但是一定不要包办代替，要让孩子有机会把事情独立完成。

2.鼓励孩子做事情要有始有终。孩子好奇心强，什么都想去摸摸、去试试，但是随意性也很强，做事总是虎头蛇尾或有头无尾。所以交给孩子做的事，哪怕是很小的事情，爸爸妈妈也要有检查、督促，并及时评价，以便培养孩子持之以恒、认真负责的好习惯。

3. 可适当地让孩子了解一些父母的忧虑和难处。提出一些问题，引导孩子独立思考和选择，大胆发表自己的见解。让孩子知道家庭的美满幸福，要靠爸爸妈妈和自己的共同参与，进而增强孩子对家庭的责任心。

4. 鼓励孩子勇敢地承担责任。例如，孩子跟着爸爸妈妈去朋友家做客，不小心损坏了物品。这时应该让孩子知道，是由于自己的过错，才造成了这种后果，应当给予赔偿。之后一定要带孩子去买东西，并向朋友道歉。

以上的举措在我的孩子身上有了良好的效果，她的各科成绩都有所提高，能够自己的事自己做，也学会了合理地安排时间，拥有了更多自己的时间。

最后，我在这里向学生家长呼吁：为了给孩子一个美好的未来，为了能让我们的孩子"德智体美劳"全面发展，我们要承担起家长的责任和义务，携手老师，把我们的孩子培养成有用之才。

专家点评

这位家长通过学习正面管教工作坊课程和阅读《正面管教A-Z》书籍，收获甚著，首先自我解剖，深挖八点不足，再改变自己，塑造自身，做好此事，实属不易，令我肃然起敬！该家长同时又配合教师提出六点行之有效的方法，使其女儿各科成绩都有所提高，又养成良好的习惯，家长和老师皆大欢喜。

家长和教师，家庭和学校，配合互助，共同协作教育和培养祖国的花朵，方是正道。幼童期，家教重于师教，青少年期，师教重于家教，那是随着知识增多、环境更替之故，教育之法及内容，亦要与时俱进。

34. 如何帮助孩子发现最好的自己

北京市第十三中学附属小学家长　赵　艳

我们家有一位正在上二年级的小学生，作为父母的我们与孩子一起度过了懵懵懂懂的一年级，从开始的忙乱不堪到现在的有条不紊，从刚入学时的无所适从到现在面对学业的从容淡定。一路走来，对于幼儿园阶段没有给孩子做太多学前知识学习准备的我们来说，整个过程既充满了挑战，又收获满满。

在我看来，每一个孩子都有独特的闪光点，都是从天上降临到我们身边的"小天使"。作为家长的我们，却经常在孩子进入带有竞争色彩的学习环境后，忘却了教育孩子的初心，包括近期网络上点击量特别高的《陪孩子写作业如何才能淡定处理》的文章，都说明了我们做家长的在孩子的学习上或多或少存在功利心和得失心。

在女儿一年级的学习习惯养成过程中，我们倾注了比较多的时间帮助孩子养成好习惯，兴趣班也没有太多的参与。在一年级的学业完成过程中，孩子的表现可圈可点，班级综合评定也名列前茅。

在进入二年级后，我们在她自主选择的前提下报了几个兴趣班，同时为了锻炼她独立学习的能力，我们在新学期鼓励孩子自己规划时间并独立检查作业。但因为她检查过程中的浮躁和粗心，作业的评分都不尽如人意，相对一年级的成绩优异，我们家长自然地以结果为导向，对孩子进行批评教育。几次过后，我们发现效果并不好，反而在这个过程中险些让孩子失去最宝贵的自信心。

我的大女儿从小在语言表达方面比较有优势，从幼儿园开始就作为毕业典礼的小主持人参与大大小小的主持、演讲活动，但二年级后因为我们针对学业方面的几次说教，孩子表现出了对自己能力的怀疑，在之前擅长的方面也出现了退缩的想法。当我们发现了这个小苗头后，立即在孩子不在家的时候召开了家庭会议。我和孩子爸爸都觉得在孩子的成长过程中，学习文化知识固然是非常重要的一环，但成才需要如何做事、做人等多方面的因素，德育和美育都是孩子成长过程中不可或缺的环节。

我们通过现场、网络等多种形式参与了相关的家教讲座，班级的家委会活动也邀请了正面管教方面的专家做讲座,这让我们家长收获颇丰,不仅给我们家长提供了与育儿专家面对面交流的机会,更让我们学到了很多与孩子交流沟通的技巧,让我们知道如何在养育孩子的过程中摆正心态、静待花开。

通过这一段时间的摸索,我们认为在孩子成长过程中,家长的角色定位更像是一部生活剧中的配角。作为主角的孩子在成长道路上的每一次经历,我们应该尽量去辅助而不是去控制,尽可能地做好孩子的引路人,帮助孩子发现最好的自己。

首先,我们要明确孩子身上的闪光点,而不是经常在孩子面前讨论他的缺点。家长只有帮助孩子把他们身上的闪光点慢慢放大,让孩子体会到成功的喜悦和挑战的成就感,孩子才能在接下来面临其他挑战的时候勇往直前。这就是所谓的扬长补短,"长板理论"亦是同理。

其次,我们家长的结果导向意识也需要改正,孩子的成长不能以一次事件的结果作为评判的唯一标准。偶尔的测试成绩不好,或是某一次的听写没有全对,我们都应该从心理上接受这样的结果,并在每一次事件发生后,与孩子一起分析出现问题的原因,并讨论如何避免下一次犯同样的错误。作为有一定认知能力的孩子,考取一个优异的成绩,或是有一次满意的表现也是他们所期望的,只是在努力的过程中可能出现了偏差,或是其他什么原因导致了不尽如人意的结果。这时,作为父母的我们,应该与孩子站在一起,共同面对。

最后,我们在选择与孩子共同面对失败或不满意的结果的同时,并不意味着我们就从此对孩子的学业或其他方面没有要求,考评结果是评价过程是否认真努力的最核心的标准。对于低年级的学生,更应该让他们树立正确的学习目标,并养成良好的学习习惯。通过过程性的考核和学习,家长需要让孩子意识到细心和认真的重要性,不能认为粗心导致的错误就不是错误,因为粗心本身也是一个知识掌握不牢的体现,这就需要我们引导孩子在学习过程中一丝不苟、追求完美。这种要求更多的是通过家长的言传身教来体现。我们抓住每一次展现自我的机会,不敷衍任何一次的工作任务,认真仔细地完成每一项工作等,都可以让孩子在潜移默化中感受到树立端正的学习态度的重要性。

经过二年级近一个学期的磨合,我的女儿逐渐找到了学习知识的规律,除了每天回家开心地与我们分享学校的趣闻趣事,还能主动地独立完成作业。除了学业上的进步,她在自己擅长的方面也有了明显的收获。在最近一次向贫困山区小伙伴捐赠衣物书籍的仪式上,她代表北京小伙伴的发言非常成功,并顺利完成了钢琴音乐会上的演奏。孩子在参与活动的过程中，慢慢找到了自信，学习也逐渐成为她为之开心的事情。

综上，我们除了要帮助孩子树立信心，勇敢面对失败，培养一丝不苟的学习态度，更应该关注孩子的心理健康，有一个阳光的心态会让孩子受益终身。这就给我们家长提出了新的要求，我们的心态首先要阳光起来，才能感染并影响孩子。家长们，加油吧！

专家点评

我欣赏这位家长"更应该关注孩子的心理健康，有一个阳光的心态会让孩子受益终身"的观点孩子的精神和心理随同身体一同发育生成，阳光的心态更为重要，须知知识可补，心理难治，年轻父母尤当注意。

35. 从毛主席诗词到家庭教育

北京市第十三中学附属小学家长　王　成

我上学时学习过《毛泽东诗词鉴赏》，甚感毛泽东诗词和他的革命实践活动对学生素质的培养很有启迪。毛泽东从小志存高远，以天下为己任，终成伟大事业。树立的目标的优劣，将直接关系到人最终是成为对社会有用的栋梁之材，还是危害社会的蛀虫。所以说，家庭教育一定要给予孩子正确的目标。可是，当前我们面临的现实状况是：社会诚信严重缺失，各种媒体的夸张渲染、错误引导，让孩子的成长环境不断遭到破坏和染污。这种情况下，要做好家庭教育、树立正确目标谈何容易！作为父母，我们是孩子的第一任老师，孩子的很多成长经验是需要我们言传身教的，不能将教育责任简单地推给学校和老师。因此，从孩子小时候开始，我就特别注重对她的家庭教育。

孩子上学后有一次小测验没有得满分，而且还出现较多错误。开家长会时我急忙询问原因，但打开作业本，我发现里面被涂改得乱七八糟，几乎要破了，没有一丝干净整洁的痕迹。老师的指责，让我颜面尽失。回到家后，我将作业本狠狠地摔在桌子上，厉声呵斥她。没想到女儿说了一句："不就是错了一点吗，有什么了不起的！"这句话一下子激怒了我，因为她非但没有认识到错误，还敢顶撞家长，这是最大的教育失败。当时我没有顾忌太多，只是大声地发泄不满。后来，她再也没有说话，直至被我训哭，被她妈妈带回卧室。此后几天，我再提出看她的作业本，她都是小心翼翼地，对学习有种抵触情绪，而且还不敢大声说话。

训斥过后，我一直在思考，究竟这场训斥式的教育是否合适，有没有过分。孩子这次考试不好有几个方面的原因：一是老师前一天晚上已经布置了作业，并要求父母配合孩子练习，也告诉我们第二天要在课堂上进行测验，但我和孩子母亲因为家里的其他事情没有及时带孩子一起复习；二是女儿害怕写得慢被老师说，总是听完老师的题目就下笔写，写到一半发现错了又用橡皮擦，而改过之后，往往又来不及听下一道题目；三是她认为自己可以写好，只是没有听清楚题目，所以才说了那句我认为是顶撞自己的话。后来我考过她，确实她都会。

经过反思，我意识到家长一定要尽职尽责，切实发挥家庭教育的配合作用。作为父母，我们要尽全力配合老师的课堂教育，发挥好课后辅导员的作用，特别是在孩子小的时候，我们要主动地帮助他们解决学习中遇到的困难。另外，在老师布置家庭作业的时候，一定要抽出时间陪孩子复习功课。对于老师点明的第二天要测试的知识点，我们要注意加深他们的记忆，降低他们的错误概率，确保他们能够在第二天的考试中取得好成绩。

其次，我们要帮助孩子确立正确的学习方法。学习方法是否正确将直接影响到孩子的一生，在他们刚刚接受到系统的教育时，作为家长我们应尽全力帮助孩子寻找行之有效的、科学的学习方法，养成良好的学习习惯。针对这次考试中女儿出现的问题，我在家模拟老师的课堂考试，并有意让她听到题目后在脑子里想2—3秒钟再动笔，这样就降低了写错的概率。正确率提高，不用再浪费时间涂改，也提高了她的答题效率。

学生时代的毛泽东在《送纵宇一郎东行》中，就以"沧海横流安足虑"和同学自勉；长征途中历经荆棘困苦，围追堵截，但他和共产党人从不向困难低头，"红军不怕远征难，万水千山只等闲"；《水调歌头·游泳》中的"不管风吹浪打，胜似闲庭信步"，更体现了他不惧困难的伟大胆略和不俗气魄。"困难像弹簧，你弱它就强"，果真如此。我通过向孩子讲解毛泽东克服困难的事迹激励孩子，树立她的自信心，并引导她合理表达个人愿望。

自信心是最重要的，女儿自认为能够写对，只是时间来不及，这是因为方法不对，她将时间浪费在了涂改上面。在我后来的几次听写中，她几乎没有错过。作为家长，我们应尽量避免对孩子直接就是一阵狂风暴雨式的训斥，这样既打击了孩子的自信心，还不让她发表自己的看法，压制了孩子的个性发展。此后，我在发火之余，还特别注意，让她对自己的错误做出解释。如果解释是对的、合理的，我就不会继续训斥，因为我不能以牺牲孩子的思考与表达为代价，来换取她对我的言听计从。

总而言之，家长在教育孩子时要以尊重孩子、引导孩子为根本，从情感上关心，从方法方式上引导，从行为上规范。相信我们的尊重、理解与信任会带给孩子极大的鼓舞，会让孩子安心学习，乐于探索；希望我们的家庭教育处处显露智慧光芒，体现大爱关怀。

专家点评

这是一篇通过学习毛泽东主席诗词精神来激励二年级幼女的奋发图强，在幼小心灵里树起伟人的光辉形象，作为孩子终身奋斗目标、航行的方向，这是典型的"名人效应"教育法，值得借鉴。

36. 孩子自制力培养经验分享

北京市第十三中学附属小学家长　刘甜甜

父母一生中应完成的任务，总结起来就是两件：一是在社会中实现自我，获得事业的成功；二是教育好自己的后代，完成自我延续的部分。现在家有二宝的毕竟是少数，教育孩子，对大部分父母来说，都是边摸索边实践。时代的飞速发展，也让隔代教育的经验无法延续到今天。从与孩子共同生活的经历、在孩子心目中的地位，到教育孩子如何做人、对孩子的言传身教，每一位家长都任重而道远。

自制力对于一个孩子成长的重要程度不言而喻，说实话，我的孩子是属于自制力不太好的那一类，对此我们家长也比较苦恼。李思翰的自制力差主要表现在小动作比较多，特别是上课听讲时小动作多。虽然如此，我们还是想了很多办法，尽力培养他良好的生活习惯。

一、安排合理的作息时间

李思翰从二三岁开始就养成了比较好的作息习惯，每天晚上九点左右上床休息。第二天六点到六点半之间，他就可以自己醒不用叫。能做到这一点主要是因为我们全家都遵守同样的作息时间，九点以后家长也一起熄灯休息。晚上八点以后，我们就不让他做特别兴奋的活动，比如看电视、做比较激烈的运动，等等。孩子八点半左右就上床，可以看十五分钟他感兴趣的书，这样他就能在一个比较平和的环境中快速入睡。我们家周末也从来不睡懒觉，基本保持和平时一致的作息时间。长期坚持下来，他自己形成了生物种，所以我们没有孩子晚上哄不睡，早上叫不起这种苦恼。这一点还是我比较欣慰的。

二、不能过分宠爱，事事包揽，但也不能放手不管

家长都知道对孩子不能过分宠爱，不能满足孩子的所有要求，要什么就给什么。因为这样很容易让孩子在行为上难以约束自己，最终导致自控力差，没有上进心，缺

乏战胜困难的勇气和毅力。随着孩子长大，生活上的一些小事，我们也都会让他去做。他有时也会帮大人做一些力所能及的事，比如他现在已经养成习惯，吃完饭就把自己的碗筷收到厨房洗碗池，因为全家人都是这么做的，让他觉得这是一件自然而然的事情，也让他懂得作为家庭的一分子，就应该分担家里的事务。

三、奖惩分明，要得到先付出

李思翰上幼儿园以后，我们给他设立了一个规则，如果他在幼儿园表现好或在家里帮家人做了家务的话，可以奖励他小红旗，小红旗积攒到一定的数量后，我们就会给他买喜爱的玩具。这样可以让他养成明确的奖惩意识，自觉规范自身的行为。现在他看到喜欢的玩具后，基本上不会嚷着要，而是会跟妈妈商量："我好好表现，凑够小红旗后可以给我买吗？"表现不好的时候，他也会被撕掉一些小红旗，这是让他知道得到一个心爱的礼物并不是那么容易的。

四、多沟通，真诚地给予孩子赞赏和鼓励

孩子没上学的时候，我在朋友圈里看到其他家长说教孩子写作业分分钟亲妈变后妈时，总觉得是个笑话，但真正轮到自己辅导孩子的时候才知道所言非虚。孩子的数学总是马虎，而且做题的速度一直很慢，其中应用题出现的错误最多。每次看他做作业的时候，我总是会怒火中烧，有的时候火气实在压不住了，就会狠狠地训斥他几句。孩子总是低着头，不敢说话，甚至开始抵触做作业。有一次和孩子谈心的时候，孩子委屈地说我总是训他，我才意识到自己给了孩子多大的伤害！从那次起，我改正了自己的态度，他做不出来数学题，我就用引导的方式让他自己思考。只要他有一点点进步，我都会说："你比上次进步了很多，下次会更好。"现在基本上他一放学回家就会主动说先把作业盒子做了，这也是一种进步。

五、创造良好的家庭氛围

家庭环境包括很多因素，比如家庭人际关系、家庭生活环境、家庭学习氛围等。父母是孩子最好的榜样，我和他爸爸深知这一点，并且有约定：不当着孩子的面吵架，必须尊敬长辈。另外在家庭生活上，我们也会想办法提高他的专注力，比如：吃饭的时候不开电视，不在饭桌上多说话或者说与吃饭无关的问题，把训练专注力这件事融入日常生活中。

其实每个家庭对孩子都有独特、新颖的教育方法。说实在话，做个合格的家长并不是一件容易的事。有学者说："世界最难事之一，就是教育好孩子。"教育孩子是一门深奥的学问，把握时机运用科学的方式教育孩子，才是现代家长的明智之举。愿每一位家长都更能理解孩子，让我们共同努力吧！

这位家长营造优雅良好的家庭环境，并具有律己的言传身教之优良品质，培养孩子的自制力，难能可贵！诚然，这两点是家庭教育中两根台柱，只是"说起来容易，做起来难"，各位家长为之努力吧！

37. 与孩子一起成长

北京市第十三中学附属小学家长　张岳鹏

说起孩子，每个身为父母的人都有说不完的故事。每个孩子都是家庭中的宝贝，每个家长都希望孩子能快乐地成长，同时也希望他们在各方面有出色的表现。但如何实现还是"路漫漫其修远兮"，我和孩子妈妈也在不断地探索和尝试中。下面我们就把自己在家庭教育探索中的一些经验拿出来与大家分享。

一、尊重每个孩子都是不同的

和许多的父母一样，我非常爱自己的孩子，从不把自己曾经的任何梦想强加给她。我抱定的信念是：要让她成为一个快乐、乐观、积极的人！

由于孩子在幼儿园阶段的适应能力和学习能力都表现得不错，我们就没有选择上学前班，没有让孩子尽早适应小学的学习和生活节奏，让孩子拥有了一个完整的幼儿园生活。虽然我们利用一些碎片时间带孩子学习过拼音、数学、英语类的知识，但"玩"仍然是孩子最大的主题。随着开学的日子渐渐来临，我们也预见到孩子需要系统地学习一下，报了一个短期的学前班，但没上两天孩子就生病了。所以直到学校开学，我们基本上属于"裸装"上阵。开学典礼上，校长反复提到"学习"一词。回家路上我就和孩子讲："现在你的幼儿园生活结束了，小学生活已经开始。学习将成为你生活中的一部分。"

前10天的学习中，我们就发现孩子在学习过程中表现出各种不适应，比如提到学习就开始噘嘴哼唧，碰到自己不会的问题就乱发脾气。其中最让我们恼火的是她自己不会，给她认真讲题还不听，用"不会"推脱。这个问题被我们看作是学习态度问题，于是"大棒萝卜"一顿教育，并告诉她："爸爸妈妈不会因为你不会做或做错题而生气发火，但你要是不走心，学习态度出问题，就一定不会轻饶你。"那一段时间，不提学习就是孩子可爱，父亲慈祥，母亲温柔，一家人其乐融融；但一提到学习，孩子自己就开始着急，弄得家庭氛围很是紧张。

后来我和妈妈认真总结思考，请教班主任老师，还进行网上咨询。我们深刻地感受到其实每个孩子都是不同的，世界上的孩子千差万别，不同的家庭，不同的环境，自然有着不同的孩子。我们的孩子不一定智慧超常、才高八斗，不一定样样优秀，处处超越别人。况且孩子的教育和学习是一个漫长的过程，何必为一时学习节奏的快慢而着急呢？当时既然选择了让她快乐地度过幼儿园时光，我们现在也要不忘初心，不要因为目前的学习问题影响孩子今后的状态。很多事一旦想清楚了，便有了思路和方向，这样心态马上就不一样了。我们开始学着放慢节奏和孩子交流，并不断地鼓励她一点点进步。但我们的底线仍然是学习态度不可以出问题。

从此，我们同孩子的学习过程出现了新的词汇"Don't worry（不用担心）""克制和控制情绪"。虽然她有时状态不好仍然会着急，但是她再怎么着急，作为家长的我们也不会被她的情绪影响。之前如果她情绪焦急，我们也会跟着焦急，但现在我们更多的是告诉孩子别着急控制情绪，并辅助孩子分析问题所在。她状态实在不好就先放放，等一会儿再学，看看效果如何。12月我带她读英语课文时，她明显很着急，但还是努力克制着，没有让情绪爆发，保持着自己的学习状态直到读完。之后，我和孩子妈妈进行了及时的表扬，告诉她："就在你读英文课文的时候，爸爸一直在观察你的状态和情绪，我们为你的进步感到骄傲。"

关于生活，每个父母都希望孩子能有良好的独立性和自理能力。孩子为什么总是喜欢依靠父母呢？我认为这是因为孩子在幼儿期处处都需要父母的照顾，这种照顾能让他感受到安全感和爱。随着孩子慢慢成大，虽然他们能意识到有些事情应该自己独立完成，但还是不愿放弃那种依赖感和安全感，所以在好多事情上表现出的是自己不愿意做。我家孩子睡觉前习惯把衣服乱扔，早上起床再现找。本来早上的时间就比较紧张，再去找衣服就耽误了更多的时间。有几天孩子因为起床找衣服，再加上一些其他事情上学迟到了一点儿。我并没有为了避免她迟到而帮助她找衣服，也没有辅助她做一些其他事情，只是把她送到学校。孩子到了学校，看到大门紧闭，马上意识到自己迟到了，说："爸爸我是不是晚了？"我说："没事，咱们下次别晚就行。"

这样的情况发生了两次，有一天我突然发现，入睡前她已经把第二天要穿的衣服整整齐齐地叠好放在床头。我顿时激动万分，这是和孩子一起成长给我带来的最大的快乐！第二天早上，我送她上学的效率提高了很多。关于女孩子早上梳头的问题，作为爸爸，我并不想帮助她梳头发，也已经和孩子沟通过许多次，头发是她自己的，既然想留头发就要自己学习如何打理。此事结果如何还有待观察。

通过自己的体会和总结，我认为家长们在面对孩子的问题时，一定要尊重每个孩子的不同特点，努力做到：1. 尊重孩子的独特价值，爱玩是孩子的天性，不要让孩子长大后发现自己居然不会玩耍。2. 尊重孩子的学习方式和学习特点，她可能磨蹭，可能走神。我们要慢慢引导，学习并非一日之功，切忌拔苗助长。3. 以宽容的心态面对孩子的错误，错误是我们每个人身上都发生过的事情。无论是学习还是生活，只要在错误成本可控的情况下，可以直接让孩子从错误中学习和总结经验。

每个孩子都是独一无二的，原生家庭的环境也各不同。作为家长，我们要尊重每个孩子都是不同的，使教育的维度变得更长远，让孩子在人生的长跑中后劲十足。我们要塑造孩子完整的人格，让他们拥有一个幸福的人生。

二、中科院研究所"培养孩子自控力"讲座的启示

夸奖孩子要具体到位，这一点其实在我们成人世界里具有同样的道理。比如朋友的房子装修好了，让你去看。如果你说屋子真大，真漂亮，你的朋友不会因为你的赞美而非常高兴，因为别人也这么说；但如果你说"墙壁的颜色真好，给人一种温馨的感觉"或者"大厅摆放的格局非常好，显得非常大气"等，朋友就会非常高兴。我们在工作中如果想赞美人的衣服，常会说"你穿得非常得体"。其实还可以具体化赞美，从衣服的颜色、款式、花纹等进行具体赞美。投射到孩子身上，道理也一样，总是笼统地表扬孩子你真棒、好聪明等会让孩子感到无所适从。比如孩子主动端了一次饭，妈妈与其兴高采烈地表示"好孩子，你真棒"，不如告诉他"谢谢你帮妈妈端饭，妈妈很开心"。孩子今天作业全做对了，夸赞"你真聪明"远不如夸赞"通过你的努力，今天作业做得又快又好"。

我家的孩子英语几乎没有基础，读课文非常费劲。通过反复地练习和预习，慢慢地她读英文课文不是那么吃力了。近来，她阅读课文的能力提高了很多。一次，孩子对我说："我觉得现在英文课文也不是那么难了。"我马上进入沟通节奏，对孩子说："看到了吧。这是因为你一直都会呢？还是通过这段时间的努力得到的呢？"孩子说是通过努力。作为家长，这应该是我和孩子付出努力后最好的回报。

中科院讲座中说，一个好的表扬是有针对性的。的确，具体表扬会让孩子更容易理解，并且让孩子知道今后应该怎么做，如何努力。每次赞美孩子的时候，一定要尽量说出他值得你赞美的细节，也要尽可能多地描述自己因为他的这些优点而感受到的快乐和骄傲。这样孩子除了感受真诚和增强自信之外，也会因此知道父母的价

值观，以及父母希望他做到什么。这会对孩子今后形成积极健康的价值观起到十分重要的作用。

孩子的成长是父母的一面镜子，可以看到许多自己当年的影子。我们要充分尊重孩子的阶段特性和个体特点，多鼓励孩子，与孩子多沟通，让孩子感受到爱。当孩子有归属感和价值感的时候，我们就能建立起一个很好的沟通氛围。此时沟通才是最有效率的，这样的引导才能让孩子一点点落实到日常的学习和生活当中。我们不能被拖累成孩子的"纤夫"，要做孩子的"引帆人"，与孩子一起成长。最后，祝愿所有的孩子快乐成长。

专家点评

教育和培养儿童不宜"拔苗助长"，应"循循善诱"。《论语》说："夫子循循然善诱人，博我以文，约我以礼，欲罢不能。"世上没有相同的叶子，儿童各有差异，应辩证待之。该家长深深领悟道："不能被拖累成孩子的'纤夫'，要做孩子的'引帆人'，与孩子一起成长。"可以借鉴。

38. 如何培养孩子的自控力

北京市第十三中学附属小学家长　朱华彬

我的孩子今年九月进入小学，幼儿园毕业前在学前班学习了一个月。在孩子这四个多月的学习时间里，我的家庭教育实践从一片空白到逐步找到感觉。我感觉，与孩子在一起，就像对立统一的矛盾体，既相互斗争，又相互促进，孩子成长了很多，我们做家长的也学到了很多。我深刻地认识到孩子的成长也是家长的成长，家长偷懒，孩子就容易走弯路；家长简单粗暴，孩子就越发抗拒。下面我就以让孩子培养耐心，增强自控力，长期持续地做一件事情为例，谈一下我们是如何通过听讲座，查阅资料，然后慢慢探索，与孩子一起成长的。

一、家庭教育中令孩子家长急躁的突出问题及其处理方法

在辅导孩子的过程中，我们经常会遇到孩子不认真或心不在焉的情况，他们可能一遇到困难就发脾气，不干了。比如，孩子练习跳绳，连续跳两下跳不过去，就生气不干了；练习写字，练几次写不好就又不干了。我和他妈妈也会控制不住情绪，噌地一下心里就起火了，就会经常吼他，比如："你怎么就记不住呢""你怎么又做错了""你再不认真学就不行了"等。这一阶段，我们和孩子一样都没有耐心。

后来，我和孩子妈妈认真反思了这一问题，在网上查找资料，请教班主任老师，还和其他的家长交流取经。现在孩子进步了许多，我们也感觉到了一些成就感。比如我带儿子学跳绳，西城区统一的体育测试都快进行了，我的孩子还不会跳，而且一个都不会。据孩子讲，班里的同学不会跳的也就两个人了，我心里很着急。由于不会跳，他也就更不爱练习。着急也没有用，我只好说服自己要耐心。

我每天带着儿子去公园里练，一开始孩子自己跳不成，我就把跳绳一头绑在栏杆上，我甩绳子，让他跳。偶尔他能跳过去，我就赶快表扬他。这期间，他经常气恼。第二次，我甩绳子，他最多能连续跳过两次，他自己甩也有两次过去了。第三次又有些提高。每次他有所提高，我就表扬他说："你看，你今天最多可以连续跳XX个啊，

进步多快啊！"其实，孩子的潜力是很大的，没练几次，孩子就能一次跳过6个。他后来的提高都是在不知不觉中发生的，我表扬他说："儿子，你太厉害啦！"他自己也觉得很高兴。与跳绳类似的事情还有写字，孩子一开始写字比较丑，纠正起来很费劲。有时候他写好一个字要练很久，还经常发脾气，撂挑子，我们就一点点地教。还有教他打羽毛球，平时看我打羽毛球，他有时候就会自己拿拍子想打。但孩子一开始根本打不着，就把拍子一扔，气得躺在地上哭。之后，我会让他拿好拍子，举起来，再给他发球，发10个可能就打中2个。孩子有时会生气，但还是能坚持下来，他打个好球我就赶快表扬。后来我发现，他进步还是很快的。

通过这几件事情，我觉得辅导孩子时，家长千万不能跟着孩子着急。家长应该做到以下三点：1.要有耐心。孩子着急，我们就劝慰他，不要批评。有时孩子太急，就把事情停下来缓缓。每天进步一点点，哪怕是很小的一点，就是很好的，家长不要想着孩子一次就掌握。2.要自己琢磨怎么教，自己先吃透了，再教给孩子。记得在儿子上学前班的时候，有一天他做数学作业，9减几等于5这类的题目。我感觉孩子思路不清，就给他讲，应该用9减去5。当时我想举生活中的例子去说明，但讲了半天，都没给他讲明白，自己搞得也很着急。后来反思了一下，我根本就没有吃透，自己觉得很简单的东西，想着给孩子一讲他就应该明白了，可是他只是6岁的孩子，我忽略了他的知识储备量。3.要多夸奖孩子。要在第一时间表扬孩子，表扬他的进步和突破。孩子一开始学习某件事情是很难的，可能做了好多遍，就成功一次，但是就这一次，也是他的突破，要好好表扬。

二、中科院研究所"培养孩子自控力"讲座的启示

上述只是我自己在摸索中教育辅导孩子的经历。前一段，班里一位家长在微信群里发了中科院研究所"培养孩子自控力"讲座的音频。通过认真地学习，我更加深刻地认识到，培养孩子的自控力是关系到孩子成长的一个十分重大的问题。在如何培养孩子持续地做一件事情上，我的认识实现了从自发到自觉的提升。

我们平时讲"工匠精神"，其实，教育孩子的成功也是一个"一辈子坚持做一件事"的过程。无论孩子知识的学习，还是在某一方面特长的学习，都需要长期的坚持，中途下车的人自然会被淘汰，成功是由每天提高一点点的平凡积累成就的。讲座里提到的"延缓满足"的概念，指出了我们要培养孩子坚持很长时间获得成功的自豪感，而不是强化孩子在一个活动后立刻满足的快乐，要让其体会到在无聊乏味的反复

练习后获得的成就感。但是，如何让孩子做到"坚持"是一门大学问，讲座里所说的"放松式控制"给我以很大的启发。

讲座里还提到，重要任务要多克制，不重要任务要放松。自控力的能量是有限的，如果无论哪个方面都强迫克制，那么自控力会不够用的。我认为这是问题的关键。我的理解是，要告诉孩子怎么做，但不能要求他当场一定做到怎样。要让他根据自己的能力慢慢提高，让他自己去体悟。比如练字，我认为不能总是盯着孩子，不能他写一笔，家长就去说，指手画脚。我们应该先教会孩子方法，让他写对一个，然后让他自己写，整个写完再去评判。讲座里说的培养自控力的 5 种方法也很重要，看起来都是生活中的小事，但是家长往往都做错了或者根本做不到。比如说，不指责孩子，不拿孩子跟别的孩子比，这些生活中司空见惯的不好的方式，家长往往是不自觉地就采取了。

我认为，家长应该做到以下几点：1. 不指责抱怨孩子。谁都不喜欢被指责，何况一个孩子呢？简单粗暴的方式怎么能培养出优秀的孩子呢？2. 多问为什么，与孩子一起找原因。这样，孩子也会觉得你在帮他。他觉得困难的东西，你要多鼓励他，跟他一起想办法，孩子肯定是愿意配合的。3. 多表扬，不要跟孩子较劲。要适可而止，不能坚持要求孩子今天必须学会什么，必须做到什么。

家庭的辅导教育对孩子非常重要，这种教育是耳濡目染的，是"润物细无声"的。"路漫漫其修远兮"，我们要不断地自我修炼，把大道理嚼碎了，一步步落实到实践当中，形成良性循环，才能事半功倍。这样，不仅我们自己省心，孩子也会很快乐！

专家点评

教导和培养一年级学生学习，首先应从诱导兴趣始，兴趣是最好的老师，兴趣是人们活动的驱动器，兴趣可以带给学习乐此不疲的活力，可谓为"兴趣教育"者，《论语》孔子说得好："子曰：'知之者不如好之者，好之者不如乐之者。'""好"者，爱好、兴趣也。"乐"者，快乐、欢愉也。日本教育鼻祖木村久说："天才，就是强烈的兴趣和顽强的入迷。"诚然，兴趣教育很重要，但培养和诱导少儿的兴趣的方法和技巧则各有千秋，视各位家长的灵感了。

39. 我的家庭教育心得——三千零一夜

北京市西城外国语学校附属小学家长　张绍岩

缘起

2006年3月5日，这个日子我们永生难忘，它是孩子母亲发现自己怀上张雨菡（小名可可）的日子。作为33岁的准妈妈，她的喜悦之情无以言表，我这个准父亲也是如此。这个喜讯给家庭带来了无限的憧憬和遐想，一定程度上也改变了我们家庭原有的运行轨迹。是男孩，还是女孩？无论男孩女孩首先还是要健康，健康之后要聪明，聪明之后，如果是男孩子最好帅气一点，女孩子最好漂亮一点，但无论如何健康还是第一位的。面对一个即将来到这个世界上的小生命，多少憧憬在心头！

无数的憧憬期望过后，一件非常重要的事情摆上日程，那就是孩子的教育。很多家长经常挂在嘴边的一句话就是，不能让孩子输在起跑线上，那么教育的起点在哪里？胎教！明确了方向，我们开始忙碌起来，读胎教书，听胎教讲座，请教有经验的亲戚朋友，忙碌而快乐！多跟胎儿互动，多交流沟通，多听古典音乐，希望孩子以后有什么爱好，母亲现在就重点学习什么，等等。这是一套"胎教组合拳"，都尝试一下吧，毕竟有益无害！

当时胎儿已经两个多月了，"胎教组合拳"中有一项由我这个准爸爸负责——讲故事。每天20:00左右，我就对着孩子妈妈日益隆起的腹部讲故事，据说胎儿比较喜欢父亲带有磁性的男中音。我当时做梦也不会想到，一个讲故事的决定竟然整整坚持了十年，而且目前还在继续。十年，3650个日夜，去除由于到外地出差、回来太晚等因素没有完成的睡前故事，3001夜还是有了！古有《一千零一夜》，今有"三千零一夜"。

坚守

那么这三千多个日夜中，我又讲了哪些故事呢？阶段不同，故事的内容也不尽相同。在胎教期间，我主要讲一些幼儿绘本故事，诸如《小马过河》《小蝌蚪找妈妈》及《安徒生童话》等。特点就是反复地讲，不断强化。孩子0—2岁期间，我主要是讲小熊系列、歪歪兔系列、儿童情商等低年龄系列，重点是引导孩子看图识字，认识自己，认知世界。

随着孩子不断长大，2岁以后，我重点给孩子讲原创故事。原创故事主要分为六大系列：小明系列、可可熊系列、古城堡系列、羊村系列、西游记后传和话题讨论系列。这些故事都是原创，内容也不尽相同。

小明系列主要讲的是小明作为一名小学生，在成长过程中遇到的有趣的人和事；可可熊系列主要讲述可可熊如何发挥自己的聪明才智，帮助别人克服困难，解决问题；古城堡系列主要讲述了发生在三个城堡之间的战争故事；羊村系列主要讲述羊村如何面对狼村、熊村的攻击，与敌人斗智斗勇，化险为夷；西游记系列主要讲述唐僧师徒四人西天取经、修成正果后，回到久违的家乡后发生的有趣故事；话题讨论系列主要是针对某一选定话题发表看法，并寻求解决方法。

我编撰原创故事的目的主要是：培养孩子自尊、自爱、自强、自立的人格，让孩子享受读书的乐趣，让读书陪伴孩子一生；把孩子成长中可能遇到的问题编撰到故事中来，在故事中教会孩子解决问题的方法；培养孩子良好的生活习惯，教孩子如何与其他小朋友相处；给孩子带来快乐，让孩子的童年拥有更多的乐趣。

可可马上10岁了，睡前听故事已经成为习惯，而且坚持了10年。这个习惯在孩子胎儿时期就已经养成了，还记得在胎儿六七个月的时候，有一天晚上快10点了，孩子还在妈妈的肚子里异常活跃，踢来蹬去。原本这个时候她应该已经安静地睡觉了，后来我们恍然大悟，那天晚上由于事情多我忘记晚上8点钟准时讲故事了。我马上开讲，胎儿立刻就安静了下来，一会就甜甜地进入了梦乡。

现在一到晚上9点多钟，可可上床，就进入了"故事时间"。她最喜欢的就是原创故事，所以对编撰故事的要求非常高。由于是系列故事，一个系列一般要讲上百天，我经常是白天就要打好"腹稿"，如果白天没时间打"腹稿"，晚上就一边讲着，一边编撰着。有时会讲重复了，可可的记忆力很好，会提醒我说："爸爸，这个讲过了。"一旦出现重复，我就得重编。

随着可可年龄的增长，她的思维水平、知识层次不断提高，对故事本身的期望值也越来越高。故事一方面要有启发性、教育性，另一方面还要有趣味性，而且要把故事的启发性、教育性蕴含到趣味性中来。很多故事都是逗乐的，孩子经常会笑得前仰后合。正因为故事情节不枯燥，孩子的兴趣才会持续；如果只是单纯地说教，想必这项活动也不会持续到今天。给孩子讲故事需要巧妙地结合和转换，将道理蕴藏在故事的人物行为之中，蕴藏在故事的情节之中。

记得在可可2岁多的时候，我们感觉到她胆子小、内向。看到别的小孩子一起玩玩具，她只是在旁边看着，虽然一起玩的意愿很强，但是主动参与的意识不够。经过观察，我发现，这一方面是因为孩子胆怯，另一方面也是因为她不知道采取什么方式融入其他孩子当中。当天，我就给孩子讲述了小明类似经历的故事，通过小明积极主动的行为，告诉可可有什么想法就要大声说出来，给予示范和启发。后来，孩子逐渐克服了内向、胆小的弱点，和同龄的小朋友们很快就能玩成一片，成为好朋友。

讲故事对引导、激发孩子的读书兴趣意义非常大，效果也非常好。孩子0—2岁的时候，主要是认字的阶段，我们拿着儿童绘本讲故事，既能教孩子认字，也能培养孩子看书、亲近书的习惯；原创故事更能激发孩子对书籍的兴趣，我会告诉孩子原创故事的灵感主要来自书籍。记得可可4岁的时候，就能独立阅读上百页、全文字的图书了。她每天都会读书，阅读已经成为一种习惯。

愿望

现在小明系列、可可熊系列、古城堡系列、羊村系列的故事都已经讲完了，正在讲述西游记后传。有的时候，我回忆讲过的故事，有的还记忆犹新，有的依稀记得，但很多都已经忘掉了。如果把每个故事都记录下来，应该已经成为一本本的故事书了。这件事情我由于时间和精力有限没有做，也可以说是留下了遗憾！

三千多个日日夜夜，以后还可能有四千多个，五千多个……孩子现在在上小学，以后上初中、高中。随着孩子年龄的增长，我不知道故事还能讲多久，故事的作用还会有多大。但是有一点我坚信：只要孩子需要，能讲多久就要讲多久，它会成为陪伴孩子快乐生活、快乐成长的一道绚丽风景线。

专家点评

这位家长真是用心的家长，十年如一日地坚持给孩子讲故事。这种坚持和用心太值得大家点赞和学习。这种用心的养育带来的结果是显而易见的，孩子从4岁开始就能轻松独立阅读了，并让阅读成为一种生活习惯。这个好习惯将让孩子受益一生。

40. 关于孩子教育方面的几点思考

北京市西城外国语学校附属小学家长　苏士贤

接到学校的通知后，我心里居然不知所措起来。我的第一反应是时间过得太快了，一眨眼孩子都12岁了，从嗷嗷待哺到咿呀学语，再到蹒跚学步，他已经变成了敢想、敢做、敢当的小男子汉了。孩子成长中的一幅幅画面就像放电影一样不断地在我大脑中呈现，一幕幕好似发生在昨天。一晃12年了，作为父母，我们在家庭教育中做了什么？承担了什么角色？是不是合格的家长……我有太多的话想说，却又不知从何说起。

俗话说："养不教，父之过。"父母是子女成长中的第一任老师，也是终生的教育导师。所谓"教育"导师，其实就是要把父母对孩子的爱转化为子女健康成长中的原动力和指路灯。正如古代家训中最有名的那句"父母之爱子，则为之计深远"，我们教育孩子要善良、要讲科学、要有智慧和理性，教育孩子要学会做人、学会负责、学会生存，而不是简单地一味给予、满足孩子，最终把孩子培养成"啃老族"。

坦诚地讲，孩子并不是很出色，我也没有太多的教育秘籍，只是就孩子成长中的点点滴滴做简要总结并与大家分享，希望能在教育孩子方面对大家有所启迪和帮助。

一、给孩子一个民主、温暖的家庭成长环境

我们家向来比较民主，家庭和睦，夫妻间很少当着孩子的面吵架。家里有什么重要的事情时，大家总是在一起商量，谁说的有道理就按谁的想法办。孩子从五六岁懂事时，就成了家庭民主生活中的一分子。一些小事情，只要没有什么大的原则性问题，我们都让孩子出主意甚至做主。这样一来，孩子在家里就很有主人意识。孩子的爸爸为人仁厚、乐于助人，当朋友遇到困难时，总是不遗余力地施以援手。有时候我们会全家一起来讨论如何去帮助别人，这对孩子影响很大。

记得在三年前的一个周末，孩子和同学结伴去离家很近的儿童中心游玩，玩得很尽兴，同学花了50元，孩子花了100元。回来后，我问孩子："同学比你花得少，你

心疼不？"孩子说："这有啥心疼的，我给我哥们儿花的。"孩子这种对朋友的大方和义气让我很满意。

还有一次，那是孩子读四年级的时候，我带他去学轮滑。在出发前，孩子要带护具，我说："你都这么大了，用不着护具了。"结果我们没带护具就走了。没想到在轮滑过程中，孩子一不小心摔倒了。着地的一刹那，是胳膊先接触到的地面，结果把胳膊摔折了。当时看到孩子哭，我还以为孩子是在撒娇，就没当回事。回到家后，我才发现孩子胳膊都肿了，去医院检查才知道是真的摔折了。我特别懊悔和自责，如果不是我的粗心大意，孩子肯定不会受伤的。孩子从医院回来后，看到我哭，反过来安慰我说："妈妈，没事儿，我一点都不疼。"那时，我觉得孩子特别坚强，一点点地长大了。

最让我记忆深刻的是今年1月份发生的一件事，我们生意上的一个客户向我们索赔50万元（后经法院判决是诈骗）。我和孩子爸爸从来没有经历过这种事情，一下子就蒙了，那段日子家里的气氛很低沉。没想到孩子开导我们说："我不喜欢这种家庭气氛，'千金散尽还复来'，不要让金钱成为精神枷锁，更何况这件事还没弄清楚，最后怎么解决还不知道呢。"

在我去青岛法院开庭期间，由我父母在家里照顾孩子。临行前，孩子给我们打气："妈妈加油，不要有什么负担，我能好好照顾自己，何况还有姥姥、姥爷呢。"开庭回来后，我父母夸孩子特别懂事，放学回家后自觉写作业，还带姥爷去公司遛弯儿呢。

我们从青岛回来的那天晚上更让人感动，我们到家时已经是晚上11点多了，按孩子的作息习惯，早就该睡着了。可是当我们进家门的一刹那，孩子突然睁开眼叫我："妈，你回来啦！"一时间我热泪盈眶，孩子真的是长大了，可以和爸爸妈妈一起分担了。孩子的这种乐观、豁达的人生态度也给我们上了一课。

二、随时随地对孩子进行道德教育

日常生活中，我们会随时随地对孩子进行道德教育。比如，每当逛街、旅游时，我们都提醒孩子保持公共卫生、爱护公共设施；节假日、休息日时，我们会陪同孩子一起去参观博物馆，观看文艺演出，培养孩子的爱国主义情怀，提升孩子的艺术素养。

诚信教育方面，我们也一直很注重。孩子刚满7岁的时候，有一次我在网上卖牛仔裤，顾客问我卖的牛仔裤褪不褪色，我如实告诉对方会有一些褪色。孩子在一旁问我:"妈妈,你为什么说褪色呢,那样顾客不就不愿意买了吗?"我告诉孩子:"做生意一定要讲诚信,不然顾客买回家要是拿牛仔裤和白色衣服一起洗,白衣服就会染色不能穿了啊。我们换位思考,人家会多伤心啊。"儿子懵懂地点了点头。

三、孩子学习方面,陪伴是最有效的方式

我家孩子学习中等,主要原因是家长陪伴的时间不够,投入的精力欠缺。孩子其实挺聪明的,在四年级前我们家长管得比较严,他学习成绩一直在班里前几名。后来由于工作的原因,我和孩子爸爸都比较忙,在孩子学习上投入的就少了,学校课堂以及报的各种辅导班全凭孩子自己学习,再加上孩子后来有点迷恋了电子游戏,五六年级时他的学习成绩就滑坡了。这一直是我和孩子爸爸心中的一个遗憾。

以上是我们家教育孩子的一些经验和教训,可以说在孩子成长的道路上,我们有付出,有收获,有苦有累,但更多的是内心的喜悦和幸福。孩子现在进入青春期了,开始有一些叛逆情绪出现,我们要怎么去应对和引导,又将是一个新的课题。

专家点评

这位家长提出:"孩子现在进入青春期了,开始有一些叛逆情绪出现,我们要怎么去应对和引导,又将是一个新的课题。"颇有先见之明。逆反心理是反从众心理的特殊表现,好奇心和自主意识是产生逆反心理的主要原因。发生时期不同,名称有异,如儿童叛逆期、青春叛逆期或人类叛逆期。如何对待和处理儿童和青春逆反心理,一、耐心倾听诉求,二、尊重儿女人格,三、仔细解析成因,四、平等民主协商,五、正确理解和心理疏导等,再者可阅读有关心理书籍和参加心理学讲座,以提高家长处理逆反心理的能力。

41. 身正不怕影歪

北京市西城区奋斗小学家长　马新宇

俗话说得好,"身正不怕影子歪"。家庭教育中,家长是起到标杆、参照物、坐标系的关键作用的。特别是在孩子刚开始适应学校生活的初始阶段,家长身心端正,严格要求自己的言行,为孩子做出表率作用,才能保证孩子——这个父母的复制品,不会发生偏斜,保持正道。

我在孩子刚开始上一年级的时候,还没有意识到专心陪伴孩子的重要性。往往在孩子写作业的空闲时间,我也要捧着手机看新闻,刷微信朋友圈,或者发消息聊天。给孩子听写的时候,孩子已经写完一个词,等着我念下一个词,需要提醒我好几次,我才能从新闻、视频、朋友圈等美好的自我世界中回到现实中来,然后开始埋头寻找刚才听写的那个词的位置,准备念下一个词。至于孩子书写是否规范,对词语是否真正熟练掌握,我基本没有做到心中有数。

因为我的"表率"作用,孩子在一年级的时候,注意力不够集中,持续的时间也不长,经常出神发呆。上课学习过的知识,有些也不是很扎实。有时我认为很简单的知识她也不懂,或者上次已经犯过错了,她又继续犯。每当她用懵懂的大眼睛疑惑地看着我,好像从来没学过一样时,我都感觉非常无力。那时的我,有时真的需要强制自己不发脾气。训导她的时候,我经常发现她眼睛发直,不知道又神游到哪里去了。看着孩子不开窍的脑袋,我真是有种恨铁不成钢的感觉。孩子也曾经恨恨地对我说:"爸爸,别看手机了,我真想把你的手机扔了!"

孩子的话警醒了我。那么我该如何管住自己,为孩子做出正确的表率呢?幸好在孩子一年级放暑假期间,我习练瑜伽进入了新阶段,有了新的领悟。同时通过自学站桩,我颇有心得和收获。这两项修炼最大的好处就是,带给了我无与伦比的宁静和专注力的提升。

瑜伽我已经习练三年,站桩也接近一年。专注力的提升,让我在陪伴孩子的过程中,心无旁骛,耳无杂声。大道至简,其实最简单的事情看似简单,想要真正做好却是最难的事情，因为这需要注意力高度持久地集中。"正人先正己"，我们要先能控制住自己，有高度专注力了才能影响孩子。

低年级，甚至高年级的孩子，多多少少都有走神、注意力不集中的问题。越是低年级的孩子，注意力保持的时间越短。但是，我通过习练瑜伽和站桩感悟到，一个人要想做好一件事，必须放下很多意欲贪念，集中全部注意力，专心做自己此时应该做的事情。所以带领孩子适度习练瑜伽和站桩，可以让他们平心静气，收敛心神，修身养性，开发慧力，为将来的学习打下坚实的基础。

还是拿听写这件事来说。后来我再给孩子听写的时候，都是站在或者坐在她旁边，眼睛盯着孩子写字的一笔一画和表情动作。孩子稍有迟疑，我就把这个不熟悉的字词标注一下，然后编出小顺口溜帮助她记忆，而且让她马上多写几遍加深记忆。之后，我也会经常提起这个标注过的字词，反复加深她的记忆。这样的话，发现漏洞就可以及时弥补，后面出现错误的概率也越来越少了。因为我的专注力加强了，孩子在我气场的笼罩下，不敢有半点懈怠。

随着孩子升入二年级，作业量逐步增多，有时写到一半她就累了想睡觉。其实我知道孩子不是想睡，而是气血亏虚多了，电量不足了。这时，就需要给孩子的身体充电了。我有时会教孩子盘坐闭目调息，有时会关上灯和她一起站一会儿桩，还有的时候我会教她几个简单的瑜伽抻筋动作。比如山式站姿，这个动作看似简单，但是需要全身多处肌肉紧绷用力，并且配合均匀悠长的深呼吸。这种身正腰直、头若悬丝的身姿保持一会儿也是很不容易的。还有一些瑜伽中让身体保持平衡的体式，如果心中有一丝杂念，都会马上失去平衡。我和孩子一起做，一起数秒，看谁坚持的时间长。

我们在这个竞争过程中，得到了锻炼，也收获了欢乐。在学习过程中加入这些简单的瑜伽动作习练，不仅让疲劳的大脑得到了休息，也无形中促进了孩子在专注力方面的提升，真正做到劳逸结合，寓教于乐。孩子通过闭目调息、站桩和瑜伽等方式放松休息后，会感觉眼睛不那么酸了，更亮了，视力好像增强了一样。疲惫的身体得到了良好的修复，脖子和腰也不那么酸胀了，精力恢复得很快，可以继续投入到学习中去。我知道，我给孩子充电的目的达到了。给孩子吃东西所能起到的作用和这些是完全不可同日而语的。

习练瑜伽，坚持站桩，不仅自己的身体得到修复，状态良好，我关注孩子的时间也越来越长。有一天我突然发现，孩子那因为被我关注而体现出来的放松安逸的表情，才是映入我眼帘的世间最美的图画。我也会更多地和孩子沟通交流，发现孩子眼中的世界，和孩子保持朋友关系，一起讨论事情。同时，通过这些习练，孩子的心变得更加安静，我启发传授她的课本之外的东西，她也很容易就听进去了。比如课余时间的管理，遇到问题自己如何解决，如何应对等。

孩子是深受父母影响的"复制品"。父母什么样，孩子就会是什么样。在孩子越来越繁重的学习任务面前，让孩子从父母身上学会控制自己，保持专注，是我们最应该传授给孩子的、可以让他们受用终身的无形资产。这种内在品质不是用多少钱可以换来的，而必须是家长对自己有正确的认识，对家庭教育责任有清醒的认知，才能严格要求自己，付出艰辛的努力，为孩子树立可以参照的行为模范。言传身教并举，才是对孩子最立竿见影的教育。保持自己身心的端正，我们就不用担心孩子跟着自己的影子一起歪。

专家点评

父母是孩子的榜样，榜样的力量是无穷的，也许对孩子一生都有影响，故要求父母先正己，俗言"将门无犬子"。父母的言传身教、潜移默化，是家庭教育的无形资产。家庭是社会的细胞，是构成社会的支架，良好的家庭教育是社会维稳的基石，由此可见家庭教育在社会中的重要性。

42. 学做智慧父母，伴孩子一起成长

北京市西城区阜成门外第一小学家长　刘　洋

如何教育孩子，对于我们初为父母的人来说都是一个全新的命题。我们没有受过任何的"职业训练"，完全是"无证上岗"，只是凭借着对孩子满腔的爱，以为"无师自通"就能做个好父母了。有时我们也会从上一辈身上取经，以为复制过来，就可以教育孩子。殊不知，"自以为是"和"简单复制"式的教育不利于孩子的健康成长，甚至会为整个家庭带来不可弥补的损失。我们都爱孩子，但是如何去爱，却不是一个简单的命题。家庭教育既是一门科学，又是一门艺术，我们需要不断地学习，不断地摸索，不断地总结。如何教育好孩子，一直以来都是家长们共同关心和探讨的话题。在这里，我浅谈一下自己的家庭教育思想和教育方法。

家庭和睦，为孩子传递正面信息

什么样的家庭对孩子的成长有利？我认为是夫妻之间和睦相处，孩子既能感受到爸爸对妈妈的爱，也能感受到妈妈对爸爸的爱。夫妻恩爱，相互尊重，孩子感受到的是一种更深层次的爱。家庭是孩子生活成长的重要场所，一个温暖和睦的家庭环境有利于孩子思想、品德、性格的形成与发展。心理学家马斯洛研究表明，"当人的生理需求得到满足，也就是衣食无忧后，心里最大的渴望就是爱与归属感，它们像心灵的食物，若是得不到会令人感到空虚和沮丧。"

孩子最大的渴望就是父母的爱与归属感。父母吵架的时候会说，"你爸爸是个懒惰自私、不负责任的人""你妈妈是个爱唠叨、暴脾气的人"……如果父母经常当着孩子的面不认同对方，将负面信息传递给孩子，久而久之这种负面信息会影响到孩子今后的成长方向。也许未来，孩子就会出现懒惰、唠叨、自私等行为。为什么呢？因为孩子的感觉无比敏锐，他的心理强烈需要和父母连接，但是连接到的都是负面信息，他只能做出相同的行为来满足与父母连接的归属感。所以说，夫妻间感情和睦、互相尊重，对孩子的成长极为重要。

在家里，我和我爱人有时也会犯这样的错误，当着孩子的面数落对方的不是。后来意识到这个问题后，我们尽量提供更多的正面信息来满足孩子与父母连接的需求。比如，"你和爸爸一样热爱运动""你和妈妈一样有爱心""你和妈妈一样爱学习"……这不只是称赞孩子，重要的是称赞孩子像父母的地方。通过这种方式，孩子会朝正能量的方向发展，连接父母优秀的地方，同时孩子的归属感也会得到满足。

量化管理，父母与孩子共同成长

家庭和学校是孩子成长的地方，家庭与学校的良好互动会对孩子产生重大的影响，可以起到事半功倍的效果。我的孩子今年上二年级，刚上一年级的时候，她对学校教育没有概念，从幼儿园到小学过渡得很困难。刚开始，她认为学校就是和小朋友玩耍的地方，上课思想不集中、神游，回家做作业不积极，对于上课和学习根本没有概念，我作为家长很焦虑。一二年级时，孩子的班主任多次和我主动进行沟通，让我及时了解孩子在学校的表现，并且和我交流"孩子早上不起床怎么办？""上课注意力不集中怎么办？""作业不认真写怎么办？"等问题，还为我支招儿，帮我出主意。

一次，孩子回来后和我念叨小奖票的事情。我了解情况后，主动与班主任联系沟通。班主任告诉我，班里设立了一个奖励机制，凡是日常表现好的同学都会得到一张小奖票作为奖励。我意识到这是一次教育和激励孩子的好机会。经过认真分析和思考，我们与孩子一起讨论了一套家庭量化管理规定。从起床、独立完成作业、认真学习、坐姿端正，到热爱运动、整理书桌、练习乐器、课外读书、勤劳小帮手等方面，以奖励小星星的方式进行评分，然后通过积分兑换奖励孩子一样东西或者做一件她喜欢的事情，可以是一场电影、一支自动铅笔，具体奖励由孩子决定。爸爸妈妈都要参与评比，孩子也给爸爸妈妈打分，看谁做得最好，谁获得的星星最多，并且相互写每周寄语。

父母不仅仅是要做好孩子的表率，也是孩子成长的参与者、好朋友。整个家庭成员在参与互动的过程中，时时保持积极向上的生活态度。通过量化管理，我发现孩子的自觉性增强了，学习更加主动，有了争先创优的意识。量化管理起到了良好的效果。

勇于担当,培养孩子的责任心

每天孩子放学回家,我都会问她一句话:"你今天在学校有什么开心的事情吗?"这句话我是从书本上学来的,尝试一段时间以后,我发现特别有用。孩子很喜欢和我交流分享学校的事情,比如:她的"宠物"、她的同桌、她的烦恼等。这样,我可以及时了解孩子的校园生活、学习情况、情绪想法。

孩子上二年级了,有一天她跟我说班里要竞选班干部。我问她:"你想不想参加呢?"她回答:"想。"我接着又问:"你为什么想参加呢?"我认真倾听了孩子的想法,鼓励她竞选班干部。我告诉孩子,班干部不仅是老师的小帮手,更重要的是能为同学们服务,还能锻炼自己,提高自己的能力。从那以后,她更加努力地做好每一件事。有了家长的引导、班主任的鼓励、自身的努力和同学们的认可,她的进步特别大。

一天放学,孩子高兴地对我说:"告诉妈妈一个好消息,我竞选上班干部了!"看着孩子开心的样子,我真心为她感到高兴。可是,高兴了一会儿,孩子突然有些忧虑地对我说:"老师让我负责班级卫生,可是我觉得班里的同学都很不自觉,甚至不记得自己是值日生,下课都出去玩了。我还得去操场上一个个地叫回来做值日,好累呀!""别着急,妈妈跟你一起想办法,一定会找到好办法的。"我忙着安慰和鼓励孩子。于是,你一言,我一语,我俩热烈地讨论起来。

终于,一个值日生周评分表和小组月评比表出炉了,我又帮孩子画好了表格。评分内容包括打分规则、个人值日情况及小组卫生完成情况,评分标准按照学校教室卫生准则,月评比是在综合每天表现的基础上对优秀的个人和小组进行奖励。最后,卫生委员和两个班干部要在评比表格上签字。孩子卫生评比的想法得到了班主任的表扬。方案实施以后,同学们的卫生意识增强了,班里的环境也更加整洁干净。我认为,爱孩子就要给予她一份责任,并给她一份信任,再加上家长的合理教导与帮助,她就会还你一份满意的答卷。

哪个家长不爱自己的孩子?哪个家长不盼望自己的孩子健康成长?没有不好的孩子,只有不适的教育。什么是适合的教育,每个家长都会给出不同的答案。父母是孩子的第一任教师,并将陪伴孩子一生。教育孩子是一门很深的学问,非一朝一夕之功。作为家长,我们需要学习现代教育理念,需要学习科学的育人方法,更需要教育子女的智慧。

还记得吗？多少年前，当听到婴儿的第一声啼哭，见证宝宝来到这个世界，我们初为人父人母时，激动、喜悦、幸福、感恩的那一瞬间？这一幕终将永远留存在我们内心。我们用爱浇灌，用心培育，科学教育，守护孩子健康成长。勿忘初心，方得始终。

专家点评

本篇是学习家庭教育书籍和聆听家庭教育讲座配合学校教师的学校教育，两者结合教育其女取得满意效果的事例，同时亦悟出"家庭教育既是一门科学，又是一门艺术"，从感性知识升华至理性知识。其中提出"量化管理"，父母与子女共同评比评分，内容包括生活、学习、活动诸方面，增厚了亲情，又培育了孩子争先创优的意识，其法可取，亦可推而广之。

43.
妈妈，我觉得我好幸福

北京市西城区阜成门外第一小学家长　周　飞

"妈妈，我觉得我好幸福哦！"

"为什么突然想起来这么说呢，宝贝？"

"妈妈，你看啊，我们班的梦梦，她妈妈给她报了好多的课外班，每天上完课回家都9点了，老师布置的作业还没写完就困得不行了；还有我们班的滔滔，特淘气，老犯错，老师叫家长，他妈妈就当着我们大家的面骂他，还打他；还有娇娇，都9岁了，一遇到困难就哭鼻子，说我妈妈怎么不在啊。类似这样的事情，妈妈你看，我身上都没有发生过，我每天都很快乐，完成了老师给我们布置的作业后，还有好多空余时间做我自己想做的事情，你还会陪着我。你说，我是不是很幸福啊。"

是啊，回想雨菲从呱呱落地开始，我这个妈妈只用了一年的时间细心呵护。在她学会走路之后，我就成了老人们口中的"狠心妈妈"。孩子摔跤了，我不慌不忙地走到孩子身边，冲宝贝露出一个笑脸："宝贝，摔跤了吧，地板都疼了。你看，地板都哭了呢，你得跟它道歉。以后可得记住了，不能再让自己摔跤了，不然地板疼，你也疼，是吧？好了，自己起来，继续玩吧，没事儿。"在将信将疑中，她自己爬起来，嘴里还嘟囔着，地板也很疼的。就在这种方式下，孩子度过了她6年的幼儿时期。

刚上小学，我首先教会了她看时间，告诉她时间的重要性，什么时间该干什么，不能因为你的拖延耽误了大家的时间。我告诉她几点起床，几点吃饭，几点看书，几点拉琴，几点睡觉，还让她自己制定了作息表，并严格执行。直到今天，雨菲一直严格遵循她自己制定的时间表，我没有做过多的约束。就这样，时间像一把标尺，时刻衡量着效率，没有偏离。

伴随着孩子的长大，生活中的小麻烦也在不断增多。这个手工不会做，那道题目不明白，这个同学生气了，那个体育项目做不好，等等。最让我印象深刻的是，她刚上小学的时候，学校有一个跳绳考核。由于孩子以前没有接触过这个项目，所以刚进小学的雨菲考了全班倒数第三。她神情沮丧地回家，我问明原因后，没有做任何回答,只是对她说:"走,宝贝,咱们运动运动。"于是我拿起她的跳绳,在她面前身轻如燕地跳起来,绳索在空中飞舞,我问她:"宝贝,你看妈妈跳得好看吗?其实跳绳可简单了,手脚和身体配合好就行。你现在跳不好,是因为以前你没有接触过,你没有明白其中的奥秘。来吧,宝贝,学着妈妈的动作,你来试试,你一定行的,妈妈相信你。"

经过多次练习,现在雨菲成了班里的体委,体育各科成绩都达标,并且参加了学校的篮球队。作为妈妈的我,在孩子遇到困难时,先与她一起分析原因,引导她克服心理恐惧,然后再给予一定的帮助和引导。渐渐地,女儿对我的信任在日常生活中一点点累积,经历得多了,她也学着我平时教给她的方法,自己处理起生活中的各种难题。在困难一件件解决后,我给女儿的信任度慢慢转变为她的安全感。

三年级时,我要求她放学自己回家,家长不再接送。每次去外婆家或者游玩的地方,我都要求她记住来回的路,并叮嘱她:"出门要与人打招呼,到达后记得报平安。"尽管如此决定,但我哪能完全放心。让独自她上下学的前几天,我还是会在后面远远地跟着,直到她进了校园或者回到家,我才松了口气。一段时间下来,发现她完全没有问题,我才彻底放手。家里的老人们责怪我:"你怎么那么狠心呢,孩子书包那么重,又是一个女孩子,你不心疼吗,你就这么放心?"是的,我心疼,我不放心,但是我必须狠下心来。因为我不狠心,她怎么成长?我不狠心,她怎么学本领?我不狠心,她怎么能独立自强?孩子生下来只是一张白纸,如果我不能让她体会到生活的美好,不能让她懂得必须依靠自己的努力取得成功,不能让她清楚对就要奖、错就要罚的规矩,不能让她明白面对困难时最重要的是一个端正的态度的话,那就是我这个做妈妈的失职。

孩子一路的成长,妈妈没有缺席。3岁的舞蹈、5岁的魔术、6岁的大提琴、8岁的合唱,孩子,这些都是你自己的选择。后来你放弃了舞蹈和魔术,孩提时的选择和放弃,妈妈允许,那是你成长的必经之路;但是上小学了,妈妈不允许,因为这是你坚持与努力的启蒙,你必须学会为你的选择坚持到底。直到现在,你一直坚持学习大提琴和合唱,妈妈为你欣慰,其间你虽然有过动摇,但还是听进了我对你的教诲:"为你自己的选择坚持到底,没有经过努力的幸福再美,那也不长久。"伴随着那句"孩子,再多坚持半个小时、一个小时,妈妈陪着你",你考过了大提琴6级,之后又被中央广播音乐团选上进行专业培训。

一次又一次的磨砺,让孩子成长得特别快。现在的她,非常独立,也很能干。在学校，她是老师的好帮手；在家里，她是全能的小管家，根本不用我操心。脑海里，《省心录》里那句"父善教子者，教于孩提"和《战国策·赵策四》中那句"父母之爱子，则为之计深远"，可见古人都知家庭教育的重要性，娇宠溺爱对孩子的成长无益。所以，我的孩子，从你出生那天起，妈妈就一直对自己说，要学会放手，学会用智慧来表达对你最深沉的爱。妈妈愿意放手，让你自己飞翔，在正常的轨道勇敢地搏击风浪，给你真正的自由，让你一直这样幸福下去。

专家点评

　　一个和睦温馨的家庭，一位满怀深厚母爱的母亲，培育的孩子能说出"妈妈，我觉得我好幸福哦！"令人敬佩和羡慕。温暖而充满亲情的家庭，是儿女幸福的港湾，是家庭教育的基石，舍此则是无根之浮萍。

　　本文所叙述的故事，串联起来可成短视频，看后令人感动。摄下其女的成长的轨迹，将给一生留下美妙的回忆。

44.
不放手让孩子做这件事，他永远学不会独立

北京市西城区阜成门外第一小学家长　满凯艳

玉渊潭公园有座单拱桥，颇有几分颐和园玉带桥的神韵。周末的时候，就在这座小桥两边，我见到了两位很有意思的母亲。

我走上桥的时候，看到一位穿着时尚的妈妈正牵着4岁左右的女儿下桥。桥的台阶对小女孩来说有点宽，她没有办法一步迈到下一级台阶。那位妈妈叮嘱女儿："你步子迈大一点，直接踩到下面的台阶上。"小女孩努力跨了一大步，但是离下面一级台阶，还有一段距离。妈妈继续说："你再迈大一点。"小女孩很听话，一大步跨出去，几乎像劈叉一样，这次终于够到了下面的台阶。但那位妈妈并不满意，说："你好好走路不行吗？一点儿正形都没有。说了多少次了，要做淑女。"小女孩立刻收回了腿，但是问题又回来了，只迈一小步的话，她走不到下面的台阶。小女孩为难地站在那里，走也不是，不走也不是，不知所措。妈妈急了："你怎么回事？连路也不会走了吗？"说完就拽起小女孩，连拖带拉地走下了桥。

我走下桥的时候，看到了另外一个家庭：7岁左右的男孩、男孩的妈妈和姥姥。男孩蹲在地上，满头是汗，正在一声不吭地系鞋带。他应该是刚学会不久，手指还不够灵活，驾驭不好那两根长长的鞋带，翻来覆去好多次，不是系不上，就是系成了死扣。姥姥有点儿着急，埋怨女儿："孩子这么费事，你帮他系上不就完了吗？"男孩妈妈淡定地坐在旁边的石头上，手里捧一本书，说："妈，没事儿，让他自己来，多试几次，多犯几次错，慢慢就熟练了。"男孩听到妈妈和姥姥的对话，抬起头对老人说："姥姥，别担心，我可以的。"姥姥见势没有再说话。阳光照在男孩脸颊的汗珠上，反着光，显得男孩的眼睛亮亮的。终于，小男孩系好了鞋带，一下子蹦了起来，大声说："我搞定啦！姥姥，妈妈，我们走吧。"

在蔚蓝的天空下，玉渊潭的水面波光粼粼，单拱桥的风姿也似乎比平日更加绰约。

第2章 家庭教育智慧和方法

桥那边的小女孩和桥这边小男孩跟着各自的妈妈，向着相反的方向，越走越远。从玉渊潭离开的时候，这两位母亲的形象一直在我脑海里挥之不去。那两位妈妈都是爱孩子的，都试图用自己认为最好的方式给孩子爱。然而她们有一点本质的区别，即是否敢于放手让孩子试错。正是这点区别，让她们各自成了"桥那边的父母"和"桥这边的父母"。我知道，现在有很多"桥那边的父母"，总害怕孩子做不好，总焦虑孩子走弯路，总担心孩子犯错，总想给孩子更好的，总希望孩子从小就一帆风顺。

我自己曾经也是"桥那边的妈妈"。孩子刚学写字那会儿，我觉得打好基础太重要了，太期望孩子能写一手好字，并自认为可以帮助孩子快速掌握写字技巧。于是，每次孩子写字时，我就紧挨着他坐下，盯着他写的每一笔，要求他每一个笔画都一丝不苟、落笔正确，没有任何错误的空间。如此用力过猛，结果可想而知，孩子非但没有任何进步，后来干脆直接罢工不写了。

"桥那边的父母"之所以不敢放手让孩子试错，表面上看是不信任，不相信孩子能把事情做好，不相信孩子具备潜能发展的能力。实际上，这一类父母的内心深处充斥着不安全感，为了满足自身对安全感的需求，缓解自我焦虑，他们把自己的不安外化成对孩子的控制和操纵。

哲学家弗洛姆曾经说过："教育的对立面是操纵，它出于对孩子潜能的生长缺乏信心，认为只有成年人去指导孩子该做哪些事，不该做哪些事，孩子才会获得正常的发展。然而这样的操纵是错误的。"人类从古至今，小到个人的成长，大到文明的发展，就是一个不断试错、领悟、提高的螺旋式上升的过程。想想我们自己，有多少人没有犯过错？又有多少人，是从小到大一直按照父母的规划走过来的？我们不可能不犯错，孩子当然也不可能。孩子不可能被父母操纵，父母也操纵不了他们。

现代社会发展的速度越来越快，远超于很多人的预期，最起码已经超过我的预期。我们其实并不清楚，也不能保证，到底该给孩子规划什么样的路，才能让孩子适应二三十年后的社会。这很现实，对"桥那边的父母"来说，他们的规划真的有很大可能赶不上社会的变化。因此，让孩子拥有适应社会变化的能力，才是试错的终极要义所在。

中国古语有云："吃一堑，长一智。"又云："失败乃成功之母。"道理很明显：鼓励孩子试错，不是鼓励犯错。鼓励只是一种手段，试错才是重点，我们要在不断地尝试中培养孩子的悟性。要知道，儿童的悟性大多是从错误中习得的。孩子今天试的错，以及在试错过程中锻炼出来的判断能力、认知能力、选择能力、自信心和抗挫力，都是他在未来社会中可以依靠的能力和智慧。说得更直白一点，孩子今天试的错，就是他明天走向独立必须攻克的难关。

孩子小的时候，父母可以做"清障工"，帮孩子扫平难关，但父母能帮孩子清路到什么时候？一辈子吗？人最有资本试错的时候，就是小时候。年龄越小，试错的成本越低，风险越小。当父母没有能力为孩子清障的时候，错过最佳试错时机、缺失各种能力的孩子该怎么办？或许只有望天长叹，欲哭无泪了。

很多父母喜欢说："孩子小，什么都不懂，他们想要的东西，不一定是对他们最好的。"但同样的道理也可以反过来说："父母给孩子安排好的事情或做出的决定，也不一定是对孩子最好的。"父母的角色，应该放手让孩子去试错，哪怕是走路、系鞋带这样的小事，也要坚定地把决定权交还给孩子，不要越俎代庖，更不要横加指责。

我正在努力，从"桥那边"走到"桥这边"。我花了很大力气，把孩子从罢工状态拉回到写字台前，不再盯着他写字，写错了也不会指责。虽然孩子现在的字时常写得像蜗牛爬，但是他重燃了对写字的兴趣。他愿意去琢磨字形，他会为写出一个自认为漂亮的字而兴奋半天，他甚至在书店买了一本有关汉字起源的书来研究。从"桥那边的父母"到"桥这边的父母"，要跨过一座教育之桥，这并不容易，但这是我们能给孩子的最好的礼物。

专家点评

这位家长看到"桥那边的妈妈"和"桥这边的妈妈"截然相反的两种不同的教育模式，领悟到育儿应放手做事，培养独立做事的能力，是一位颇具智慧的女性。

诚然，"吃一堑，长一智""失败乃成功之母"，这是成功人士的切身经验之谈，对育儿教育中挫折教育和培养独立人格，选用事例难易应符合儿童身体、智力年龄，能所力及，方能有事半功倍的效果。若选用超出儿童年龄的难题，会适得其反，故宜循序渐进，不可操之过急。这位家长选其子身边的小事做起，培养其子独立做事的能力，其法可取。

45.
在"不经意"中告诉孩子

北京市西城职业学校家长　张　岩

孩子,是父母心中的宝贝,我们都盼望着孩子能接受优质的教育,身心健康地成长、成才。在教育孩子的过程中,除了老师之外,父母也扮演着非常重要的角色。其实,教育孩子比任何一项工作都难,每一位父母都担任着这个重要的角色。

我居住的小区里,就有这样一对将这个"角色"演绎得非常成功的父母,他们本身就是教育工作者,孩子如今正在国外攻读博士。回忆起自己阳光、正直的大男孩的成长之路,这位母亲给我讲了孩子儿时的三个故事……

不妨给孩子扣"大帽子"

想一想,你是不是喜欢被周围的人赞扬,在工作中愿意得到领导的认可?当听到赞美的话语时,我们会感到身心愉悦,自信也会从心底油然而生。其实,孩子在得到夸奖和鼓励时,也有着同样的感受。

我是一名教育工作者,也是一个七岁男孩的母亲,因此我有很多机会接触到不同的孩子和他们的家长。我经常听到家长们抱怨:"我的孩子不听话,吃饭挑食,还得哄着骗着,真麻烦!""我儿子坐不住,老师常让我回去管教他,可他谁的话都不听!""我孩子就是不爱写字,这功课可怎么办?""我孩子被惯得没大没小的,一点礼貌也没有"……

这些是当今的"小太阳"们普遍存在的问题,有些问题,在我教育孩子的过程中也遇到过。对此,我有一些体会和经验可以与大家分享。那就是给孩子扣上一顶"大帽子",当然,得是一顶人见人爱的"大帽子"。

将激励化为动力,赞美的话谁都爱听,我们的孩子在物质上什么都不缺,只是少了父母真心的赞扬和鼓励。作为父母,我们应当学会捕捉孩子一点一滴的进步,并适时地加以表扬。

当孩子第一次尝了一小口自己本不爱吃的蔬菜时,你要稍稍夸张地赞扬他:"宝宝就是不挑食，什么蔬菜都爱吃。"不久后，你会发现情况真的会变好了，甚至连苦瓜他都能吃上几片了。

当孩子主动给刚下班的你拿来拖鞋时，你要由衷地夸赞他："我的孩子就是孝顺，知道妈妈（爸爸）辛苦，这么小就懂得照顾妈妈（爸爸）。"从此你的孩子会沿着"孝顺"这条路走下去，做出更多让你感动不已的事情来。

当孩子放学后坐在那里准备写作业时，你不妨适时地鼓励他："嘿，你不用妈妈提醒就写作业，这么爱学习，怪不得进步这么大呢！"这时候你一定会看到孩子略带羞涩的表情里有了一丝神气，将鼓励坚持下去，你会发现孩子真的爱学习了。

看到这里，你一定明白了，这不就是人们常说的"戴高帽儿"吗？是的，恰当的鼓励、由衷的赞扬，这些来自平时父母对孩子星星点点的观察。对孩子微小的进步适当地放大、夸张，坚信自己的孩子是出色的，经常给孩子戴上一顶漂亮的"大帽子"，那么，你的孩子一定不会让你失望。

请童话故事帮忙

年轻的父母也许还记得自己小时候听过的童话故事，《小猫钓鱼》《丑小鸭》《等明天》《猴子捞月》……许许多多，我们脱口就能说出一大串，这些优秀的童话故事给我们留下了美好的回忆。它陪伴着我们，教育着我们，使我们从小就懂得了做事要一心一意，今日事今日毕，不可明日复明日。如今，我们的孩子拥有更多的童话故事，那为何不请童话故事帮忙，解决我们在教育孩子过程中遇到的问题呢？

我在教育孩子的过程中曾经遇到过一件事，就是童话故事帮了我。我的儿子天生长得非常帅气，白净的皮肤、大大的眼睛、高高的鼻梁、卷卷的头发，见到他的人都不由地夸他是个"小帅哥"。久而久之，说话还不利落的儿子经常得意地自夸"我真发（帅）"，然后扑到镜子前美个不停。我想，不能让孩子这么小就只重视外表，可说教又怕他听不懂。

有一天，我陪他听童话故事，其中有个故事名叫《爱美的小公鸡》，讲的是一只小公鸡自认为特别美丽，就骄傲地到处和伙伴们比较。可他遇到的小白兔、小蜜蜂、小猴子都在忙着挖萝卜、采蜜、搭房子，谁也没功夫搭理它。直到后来遇到驮东西的白马哥哥，白马哥哥告诉他："哪个爱劳动，才是真美丽。"从此小公鸡每天早起喔喔啼，叫大家起床，大家都夸它是美丽的小公鸡。

儿子特别爱听这个故事，我灵机一动把它用在儿子身上，告诉他："为什么大家都说你帅呀？那是因为你平时爱帮妈妈干活，爱劳动，所以你才这么帅的。你看，'哪个爱劳动，才是真美丽'！"从此，儿子更加热情地帮忙干活，还常常对我说："妈妈，我爱劳动了，所以我最帅。"现在孩子长大了，爱劳动的习惯也自然而然地养成了。

看来，童话故事的教育作用真是不小，但关键在于何时用、怎样用。这就需要父母时刻用心体会，让童话故事帮助我们，教会孩子美与丑、善与恶、正确与错误，让童话故事陪伴孩子成长，把爱播撒在孩子纯真的心中。

培养孩子的学习兴趣

小孩子天生爱玩，没有几个能心甘情愿地坐在那里学习，面对老师留的作业和家长要求学的各种兴趣班，孩子的第一反应就是烦。如何提高孩子的学习兴趣，成为家长们思考已久的问题。

对此，我的体会是首先要抓住教育的时机。我觉得最恰当的时机是在孩子刚刚接触所学东西时，比如学龄前和小学一二年级。这一时期孩子刚开始接受正规教育，一切都在萌芽中，容易培养良好的学习态度和学习的积极性。所以，这时我们对孩子应该多赞扬，少批评，多鼓励，少打击。想想孩子小时候刚学走路时摇摇晃晃、跌跌撞撞的样子，你不仅不会批评他走得不好，反而会鼓励他继续往前走。对于刚入学的孩子来说，学习就如同学走路，需要家长的鼓励与宽容，这样孩子的兴趣自然就会形成了。

其次是运用适当的方法提高学习兴趣。每个孩子都有不同的性格特点，但他们有一个共同点就是乐于展示自己的强项，让自己显得比别人棒，特别是当他们觉得自己学来的知识比父母的还多时，那得意劲儿就别提了。潜意识里，他们会觉得学习是很有趣的。我们不妨针对孩子的这种心理，放低姿态，给孩子们尽情展示自己的机会。因此，我每天都有一项特殊任务——给我七岁的儿子当"学生"。

每天放学后，我总要问孩子今天上什么课了，学什么了。开始他总是简单地说，语文学拼音了，数学写"9"了，具体点的内容一般问不出来。后来，我就让儿子当我的老师，也给妈妈"讲讲课"。比如讲常识课，孩子习惯先问我："妈妈，您知道螃蟹和寄居蟹的不同是什么吗？"我马上睁大眼睛，感兴趣地回答："呦，螃蟹的样子我知道，寄居蟹不就是生活在螺壳里吗？但它们有什么不同，就不知道了。"儿子马上煞有介事地讲起来："螃蟹的背和腹部都是硬的，寄居蟹的背和腹部是软的，所以它才钻到壳里来保护自己……"孩子讲得头头是道。他烁烁的目光,连说带比画的动作,俨然是一名站在讲台上的小老师。

这时候,我会及时补充一句:"哎呀!你可真有学问!这些知识都是学校里学的吗?真了不起!给妈妈讲得那么清楚,明天你还得认真听,回来再给我讲吧,跟你在一起真长知识!"儿子听了特别神气,上课也更认真听了,因为他知道,家里还有我这样一名"学生"呢。给孩子当学生,不仅沟通了感情,还使孩子从被动学习变为主动学习,变劝学为愿学,学习兴趣自然就提高了。

2017年春节前夕,习近平总书记在春节团拜会上发表重要讲话时强调,"家庭是社会的基本细胞,是人生的第一所学校。"我们要重视家庭教育,引领孩子走好人生第一步,幼儿时期受到的良好教育,对于人的一生是至关重要的。作为父母,我们要善于观察并抓住孩子成长中的点点滴滴,适时、巧妙地进行引导和培养,让优质的家庭教育"润物细无声"地渗透到孩子的心灵中,在"不经意"中告诉孩子大道理。

专家点评

在儿童的家庭教育和学校教育中,常采用赞赏、表扬、鼓励等正面教育法,不仅给儿童带来欢愉和努力上进的力量,而且赞赏、表扬、鼓励可引导出儿童的良好健康的心态,这对儿童的精神心理的发育是必不可缺的因子。借此温馨提示各位家长,在教导儿童学文化知识的同时,勿忘儿童身体、精神心理、生理、智力的发育,这是重中之重!

46.
家庭自身形象塑造

北京市西城区阜成门外第一小学家长　张能鲲

长辈和我们交流时常说，好的家庭环境，是决定孩子优秀的最重要的因素。任何父母，都是最爱下一代的人，并且努力把最好的都传给下一代；任何父母都是望子成龙，希望自己的孩子成为佼佼者。那么，我们要如何给张乾升营造一个良好的成长环境呢？

一、营造家庭的学习氛围

我们认为，家长率先示范是非常必要的。要求下一代时，我们必须自己提前做到，引导孩子积极效仿。因此，无论是早起的时间要求、学习时间的妥当安排，还是看书的方式和坐姿，都成为我们家长树立家庭典范的必然要求。

我们对孩子能否做到早睡早起、及时完成作业非常重视，因为这是养成良好习惯的基础。当家长把及时完成作业作为家庭在学习方面的共同目标，家长完成家长层面的作业，孩子完成孩子的作业。这对家长与孩子共同学习提高，创造一个学习型家庭非常有利，具体可以采取如下措施：

1. 在学习时间安排方面，家长要同步完成工作和学业方面的要求；

2. 在看书方式和时间方面，家长要博览群书，孩子要阅读适合自己认知阶段的书籍，家长和孩子一起阅读各自层面的书籍，共同提高；

3. 在看书的坐姿方面，家长要做到在明亮的环境下面看书，也要做到"坐如钟，站如松，卧如弓"。家长要将引导和教育相结合，引导孩子端正坐姿。这样既养成了良好的习惯，提高了阅读的效率，也避免了不必要的近视。而且，这对孩子责任心和良好心态的塑造也具有非常大的帮助。

二、营造良好的特长塑造环境

所有的孩子从本性上来说，都爱贴纸和画画。无论是贴纸还是涂鸦，他们总会主动地从贴纸册上撕下贴纸到处贴，拿着笔到处画。家里的床头、衣柜、书柜上，都是各式各样的贴纸和成团的小画。如果从孩子的角度看，这些小贴纸和成毛线团的小画结合在一起，有不少童趣和童真之美！但是，对于家庭环境而言，这需要引导。

于是，我们开始给张乾升规划区域：书柜和床头上的区域，我们没有拦他，让他尽情尽兴地贴；关于画画，我们给张乾升买来画板，让他反复在画板上画，还买了不少画纸、画笔，他常常一边画，一边结合学校教的知识和老师要求的故事进行书画创作。他的创作从最稚嫩的涂鸦，逐步发展到成型的具有思想的作品。长时间积累下来，张乾升从贴纸涂鸦逐步转移到集中用画笔在纸张上画画，从不规律地被动抵触，到规律性地主动动笔，顺利实现了过渡和转型，并开始集中用画笔，系统性地表达自己的感情和思想。

经过潜移默化地积累，家里贴满了张乾升的美术作品。从动画中的喜洋洋和灰太狼，到北京各个公园的速写，再到中国美术馆大师作品的临摹，这不仅充实了张乾升的心灵，也给家庭墙壁上定期更换美术作品打下了基础，愉悦了家庭成员的心情。之后，从简笔画、速写画，到素描画、水粉画，张乾升系统性地学习了绘画里的大部分领域。几年下来，家里分门别类地汇集了张乾升的各类作品，以及由此获得的大大小小的美术类获奖证书。获奖证书第一年对孩子来说还有些新鲜感，但现在已经不再是他画画的动力了，他现在画画更多的是基于兴趣和探索欲。

之后，画画到了一定阶段，书法又成为张乾升并行学习的另一门特长塑造必修课。他认真学习各类字帖，从最基础的开始，到现在一直坚持不懈，期间既有父母的持续鞭策，也有他自己的努力和坚持。这也为张乾升参加其他课外班，打下了良好的基础。不经意间，我发现成年人的项目化管理实践，在儿童时期的张乾升身上得到了很好的运用。

因此，哪怕是张乾升将来不从事美术事业，他在美术学习和传统书法学习中积累的经验，也将会潜移默化地影响他未来的生活。我们给了他一个充满尊重与安全感的特长学习的大环境，孩子的执着，也让作为父母的我们有了一种感动。我们家长没有以互相攀比的心态，盲目跟风地要求孩子。这样，孩子就能淋漓尽致地发挥他的潜能。我们共同努力，创造着一个小家庭自己的精彩。

三、家庭教育要持之以恒

家庭教育是个永恒的话题，我们现在取得的哪怕一丁点的成绩都是下一阶段继续坚持、不能放松的要求所在。我们在教育孩子方面经历了很多的酸甜苦辣，随着孩子阅历、年龄、知识体系的逐步提高以及生理叛逆期的到来，作为父母，我们要顺势引导孩子养成健康的生活方式，塑造良好的个人性格。此外，随着我们家庭增添了一位新成员，不能再全部聚焦到一个孩子身上，我们的教育模式也需要转型和调整。

上述家庭管理方面的经验，我已在这里与各位共享。不足之处，敬请提出批评指正。

专家点评

这位家长营造良好的家庭学习和特长塑造环境，从细节入手，具体可行，行之有效，一年级的张乾升已获得大大小小的美术奖证书，其法可以借鉴。"细节决定成败"，老子《道德经》："天下难事，必作于易；天下大事，必作于细。"成也细节，败也细节，古往今来细节决定成败的事例信手拈来。2000年7月24日法航空难，机毁人亡，就因零件松动脱落所致，限于篇幅，不再一一列举。

47. 营造快乐，健康成长

北京市西城区阜成门外第一小学家长　邓孝华

教育孩子是我们每一个父母应尽的责任和义务，而如何教育孩子又是我们每个家长都时常遇到的头疼问题。下面我就以自己孩子在成长教育过程中经历的几个事例，来谈谈我个人的一点看法。

一、爱孩子，尊重孩子，做孩子的知心朋友

一个浅浅的微笑、一次循循善诱的开导、一件小小的礼物，都会使孩子自然地感受到父母给予他的爱，也增强了他对父母的信任感。所以，我们家长都应该用爱心来培养孩子良好的行为习惯。父母要放下高高在上的姿态，学会平等地与孩子交流，静下心来倾听孩子想要诉说的一切。哪怕此时再忙再累，我们也要专心致志地倾听。倾听是一种艺术，也是一种学问。

孩子上二年级的时候，击剑班来学校招生，儿子当时非常感兴趣，回来告诉我他很想报名。我周日就带着儿子兴高采烈地去交费上课，但是在学击剑的过程中，儿子跟我说："妈妈，我不想学击剑了！"我问他为什么中途放弃，他回答："我觉得击剑不是很好玩！"我说："这次不学击剑了没关系，不过下次你要报什么兴趣班，都要想好并持之以恒。因为做每件事都要有始有终，没有什么事情是不经过努力就能做到最好的。"我个人认为虽然半途而废的确不好，但对孩子我们要用平和的心态跟他沟通。虽然要尊重孩子的选择，但我们一定要告诉他利弊。

如果从周一到周日孩子都没有空出去玩，这样他真的不会很快乐，再上一些不喜欢的兴趣班，更增添了孩子的烦恼，容易让他产生厌学的不良情绪。这时，如果强制他上这些兴趣班，他会对家长产生逆反心理，有什么心里话也不会告诉父母。所以，和孩子发展成朋友关系，才能增进家长和孩子之间的信任，让孩子有一个更好的发展。

二、教育孩子正确地面对挫折

在人的一生中，遇到挫折在所难免。苦难是人生一大财富，不幸和挫折可以使人沉沦，也可以铸造人坚强的意志和充实的人生；苦难是人生的一位良师，它能教会孩子用感激的心情、积极的态度面对一切问题，勇敢地参与社会竞争！

我个人认为让孩子正确地面对挫折是非常重要的，因为现在的生活条件和环境造成了很多孩子不能正确地面对挫折，遇到挫折可能会逃避，甚至以过激的行为应对。作为家长，我就以言传身教的方式，教育孩子怎样正确面对生活中的困难。

这个学期有一天，我回家后发现儿子特别不开心，不说话，并且眼睛红红的，好像哭过。我心平气和地问他："怎么啦？今天不开心？"我知道儿子是个自尊心强、特别好胜的孩子，越是这种孩子，越应该特别注意他的心理状态。因为儿子拿我当朋友，所以他滔滔不绝地说："因为我前天生病了没去学校，所以有节英语课没上，可正好第二天有英语测试，就没考好，才得了八十多分。"

因为平时学习成绩很好，所以孩子接受不了这次分数低的现实，也怕我说他。碰到这种情况，我并没有批评他，反而鼓励他说："儿子，你真棒！没听课都考了八十多分，挺牛的。包括学习在内，不管什么事，只要你努力了，享受努力的过程了，结果就并不重要。一个人不可能所有事都做到那么完美，也不可能所有考试都达到自己理想的分数，人无完人。我现在工作中也会碰到很多困难，但遇到困难想办法解决就行了。以后咱们一起再接再厉，这点事不算什么！"最后，我和儿子以击掌的方式互相鼓励，互相加油。

虽然这件事只是一件小事，但我们家长如果不开导孩子，不认真对待，时间长了，孩子会有心理阴影。以后哪怕碰到再大一点的困难，他就会承受不起，那事态就更严重了。所以，从小教育孩子正确地面对挫折和困难，注重孩子的心理健康是非常重要的。

以上就是我教育自己孩子的一点心得体会，让我们为拥有一个聪明伶俐、活泼可爱、阳光健康的孩子而共同努力吧！

专家点评

爱心教育和挫折教育是儿童教育的共性问题，其作用和功效，自不待言，关键在运用和掌握尺度，视学生家长和教师的智慧，针对不同的孩子，灵活辩证地运用，方能得到预想的效果。

48. 父母是孩子最好的老师

北京市西城区阜成门外第一小学家长　刘彩芹

作为一对双胞胎的妈妈，对孩子的家庭教育我一直很重视，也一直坚信一句话："父母是孩子最好的老师。"多数孩子的性格、修养、品质都是在后天的教育和管束中逐渐形成的。孩子有问题，做家长的一定是第一责任人。我的两个孩子一起成长，但性格又有所不同，在孩子的教育问题上，我坚持严于律己，一路摸索，一路学习，和孩子共同成长，用她们可以接受的方式去和她们沟通交流。在该管的地方我们一定要约束，并指点教育，毕竟孩子人生观和价值观还没有形成，她们对事物的认识也没有积累到那个程度，而父母就是孩子最好的老师，所以我的教育方式就是从点滴做起。

我两个孩子的性格稍有不同，老大稳重踏实一些，小的机灵但马虎一些。我会让她们相互学习，相互帮助。如果两个孩子产生分歧和矛盾，我尽量不参与她们的争吵，她们两个人一般吵完没几分钟就会和好，孩子自有孩子解决事情的方式。在家庭教育上，我给孩子树立的目标是：自立、善良、热爱生活。

一、关于自立

因为我的个人经历，我也要求孩子自己的事情自己做，每长大一岁就学会一种本领，长大了就不会事事依靠父母。学会自己的事情自己做，就是在为身边的人考虑，就是对身边人的一种关心。五六岁的时候，我会带着她们一起做家务，比如让她们给花草擦擦叶子上的灰尘，刷刷洗手池，收拾自己的书架等。孩子不能在家里乱丢乱放，用完东西要放回原处，如果做不到，我随时可能会丢掉。我告诉孩子，如果你喜欢的东西不保存好，那么我就会认为那是对你无所谓的东西。

六七岁时，我在厨房做饭，孩子要进来看，我就让她们在旁边洗菜、择菜，或者帮忙切小的东西。我们做父母的千万不要觉得孩子碍事，不让孩子参与。当孩子参与其中，她们就能知道妈妈做一顿饭花一两个小时的辛苦，知道油烟味不好闻，知道每件事都有可能比较烦琐，也会珍惜别人辛苦做出来的劳动成果，她们会不浪费饭菜，吃得很香。两个小姐妹现在就能做疙瘩汤、煎鸡蛋、煮面条、摊鸡蛋饼，还可以在我的指导下炒菜。

其次，上学带的学习用具、书包她们都是自己整理。学校有外出活动，要带什么东西，她们都是自己装。作业她们每天回来都能自觉完成，我也不是每天都检查孩子的作业，但是会经常问她们学了什么东西，有什么不会的地方。每周末，我都会和她们一起复习学过的知识点，一起分析出错的地方，共同改正。现在孩子8岁了，能够自己起床、叠被子、收拾房间，自己洗头、梳头，吃完饭会收拾碗筷放到厨房，还知道给我装早饭……

有次我去超市买东西，让她们帮我记着都买什么，她们还告诉我，那写在纸条上吧，这样就不会忘记了。而且，她们去超市从来不要求买各种东西，很有自控力。我们做父母的一定要转换自己的思路，把孩子的被动性转换成主动性，再加上及时的引导和鼓励，孩子是可以做得更好的。其实教育孩子自立，不是简单的生活自立，而是思想行为独立，知道自己要干什么、该干什么。

二、善良

内心善良的孩子是懂得感恩的。因为善良，我们对待周围的事物都会是友好的，和别人相处也会是愉快的。家里有吃剩的饭菜和肉食，我就让她们带到楼下喂流浪猫；冬天来临，我们会一起想办法给流浪猫搭窝。看到别的小朋友在公园捞到很多小蝌蚪要带回家，我告诉我的孩子，小蝌蚪长大后就是青蛙，青蛙是益虫，而小蝌蚪被人带回家基本都会死掉。孩子听完立刻就去追那些捞蝌蚪的小朋友，告诉她们："放小蝌蚪回池塘吧，这里才是她们的家，有她们的家人。"

但是面对马路或者地铁里的乞讨者，我会告诉孩子："如果手脚齐全而且并不年迈，完全有劳动能力，可以去刷碗或者干些力所能及的事情，为什么要伸手乞讨？这样的人一点都不值得同情，也不用可怜和施舍，善良的对象是要有所选择的。一个人只有自食其力，才能活得有尊严，才能得到别人的尊敬。"这也是在引导孩子，长大以后要做一个有能力的人。

三、热爱生活

热爱生活就是培养孩子对生活的积极态度和对美的认识，这也是十分必要的。我相信，很多城市里的孩子都不知道瓜子是怎么种出来的。我特别喜欢让孩子在生活中学习知识，增长见识。孩子两岁的时候，我在楼下的空地种了一些向日葵籽，让她们看着小苗一天天长大，慢慢结出小葵花"脑袋"，然后一点点地开花结籽。这样，她们就知道了葵花籽是从向日葵的"脑袋"里长出来的，又是怎样均匀分布在向日葵里面的，而且最后还可以美滋滋地享用。家里的阳台，一到春天我就会在花盆里种上各种蔬菜的种子。孩子就可以看到西红柿、辣椒、黄瓜、葫芦、油菜、菠菜、香菜等各种蔬菜一点点发芽，成长，开花，结果……我曾经听到孩子这样夸赞我，妈妈就是一个大魔术师，会种蔬菜，还会用蔬菜做出各种美食大餐。

生活中，我要求孩子节约用水，节省粮食。在家里，洗完衣服的水我们都接到盆子里，可以洗抹布，刷拖把，还可以冲厕所。洗菜淘米的水还可以去浇花、浇菜。我告诉孩子，这不是水费的问题，而是水资源越来越缺乏，我们不能浪费，节约就是造福！我经常带孩子外出，无论看到什么，我都会耐心地用我所了解的知识给她们讲解。孩子不仅好奇心得到了满足，还增长了知识。所以，我们做父母的千万别觉得孩子烦，话多，怎么那么多事。孩子的疑问就是她学习的过程，即便我们不会，也可以先用手机百度再讲解给孩子，但不要说"我不会""我也不懂"这些话去回避问题。这样孩子可能会失去学习的兴趣，也没有学会解决问题的办法。

没有哪一个父母希望孩子过得普普通通，很多父母都在用近乎"拔苗助长"的教育方式，让孩子早早去上各种学习班，为孩子的未来规划各种道路。曾经我也想着要不要把孩子送进各种学习班，但是我有两个孩子，各种课外班的费用也很昂贵，而且孩子能不能真正用心学，这是我更在意的一个问题。于是，在学习班这个问题上，我和孩子沟通的结果是把兴趣放到第一位，真正喜欢而且决定坚持学下去，再去花那个钱，否则就不要去浪费钱，因为父母挣钱都不容易。

在花钱的问题上，如果她们有特别想买的东西，但又不是学习生活的必需品，我一般是让孩子自己存钱去买，我不会赞助。刚开始，她们觉得自己没有那些钱，有时候会收集家里放的零钱，但是绝对会先问大人，这些零钱是否能给她们。征得大人同意后，孩子会把零钱储存起来。最令我意外的是，她们没有乱花，而是两个人凑钱在母亲节一起请我吃大餐。孩子说："妈妈，今天母亲节，我们请你吃饭，你想吃什么都可以，不过我们只有**钱，你只可以在这个范围内点你想吃的东西。"我特别感动，孩子在不经意间就成长了，懂事了。这和平时我们对她们金钱的管理和控制是有关系的。

第2章 家庭教育智慧和方法

说了这么多，其实我的家庭教育方式，就是从身边的小事做起，言行引导重于体罚和训斥。早早给孩子立规矩，让孩子养成一个好习惯比后天打骂说教更重要。培养孩子是一个不能急的过程，要对孩子有耐心，培养一个性格健全的孩子比培养一个只会学习、不会为人处世的孩子更重要。近期，我经常看到一些学霸受不了挫折和委屈，最终选择不当的方式结束生命，这对很多家长都是一种警示。孩子身上存在的问题就是家庭问题的缩影，我知道自己的孩子还有其他方面的不足，我们也一直在严加管教，努力让孩子成为一个更优秀的人。

这位家长对双胞胎的家庭生活、家庭教育等势必比非双胞胎家庭付出更多的精力，但随着孩子的成长，必定给你带来成就感和幸福感！

49. 为了孩子，做一个行走的标尺

北京市西城区进步小学家长　闫虹斐

昨天是夏至，北京大雨滂沱。

傍晚，女儿一个同学的妈妈打来电话说，她在加班，孩子在托管班，数学老师让复印的口算题册她不能及时回来印了，请我帮忙。所幸，我当时复印的时候多印了一份，正好派上用场，也免了我冒雨出门之苦。于是，我和女儿一起把她同学的这份口算题册装订起来。

"妈妈，你别忘了加个封皮。"

"妈妈，我告诉你她的名字怎么写，你帮忙写上吧。"

女儿在旁边忙得不亦乐乎。此刻，她的快乐是源于帮助了别人。也因此，她对助人为乐有了再一次的体验。

今天早晨，在送女儿上学回来的路上，我碰巧遇到了那位同学和她的妈妈。那位妈妈再三感谢，又让小朋友一遍遍地说"谢谢"。我想，这位妈妈诚恳的谢意一定会传递给这位小朋友；那么，这个小朋友就会再一次从妈妈那里学会感谢。

刚一转身，我就看见一位家长正从孩子的脚上扒下塑料鞋套，然后明晃晃地扔在了校门口的地上，而垃圾箱不过三米开外。想来，这位家长也希望自己家的孩子将来能够成为一个风度翩翩、举止优雅的人，但是，这样的言传身教，很难啊！

都说家庭是孩子的第一所学校，家长是孩子的第一任老师。那么，我们应该怎样去充当家庭教师的角色呢？是滔滔不绝地讲大道理，还是以身作则，"无声胜有声"，用身教去影响孩子？曾子的故事给了我们启示：某天，曾子的妻子要到集市上买东西，她的幼子哭闹着要一起去，曾妻就哄孩子说："你要是乖乖待在家里，妈妈回来后就给你杀猪吃。"曾妻回来后，曾子拿起屠刀就要去杀猪。曾妻急忙制止道："我只是哄孩子玩的。"曾子说："孩子可不认为你是说着玩的，他年幼无知，什么都要向父母学习，听从父母的教导。现在你哄骗他，就是教他以后骗人。母亲欺骗儿子，儿子就不相信母亲，这样就不能把孩子教育成人。"最后，曾子把猪杀了，将猪连同诚信

一块儿交给了儿子。这就是《韩非子》中"曾子杀彘"的典故。

　　孩子的成长就像小树的成长一样，是时时的、日日的，在细微处，于无形中。那么家长的一言一行、一举一动，都会映入孩子的眼里、心里，影响孩子的品行。有的家长对着孩子讲空洞的大道理，自己却与大道理背道而驰。比如要求孩子努力学习，自己却不求上进；要求孩子礼貌待人，自己却言语粗俗；要求孩子诚实有信，自己却谎话连篇。言行不一的教育只会让孩子无所适从，甚至性格扭曲。好的行为对家庭而言，是孩子成长的标尺；对社会而言，是社会进步的推动力。反之，于人于己，祸患无穷。

　　在绘予三岁左右，有一天正和我走在路上，前面一位大叔"啪"地将一口痰吐在地上。女儿指着地面，大声对我说："叔叔随地吐痰！"其实孩子不用说得这么大声，我也看见了。虽然有些尴尬，但我还是顶着那位叔叔翻的大白眼，大声对女儿说："随地吐痰是不对的！我们一定不要这么做。"如果我当时没有勇气告诉女儿这样做是错的，那么这个叔叔就有可能成为我孩子的"榜样"，那么也许有一天，铺天盖地的痰会被吐在地上。

　　之前带女儿去古钟博物馆参观时，我看见了铸造大钟的流程介绍。要制造一口好钟，首先得精心制造砂模，专业术语称"内外范"，然后向范内浇注铜水，静待铜水冷却成型，再去除砂范，大钟便形态尽显。砂范的精致与否直接影响着大钟品质的好坏，模型上的任何一个瑕疵都会在大钟的表面显现出来。我没有考证过"示范"中"范"的含义是不是源于铸钟中的"范"，但想来，铸钟和育人的要义是相通的，家长就是孩子品质形成的模范。育人，不仅仅是养育，更是教育。家长不是孩子的管理者，而是示范者和引导者，要引导着火红鲜活的铜水成型、成器。

　　其实，做孩子的模范不仅促成了孩子的成长，同时也提高了家长自身的素养。

　　记得绘予上幼儿园时，有一天回家后，意定志坚地宣布，她要学习钢琴。我告诉她学钢琴是很枯燥的，劝她认真考虑好，她表示心意已决。于是，我到幼儿园帮她报了名，同时也从老师那里了解到，因为班里一个小朋友的精彩表演，带动了数位小朋友竞相报名，好多孩子都要学钢琴了。刚开始的一段学习，绘予很认真，也很努力。但随着难度的加大，练琴逐渐侵占了她玩耍的时间，她就动摇了。

　　为了让她不轻易放弃，我用了各种招数。直到有一次，绘予气冲冲地嚷道："为什么大人不用练琴，小孩要练琴？"我无言以对，好吧，我也去学琴，练给你看看。于是，我就找了个成人的钢琴班，从零基础开始学。当我坐在钢琴前有模有样地练琴，孩子爸爸在一旁装腔作势地欣赏时，绘予当仁不让地抢回了自己的阵地。上了小学后，我听说当时报名学琴的那几个孩子还在坚持学的只有一半了。后来，绘予去学国际象棋，我也给自己另交了一份学费。闲暇时，和女儿合奏一曲或对弈一局，恍惚间，我觉得自己像大树一样长了新叶子，风一吹，哗啦啦直响。也许有一天，孩子的成长速度会超过我这个妈妈。到那时，我就交叉双臂，站在后面静静地欣赏她美丽的背影，何其美哉。

人生是一场修行，为人父母更要修行，因为你播种什么就会收获什么。光明可以唤醒光明，善良可以收获善良，仁爱可以回报仁爱，和平可以缔造和平；相反，野蛮可以汇聚野蛮，粗鄙可以复制粗鄙，冷漠可以造就冷漠，自私可以繁衍自私。先用理想的样子塑造我们自己，再去塑造孩子。为了孩子，我们要时时刻刻做一个行走的标尺，每一个刻度都力求精准，每一条边框都力求笔直。

专家点评

这位家长引用春秋时期思想家"曾子杀彘"的故事，培育和引导孩子养成诚信品质。孔子在《论语·子路》篇中讲："言必信，行必果。"诚信是人立足之本，美国政治家、物理学家富兰克林说："失足，你可以马上恢复站立；失信，你也许永难挽回。"古今中外"立信者成，无信者败"的案例万千，其理自不待言。

这位家长自幼培养孩子的诚信品质，难能可贵！诚信是建立在无私情怀的根基之上，有私心者，无诚信可言。诚信常与诺言兑现联结在一起，许诺言时，切忌夸下海口而无法兑现，致失信于人。诚信又建立在诚实品质的基石上，无诚实之人，无诚信可言。倡导"当老实人，说老实话，办老实事！"共勉之。

50.
适时地陪伴与引导
——谈谈孩子入学后的变化

北京市西城区展览路第一小学家长　刘京梅

从孩子步入小学的那天起,我和他一起经历了他人生中的第一个学习阶段。伴随他走过这几个月的学习生活,我也产生了很多的体会和感受。

孩子入学前的基础不是很好,进入小学后,我发现他的问题还是比较严重的,语文要从a、o、e开始认读,数学也是从1、2、3开始认知。学期刚开始的时候,我发现别的同学都能够很好地完成各项学习任务,无论是语文还是数学,都能够很快地理解和掌握。但那时候班级里评选的"小标兵""小明星"里总是看不到我孩子的名字,我真的是很纠结,不知道该怎么去帮助他。该不该给他请老师补习,要不要给他额外增加学习内容呢?

后来,我决定放弃这些想法,让他跟着学校的进度走,相信学校的教育和孩子的能力。我特别感谢老师开的几次家长会,在家长会上老师提到的那些可以帮助孩子的学习方法我都一一记下。在孩子的学习过程中,我试着去运用。现在,孩子的学习有了很大的变化,他不但能顺利地跟上班里的学习进度,而且偶尔还能榜上有名,我想他的成绩与老师提供的方法是分不开的。我把自己这段时间所用的方法总结为"三勤":勤问、勤查、勤看。

在开学初期,老师提到培养孩子的学习习惯非常重要,良好的学习习惯之一就是完成每日的家庭作业。要想很好地完成作业,记录每日作业是必不可少的环节。我记得第一次家长会时老师就提到过,要让孩子们学会自己记录每天的作业,这也是为他们今后的学习做准备。开学初期,张老师都是以短信的方式给家长提供作业信息。同时老师也提到,虽然会发短信给家长,但不建议家长直接告诉孩子每天的作业,要先问孩子作业是什么,这样可以培养孩子自己记录作业的习惯。

所以,每次接孩子放学的时候,我都会先问他今天学校留了什么作业。刚开始的时候,他的回答只有一个"没有"。我也不去逼问他,只是告诉他明天要记住老师留了什么作业，然后告诉我。渐渐地，他会告诉我一些作业的内容，但是不全面。不过，只要他说出一部分，我就会表扬他。后来，老师增加了记事本，更加能锻炼他自己记录作业的能力。刚开始使用记事本的时候，他记录得不是很好，每天记录的内容跟天书一样，经常是我们俩坐在一起，猜他写的是什么，这令我很是苦恼。如何让孩子用心地记好每项作业，成了我的一块心病。我记起以前上学的时候，老师会给表现好的同学发小红旗作为奖励。于是，我就在他记录整齐的那天，给他的记事本上画上一面小红旗。这招还真管用，孩子对于每次能得到小红旗开心极了，这个办法也给了他记录作业的动力。现在他能够比较准确地记录下每天的作业，而且书写也比以前规范了很多。

现在回想起来，老师让家长多问孩子的作业真的是一个很好的办法，这样做可以使孩子更快地独立，多问会提醒孩子，作业是他们自己的事情，从而培养孩子的责任心和自我管理能力。如果我们从一开始就习惯每天告诉孩子有什么作业，把记录作业当成家长负责的一部分，我们就成了孩子的"小秘书"，久而久之会导致孩子产生依赖性。因此，我觉得"多问"不是帮着孩子从老师那里问，而是多向孩子问，从而起到提醒孩子的作用。督促孩子自己记录作业，也会让孩子养成做事情有计划、有条理的行为习惯。我现在把每天问作业的习惯改成问他每天的学习情况和学校生活，这样会让孩子关注他每天的学习内容，也可以让他对当天所学知识进行一种回顾。这就是我的"勤问"。

"勤查"指的是每天我要检查孩子的书包。刚才说到按时完成家庭作业是孩子良好的学习习惯之一，所以从开学到现在，我一直要求孩子每天放学后第一件事就是完成当天的作业。只要完成当天的作业，剩下的时间就都是他自己的。这样可以督促他尽快地完成每日作业，避免形成作业拖拉的习惯。在他写作业的时候，我会静静地陪着他，还会把他的书包检查一遍。检查的目的是了解他每天在学校学习的情况。例如，我会把孩子的语文书、数学书以及两科的练习本都翻看一遍。这样有助于我了解他的学习进度，以及他对知识的掌握程度。有时看到他未完成的练习，我就让他补上，还有就是看看老师在书本上给他的评语和分数。语文练习中我经常看到"请订正"这几个字，说明孩子在书写方面还有问题；数学练习中的错题，也可以反映他在数学方面存在的弱点。

其实这样的查看只需要很短的时间，基本上孩子的作业做完了，我也检查完了。在这短短的时间里，我就可以全面地了解孩子每天的学习状况，同时发现他的问题并及时加以纠正。对于孩子的进步，我也会及时给予表扬。所谓"冰冻三尺，非一日之寒"，孩子的学习也是一样，问题积累得多了会影响孩子对知识的掌握。我觉得每天的检查可以帮助家长更好地了解孩子每个阶段的学习状况，遇到问题可以及时加以纠正，发现孩子的进步也能适时给予鼓励。

再者，及时地检查也是家长与老师沟通的最好方式，我可以通过老师的评语了解孩子近期的学习情况，同时我也会把自己的想法写出来，让老师能够及时了解，引起老师的关注。例如，前不久我发现孩子用荧光笔写作业，对他进行了严厉的批评，同时要求他把用荧光笔写的部分用铅笔重新描过。并且，我也在旁边将情况给老师写明，要求老师对他的错误行为进行批评。孩子有他的天性，对于很多事物存在着好奇和尝试的愿望。可是生活中，他们也需要明白有些规则是必须要遵守的，他们要学会遵守必要的规范和秩序。对待作业是否认真也体现了孩子的学习态度，勤查会帮助家长发现孩子作业上有无潦草、遗漏等问题，能够对孩子进行及时的提醒和纠正，使其养成良好的学习习惯。如果发现孩子有进步，我们要及时给予表扬，家长的关注与肯定会增加孩子对学习的兴趣和自信心。与此同时，再将孩子的问题及时反馈给老师，这样才能更好地做到家校结合。

最后一点就是"勤看"，除了"问"和"查"以外，"看"也是必不可少的。我们的孩子都是刚刚步入学校，对于学校生活有各种不适应，这就需要我们家长在旁边多看、多督促。我的孩子刚入学时也存在很多问题，其中语文的书写就是一个很大的问题。他写字经常会倒插笔，我就在旁边看着他写，发现有不对的地方就拿出语文书和他一起看，然后引导他改正。在纠正孩子的过程中，我发现孩子写字不好，大多是因为他们不能很好地把握字的结构与田字格的关系。所以，我试着让他每次在写一个字之前，先看看这个字，然后帮他分析这个字的结构，再让他动笔写。经过一段时间，我发现他的书写有了很大的进步。

在家长会上，数学老师曾经提到过，在孩子们做题前先给他们几分钟的看题时间，这样做是为了提高孩子们的做题速度和准确率。孩子开始有口算作业的时候，我就利用老师的这个方法试了试，每次先给他一分钟的时间看题。其实，刚开始的时候，给他多少时间看题并不重要，我们只是为了让他体会到看题之后会提高算题的准确率和速度，然后及时给予表扬，增加孩子的自信心。现在我的孩子已经养成了在做题之前先看题的习惯，这让他受益匪浅。第一次的口算竞赛，他就取得了很好成绩，他自己很高兴，我也及时地给予鼓励，告诉他这是他平时努力的结果。

当听到老师说孩子在学习上有了很大的进步时，我真的很开心，之前的担忧与顾虑都没有了。想想这段时间我和孩子一起走过的日子，总结出来就是认真完成每项学习任务。家长要多关注孩子的变化，发现问题及时纠正，有了进步及时鼓励。学习毕竟是孩子自己的事情，作为家长，我们更多的是引导和陪伴。"授人以鱼，不如授人以渔"，良好的学习习惯和学习能力是孩子一生受用不尽的财富。

以上这些是我这段时间和孩子一起学习、成长的体会和感悟，希望能够和大家分享。

专家点评

这是一篇得益于学校家长会的文章，领会贯通于"勤问、勤查、勤看"之三勤，并获得期待的结果。焦镜霖之母一能尊师重教，二能吸取学校教育的营养，三能身体力行，是为智慧之人。坚持此"三勤"，其子在小学阶段定会名在前列。

同时亦证明家庭教育和学校教育紧密结合，结果会相得益彰。

51. 细节决定高度，习惯影响未来

北京市西城区育翔小学家长　祝成红

　　转眼间，儿子迈入育翔小学大门，成为名副其实的小学生已三月有余。他开启了求学成才的旅程，迈出了人生成长过程中的重要一步。在班主任和任课老师的悉心爱护、谆谆教导下，在其他同学的团结帮助下，在家长的培养关爱、教育引导下，无论在学习习惯、身体成长方面，还是在尊师重教、生活习惯方面，他都有了明显进步。作为家长，我们很欣慰，因为儿子有一个好的学习环境，进入了一个团结互助的集体，更幸运的是遇到了一位有爱心、有责任心的好班主任，和一个高素质的教师团体。回顾孩子这三个多月的学习、生活，我感受颇多，有辛苦付出，也有幸福收获。孩子的每一个进步，都让作为家长的我感到欣慰。

　　加强沟通交流是对孩子最好的关心，我们的工作即便再忙再累，每天也要抽出时间陪孩子一起阅读、聊天、做运动，以了解孩子在学校的学习、锻炼、就餐以及与同学的相处情况，了解其一天的所见所闻，掌握老师授课的内容。在心理学上，虽然只是短短的一天未见，父母和子女仍需要重新进行感情连接。急切地、不适宜地发问，会给情感的连接带来阻碍。父母需要做的是：打招呼——默默观察——陪伴——参与——发问——提出需求。比如，孩子在看动画片或玩玩具，父母可以在打过招呼后，坐在旁边观看，再参与进去，然后就玩具或动画片的内容提出几个小疑问。亲子共同参与会给孩子带来愉悦感，这时才是提出问题的好时机。"看完这集，我们一起说说今天学校的事情吧，然后再把今天的作业检查一遍吧。"

　　通过聊天，他会愿意把自己的想法告诉我们，我们也可以尽可能地帮助他形成正确的和老师沟通、与同学相处的方法，并帮他找到不足之处。老师对孩子的肯定会让孩子变得自信，每当得到表扬，他回到家后都会很开心地告诉我们，这样大大增强了他对学习的兴趣，也让我们明白孩子不能一味地训斥，要多表扬、多鼓励。一个孩子最害怕的事情是什么？不是作业做不好，被监督的父母怒吼，不是考砸了被父母责骂；而是把事情搞砸后，还能不能再得到父母的认可。父母的认可，代表着理解、原

谅和无条件接纳。当一个孩子得到这些的时候，会发自心底地愿意为关爱和理解自己的人付出努力。孩子有了爱、信任和安全感，一切事情都好解决；但如果父母和孩子失去了爱的连接，再简单的事也会变得难办。

正确的教育引导是对孩子最大的爱护。学校和家长一样都希望孩子能健健康康地长大，快快乐乐地学习，开开心心地生活。我们时刻教育孩子在学校要尊重老师，团结同学，上课要集中精力听讲，课间要和同学做一些有意义的游戏；也经常告诉孩子要学会感恩，给他讲身边发生的一些小故事，让孩子知道要有爱心和同情心。我们经常鼓励孩子多看书，故事书、科普书都要看；也让他多做一些智力游戏，但不迷恋于电子产品、手机游戏。我们要让孩子明白学习、考试和成长进步的关系，告诉他要重视考试，但不要被分数限制，不要被困难吓住。我们逐步培养他的学习兴趣，通过有针对性地参加课外培训和有重点地培养，让他发挥自己的特长，争取在德、美、智、体方面都有所进步，为以后奠定坚实的基础。

养成良好的习惯是对孩子最大的帮助，会让孩子受益终生。我们知道，在学校老师的培养教育很重要，但家庭教育一样也不能忽视。我们经常督促并引导儿子要有个好习惯，不仅从书写习惯、做作业的习惯来督促他，而且注重培养他良好的读书习惯、生活习惯。对于孩子来说，外界有太多有趣的事物能让他玩得忘乎所以，忘记要吃饭或者该午睡了。所以，培养孩子的自律性，让他从小养成良好的习惯尤为重要。俞敏洪说过："没有自我管理，人生难以变得更好。"自律的孩子通常都对自己的时间掌握得很好，他会清楚地知道自己应该在什么时间点做什么事情，不需要旁人的提醒就能很好地管理自己。我们家长在培养孩子自律性的时候，可以先从时间管理上做起，对孩子进行适当的时间管理训练，教孩子事先规划出时间安排，然后让孩子严格按照时间表执行。长此以往，孩子学会了如何合理安排时间，就会养成良好的学习习惯、生活习惯。

作为一名家长，我认为保持一颗平常心对待孩子很重要。我们要理解孩子，培养他的自尊、自信心；要和他交朋友，全面了解他的学习情况、进展变化；同时注意自己的言行举止，提升自己的修养，为孩子做表率。很多父母都打着"解放天性"的旗号，让孩子在家里甚至是公众场合为所欲为，因此，社会上才会对"熊孩子"这个群体口诛笔伐。父母是孩子最好的老师，也是孩子的榜样，我们现在的行为教养就是孩子的未来和远方，一个满口脏话的父母是养不出出口成章、满腹经纶的孩子的。

家长要和孩子一起成长。学习不是一日之功，孩子也不会在一天之内长大，我们需要多加修炼，好的家庭教育需要家里所有的成员一起努力。我们不要着急孩子的不成器，更不用着急孩子的失败。我们要相信，只要付出了，就一定会有收获！

"每个孩子都是一朵花，只是花期不同而已"，让我们一起从默默耕耘做起，余下的就是静待花开！

> **专家点评**
>
> 此文叙述对一年级儿子的诸多生活、学习上细节的指导、培育的事例，从中可见两代人建立和营造和睦、平等、互信的沟通渠道最为重要。良好的沟通渠道，会得事半功倍的结果，舍此渠道则会适得其反，在成人的社交活动中也是金科玉律。
>
> 习惯是中性词，有良莠之分。每位家长总是希望孩子养成良好习惯，这是父母的共性，良好的习惯可以取得优秀的结果。这里提醒，成人习惯自孩提时代养成，一旦成习惯，难以改变，故而要特别注意，不遗余力地培养子女良好习惯，给成人后的发展打下坚实的基础。

52.
坚持真善美

北京市第七中学家长　贡　瑶

每个孩子都是天使，都是一颗闪亮的星星！每个孩子的特点都不一样，没有任何一种对孩子的引导方法是放之四海皆准的，每个孩子都是独特的个体，所以"适合"是非常重要的。我在此只是聊一聊我家孩子的情况，仅供大家参考，也希望各位家长能够找到适合自己孩子的教育方式。

一、坚持原则，设定底线

对于孩子而言，犯错是难免的，不听话、淘气也是正常的，但是我会给孩子设定一个不能违背的原则和底线。比如，我会告诉孩子，要懂得真、善、美；我可以允许孩子犯错，也可以给她改正的机会，但是决不能容忍孩子说谎；随着孩子年龄的增长，我还会严肃地跟她说，不是所有的错误都有改正和弥补的机会，做事不要冲动，要多动脑思考。这些"原则"是我在她懂事时就告诉她的，而且一直坚持至今。无论长到多大，她都是我的孩子，我可以接受她撒娇耍赖，但是底线不能突破。

二、培养自主学习的习惯

贪玩是孩子的天性，所以对于习惯的培养，我是让孩子从小就知道"尽快完成该做的事，就能有更多的时间玩耍"。我告诉孩子，学习是她作为学生应该履行的责任，作业是必须要完成的。从上学第一天起，孩子回家就知道要先写作业，写完作业剩下的时间都是她自己支配的，她可以尽情地做自己喜欢的事情。所以，孩子对写作业是比较积极主动的。按时、认真地完成作业是良好习惯的基础和开端。

三、保持家校互动，常与老师联系

我经常与老师打电话或微信联系，这样就可以了解孩子在学校的情况，掌握孩子的思想动态，发现问题也可以及时解决。老师下发的通知要求，我也会再告诉孩子一次，这样既可以让孩子更清晰地理解老师的各项要求，又可以让孩子检查一下自己的做法是否符合要求，要让孩子知道自己的事情自己要记清楚。对于老师布置的作业和活动事项，我要求孩子每天写在记事本上，而且我每天都会在记事本上签字，目的是让孩子再一次检查当天的作业和活动是否都按照要求完成了。

四、接受孩子的不足，对孩子多多鼓励

人无完人，每个孩子都有自己的优点和缺点，不怕孩子有缺点，怕的是他不知道如何面对缺点，或者说不知道如何取长补短。我常对孩子说"不怕不会，不怕做错，就怕不学、不改"，学生就是要学习，学习知识、学习道理、学习经验，磕磕碰碰都在所难免，最重要的是勇敢面对。孩子的不足之处，我们要及时发现，及时纠正。同时，不要给孩子设定太高的要求和目标，给孩子一点自由发展的空间，观察孩子的长处和不足，再施加引导。孩子考得好，我们要表扬，要鼓励，让他继续保持；考得不好，也不要急于批评，孩子自己心里肯定也不好受。这时候，我们要安慰孩子，要和孩子一起找出考得不好的原因，要让孩子感受到家长并不是只看重成绩，而是更看重他的成长。

五、开阔视野，多种陪伴

开阔视野可以是多种方式的，看电视、读名著、旅游、逛博物馆、看戏剧、看电影，等等。形式可以多种多样，只要是适合孩子这个年龄段的，我都不介意尝试。不过，无论哪种方式，我都会陪她一起，我要知道她在干什么、学什么、想什么，这样才能正确引导她。孩子有天生的好奇心和求知欲，但并不是生来就会选择；作为家长，我们要帮助孩子选择适合他年龄段的知识来学习，"适合"很重要。

六、学好课内，辅导课外

孩子上课要认真听讲，要把课内知识学扎实，不能盲目地上课外班。课外知识的学习也要选择"适合"的，我家孩子在小学时基本不上课外班，从六年级开始才上课外班。我希望在孩子对课内知识有了一定的认知能力和接受能力之后，再增加课外辅导。其实，日常生活中也有很多课外知识可以吸收，即便是看电影，我也喜欢看完后跟孩子聊一聊对于电影情节的理解。这些都是课外知识的补充方法，很多事情是潜移默化的，并不是只有在课外班才能学到。面临中考时，课外班是很难逃开的，但还是

要选择"适合"的。对于孩子比较擅长和接受较快的科目，不一定要报课外班；对于相对薄弱的科目，可以适当增加课外辅导。

其实，我对于孩子并没有一个"教育计划"，如果算上早教的话，也就是从她出生开始给她讲故事、读故事书。虽然她不一定听得懂，但我还是会给她讲，也经常唱儿歌给她听。我也不太限制她的想象和尝试，比如她对于故事书中的某一页很感兴趣，会让我无数次地指着那页书一个字、一个字地念给她听。后来我发现，重复念了很多次之后，她就这样认字了，我也没有特意培养，就这么自然地发生了。我个人最大的感受还是那句话——每个孩子都是独一无二的，今天的成绩不能说明什么，对于孩子来说，"适合"的方式就是最好的。

在这里，我衷心祝愿每位家长都能找到"适合"自己孩子的那条成长之路。

专家点评

这位家长在文中用"坚持原则，设定底线"的社会政治术语，实质是指少年教育的德育，教育其女儿自幼明辨真和假、善和恶、美和丑，塑造真善美的优良品质，真善美是文明社会的基石。德育是对学生进行道德教育，指导学生的正确行为，约束和减免学生的不良行为，养成道德规范行为习惯。这不仅是家庭教育的重心，也是学校教育和社会教育的重心。这位家长将德育放在家庭教育首位，尤为可贵！

文中提出的培养自主学习的习惯、常与老师联系配合学校教育、多鼓励、多陪伴、课外辅导等教育方法，皆可借鉴。

53.
让尊重和陪伴成为习惯

北京市第七中学家长　郑晓蕾

作为父母，在孩子教育方面最大的难题不是技巧和方法，而是让尊重和陪伴成为习惯。因为我们总是太急了，不愿意静下来聆听孩子的心声，更不愿意给孩子等待的时间。其实，如果我们做父母的能调整好心态，平和一些——给孩子多一些尊重，耐心一点——给孩子多一些陪伴，淡定一点——不冲动地将自己的焦虑转嫁给孩子，那么，有些问题也就不是问题了。

在经历了一次退班事件后，我再一次坚定了"尊重和陪伴"在家庭教育中的重要性。

"你动作能快点吗？"我着急地催促着。

"我不是写着呢吗？"儿子委屈地回答。

"再不快点，你哪里还有时间复习。不复习，进门考又该有遗憾了。"我继续唠叨着。

静默了一会儿，儿子抬起头，很郑重地对我说："妈妈，我能跟您商量一下吗？"我歪了下头，示意他继续。"我想退掉语文班。"儿子似乎是鼓足了勇气，说道。

"为什么？报班时，我问过你，你是经过慎重考虑才决定的，而且你也答应了，报了就得坚持呀？"我反问他。

"那时候，我并不知道会是现在这样啊！老是忙着应付这样那样的任务，都没有我自己思考和梳理知识的时间了。"儿子有点着急了。

"不行，没有正当的理由，我是不会答应的。至少这一期，你是要坚持下去的。因为这是你自己的选择，所以即使是错了，你也得走完。"我有点不近情理地说着。

"为什么？我都已经告诉你我的理由了。凭什么说我的理由不正当？"儿子带着哭腔抗议。

"我可以答应你暂停一节课，但下周必须去。"我平淡地告诉他我的决定。

一周后，儿子去上了课。回来后，我主动问他："还是想退课吗？"

"要不，我再考虑考虑。"儿子平静地回答。

又一周后，我再次征求儿子的意见。儿子经过一阵思考后，告诉我："妈妈，要不，还是退了吧。"

我追问："为什么？"

儿子说："第一，我假期没有同步，部分内容衔接不上。当然，这个不能成为我退班的理由。因为您说过，落下的内容可以抽空补上的。第二，我觉得学得很压抑，感觉不好。这才是我想退班的最终理由。"

看着儿子冷静平和地说明退班的理由，我知道这个班真的是该退了。于是，我痛快地答应了他。但同时我也告诉他，退班了以后，他得将时间充分利用起来，加强自学，不然就该落后了。儿子也痛快地答应了，并有了自学的初步计划。看着他如释重负地耸肩和满脸轻松的笑容，我想这个决定应该是对的。

儿子从小就有很强的自主意识，自己选择的东西也从来没有中途放弃过。这次他的表现，说实话很出乎我的意料。在他第一次提出退班要求的时候，我私下与授课老师沟通过。因为假期班衔接的问题，孩子确实落下了不少内容，因此本学期考试的成绩多数不理想，老师找他谈过一次话。因为他的基础好，老师爱生心切，对他要求高，可能言语重了一些。孩子觉得很委屈，因为他成绩不理想的原因，并不是自己不努力、不认真，而是课程内容的缺失。又因为是课外班，成员之间并不熟悉，孩子也不能在短时间内将缺失内容补足。再加上，孩子的自尊心和上进心比较强，多种因素汇到一起，让孩子觉得憋屈、压抑，这才产生了退班的念头。

了解到这些细节后，我在退班前找孩子谈了一次，并将授课老师对他的评价转告给他。可孩子认为，既然是本学期的进门考，就应当以本学期的内容为主，再适当涉及以前的内容。如果那样，他就不至于进门考一旦涉及以前的内容就不及格甚至是低分。我知道，这是伤着孩子的自尊了。我更清楚，如果强行让他继续下去，带给他的可能是更大的伤害。如果因此让他丧失了对语文学习的自信和兴趣，那么即使到时候会换来好成绩，也是得不偿失的。考虑到这一层，我决定答应孩子的要求——退班，并和孩子一起，采取自学的方式，弥补课外拓展的需求。

事后，我又找孩子谈了一次。我告诉他，在人生的道路上，不会事事都按照自己的意愿和预期发展。比如这次课外班的遭遇，如果在第一次进门考成绩出来后，孩子就及时将情况反馈给家长，并与家长一起努力，及时补足落下的学习内容，可能就会是另外一种结果。因为这位课外班老师，孩子还是很喜欢的，在她的课堂上能学到不少课外知识。孩子也表示从这次事件中汲取了教训，如果出现了问题，要积极应对，及时找到解决问题的办法，而不是抱有侥幸心理，更不能拖延、回避，因为那些都不能从根本上解决问题。

尊重孩子,学会倾听孩子的心声,对于家庭教育是很重要的。只有当我们尊重孩子,试着倾听,孩子才会把心里话说出来,我们才能明白他们真实的想法,提供给他们合适的需求;只有当我们尊重孩子,学会倾听,我们才会更多地从孩子的角度出发,做出更能让孩子健康成长的决定;也只有当我们尊重孩子,认真倾听,我们才能给孩子提供合理的意见和建议,让孩子以积极的心态更好地解决问题,获得良好的发展。

现在,我每周都会根据孩子的校内学习进度,帮孩子收集整理相关的课外知识拓展资料,孩子也能自觉地进行拓展训练,对语文学习的兴趣依旧浓厚。在自主学习时,孩子如果遇到问题,也能主动找我们家长请教,并乐于交流一些自己的想法和观点。之前那段时间的焦躁和不安消失了。当然,现在的我,比起将孩子送到课外班,会增加更多的负担。我得花大量的时间去收集资料,并按照孩子的学习情况筛选出适合他的训练内容。

也许,很多家长会说,这种做法不可取,应该让孩子自己去完成,因为学习是他自己的事情。没错,学习是孩子自己的事情,但怎样学得更好是需要我们家长陪他一起思考并共同努力的事情。孩子的成长需要陪伴,当孩子不能独立完成一项任务的时候,我们做家长的一定要伸出援助之手,给孩子强有力的支持,让他有足够的安全感和认同感,让他能自信地朝着既定目标前行。

如果说,每一个孩子都是一辆可以奔跑的汽车,那么,我们的尊重和理解就能让他在前进的路上义无反顾地启动,我们的陪伴和鼓励就能让他在奔跑的路上油量满满,马力十足。

当"尊重和陪伴"成为家庭教育的一种习惯,那么,我们就一定会成为孩子的良师益友,在人生路上,携手共进。

当"尊重和陪伴"成为家庭教育的一种习惯,那么,我们就能拥有平和的心态,一路欣赏,静待花开。

当"尊重和陪伴"成为家庭教育的一种习惯,那么,我们就有理由相信,孩子未来的人生必定充实而精彩。

专家点评

这位家长的儿子是一位中学学生,其三观、品行、性格、人生目标等都开始走向成熟阶段,其父母当"尊重和陪伴","尊重"其子,无可厚非,而"陪伴"则应视情况而定,以免减少独立人格的培育。

54. 关注孩子的情绪，促进身心和谐发展

北京市第七中学家长　王　健

12年的基础教育，儿子要用14年来完成，其中中考后赴法国高中留学一年半是他学业生涯的转折点。特殊的语言环境、生活经历、学习方式让他磨炼了意志，增强了自信心，提升了学习能力。自2015年9月，即将年满18岁的儿子进入北京市第七中学读高中开始，先后获得了各种奖状：月考、期中期末考二等奖、三等奖；英语月考、期中期末考状元、第一名；学校运动会金、银、铜牌获得者，甚至还有校级三好学生的奖状。

我很珍惜这些荣誉，因为儿子自上小学以来，从没有在学习方面获得过奖励表彰，这些证明了儿子在学习方面的进步非常大。在儿子的成长经历中，有环境的塑造、个人的努力，也有老师们的培养教育。然而，我深知成绩的进步不能代表一切，学校是一个小社会，是学生心理素质不断完善和学习待人处事的场所。只有全面发展的人，才是家庭、学校、社会所需要的。

在此，我想与大家交流一下，我是如何从家教讲座中获得启发，改进家庭教育，关注儿子情绪，促进儿子的心智成熟和身心协调发展的。

一天凌晨四点半，儿子如往常一样早睡早起，起床继续写作业。六点半我给儿子准备好早饭，这时，还没能写完作业的儿子坐在饭桌前，沮丧地对我说："我今天不想去上学了！"虽然儿子的声音很小，但我却很吃惊，因为儿子从上小学以来，几乎没有请过病假和事假，更没有提出过这样的要求！

一时间我有点心慌，我知道儿子最近的压力很大，心情也不是很舒畅。每天的作业量很大，完不成他很难受。其实他对自己的要求还是挺高的，凡是学校老师要求的，他就认为是必须完成的。当他不能完成时，心里就会充满矛盾，同时又会担心影响老师对自己的评价。

儿子对未来的计划是申请出国留学，同时为了谨慎周全，他也要参加国内的高考。既要申请出国，又要备战高考，双重的压力儿子都默默承受着。他正在进行的留

学申请，要求学生高中三年的各科平均分和会考成绩都要达到优良水平。可是他语文、数学这两科较弱，又没能投入更多的时间和精力去加强，所以这对于儿子来说是颇具挑战的。

由于儿子是回国后重新上高中的，所以在年龄和心理上与其他同学存在着差异和距离。他力求以成年人的角度为人处世，对其他同学平日里的一些想法、做法会感到困惑，在与老师相处的过程中会产生一些不顺畅。

所有这些"烦心事"都聚集在一起，让儿子很焦虑。我理解他的难处，可是不去上学是要耽误课的，这让我又很焦虑。于是，我安慰儿子把饭吃好，建议他最好还是去上学。但是他却放下饭碗，从自己房间把两年半之前在法国上学时的成绩单、作业本拿出来，然后坐到了沙发上，一页一页地边翻看边自言自语："你看，我在巴黎时那么难，我都很努力，老师也鼓励我，我也愿意学。"完全不理会我。

再不出门就要迟到了，当时我做出了一个决定，给班主任老师打电话请假一天，准备当天带儿子去处理一件平时没有时间做的事情，然后就陪儿子放松一下。儿子安静地吃完饭，说想去公园坐一坐。此时的他一定是回想起在巴黎上学时的情景，那时课业负担没有这么重。每周五下午放学以后，他都会步行一个多小时从圣心大教堂附近的学校，走到卢浮宫旁边的杜乐丽花园坐一坐，悠闲地看会儿书，再步行近一个小时回家。

国内的高中太紧张了，加之要实现自己的愿望，儿子一直没有放松过，压力更大。回国后，他一直坚持每周上一次法语课；今年寒假儿子又去考取了驾照，他为自己获得了一个成年人标志性的证书而感到骄傲；今年暑假，儿子参加了半个月的英语雅思集训，集训结束的第二天就走进考场，竟然一次过关；在这之前，他还参加了法语 B2 等级考试，可惜差 1.8 分没有通过。虽然没有过，但也证明了他的法语水平，为以后继续学习打下了基础，一样是值得骄傲的。为了这些，儿子付出了很多精力，也耽误了一些学习，造成一些科目的成绩不理想。

所以，今天他提出不去上学的要求，我是理解的，我理解儿子需要时间和空间进行调整。于是，我也向单位请了一天的假。办完了事情，我们就来到元大都遗址公园散步。我坐下来听他诉说，安慰他，开导他。尽管理解儿子，但是我想的更多的是让他尽快调整好心态，第二天赶紧回学校上课。

第二天儿子去上学了，但是困扰他的问题并没有解决。我心里很着急，一时间找不到更加科学合理的办法进行有效的疏导。就在这一阶段，学校组织了家长会，举办了家教讲座，就好像给我送来了"及时雨"，我渴望在这里寻找到答案。

学校和年级领导的指导、家教讲座的安排、班主任老师对本班学生的分析评价，尤其是对高三学生家长的建议，使我很受启发。我意识到儿子在处理具体问题上和心理素质方面的差距，意识到家长不能仅仅关注孩子的学习成绩，孩子的心理健康和全面发展才是最重要的。但是，光有重视、关心还是不够的，必须有具体可行的教育策略，才能真正有效地帮助孩子健康成长。

后来，我们在讨论学科内容时谈到了政治，我发现儿子开始学习哲学了，包括哲学的基本理论、马克思主义哲学、辩证唯物主义、政治经济学等。这些知识经过了人类历史和实践的检验，对一个人形成正确的世界观、人生观、价值观和方法论具有不可替代的作用。于是，我尝试引导儿子结合哲学的基本理论和思维方式，来分析解决他待人处事中遇到的矛盾和困惑。最终取得了一些效果，同时儿子也加强了对知识的理解和掌握。

首先，我翻开儿子的书本，重温哲学概念、原理，思考儿子平时经常提到的问题应该怎样解释。其次，我们每天下班或放学回到家，都要沟通交流一下，比如今天在学校或单位发生的事情，自己是怎么解决的。我们每天坚持收看新闻联播，了解国内外的大事。此外，我还会把自己了解到的社会时事要闻、热点问题、突发事件介绍给儿子。我们的交谈是平等的、朋友式的，这种关系和氛围是很难得的，儿子可以毫无保留地发表他的意见和看法，然后我们再一起分析讨论，从中儿子会得到一些有益的启发。

渐渐地，我们一起梳理出了解决目前困惑的思路。在学习方面，我们要面对现实，要抓主要矛盾和矛盾的主要方面，先把学习的重点放在最后三门会考科目上，尤其是语文和数学。并且儿子在自己努力的基础上，要主动寻求老师的指导和帮助。

当别人误解自己时，心里不要纠结，要勇敢坚强，要明白事物的发展不是一帆风顺的，要学会沟通交流，慢慢改变，还要懂得坚持的力量，相信会从量变转为质变；当遇到不可理解和不予赞同的人和事时，要知道世界本来就是纷繁复杂的，矛盾是普遍存在的；当因为集体里其他人不遵守纪律，自己也被一起批评而不服气时，应该理解老师的善意以及个体和整体的关系。

当儿子对某种现象不满时，我们就一起讨论实践的意义，鼓励他大胆尝试，为改变做一些事情。当他看到自己辅导的同学英语学习有了起色，对不认真做值日的同学提出要求后被接受时，他体验到了实践的效果，也锻炼了自己的能力。

当遇到快递小哥急速逆行闯红灯还不听劝阻，儿子对公民素质失望时，我们就分析讨论公民教育及社会管理的复杂性、长期性，理解每个人首先要做好自己，同时也要看到政府为此做出的积极努力。

最后，就是鼓励儿子尽可能地参加学校组织的活动，培养开放的心态和性格，丰富自己的阅历和感受，促进思想和行为上的成熟。这两年来，儿子坚持完成每周一学校国旗队的升旗任务，课余时间也参加过学校骑行社的活动，还被体育老师推荐参加了学校足球队半年的训练和比赛。在参加这些活动的过程中，儿子也经历过一些问题和矛盾，从中增强了责任感、自信心，锻炼了体魄和心智。

"请假事件"以后，我更加注意鼓励他在安排好时间的基础上，多参加有益的活动锻炼自己。当他骑着自己普通的山地车参加了骑行社的妙峰山之旅，在来回近百公里的骑行中体验了速度与坚持，欣赏了山野风景，忍耐了阳光暴晒，感受了团队的团结互助后，收获良多。尽管天刚蒙蒙亮我就送他出门，星空皓月之时他才拖着疲惫的身体回家，我心里不免心疼和担忧，但是我明白孩子大了必须要去经历风雨，做父母的一定要学会适时放手。

我感觉现在儿子的心智更加成熟了，在应对矛盾问题时，也从容老练了一些。待人处事更加包容了，在学校能与其他同学友好相处，互学互助，共同进步。他现在能主动地在较弱的科目上下功夫，而且也会主动与老师沟通。不良情绪的干扰明显减少，我很欣慰。在此，我感谢学校老师的教导帮助，感谢七中给了我儿子成长进步的平台。

就在几天前，儿子说他要努力，以后如果发展得好，到时候就带我们老两口去坐飞机的头等舱，让我们享受优等的服务，还要带我们去看世界。

好儿子，你努力吧！希望你一切顺利，成为一个勇敢坚强、身心健康的有用之人，祝你永远幸福快乐！

> **专家点评**
>
> 　　这位家长的儿子是位高三学生，在学校获得多项荣誉，学习和运动都名列前茅，是一位优秀的高才生，德智体美都趋于成熟。因为有一年半的法国留学生涯，回国后发生请假之事，那是中西方教育理念差异所致。现今我国中学学习和教育都是为通过拥挤的高考独木桥而设，不可避免带来某些偏差，我国教育机构正在不断地进行改革，以适应高等教育国情之需。
>
> 　　这位同学还会出国深造，由于国情不同，中西方教育理念各有利弊而出现差异，乃是正常之事，正确解析，减少负面影响。

55.
携手童真，共勉共进

北京市西城区三帆中学附属小学家长　陈　征

在人生不同的阶段，我们会扮演不同的角色，拥有不同的经历。

我的人生转折源自家中喜添贵子。在夫人怀着孩子的时候，我就在想：快要当爹了，该如何面对这个伴随我一生的大事？自己将从一个孩子变成了一个有孩子的人。父亲？家长？我的人生中又将增添两个非常重要的角色。

当了父亲，做了家长，那么绕不开的问题就是教育。我怎么把他教育成人？我的脑海中闪出很多宏伟的计划，"望子成龙"这句古语在心中反复回响。参看了众多有关教育的书刊，微信中也增加了很多育儿的公众号，打算按照专家的建议，学着前人的做法，让自己的儿子成为"别人家的孩子"。

可是随着孩子渐渐长大，很多事情事与愿违，我也不禁着急起来。但父亲的一句话，让我冷静了许多："他还是个孩子，一个阶段有一个阶段的成果，你慌什么？"对啊！我慌什么？怕的又是什么？经过一段时间的仔细思考，又聆听了不少的家庭教育讲座，我明确了儿子在小学阶段的学习生活目标。

第一：创造优质的家庭环境，营造美好的生活氛围。

家庭是孩子的第一课堂，是人生中不可缺少的生活环境。不光是父母，家庭中的每一位成员都是孩子的第一任老师。夫妻关系、父子关系、母子关系、婆媳关系等都在潜移默化地影响着孩子。"家和万事兴"这句话不无道理。

第二：打好学习基本功，培养良好的学习习惯，提高学习效率，总结优质的学习方法。

为此，从上学第一天起，我就给儿子制定了几条"规矩"：

1. 上课认真听讲。课上的40分钟是老师们最有激情的时刻，是他们"传道授业解惑"效率最高的时候，所以必须认真听讲。这样他才能最有效率地吸收最精华的知识。走神，开小差那可真是浪费青春。

2. 课上积极举手回答问题。我对儿子讲，做到这条有很多好处：向老师表明，我会了！向同学表示，我比你们棒！向自己证明，我有自信！

3.课下保质保量并有一定速度地完成作业，时常温故知新。作业是作为学生必须完成的任务，必做的事情就不要拖拉，以后长大了去工作也是一样的道理。学习别的新鲜事物、出去玩儿的时间就是这么省出来的。

4.敏而好学，不耻下问。老师都喜欢爱提问的孩子，当然问题也要有一定的质量，问之前要经过自己的思考。

第三：因人而异，因材施教，因势利导。

这一点相比前面，是最难做到的。我看过许多育儿故事、教育案例，也借鉴过其他家长的方法。但是，我用在自己孩子身上，就行不通了。渐渐地，我通过家庭教育讲座明白，教育孩子不能搞"拿来主义"。我们要学会做一名"有心"的家长，注意观察孩子的举止行为，掌握自己孩子的脾气秉性，学会换位思考。我很喜欢摄影，从小给儿子拍了上万张照片，有句话我很欣赏——和孩子保持一样的视角，才能拍到最美的童真！对啊！我们自己要弯下腰，和孩子四目相对，把心放下来，才能和孩子的距离更接近。

同时，我们要根据自己周边的资源给予孩子比较好的教育素材。"因势利导"是我最看重的一个方面。"势"这个字，我自己理解为趋势、环境、气场、氛围等。有的时候，为了教育孩子，我们需要营造一个特定的氛围；有的时候，我们要根据孩子每个阶段的趋势去制定对应的成长计划；还有的时候，需要大家联合起来给予孩子一种无形的力量，鼓励他的正确行为，遏制他的不良思想。

教育孩子的方法有千万种，但适合自己孩子的屈指可数。招数不在多，发挥作用才是最好的！我曾经把教育自己儿子的方法用在别人家的孩子身上，结果让我震惊，那些孩子完全不吃我这一套，不按我习惯的套路出牌，让我不知所措。后来我明白了，他们不是我从小带大的，我不了解那些孩子的脾气秉性，所以对他们用的方法肯定是不对的。

第四：尽可能地阅读大量书籍，有条件的可以和孩子一起阅读。

古话说得好："书中自有黄金屋，书中自有颜如玉。"我常对儿子说，多读点书把知识积累于心总归没有坏处。我经常会把自己发在微信朋友圈的自编打油诗给他看，并对他讲："熟读唐诗三百首，不会吟诗也会凑。"到了五年级以后，我带他一起赏析古代名篇，从通俗易懂的古文开始，让他明白古代的处世哲理与现代社会为人处世的共同之处。比如：读懂韩愈的《师说》，让儿子明白古人求学的可贵之处；阅读《爱莲说》《陋室铭》，让他明白古人洁身自好的品行；背诵《岳阳楼记》，让他感受古人豪迈的气概。和孩子一起阅读，也可以让自己重温经典，重新思考人生，再次净化自己的心灵。

第五：随着年龄的增长，不能轻视孩子的学习得分能力，但是更要注重情商的培养。

考试就是检验平时的学习成果，如果平时学好了，考试的时候把它们写对了，得高分就不是问题。分数是学习能力的一种具体体现，是选拔人才的重要依据，自始至终不能懈怠。学习的过程是经验的积累过程，也是改正错误的过程，从中会悟出很多人生哲理。

人类是群居动物，谁也不能脱离社会生存。情商的培养是孩子们今后在社会安身立命的必要条件。孩子大了，思想有了很多变化，作为家长我们要身体力行，用自身的行动潜移默化地给孩子做榜样。我们可以和孩子共同探讨成人为人处事的经历，试着让他参与到家事的讨论中来，引导他对社会事物做出自己的判断，说出自己的观点，哪怕很幼稚。这时候，家长可以把自己成功的经验和吃亏的糟心事，都拿出来和孩子们分享，告诉他们一个真实的社会环境，让他们提前做好准备，应对纷繁复杂的未来。

很多文章都提到过"陪伴是最好的教育"。我很赞同，但也有自己的想法。他写作业，我在旁边守着；他上课外班，我外面等着；他干别的事情，我在远处看着。这是陪伴吗？陪伴可不是单纯地陪着。作为家长，我们需要发挥自己的主观能动性，和孩子的思想、身心"共同成长"，这才是我想要的那种"陪伴"。

我和儿子说过，我们之间有三种关系：第一是父子亲情关系，第二是亲密的朋友关系，第三是师生关系。尤其是第三点，我要感谢我的儿子，他是我的老师。正因为有了偲贤，才让我有了角色的转换，让我不断学习如何做一位合格的父亲，如何当一名尽责的家长。

我曾很认真地对儿子说："爸爸谢谢你！咱们共勉共进，笑看人生。"

专家点评

这位家长是一位好学而又力行的男士，从家庭教育书籍、家庭教育讲座中汲取精华，再应用到家庭教育中，领悟出父子之间，"第一是父子亲情关系，第二是亲密的朋友关系，第三是师生关系。"建立此三种充满情感、牢不可破的关系，家庭教育问题迎刃而解。当然，这应是良好而正道的关系。

56. 陪伴和引导，与孩子一同成长

北京市西城区五路通小学家长　赵　娜

在这个世界上，每个孩子都是具有独特能力的独一无二的人。作为父母，我们应当在爱的基础上，用心陪伴，正确引导，使他们成为自己内心的领导者，而我们将永远是最欣赏他们的忠实观众。

随着孩子年龄的增长，他们的习惯逐步养成，思想逐渐成熟，如果我们不能给予正确的引导，他们很可能会出现放弃、逆反等现象。所以，在这个过程中，我非常重视对孩子的用心陪伴和正确鼓励。

一、用心陪伴，让孩子得到重视，养成好习惯

记得二年级时，老师建议每个孩子能够"每天读书30分钟"。在这个通信工具相当发达的时代，书籍似乎离我们越来越远，我们做父母的已经没有每天看书的习惯了。开始时，我只是给她购买了老师推荐的好书。可是，我发现她并不能静下心来读。当我督促她，她却反问我："妈妈，您怎么不看书啊？"我本想回答，妈妈很忙，妈妈要做家务，妈妈……可是，我欲言又止，因为这些都是推卸的理由。我突然意识到，如果我这样回答她，那么她也一定可以找到拒绝读书的理由。孩子或许是在寻求一种公平，或许是不明白为什么自己要读书？而我能做的就是引导她养成读书的好习惯，让她体会到读书的好处。我们每个人都知道，阅读是一切学习的基础能力，而小学的重点就是阅读。于是，我决定要和她一起做点什么。

第一步是培养兴趣。"我和你一起读书吧！书里面会有另一个世界。"我笑着对孩子说。从那以后，每天睡觉前，我都会陪她一起读书，遇到她不认识的字、不理解的词，我们就一起查字典或词典；读完书，我还会和她一起聊聊故事的内容和道理。我非常庆幸，我们的孩子能在一个充满学习与阅读氛围的校园中成长。学校的走廊就是一个书的海洋，孩子们可以利用午休时间选择自己喜欢的书读一读；老师们会组织课前的好书推荐活动，让孩子们将自己喜欢的一本书推荐给其他同学；每年学校都会组

织学生看一场舞台剧，然后赠送给孩子们一本同名书阅读；去年"五一"，学校还组织了"图书漂流活动"……这些都让孩子对书籍产生了兴趣。我也会静静地听她和我分享这些关于书的故事。

第二步是活学活用。每次和她一起读书的时候，遇到她认为好的词语，我便鼓励她画出来，并且引导她在生活中使用。说对了我会夸赞她，说错了我会告诉她这个词用在什么地方更合适。二年级时，老师开始培养孩子写日记的习惯，她会将自己积累的好词、好句用上。一次，老师在她的日记中点评道："你的词汇真丰富，而且运用准确，看你的文章是一种享受……"老师的鼓励让她明白了阅读的好处，也让她对写作充满了信心。

第三步是逐步提升阅读与写作能力。有了写日记的基础，从三年级开始，她就专项练习扩句，并按照老师的要求，每天做1篇阅读练习，每天读1本课外书，每周写1篇素材。老师鼓励她参加了学校组织的征文活动，我也将她的习作投稿至"中小学作文精选"微信平台，并顺利发表。

这个过程中，家长的陪伴很重要。这不仅可以增进彼此间的感情，还可以帮助孩子养成好的习惯。班主任老师曾说过，其实老师布置的作业让家长签字，最主要的目的并不是检查作业的质量，而是让孩子感受到家长对她学习的重视。因为家长的参与，她觉得自己受到了重视，就会更加认真地对待。在我家，不仅仅是阅读方面，她学舞蹈，我也学；她学书法，我也学。这样，我们就有了相互交流的共同话题，遇到困难也可以互相帮助。家长们常笑着说："陪伴孩子的过程，也是自己的一次修行！"是啊，孩子的成长经历不可复制，如果可以，我希望每一位家长都尽可能地做到"用心陪伴"。当我看到孩子在作文中写到"我的妈妈是一个很负责任的家长，我感到非常骄傲、自豪"时，我的内心也无比激动。

我相信，只要坚持下去，无论结果怎样，过程一定会让我们有所收获。

二、正确引导，让孩子学会思考，处事有方法

我并不刻意追求孩子成绩的回报，我更期待她有主宰自己命运的能力。当我读史蒂芬·柯维的《第3选择》这本书时，文中"让孩子学会做内心的领导者"这句话深深地触动了我。是的，我们应该让孩子的内心变得强大，这样无论是困难、问题、失败，还是挑战，她都能正确面对并找到解决方法，那么她会对学习和生活充满信心，我想这才是孩子最需要的。而让孩子做到自己内心的领导者并不容易，这需要我们一

第2章　家庭教育智慧和方法

点一滴地正确引导。

刚刚上小学时，孩子的成绩并不突出。我没想到，她在学习上最初的自信竟来自老师对她字的好评。慢慢地，她的学习成绩提高了，我对她的要求和期待也相应提高了，期望她每次都能考满分。有一次，她没考好，我狠狠地批评了她。当看到她伤心地哭泣时，我的心里也不好受。但我当时根本没有意识到，这会带给她巨大的心理压力。直到有一次，我发现她的试卷上有水渍，在我的询问下，她告诉我是因为没有考满分在班里哭了。我问："你为什么哭啊？"她回答说，因为怕我批评她，而且她很害怕考试。

我突然发现自己的方法错了。所以，我和孩子认认真真地谈了一次，并且开始调整自己的方法，控制自己的情绪。我不应该如此看重她的成绩，我也不该说那么重的话。我们约定，不论她考的成绩如何，我都不会那样批评她了，而是让她自己分析没有考好的原因，并引导她制定改进的措施。现在她再也不害怕考试了，并且可以自己找到问题，及时整理错题。当然，这是事后的解决办法。我们更应该督促孩子认真听讲，按照老师的要求，引导孩子如何复习。现在，孩子的心理压力得以释放，她在遇到失败、挫折时所表现出的态度和采取的措施，让我看到了她积极乐观的心态和受挫能力的提升，这真的是一个很大的进步。

不仅仅是学习方面，和同学相处也同样如此。今年，她当选了班干部。她开心地和我分享她的喜悦。是的，我为她感到高兴，因为这是老师和同学们对她的信任。但同时，我也和她探讨了一个问题："当某位同学没有遵守规定和要求时，你会大声对他喊吗？"她思考片刻，没有作答。我又问："如果是你犯了错误，你愿意接受大声地批评吗？"她立刻回答："不愿意！"就这样，她意识到，出现上面的情况时，她可以采取其他更好的方法。我还告诉她，首先用你的双眼去发现别人的优点，这样在其他同学出现不好或不对的行为时，你可以先肯定他好的方面，让他愿意听你说下去；其次，你最好采用"如果你能……就更好了"这样的句子，而不是说"你不要……"。在孩子的语言世界里，否定词从来都是会被忽略的。

在和她探讨类似问题的时候，我从不把她当孩子看待，我相信她拥有成年人的心智。当她被问题困扰、不知所措的时候，我会引导她思考，并告诉她："相信自己！只要你愿意，你一定会想到对大家都有利的解决方案。"作为家长，我们只有不断学习，深入思索，和老师专家交流，才能找到最适合孩子的教育方法。

陪伴和引导，与孩子一同成长，这是多么美好和幸福的一段旅程。在路上，我们可以一起哭，一起笑，一起欣赏美景，一起攀登高峰……当有一天她振翅高飞时，整个天空都会是她的世界！

专家点评

这位家长通过对其女的教育和培养，也给自己养成读书习惯和能控制情绪，说明在家庭教育中，也教育其母，与孩子一同成长，何乐而不为呢！

57.
探讨教育的艺术

北京市西城区五路通小学家长　刘　琼

孩子上一年级了，为了帮助孩子更好地适应小学生活，作为家长，我不仅关心她的学习情况，也时刻关心她的心理状态。开学第一个月，孩子表现良好，学习习惯也慢慢养成，每天放学都会开心地向我汇报学校里的新鲜事，一切都向着好的方向发展。直到有一天早上，她没有很开心地起床，而是赖在床上低沉地说："妈妈，我不想上学。"

听了孩子不开心的话语，我心里一紧，表面却故作镇定地问："发生什么事了，宝贝？"她回答："因为我们换座位了，我不是第六组了。"我在脑海里迅速收集相关信息，想起前一天晚上她在吃饭时说："妈妈，我们换座位了，我从第六组换到了第一组。"然后她给我讲了整个班的座位都按照竖列轮换，每一竖列是一组，顺时针轮换，横排不变。我听了觉得很科学，这样既让每一位同学都有机会坐在中间的位置，又不会出现个子高的坐在前面的情况。我说："很好啊，妈妈以前上学时也是这样轮换座位的。你不是坐在边上吗，这样你过些天也可以坐在中间了。"之后孩子没说什么，只是显得不太开心，我并没有太在意，就去忙其他事情了。

当她因为这事而说出不想上学时，我觉得有必要开导一下她了。我故意轻描淡写地说："没关系，宝贝，大家都换座位，而且你看，你前后的小朋友都没有变化，你们还是一组啊！"我说这些是想告诉她：第一，这件事是公平的，大家都换，所以她不能搞特殊；第二，虽然说她不是六组了，但不管几组，组里的成员没变，只是数字变了，有关系吗？其实到这时，我也没有给她太多的机会说明为什么不是六组就不想上学，我只是以家长的身份来告诫她，你的理由很可笑，而且不合理。在上学路上，她还是闷闷不乐。

送她进了学校，我开始慢慢思考。在上幼儿园的时候，孩子也有一段类似的经历。那时午睡是上下铺，为了公平也是上下铺轮换，但她在第一次换上下铺时就表现出了强烈的抵触，表现的状态就是哭，不想上幼儿园。我当时的处理办法跟现在的处理办法一样，就是不能搞特殊，每天给她讲道理，但是效果不佳，孩子还是因为这件事哭了好长一段时间。直到后来我慢慢明白，那时她只是到了对物品所有权的敏感期，她认为床上贴了她的名字就是她的，别人不能睡，而不是要搞特殊。可是现在孩子长大了，对物品所有权的敏感期应该过了，而且后来幼儿园换床、换座位她都没事了，现在问题重现，原因还相同吗？

不管怎样，我也明白了早上的处理方法解决不了问题，只是大人一厢情愿的想法——我告诉你道理，讲给你听，你就得明白，触动孩子思想的可能性不大。因为担心孩子情绪低落学不进去，我给班主任老师发了一条微信。大概说明了一下情况，把我的态度也表明了。班主任老师说孩子在学校表现很好，我也就放心了许多。晚上下班回家，看到孩子不开心的情绪一点都没有了，她像往常一样围着我叽叽喳喳地说个不停，我一下子就放心了，她的心结打开了，但肯定不是我打开的。果然，她告诉我，班主任老师鼓励她了，说她以前是六组里最棒的，现在换到一组，也是一组里最棒的！

通过询问，我才明白她为什么不愿意换组。原来她们六组在班里表现很棒，换到一组她就不知道棒不棒了。这种逻辑在大人听来哑然失笑，可是大人讲的道理在孩子听来可能也是这样的。我讲"座位轮换公平，你不能搞特殊"，她会想"可是换了我就不是六组的了，我就不是最棒的组了"；我说"成员没变，只是数字变了，有关系吗"，她会认为"当然有关系了，我不是六组了，我不是最棒的组了"；我讲"床铺轮换正常，你怎么就接受不了呢"，她会认为"为什么贴着我名字的床要让别人睡"……

这也许就是我们经常困惑的情况，明明告诉了孩子道理他却听不懂，明明在不停地讲却没有任何效果，原来是我们和孩子的思维根本不在一个空间。但班主任老师的一句话就点亮了孩子的心，为什么呢？这就是教育的艺术！老师抓住了孩子的想法，更深入地了解了孩子的心理动态。作为家长，我们也应该走进孩子的内心，去追寻最简单的教育，而不是以"高高在上，我是过来人"的姿态，讲通篇的大道理，这在孩子那里是没有作用的。

最美的教育最简单，聆听孩子的内心就可以。

专家点评

自幼起，人就会逐步产生存在感、成就感、荣誉感和表现欲，在儿童期，仅存轻重和迟早的差异，随着身体、精神、智力等的发育逐渐提升。也许有些父母讲，我的孩子自幼性格内向、胆怯，其实这是您压抑了孩子的天性，自找原因解决之。

58. 与孩子读童话

北京市西城外国语学校附属小学家长　常　明

童话是一种古老的教育方式，因其普遍存在的道德立场和隐喻叙事，我们可以将其作为儿童道德教化的重要形式。

我曾跟孩子分享过《我是彩虹鱼》这篇童话，其中讲述了这样一个故事：在蓝色大海深处住着一条最美丽的鱼，他那五颜六色的七彩鳞片就像彩虹一样，别的鱼都很羡慕。彩虹鱼先是骄傲地拒绝了鱼群喊他一起玩耍的邀请，然后又很不委婉地回绝了一条小蓝鱼讨要闪光鳞的请求。当小蓝鱼把这件事告诉了朋友们后，从此再也没有一条鱼搭理彩虹鱼。彩虹鱼变成大海里最孤独的一条鱼，但他不明白为何自己这么漂亮却没人喜欢，章鱼奶奶建议他把闪光鳞分给每一条鱼。当小蓝鱼再次来恳求他时，彩虹鱼犹豫之后，终于小心翼翼地把一片最小的鳞片送给了小蓝鱼。然后，他立刻就被鱼群团团围住，大家都想要闪光鳞，彩虹鱼送了一片又一片，越送心里越快乐。最后大家齐声邀请他一起玩，彩虹鱼欢快地朝着朋友们游去。这篇故事以散文诗般优美的语言，围绕"分享"这一主题展开，从分享鳞片到获得朋友，强调分享的相互性和互惠性。

在读完这则童话后，我问孩子："你觉得小蓝鱼做得对吗？"孩子想了想说："不对。"然后列举了一系列理由："彩虹鱼揪下鳞片会特别疼"，"小蓝鱼只关心自己身上的鳞片，只关心自己漂亮，不关心别人"，"他身上已经有一些鳞片了"等。然后我进一步追问："假如彩虹鱼拔下鳞片的时候不疼，你觉得小蓝鱼做得对吗？"孩子又想了想，还是坚持认为不对，又说了一些理由："因为就算是别人不疼，你也不能光想着自己吧，如果别人找你要你的鳞片，你拔下来也会不高兴的"，"因为小蓝鱼本来就有鳞片，再贴上去多热啊"，"如果他想要彩色鳞片的话，可以买一件有彩色鳞片的衣服，不能要别人的"，等等。孩子的回答令我们欣喜不已。

彩虹鱼的故事揭示了群体与个人之间深刻的道德关系，也以文学的方式揭示了人性中相通的东西，比如自私、嫉妒、贪婪、悔过等，蕴含着普遍的道德与伦理基础，具有打动人心的文学品质。每个人都可能是彩虹鱼，因为每个人都有自己独特的"闪光鳞片"；每个人也都可能是那群小鱼中的一条，羡慕别人拥有而自己没有的"闪光鳞片"。在每一个"心有戚戚"的读者那里，这篇童话都可以获得属于自己的感受和诠释。也正因为隐含着如此复杂而深刻的美学与伦理学的阐释空间，所以这是一个值得反复阅读的好故事。但这并不是一个关于"分享"的好故事，错误地解读这一故事，不但无益于儿童分享品质的培养，还会破坏儿童的同情心与正义感。

童话给予儿童的不是有关道德的知识，而是自我道德化的过程本身。童话以"情境化"的方式，让儿童体验人类实际生活中可能遇到的伦理与道德问题，并以直观可感的形象表征美丑善恶，它从来不像寓言结尾的训诫那样直接说出教导的话，也不逼迫读者做出道德选择，而是邀请读者去认同故事的主人公，这恰恰是童话在道德教化上的智慧。目前市场上的儿童读物良莠不齐，对童话中道理的解读也有所偏颇。作为家长，我们在孩子成长过程中，要对孩子进行引导，采用"情境化""代入化"的方式，让孩子以亲身代入的方式来解读童话，感悟道理，体验真善美。

专家点评

童话对孩子有开启思想、发展想象、培养美感、愉悦童心等作用。童话者，儿童文学也，通过丰富的想象、幻想和夸张来编写适合于儿童欣赏的故事。童话故事是根据儿童心理发育的特点编写，故儿童喜爱。伟大革命家列宁说："儿童的本性是爱听美妙的童话的。"斯言不谬也。

59. 家长对子女的影响力

北京市西城区阜成门外第一小学家长　张　娜

孩子的教育由学校教育和家庭教育两个部分组成，学校教育以学习文化知识为主，家庭教育则是家长有意识地通过自己的言传身教和家庭生活实践，对子女施加一定影响的社会活动，包含对孩子性格、习惯和沟通能力的培养。而如何教育孩子又是我们每个家长都感到困惑的难题。下面我就自己孩子的成长教育过程，来谈谈个人一点肤浅的看法。

一、多一些鼓励，少一些批评和嘲笑，使孩子从小树立起自信心

孩子对事物的认识有限，在他的认知程度下，可能会对事物做出不完整甚至错误的判断。出现这种情况，家长要多给予鼓励，让他在家长的引导下产生新的认识。如果只是批评，又不去耐心教导孩子，会使孩子产生心理阴影，使他失去自信，以后不敢真实地说出自己的看法，不愿意动脑去思考。

孩子有时会问：超人厉害还是孙悟空厉害？我长大了能和姑姑结婚吗？为什么月亮总跟着我走？听到这些"傻问题"，做父母的千万不能随便嘲笑孩子，或者轻易进行否定。须知，成年人都需要思考，需要有人引导着认识世界、认识自己，更何况儿童呢？孩子爱提问题，说明他在思考，我们要鼓励他。

对孩子提出的"傻问题"，我们不能只看到这是孩子认识事物的水平有限，更应该看到这是孩子旺盛求知欲的表现，这是他在认真执着地探究问题。想当初，牛顿在提出"苹果为什么会掉到地上"的问题时，不也被那些认为"苹果熟了自然会掉到地上"的人嘲笑过吗？可没有这个"傻问题"，牛顿又怎会发现万有引力？我们如果以成年人的经验和标准嘲笑孩子，就会挫伤他们探索世界的积极性，就会使他们把"傻问题"留在心中，不再问任何人，也不再思考。

二、尊重孩子的选择，给孩子一些自由发展的空间

家长要注意不要把自己的孩子和别人家的孩子比较，不要把孩子的成绩总挂在嘴

边，不要当着孩子的面指责孩子。在生活中，家长要多观察孩子的成长，看看他平时都喜欢做什么，然后慢慢地支持他的爱好。有可能的话，尽量给他们一些空间和时间去做自己想做的事情，因为在做自己喜欢的事情时，他们不喜欢被别人打断或阻止。我们要根据他们的爱好去发展，去提高。现在很多家长会让孩子学习自己喜欢的或者自己认为好的乐器，但孩子并不喜欢，因为家长的压力，孩子勉强去学习了。在学习过程中，孩子可能会思想不集中，想着自己喜欢的事情，不喜欢的课程结束后，就丢弃在一边，最终孩子的学习成绩未必能让家长满意。如果孩子能够找到自己的爱好去学习，不但上课效果好，课后还会自觉地去练习。

在每个家长眼里，自己的孩子都是最好的。每个人有每个人的个性及优缺点，我们不要总把自己孩子和别人孩子比较。"龙有九子，各有不同"，何况是异姓的孩子呢？拿自己孩子和别人孩子比较时，我们不妨把自己和身边优秀的人也比较一下。

让孩子养成一个正确的人生观、世界观，以孩子的爱好做选择，只要他是自己乐意去做的，就能最大限度地发挥他潜在的能力。

三、尽可能抽出时间来陪伴孩子

我们父母平时都忙于工作，而孩子平时都在学校，每天和孩子相处的时间也很有限。因此，我们做家长的无论工作再忙，也得抽出点时间来陪他们说说话。与孩子说话，为我们提供了一次了解和教导孩子的机会，也有助于我们及时掌握孩子的心理动态。他们的快乐、烦恼，我们都可以了解清楚。和孩子及时沟通，他们也会把心里话告诉我们，我们就可以更好地关心他们，爱护他们。

让我们为拥有一个聪明可爱、健康向上的孩子而共同努力吧！

专家点评

阅读此文中孩子的"傻问题"，使我想到《列子·汤问》记载春秋时期两小儿辩日难倒孔子的故事，看似"傻问题"，但其天文学和数学问题直到十八世得以科学解释。不可小觑孩子的"傻问题"，其中尚有许多未解之谜，如宇宙和人类之起源等。儿童的好奇心是求知欲的表现，定要扶持和鼓励，万不可扼杀。建议读《十万个为什么》。

60. 教学相长，与孩子共同成长

北京市西城区阜成门外第一小学家长　王月红

我的女儿含含是四年级4班的一名学生，在阜成门外第一小学"以德立校、科研兴校、面向未来、育人为本"的教育理念的熏陶下，女儿学习努力，享受着童年的快乐。在这个过程中，作为家长，我们也教学相长，与孩子共同成长。我在教育孩子的过程中，始终本着"一个中心，三个有利于"的宗旨，即"一切以兴趣为中心"和"有利于健康体魄，有利于道德修养，有利于能力提高。"

一、一切以兴趣为中心，兴趣是最好的老师

作为家长，要及时发现孩子的"兴奋点"，并加以引导和培养。切忌将自己的"一厢情愿"强加在孩子身上，强迫孩子做他不愿意做的事情，到头来，只能是两败俱伤。含含刚上小学一年级的时候，我们就注意培养她对音乐的兴趣。首先，我们根据孩子的喜好选择乐器。要想让孩子对乐器感兴趣，最主要的一个环节，就是在选择乐器的时候，让孩子根据自己的喜好选择，而不是家长的意愿。只有孩子发自内心喜欢的，才是最值得孩子选择和学习的乐器，这是使孩子对乐器感兴趣的第一步。最终，我们尊重含含的意愿选择了琵琶。其次，要把琵琶学习当作娱乐，而不是任务。如果家长让孩子每天都坚持练习，每天给孩子布置任务，让孩子把琵琶学习当成是完成任务，学习时间久了，孩子会产生很大的压力，甚至是反感，这样孩子就会渐渐失去对该乐器的兴趣。

为了避免这种情况发生，我充分给予孩子鼓励和肯定。贪玩是孩子们的天性，所以当我发现孩子因为贪玩而忽略了练乐器的时候，我尽量注意控制自己的情绪，给孩子进行一些必要的引导。同时，我也会多鼓励她，多些赞赏，少些批评。慢慢地，含含对琵琶产生了浓厚的兴趣，尽管有时候弹得不是很好，我们还是极力地保护她的兴趣，常常对她所弹的乐曲进行煞有其事的"鉴赏"和大张旗鼓地"赞美"。这样，她越来越有信心，而且弹琵琶的水平也大大提高，多次在各种比赛中获奖。

二、身体是革命的本钱，有利于健康体魄的活动，必须去做

含含体质较弱，小时候常常生病，吃药打针是家常便饭，全家都非常心疼。我常想，让孩子拥有一个健康的体魄是家长义不容辞的责任，既然孩子先天体质不好，那我们就通过后天的锻炼来弥补。我们经常给孩子举例子，告诉她好的身体是多么重要，让孩子拥有自发锻炼身体的意识。

我们还常带孩子参加体育运动及户外运动。记得含含小学二年级时，我们带她爬山，上山下山全部是由她自己完成，既锻炼身体，又磨炼意志。刚到小学时，体育老师闫老师布置每天立定跳远五次，我们就认真地给孩子测量、报成绩；老师要求每天练习跑步，我们就陪着孩子一起跑；老师要求练习跳绳，我们就买好跳绳，鼓励孩子积极练习。这几年下来，孩子的体质越来越好，而且她还积极参加学校组织的运动会，还在跳绳比赛中获过奖！

三、有利于道德修养的事，坚决去做

性格决定命运。培养孩子好的性格，会让孩子受益终生。我经常给含含讲一些名人故事，从中启发孩子自强、自立，教育孩子诚实守信，尊敬师长，教给孩子宽容和爱。

我常常对含含讲："有才有德是正品，有才无德是毒品，有德无才是次品，无德无才是废品。"然后问她想要做什么样的人，让她从小树立"认认真真做事，踏踏实实做人"的观念。来到阜外一小后，学校"以德立校"的办学宗旨更是影响到了孩子。《弟子规》等经典诵读，让含含树立了正确的道德观。"勿以恶小而为之，勿以善小而不为"，引导孩子从小事做起，尊敬师长，礼貌待人，诚实守信，富有爱心。

四、实践出真知，有利于综合能力提高的事，尽力去做

如今的社会，是一个知识爆炸、竞争日益激烈的时代，"高分低能"者不再有市场，学历高不等于能力高。只要有利于培养孩子综合素质和能力的事情，我们就要尽力去做。"未曾经历，不成经验"，为了丰富孩子的阅历，我们倡导孩子积极参加校内外的各项活动。通过实践，培养孩子的参与意识，提高孩子的综合素质。

为了提高孩子的见识，我们还喜欢带孩子到各地旅游，了解风土人情，了解当地的文化、历史，让孩子把从书上学到的知识和实际体验更好地结合起来。我们去天安

门，感受祖国的庄严；去万里长城，看看人类创造的奇迹；到黄河入海口，探寻"黄河之水天上来，奔流到海不复回"的来历；到武汉黄鹤楼，体会"昔人已乘黄鹤去，此地空余黄鹤楼。黄鹤一去不复返，白云千载空悠悠"的境界；到长江大桥，领略"孤帆远影碧空尽，惟见长江天际流"的情怀……在饱览祖国大好河山的同时，我们也不失时机地将提前搜集好的相关历史、地理、文化知识与含含交流。尤其在遇到她曾经在书上看过的内容时，我们更是乐此不疲地"研究"一番，其乐融融。

教育是一门学问，我相信，没有不优秀的孩子，只有不用心的家长。家长是孩子最好的老师，祝愿每一位家长都能够演奏出孩子生命的奇迹，让孩子快乐成长！

专家点评

本文提到孩子的旅游，古人言："读万卷书，行万里路"。现今旅游之风正浓，旅游因目的不同，可分休闲、娱乐、度假游，探亲、访友游，探险游等等，各取所需，无可厚非。携孩子旅游，我主张文化旅游，参观当地的博物馆、参加科技馆活动，游览名胜古迹，开阔视野，增添文化知识，这才是古人所言："读万卷书，行万里路"的真实含义。

这位家长深明此理，陪同孩子文化旅游，同时又秉承"一个中心，三个有利于"宗旨培育其女儿，持之以恒，必收硕果。

61. 每个孩子都在带着自己原生家庭的痕迹成长着

北京市西城区阜成门外第一小学家长　李　颖

在孩子成长过程中，父母的陪伴、教导，甚至每一次发脾气和大吼大叫，都会成为孩子品德、性格形成过程中的影响因素。无论家长们是否意识到，其实每个孩子都是带着自己原生家庭的痕迹在成长。人们常说"父母是孩子的第一个老师"，其实像很多父母一样，我和孩子爸爸都是第一次为人父母，像见习老师一样，在陪伴、教导孩子的同时，我们也在不停地学习、试错、纠正、尝试。

同许多家长一样，我们希望孩子在关爱和幸福中成长，在经济能力范围内，尽量给孩子提供好的物质条件。无论是从知识的学习上，还是性格的养成上，我们都希望能够在童年和少年时期为孩子今后的人生发展打下一个不错的基础。我们希望在将来，孩子离开了我们的庇护，能够依靠自己的能力选择自己喜欢的生活方式，活得有幸福感。

所以，我们从小就注重对孩子爱好的培养，希望她将来在感到沮丧和疲惫的时候，能有一个舒缓情绪的渠道。学不在多，贵在坚持。对于孩子来说，他们的热度往往来得快，退得也快。业余爱好的学习和其他学习过程没有本质区别，在入门后，想不花费时间和精力就学好是没有可能的。尤其对于孩子，当学习到一定程度，专业程度越高，练习的枯燥性和挑战性就越大。孩子会觉得，自己原来喜欢的这个东西现在不好玩了，就不喜欢了。比如我家孩子在学琴、画画和打乒乓球的时候，都出现过这种情况；复杂的曲子不想练了，素描不想画了，动作总不达标被教练批评就不想学了。这种时候，需要大人的坚持来"挟持"孩子，而不是所谓的以"尊重孩子"为名，行半途而废之实。孩子从幼儿园就开始学的画画和琴，从小学开始学的乒乓球，我们一直都在坚持。作为家长，我们不要求孩子必须学得拔尖，必须参加比赛取得名次。我们可以学得慢一点，进步得慢一点，但是决不能糊弄敷衍，决不能

第2章　家庭教育智慧和方法

轻言放弃。

当然，作为一名对孩子未来有一定期许的家长，对孩子的学习是必须关注的。在孩子学习的过程中，我们尽量做到关注学习过程重于关注学习成绩；了解孩子的学习状态，给予适度的帮助和辅导。我们从不对孩子说"只要你考了多少分，我们就如何奖励"这种话，即便孩子考好了，跑来跟我们求奖励，我们往往也是"亲一个""你好棒棒"这种口头表示。同样，孩子没考好，我们也不会严厉惩罚她。我们希望孩子明白，学习是她现阶段的主要任务和责任，这是为她自己在努力，不是为了奖励，更不是为了我们。有一段时间，孩子对学习产生了一些逆反心理，觉得不公平，为什么我们大人下了班就可以放松，而她上了一天学，回家还得继续写作业，写完作业还得练琴。我们尝试说了些好好学习才有好工作的大道理，但是并没有起多少作用，毕竟未来太远，孩子不能直观地把两者的因果连接在一起，况且我们眼中的好工作并不见得会对孩子有吸引力。

于是，我尝试从她身边的生活给她解释。我问她："你觉得庆丰包子怎么样？"她说："很好吃啊。"我告诉她："我也很爱吃，而且不贵，吃一顿10来块钱就够了。"接着又问她，"如果天天吃庆丰包子怎么样？"孩子说："天天吃该腻了，就没那么好吃了。"于是，我对她说："你爱吃庆丰包子，也爱吃铁板烧自助，庆丰吃一顿10来块钱，自助吃一顿200来块。如果你饿了，无论选择吃哪个，都会觉得很好吃，因为这是你的选择。但是如果你只有10块钱，你每次饿了，就只能去吃庆丰包子。这就像工作一样，建筑工人主要付出体力，冬冷夏热都要在户外；白领主要是付出脑力，冬暖夏凉，还在有空调的房间工作。如果你喜欢户外工作，自己选择做建筑工人，你会做得很高兴。但是如果因为知识不够，没得选择，只能干付出体力的工作，你干起来就会不开心，有很多抱怨。无论是吃东西还是工作，不是说哪个好，或者不好，关键是你要能选择一个自己喜欢的。如果没有选择的权利，只能被动接受，那也就失去了喜欢的乐趣。比如你大了暑假时出去打工，你可以去厨房刷盘子，也可以找个酒店大堂弹钢琴，因为你有选择的资本。其实你现在不管是学习还是练琴，都是为了多学一些，多积累一些，将来就能有更多的机会，可以自己去选择。父母通过以前的努力学习，可以选择现在的工作和生活。但是，以后你能选择一个什么样的生活，依靠你自己能不能保持现在的生活水平，就要靠你自己来努力了。"经过这次沟通，孩子好像明白了其中的道理，不再对学习怀有抵抗情绪了。

除了日常学习和生活，我们也很关注孩子为人处世的态度，希望她明辨是非、与人为善，通俗点说，就是做个"三观正"的孩子。现在的孩子难免被宠溺骄纵，有时候总是从"我"考虑。每当这个时候，我们常会说，父母爱你，但是出了这个家门，别人没有义务必须喜欢你，必须顺从你的想法，必须听你指挥。我们在日常生活中，会"打击"孩子，也会鼓励孩子，遇到事情，引导她大胆沟通，积极处理，学会尊重别人，平等交流。

总而言之，随着孩子日渐长大，思想日趋独立，作为家长，我们与孩子的互动交流会遇到更多的问题和挑战，这就需要家长不断学习、调适，找到最适合自家孩子的教育方式。

专家点评

这位家长鼓励女儿假期外出打工，或去厨房刷盘子，或去酒店大堂弹钢琴等，是件有益之事。高小、初中乃至高中学生，利用闲暇和假期参加社会活动，可以增加了解社会、认识社会等感性知识，更宜参加社区或学校组织的社会公益活动，这是社会教育的初始实践阶段，对孩子将来参加社会工作会有重大裨益，在欧美国家早已施行，我国也随之跟行。

62. 孩子的成长过程也是父母的成长过程

北京市西城区阜成门外第一小学家长　徐　蕾

说起孩子，大概每个父母都有说不完的话题；说起家庭教育方法，每个家庭更是各有千秋。教育孩子是一项伟大的事业，也是一项十分复杂的事情。父母是孩子一生的老师，家庭教育是一切教育的基础。家长对孩子的影响是孩子成长中不可忽视的因素，这种影响会潜移默化、持续不断。其实孩子的成长过程，也是我们为人父母的成长过程，我们在父母这个学堂里也在不停地学习和进步。

在我们的家庭教育中，对于孩子的成长过程，主要做到了以下几个方面：

一、父母为孩子做榜样

孩子是父母的影子，孩子好的行为、坏的行为都是受父母影响的结果。为了培养孩子的品行，做父母的行为要自慎，为孩子做好表率。孩子的健康成长，离不开和谐温馨的家庭环境。父母间的和谐相处，能够培养孩子的乐观性格，能带给他心理上的安全感与幸福感。要让孩子全面发展，家庭和谐至关重要。建立温馨的家庭，才能让孩子有信心、有兴趣学习。同时，我们也培养孩子的基本生活技能，引导他做一个有爱心的人。让孩子在家庭生活中感受到幸福，给孩子创造一个身心和谐发展的家庭环境，一个愉快的成长空间。

二、学会倾听，与孩子做朋友

孩子的心灵单纯而美好，他们会把成人世界的每个要求都当真。在与孩子的相处过程中，家长要学会平等地与孩子交流，静下心来倾听孩子想要诉说的一切，而不是为了好玩逗弄孩子。当遇事有不同看法时，我们要让他们说出自己对事情的看法，尊重他们的意见，凡事商量着办，这能带给他们足够的自信。同时，这对培养孩子的品格也十分重要，所以做家长的我们要学会倾听。

三、培养孩子良好的学习习惯和学习能力

小学阶段的学习是一个人一生中最早接受到的正规系统教育，小学教育对孩子从

小培养崇高的品德和良好的素质具有重要的作用。个人认为，小学阶段的学习主要是要掌握学习方法，养成良好的学习习惯。好的习惯可以为孩子一生的发展打下坚实的基础。现在的孩子都很聪明，大多数孩子是因习惯不良，才导致学习较差。比如写作业时不专心，要家长陪伴才做作业。他们没有形成自觉学习的习惯，经常要家长督促才能完成作业。所以，在孩子做作业时，家长要避免看电视、玩电脑等影响孩子的事情，陪伴时最好看一些书籍，尽量给孩子创造好的学习环境。这样才能培养孩子专心做事的习惯，帮助他们提高效率，学会独立学习。

四、让孩子对自己的行为负责

孩子年幼，难免会犯错，但孩子做错事时，家长怎样回应她，将影响孩子下一次犯错时的反应。孩子做错事后，除了教育他及时道歉，更应该让他体会到，做错这件事情会造成什么样的后果，且他必须为这件事的后果承担责任。这样，孩子就会认识到以后再发生这样的事情，自己应该如何承担后果。

五、培养孩子的抗挫能力

当今社会竞争激烈，从小就要培养孩子的竞争意识和敢于挑战的精神。孩子在成长过程中，难免有解不开的扣、想不通的事。家长既不要过于担心害怕，也不能掉以轻心。首先要分析事态的严重程度，如果孩子只是遇到成绩波动、同学关系出现问题等挫折，这是培养孩子逆商的好机会，我们要陪伴他们积极地面对问题，共同走过困难期。发现问题及时疏导，这能够培养孩子的积极心理和逆商指数。

孩子的成长是多方位、多能力的成长，所以对孩子的教育也应是全方位的教育。仅仅依赖学校教育，忽视家庭教育，对孩子的成长是一种缺憾。家校配合得越好，孩子越优秀，教育也会越成功。教育孩子做一个有智慧、有德行、有修养的人，这就是我们家对孩子的期望和教育的准则。

专家点评

从儿童期开始进行"德智体美劳"的整体教育和全面培养，仍需家庭教育和学校教育紧密配合，方能修得正果，此文对家庭教育解析全面而又得体，毋庸再言。

63. 用心守护孩子一生的幸福

北京市西城区进步小学家长　李国丽

我们主张做有效能的父母，与孩子有效地沟通，培养有责任感的孩子。请尊重并用心呵护每一个幼小的生命，守护好他们今天，就是守望他们一生的幸福！家庭教育要源于生活，融于四季。

春天的播种·观察篇

首先，父母要"持证上岗"。

托尔斯泰有句名言："全部的教育，或者说千分九百九十九的教育都归结到榜样上，归结到父母自己生活的端正和完善上。"这便是育人先育己，每位家长都应该牢牢记住这一点，这能对完善孩子的人格起到至关重要的作用。自古以来，我们社会对"母亲的教育"，比对"父亲的教育"忽视得多，认为母亲负责"养"，父亲负责"教"。《三字经》里的"养不教，父之过"，就足以说明。

目前家庭教育中阴盛阳衰的"一头沉"现象日渐严重，发展下去对孩子十分不利。一些孩子性格上的缺陷，与此有直接关系。所以，父母双方都要增强责任感，共同承担教育子女的义务。

家庭教育中，母亲具有十分特殊的作用，但决不能因此而把教育子女的责任全部推给母亲。孩子同样需要父亲的教育，父亲在家庭中，具有举足轻重的作用。父亲、母亲从性别的角度，在思想结构上也有一定的差异。男性往往善于抽象思维，对空间定位的能力更高，在思考上注重事物本身。女性则善于形象思维，语言表达能力一般优于男性，分析问题时更为注重人际关系方面，感觉敏锐，善解人意。从父亲那里，孩子可以学到坚强、自信，并获得安全感；从母亲那里，孩子可以学到善良、体贴，更多地体会到亲情。所以，父母双方只有互相配合，取长补短，才能使孩子得到一个完整的家庭教育。

夏日的清凉·反思篇

其次，父母要反思自己为什么会生气？

霍德华·金森曾说："只有心灵的淡定宁静，继而产生的身心愉快，才是幸福的真正源泉。"炎炎夏日火气旺，这看似是一个大自然的气象变化，但也给人们带来了不同的内心感受。从另一侧面也反映父母在与孩子的相处过程中，情绪往往像夏日的天空般变化莫测，时而乌云密布，时而阳光直射。但大多数情况下，父母生气时往往都是归责于孩子不听话。

如果这种归因一直存在于亲子之间，无法得到澄清，那么伴随着孩子成长中出现的问题，父母与孩子之间的冲突就会随之升级。曾有西方心理学家幽默地说："青少年时期'逆反'这种说法，是中国家教现象杜撰出来的，是由于孩子在童年期间被压抑造成的后期反射。"

因此，在七月流火的夏日里，希望父母能和孩子共同找到一片绿荫，停止生气，孩子不需对父母的情绪负责！为人父母者，应在要求孩子听话之前，先学会怎样去听孩子说话。

古希腊哲学家曾说过："世界上没有相同的两片叶子！"作为父母，要相信自己的孩子是独特的，要无条件地接纳孩子的一切，而不是仅仅在孩子取得成绩或被老师表扬的时候。否则生活中横向纵向的攀比，会让我们迷失了方向，并担忧苦恼。父母只有拿起同理心这把心灵的钥匙，倾听孩子，理解孩子，孩子才能感受到父母的尊重和爱。只有这样，孩子内心自主成长的力量才能渐渐出现，我们教养的目标才有可能实现。

秋天的收获·鼓励篇

再次，家长要思考是孩子不听话，还是我们不会说。

如果说亲情之爱是为人父母一辈子的甜蜜负荷，那么，错误地包揽孩子所有的问题和责任，就是一个完全不必要的负担，对孩子的成长有百害而无一利。正如斯考克·派克的那句名言："总有一天我们要放开孩子，他们是上天赐予的礼物，交给我们照顾——但不是永远。"

通常，一个记忆力不好的孩子，都有一个记忆力太好的妈妈；一个不爱清洁卫生的孩子，通常有一个太爱清洁卫生的妈妈。上学是孩子自己的事情，整理书包和学习用具是孩子的一项任务,有的父母把孩子的任务当成了自己的,替代孩子去承担责任。帮助孩子养成良好的学习习惯的做法,是与孩子一同讨论,让孩子意识到自己的责任,共同制定解决问题的方法,并督促孩子按照有效的方法解决这个问题。

父母都有自己的价值观和期望,对于孩子的行为有自己的评判,接受或不接受。当父母感觉到自己无法接受孩子的行为并且产生烦恼时,便纷纷对孩子亮出了红灯,对孩子的行为表示拒绝和否定,并试图通过相对严厉的方法纠正孩子的行为。

换位思考,你有没有遇到过这样的情况,想做某件体谅他人需求的事,但那个人给予你的是指示或劝告,甚至还带有一些指责,那么你的反应呢?你很可能会生气!因为你觉得对方不信任自己,剥夺了你主动做事情的机会。这种信息传递到你的大脑里,你的反应一定是拒绝。

当你面对孩子的问题时,可以想一想如果是你的朋友出现了这样的问题,你会怎样劝他?一般你会用委婉、尊重的口气提供建议。但父母面对孩子的状况时,表达的常常是"你应该如何"。我们往往会有以下几类表达:

1. 命令、指示

(1)把这里收拾干净。

(2)赶快去做功课。

(3)别乱扔东西。

2. 警告、恐吓、威胁

(1)再让老师打电话找我,你就别上学了。

(2)你考试这么差,动画片就别想看了。

(3)你不把这里收拾干净,下次就别玩了。

3. 忠告、训斥

(1)不许你不刷牙就睡觉。

(2)用过的东西都要收拾好。

(3)作业写不完就别睡觉。

父母这种谈话方式,实际上是告诉孩子你已经替他想好了解决办法。孩子一点参与感也没有,完全是被动的。产生的结果往往是:孩子拒绝按照你说的去做。原因在于,父母"按我说的去做"的做法激发了孩子反抗的念头。在任何情况下,当孩子被告知必须或应该改变自己的行为时,他们就会产生抗拒心理:"我就要干我想干的"。

生活中很多父母传递给孩子的都是这样的信息,虽然大多数父母都认为自己不是故意的，也很少想象他们这样的话会对孩子产生怎样的影响，但这种影响对孩子的成长是具有破坏性作用的。

1. 当孩子被指责时，他常常感到内疚和懊悔，变得固执己见。
2. 孩子感到父母不公平，内心会想"我也没做错什么"。
3. 孩子会认为父母不爱自己："爸妈不喜欢我，因为我做了错事。"
4. 孩子会像回力镖一样反击父母："爸爸，你也在打游戏。"
5. 对孩子内心成长最重要的伤害，就是打压孩子宝贵的自信心。

正如《来自孩子的挑战》一书中写的："孩子需要鼓励，如同植物需要水！"有自尊的孩子能稳健地成长，并努力适应环境的变化与挑战；受到鼓励的孩子不会变坏，因为鼓励能帮助孩子建立自信，实现自我价值。这一切是孩子内心最渴望父母在其成长道路上给予的关注。

称赞要不断地练习，变成自动化的心里加工过程。对孩子真诚地称赞，我们需要多次、反复地练习。孩子有什么样的表现，要怎样正确地称赞，刚开始的时候，我们可能需要花费很多力气来学习这些技巧。但是随着练习的次数越来越多，我们需要投入的注意力和脑力就会渐渐减少，变成一种自觉的过程，即"如果……那么……"的行为模式。

鼓励不仅是正向循环体，而且也是情绪的导体。亲子共同前行，孩子可以依靠自己的努力和父母的支持，乐观健康地成长。父母之间在家庭里互相包容体贴，并以礼相待，也会耳濡目染地影响到孩子。"不仅像我们说的那样做，而且像我做的那样做"，才是亲子共同成长历程中的助推器。

冬日的温暖·效能篇

最后，家长要放下控制，变革惩罚。

法国思想家、哲学家卢梭曾从教育的不同角度论述道："要尊重儿童，不要轻易对孩子做出好或坏的评判。"还曾说："你知道用什么方法一定可以使你的孩子成为不幸的人吗？这个方法就是对他百依百顺。"这些智慧思想都在提示我们，在教育中需要把握好尺度。

作为父母，和孩子相处是一辈子的事，对孩子的教育是"始于零岁，伴随一生"，的确任重道远！因此，在家庭教育中，我们最基本的出发点是父母和孩子要平等，并互相尊重。如果父母一味地满足孩子的需求，必然造成孩子过度依赖，缺乏独立的勇气和信心。但如果父母过度强调管教孩子的职责,而忽略了孩子的感受,那么"棍棒底下出孝子"的传统观念,会让父母把惩罚当成有效的教育方法,导致孩子内心的屈服、恐惧,甚至最后走向逆反。

父母的改变首先要从倾听孩子开始,用同理心的钥匙打开孩子的心门,肯定孩子想法的合理部分,表达自己对问题的看法和感受。让孩子体会到父母无论怎样都是爱他的,他就会放下紧张,产生安全感,就会说出真实情况。这样,开放式倾听就会开始搭建有效沟通的第二条车道,父母与孩子可以讨论、分析,并一起评估解决问题的有效办法。

无论什么时候,父母和老师的教育目标是一致的,只是父母面对的是自己的一个孩子,而老师每天要面对很多个孩子。父母在相信孩子的同时,也要理解老师,对老师的付出与辛苦表示感谢,而不是为自己解释找原因。这种戒备心被打破后,父母与老师相互理解的链条就连接起来了。创造这样一个相互关心的沟通氛围,是非常可贵的,也是父母协助老师促进孩子成长的根本之道。

教育要源于生活,融于四季!园丁不能违背季节去做任何事。这一点,对幼树极为重要,因为树木本身的发芽、开花、生长、成熟都有它恰当的时机。这种"三分教育,七分等待"的教育原理,就是在告诫父母:每个孩子都是一颗种子,只不过每个人的花期不同。有的花,一开始就灿烂绽放;有的花,需要漫长的等待。相信孩子,静等花开!无论哪个阶段的家庭教育,都应该尊重儿童的成长规律,才能够收到良好的教育效果。

专家点评

这位家长的育儿之文,分观察篇、反思篇、鼓励篇、效能篇四篇,并配以春夏秋冬四季,很有创意,值得一读。对问题孩子的父母四种表达:命令式、警告式、训斥式、鼓励式,各做了详细诠释,说明其对家庭教育着实进行了探讨、研究、实践,并收良效。

"三分教育,七分等待"的教育原理,前者家长和教师都能做到,且能到位,但对后者"等待",多数家长会在等待中出现焦虑而急躁,特别出现在智力迟发的儿童身上,往往采用拔苗助长、欲速则不达的方法,结果适得其反,甚者会发生儿童某些心理性疾病,尤当注意。

64. 用孩子的眼光看待孩子

北京市第七中学家长　王继敏

每一位家长都希望自己的子女成龙成凤,从怀孕时的胎教到孩子出生后的早教,再到幼儿园的兴趣班以及上学后的课外辅导,无时无刻不体现出家长焦虑的心态,怕孩子输在起跑线上。曾经我们也像众多家长一样,带着孩子奔波于学校及课外兴趣班,但是,孩子并没有表现出浓厚的兴趣和积极的学习态度。人生是一场长跑,靠的是顽强的毅力,学会坚持,才能赢得最终的胜利。作为家长,最重要的就是陪伴,我们不能单纯地把孩子抛给学校、老师和社会。在孩子成长的过程当中,家长要同他们并肩走下去,做一个真正懂孩子的贴心人。下面,我就和大家分享一下我家的教育经验:

1. 学习环境很重要。如果一个家庭没有很好的学习环境,那孩子是没办法静下心来学习、看书的。起码要有一张整洁的书桌和一个安静的空间。有的家长喜欢玩手机,我虽然不玩手机游戏,但微信也会时常关注,有时候一聊起来没完没了。每当微信响的时候,儿子就会过来问:"谁呀?"几次以后,我发现已经影响到孩子了,就把手机改为震动,放在抽屉里,至少在孩子学习期间不能打扰到他。另外,我家的电视从周一到周五都是不开的。在孩子做功课期间,我们也会静静地干一些家务,看看书,读读报。

2. 孩子的兴趣很关键。如果有人问我的孩子,你的爱好是什么?他一定会毫不犹豫地说是打游戏和打篮球。先说打游戏,在不影响学习的情况下,我们会尊重孩子的兴趣爱好。所以,我们不反对孩子玩游戏,相反,孩子爸爸会给他介绍好的游戏。最早是三国志游戏,孩子因为玩游戏喜欢上了《三国演义》。通过看书,孩子从书中学会了很多礼仪,懂得了忠义之心和侠义之心,也有了自己心目中的英雄。有了自己感兴趣的东西,孩子就会主动去学。通过一本《三国演义》,孩子到现在拿起那些有关历史的书籍都会爱不释手,谈起历史,更是滔滔不绝。

再说打篮球,其实在孩子上一年级的时候,出于我自己的爱好,给孩子报了乒乓球班。结果每次训练完接他的时候,教练都向我告状,说孩子根本不好好练,要么钻到球台下面，要么藏到窗帘后面，打起球来姿势也很僵硬。后来，我观察了一段时间，发现孩子在训练中没有积极性，很痛苦地重复着一个动作。所以，我决定不再让孩子练了，最后我们尊重孩子自己的选择，改选了篮球。这次选择是对的，从3年级到现在，不管遇到什么困难，我们都坚持下来了。球场上，孩子和队友们一起配合，进了球，欢呼雀跃；落后了，互相鼓励，思考对策。看着球场上挥汗如雨的孩子，我感觉那时的他是最帅的！在这种团队配合中，孩子找到了自信，也学会了坚强。

3. 习惯的养成。有时候我经常说孩子："怎么让你干点事儿那么费劲呢？"后来我亲自实践，给自己定了一个目标，每天学习英语10分钟。刚开始，我坚持得特别好，但6天下来，就怎么也坚持不下去了。所以，我很佩服孩子，读书的好习惯他一直坚持到现在。在孩子小时候，从看苹果的图片开始，我会不停地告诉他，这是苹果，那是香蕉。孩子再大一点，我给他讲故事，每天睡觉前都讲。之后我陪他一起读书，再后来孩子就不让陪了，要自己看书，当时我还有点失落呢！

好习惯的培养非常重要，但这个过程真的很难。从给孩子选书，我们就下了一番功夫。首先，这些书我们要能看进去，不管是经典的连环画，还是字书，孩子读起来要感兴趣，这样他才会进入到故事情节中。喜欢的书他会反反复复地看好多遍，记忆犹新。一旦好的习惯养成，孩子就会自然而然去做了。

4. 一定要制定规矩，并严格执行。这里，我举三个例子：

（1）我们家离学校比较远，所以我规定孩子每天晚上必须按时入睡。有时候孩子睡前看课外书，说还有2页就看完了，但是我还是很坚决地关了灯。因为孩子要有充足的睡眠，才能保证第二天进入良好的学习状态。

（2）孩子到家先完成作业，然后才能干别的事情。起初，孩子也是做不到的，边写边玩。我很少说他，但会直接过去把他玩的东西拿走。有时候，孩子会说："妈妈我饿。"我就对他说："这样吧，你写作业，妈妈做饭。但如果你不写作业，妈妈就也去干别的事情了。"于是，他就乖乖去写作业了。现在，孩子不管是放学后、假期里、还是外出旅游，都会按照计划完成作业。

（3）孩子喜欢玩游戏，但是只有周六、周日才可以玩，并且有时间限制。有时候他说这一关还没打完，我们也会妥协，多延长一些时间，但是不会没完没了。有时候接他放学，他会说："妈妈，我今天作业在学校写完了。"言外之意就是想玩会儿游戏，但我会说："我们说好了，周一到周五不能玩，你写完作业可以去打会儿篮球，或者干点儿别的事。"然后他就不说话了，因为他知道规矩在，不能违反。通常在这种时候我是不会松口的，跟孩子在一起必须要斗智斗勇。现在孩子长大了，已经反感家长唠叨，多说无益，所以我只看结果。

5. 让孩子参与家庭事务。在教育孩子的过程中，许多家长只关注孩子的学习成绩，但忽视了孩子自理能力的培养。其实在孩子很小的时候，就会体现出他们热爱劳动的一面，他们会学着家长的样子扫地，擦桌子，洗衣服，刷碗，等等。但是家长往往怕孩子把衣服弄脏了，把碗摔碎了，反而剥夺了他们锻炼的机会。久而久之，孩子就失去了劳动的能力。我们会鼓励孩子做家务，让孩子体会爸妈的辛劳，并从中懂得感恩，做个勤快的孩子，养成勤劳的习惯。

我的孩子很喜欢做饭，他的理想就是长大了当一名很棒的厨师。其实厨房里的学问大得很，要安全用火，用电，用燃气。跟孩子一一讲清楚了，然后说干就干。从买菜、洗菜、切菜开始教，当他拿起菜刀切菜的那一刻，我们的心也提到了嗓子眼。平时毛毛躁躁的一个孩子，这时候反倒心细起来，虽然菜切得不好，也要给孩子表扬，增加他的自信。就这样，从家里到学校，孩子一直都是默默地做着自己喜欢的事情。他曾在作文里写道："每天我到学校都很早，就想为班级做一些事情，于是我就从打扫教室卫生做起……"我为孩子感到骄傲！

孩子在进步，家长也要不断地充实自己，通过教育书籍、各种媒体的报道以及家教讲座，我们慢慢地了解孩子，既要顺其自然，又要循循善诱，在管与不管中寻找平衡点。最后，我用自己喜欢的一段话作为此篇文章的结尾："如果父母从一开始就能做到和孩子一齐成长，用孩子的眼光看孩子，时刻保持一颗童心，那么，随着孩子的成长，你会发现，在孩子慢慢读懂这个世界的同时，你也慢慢地读懂了孩子这本书，走进了孩子的心灵世界。这时，你距离成功的父母也就越来越近了。"

专家点评

"用孩子的眼光看孩子，时刻保持一颗童心"是啊，追忆你们儿童时期的脾气、禀性及精神心理状态，对自己子女的表现定会释然。提倡"换位思考"，何尝在少年的家庭教育中不也可用之乎？

65.
要将孩子培养成对社会有贡献的人

北京市西城区阜成门外第一小学家长　向国萍

作为孩子的家长，教育孩子对我而言一直是一个很棘手的问题。家庭教育的方式多种多样，各种方式都有好有坏，我不知道怎样的教育才是适合自己孩子的，也不知道自己做得怎么样。因此，在教育孩子方面，我根据自己的看法，从基本的爱国情结、责任心、人品、个人兴趣这几个方面进行讨论。个人认为，只要这几个方面能做好，一定错不了。现在，我就把自己教育孩子的一些做法分享给大家，希望能得到更多的经验，共同将我们的孩子培养成一个对社会有贡献，而不是让社会增加负担的人。

在孩子爱国情结的教育方面，我们注意从小事做起，比如家里看电视在播放《新闻联播》时是不可以换台的。久而久之，孩子就会爱上看新闻。这样做，一是让孩子了解国家大事，对自己的国家有全面系统的认识；二是帮助孩子积累写作素材。孩子在看新闻的时候，偶尔也会做出评价，她曾说："我们国家的领导人很不容易，每天的工作都排得满满的，节假日和周末也没有休息时间。将来我参加工作了，一定要刻苦钻研，做好自己的工作，这样也是在为国家贡献自己的一分力量。大家都这样的话，国家一定会繁荣富强。只有国家强大了，才不会受欺负，中国人民就能比现在更幸福地生活。"我会告诉孩子："每个人为国家做出的贡献或大或小，要想做出大贡献，就要从小付出更多的努力充实自己。现在你的第一要务是好好学习，只有你掌握了扎实的文化基础和功底，将来才有能力在某个领域做出超出目前状态的学术研究，才能为国家做出更大的贡献。"

在责任心的培养上，作为孩子的家长，我会尽力做好自己的本职工作，营造和谐的家庭氛围。因为孩子爸爸的工作地点离学校比较远，所以每天接送孩子的任务就落在了我的身上。晚上我下班较晚，孩子就先去学校附近的托管班，我下班后再去接。因为我经常会加班，有时甚至会加到晚上8点多才离开单位，刚开始时，孩子经常发牢骚说："为什么不能按时下班来接我？我早上很早上学，放学后作业都做完了，你还不来接我。我又很饿，到家很晚才能吃上饭。"这时，我会跟孩子讲："每天妈妈比你起得更早，如果不送你，妈妈每天可以多睡一个小时，这是我对你的责任。我也要上一天班，要抓紧时间做好我的工作才能尽快来接你。我也一样很饿，但我必须要把工作做完，给我自己的这份工作有一个交代，更不要辜负领导的信任。你也要为妈妈着想，有怨言不仅改变不了现实，更会影响自己的情绪。妈妈一定会尽最大努力早点来接你，你在课外班把作业完成好就是对妈妈有一个交代。"

从此以后，到了托管班，孩子第一件事就是把作业做完，除了偶尔会有遗漏外，大多数情况下她各科作业都完成得很好。有时孩子的考试成绩出现波动，我会告诉她："我们每天为了上学在路上来回奔波近两个小时，就凭这一件事情，你觉得这个成绩能对得起自己吗？如果觉得对不起，后面的学习你应该知道怎么做。"每次在成绩出现波动的时候，她都会自己总结原因，告诉我为什么考得不好，问题出在哪里，下次的测验成绩就会有明显提高。在家里，周末有空时，我会带着孩子一起做家务，将家里打扫干净，摆放整齐，引导她自己的事情自己做。我会告诉孩子，作为家庭成员，她有责任在力所能及的情况下给家里制造舒适温馨的环境。不管在学习上，还是生活上，我们都要让孩子知道自己的责任，哪些是她必须做好的。

在人品的教育上，我重点培养孩子的爱心、同情心、心理素质等方面。我们主要从日常生活中的一些小事入手，比如小区里有很多流浪猫，每次有剩下的饭菜，未免倒掉浪费，孩子爸爸就会放到院里让流浪猫和小鸟吃。很快，这件事情孩子就主动承担了下来。每次吃完饭，她赶紧把没吃完的剩饭剩菜装好，倒进院子的碗里，还说这样流浪猫和小鸟可以尽快吃上，要不然它们没有吃的一定会很饿。再比如，和比自己小的朋友玩，她会主动照顾小朋友，说小朋友太小，不照顾就好可怜。还有不随手扔垃圾，她曾说："清洁工夏天很热，冬天很冷，还在外面工作，太辛苦了。"

在不计较方面，我经常给孩子讲，任何一个人都不是十全十美的，我们要多去关注对方的优点，向对方学习，不要总看对方的缺点，那样会让自己心情不好。平常在夫妻关系的处理上，我们不会去计较谁对谁错，谁做得多谁做得少。我们要让孩子明白，现实生活中很多事情不能去改变对方，而是要调整自己的心态，努力适应周围的环境，为孩子将来步入新的学校乃至社会培养良好的心理承受能力。

在学习方面，因为孩子目前是小学阶段，所以除了给孩子的英语和数学思维方面进行过少量的课外辅导，其他兴趣班我们以广撒网、后聚焦的方式，目前仅让孩子进行了声乐及电子琴的学习。

专家点评

这位家长提出教育"要将孩子培养成对社会有贡献的人。"应予赞赏和表彰,因其深知教育的目的和方向,肩负着社会前进和发展的重担。

习近平总书记在谈到教育时指出:"我们的教育要培养德智体美全面发展的社会主义建设者和接班人。"同时又指出:"教育兴则国家兴,教育强则国家强。"教育决定着人类的今天,也决定着人类的未来和明天。习总书记又指出:"教育是国之大计、党之大计。"

这位家长将"爱国情结、责任心、人品"放在家庭教育首位,其女儿自幼观看中央广播电视总台每晚的《新闻联播》,关心国家大事,培养爱国情结,这在学龄儿童家庭中并非多见,乃至中学生也未有观看《新闻联播》的习惯。所谓的"高考工厂",多少有些"一心只读圣贤书,两耳不闻窗外事"之隙,偏离教育目的之嫌。由此观之,该家长的爱国教育凸显于家教中,那是与其具有崇高的爱国情结紧密相联而不可分的。

第 3 章
家庭教育感悟与反思

66.
如果妈妈只有一颗糖，怎么办？

北京市西城区德胜少年宫家长　鄂丽娜

我有两个女儿，老大奥娃今年七岁，老二丽娃两岁。两个人的性格不同，需求也不同，但她们短短两年的手足之情，足以感动作为父母的我们。

场景一：奥娃今年上一年级，中午在学校吃午饭，学校偶尔会发饭后小甜点。一天放学回到家，奥娃急匆匆地从书包里拿出了一个用纸巾包裹得严严实实的小东西藏在自己身后，跑到丽娃跟前蹲下，并凑到她耳边说："叫姐姐！"丽娃好奇地瞪大双眼望着姐姐，叫着"嗒嗒"（"姐姐"发音不清）。那表情和声音非常呆萌，奥娃被妹妹萌翻了，抱着丽娃使劲亲了一大口，好像要把丽娃的苹果脸咬下一块。之后，她把纸包拿到丽娃眼前，小心翼翼地一层一层打开。丽娃有些迫不及待，伸着脖子嘟起小嘴往纸包里看。终于纸包打开了，里面是奥娃带回来的一小块已经有些碎的小点心。奥娃说："贝贝（丽娃小名），姐姐给你带了好吃的！哎呀，有点碎了。"随后奥娃露出失落的表情。丽娃对着姐姐又是一通卖萌，然后从奥娃手里拿过有些碎的小点心，用小手一小块儿一小块儿地放进嘴里，边吃边点头，表现出好吃的样子，还把最后一小块塞进姐姐的嘴里。这情景让我觉得心都要化了……

场景二：丽娃年龄小，还是个小婴儿，虽然已经两岁多了，但还不太会说话，而且在晚上经常难以入睡。我都是让姐妹二人分开睡的，因为二人睡前待在一起实在是太闹了。奥娃已经是个一年级的学生了，每天都要早睡早起。每当奥娃恋恋不舍地被我和她爸爸逼上床睡觉后，都能瞬间秒睡。丽娃每次看到姐姐上床睡觉了，就会伸出食指放在嘴边，学着大人说"嘘"的样子，把头、脖子、肩膀缩起来眯着眼睛吹气，好像在说："不要打扰姐姐睡觉！"这温暖的情景再次将我融化……

以上这两个情景再现，只是我的二胎生活中很小的一部分，大部分的时间都是我们三头六臂都应付不来的，以身心俱疲来形容也绝不为过。而且，手足的纷争千奇百怪，根本不是妈妈日渐匮乏的想象力可以预测到的，也不是妈妈这个"清官"可以了断的"家务事"。每天我都要为二位大小姐准备一模一样的食品，就是怕她俩争抢。

但我也经常将问题抛给孩子："如果妈妈只有一颗糖，怎么办？"奥娃经常会马上回答："留给妹妹！"曾几何时，这些承诺令我感到无比欣慰。但事实告诉我，我实在是很傻很天真，这只是她嘴上说说，假如遇到实际情况，奥娃就会把之前的承诺忘到九霄云外，与丽娃大抢特抢。抢走后奥娃洋洋得意，丽娃哇哇大哭。这混乱的情景几乎把我逼疯……

我在情急之下说过："今天谁先让？"意思是说，事情已经到了这一步，妈妈也不知道要怎么办，看看她们谁先让一步。渐渐地，孩子发现妈妈处事只问对错，不问大小。不管姐姐再大，妹妹再小，做错事的一方就是要接受处罚的一方。事情简单了，孩子明白了，我也轻松了。

现在，当姐妹俩同时都要妈妈抱时，我不会对奥娃说："妹妹小，你让着她。"我会把两个宝贝一起搂到怀里，并且让姐妹俩也互相抱着，成为"三人抱"。如果凑巧孩子爸爸也在身边，他也会加入我们，抱成一团，然后四个人哈哈大笑，奥娃称之为"全家大抱"。这样不仅满足了孩子们对母爱的渴望，也拉近了姐妹俩的感情，更重要的是让她俩感受到"我们是一家人，自己并不孤独"。我也不会再问孩子们"如果妈妈只有一颗糖，怎么办"这样愚蠢的问题了，因为孩子们不会告诉你他真正的想法，还是要让他们在家庭生活中去感受，去体验。即使两个孩子还是每天打打闹闹，我也不会把忠孝节义的大道理照搬出来说。哪个孩子会笨到不知道父母喜欢看手足相亲相爱的画面呢？只是有时候，他们并不能马上就做到。父母要做一根线，将孩子们的心串在一起的一根线。

专家点评

阅读该文，联想起汉代孔融四岁让梨的故事，并收载《三字经》中成为我国幼儿启蒙读本中教子典范的故事，影响深远达一千余年。小姐妹俩温馨相爱，给家庭带来欢乐，令人羡慕。往昔，多子女家庭中教育兄弟姐妹团结亦是重头戏，其故事比比皆是。如今，二子女家庭亦有相似教育团结友爱之事，家庭教育中情感教育不可缺，望重视之！

67.
一次考试答题卡填涂失误的感悟

北京市西城区北师大二附中西城实验学校家长　卫　忠

人生历程中难免发生几次这样那样的失误，尤其是在青少年时代。古人云："塞翁失马，焉知非福。"失误并不可怕，可怕的是总在一个地方跌倒，犯同样的错误，还有就是不吸取失误的教训，再次在重要关头犯下不可饶恕的错误。人一定要做到吃一堑，长一智，才能从中改进和提高。下面我来讲述一件孩子考试时答题卡填涂失误的事情，在此次事件的处理过程中，家长和学校及时沟通，共同教育孩子，我有了以下的切身体会和感悟。

一、事件回放

那次是初一上学期的期末地理考试，成绩出来后，孩子的地理成绩是72分。儿子对自己的得分心存疑问，感觉选择题少得了分，这是怎么回事呢？试卷下发后，经老师讲解标准答案，儿子更加确认选择题部分不应该得那么少的分。他答题的习惯是先在试卷上标出自己所选的答案，最后再填涂到机读答题卡上，所以应该是答题卡上有失误。为了确定孩子的真实得分情况，我们俩还认真细致地查阅了整个卷面，的确是选择题少得了12分。

儿子对此非常痛苦、懊恼，唉声叹气地说："太可气啦，太可惜啦，假如多上那12分，我的成绩排名就可以在班级和年级靠前一些。"但历史的车轮不能倒转，时光也不可逆转，人总要面对和接受现实，与其惆怅自责，徘徊不前，不如吸取教训，砥砺奋进。即使面对再大的困难和挫折，都要冷静地思考如何去处理。我们这样开导儿子，并对他说："来，来，来，咱们一起分析分析，答题卡上少得分真正的原因在哪里？"

这样一劝解，儿子好像想通了一些，像分析问题一样，和我们一起列举了几种可能性：一是读卡机器出现故障未识别答题卡，但这种情况基本能够排除，因为同批次判卷，其他人并无问题，他自己的答题卡也不是得零分；二是儿子答题卡上未填涂答案，但这样的情况也能排除，经儿子回想，他是都涂上了的，况且答题卡也不是得了零分；三是填涂上出现了问题，填涂不规范导致机器判别为错误，要么是填涂不完整,要么是涂得比较轻。经儿子回想,最大的可能就是,几道选择题的选项用铅笔涂得太轻造成的失误。

分析出原因后,儿子想要与学校老师沟通核对一下答题卡,看是否能有机会更正。我们同意了孩子的想法,无论成与不成,这样做一来可以了解情况,或许有更正的机会;二来可以锻炼孩子与学校老师沟通处理问题的能力。于是我拨通了年级组长的电话,简单说明了缘由,接着由孩子向老师说明详细情况。经过沟通,老师向我们解释期末考试是由西城区教委命题及统计分数,无法再更改,然后又宽慰孩子要以平和的心态对待此事,并吸取教训,引以为戒,在以后的机读答题卡填涂中不能再犯同样的错误。

二、事件反思和感悟

通过此次的考试答题卡填涂失误事件,我们觉得不管是孩子还是我们家长都得到了"意外收获"。对孩子来说,从一开始的自责气愤到后来的平和处理,他认识到是自己的原因造成了失误。这次事件也锻炼了孩子应对问题和处理问题的能力。庆幸的是,这仅是一次期末考试,假如是中考、高考这种关键的考试,那将是终生遗憾,追悔莫及。自此以后,孩子吸取教训,在试卷签名、卷面书写等方面都非常细心,保证不再犯这种错误。我相信,此事在他心中已刻下深深的烙印。

对我们家长来说,我们也感悟到,如何恰当地帮助孩子处理他面临的困难和问题至关重要。凡事要辩证客观地看待,问题出现后,我们不能一味地批评孩子马虎大意,也不能只以"分"论英雄,评判孩子的"优"和"劣"。此外,我还要感谢学校老师对孩子的教导和关爱,通过家庭、学校的共育,孩子们可以身心健康地成长发展。最后,以俄国作家契诃夫的一句名言结尾:"困难与折磨对于人来说,是一把打向坯料的锤,打掉的应是脆弱的铁屑,锻成的将是锋利的钢刀。"

专家点评

少年在成长过程中出现一些失误乃是正常之事,该父子共同分析经过,找出原因,立规纠偏,取得成效,乃是正确之举。青少年在人生的道路上还会出现坎坷、失败、挫折、委屈等,仍要正确对待、理智处理,视为成长锻炼。该家长引用俄国作家契诃夫的名言作结束语,乃是画龙点睛之笔,其实质为挫折教育和挫折锻炼。

68. 让孩子品味成长中的点滴进步

北京市西城区进步小学家长　刘　骞

一、案例概述

父母是孩子的第一任老师。通过悦然自己动手组装小书柜这件事，我们引导、鼓励孩子对自己有一个正确的评价。在孩子遇到挫折时，父母的鼓励是孩子扬起自信的风帆；在孩子做事有顾虑时，父母要引导她放下思想包袱，大胆放手去做，成为孩子相信自己的助推器。悦然上了三年级后，各方面进步很大。在她的成长过程中，除了老师对她的鼓励和帮助外，她的进步在很大程度上取决于家长对她的适时引导和鼓励。

二、案例背景

参加家长学校的学习后，我们受益匪浅，尤其是听了很多优秀老师的报告。在教育子女方面，无论是教育理念、教育方法，还是教育效果，都有了不同程度的提升。我们原来存在的一些误区，如"树大自然直"，放任孩子不管，"棍棒底下出孝子"，对孩子辱骂呵斥、拳打脚踢等错误理念，在学习实践中都已"旧貌换新颜"。攀比之风、溺爱之风、奢侈之风等"全职太太"式、"权钱交易"式的错误方法，让父母在品尝苦涩后不得不做出调整。家长要根据孩子的家庭背景、年龄、年级和身心发展特点，用科学的教育方法适时引导、点拨、鼓励孩子，现在孩子点点滴滴的进步，将会铸就孩子未来人生的成功。

三、案例过程

随着孩子一年又一年地长大，原来的书柜已经不够用，要添一个新的书柜。我在超市里买了一个可以组装的小书柜，家长开会那天，孩子正好作业少，我想让她自己动手把书柜组装起来。她放学回家后，看到了放在她房间里的一包木板，也听取了我的建议，表示很愿意自己动手组装书柜。我给了她工具，但故意没有告诉她怎么拼装，她就自己开始干了。

五点半该吃饭了，我让她放下工具和我一起吃晚饭，她说等装好了再吃。我就一边吃饭，一边看她在客厅间组装书柜。大约过了十分钟，她开始说："木板太重了，螺丝又很难拧，干活很费力。木板与木板之间的接缝开始时没注意，要重新返工，感觉自己笨手笨脚。"后来又说："要是老板雇佣我这样的员工，企业一定要亏损的，那么我一定会被老板炒鱿鱼的。"

我立即提醒她，企业招收新员工时有三个月的试用期，又进一步开玩笑说："要是人家公司招得到像你这样聪明又肯吃苦的员工，你妈妈会每天去寺庙烧香的。"大概上第三颗螺丝时，因为手劲太大，木板有点坏了，她急得叫起来："完了，我把它弄坏了！"我走近一看，发现没有大碍，就鼓励她说："别紧张，只管放手做，真的弄坏了，就算是妈妈送给你的一个礼物，我再花69元钱给你买一个。"等我吃完晚饭，再一次让她吃饭时，她还是不愿放下手中的活，我也随她的意，自己出门遛弯去了。

遛弯后，我一到家就去看她的小房间，真是出人意料，小房间完全变了样。地板擦得很干净，书桌上放着整齐的文具，装好的小书柜放在一个最合适的位置，里面放着许多书，墙上还贴了她自己的画作。简直像换了房子一样，空间都变大了。我真心地夸她聪明、能干，她自然是很高兴，还让我猜猜她什么时候吃的晚饭。我说应该是在七点以前，没想到她说直到七点半才吃晚饭。我心疼地问她："为什么不早一点吃晚饭？"她说："当时我一直忙着装书柜，收拾房间，把吃饭都忘了。"

四、反思感悟

通过这件小事，我们可以看出：孩子很难对自己有一个正确的评价，在他遇到挫折时，父母对他的引导、鼓励是多么重要；孩子做事有顾虑时，让他放下思想包袱，大胆放手去做，又是多么重要。我的孩子现在上三年级，各方面的进步很大。在她这一路的成长过程中，老师对她的鼓励和帮助起了很大作用。在此，作为孩子父亲的我，向老师表示衷心的感谢！

孩子接受了什么样的教育，将来就会有什么样的生活和事业！家长是孩子的第一任老师，有位家庭教育专家曾说："没有成功的子女，就没有成功的人生！优秀孩子的背后一定有优秀的教育方法。没有教育不好的孩子，只有没掌握好教育方法的家长。"做学习型家长,我将一如既往。

我们家长要和学校合作,在学习中不断进步;要与孩子携手,在历练中共同成长!

通过此案例,让孩子品味成长中的点滴进步,孩子获得成就感,暗中又培育出孩子的自信心。自信心是一种积极、有效地表达自我价值、自我尊重、自我理解的意识特征和心理状态,自信会给人以力量,给人以快乐,给人以希望,自信更是消除自卑心理的良方,自信可给人正能量,但应该注意过度自信则为自负。自负所产生的负面效应,人之共识,毋庸赘言。

69. 学会自己解决问题

北京市西城区进步小学家长　陈　勇

教育发展到今天，我们不难发现，21世纪的孩子大多是独生子女，他们在为人处世、学习生活方面表现得比较自私，同时依赖心理较强，不会自己思考处理事情，这些都直接影响到孩子今后的发展。作为家长，如何正确有效地对孩子进行引导，使他们形成良好的思想素养，是摆在我们家长面前一个值得深思的课题。下面我结合发生在我家孩子格格身上的一件实例，谈家长的几点做法。

一、基本情况

某日格格回到家很不高兴，我问她情况，原来是她在班上和同学产生冲突，一气之下将同学的笔弄折了。老师叫她回家写检讨，她自己感觉很委屈。

二、情况分析

1. 孩子平时下课只是和几个合得来的朋友玩，形成小圈子，不能友好地与其他同学相处。时间长了，孩子不容易形成集体观念和团队意识。

2. 孩子和同学相处简单直接，一言不合就同他人针锋相对，引发此次损坏同学物品的事件。

3. 做错了事情，孩子没有意识到自己行为的错误，损坏了东西自己不能承担责任。"以自我为中心"和"面子"因素导致孩子自己不能解决问题。

三、辅导策略

1. 正确引导，帮助孩子认识自己的问题

考虑到孩子的自尊心，我和格格妈妈没有直接批评她，而是让她站在东西受到损害的同学的角度看待这一事情，并对她说："如果同学也这样对待你，你是不是很伤心？"经过思考，格格也认识到了自己的错误。

2. 与老师和同学家长充分沟通

在处理这件事情的过程中，我们也积极跟老师和同学家长联系，充分了解整件事情的发展过程，不护短，不透过，保持心态平和，为解决问题奠定能够与孩子沟通的家庭气氛。

3. 帮助孩子培养正确的同学相处方式

考虑到格格弄坏了同学的笔，我们建议格格能够负起责任，给予同学等值甚至更多的赔偿。起初格格舍不得拿出自己珍爱的笔，但经我们耐心沟通，孩子认识到做错了就要为自己的行为负责，只有真诚的道歉才能得到别人的谅解。格格最后还是同意拿出自己珍爱的笔送给同学。

4. 适当的鼓励

我们都知道，小孩之间的冲突来得快，去得也快，尽量不要为一些小事让孩子们之间存在芥蒂。当看到格格认错了，也愿意赔偿道歉，我们适时地对她这一行为进行鼓励："做错事只要能改，就还是好孩子。不要因为这一件事影响了你们的友谊。"

四、辅导效果

第二天，格格主动向同学承认了错误，同时也把自己最喜欢的笔赔偿给同学，取得了同学的谅解。现在格格能够比较好地约束自己了，与同学相处时也学会了尊重别人的意见，同时还享受到了集体活动的乐趣。

五、反思

1. 对于做错了事情的孩子，处理方法不要简单粗暴，也不能以侥幸心态轻易忽略。我们要尽可能地把工作做得更加细致，深入了解问题发生的根本原因，从而积极地帮孩子分析，引导孩子自己去解决问题。

2. 儿童的各方面都是在成长过程中不断发展的，他们的心理还不成熟。在爱与友善的环境中更容易帮助他们纠正错误，使他们以健康的心态正视自己，以积极的行为帮助自己向更好的方面发展。

3. 家庭、学校等外界环境对孩子的影响是非常大的。所以，营造一个温馨和谐的环境，对于孩子的心理健康是非常重要的。

> **专家点评**
>
> 人非圣贤，孰能无过，更何况是一位儿童。《左传》言："人谁无过，过而能改，善莫大焉。"同学之间常有摩擦、矛盾、纷争，只要家长正确对待，配合教师常可迎刃而解。借此浅谈同学情、学友情，当你成人后就会体验到同学情之可贵，因人就活在亲情、爱情、乡情、友情、战友情、同学情之感情环境中，一生都离不开一个情字！

70. 从"有问题"到"没问题"

北京市第七中学家长　徐　青

教育孩子方面，我原本是个门外汉。孩子幼时由于缺乏照顾，成了一个"问题"儿童，上学后又成了一个"问题"学生。但孩子回到我身边后，我们夫妻两个根据教育专家的建议，逐渐帮助孩子改正问题，使她成为一个"正常"学生。

一、问题的产生

对于孩子，我有太多的内疚。孩子五岁的时候，我由于工作关系来到了北京，但孩子与她妈妈一起留在了老家。我们两家的父母身体都不好，无法帮助我们带孩子，所以孩子完全由她妈妈一个人带，而她妈妈也要上班，经常让孩子一个人留在家里。这样的日子一过就是八年，等孩子妈妈有机会带孩子到北京时，孩子已经成了一个标准的"问题"学生。我总结了一下，她主要有以下问题：性格内向，极端自卑，独来独往，成绩不理想，也不与同学交流，对学习不感兴趣，经常觉得同学欺负她，遇到问题不知如何解决，只知道大吵大闹。

近年来，我们夫妻两个十分着急，给她报了无数的补习班，主要是针对她存在的问题进行心理辅导，调节情绪。但由于我们两个工作都比较繁忙，到家里后累得连话都不想说，缺乏与她的沟通。辅导老师教的许多方法只在上课时用，到了家里就又恢复原状，导致辅导班教学与家庭教育脱节，结果对她的帮助不大，孩子始终保持在那种"问题"状态，与其他同学的关系较差，学习成绩始终不理想，也无法及时完成作业。

二、问题的解决

孩子上初中后，我们两个下定决心帮助她，妻子提前退休，我也调整了工作，不像从前那样繁忙，有了更多时间完成我们的计划。根据教育专家的建议，我们主要做了以下工作：

（一）与孩子多交流

这是心理辅导课的必要内容，但也是我们做得最不好的地方。我们经常让孩子一个人待着，缺乏与大人的沟通，孩子不愿将自己的真实想法告诉我们。于是，我和妻子分工合作，我负责白天，她负责晚上，主要工作就是一项，与孩子多说话，多关心孩子的生活与学习，了解孩子的内心世界。起初，孩子有些抗拒，对我们的交流不是很积极，但经过一段时间的努力，孩子渐渐向我们敞开了内心世界，喜欢将学校里的喜怒哀乐告诉我们，特别是那些有趣的事，她经常讲了又讲，兴奋极了。看着她可爱的笑容，我们也非常开心。

（二）唤起孩子的自信

孩子从小就养成了自卑的习惯，总觉得自己不如别的孩子聪明，干什么事都觉得困难，强调自己不行。我们对症下药，从生活中最基本的事情做起，慢慢培养她的自信。对她取得的哪怕是最微小的进步，我们也会反复地表扬，让她逐渐相信自己也能和其他同学一样正常地学习、生活。特别是孩子喜欢跳舞，每次听到音乐她就会情不自禁地跳起舞来，这是她自己的小小"骄傲"。我们发现后，就给她报了舞蹈班，让她通过展示自己的技能，重新取得自信。对于她在家里的自由舞蹈，我们也让她充分展示自己。

（三）耐心教育孩子

这方面我的感受最深。孩子刚到北京时，看着她满身的毛病，我经常气不打一处来。虽然没打过孩子，但我经常发脾气，冲孩子大喊大叫，真有点"恨铁不成钢"的感觉。工作和生活的压力常常让我们身心俱疲、浮躁焦虑，难免迁怒于孩子。当孩子表现出不符合我们期望的行为时，我们常常会简单粗暴地加以批评，甚至打骂，这是对孩子极大的不尊重。后来，我们夫妻两个订了一条规矩，就是让孩子讲完自己的"道理"后，我们才能对孩子说话，也就是我们必须耐心倾听孩子"为什么要这样做"。后来我们发现，由于我们有了足够的耐心，也能从孩子的角度思考问题，慢慢地，孩子愿意表达自己的情感，也变得更加理智了。

三、几点启示

（一）承认孩子有差距

孩子各有不同，有的擅长理科，有的擅长文科，有的爱作诗，有的爱画画，但每个孩子都有自己的长处。我们要充分发挥孩子的天性，让孩子成为他"自己"。家长不能强迫孩子一定要成为科学家、文学家，而是要让孩子健康地成长，做个对社会有用的人，这就够了。

（二）要多陪孩子

陪伴是孩子对爱最大的渴求。当今社会节奏加快，家长生活压力大，很多时间都被工作和事业侵占，留给家人和孩子的时间少之又少，所以常常通过满足孩子的物质需求来补偿对孩子的亏欠。但正是"陪伴"的缺乏，严重影响了孩子的交往能力和语言表达能力，甚至会导致她内心挥之不去的恐惧和不安。锁上一扇门，隔离了亲子之爱，爱就会变得苍白无力。

（三）教育孩子贵在持之以恒

"问题学生"的形成并非一两天的事情，而是长期的习惯积累，是各种因素影响的结果。所以，对他们的引导也并非能够立竿见影，这就需要我们父母在注意方法的同时，能够付出长期的耐心、爱心和关心。只有这样，我们才能逐渐感化他们，才能起到教育的效果。

专家点评

从"有问题"到"没问题"的孩子教育案例中可以看出，一是儿童尚未成型，可以塑造；二是家庭教育得法，可以将"有问题"的孩子改变为"没问题"的孩子。诚然，这需要父母付出更多的智慧和精力。

耐心教育，正确引导，心理辅导等教育方法，皆建立在和睦、互信、平等的沟通渠道之上。父母与儿女的沟通渠道是为心灵沟通，因有血缘和亲情的得天独厚的因素，故建设较易，父母应用可以得心应手。父母付出爱心、关心和耐心，通过沟通渠道，教育消除其女儿的自卑心，建立了自信而取得成效，即是明证。

71. 在家庭中给孩子营造良好的学习氛围

北京市西城区德胜少年宫家长　刘春联

一、案例

2010年春天的一个普通清晨，6点半，阳光从东侧的窗户射进孩子的房间，一片通亮。孩子照例按时起床、洗漱，吃完我做的早餐后，他准时坐到书桌前，低头做着一张纸条上的语文词语选择题。5分钟后，他背上书包快步走出家门，走向只有一路之隔的学校。一个早晨我们几乎不用说一句话，一切都按部就班，这就是他高中的最后一个学期。我从他的桌上拿起他刚刚做好的纸条，翻开我准备的错题答案本，给他批改。

下午6点，孩子回到家，本来学校安排有晚自习，但在分析完利弊后，他选择回家复习。他自己先做老师留的作业，吃完晚饭后，孩子继续做作业，然后再做纸条上的曾经错过的题，题量都是30分钟以内就能做完的。我收拾完碗筷，开始给他整理各科卷子上的错题，我会把错题按科目、类型分别抄写，或者复印后剪成纸条，按题型粘贴在一起，再把正确答案记在另外一个答案本上。

孩子每天早晚各做一张这样的错题纸条，如果重做后又错了，我会让他说说错误原因，或者我们共同分析错误原因。之后，我会把这道题再次抄写下来，过一段时间再让他重做，直到做对为止。高三阶段光语文一项他做的纸条卷子就不下100张，不过也算有所收获，最后孩子语文的高考成绩最高，得了130分。

孩子每天晚上11点会出去跑步，40分钟后回来洗澡睡觉。高三期间，他很少在12点之后睡觉。孩子将时间安排得井然有序，所以最后考试时情绪稳定，发挥正常。

二、解读

高考对于每一个经历过的人来说，都是刻骨铭心的。作为家庭成员，父母也深陷其中，焦虑、紧张、不知所措。儿子的高考季，我选择陪伴、参与、助力前行，给孩子营造良好的学习氛围。

有的家长会有疑问,学习是他自己的事,你是不是管得太多了?但我不这么认为,我给他安排做的题是跟他商量后进行的,并且是老师要求孩子做的,只不过动手整理的工作我帮他承担了一部分,这也是在告诉他如何查缺补漏。就好像爬山,他走不动,你拉他一下,推他一下,比只在旁边说"快点!快点!"管用得多。当然,对于有很强的学习能力,在班上是"学霸"的孩子来说,也许不用。但我了解我的孩子,我知道哪里是他的弱项,我知道什么时候应该拉他一把。

那一年我们家拆迁、买房、装修都赶在一起,但是我们从来没在孩子面前讨论这些问题。孩子心里很干净,不会为家里的琐事分心,而且他是全班唯一一个没有手机的学生。我爱人工作忙,每天早出晚归,孩子的学习生活都是我在料理,我在孩子面前除了做饭、做家务,就是给他整理卷子,帮他分析错题,或者就是我自己备课。所以,我们呈献给孩子的一面都是正能量——努力工作、踏实做事、共同进步,他会觉得我们永远是他坚强的后盾。

三、反思

营造家庭良好的学习氛围,我觉得可以分成以下四个层次:

第一层次:给孩子营造好的环境。

外在环境:即家庭安静的环境,孩子最好有独立的学习房间,房间布置要简洁干净,不要过于花哨凌乱。要有适合孩子学习的书桌和书架。周日到周四的晚上最好不要邀请朋友到家中聊天吃饭,以免影响孩子学习。

内在的环境:让孩子内心安静,集中精力学习。家中的琐事、烦恼事尽量不要跟孩子说,夫妻之间的分歧争论一定要避开孩子,传递给孩子的应该是家庭的正能量。

第二层次:家长的陪伴。

认真听孩子讲学校的轶闻趣事,帮他分析,和他讨论,让孩子感受到家长的关心,但要把握好尺度,过分的关心会给孩子增加压力。

第三层次:家长参与到孩子的学习中,帮助孩子解决学习上的问题,主要是学习方法问题和心理问题。

第四层次:家长也主动学习。

家长的学习包括以下几个方面:1.学习教育孩子的经验;2.学习孩子课本上的知识,这样孩子有不会的就可以帮助孩子;3.学习与自己工作专业有关的知识;4.学习自己的兴趣爱好方面的知识;5.学习历史、文学、科学方面的知识。

家长的努力进取会对孩子产生潜移默化的影响，榜样的力量是无穷的。孩子看到家长整天抱着书读，参加各种培训班，他也没有理由不好好学习。正所谓："其身正，不令而行，其身不正，虽令不从。"家长要陪伴孩子一同成长，成为他学习的老师和伙伴。跟他一起学习、一起阅读，才能更深入地了解孩子的需求与困惑。

回忆孩子的成长历程，从他两岁开始，我就给他讲故事，陪他听故事，和他一起识字、背古诗。孩子上学后，每天检查作业更是我的任务，遇到不会的题，我就会和孩子一起研究，如果我们都做不出来，就让他第二天去问老师或同学。晚上回来，我会让他把那道题给我讲一遍。其实这是在培养孩子认真钻研的精神。

小学阶段孩子的自制力、专注力都比较差，他写作业时，我们大人几乎不说话或说话声音很小，即使做饭都轻拿轻放，更不会看电视。我们没跟老人住在一起，也是为给孩子创造更安静的学习环境。虽然自己累点、辛苦点，但为了孩子良好习惯的培养，也是值得的。

孩子中学三年，由于我们俩工作都很忙，无暇顾及孩子，放松了对他的关注，他在学业上退步不少，心理上也出现了困扰。所以，从孩子高中开始，我毅然调动了工作，并在孩子学校附近租了房子。我经常跟家长说："钱错过了还可以挣，但孩子的成长错过了，就再也没有了。花有重开日，人无再少年啊！"看到那些留守儿童远离父母，缺少亲情和关爱，学业半途而废，我真为他们的未来担忧。

家长是孩子的第一任老师，也是终身的老师，好的家庭环境将决定孩子的性格和命运。你想让孩子成为什么样的人，你自己先要成为什么样的人。

我回想自己为什么喜欢读书、喜欢文学，其实也是受了母亲的影响。在我小学时，村里有个卖书的叔叔，妈妈会经常带我去借书看，我最喜欢的一本书是《唐代三大诗人诗选》。我软磨硬泡让那位叔叔卖给我，其实那本书是叔叔自己收藏的并不卖，但看到我那么喜欢，最后他送给了我。之后，我自觉自愿地按顺序背起了里面的古诗，到现在还记得。我上中学时，妈妈听广播自学日语，满屋子贴着日语单词，她还给姥爷写了七八万字的回忆录，这些都潜移默化地影响了我们姐弟三人。

当今社会知识日新月异，终身学习也成为人们的共识。儿子在北京上完本科后，考取了美国的研究生。两年后毕业回国，目前在一家证券公司的投行部工作。工作之余，他也在学习进修，去年取得了"证券业从业人员资格"证书，又在备考CFA（金融分析师）和注册会计师。

我的床头和茶几上总会放着几本自己喜欢的书——《于丹〈论语〉心得》《世间

最美的唐诗》《苏轼传》……夜深人静的时候，我会读上几页。开车出去时，我也会播放一些《百家讲坛》《老梁讲历史》之类的节目，有时我们三人还会一起讨论。

我曾看到，好多家长在工作之余抱着手机打游戏。工作压力大，下班后打游戏放松一下，可以理解，但如果沉迷于此，尤其是让孩子看到，会对他们有不好的影响。放松心情、减轻压力可以有更优雅的方式，比如学习茶艺、养花、阅读时尚杂志、学书法、散步、练瑜伽，等等。

我的经验与教训告诉我：

1. 要陪伴孩子成长。既不能包办太多，也不能撒手不管，要根据自己孩子的实际情况，掌握好度。不要盲目，不能听别人家孩子怎样，就也这样要求自己的孩子，那是人家的孩子。习总书记说对贫困地区要"精准扶贫"，而我想说，对自己的孩子要"精准辅导"。不是看见他磨蹭，看到他做错题，就一通叫嚷或者讲一堆大道理。家长要找到问题的根源，帮助孩子克服和解决。

2. 要给孩子自主学习的空间。在孩子需要时帮一把，而不是全程监控。我们要注意"不愤不启，不悱不发"。就像孩子学走路，先扶着走，再松手让他自己走，家长的手不离太远，随时去扶，然后再让他走远一点，摔倒了自己爬起来。什么时候放，什么时候收，要看自己孩子的具体情况，不要跟别人家的孩子比。

3. 要让孩子始终仰视你，崇拜你。不仅是知识，还有做人，我们要做他的引路人。所以，我们自己也要以时俱进，不断充电学习，减少代沟。但有些做人的原则和底线是不能变的。

一把钥匙开一把锁，我的经验更多是适合我的孩子，别的孩子不能照搬硬套，只能起到借鉴作用。

> **专家点评**
>
> 这是一篇家庭教育成功的案例，家长营造了良好的学习环境，父母陪读，且又参与到了儿子的学习中，父母也主动学习等，儿子考取美国研究生，两年后毕业回国工作，阖家欢愉，其法可借鉴。我想起几百万的农村留守儿童的教育现状，令人担忧，当地政府和学校不遗余力，千方百计地解决留守儿童教育的困楚，但城乡教育之落差，一时尚难弥补。脑海中涌出近代教育家陶行知先生的光辉形象，提倡和践行平民教育，创建南京晓庄师范学校，其教育思想和理念，可以攻玉。

72.
教育孩子是家长的自我修炼

北京市西城外国语学校附属小学家长　谢群莹

我经常教育孩子:"不要麻烦别人,自己的事情自己做。"可是,当我想让他帮忙的时候,他却也反过来教育我,说:"不要麻烦别人,自己的事情自己做。"

记得有一次,我在洗手间忘记带卫生纸,让儿子帮忙送一下卫生纸,儿子说:"你刚才上厕所的时候,为什么不知道自己带好卫生纸呢?"儿子说话的口吻,分明就是我平时教育他的语气。

孩子是父母的镜子,孩子的心里会这样想:"如果你让我不要麻烦别人,首先你自己也应该不要麻烦我。"

当孩子幼小的时候,我知道,他摔倒之后最好自己站起来。可是,当孩子伸出手说"妈妈扶我起来"时,我总有些纠结该扶还是不该扶。如果我不扶他,他虽然自己能站起来,显得独立了,但当别人摔倒了,需要他帮忙扶一把的时候,他是否也会像我要求他那样,要求别人自己站起来呢?

在该帮忙和不该帮忙之间,到底何为适度,何为过度?如果我总是不肯帮他的忙,总让他自己的事情自己做,那他是不是也就不会轻易帮助我呢?我感到有些迷茫,也发现教育孩子是把双刃剑,每一种方法都有利有弊。

当我听说儿子经常在学校里帮助其他同学,比如帮同学系鞋带,帮同学捡起作业本,帮同学辅导功课,甚至让周围的同学抄一下作业。为了防止孩子总帮别人做一些不必要的事,我开始教育他:"先做好自己的事情,再去帮助别人。帮助别人之前,先判断一下对方是否需要帮助。先做好自己,再去教育别人。"

结果,昨天我让他跟爸爸一起去游泳,他说他不想去。我说:"你游泳游得那么好,要坚持下来,把身体锻炼得棒棒的。"儿子马上反问我:"那你呢?你怎么不去游泳?"我说:"我不会游泳啊!"他说:"你不会游泳,就别要求我去游泳。如果你要求我做好一件事,首先你自己要先做好这件事。"

这是我经常教育他的话,此刻被他反过来教育我,当场就把我气坏了。可是他说得太对了,竟让我无言以对,但听到了心里还是觉得很不舒服!

我开始反思自己对孩子的教育，是不是哪个地方出了问题？或许是我没有把握好尺度，在教育孩子的时候，只是简单粗暴地扔给他一句"正确的言论"。我开始意识到，无论是教育孩子，还是分辨是非、判断对错，每一种观点都不应该是孤立存在的。每一件事都有它发生、发展的背景和理由，也就是俗话所说的"来龙去脉"。事情不同，得出的结论就会不同；立场不同，得出的对错也会不同。

随后，我尽量以身作则，进行"身教"。或许当我做好自己、享受生活时，孩子也就可以从我这里学到如何做好自己、享受生活。同时，我也可以有更多的时间做自己的事，不用耗费大量的时间来"言传"。

当我希望孩子能勇敢地跟小朋友交往的时候，我要求自己也要勇敢地去跟别人交朋友；当我希望孩子爱上阅读的时候，我要求自己先喜欢上读书，至少在孩子面前多读书；当我希望孩子开始练习写作文的时候，我自己先坚持写作文，从而让孩子知道写作文是日常生活中再正常不过的事情。在我潜移默化的影响之下，就不用担心孩子不会写作文了。

当我希望孩子自觉做作业的时候，我自己也给自己布置了一些家庭作业。与其一边看电视，一边让孩子去写作业，或者一边帮孩子检查作业，一边骂他不努力、不仔细，不如我们拿起一本书，陪着孩子一起看书，做作业。我不会再让孩子质疑："你们上班的时候，我要上学，可为什么你们下班后不用做作业，我放学后还要做作业？"

我一直跟孩子说："上班挣钱是我们的事情，而上学积累知识是你的义务。"我始终觉得做作业是孩子自己的事情，独立思考是孩子的必要能力，父母不必代为检查，更不必参与思考。我从来不帮儿子做作业，也不帮他检查作业，我只负责监督他是否完成作业，因为学校要求家长签名。

"身教"胜于"言传"，榜样的力量是强大的。家长做好自己，让自己变得越来越好，孩子也就会越来越好。家长是什么样的人，孩子就会是什么样的人。教育是家长不断进行自我修炼的过程，而不是家长单方面"修正"孩子的过程。

教育是一项庞大的工程，其间无小事，孩子在每一个阶段都是不一样的，父母的教育观念也要随着孩子的成长，不断发生变化。孩子不是家长随意涂抹的一张白纸，至于"成功"还是"失败"，我实在不敢妄下定论，只能说，我与孩子一起成长。

专家点评

好一则母子共同修炼而修成正果的事例，其感悟亦说明其母乃是一位良母也。

73. 爱国教育的尺度应当如何把握

北京市西城外国语学校附属小学家长　王　阳

爱国，是每一个人都应当具备的品质；爱国，是应当上升到"主义"的高尚情操；爱国，是应当从小教育给每一个孩子的精神。现在我们的低年级课本中，也有不少经典的为国奉献、牺牲的革命前辈们的英雄事迹。孩子们从小接受这样的教育，本是件理所应当的事情，但前不久在微信朋友圈中广泛流传着一段小视频，引发了家长们激烈的讨论。

视频的内容是这样的：一个小学低年级的男孩，声情并茂地朗诵着《刘胡兰》的片段，读到动情处，声泪俱下。周围的同学或是惊讶，或是讥笑，任课老师制止了同学们的吵闹，示意这个同学继续朗诵。这段视频在网上尤其是家长群里，引起了非常广泛的关注和讨论。有些家长甚至激动地表示抗议，恰逢此时有学校组织学生参观刘胡兰纪念馆，有位家长写了《请刘胡兰离我的孩子远点》的文章来表达反对，原文如下：

"老师你好，不论是哪个领导人倡导别人学习刘胡兰，我都以常识和是非来理解发生在60年前这件听起来就令人毛骨悚然的事情。这些人让一个十三四岁的孩子去参加你死我活的政治斗争，当同龄人还在草地上天真烂漫地追逐嬉戏的时候，她却和一群大人杀了她们的村长，而后不久又被对方捉到同样残忍地把她的头铡了下来。从这里面，我看不到有任何值得称赞的品质和任何值得坚守的理想。相反，包括后来那些心智和谋略非凡的大人物对她的嘉奖和称赞都将是耻辱的记忆。我也同样是在这种斗争、仇恨的教育中长大，所幸我最终挣脱。当女儿还是抱在怀中的婴儿的时候，我就担心她的心灵被这个社会的阴暗所裹挟。所以一直以来，我都希望孩子是在一个原谅、包容和关爱等散发着人类自然天性的环境中成长。当一个人的心里从小被种下了血腥、残忍和仇恨的种子，长大后精神扭曲的果子就会跟随他一辈子。我想任何一个有理智的家长都不会想让自己的孩子像刘胡兰一样，在上小学和初中这个年龄的时候，就参与这些残酷的政治斗争，更不想让自己的孩子那么小就被一些大人教导着去杀人，而后又被别人残酷地杀害。所以想到我的孩子被教导去学刘胡兰，我心如刀绞。出于一个父亲的责任，我本能地想为孩子去抵挡可能对她心灵带来的戕害。望老师理解，以后这个活动请允许我们放弃。谢谢！"

孩子的老师在给家长的回信中，措辞严厉地表示在孩子这个年纪，不止需要童话，还需要英雄。原文摘录如下：

"……她早已到了可以有偶像，会去欣赏、仰慕一些人的时候了。你觉得刘胡兰不该是她学习的英雄，那不知道该会是谁家英雄，在填充她的精神世界。这些英雄，真的都不关政治，不带血腥？是屠恶龙的王子，还是蜘蛛侠呢？学校从来不会把刘胡兰的英雄事迹，说得多么血腥、多么残忍，也从未播撒仇恨的种子。我想这些，都是在你成人的脑海中。你有这样的思维，大概跟最近'污化英雄'的社会环境有关。让孩子去认识自己民族的英雄，并没有什么过错。没听说过比利时会因为'撒尿男孩'年纪小，而去移除他的雕像。刘胡兰无疑是个英雄，让这么小的英雄牺牲了，是那个时代的悲剧，但我们不能因此否定英雄，甚至要让孩子'远离'。这是一种什么心态？我想说，这是自私。英雄的挺身而出，往往不是为了个人，而是为了大家，才能称其为英雄……你这样教育孩子的方式，不但会毁了自己的孩子，而且错误的观念和态度，还将影响许多人。让孩子远离自己民族的英雄，这是可耻的！"

没想到，一个视频和一封书信往来，变成了导火索，直接引爆了周围的家长群。家长们就如此"爱国"，表达了不同的意见，大致分三种：

1. 爱国高于一切。因为很多低年级孩子的家长以及祖父母辈都是在这样的教育下长大的，并不觉得这样的宣传有什么过分，反而觉得这位家长的反应有点过激，是中了资本主义的糖衣炮弹而丧失了对爱国宣传的热忱。"皮之不存，毛将焉附"，爱国教育永远应该摆在教育的第一位。

2. 如此"爱国"尺度太大。家国责任在成人，把如此沉重的责任推给孩子，不但是懦夫，更有邪教的嫌疑。孩子需要英雄，但不需要死亡的阴影笼罩，更不能教唆死亡，只有塔利班、基地等极端组织才会对儿童进行洗脑。在广电工作的家长更指出，即使是文艺作品，童话和动画片都要求极少出现死亡！

3. 选择让孩子自己思考，自己选择。如果没有面对邪恶和危险时敢于站出来的勇气教育，那么这个人的发展必然是不健全的。这个世界并不总是阳光普照，当狂风暴雨来袭的时候，如果孩子能有一些独立思考、自主选择的余地，情况可能会有非常大的好转。近些年在宣传口径上，有一些让人能够理解却无法接受的调整——一切内战参与者都不称"民族英雄"。岳飞、文天祥、史可法之后，刘胡兰是否也会被摘掉"民族英雄"的称号呢？家长也无法抉择，干脆留给孩子自己判断。

综上，个人认为，在几十年前根本不是问题的问题，会被如此激烈地讨论，是社会整体价值观的转变导致的。解放之初，每个生长在新时代的孩子都知道和平的学习环境来之不易，从而倍加珍惜，但现在呢？还有多少人在教育孩子的过程中，把国仇家恨挂在嘴边？升学考试中，英语和语文同样重要，但英语书中有"爱国"这个主题吗？未成年人第一次接触"铡刀""鲜血"这样的字眼，是不是也需要监护人的陪同和许可呢？还用和当年一样的方法来规范孩子的行为和思考是不是也有些违背"与时俱进"的精神呢？

爱国是永恒的主题，但爱国教育的尺度和方法，确实值得我们进一步地思考和探索。

专家点评

爱国主义教育是指树立热爱祖国并为之献身的思想教育，是一面具有最大号召力的旗帜，是中华民族的优良传统，是推动历史前进的巨大力量，是建立五千年56个民族大团结国家的最坚强的精神支柱。世界各国无一例外不进行爱国主义教育，仅内容和方法各有差别罢了。

这位家长的文章，充满浓厚的爱国主义情怀，作为家庭教育中第一要旨，培养孩子的爱国主义精神，深领家庭教育的精髓，是本书不可多得的一篇有重大价值的美文！

74. 自觉与引导

北京市西城外国语学校附属小学家长　潘　明

关于教育问题，当下很流行的一种说法是放手和自由。我也对这个概念十分认同，从初为人母开始，甚至还没有开始，我就对教育上心研究。我很爱看尹老师的书以及小巫系列，还有卢梭、蒙特利尔的教育思想……我认为从孩子成长的开始，我们就要给予孩子自由的空间，他才能充分地发展。

当然，我现在也是这样认为的，只是认识的程度略有不同，或者说另有一番感触，就从时间管理这件"小事儿"说起吧。

从出生开始，我孩子就很少参加跟速度有关的比赛，因为我们怕影响他的自信心。耳不聪，眼不明，反应永远比别的孩子慢半拍。上幼儿园的时候，每次去接孩子，我经常看见的一幅画面就是，一群孩子在玩具室里大呼小叫地玩耍，而他还坐在小饭桌前慢慢咀嚼着自己的晚餐。每每这时，老师总是笑眯眯地迎过来，对我说："他吃饭特别淡定。"淡定，是幼儿园期间老师给他最多的评价。我也总是笑笑，每个淡定的娃背后都有一个淡定的妈。孩子有他自己的节奏，为了去玩具室玩儿而狼吞虎咽很容易消化不良，我会给自己和孩子找一个理由。一直到幼儿园毕业季，我都感觉我家孩子的时间观念几乎为零。

而一直以来秉承放手与自由的我，对于刚刚升入小学后的他，也没有打算"塑形"，依旧让他按照自己的节奏慢慢前行。我总是期望着有朝一日，他能突然开窍，用一颗自由的心引领自己走向光明。所以，我曾暗下决心，学习是他自己的事，做作业做到几点也是他自己的事情，要让他自己慢慢觉悟。

于是，儿子刚上小学时，下午三点多就放学，爷爷奶奶会把他接回家，以后的事情就都交给他自己安排。他还是照例放学后就出去玩儿，晚饭后甚至睡觉前才想起写作业。作业虽少，但是由于孩子刚学写字，不会握笔，使不上劲儿，就写了擦，擦了写，来来回回浪费了很多时间。他收拾书包也没什么条理，常常把书本搞错，丢三落四。等都整理完了，已经快九点了，还要练钢琴。此外，孩子还挂念着他喜爱的玩具、图书、水果、图画、模型、手工……可是哪有时间呢？他必须马上洗澡睡觉，明天还要7点起床呢。孩子各种不情愿，觉得一晚上都在做功课，喜爱的事情却没有时间做。

但作为妈妈，在我眼中，他只有一丁点儿的事情，却磨蹭到九点多，天天都在为该做的事和想做的事打仗。所以，我不能再淡定了，我不再"静待花开"了，我要"出手施肥"了！

首先，我们俩一起分析了他的状态。他表示也想好好安排每天的事情，但总是记不住。于是，我先帮他罗列了每天放学后的事情，包括校内作业、收拾书包、课外班和课外班的作业、吃晚饭、画画、阅读、练琴、出去玩儿等。把一张A3纸分成五份，从周一到周五列了一个大表。然后用不同颜色的水笔，写上每天安排的内容。同时我也给他建议，放学以后到家先完成校内作业，完成作业就放在书包里，顺势收拾好书包。此外，我让他按照老师的要求把需要带的书本分成了四个资料袋：语文、数学、英语和其他。分类是停止混乱的好办法，这个习惯我觉得特别好。

钢琴不能晚上弹，会影响邻居们休息，所以做完作业就要练琴。如果都完成了还没开饭，他就可以做自己最喜欢的事情——画画。然后，吃晚饭。吃完饭后，再准备课外班的内容。大表上面的每一条内容，完成后就可以打一个勾，避免丢项。

我还带他"观摩"了奶奶的挂历。孩子奶奶总说自己记性不好，每年会弄一个有大格子的挂历摆在窗前。有什么事情需要做或者需要带什么东西都会写在大格子里。孩子奶奶每天早上醒来先看看挂历上记的事情，然后安排一天的时间。儿子很受启发，我就也帮他买了一个大格子挂历。他的兴趣一下子就来了，有什么事情都记在挂历上，和奶奶一样，写得满满的。慢慢地，戴红领巾，戴黄帽，带水杯，带队标，他再也没有忘记过。

每天的事情还是那么多，但是写出来贴在墙上，一目了然。孩子做完一项就划去一项，心里也踏实了很多。从一开始的混乱被动，困得眼都睁不开了还在整理，到现在我下班刚回到家，他就很高兴地跑来汇报今天的事情都完成了，还约了好朋友打算在院里玩一会儿，我也松了口气。虽然也会时不时地犯老毛病，但是列举、分类、做计划的概念已经在孩子脑子里种下了种子。

当然，没有什么事情会一成不变，接下来又遇到了问题。随着天气越来越冷，天也黑得越来越早。尽管孩子紧赶慢赶，但等他都完成了，外面又黑又冷根本不能出去玩耍了。天天闷在屋里，孩子身体也越来越差，对于一个正处在"讨人嫌"的年纪的男孩说来也有些残忍，于是我俩又开始研究。

这一次，我先让孩子提出方案。儿子表示还想去户外玩儿，能不能把时间提前？我想上学累了一天，也可以先放松一下，没什么大问题，于是又调整了冬季的作息时间，孩子也有了计划跟随情况调整的概念。

通过这一件小事，我才意识到自由与引导都同样重要。给孩子自己探索的权利，但也不要让他在黑夜里独自摸索太久。给他一个方法，再让他去探索，就像放风筝一样。放风筝的人都有感觉，风筝飞得高不高，远不远，全在风和手上拽线的力度。风来了，就像孩子有了自觉的动力，马上放线；风弱了甚至停了的时候，就得收线，让风筝还保持在飞翔的状态。如果不管不顾，风筝就会一头栽下来。给孩子的爱和自由并不是放纵和无为，我们需要悉心观察了解孩子，敏锐地判断是收线还是放线，需要引导的大智慧。

孩子不断成长，家长也要不断学习，有意识地放手，才能更理智地"静待花开"。

专家点评

从"自觉与引导"一文的事例中，可见园丁的形象。园丁原意是指园艺工作者，亦用于比喻小学教师。儿童是祖国的花朵，需要园丁灌溉、施肥、修剪等培育，方可开出美丽的花朵，人称"辛苦的园丁"，20世纪70年代的"园丁之歌"风靡全国。儿童的父母与园丁相同，也需配合教师对子女进行栽培，弱小的树苗才会长成参天大树。

园丁不仅要付出辛勤的劳动，还需具备智慧和技能，年轻的家长尚需阅读儿童教育书籍，参加儿童教育辅导班和学校的家长会及观看家庭教育视频等，先行充实自己，与孩子共同前进。

75.
熊孩子写作业——太磨蹭!

北京市西城外国语学校附属小学家长　燕春荣

我的孩子今年读二年级,写起作业来特别磨蹭。每天放学后,我都要督促他好几遍"赶紧写作业"。我真是太累了,每天被他折磨得都要崩溃了。好多次想揍他一顿,可又想,他还这么小,还在贪玩的阶段。但是如果现在不管他,要是养成了习惯,将来就不好管了。

其实为了让孩子好好写作业,我经常给他讲道理,也设置过各种规则和奖惩机制,都没有用。难道最后还是要靠"打"来解决问题吗?为什么我们家长会对孩子写作业这件事这么焦虑、这么关注?我想有两方面的原因。

一是因为我们做家长的都有对自己孩子未来担心的心理状态,我们把学习成绩看成了孩子最重要的事情。不好好写作业,成绩就不好,就考不上好的大学,将来就没有出路,这又让我们怎么能不焦虑呢?

二是因为我们家长在孩子出生后,就缺乏对他性格以及生活习惯的培养。所谓"三岁看大",很多性格和生活习惯的问题其实都是在孩子的成长过程中慢慢形成的。但家长却熟视无睹,认为不是什么大问题,长大些就好了,潜意识里在回避。在学龄前阶段,孩子身上的很多问题都没有爆发出来,但到了小学阶段,就显现出来了。

所以,我们家长必须要真真切切地面对各种社会规则和学习任务。尤其是在孩子每天的学习和功课上,家长更是不能逃避现实。既然问题由此爆发出来,那最主要的就是学习上的冲突和矛盾,我们就得想办法去解决。

我自己的观点是,在做作业中暴露的问题,其实不仅仅是学习的问题,只不过是在学习上表现得更突出、更集中而已。打个比方,小孩子咳嗽了,这只是表面现象,要是用简单的方法处置,就给他吃止咳药,效果倒是立竿见影,看起来好像是治好了病,但实际上只是抑制了部分神经,把咳嗽现象硬生生地压住了,并没有祛除病根。如果总是这么压制,反倒容易发展成其他病症。想根治,就得弄清楚咳嗽的类型,才能对症下药,彻底医治。

如果孩子顽皮，做作业拖拉，我们就把孩子打一顿，好歹完成今天的作业，但却是饮鸩止渴，治标不治本，很可能按下了葫芦浮起了瓢。求医治病我们都愿意找好的医生，因为他不会只看表面现象，还会更深入地探寻。孩子总是咳嗽，是不是肺气虚？或是其他病因所致，除治病外还要调理，这个调理过程是缓慢的，需要付出耐心。从根本上解决问题，把身体调理好了，自然就不容易咳嗽了。

写作业磨蹭，这个看似简单的问题，其实并不简单。当我追根寻源，发现里面深藏着许多问题。

一、我与孩子之间的关系出现了问题

我经常抱怨孩子写作业太磨蹭，但后来我发现，我的孩子不只是在写作业这一项上磨蹭，而是在诸多方面都有磨蹭、不听话的现象。我苦口婆心地给他讲道理他也不听，最后发展到我无奈，他不改。可是打又不能打，主要是我舍不得打，而且我也不主张打骂孩子。

我该怎么办？

其实在我的心里，早已勾画出一个理想孩子的形象了，我会时常把"他"拿出来与现实中的孩子做对照，在我的脑子里充满了各种"应该"与"不可以"：正常的孩子，应该回到家就写作业；写作业应该专心致志，不能马虎；我讲的道理他应该明白，并马上改正等。

有时我也试图换位思考一下。换作我，每天被大人们"必须这样，不能那样"地数落，做什么事情都有一双眼睛在盯着你，做不好就被痛斥，或被责骂，会不会有一种窒息感？会不会想反抗？发展到极端，会不会有一种"破罐子破摔"的无力感？

很多时候，孩子在学习上的消极表现就是一种反抗，一种潜意识的反抗。越催越磨蹭，越打越不爱学习。当我已无计可施时，就得闭门思过。这时，孩子写作业磨蹭的问题已经退居其次，我最重要的是调整自己的心态，改善和孩子的关系。

如果我总是在控制孩子，让他在言行举止上都要遵守我认为正确的规则，那孩子在我的眼里就会满是缺点和问题。这时，我就要有意识地把我们的关系重新考虑一下；这时，修复我和孩子之间的关系才是最重要的。要看到孩子的优点，压住自己的控制欲，留意头脑中的"应该"和"不可以"，不再把孩子当成问题，而是和孩子一起面对问题，解决问题。把痛斥变成赞赏，把挑剔和指责变成支持与帮助，这对孩子来说，是截然不同的感觉。

让孩子感受到你的爱，让他从你对他的态度中，感觉到你觉得他很好，很可爱，提升他的自信心和自尊心。自尊和自信是一个人积极进取的动力，只有当内心充满了力量，他才有兴趣探索外部世界，包括学习这件事。

二、孩子的特性问题

我家的"熊孩子"精力旺盛，活泼好动，空间感强，目标感强，执拗倔强，但也有一些方面偏弱，比如对自己的制约力和控制力不强。

我平静下来，沉思冥想。确实是这样，他上课虽然不怎么听讲，爱说话，做小动作，但老师讲的他大体上都能明白。他写作业虽然磨蹭，但很少有不会的，有时我在旁边盯着他做作业，用不了多长时间他就做完了；但我不盯着做，他就会磨蹭拖拉。有时候即便我在旁边说他、吼他，他也当耳边风，根本听不进去。

我该怎么办？

我真的要好好了解自己的"熊孩子"了。他兴趣广泛，对新鲜的事物专注力强，他喜欢当组织者，也爱做跟随者。他擅长通过观察获取知识，但在有些地方还是没有掌握正确的学习方法，他不愿意做重复性的练习，等等。

要想真正地教育好孩子，就要顺应孩子的天性，因材施教，不能把蕴含着无数可能性的孩子修剪成平庸的样子。我家孩子天性聪明，精力旺盛，不爱受拘束，但我总是拿自己头脑中那个理想的"乖孩子"标准来要求他，各种限制，各种束缚，这样进行下去只能导致两败俱伤的结果。我们之间的战争天天上演，孩子的天性受到压制，这样反倒会事与愿违，我和他妈妈也几乎崩溃。

还有就是学习习惯的养成问题。当然，也许问题没那么复杂，孩子只是单纯的磨蹭。习惯的养成问题，需要我拿出智慧和耐心，一点一滴地培养。好的学习习惯，一定要从小养成。不过，如果解决磨蹭问题已经上升到痛斥的量级，成为一种常态，那我还是要在自己身上多做功课，看看自己的情绪是从哪里来的，情绪背后的认知模式又是从怎样的，这就又回到了前面几个问题。

总之，孩子写作业磨蹭不是一件简单的事，或者说在教育孩子的过程中，很多事都不是小事，不是找到一个方法就万事大吉了。这些问题都摆在我们家长的面前，这里有许多功课需要我们去做，需要我们去思考，而不是单纯地压制或逃避。我不建议打骂孩子，那些打骂孩子的家长，其实也都认为自己是爱孩子的，但爱从来不是那么简单粗暴，爱也是要学习的，要用合适的方法去爱对方。我们要认真教导眼前这个真实的孩子什么呢？我认为最重要的是让他懂得自强，并教会他自爱。

> **专家点评**
>
> 这位家长的孩子才是学龄儿童，低年级学生，就具有精力旺盛，空间感强，目标感强，兴趣广泛，擅长通过观察获取知识，喜欢当组织者等特优品质，古人言为天性，该父能发现其子具有众多特性，也是一位称职之父了。仅因其子写作业太磨蹭而冠以"熊孩子"，言过重。所谓"熊孩子"是指缺乏家教，做事有破坏性，无法无天，不守规矩，任性放纵，调皮捣蛋，惹人生气之孩子，有熊孩，必有熊父母。这位学生非但不是"熊孩子"，而是具有良好天性的孩子。
>
> 赞赏其父换位思考，追忆您学龄儿童时期的身体精神状态，便不难理解和明白其中之事，发挥其长，顺势而开导，必收硕果。燕熙同学一年级期间，就擅长观察事物，又喜欢担当组织者，预测这位学生将来必是鹤立鸡群，如果您能精心培养的话。

76. 家长是孩子的启蒙老师

北京市西城外国语学校附属小学家长　周长军

家长不是只创造优越的物质生活条件就是称职的，更应该成为孩子的启蒙老师，因为孩子最容易模仿家长的言行。只有家长意识到家庭教育的重要性，主动做好家庭教育，孩子才能健康茁壮地成长！但是家庭教育的范围太广，在这里我只对责任教育和赏识教育谈谈自己的亲身感悟。

首先，家长要培养孩子勇于承担责任的意识

我的女儿有丢三落四的毛病。一年级时，她忘记带美术用具，到了校门口才想起来。先是埋怨我没有提醒她，然后央求我回家去取，再送到教室。我没有答应，只是平静地说："上学是你的事，整理书包也是你的事，自己的事没有做好，就要承担责任，我不会为你负责。"她无可奈何，只能眼泪汪汪地走进学校。后来，又一次上学时匆匆忙忙，她没有带黄帽和红领巾，想起时已经离家8分钟的路程。她懊恼了几秒钟，就果断地把书包给我，急忙说道："钥匙给我，我跑回去取，应该来得及。"结果她来回只用了8分钟，累得气喘吁吁，却高兴地对我说："妈妈，真累啊！下次可真不能忘东西了。"孩子犯错是很正常的，但我们要让孩子明白：你可以犯错，但不可以推卸责任。家长要引导孩子反思原因，告诉他勇敢地承认错误并承担后果，让孩子想办法补救自己所犯的错误。

一次饭前，因为一些事我责备了女儿几句。她很不服气，在饭桌上，把碗重重一放，恶狠狠地说："我不吃了！"我马上说："可以，不过一直到下次吃饭你都不可以吃任何东西。"女儿有点心虚，继续说："我不是说我不吃，只是不想和你一起吃，等你吃完我再吃。"可我回答她："要么现在一起吃，要么就别吃。"她傲然地说："那我不吃了。"两个小时后，她气消了。听到她肚子咕噜地叫，我故意感叹道："怎么有这么傻的人，居然拿不吃饭来发泄，自己不吃饭，饿的又不是别人，真是太可笑啦！"于是以饿一顿饭的代价，女儿明白了自己说过的话、做过的事，必须承担相应的后果。

在具体的教育方法上，讲道理是必要的，但太过空洞就没有说服力。我们可以用一些具有说服力的事例来教育孩子，比如给他讲讲负荆请罪的故事。用具体生动的事例让孩子明白，对自己的行动负责，长大后才能在社会上勇挑重担。培养孩子的责任心要做到从身边的点滴小事做起，诸如扫地、擦黑板、在家收拾碗筷等。孩子做这些事的时候，也要考虑该如何尽责做好，而不是敷衍应付。

其次，家长要发自内心地学会赏识教育

从内心赏识自己的孩子，说起来容易做起来难。试问：家长们有没有因为孩子一次考试成绩的不如意就苛责孩子，因为工作压力等原因而迁怒孩子，因为孩子这样的毛病、那样的缺点而大发雷霆？说实话，这些我都做过。

一天，我走进女儿的房间，被书桌、床铺、地上无处不在的碎纸片晃得头晕目眩，一股无名火噌地冒上来，我大声吼道："你能不能让我省省心，还嫌屋子不够乱吗？"女儿害怕又生气地辩解："我没有故意弄乱，我做完会收拾的。"我却不依不饶，趁机数落了女儿的一堆缺点……后来，在女儿委屈的哭声中，我才知道女儿当时正在为我精心制作母亲节贺卡。一位教育专家曾说过："能一口气说出孩子10条以上优点的家长，才是合格的家长。"我感到汗颜，我的女儿诚实、善良、守信、爱阅读……咦？为什么我数不下去了，难道是女儿太差吗？还是我对女儿的看法有问题？为什么我总是先看到女儿的不足？

女儿曾在作文中写道："这个春节我学会了擀饺子皮。我多么迫切地盼望着初五的到来呀，到那时我灵巧的双手可又有用武之地啦！"还曾写过："怎么办呢？看来要请教军师——我那无所不能的妈妈啦。在妈妈的耐心指导下，我改用热水浸泡衣服，又用肥皂搓洗蹭上颜料的部位。因为妈妈说，颜料这类物质很容易溶解于热的碱性溶液中。哇！真是太奇妙了，衣服终于被我洗得焕然一新。当我把衣服挂在晾衣架上，自豪之情油然而生。自己动手，丰衣足食。我成功了，耶！"女儿在包饺子、洗衣服时是努力的，快乐的。因为当她做这些时，我没有高标准严要求，只要有一点点进步，我都会热情地给予表扬，结果女儿做得又快又好。

经过多次反思，我终于明白是身为家长的我出了问题。作为完美主义者，在学习中，我一味地对女儿表达不满、求全责备，带给孩子的大多是负面信息，让孩子怯弱、伤心。孩子长期生长在"你不行"的环境中，慢慢地会把"你不行"内化为"我不行"，渐渐失去学习的兴趣，她就真的不行了。

猛然警醒后,在赏识教育方面我总结出如下几点,以此鞭策自己,提醒自己。

1. 赏识孩子应该发自内心

赏识孩子应该发自内心,从孩子本身出发,不要把自己的孩子与别的孩子做盲目的比较,尤其不要把自己孩子的短处和别人孩子的长处相比。家长应该看到自己孩子的长处,看到自己孩子的进步,让孩子活出属于自己的精彩。

2. 及时赞扬孩子的成就

每个人都希望自己获得别人的认同,孩子更是如此,尤其是来自父母的肯定。孩子通过自己的努力,在学习或者比赛中取得好成绩,父母应该为孩子感到高兴,应该及时给予热情的赏识和赞扬,更要在第一时间把这种赞扬和肯定传递给孩子,让孩子感觉到父母发自内心的赏识和期望,从而满怀自信地面对学习和生活。

3. 在错误中发现孩子的优点

每个孩子都免不了会犯这样那样的错误,孩子正是在不断犯错误、纠正错误的过程中成长起来的。所以说,最重要的不在于孩子是否犯错误,而在于父母采取何种态度让孩子认识并纠正错误。善于在孩子的错误中发现优点,用赏识的态度去教育孩子纠正错误,比严肃的批评和打骂更有作用。家长应在对孩子的赏识中完成"润物细无声"的教育。

4. 欣赏孩子的新奇发现

生活中,孩子们经常会兴奋地向父母报告他们的新发现。这些发现是如此珍贵,它不仅表明孩子对世界充满好奇,而且也表示他们在观察和思考。赏识孩子的发现,就要善于观察孩子,及时看到孩子的新发现,分享孩子的快乐,同时给予积极的赏识,激励孩子发现更多的新事物,继续探究世界的奥秘。

在对孩子的教育中,我基本上是摸着石头过河,且行且观察。与孩子共同成长进步,并体验这其中的酸甜苦辣,活到老学到老,又何尝不是我身为母亲的骄傲与快乐呢?

专家点评

这位家长善于在孩子的错误中发现优点,用赏识的态度去教育孩子纠正错误,颇有新意,又一创举。多数年轻父母尚缺乏此意,故可借鉴。

77.
家庭教育心得之我谈

北京市西城外国语学校附属小学家长　杨成东

孩子，是家庭的未来，是社会的未来，也是国家的未来。所以，大家都非常重视孩子的教育问题。我认为孩子教育的重点和关键不在学校，而在家庭，在父母。

我的女儿今年 11 岁了，这十来年里，我看着她从呱呱坠地什么都不懂、什么都不会的小娃娃，成长为一个体贴父母、有爱心、懂得感恩、晓得回报的大孩子。在这期间，我与孩子共同经历，我与孩子一起成长。

在孩子成长的过程中，教给她一些具体的知识固然重要，但更重要的应该是培养孩子健全的人格。想象一下，一个偏执、阴暗、自私的聪明人能对社会有怎样的贡献？健全人格的培养绝非一朝一夕、三言两语可以达到，我们必须把点点滴滴融入父母家人的言行举止中，融入生活的方方面面。孩子在这样的环境中成长，耳濡目染，久而久之，自然"近朱者赤"。

记得孩子 5 岁那年的暑假，我带她回老家看望我的妈妈，小住了几日。由于妈妈身体不好，行动不方便，这几天我给她洗澡、剪指甲，为她泡茶、削水果，还陪她聊天。几天的时间很快就过去了，等我返回北京后，先给妈妈打个电话报平安。当我放下电话，孩子突然过来对我说："妈妈，你对你妈妈这么好，我将来也会对你好的。妈妈，我爱你！"那一瞬间，我真的惊到了，没有想到孩子会说出这样的话。我心中有一股暖流在涌动，我拥她入怀，亲吻了她，也肯定了她："你真是懂事的好孩子，孝敬父母是为人子女必须要做好的、最基本的事情，你将来一定会比妈妈做得还要好！妈妈也爱你！"

随着孩子慢慢长大，她也有了越来越多自己的想法，这时一味地教化和压制是起不到作用的。我的体会和做法是：进行角色互换，学会换位思考，与孩子做朋友，真切地体会和感受她的处境和想法，理解她言行的合理性；在设身处地为她着想的基础上，再适时地加以引导，让她自己拓展思路，积极想办法解决问题，走出困境。

在某一个闲散的周末，我和孩子爸爸与她约定："今天你来做家长，我们是孩子，今天要吃什么饭，做什么事，怎样安排，全听你的。"她立刻就美滋滋地行动起来，盘算着中午让我们吃什么好吃的，怎么搭配色香味营养俱全；还给我们布置作业，并规定时间，要求按时完成。吃完饭后，她一个人洗碗，打扫卫生，让我们坐在沙发上看电视，我们也心安理得地享受着，同时观察她的表现。这一天下来，她成长了不少，少了许多埋怨，多了几分理解。

孩子是我们生的，但她并不完全属于我们，她是独立的个体，不是我们的附属品。因此，我们与孩子沟通时必须平等对话，不要动不动就是"我是你妈，你就要听我的"。基于这一点，我的孩子在一个比较宽松的家庭氛围中成长起来，很多事情她也愿意与我分享。

有一天，接她放学回家，我们一路说说笑笑地走着，她跟我讲着学校里发生的事情，说某某因为没写完作业而被父母骂，甚至被打。她说："我们班同学都羡慕我有你这样的妈妈，理解孩子，不打人。"突然，她一转话题，说："妈妈，如果有来生，我希望爸爸还是我的爸爸，大姨做我的妈妈，你做我的姐姐，好不好？"我愣了一下，自己琢磨琢磨，好像也不错，至少说明了在孩子心里，我不是一个高高在上、敬而远之的说教妈妈，而是一个可以一起玩耍、一起说悄悄话的姐姐！

"十年树木，百年树人"，教育从来都不是一蹴而就的事。作为家长，我们要有耐心，有爱心，愿意给孩子时间，让他成长。同时，在陪伴孩子成长的过程中，我们也被孩子教育着：他们的童真、他们的善良、他们的不世故，也时时在敲打着我的心灵，促使我日省自身，不要被世俗染污得太严重。我们家长，作为教育孩子的主体，也需要自我成长，我们应该努力像孩子一样如莲花般"出淤泥而不染"，只有我们自己成长了，才能引导孩子正确成长。

让我们与孩子一起成长！

专家点评

家庭教育、学校教育和社会教育，三者是不可分割的辩证统一的关系，没有主次之分。或许有人言，学龄前家庭教育为主，入学后学校教育为主，大学和参加工作社会教育为主，此仅见文化学习之差，三者的教育实质是相同的，紧密配合，相辅相成，方能教人。万不可相互排斥，脱节也不宜。

即使是教育工作者或担当领导职务者，也必须不断地接受教育，人无完人，故谓"百年树人"。

78. 用智慧去解决问题

北京市西城外国语学校附属小学家长　朱文南

说起家庭教育的成功经验，估计每个妈妈都会有自己的育儿经，毕竟每个孩子都是独一无二的，教育方法也不能一概而论，适合别人家孩子的未必适合自家孩子。学校这次的征集活动倒是给了家长们一个总结和交流的机会，互相借鉴一下，从中受些启发，倒是不无裨益的事情。

儿子如今已经 12 周岁了，回想他小时候到现在的点点滴滴，一直都是顺风顺水，听话又乖巧，像个女孩子。可能是因为他的脾气、个性都像极了他的爸爸，彬彬有礼，温文尔雅，并不具有任何伤害性和进攻性。在他成长的过程中，我也只是用成人拥有的知识和经验带领着他面对生活，在他需要我的时候给予帮助和指导，解决他遇到的问题，让他健康快乐地成长。

记得儿子刚上幼儿园中班的时候，因为工作原因我被派到密云，家里没人带孩子就让他转去了寄宿制的幼儿园，只有周末才能接回家团聚两天。有一次，我突然接到幼儿园老师的电话，说儿子被同班的小朋友"不小心"推了一下，脸磕在桌角上，流了不少血，好在老师及时送去了医务室，处理了伤口。正因工作忙得抽不开身的我，听到这个消息，心里咯噔了一下，对儿子的种种愧疚涌上了心头。儿子的伤口很深，至今左眼下面还留下了一块明显的疤痕。我没有埋怨老师，也没有找家长理论，而是果断地给他报了幼儿跆拳道兴趣班，还让他爸爸给他当陪练，希望借此机会能让他成为小小男子汉，学会保护自己。

很快儿子上了小学，可依然没有摆脱被同学推的命运。上二年级的时候，有一天回来我看见他身上青一块、紫一块，说是同学把他推到了墙角，拿胳膊肘顶在了他的胸口。我忍无可忍，对他说："你不是学过跆拳道吗，你不会反击吗？"儿子说："跆拳道培养的是'以礼始，以礼终'的尚武精神，不是让我们打架的。别人错了，我们不能以错治错。"我一时无言以对，晚上带着儿子在电脑上看了一部影片《狮子王》。我告诉儿子，面对困难和问题要想办法去解决，要像小辛巴那样勇敢、坚强，男子汉应该对自己负责。

没多久，我对儿子的教育成果就显现出来了。三年级时，儿子的托管班推出了"小饭桌"制度，发生了这么一件事：儿子把一盘子的饭菜扣在了一个同学的脑袋上！当着老师的面，我狠狠地教训了他一顿，指责他的种种错误：不尊重同学，不团结友爱，浪费粮食，扰乱秩序等，并让儿子赶紧给那位同学赔礼道歉。可我对事情发生的原因更加好奇，没想到儿子义正词严地说，吃饭时间这位同学一个劲儿地打扰他，他不予理会，结果这位同学竟然往他饭盘里投进了垃圾，儿子一气之下就把饭盘扔了过去。

说实话，我一点不生气，因为我看到了他解决问题的方式和态度，他跟以前不一样了。我要做的，就是告诉他这样做的问题是什么。"你这样做有点过分。"回去的路上，我跟他讨论。他有些疑惑："你不是说要我学会反击吗？"我回答他："有些人是要给些教训。不过你有没有听说过'先礼后兵'？如果可以不破坏友谊，还能赢得别人的尊重，那你处理问题的方式就是最棒的了。"儿子回去后翻阅了成语词典，若有所思。

去年，某校发生了学生在厕所打闹的事件，"校园欺凌"一时间成为社会关注的焦点。孩子应该如何应对，社会如何杜绝校园欺凌事件，这值得每个家庭和学校深思。首先，我不大愿意给未成年孩子定性，"霸凌""欺凌"我觉得这些词用在孩子身上有些严重了。"人之初，性本善"，每个孩子都是天真、单纯的，考虑问题很简单，处理问题也很简单。学校就是个小社会，孩子们在学习的过程中从家庭走入学校，开始他们人生的社会活动，用他们的方式去结识朋友，建立友谊。之所以表现出各种"好"或者"不好"，和家庭教育是分不开的。学校、家庭的首要任务就是教导孩子为人处事，"做事先做人"，形成良好的品行才是最重要的。善良、正直是做人的基本准则，同学之间要像家人一样互相关心、互相包容。如何帮助孩子解决矛盾，处理好遇到的问题，家长要予以关切和指导，做孩子的领路人，了解他的想法并及时纠偏，鼓励他勇敢地面对问题，而不是逃避和退缩。

我告诉儿子，要想获得别人的尊重，首先要尊重别人；遇到问题，要用智慧去解决，不伤害别人，不破坏友谊，不造成损失，寻找最好的解决问题的办法。人生的路很长，每个人都有自己不同的生存法则，我希望我的儿子是人群中阳光、健康、快乐的那一个！

专家点评

这位家长的孩子在学校与同学发生矛盾，出现争吵，这是小学生常见之事，该家长怀着善良、正直之心，从尊重同学、团结同学出发，运用智慧解决其纷争，获预期的效果，难能可贵，应予彰显，可供其他学生家长借鉴和效法。

79. 从"厌琴"到"爱琴"的历程

北京市西城区阜成门外第一小学家长　张永江

良好的音乐修养是孩子全面发展的重要内容之一。作为年轻的父母,在孩子的成长道路上,我们同样希望孩子能够掌握更多的音乐知识。从孩子三岁起,我们就带孩子学习钢琴,但孩子慢慢地越来越厌烦,最后我们只能长叹放弃。上小学后,随着孩子的长大,我们又申报了民乐团。现在孩子正在学琴之路上有序推进。回想孩子走过的历程,有喜有忧,有得有失。现在想来,值得思考。

缘起·磕磕绊绊起步学琴

在孩子上幼儿园时,学校开办了一对一的钢琴班。一方面是受到其他家长的影响,一方面也是想让孩子多才多艺,我也给孩子报了名,并购置了钢琴。学校给安排好了上课时间,不用家长陪同,我也见不到老师。我是不懂钢琴的,所以想,既然交了学费,学琴就应该是老师的事,就不用我们家长操心了。鉴于这种想法,我对于孩子学琴,基本上放任不管。孩子按时在学校上课,回家后有一搭无一搭地练习,学琴成果怎么样,我也看不出来。

过了一个学期,老师婉转地说:"您家孩子的学习效果比较差,留的练习曲不能按时完成,需要家长在家督促并陪同练习。"我听了以后,并没有重视,认为我们交了学费,老师就应该教好啊,怎么还有家长的事呢?不过,老师既然提出来了,那我每天晚上就陪着孩子练琴吧。虽然陪着,但因为我不太懂,也没怎么用心,保证的了练琴时间,保证不了练琴效果。这样马马虎虎地学了三年多,在幼儿园毕业前,老师说:"孩子学了这么长时间了,考个级吧。"结果孩子专门加了好几次课,费了很大力气,才磕磕绊绊地考过了一级。

冲突·无奈之余放弃作罢

幼儿园毕业后,孩子上了学前班,换了学校,我就给孩子换了个机构继续学钢琴。这次老师要求比较严,一上课,就非常严肃地指出孩子的基本功差,需要加强练习。每次课上留的练习曲如果没能达到要求,也会严厉地批评。结果孩子原本就不太高涨的学习热情一落千丈,跟我她说不想再学钢琴了。

钢琴老师说:"学琴是件苦差事,每个孩子学琴的过程中都会有瓶颈期,孩子现在可能是瓶颈期,只要别放弃,过了这个阶段就好了。"我想,我买钢琴花了2万多元,总不能说不学就不学吧。于是,我每天哄着、劝着孩子练琴,可是孩子的逆反心理不但没有减退,反而与日俱增,而且愈演愈烈。到最后,每天我们母女俩都要因为练琴发生激烈冲突。一说要练琴,孩子就号啕大哭,甚至哭得声嘶力竭,母女关系基本破裂。最后姥姥看不下去了,说:"不练就不练了,总不能让孩子学个琴学出精神病吧!"孩子的钢琴学习就此作罢。

转变·再次鼓起学琴风帆

学前班毕业了,孩子上了小学,学校的民乐团是很有名的。我想,钢琴学不下去了,改学民乐吧。像学钢琴时一样,我想报了名,等着开课就好了。谁想到,这次没有那么简单了,报名的同时,还有一系列专业测试:音准、节奏感、试唱、身高,甚至手长。根据测试结果,孩子被分到了中阮专业,然后就是我们必须出席的家长会。会上老师提出了一系列对家长的要求,彻底颠覆了我的认知。要想学好琴,家长要做到"一个必须,三个足够":家长必须陪同上课;要有足够的陪伴,足够的耐心,足够的练琴时间!

家长会回来,我不禁想:难道孩子之前学钢琴失败是因为我没有做好吗?难道学琴是需要家长介入,而不仅仅是孩子自己的事情吗?

带着这个疑问,我开始了中阮的陪同学习。第一次课我就傻了:琴的基本认识、指法、手型、乐理、左右手的配合,一个半小时的课上下来,我脑子里基本上没记住多少,幸好我记了课堂笔记。不过,回家后我还要对着笔记,反复琢磨才能领会动作要领。我想,以一年级的"小豆包"的理解能力,如果单靠孩子自己上课,回来后就基本等于零了。仅仅一节课下来,我就领会了老师"一个必须"的含义。以后的每次课,我都陪着孩子一同上课,认真听讲,认真记笔记。这样,在孩子练琴时,我就能及时给出正确的指导,大大提高了孩子学琴的效率。

探索·琴弦在坚持中流畅

基本功非常重要。老师要求,孩子必须每天弹中阮半个小时。摆手型,练弹挑,枯燥而乏味。刚开始时,孩子每天练不到10分钟就坚持不下去了,不是说胳膊疼手疼，就是要喝水上厕所，以此来逃避练习。对此，家长会上老师早就给出了对策：家长要有足够的陪伴，就坐在孩子身边陪着，孩子想休息就休息，但休息回来要接着练，总的练习时间一定要保证。慢慢地，孩子每天练琴中间不再需要喝水、上厕所了。胳膊练酸了，她自己甩甩，就又接着练习了。

最开始时，孩子的手法动作总是不正确，即便反复纠正还总是出错，我不免产生了急躁情绪。可家长会上老师说了，没有孩子一开始就能做得正确无误的，要有耐心。于是，我压下想要训斥孩子的冲动，按照笔记，再对着老师的指导视频，慢慢纠正动作要领，没过多长时间，孩子的手法就不成问题了。老师给的小练习曲，她自己能很轻松地弹奏出来。上课时经常得到老师的表扬，孩子学琴的热情愈发高涨，每周都盼着去上课。

基本功学习之后，难度逐渐加大，孩子弹得逐渐不那么轻松了。一年级寒假时，老师发了一首曲子，孩子自己每天练习半个小时。可一周过去了，还是磕磕绊绊地弹不下来，急得她直掉眼泪，赌气说不弹了。那天晚上我下班回家，一边安抚她的情绪，一边再陪着她练习。一整首弹不下来，就先弹一段，一段弹不下来，就先弹一行，一行弹不下来，就先弹一个小节。就这样，一个小节、一个小节地弹，那天晚上，我和孩子一口气弹了2个小时，整首曲子基本上都弹下来了。后来的几天，孩子每天的练琴都在1个小时以上。寒假过后，孩子就能很顺利地弹奏了。我想，这应该就是老师说的足够的练琴时间吧。

从那以后，孩子每天基本都保证一个小时的练琴时间，周末时还能一口气弹两三个小时。遇到难度大的曲子时，我们母女俩一起研究，一个小节、一个小节地弹，基本上两周就能学完一个新曲子，弹琴对孩子来说成了快乐的亲子时光。孩子在班里总能得到表扬，情绪愈发高涨了。二年级上学期时，孩子取得了中阮三级证书。就在上个月，孩子又通过了中阮六级考试。

前几天，孩子突然问了我一个问题："妈妈，我学中阮怎么没有瓶颈期了呢？"回想孩子这两年学中阮的过程，再反思之前三年多学钢琴的情况，此时我深刻体会到，家长会上老师提出的"一个必须，三个足够"这几点要求，真的是字字珠玑。

思考·经历背后的经验与教训

很多人都知道，学习任何技能都不是一件轻松的事情，要有扎实的基本功，要肯吃苦，肯下功夫。我想，这世上本来没有什么瓶颈期，而所谓瓶颈期，只是基本功不够扎实，下的功夫不够，无法跨越新高度的借口而已。思考孩子学琴的经历，我得到了一些经验和教训，主要体现为"四个转变"：

一是家长心态的转变，从放任到陪伴。受快节奏的工作生活的影响，在孩子上学后，家长容易产生"整体托付"的行为，把孩子学琴当作学校或补习班的事情。但孩子毕竟是孩子，无论是心智还是体力，单纯依靠自觉都无法学会。此时，从琴课学习到家庭练习的衔接就显得尤为重要，特别是孩子面对难题时容易放弃，家长的时时陪伴可以填补空白，能够及时引导孩子正确的学习行为。

二是教育方式的转变，从一方努力到多方努力。学习的主体是孩子，但孩子的学习过程又受到自身、学校、家长、社会等多方面的影响。在孩子成长的过程中，多方因素同向合力尤为重要。如果单纯地交给孩子，往往事倍功半。相反，围绕孩子的学习，学校与家庭、老师与家长共同努力，往往会取得事半功倍的效果。这个道理，学校一直在强调，但家长真正理解并落实到位也需要亲身经历。

三是教育方法的转变，从尝试到坚持。"冰冻三尺非一日之寒"，学习不是一日之功，练琴也贵在坚持。在陪伴孩子成长的过程中，我感觉练琴就是个熟练工，只有经过多次的、反复的、甚至是枯燥的训练，才能弹出成型的曲子。"三天不练手就生"，此言不虚。

四是教育思想的转变，从急躁到鼓励。每个人都希望自己能得到认可，孩子练琴更需要得到赞赏。回顾刚开始学琴时，我的压力逼迫，使孩子失去了信心，也失去了兴趣，到最后形成了厌烦，不得不遗憾放弃。正是吸取了教训，此次我对孩子更多的是采取鼓励和赞赏的态度。看到孩子的进步，我及时表扬和鼓励，让她有成就感。特别是在老师的指导下，孩子对练琴充满了信心，在音乐之路上不断成长。

总体来说，孩子从"厌琴"到"爱琴"的历程，是孩子自身、学校、家庭多方面共同努力的结果。孩子在成长，我们也是。

专家点评

从"厌琴"到"爱琴"的案例是学龄儿童常见之事，宜多方法培养和激发孩子学琴的兴趣，兴趣能激发潜能和力量。小学生学琴者众多，到中学、大学学琴者又有几何？其原因因篇幅所限不做解析，只提请家长们留心罢了。

80. 为人父母，责任重大

北京市西城区阜成门外第一小学家长　闫　翠

父母是这个世界上最具挑战性又最伟大的职业，孩子越大，我越有此感慨。有人说人生是一场修行，为人父母更是如此，孩子的每一天都是新鲜的，每一个成长阶段都会遇到不同的问题。孩子从出生时的一张白纸，到现在白纸上已经初现轮廓，我每一步都诚惶诚恐，生怕给孩子错误的教育和引导。因为我深知，儿童时期的教育对人的一生影响深远。

在孩子的成长过程中，我基本采取的是抓大放小的方式，相比学习成绩，我更在意的是孩子的责任心、解决问题的能力、独立思考的能力、积极向上的人生观以及自我驱动等内在品质的培养。我认为这些品质在人的一生当中起着纲领性的作用，这些方面做好了，学习自然也不会太差。所以，我一般很少陪孩子写作业，盯着她学习，但是我会告诉她学习的重要性以及学习的目的。

责任心是我一直向孩子强调的，人到中年以及工作中的种种，让我发现责任心在人的一生中非常重要。但是想让孩子彻底明白责任心的重要性，也不是一件容易的事情，我经常在合适的时机向孩子强调，我们每个人都有自己的本职工作，而你目前最重要的本职工作就是学习。做好自己的本职工作是对自己、对别人最起码的责任心。假如警察叔叔没有责任心，那么坏人就会为所欲为，扰乱我们的治安；假如老师没有责任心，那学生们就会整天不学无术，什么本领都学不到；假如父母没有责任心，对孩子不闻不问，放任自由，那孩子就会缺失很多应有的教养和道德品质，很可能长大了就会误入歧途；假如每个岗位的人都没有责任心，那我们的社会将是一片混乱，管水的不来水，管电的不来电，那我们的生活该是多么痛苦。好在孩子能设身处地认真思考这些问题，每次说到这些，她都会若有所思地点点头。我相信，随着年龄的增长，孩子会对责任心有不一样的理解。

畏难情绪是小孩子普遍存在的问题，其实不光是孩子，大人也难免会产生畏难情绪，但是如果儿童时期得不到正确的引导和纠正，这个问题很可能会伴随孩子的一生。所以在平时,我尽量抓住所有机会向孩子传递一种观念:困难都是纸老虎。比如,前段时间我带孩子看了励志片《摔跤吧,爸爸》,孩子看得泪流满面,非常激动。我趁机对孩子说:"印度是一个非常歧视女性的国家,一般女孩到了年龄就要结婚,在家做家务照顾孩子。摔跤这种运动对她们来说是想都不敢想的,但她们却能克服重重困难,通过自己的努力成为世界冠军,她们值得所有人尊敬。"正在劲头上的孩子非常坚定地说:"嗯,以后我也要做到不怕困难,只要自己努力了,就一定会有成绩。"当然,孩子也会经常反复,碰到困难的时候仍然会有情绪。比如练琴的时候,一个谱子总也弹不好,她就会非常沮丧地告诉我:"妈妈,这个太难了,无论如何我也弹不好了。"

这个时候电影里、童书里、故事里的励志角色就能起作用了。我首先理解她的困难,告诉她:"妈妈知道这很难,即使你弹不好也已经比妈妈强多了,因为妈妈连简单的都不会弹。但是妈妈相信你,一定能克服这个困难,像XX故事里的XX一样,他能做到,你一定也能做到的。"小孩子就是简单,有了大人的鼓励以及各种人设的榜样,对于她们来说就已经足够了。当然,等过一会儿孩子兴冲冲地跑过来汇报说已经把谱子拿下的时候,我们不能忘了巩固一下战果:"你看,困难就是纸老虎吧,你稍微努力一点儿就把它打败了。"我想此时孩子的自豪感和成就感,在她下一次碰到类似事情的时候,一定会起到积极的作用。

孩子的磨蹭一直是我最头疼的问题,也不知道什么时候养成的习惯,做事拖拖拉拉,作业每天都要写到睡觉前。我说过,急过,也骂过,但效果一直不大。其实,我能看出孩子自己也想改掉这个习惯,但苦于有时候管不住自己。于是,我就跟孩子分析,为什么会总是写到这么晚。总结出来的原因有两个:一是没有计划好,没有分清哪些是重要的,哪些是不太重要的。比如一些重要紧急的作业没有先做,一些暂时不太紧急可以放到周末的作业反而先写了。二是写作业的时候没有紧迫感,专注力不够。其实就是孩子没有时间观念,写作业的时候总想着干点别的事情。针对这两个问题,我跟孩子商量,以后放学之后第一件事就是按照紧急又重要、紧急不重要、重要不紧急、既不重要又不紧急的顺序计划好今天要做的作业。然后在写作业的过程中,要记录每一项作业的时间。这样一来可以让孩子有紧迫感,二来我也能根据时间发现孩子到底哪个环节拖延了。

经过一段时间的训练,孩子虽然还不是很快,但是已经有了进步。正好前段时间孩子想要个玩具,我就说:"你可以通过自己的努力,来得到自己想要的玩具。"之后我又给她讲了规则：第一，每周二、五在下午 6：30 前写完作业可以奖励一个贴画，6：30 以后写完要减掉一个贴画；每周一、三、四在 7：00 前写完作业可以奖励一个贴画，7：00 以后写完要减掉一个贴画。第二，每得一个优星奖励一个贴画，攒够 30 个贴画就可以换玩具了。孩子一听就来劲儿了，自己能赚礼物了，动力一下就来了。虽然现在速度还不是很快，但相比以前完成作业的时间已经提前了很多。当然，礼物也已经到手了！

孩子的教育和培养是一个边摸索边学习的漫长过程，孩子在一天天长大，以后的教育家长可能会面临更大的挑战。所以，作为家长，我们也要不断地学习才能跟上孩子成长的步伐。在此，特别感谢在孩子成长过程中，给予孩子帮助和引导的各位老师们，感谢各位老师的辛苦付出，你们就是孩子成长道路上的指路明灯！

专家点评

这位家长在家庭教育中指出："我更在意的是孩子的责任心、解决问题的能力、独立思考的能力、积极向上的人生观以及自我驱动等内在品质的培养"。其一矢箭中家庭教育之的，一言点出家庭教育的真谛，令人敬佩。孩子的品质培养在人的一生当中起着纲领性的作用。

81. 良好的家庭教育能够培养孩子的学习能力

北京市西城区阜成门外第一小学家长　许江梅

父母是孩子的第一任老师，孩子良好的性格、得体的谈吐以及善良的品质都是在父母给予他们的健康的生长环境中逐渐形成的。父母的言传身教潜移默化地影响着孩子的成长，好的父母一定是孩子的好老师和好榜样。

成绩好、分数高就是教育的全部吗？我的体会是只关注成绩是对家庭教育的误解。孩子具有健全的性格和乐观的生活态度更重要，它和健康的体魄一样，是孩子一辈子的本钱。好的父母应该做孩子的良师和益友。

一、与孩子沟通有助于问题的解决，用有效沟通代替一味批评

女儿生下来乖巧活泼，不爱哭闹。因为家里没人照看她，所以2岁多就送到幼儿园了。后来，我发现她变得越发胆小，总是躲在后面，不爱说话，而且经常哭哭啼啼。一次老师扣留她，把我叫进教室，指出她经常不好好吃饭、偷偷倒饭的问题。老师还告诉我，这是因为吃饭拖拉，限制了她娱乐活动的时间。我听后不管三七二十一，就大声批评她的不是。她低着头不敢看我，战战兢兢的。之后的一天，她又因为不吃饭，被老师放在一间小黑屋里面壁思过。接她出来时，她吓得不停地哭，生怕我发火。

我原本是要发火的，因我给她讲过很多道理，例如"汗滴禾下土……粒粒皆辛苦""浪费是极大的犯罪"等。她都说记住了，可怎么还是屡教不改啊？我忽然想到，会不会有特殊的什么原因她才这般呢？待她情绪稳定下来，我和她交流，才知道原来她是因为菜或汤里放了香菜，接受不了这种特殊的味道，一吃就想吐，所以才干脆不吃了。原来是因为香菜，她才一直受老师和家长的批评。有好多成年人也不能吃有味道的胡萝卜、芹菜和蘑菇，可是没有谁因为这个受惩罚。于是，我向她检讨："没有和你耐心有效地沟通，只是一味地批评你，是妈妈的不对。"同时，我也指出了她

的症结:"不勇于表达自己的想法或意见,无益于问题的解决,甚至会使误解更深。"

二、培养孩子的自信心,使孩子永远积极向上、不气馁

女儿上小学一年级时,我被班主任告知:孩子什么都挺好,就是一言不发,能安静地坐一天,上课也不积极举手发言。我心想:不对呀,这孩子在其他场合可是很活跃的,话可多了,怎么一到学校就反常了呢?我私下问她,她说是怕自己说错了或做错了,老师和同学笑话她。

原来如此,这表明孩子的内心是有些自卑、不自信的。孩子不自信的原因是怕被批评,怕犯了错误不被接受原谅。于是,我开始鼓励她,没有人是从来都不犯错的,没有失败,没有错误,也就没有成功。我们都是在不断地纠错、不断地学习中完善自己。我决定帮她树立自信心,从给家里人磕磕巴巴讲故事开始,让她锻炼自己的胆量和表达能力。三年级时,她参加了一次钢琴比赛,第一次独自登台表演。虽然因为很紧张弹错了一个小音,但是她还是完整地把曲目完成了。我为她的进步而鼓掌,也为她有勇气战胜自己而感动!

从四年级开始,她参加舞蹈团的表演,参与故事会的比赛,在这些活动的过程中,她懂得了有付出就有收获,懂得了坚持不懈。五年级时,她参加了北京市科技创新和科学建议论坛并获奖,还在学校做了脱稿演讲。从曾经的一言不发到有勇气、有自信地登台当众讲演,对她来说,这是多么大的进步啊!每一次尝试和每一次失败,都使孩子更加坚强;每一次小小的成功,都使孩子更加自信。父母要用一个温暖的怀抱去包容孩子,给予他们不变的支持,为他们的点滴进步献上热烈的掌声!

三、父母的宽容和仁慈能让孩子获得足够的安全感,培养良好的品格

有时我会遇见一些父母,他们焦躁不安,大多是男孩子的家长,当孩子调皮捣蛋时,当孩子拿出不太好的考试成绩时,上来就劈头盖脸一顿训斥,说看人家孩子怎么样,就你不争气,骂孩子傻、笨……怎么解气怎么说,殊不知那样的语言就像刀子扎在心里,伤害着孩子的自尊心,孩子会觉得自己很无用,被父母放弃,被嘲笑。我很难想象,他们能用"痛定思过"的意识抗击这类"打击",能正面理解父母的用心良苦。我们如果更深入地了解自己的孩子,帮助他们提高而不单纯地指责,是不是更好呢?

中国传统的教育思想是"严师出高徒""棒下出孝子""不打不成材"。我觉得道

理上讲这没有什么不对，但是从一个人身心发展和个性发展的角度来看，包容和激励更能使孩子形成健全的品格，懂得宽容他人，感恩他人，尊重他人，同时保持自信，不自暴自弃。

现代父母的社会压力，特别是孩子的教育压力相当大，相信大家都思考过该如何教育孩子。我们都希望自己的孩子有一个快乐幸福的人生，有的父母期望更高，希望孩子将来成为社会精英，人生辉煌。从孩子年幼时开始，大多数父母没有敢怠慢的，在教育上不惜大力投资。他们怕输在起跑线上，在给自己压力的同时，也转嫁给孩子无形的压力。孩子的课外班一个接一个，时间表写得密密麻麻，如果是孩子真心喜欢的课程，那也不算浪费。

但是，有的父母对孩子的期望值不断增大，虚荣心也跟着膨胀，根本就接受不了孩子的不出众、不上进、不听话，以及成绩不佳。而孩子呢，可能会逐渐失去学习的主动性，变为被动式学习，无兴趣学习。孩子也将无法面对成绩落后和任何的失败。现在有些孩子很脆弱，每年都有报道孩子因为受挫或不堪重负而轻生自杀，结束年轻的生命。

我们辛苦工作，供孩子丰衣足食。有的家庭条件优越，孩子要什么就给什么，物质要求绝对满足，我们以为这就是大爱了。然而，孩子的精神世界有多少父母真正会关爱，要知道，心灵是需要用爱来滋养的。

良好的家庭教育不仅要培养孩子的学习能力，更应培养他们健康、自信、善良、乐观的性格。这样，他们才能在人生道路上战胜挫折，不断进取，成为对国家和社会有价值的人，他们的人生一定是充满阳光的，一定会拥有属于自己的一片天地！

专家点评

这位家长说："有的父母对孩子的期望值不断增大，虚荣心也跟着膨胀，根本就接受不了孩子的不出众、不上进、不听话，以及成绩不佳。"此是"孩子不能输在起跑线上"的心理反应，该反应是因孩子面临竞争激烈、拥挤不堪的高考独木桥而起，怀有此种心态的父母，何错之有！而且是普遍现象，也正是国家进行教育改革的原因。

著名的华罗庚之问，击中要害，应是政府和教育家们探究之事。

82. 野鸭湖度假的一次自我突破

北京市西城区阜成门外第一小学家长　陶　勇

最近这段时间，我总是感悟说，修行在路上。之所以说修行在路上，一是我想吐槽一下北京的交通，87公里的路程，走一趟需要3个小时；二是我想说，在我的家庭里面，现在的"修行"既不是研究如何教育孩子，也不是研究如何改善关系，而是通过亲子出游获得一些全新的生命体验，在路途中发展我们以及孩子的认知、洞察、思考能力。

比如中秋节假期的第二天，我们决定去野鸭湖。不是因为这里有野鸭子，也不是因为这里的湖光山色，只是因为这里是湿地，是一个主题鲜明的目的地，仅此而已。

一、关注生命的多样性

当然，我对湿地、生态系统了解有限，只是觉得这里之前没有来过，充满了未知，同时也对它的生物多样性给予了关注。之所以关注生物多样性，并不是因为我对自然生态好奇，更多的是源于我对生命意义上的多样性的关注。什么意思呢？我想说的是，无论是大自然，还是人的内心世界，保持多样性都是生存与发展的重要因素。

比如，我们会感觉到沙漠是一个苍茫无边、虽然震撼但缺少生机的地方。在那里，我们能感受到的，仅仅是偶尔挣扎出来的生命之顽强而已，生命体系很难在这里完成一个封闭式的循环。但如果在热带雨林，在大海中，或者在草原上，你就能感觉到这种多样性带来的好处，物种无比的丰富，而且我们也会由此对这里产生未来生存保障的稳定可靠的信任感。

也就是说，多样性不仅象征着丰富，更意味着是无限的可能。对于我们的内心来说，这种多样性尤其可贵。不仅仅是因为多样性能给我们更好的生存保障，更重要的是，对多样性的认可和追求，本身就是对极端单一体系和糟糕生存空间的逃离。也就是说，如果你不认可生物多样性的意义，那么你就不容易认可人类行为和心灵的多样性，那所有的问题就会被锁定在源头，很难改变。

二、单一价值体系在现实生活中的存在

在现实世界中，生命状态堪忧的人群，比如自闭症患者、抑郁症患者、神经症患者，无论他们的病理原因是大脑受损还是心理崩溃，他们都会表现出一些极端的价值体系和行为特征。在更为广大的群体中，我所观察到的很多家庭，多少都会存在不必要的冲突以及由此带来的痛苦，这大多与家庭成员自我行为的完美要求、对他人完美行为的控制，以及对未来的过度担心有关。

这些向自己和他人索取完美过程和完美结果的人群，并不是因为他们自己做得多么好，做得多么正确，而是他们不允许自己认知之外的过程和结果出现。这些痛苦，当然是来自于他们的原生家庭和成长经历，但是都会有一个普遍的特征，就是单一极端的价值体系的存在。这就是价值体系缺少多样性带来的普遍问题。

三、举例说明缺乏多样性的不同表现

我举一个例子，便于大家理解这个问题。由于孩子不认真完成作业，不主动参与学习，家长感到焦虑并由此引发冲突问题。

1. 单一价值体系的家长 A：

（1）老师希望所有的学生学习习惯好，学习成绩好；

（2）老师负责的学生太多，没有精力全部照顾好，会把学习要求传达给家长；

（3）部分家长搞不定，会把老师的要求简单粗暴地向孩子传递；

（4）孩子做不到，家长很生气；

（5）孩子开始遭殃，家庭陷入困境，所有成员越来越痛苦。

2. 多元价值体系的家长 B：

（1）老师希望所有的学生学习习惯好，学习成绩好；

（2）家长理解老师的期望，但是会思考：如何让孩子学习习惯好，如何才能提高孩子的学习成绩？

（3）家长会发现：每一个孩子各有天赋，各有令人欣赏的方面，无法马上做到老师期望的那样。要想做到老师期望的那样，有很长的路要走，甚至有可能终身都无法达到。更何况，还有一个巨大的问题需要解决，就是家长的教育水平和能力是否能够做到；

（4）家长通过对人生的探究和对生命意义的思考，了解到儿童成长的意义，并研究生命成长的内在规律；

（5）在老师的指导下，父母结合孩子的能力、优缺点，开始关注孩子的精神生命，关注孩子内心的成长，关注他们能力的发展，让他们的心智逐渐成熟，慢慢学会独立应对来自学校、社会，乃至整个世界的挑战；

（6）父母健全了孩子的心智，培养了孩子的能力，老师的要求就容易做到，而且还有可能比老师期望得更加优秀。

3. 比较：

B 家长与 A 家长显著不同，这时，我们就会发现自己缺失的方面。那 B 家长到底比 A 家长多了什么呢？

（1）B 家长能够理解老师的难处，理解老师做出这样要求的初衷。这意味着对人类需求多样性的理解与接纳。

（2）B 家长能够理解老师的期望，但也开始独立思考：如何才能做到老师的要求，从而让双方都成为赢家？这意味着对实现过程多样性的思考。有很大一部分家长缺少对实现过程多样性的思考，结果就是直接向孩子传递要求。而多样性的思考是开放的，我们会想"我如何做才能更好地达到目标"？

（3）B 家长会发现每一个孩子都各有天赋，这是对人类智能多样性的观察和了解。但部分家长可能会把每一个儿童都当成可以塑造的学习机器，这是同一价值体系在认知和行为上造成的偏见。

B 家长会认识到，做好任何事情都需要一个过程，都有其内在的规律。并不是说，我们提一个要求，孩子就会执行，而且会让我们满意地高效地执行。那是电脑游戏，或者机器人指令。而人类存在喜怒哀乐，存在七情六欲，存在情绪困扰，存在人际关系，存在爱与尊重的需求。

你考虑得越多，说明你对生命多样性的思考就越多，你就不会简单地认为孩子可以完全执行你的指令，从而获得令你满意的结果。所以，当孩子做不好、做不到的时候，你就能真正理解这一点。而无法理解生命多样性的父母，则完全无法接受孩子的表现，因为在他们心里只有对和错，只有行与不行。

（4）B 家长不仅仅会从做事情的顺序和经验的角度来理解儿童的行为，更重要的是，他们会结合自己丰富精彩的人生思考生命的意义，思考我们这样做对儿童的成长意味着什么，还会有什么后续的影响。对于喜欢思考、接受多样性价值体系的人群来说，这种思考模式，是自然而然发生的。而对于简单粗暴的家长来说，他们缺少这样的过程，不是因为他们不愿意思考，而是他们无从思考。虽然拥有多元的生命体验，但是这些生命体验只是一个时间的印记，而不是一种洞察与知行的实践，所以它不会对人的认知体系产生任何影响。

（5）多元价值体系的父母，对孩子也有要求，但是他们深知，美好的结果在未来，而不是现在。而单一价值体系的父母，则会要求马上就能看到结果，比如认真的态度、持久而专注的学习。其实，我们追求的是美好的结果，而不是完美的过程。如果你去索取完美的过程，你永远不会快乐。因为过程就是进步的必由之路，过程就是不断地试错。如果你去索取过程，那你永远也不会获得满意的结果。

四、过程中的成长

下面，让我们回到野鸭湖现场。

我们租了一辆双排的多人自行车，沿湖骑了一圈，大约4公里，用时一个半小时。你可能会问：这有什么意思啊？确实没什么意思。论速度，没有两轮自行车快；论省力，比走路还费劲。那有什么意思呢？

1. 它能让几个大人和几个孩子聚合在一个固定的空间，并拥有了共同的目的地（目标）；

2. 在这个空间内，你可以看点什么，讲点什么，聊点什么，玩点什么，开个玩笑，肯定一下孩子做得不错的方面；

3. 共同应对路上发生的事情。比如：链条掉了，孩子请另一个小朋友喝冰红茶，沿途观光照相，一起为全新景观欢呼等。

4. 带孩子体验同舟共济的感觉。

可能有人会说，这有什么了不起的，把大家聚在一起，不是很多地方都可以吗？确实是这样，但是在某年某月某日某时，你们几个人聚在一起，在野鸭湖的环湖路上有那么一段时光，是你们共同拥有、共同度过的。这是一场印象深刻的旅行，而不是所谓的玩玩而已。

因为有了画面感，因为有了美好的经历和与众不同的时空感，这件事情才弥足珍贵。这件事的核心内容是"美好的经历"，而画面感、时空感则是存储和索引这段经历的关键词。也就是说，我们会通过旅行度假来存储更多美好、难忘、欢乐的时刻。那么在这个过程中，你所看到的、听到的、想到的、悟到的，所有美好的东西，都会更有效率地存到你的记忆中。那么，你的记忆里，美好的、正向的、积极的、可贵的、有价值的东西，就会越来越多。我们思考一下：一个人是满心的痛苦和拒绝能让人生有价值,还是满心的美好和希望更让生命值得珍惜?或许说这些还是太空了,但它确实能增加你的智慧,增加你的创造力和创作欲望,让你志向高远!

五、结果中的收获

让我们再次回到野鸭湖现场。

我们骑着6人双排自行车绕湖一圈。中间,我们逗了狗,拍了照,喝了水,聊了天,开了玩笑,观看了康西草原的马匹,掉了好几次链子,Bob先生还请小朋友喝水。整个过程只有美好,没有教育和纠正。

下午1点,我跟Bob先生打赌,赌他不能再沿湖跑一圈。他说他能做到,我说赌资10元人民币,做到我就输给他。于是,他和另外一个小朋友开启了再次绕湖一圈的行动。

在这个过程中,我只是交代了安全事项,哪些事情千万不能做,以及紧急情况如何求助。然后,我就放心地让他们去了。与其担心,不如祝福;与其担心,不如教会他们如何处理应急事件。这个过程才是成长的过程。

孩子妈妈在这个过程中有点焦虑,总是说孩子怎么还不回来。我说没到时间,怎么回得来?其实我的内心也在忐忑,不过虽然忐忑,我仍然坚信没有什么问题。因为从周围环境和沿途可能发生的情况来看,从孩子的认知水平和应急处理能力来看,都是完全没有问题的。

事实上,他们顺利回归,我也乖乖地输给他钱了。可能有人会说,这多危险呀,万一发生什么呢。但是,我看到的不是万一,我看到的是孩子再一次的突破。也就是说,他可以在没有父母陪伴的情况下,在一个足够安全的地方进行属于他们自己的探索,这是多么了不起的一次进步!孩子的总体进步是一次又一次的小进步构成的,如果什么都不做,什么都逃避,又怎么可能进步?

如果你不认同我的做法,也不认同我的观点,这恰好证明了多样性的存在和现实意义!

专家点评

这是一篇阐述家庭教育配合学校教育最为全面而又精辟的美文,值得一读。顺便提示,A家长不妨读些儿童心理学,了解到儿童心理特征,可免焦虑情绪的发生。

83. 浅谈家庭教育
——给孩子最适宜的爱

北京市西城区阜成门外第一小学家长　李依頔

我的孩子是阜外一小的一名五年级学生，也是大队委、区三好学生、北京市红领巾奖章获得者、合唱团团长、钢琴九级、体育副队长……这些荣耀离不开老师的谆谆教导，离不开孩子自身的努力进取，也离不开家长的用心培育。

父母是孩子的第一任老师，家庭是孩子的第一所学校。对于父母来讲，"养"和"育"同等重要。爱不是粗暴地将自己的志愿强加于人，而是发掘孩子的潜在能力和优势；爱不是把孩子变成温室里的花朵，而是让他们像海燕一样自由地飞翔，面对困难勇敢拼搏。著名教育家陶行知先生曾说过："真的教育是心心相印的活动，唯独从心里发出来的，才能打动心的深处。"这给了我很大的启迪。

第一，我们要给孩子一个幸福的童年。孩子童年的主要活动应该是快乐地玩耍。很小的时候，我们就给孩子养成了良好的生活作息习惯和学习习惯，让他在规定的时间内完成自己应该完成的事情。所以从上学到现在，他一直保持着良好的学习习惯，每天下午6点以前写完作业，再进行课外学习和练琴。他每天都可以去公园尽情地玩耍，利用各种假期我们全家会安排丰富多彩的旅行，见识外面的世界，走进自然，拓宽视野，给孩子留下更多美好的记忆。这是孩子最大的精神财富，能让孩子在人生的长跑中有足够的动力坚持下去，我认为这就是最适宜的爱。

第二，教育要遵循一致性。面对孩子的教育问题，我们全家人经常沟通，大家商量制定一个每个人都能接受的教育方式，同时也征求孩子的意愿，既让孩子感到"适宜"，也让大人感到"适宜"。良好的亲子关系是家庭教育的基石，一直以来我们都在为孩子营造一个和谐美好的家庭氛围，从来不采用家长式的管教，更多的是与孩子进行沟通，交流谈心，做孩子的良师益友。在家里，每个成员包括孩子，都可以各抒己见，相处时互相尊重。孩子的心灵是一方奇妙的净土，我们只有在他们幼小的心灵里播下健康、美好、快乐的种子，才能让他们健康、快乐地成长。我认为这就是最适宜的爱。

第三，注重素质教育，坚持"因材施教"。我非常支持孩子参加学校组织的各项活动，培养孩子的合作意识和集体观念。作为男孩子的家长，我更加注重孩子的全面发展，在课外坚持英语、思维训练、美术、乒乓球、游泳、钢琴、围棋等各类学习。我尊重孩子自己的选择，从不强求，但孩子做事必须有始有终，只要选择了就不能放弃。我们充分尊重孩子的爱好，以他的兴趣为前提，让他不断提升自身的修养。我认为这就是最适宜的爱。

第四，我们都看到过央视报道的神童魏永康的独特经历，母亲对魏永康的唯一要求就是专心学习。魏永康13岁考上大学，17岁到中科院硕博连读。然而，由于生活中的事情完全由母亲包办，魏永康不懂得如何跟周围的人交往；读研后，因为生活长期不能自理，知识结构不适应中科院的研究模式，被学校劝退。在这位含辛茹苦、对孩子倾注了全部心血的母亲身上，人们看到了母爱的伟大，也看到了溺爱的害处。我认为爱孩子就要让他们独立自强，让他们从小就在家里参加家务劳动，自己的事情自己做，还要帮助长辈做力所能及的事情。在教育孩子成才的同时，也要教育孩子成人，要知道，成人比成才更重要。我认为这就是最适宜的爱。

第五，爱孩子就要在孩子面前树立良好的榜样。为人父母，言传身教尤为重要。孩子生下来是一张白纸，他要通过观察和模仿学会生活，父母的一言一行对他们都有着深刻的影响。每天晚上，我们都会有一个小时的阅读时间，孩子也会跟着阅读；每天我们都会交流工作中的成绩以及为人处事的观点，孩子也会参与；每天我们都会在照顾好孩子的同时，坚持自己的爱好，孩子也会有自己丰富多彩的生活。我觉得父母不屈不挠、奋发向上的人生态度和人格力量能够为孩子树立良好的榜样。我认为这就是最适宜的爱。

作为年轻的父母，我们没有教育孩子的经验之谈，只是陪伴着孩子一步一个脚印地成长。心心相印的爱，能让孩子懂得感恩。今年母亲节，儿子给我写了一封信，让我热泪盈眶：

"如果妈妈是一阵细雨，那我就是雨后的彩虹，

如果妈妈是一轮明月，那我就是捧月的星星，

妈妈是我生长的根，

我是妈妈理想的果，

妈妈，感谢您陪伴我成长，我爱您！"

给孩子适宜的爱，意味着要放手，让孩子自己去经历，然后做孩子坚实的后盾，并告诉他，我们永远是他温情的港湾；给孩子适宜的爱，意味着要全心全意地接受孩子，信任孩子；给孩子适宜的爱，意味着要适度，用孩子能接受的程度爱他，不是让他觉得自己很软弱；爱他，是让他充满生命的力量！给予孩子充分的时间和空间，用微笑静待他的绽放，这才是最适宜的爱！

专家点评

这个学生是位优秀、多才多艺、获得众多荣誉的五年级学生，这是学校教育、家庭教育和孩子自身努力，三者紧密结合的结果，其中尤为可贵的是其母李依颐女士对母爱的正确认识和处理，始终贯彻"教育孩子成人，成人比成才更重要"的家教理念。这位家长举中科院天才少年魏永康为例来做证明，类似的案例不胜枚举，中科大少年班就出现数例，我国著名的数学家陈景润也是一例，生活能力、社会活动能力非常之脆弱。这是父母过分溺爱、包办替代一切，影响孩子心理发育，造成某些心理障碍所致，此与"高分低能"人有所区别。低能可以通过培训和锻炼而改进，而对有心理障碍的青少年则应予心理治疗，在当今儿童教育中并非是罕见的个例。且不言那些儿童自闭症、抑郁症、焦虑症等了。该家长提出的问题，应引起年轻父母关注。

84.
在失误中成长
——一瓶矿泉水引发的冲突与思考

北京市西城区阜成门外第一小学家长　张朝晖

家庭教育，在琐碎小事的发生、发展、冲突、处理中显现。面对来自儿女的小冲突、小挑战，家长要如何应对？如何把控事件的脉络走向？每一个家庭似乎都有话要说。

我的孩子是五年级的小学生，不到12岁的男孩子，正值精力充沛、求知旺盛、身体发育与人格发展的关键期。从"知"的角度，他似乎明白了许多道理，低年级时硬给他灌输的规矩、要求，现在看来已经萌芽了。从"行"的角度，他是个结出了点形状的、尚在生长着的"黄瓜扭儿"，遵章做事的执行力还有待提高。这个年龄的孩子，心里是想把一件事情做好、做完美，但是他的思想与行为常常不匹配，行为可能"创新"到把一件好事情"狗尾续貂"。这个时候，事件常常是琐碎小事，但却最考验家长的耐心与事件解读能力。家长做得好，语言行为好，便是抓住了教育的良好契机。

一、事件背景叙述

一天晚饭后，我胃部不适躺在床上，孩子很关切，嘘寒问暖后为我拿水，说喝点水就好了，并问我要不要喝热水。我说不需要，常温的就可以。实际上，当时的我什么也咽不下，但孩子关爱的心意我要接受。

他千挑万选地拿了三种矿泉水，腋下夹一瓶，左右手各一瓶。他在距离我床沿儿三米的门口处，问我："妈妈，你要哪种？"并热心地推荐我喝他喜欢的水。我说："给我农夫山泉吧，运动瓶盖的，方便喝。"

就在我迷迷糊糊闭上眼睛的刹那，一瓶水"啪"地落在了我的面前，准确地说，瓶盖那端实实在在地打在了我的鼻子上，非常疼。我一骨碌爬起来，定定地看着他。

他可能没想到我有多疼，没有说对不起，还傻笑着。我有些火了，对他说："一件好事情怎么就不能完整做好呢？这和所有的事情都一样呀。"他听了责怪的口气，就沉着脸坐在桌边打算写作业，冷漠地说："我也被打过鼻子，不疼。"这句话真是刺激人。我打开瓶盖，让水直线地滋了过去。我说："凉吗？意外吗？孩子，我不着急听到你的道歉，但是你得有爱啊，说出这样的话，会激怒人的！在哪里，对谁，都不行的！请你记住，今天我向你浇水了，自己想想为什么。"

在我们对视的几秒钟里，我慢慢平静下来。

他抖抖衣服，忽然笑了，幽默一语："是要黑旋风水战浪里白条吗？妈妈？"

我没有立刻回答，尴尬局面在无声化解中。我轻声平缓地说："不是，你不用准备作战。"

之后一刻钟内，我没有作声，空气似乎凝结了，我能听到自己平稳的呼吸。不一会儿，孩子开口说："妈妈，对不起。"听来挺真诚。

"你是我的孩子，我能宽容，不计较。"我说。

"我们同学之间也是这样递东西，没想到会打到妈妈。"他解释说。

"嗯，原谅你了。先写作业吧，做完今天的事。"我回答。

这件事就这么过去了？当然不能。孩子收获什么了？我进入冷静的思考。睡觉前，我和孩子谈了话。我从"因疼痛而带来的本能情绪反应"切入谈话，并在交谈中引入下文四点我要说的内容。

二、事件理性分析

人对于疼痛有本能的回击，处在焦虑状态或身体不适状态下的人，极有可能情绪失控、嗔怪、责骂、还击。如果在青春期的孩子之间，一个无意识的失误，或者好心办坏事，都很可能发生吵架等不愉快的事件，导致事情性质发生变化。我的本能反应有些激烈，但是在理性的召唤下还是会迅速冷静下来。

孩子方面：好心办坏事。知道要关心人，能够想到被关心对象的现实需求，能够设身处地想办法，并从言语关怀进一步转化到行为关心。不足之处是不拘小节，不知后果。

家长方面：现身说教，以小见大，接纳不足，不姑息问题，不强行教育，带入认知新境界。

交谈要点：

第一，好心做事要达成好的效果，才是一件好事真正做完了。完成一件事，是要百分之百地完成最开始的目标。孩子要达到的目标，是让躺在床上的妈妈喝到水，缓解胃痛，那么他应该把水递到妈妈手里或者放在床边，这就是满分地做完了一件事，没有瑕疵，也没有纰漏。但是，最后节外生枝，发生了一件坏事情，就拉低了好事情的分值。有时候，还会上演另外一个不好的故事。

第二，手递手的行为，尊重有礼，真挚温暖。我知道孩子的行为有来源，比如说同学之间递个东西，可能我传你接得挺有乐趣，特别是喜欢球类运动的男孩子，这样玩儿会感到很开心。但是，你传我接要看传的是什么东西，要传给谁？这个谁，是师长还是同学？是学长还是学弟学妹？是什么时候？在什么情况下？这些都要具体事情具体面对。举止有礼不是死规矩，它就在我们的日常生活中，一定要谨记行为发生的情境和对谁发出的行为。

第三，命中靶心需要千锤百炼的真功夫。男孩子喜欢各种枪械类的射击运动，发射可是需要计算距离与力度的。还有篮球、足球等运动，那得有多少次失败的投篮、射门，才能获得精准的命中率与赛场上的喜悦狂奔啊！单说孩子这三米距离就没达到指定位置的发射，技术就不过关。这和学习一样，要达到百分之百的准确，需要经过无数次的训练，并在一次次地纠正错误中不气馁。不训练就想拿成绩，那是不可能的。就算这回打不到我，下次也可能打到别人。有时间训练一下三米掷物，一次可不行，得好好训练一番，心里有数，技术有准才行。功课是这个道理，行为是这个道理，语言是这个道理，培养良好习惯也是这个道理。

第四，寻找事件中孩子好的表现。

1. 充分肯定孩子的关爱动机。

2. 肯定孩子用幽默语言化解冲突的能力。面对情绪失控的反击方，能够保持微笑，镇定询问"是要水战吗"。

3. 致歉真挚。男孩子好面子，嘴巴没那么灵巧，道歉安慰的话语虽来得慢些，但是很真挚。孩子能够在母亲的沉默中，由衷地道歉。妈妈也能够及时稳定情绪，由衷地接纳歉意，并在交谈中把话题引向新高度，孩子也获得了新成长。

4. 及时表扬孩子的情绪控制力。在面对不可预期的冲突中，孩子发挥了控制力优势。我对他说："这次你控制情绪方面做得好：冷静、幽默、有气量、懂包容。没有你的情绪控制，妈妈哪会做得这么好？"

三、事件效果呈现

孩子从心里服气，没有逆反表现。对于偶然冲突，我们在事件发展中进入策略设计，由此将事件转变为爱的教育、礼仪的教育、思考判断的教育、付出与回报的教育、情绪控制的教育、宽容的教育，等等。就像一场家庭教育的真人秀，演员就是我们自己，我们在情景剧中收获成长。

在文章将要完成时，我读给孩子听，他点头同意，还说写了这么多呀。但是，对于我说他技术不过关，他还存有疑义，说是我没有接球。到底是个正在步入青春期的孩子，他的技术与能力不容否定。我笑了，说："技术好也要亲手送过去，这是尊重。"

在"知"大于"行"的成长期，孩子总在不断尝试，行为创新是好的，但是要能在犯错中领悟正确的价值，担当过失，迈开成长的脚步。

四、结语

很多时候，事情会以不同的形式、不同的版本、不同的画面出现在生活中。对于孩子的教育，每天都在发生，它存在于生活中的每时每刻、点点滴滴。观察教育，不是单方面的对外观察，也包括家长对自身言行、情绪等要素的反省与管理。

孩子在成长，家长在成长，家庭教育的能力也在成长。孩子就是我们言行、道德、情操、观念、品味的镜子，如果照到了不喜欢的"妖"，说明我们自身也有"妖"的模样；如果照到了令人喜悦的优秀模样，那就去感谢我们的孩子吧，是他们启发了我们的宽容与理性。无论是真挚的话语，还是默不作声的眼神，只要传达出了我们的爱与宽容，不是苛责埋怨，不是批评巴掌，是教诲，是理解，孩子定会感受到我们的肯定与鼓舞。他们会沿着理清的脉络，朝着前方走去，也会越来越好。

专家点评

这位家长通过母子之间发生的一件意外小事，进行理性分析，使母子双方都认识到"事小理大"的意义，并取得良好的效果，此文的方法和意义可在家庭教育中借鉴应用。

85.
家有男孩

北京市西城区进步小学家长　刘傲然

男孩是一个非常神奇的物种，他们精力旺盛，淘气透顶，要说他勇敢吧，有时却比女孩子还爱哭。作为母亲的我，本来跟男性就是完全不同的思维模式，再加上儿童这个属性，与儿子相处时我有时会感觉像跟外星人相处。不过很感恩，我们一家三口仍然紧密地联系在一起，走在坑坑洼洼的成长道路上。

一、严厉的爱

我"虎妈"的名声也不知是什么时候传出去的，不过也确实如此。不幸的是，孩子爸爸也是个严厉的爸爸，所以有时我们会检讨自己是不是对儿子太严厉了。然而反思之后，我们一致决定还是要严厉，不过还要更多地展现"爱"。

有一次儿子数学测验得了四十几分，他回来给我们看卷子的时候说："你们一定会打死我了……"我当时确实很惊讶这个分数，但看他胆战心惊的样子，我还是先拥抱了他一下。当晚，我就跟他一起分析卷子的问题。

在我们家，拥抱是常常做的事情。有一天晚上，我们第 N 次批评儿子刷牙之后没有把牙缸放回原处，儿子受伤地准备睡觉，用哀怨的眼神看着我们。鉴于他已得到了严厉的教育，我就过去用力地拥抱了他，说了一句绘本里的话——"给我一个拥抱"。从那以后，儿子睡觉前都希望我给他一个拥抱，以再次确认来自妈妈的爱。

尽管他存在屡教不改、刚说完就忘等各种各样的问题，我们也依然会跟他说爸爸妈妈爱你。我们不是觉得孩子听话，学习成绩好，让我们脸上有光，我们才表现爱。我们给予他无条件的爱，理解他还处于成长的阶段，包容他本身的性格特点，觉得应该爱他本来的样子。

二、学习的陪伴

几乎所有的家长，在孩子小的时候都会教他们站立、走路、说话等，但入学以后的学习习惯却疏于培养。我认为，孩子的学习习惯跟其他能力一样，并不是天生就形成的，而是需要家长的帮助和教导。我培养儿子学习习惯的方式就是陪伴。

1. 陪读

从小学入学开始，我就和儿子在每天晚上固定的时间一起坐在书桌前学习。我先计划好孩子今晚要学习的内容，然后一项一项让他做。在他做的过程中，我只坐在旁边，不说话，也不看手机，可以拿本书在旁边看一下。等他完成了，我负责检查。刚开始，他不认识的字比较多，我就给他读题。需要读英语和语文课文的时候，我就听他读，然后指正。经过不到一学年的坚持，儿子形成了每天做作业的习惯，晚饭前也能完成我布置的同步练习。当然，这也要感谢爷爷每天放学后的陪伴。

2. 陪练

最近我们决定让孩子学大提琴，老师对练琴时间要求很高。得益于近一年的学习习惯培养，儿子觉得练琴跟做作业一样，都是每晚必做的事，并不觉得很困难。而且孩子练琴的时候，我也会始终坐在他面前，认真地听、看、指正。

孩子在学习的时候，家长要是看电视、玩游戏，孩子会觉得很不公平，这样他也无心学习。我们希望儿子认真对待学习，所以我们也要认真对待他的学习，放下其他的事情去陪伴他、关注他。至于要陪到什么时候，我并不知道，当他不需要或者不想我在他旁边，同时他自己也能自觉完成学习任务的时候，我就可以离开他的书桌了。

三、培养

1. 意志

因为养了一个男孩，我和爸爸都觉得应该培养他坚忍的意志和强壮的体格，所以儿子入学前参加了不少体育活动，包括轮滑、滑雪、滑冰、足球。入学后由于时间关系，孩子的课外体育时间主要学习跆拳道。参加体育运动，不但能让他的身体成长形成一个良性循环，也能够锻炼他的意志。

他参加的每项运动，刚开始时都会遇到困难，但通过练习，他可以逐渐掌握，然后熟练，继而提高。这种经历一次又一次地反复，他面对困难时就会有经验，不畏惧，知道"我可以通过练习克服这个困难"，懂得"虽然输了，但是这没什么"，觉得"我比以前更好了"。

2. 自信

考虑到我和爸爸有时会过于严厉，打击到儿子的自信，今年我和儿子约定每周写三件自己做得很棒的事情。希望在他日后遇到挫折、感到灰心的时候，可以翻出来看看，认识到自己是一个有价值的人。

当他付出努力收获进步的时候，我们总会跟他说，爸爸妈妈以你为骄傲。在这里，我们确实要感谢儿子，他的努力和进步总能给我们带来不少安慰。不过，即便没有成绩，看不见进步，我也相信我们付出的每一滴汗水都不会白费。

以上是我的经验分享，其实我们一家在教养孩子上还有很多不足。在这个竞争激烈的时代，我们有时很容易就失去了方向，突然感觉内心焦虑，压力很大。感恩的是，我们一家三口还是能够互相扶持，互相帮助。养育男孩真是个需要耐心等待的过程，我们还有很多计划想在他身上试验，但他依然按照自己的成长规律发展，无视我们在旁边急得跳脚。所以作为家长，我们只能够跟他一样，不断成长。

专家点评

虎妈，本名蔡美儿，美国华裔教授，因撰写《虎妈战歌》一书而引爆东西方教育方法的大讨论。一派认为虎妈式的高压教育可激发孩子的高潜能，出现高效结果，蔡美儿的大女儿索菲亚就是明证，这与我国棍棒教育如出一辙；另一派则认为虎妈教育过于残忍、压榨、少爱，结果往往与愿相背。其实这都是出自"望子成龙，望女成凤"的心态，是一种对子女控制欲的强烈表现，亦无懈可击。关键是辩证施行，对不同特性孩子采用不同的模具，方可产出父母所望的成品，即"因材施教"，孔子七十二贤人，成就各不相同。统一的教育模式是一种懒政，违背辩证法，实不可取。

86.
我与孩子共成长

北京市西城区进步小学家长　胡冬梅

从孩子呱呱坠地，到牙牙学语、蹒跚走路，再到上幼儿园、上小学，每一个阶段，都是我这个新手妈妈与孩子一起不断学习、不断成长的过程。在这个过程中，我有过烦恼，有过愤怒，但更多的是欣喜和感动。孩子渐渐长大，得到了老师和朋友们的认可和喜爱。在这里，我把自己的一些认识、做法和感想写出来，与大家共享。

一、游戏中懂得遵守规则

陪孩子做游戏有很多好处，我就经常陪女儿做游戏，孩子爸爸工作忙，但一有时间也会陪她。在女儿没有伙伴时，我会陪她做适合我们的游戏；有小伙伴时，我就陪他们一起玩游戏，这样很容易培养亲密的亲子关系。我们在开车的路上，经常玩"动口不动手"的游戏，比如词语开花、成语接龙等，还会搞个小比赛，三个人也能玩得热火朝天。而且，我感觉女儿的词汇量越来越大了。

另外很重要的一点，就是在游戏中让女儿懂得遵守规则。无论玩什么游戏，我们都要讲清游戏规则，告诉孩子不能因为年龄小或想赢就破坏规则，否则就不陪她玩。比如玩各种扑克牌游戏，如果大人让着她，既减少了她的成就感，又破坏了规则，也不能增长技术，所以我从来不让家里人明着让她。当她输的比较多时，我会不露声色地让着她，让她既能快乐地赢，又不会因为总输而缺少信心。长此以往，女儿无论在学校、在公共场合，还是在家里，做事情都能自觉遵守规则。

二、故事中领会道理

我记得在女儿1岁左右的时候，我就开始拿着大图画的书，给她读简单的故事，比如小蝌蚪找妈妈、小蚂蚁搬家，等等。而且，我会惟妙惟肖地模仿故事里的语气，读着读着，不知从什么时候开始，她可以跟着故事情节紧张、感动、开心了，她听懂了。还有，我从来没有特意教过她认字，但突然有一天，我发现她认识很多字。

从故事中让孩子领会道理，感悟情感。记得孩子很小的时候，我给她讲过一个故事，三个小动物赛跑，因为小猪平时没有刻苦练习，所以就落在了后面，以此告诉她付出才有收获的道理。后来，孩子练跳舞练得很辛苦时，我鼓励她坚持下去，她居然会说："恩，付出才会有收获。"可见故事对她的影响。

另外，我和孩子有一个讲不完的系列故事，是我即兴发挥，现编现讲的。在我的故事中，小灰和小白（两只小兔子）是永恒的主角，和我女儿同龄。我会根据情节需要，添加其他的动物配角。我们讲了很多，比如：如何战胜胆怯心理，如何和小朋友相处，学会分享，互相帮助，珍惜资源，捡到东西要归还，不能说谎话，做有礼貌的孩子，等等。如果我发现她有了小困惑，或者她指定主题，小灰小白就要上演新的故事。后来应女儿要求，她也成了故事中的一员，这让她更加兴奋，也更容易接受。从故事中，她领会了很多道理，学会了很多方法。现在，她善良、豁达、自律、快乐。

三、日常生活中培养习惯

我家给孩子提供的相对来说是个宽松的环境，每天都会给孩子保留自由活动的时间，很多事情都会征求她的意见，尊重她的选择。但有些规定还是必须要做的，比如每天晚上九点上床睡觉，非周末不能看电视，不能玩 iPad 和手机游戏，没有得到妈妈允许不能喝饮料、吃冰棍，等等。在规矩设立之初，那也是我们斗智斗勇、比拼耐力的时候，我们要经得住她近一个小时的哭闹、撒娇、请求，硬起心肠撑到底。

现在这些规矩已经变成了习惯，晚九点上床睡觉，只有周末才想起看电视，几乎不玩 iPad 和手机游戏，吃东西前必须征得我的同意，否则谁给都不吃。另外，我还培养她自己的事情自己做的习惯，四岁自己擦屁股，五岁自己洗袜子，六岁自己洗澡。从上学前班开始书包自己整理，晚上自己准备好第二天要穿的衣服；和我一起大扫除，经常自己下楼扔垃圾，并且知道垃圾如何分类……

四、学习道路上端正态度

孩子的学习是家长们比较关心的事情，我女儿刚上一年学，虽然成绩还不错，但我没有太多辅导女儿学习的经验，只是说说我对孩子的要求：第一，上学要学会抓紧时间，提高效率，每天先完成作业再玩耍。第二，上课认真听讲，跟着老师走，否则课下要花成倍的时间来弥补，而且还没有听老师讲课的效果好。第三，学习态度要端正，认真努力，每个人都要完成好自己的任务，妈妈上班工作是妈妈的任务，上学阶段学习就是孩子的任务。我不看考试成绩，但要看她平时的学习态度。还好，到目前为止，女儿在各科学习中还没有让我操过心。在孩子以后的学习道路上，我还需不断摸索。

我絮絮叨叨讲了这么多，希望能对家长们有借鉴作用。另外，孩子在长大，我们的方式方法也要不断地调整。我脾气属于比较急躁的，以前只要我严厉一些或者发发脾气，女儿一般就会屈服了，听话了。但现在我越发火她越顶嘴，气得我不行，但是后来我反省自己，是女儿长大了一些，有了自己的判断和角度。我必须调整自己，用商量、温柔的语气对待她，反而更容易被她接受。我学习了几点方法，总结出来供大家参考：

1. 批评要用汉堡包法，就是先表扬再夹着批评，后面再加以肯定。例如：发现孩子作业字迹潦草，对孩子说："宝贝，你一直以来写字都比较工整。但妈妈发现这次写得比较潦草，妈妈相信你重写一遍肯定很工整，以后写字会越来越漂亮。"这样孩子可能比较容易接受。

2. 表扬要及时准确。当孩子主动帮我提东西时，我马上说："宝贝，你长大了，知道心疼妈妈了。我今天正好很累，真是帮了我大忙，谢谢你啊！"她会非常开心，以后也会乐于这样做。

3. 对孩子尽量不用否定词。如果不知道怎么表达，就用启发式提问或选择式提问。例如："孩子，如果你是妈妈，你会不会很伤心呢？""孩子，你是愿意把所有的时间浪费在哭闹上，还是愿意抓紧时间完成任务后快乐玩耍呢？"

每个孩子的性格不一样，那么教育方法也因人而异，但有一点我确信，就是身教重于言教。家长的言行对孩子的影响是深远的，我们希望孩子成为什么样的人，自己就要努力成为那个样子，否则我们全心爱着的孩子，未必会长成我们希望的样子，我们给予的未必是他想要的。孩子在慢慢长大，以后的路还很长，我愿意同我女儿一起成长！

最后，借用高晓松写给她女儿的话作为结束语："愿我女儿一生温暖纯良，不舍爱与自由。"

专家点评

"我与孩子共同成长"，颇有心得体会，孩子是父母的镜子，以镜为鉴，可以整衣冠，与孩子共同成长。

87. 在教育孩子中不断学习、不断探索

北京市西城区进步小学家长 李 富

在孩子学习、成长的问题上，每个父母都有自己的教育方式和教育理念。我的女儿在班级里不是最优秀的，我也没有什么特别成功的教育经验，只想说一下我在家庭教育方面的心得体会。

在孩子的教育问题上，我首先明确了以下几点：

1. 在教育问题上父母必须保持一致

在孩子的教育问题上，父母必须保持一致，在孩子面前必须口径统一，有问题在私下进行沟通，不要在孩子面前出现分歧，两个人分配好主次。

2. 隔代教育

爷爷奶奶不参与孩子学习方面的教育，在父母教育孩子时也不参与其中。

3. 尊重自己的孩子

每个孩子都是独一无二的，都具有自己独立的人格，有自己的思想。父母不能把孩子当作自己的附属品，随意指责孩子，要像对待朋友似的，跟孩子平等对话，让孩子说出自己的想法。要允许孩子犯错误，父母在倾听之后要给予孩子建议，充分尊重他的想法，并适当提出自己的意见。

二年级的时候，孩子被选入学校的金帆管乐团。刚开始孩子不肯去，经过我们的耐心劝解，她才勉强同意。但经过一段时间的学习，我发现她依然没兴趣。于是我跟她长谈了一次，明确表示学习乐器是一件很枯燥的事情，需要不断地练习，不厌其烦地练习，如果她能坚持就学下去，不能坚持就马上放弃，我们会尊重她的选择，不会强迫她。最终她选择坚持，我就跟她强调："既然你选择了继续学习，那你就要付出努力，世上没有不劳而获的事。"从那以后，她基本上每周都会抽出时间练习，还会主动吹上几首曲子让我们欣赏。

4. 培养孩子的良好习惯

良好的生活习惯和学习习惯会使孩子受益一生，学习习惯的培养比学习成绩更重

我家孩子养成记
——北京百位中小学家长教育启示录（下）

要。没有好的学习习惯，学习成绩是不稳定的，也是不能持久的。其实需要养成的学习习惯很简单，主要有：上课认真听讲，独立完成作业，认真预习，及时复习，以及良好的读书习惯。

对读书习惯的培养是很重要的，阅读能力是人学习能力的基础和核心，不会阅读就不会学习。孩子的读书习惯不是一朝一夕就能养成的，是一个循序渐进的过程，千万不能操之过急。

我的女儿从小没有养成读书的习惯，作为父母的我们有着不可推卸的责任。当我们意识到这个问题的时候，孩子在学习上已经出现了问题，例如：答非所问、分不清故事的前后顺序、词语匮乏，等等。意识到是读书少的原因后，我进入到"有病乱投医"的状态，给孩子买各种各样的书强迫她读，带她到各个图书馆逼着她看。如此进行了两个多月，孩子一点长进也没有，反而有些逆反心理。

静下心来，我决定不再逼孩子读书，仿照书中的方法，在家中所有能放书的地方不经意地放上几本书，甚至包括卫生间。我自己睡前也会拿上一本书，给孩子读一小段，还会时不时地和孩子讨论一下同学间都看什么书，她自己喜欢看什么书，还让她给我讲讲书上的故事。慢慢地，孩子有时会拿起书来看上一会儿，到现在她睡觉前自己会找上一本书来看，一般看半小时左右。虽然现在她的阅读量还不是很大，但我相信慢慢坚持下去，肯定能看到效果。

5. 用平常心对待孩子的学习和成长

在成长的过程中，孩子时常会出现成绩起伏、犯错误的情况。遇到这种情况，我们要保持一颗平常心，不要过分指责孩子，要看到事情的两面性，要适当地肯定和鼓励孩子。对于成绩，我们要告诉孩子，没有最好，只有更好。只要孩子今天比昨天有进步，就要适时、恰当地肯定她，鼓励她，绝不能拿孩子与别人做比较。孩子犯了错误时，我们要先倾听孩子的说法，了解她内心的看法，再就事论事，分析其中的利害关系，让孩子自己认识到错误。

6. 主动与孩子进行沟通

父母平时都忙于工作，而孩子平时都在学校，我们每天和孩子相处的时间也很有限。但是，我们做家长的即使工作再忙，也要抽出点时间来陪他们说说话。与孩子说话，也为我们提供了一次了解和教导孩子的机会，也有助于我们及时掌握孩子的心理动态。他们的快乐和烦恼，我们都可以了解清楚。而且，经常和孩子沟通，他们也会愿意把心里话告诉我们，从而可以让我们更好地关心他们、爱护他们。这又何乐而不为呢?

7. 做孩子的榜样

父母是孩子最好的榜样,与其不停地催促孩子"好好学习",不如做给她看。言传不如身教,在教育过程中,家长应特别注意自己的言行举止,一言一行皆教育。

以上就是我在家庭教育过程中的一点心得体会。在孩子的学习、成长过程中,我们父母也需要不断学习,不断探索,和孩子一起成长。

专家点评

所谓"隔代教育"是指祖父母对孙子、孙女的教育或外祖父母对外孙、外孙女的教育。常言道:"隔代亲",祖辈对孙辈不仅宠爱,甚至溺爱,总是"孩子小,慢慢来",凸显一个"慢"字,而父母总担心孩子输在起跑线上,凸显一个"急"字;多数祖辈已退休,接受新事物少,凸显一个"旧"字,而父母年轻,接受新事物多,凸显一个"新"字。慢和急,旧与新在教育上出现分歧和矛盾,这就是多数家长弃"隔代教育"之因。诚如斯言,但不可一概而论,可视其祖辈教育理念而定。

很赞赏这位家长"用平常心对待孩子的学习和成长",这是正常心态、健康心理对待孩子教育,可免心理疾患发生。

88.
所谓坚持，也许就是一种沉浸与热爱

北京市西城区进步小学家长　贾海燕

陪伴孩子成长的过程，更是家长自身成长的过程。十年前，这句话是在我书本上看到的；十年后，这句话成了我生活的注脚。在亲子关系的磨合、发展过程中，我越来越意识到：与其说是家长引导孩子找到一个方向并且坚持下去，不如说是发现一件自己和孩子共同沉浸与热爱的事情，并在那个过程中经历曲折与乐趣。

儿子5岁的时候，我受到微信朋友圈和身边朋友们五花八门"教子心法"的鼓动，加之对自己工作的大学里那些建筑学专业的学生挥手作画的羡慕，我毅然给孩子报了绘画班。报名的时候，老师好心劝我："反正一上午一个多小时的课，来都来了。结束了我们还有一个连在一起的书法班，你的孩子过一年上小学，学学书法打打基础不是挺好的嘛！"我想想也对，自己陪一个小时也是陪，多一个小时又何妨，更何况美术书法课连上还有报名优惠。但事实证明，这个"精打细算，实惠多多"的想法还是比较坑的，在教育这个特殊的语境里，有些折扣是没办法打的，有些优惠也是很难一厢情愿地兑现的。

一开始的几次，孩子算是比较积极的，新环境、新老师，还有很多小朋友。但是从第四次开始麻烦就来了，儿子死活不愿意去，后来的日子儿子不断哭闹、耍赖、找借口，去上兴趣班简直是要给他上刑一样。在一次相对激烈的冲突后，我狠狠打了儿子的屁股，数落他不知道珍惜机会。此前我参加过一些支教活动，亲历了山区、牧区里那些濒于失学的孩子的环境，总觉得生于城市的孩子简直像是在天堂。谁知，逐渐平复了情绪的孩子怯怯地蹭到我身边，抽噎着说："妈妈，我喜欢画画，但是喜欢在家里画，你送我去画画班，那里像是监狱！我们只能坐着，不让玩。妈妈，求求你了，让我还在家里画吧，行不行？"

随着孩子的叙说，我突然意识到，3个小时的室内时间对孩子来说有些太长了。扪心自问，我一个成年人也不愿意把一个上午的时间都闷在教室里，更何况是一个年仅5岁、生性活泼好动的小男孩呢？也许有那样喜欢安静的孩子，但是，我的孩子也必须做到那样吗？他有自己的天性。那一天，我矛盾而纠结：悔恨自己一个搞教育的人，竟然忽略了这么简单的教育事实和成长规律。可是，如果这个时候支持孩子放弃，会不会促使他形成这样的认知：不愿意做的事情，哭闹和讲条件是可以躲避的。毕竟，我希望他能够把一件事情坚持下去。于是，我和孩子达成了协议，后面还有4次学习，每次都只把画画部分学完，都上完就结束。孩子对这个结果表示认可，后面自然也就没有了那些抵抗。

但是，这样就结束了吗？我的心里很没底，眼看周围的朋友们周末忙着送孩子去各种兴趣班，比如芭蕾、武术、马术、滑冰……我这个总是喜欢窝在家里涂鸦、摆弄汽车模型的小家伙，眼看明年就要上小学了，他难道就一直这么"混"下去吗？

这一年的夏天，我参加了一次业务培训，一位职业生涯教练用一个强有力的问题"横扫"了我们："回想近一年来，你真正为自己做过的那件事是什么？不是为别人，不是为孩子、父母、配偶做的，都不是，是你自己！如果没有，接下来的一个月，让你真正为自己做一件事，那会是什么呢？"这个问题真的把我问住了。联想当下的生活境况：自己调整到新的部门岗位，很多都要从头学习；孩子马上小学一年级，需要花费心力关注辅导；父亲生病住院，每天我和母亲都要奔波照顾；先生事业上升期频繁出差，基本把家事放在我身上……我的生活用"一地鸡毛"来形容也差不多，哪里还想到过"自己"？

但是那一天，这个问题确实让我扎心了。一瞬间我脑子里竟然横冲直撞地冒出来两个字：古琴！说到这个问题，算是我二十几年的梦想，但是我可以找出100个理由不去：害羞、乐盲、年纪大、学费贵、没时间……但是当二十几天后我坐在琴馆里，用僵硬得像树杈一样的手指笨拙地拨弄琴弦的时候，那些看似严重的问题就都不是什么问题了！

此后，我便经常在家里弹琴，从最开始的磕磕绊绊，到弹一首开指小曲，花了整整2个月的时间。虽然我的手有些笨拙，但谁生下来也不会，不都是慢慢学的嘛！反正那个声音低沉悠远，不聒噪扰民。孩子也经常没事就来摸摸我的琴，拨拉一下弦。

在弹琴的过程里，我收获了快乐和充实，手指也日渐灵活。最让我惊喜的是，有一天，一曲弹完，6岁的儿子突然放下手里的玩具，认真地和我说："妈妈，这个声音好听！"我问他为什么，他回答说："就像，就像是从心里流出来的一样！"那天，我也很认真地和他说："儿子，你的这句话把我想说的很多话都表达出来了，比我读到的最好的诗还棒!看看吧,你的心里是不是住着一个诗人精灵呢?不要总是把他藏起来,让他睡觉呀!"

几个月后,一位年近70的古琴家要开办自己生涯里的最后一个少儿琴班,我把这个消息分享给孩子。谁知,他急迫地说:"妈妈,我要去学,你给我报名吧!只收10个人,晚了就没有我了。"这一次,我很认真地表达了自己的顾虑:路远,学习时间比较长,持续3个月周末不能休息,等等。但是,儿子非常认真地说:"妈妈,你不要找借口了,我想去。"我问他为什么,孩子的回答让我很震惊:"你弹琴的时候那么快乐,我觉得弹琴是件快乐的事!"

如今,孩子坚持学琴已经2年多,我俩周末一起去见老师,一对二共同学习,回家共同练琴,共同聆听不同流派大师的演奏。有时候,我们还会围绕一个句段进行讨论,揣摩乐曲的含义。现在,我们已经开始一起学习《阳关三叠》。孩子的劲头更足了,他自豪地说:"妈妈,这个曲子我比你熟悉啊!我们每天早上古诗文诵读的音乐就是这个!我一定要把它学下来,以后弹给我的同学听!"

我并不知道孩子在这个历程中能过几级,也不知道那个所谓的考级证书对孩子今后的小升初有没有价值,但我能确信的一点是:我的儿子,他开始爱上古琴,以及和古琴相关的一些文化。这一点,我俩都乐享其中!

今年,在古琴之外,我又开发了一个新的"乐趣"。之前一直崇奉"生命在于静止"的我,不堪忍受长期静坐带来的颈椎和腰椎的难受,开始认真思考去健身,办了50次的力量训练教练卡。对我来说,每一次训练,都是一次和自己的较劲儿,挑战不小——肌肉酸痛、汗流浃背、肢体僵硬、动作笨拙……但是,我并不害怕,古琴能让我僵硬了三十几年的手指灵活起来,我相信,训练后的轻松与小目标达成后滋长的信心会支撑着我把这些过程走完,让身体变得更加灵活匀称。而且,在家里,我特别制作了一张大表钉在墙上,上面有50个空格子,每参加一次,我就请儿子在一个新的格子里盖上小图章,帮我打卡记录。他对这件事的认真程度超过我的想象,不但有图章,还记录了我的运动时长。

儿子问我:"妈妈,你累吗?"我点头。

又问:"那为什么还去?"

我立刻回答:"因为开心啊!流汗和身体酸痛不舒服,可是之后的几天走路都很轻松。而且我发现,原来我还是可以的!原先30秒都费劲的平板支撑,我现在可以做到1分钟了呀!"

一个月后，我发现这些话在另一个情境中儿子又"还"给了我。

我说："儿子，这次的作文写了5页，你坐在那里都两个多小时了，手指酸不酸，累不累？"

儿子回答："不累！因为开心啊！我原来以为自己最好的水平是写4页，原来我还能写更多呢！"

诚然，不能以文字的数量来衡量文章的质量，但让我欣喜的是，儿子写作业时沉浸其中的状态。那么活泼好动的儿子，写作时是那样安静，凝神思索，可以听到笔尖摩擦纸页的沙沙声。这和平日的他判若两人！每次写完，我和先生都是他的第一批听众，儿子郑重地站在餐厅里，朗读自己的作品。我和先生都会认真提出自己的意见，表达我们的感受，有时还会结合其他的文学作品进行讨论。

伴随着这个过程产生的，是儿子可以不需要督促地自主阅读。每天熄灯前，他都要读点什么，内容也很庞杂，从儿童文学到历史传奇、珠宝鉴定，我们也不做过多的约束与限制。因为我相信，一个愿意与书相伴的孩子，不会差到哪里去。

如果把每天都做的一件事界定为坚持，那么，也许有几件事，是儿子自己坚持下来的！但是我想，与其说那是坚持，不如说是我们在共同的成长过程中，体会到的沉浸与热爱。那个叫做乐趣的东西，在这种沉浸与热爱中，与日俱增！

专家点评

这位家长身为教育工作者，对其子的家教，理论上讲应是驾轻就熟，但仍见陌生之处。正如我前言，教育家多言是共性，各家的家教是个性，因此必然要重辩证教育法，针对不同个性制定不同的教育法，俗言："一把钥匙开一把锁"，实行此法，可以收到良好效果。在贾海燕教师的一文后，我补充一句"动之以情，晓之以理，导之以行，持之以恒"的教家庭教育理念，供参考。

89. 让我们慢慢来

北京市西城区进步小学家长　刘　静

一、我的教育方法出问题了

在我的印象中，小时候的亮毛一直都很听话，是个乖巧的男孩子。有时候大人的安排他虽说不是很愿意，但劝一下也就接受了。现在想来，这就是问题的症结所在。亮毛小学的班主任是位非常负责任的老师，我们经常沟通，从二年级开始，亮毛就被发现越来越多的小毛病，比如丢三落四、自理能力差，上课或出操时小动作多……有毛病是正常的，改了就行，于是我一直对他进行"教育"，每天各种批评、叮嘱、数落、惩罚。渐渐地，我发现，他从最初的内疚、委屈，到沉默、倔强，最后发展为冲我们大喊大叫，逆反抗争。只要我们对他稍有指责，他就像弹簧一样反应非常大。毛病没改好，孩子的脾气却越来越大。

终于有一天，在姥姥接他放学的路上，他冲姥姥发脾气。为了维护我自己的妈妈，我和亮毛之间爆发了有史以来最大的一次矛盾，我甚至狠狠地揍了他。可他并没有因此服软，依然瞪着眼冲我大声叫嚷，他没哭，但是我哭了。一种深深的挫败感紧紧抓住了我，我知道，我的教育方法出问题了。

二、思路的转变

恰巧手头有尹建莉老师的《好妈妈胜过好老师》，再次翻看，发现有些重要的"点"我竟然没有抓住。于是，我一口气读完相关联的三本，边体会，边实践。慢慢地，我发现亮毛并没有那么难相处了，母子关系又变得融洽，他与我的对抗更是再也没有发生。甚至有时候我急躁起来，他会慢悠悠地对我说："妈妈，你好好说嘛。"

从这些书中总结出来的"点"，说来也真的很简单，就是两条：爱与自由、温柔的坚定。简单说，就是对孩子保持尊重，以及控制自己的情绪。

几乎没有一个妈妈不对自己的孩子倾注爱心，但孩子感受到了吗？不是说我们买了多少玩具给他，让他穿多么大牌的衣服，而是我们愿意真心地尊重孩子，接受孩子本来的模样。在一遍遍地唠叨中，他可能对自己是失望的，也觉得妈妈对他是各种"瞧不上"，并没有原来那么爱他了。意识到这一点，我尽量让自己少说重复的话，然后确切地告诉亮毛，无论他有多少小毛病，我仍然爱他。

尊重孩子不是挂在嘴边的，而是要给予他自由。有人说，应该参照"同事相处法"。妈妈不能总是高高在上地安排孩子，应该怎样，不应该怎样。虽然年龄还小，但他们有自己对世界的理解，想想我们自己小时候就会知道。我们可以建议，可以指导，但不要强迫，给他实践、犯错的机会。亮毛小时候那么乖巧，或许就是我们所谓的"建议"压制了他的主导权，但随着年龄的增长，他只能变得没有主见，或者变得叛逆暴躁。

刚开始赋予他"自由"时，我真的很担心失控，于是小心翼翼地放开权限。孩子想玩游戏，好，不过要定好闹钟；想先下楼玩再写作业，好，但写不完第二天早起写；想吃垃圾食品，好，但吃完要多喝水、多漱口……有时候真的是一团混乱。但这就像是整理箱子，需要把东西都拿出来，乱七八糟地堆在床上，然后才能整理好再放进去。这个过程一定是漫长的、螺旋式发展的。事实上，当他感觉自己有权利支配自己的生活时，心情好了很多，没有逆反与对抗。当我们指出他的错误做法或陈明利害关系的时候，他也更容易听进去。

最重要的一点，家长要控制好自己的情绪，在不违反道德、不存在安全问题的时候，尽量给予孩子自由。当你认为应该遵守规则的时候，要温和但坚定地告诉孩子。当他冲我们大喊大叫的时候，要好好想一想，是不是看到了我们自己的影子。

三、改掉小毛病的具体方法

关于如何改掉他这些毛病，我在尽量坚持上面原则的前提下，尝试了一些方法。第一，古老的小红花奖励。我把月历复印下来，每天像聊天一样问他各种情况：学习的、书写的、与同学相处的、收拾桌面的。只要他得了"优"，或者他说还不错，我就让他给自己盖红花。每周都算一次总数，少了说要加油，多了就表扬，但不会扣掉小红花。这种没有任何物质兑换的奖励，竟然也可以让他非常认真地对待。

第二，饭后收拾桌面。亮毛过于以自我为中心，他"看不到"不整齐的地方，掉的东西也不知道捡。我就让他饭后收拾碗筷放到厨房，也会偶尔参照书上的小案例，故意漏掉一些收拾的环节，诱导他，让他提醒我。后者让他格外有成就感。第三，如果我可以陪着他去上课,就给他带上电话手表,当他行为不当的时候,我会发一条小短信提醒他。他总是会抱歉地回头对我笑笑。

四、让我们慢慢来

最后,我仍然坚持说"让我们慢慢来",是因为亮毛的小毛病并没有因为我方法的转变一下子改好,仍然丢三落四,仍然有小动作,而我也并不是每次都能做得很好。我想,我应该再耐心一些,至少他和自己比是有进步的:原来每天都丢的东西,现在很少丢了;原来用的餐布"惨不忍睹",现在有些时候可以不用洗了;还会帮我们收拾餐桌,整理垃圾;而上课咬东西,他也是无意识的,这正是他注意力最集中的时候。

每个孩子都是不同的,否则就是机器人的世界,我要接受他确实不像别的孩子那么懂事,自控力那么强,甚至也不像别人家的孩子那样优秀。但我爱他,他不仅在努力成长,也在激励着我努力成为一名合格的妈妈。我别无他求,只希望他变成最好的自己。

专家点评

好一篇"让我们慢慢来"的家庭文章,在少儿家教中力戒操之过急,慌不择路,做好循序渐进。《论语·宪问》言:"不怨天,不尤人,下学而上达,知我者其天乎。"自然就会减少"恨铁不成钢"的焦虑心理。

90. 教育孩子 我在修行

北京市西城区进步小学家长 张艳凤

关于家庭教育，这是一个很大很难的课题，这个课题没有唯一的方法和答案，只有适合或不适合自己的孩子。教育家们写了很多家庭教育的书籍指导我们教育孩子，有些家长甚至孩子没有出生就买了很多家庭教育方面的书籍进行学习，并在孩子身上应用。但现在孩子十岁了，十年的时间过去了，对自己孩子的教育十分满意的家长又有多少呢？"一千个读者，就有一千个哈姆雷特"，一千个孩子就有一千种教育方法，教育孩子如同买鞋子，只有适合自己脚的鞋子才算好鞋子，同样只有适合自己孩子的教育方法才是好方法，这就是老师们所说的"因材施教"。对于家庭教育，我仅仅谈一下我家的具体情况。

父母是孩子的榜样，有什么样的父母就有什么样的孩子。

想想这么多年来，我对儿子教育的分水岭就是小学1年级。孩子1年级之前，我每天都感觉是幸福的，孩子的每一个成长都让我欣喜，我们的相处是平等的，我们之间更像是朋友。自从孩子上了小学，我辞掉了高薪的工作，找了一个离家近、更能顾家的单位，把更多的精力放在孩子的教育上，但我俩的矛盾却越来越多了，基本上每天都是在斗智斗勇、鸡飞狗跳的状态下度过。这是怎么了？我开始反思，总结我家运用过的几种教育方法，并尝试分析这几种教育方法的利弊：

一、分数至上

孩子上了小学，对分数有了要求。我自己就是中国式应试教育的产物，"分、分、分，学生的命根儿"，这种观念在我的思想中已根深蒂固。我把对分数的要求，转嫁到了孩子身上，常常拿"考了99，为什么没有考到100，是不是哪里还没做到位"等问题质问孩子。为了让孩子不输在起跑线上，我也跟风给儿子报了奥数课外班、英语课外班，但完成作业成为我俩最大的矛盾导火线。以前从来没有打过儿子的我，也忍不住向儿子下了手，奥数、英语一度成为儿子的噩梦。

老公见苗头不对，让我好好思考一个问题：你想培养一个什么样的孩子？我的回答是"不能比我差"。我的想法是好的，但怎么去培养？现代社会需要的是什么样的人才？值得所有父母去思考。

现在的孩子和我们那个年代的孩子差别太大，他们接触的事物多，兴趣也更广泛。如果父母单纯地追求分数，势必扼杀了孩子的其他兴趣，把他们更多的时间放在无趣的做题当中，这势必会引起矛盾。当我不把"分数"作为唯一的衡量尺度后，感觉孩子也变了，考完试会分析一下自己的问题，每个星期都盼望着去上课外班。

所以，分数是要注意的，这代表着孩子对知识的掌握程度，分数不高时需要找出不足，加强学习。但是，分数不能作为唯一的衡量标准，注重知识，更要注重能力；注重智商，更要注重情商！

二、把全部的精力和关注都放在孩子身上

曾经的我就像一个拿着放大镜的科学家，孩子的缺点都在我的放大镜下无所遁形，字写不好撕掉重写，口算错一道题重写……儿子写的一篇作文《妈妈请您听我说》深深地刺痛了我，文章里那个面目狰狞的人就是儿子眼中的我，那个在妈妈面前想反抗而又不得的孩子就是我的儿子！想想那时，我变得越来越焦躁，觉得只有管教儿子才是正事，但儿子每天都在抹眼泪。

一次意外的出差改变了我的想法。公司临时安排出差，我实在推脱不掉，就怀着忐忑的心情度过了那段时间。每天在外边，我总是担心儿子这个有没有完成，那个有没有做好。但回来后，儿子的表现让我很吃惊，他能自觉完成作业，单元测试考得也不错，基本上老师要求的他都能很好地完成。原来，现在不是儿子离不开我，而是我离不开儿子呀。

我曾经听说过这样一句话："凡事都把孩子放到第一位，等待这个家庭的多半是悲剧。"我的实践证明，这句话很对。与其对孩子吹毛求疵，我们不如把精力多放在工作上，让孩子看到一个对工作认真负责、有追求、有自信的妈妈，身体力行地给孩子做榜样。

三、父亲教育的缺失

由于孩子爸爸工作的性质，孩子基本上都是我在教育，这也似乎是大多数现代家

庭的教育模式。古语说"养不教，父之过"，但这个时代似乎越来越缺乏"父亲的教育"。当孩子拥有一个缺席的父亲时，老天还会给他一个焦虑的妈妈。目前，有越来越多的资料显示：父亲对孩子的影响远不止智力，还涉及情怀、性格、品德等多个方面。儿子曾写过一篇作文《我最敬佩的人——爸爸》，真让我有点失落，更应该让孩子爸爸好好读一下，让他知道在儿子心目中他的形象是多么伟岸，他回归家庭是我和儿子共同的心声。

我感触最深、正在进行的教育方法，就是"守望"孩子。总的来说，教育孩子，我还在修行。

专家点评

这位家长在"教育孩子，我在修行"一文中指出"一千个孩子就有一千种教育方法，教育孩子如同买鞋子，只有适合自己脚的鞋子才算好鞋子，同样只有适合自己孩子的教育方法才是好方法。"这是对辩证教育法最形象最生动的诠释，我鼎力倡导和推崇辩证教育法，这也是当今教育界所缺乏的精髓之一。关于辩证教育学，在前已有简要阐释，故不再赘言。

"有什么样的父母就有什么样的孩子"，似对，但不是至理名言，因易导引出非马列主义的出身论，我国古代有言："将相本无种，男儿当自强。"是也。

91. 不可忽视文字的力量

北京市西城区进步小学家长　魏红彬

在与孩子一起学习、生活的过程中，有时我会遇到这样那样的困难，苦口婆心地劝说引导，结果却适得其反，这样的事情时有发生。碰到类似的事情，我苦恼过，也思索过：我们做父母的不能总是指责孩子，也应该自己反思一下，看看问题出在哪里。或许，我们可以尝试换一种方式，这样孩子会不会更容易接受一些？其实，只要有爱心，有创意，家庭教育也同样可以富有情趣，并获得较好的教育效果。

一、案例描述

有一次，我对孩子的批评教育太过了，但自己并没有意识到，以至于孩子有些伤心抵触。当时，他写了一张纸片，递到我面前的桌子上。我一看，纸片上写着："我后悔说过那句话。"他的这个举动让我意识到，我的言语过激了。于是，我把语气放低、放软，对他说："能告诉我，是哪句话吗？"他依然用小纸片回道："就是母亲节卡片上写的那句话。"我清楚地记得，母亲节那天，儿子亲手给我做了一张卡片，上面画了各种颜色的爱心图案，还写着："妈妈，我爱你！"原来他后悔这句话……

想到这里，我的泪水涌了出来。我把他写给我的纸片翻了过来，写道："对不起，是妈妈错了！"而且，我还故意把"妈"字右边的"马"写成了"鸟"，因为在母亲节的卡片中，我儿子就是这么写的。儿子看到之后，随即捂嘴大笑，并批评起我来："妈妈，你把'妈妈'两个字写错了，你是怎么当妈妈的？"看到儿子发现了"妈妈"两字的错误并破涕为笑，我也笑了，紧张的气氛顿时活跃了起来。我对他说："刘老师，麻烦你帮我纠正一下错误，可以吗？"儿子欣然答应。

二、反思感悟

从这件事中，我得到的启发是：在与孩子的沟通中，有时候用文字比用语言更方便有效。因为文字和语言相比，语言比较羞涩，有时难以启齿，文字比较含蓄委婉，更利于我们和孩子之间进行亲密无间的沟通。语言稍纵即逝，有时候说好几遍也不一定留下多少印象，容易这耳朵进那耳朵出；而文字克服了这个弱点，只要不把它毁掉，我们什么时候想看，都可以拿出来看看，而且每看一次，都能重温一遍，印象自然就比较深刻。与暴风骤雨式的训斥相比，用文字不仅顾及了孩子的自尊心，更容易被孩子接受，也能让他真实地触摸到父母对他的关注和爱心，从而更有利于父母走进孩子的内心。如此用文字一来一往，家庭教育同样可以增添不少乐趣。

家庭教育是一门综合性很高的艺术，也是一个复杂的过程、一项伟大的事业。它要求家长综合多方面的知识，更好地和孩子进行沟通，调动孩子的积极性，让孩子在学习、生活、交友、做人、自我修养等方面获得良好的教育，把孩子的潜力完全发挥出来。正所谓"得法者事半功倍，不得法者事倍功半"，家庭教育可以成就一个人的骄傲与辉煌，从大处看，它甚至可以造就一个民族的自豪，成为社会文明进步的象征。

不过，孩子的教育方式也应因人而异，因势利导，不能一概而论。希望我们做父母的都能够在孩子身上多花点精力，多动点脑筋，至少应该把我们的下一代教育成一个自食其力、不为社会所累、对社会有用的人。

专家点评

这是一篇母子通过文字（互递字条）进行情感交流的文章，颇具新意。情感交流可用语言（含肢体语言或小视频），亦可用文字（含家信或短信）等方法，各具特色，且可互补，可单独应用，亦可配合应用，视环境和需要而定。

92. 做一个健康快乐的人

北京市西城区进步小学家长　许海峰

在今年刚刚过去的六一儿童节,对于已经是六年级学生的儿子,在与从前一样早早定好了演出票后,我不知道该送什么礼物给他了。后来,我决定写一封信给他,其中摘录了一首诗人吉卜林写给他12岁的儿子的诗:

如果

(英)约瑟夫·鲁德亚德·吉卜林

如果在众人六神无主之时,你能镇定自若而不是人云亦云;

如果被众人猜忌怀疑时,你能自信如常而不去妄加辩论;

如果你有梦想,又能不迷失自我;

如果你有神思,又不至于走火入魔;

如果在成功之时能不喜形于色,而在失败之后也勇于咀嚼苦果;

如果看到自己追求的美好破灭为一堆零碎的瓦砾也不说放弃;

如果辛苦劳作已是功成名就,为了新目标仍然冒险一搏,哪怕功名化为乌有;

如果你跟村夫交谈而不变谦恭之态,和王侯散步而不露谄媚之颜;

如果他人的意志左右不了你;

如果你与任何人为伍都能卓然独立;

如果昏惑的骚扰动摇不了你的信念,你能等自己平心静气,再作应对;

那么,你的修养就会如天地般博大,而你,就是一个真正的男子汉了,我的儿子!

很巧,当我看到这首诗时,乐乐也是12岁,每一句诗又都是我想对他说却又不知道如何表述的。

对于孩子的成长,我和他父亲的认识非常一致,我们都觉得没有什么比拥有健康的心灵和身体更重要。特别是童年阶段，将来回忆起来那应该是充满了金色阳光和芬芳清香的场景，这些回忆也许就是他将来获取力量的源泉。所以在这些年里，我们没有给孩子安排额外的学习，在完成老师布置的作业后，我们一家人常常会出去走路、爬山、游泳。偶尔在晚上，我们还会认真地听他的钢琴音乐会……现在，他已经是我们家最能走、最能游的那一个了。

但让他最入迷的，还是看书。在还没有上幼儿园的时候，他就很爱翻书。我买了很多类型的书，放在家里的各个地方，只要他闲下来随手就可以拿到喜欢的书，而此时我就可以安静地做自己的事，相互不打扰。等他大一点儿上幼儿园了，家里的书渐渐就变成图文并茂的故事书，我们会经常在一起慢慢品读那些有趣的文字。回想那个时候，其实也是很累的，乐乐同学经常会要求我把某一段话重复读上四、五遍。作为妈妈，我对这种要求是无法拒绝的，虽然不是复读机，但我也会保持同样的感情、语气，一遍遍地读给他听。

孩子三岁时，我们搬家到上海，上海的幼儿园是不让教孩子认字、算术的。但有趣的是，在他上幼儿园大班时，不用找爸爸妈妈帮忙，就能自由自在地读《世界童话故事》。还记得有天晚上他要求晚一点儿睡，想多看会儿新买的《爸爸的小飞龙》。看他那么入迷，我们就答应了他的要求，没想到等我十二点多醒来去他房间，他还在津津有味地看着，我赶紧催促他睡觉了。看到孩子的变化，家里那些仿佛不经意间乱放的书，慢慢变成了全文字版的童话故事、世界名著、武器知识、历史地理、科学小实验等。他看书就像吃饭一样，什么类型都不挑，总是自得其乐，看到自认为精彩的片段，还必须要读给我们听。当然，每次我们也同样感觉很精彩。

作为父母，虽然孩子爱看书我们觉得很高兴，不过现在书店里不是什么书都适合孩子看的，所以孩子的书我们几乎都会翻开看看。在原学校读三年级时，孩子从学校拿回一本书，那是一本在学生之间非常流行的书，但我看过后觉得并不适合孩子看。于是，我与孩子关于这本书进行了一番谈话，经过孩子同意后，我也与班级老师进行了沟通，听取了老师对此书的意见。最后，老师在班级群中向家长们建议，不要给孩子买这种类型的书。后来，我在群中聊天才知道，有些家长工作很忙，给了孩子买书的钱就不太过问孩子买了什么书，认为只要是书就是好的。读书看似简单，其实有些时候也需要父母适当地给些意见。作为父母的我们也需要反思，在陪伴孩子成长的过程中，有没有耐心地陪一陪、等一等呢？

都说父母是孩子最好的老师，我们和很多家长一样，都是第一次为人父母，毫无经验可谈，每个孩子又不尽相同，虽然有很多经验可以借鉴，但毕竟没有一个模式是可以套用的。在孩子成长过程中，我们也会有疑问和焦虑，但是我们常常会聚在一起把这些摊开来说，让孩子参与进来，一起沟通和解决，让他知道自己长大了，要渐渐学会承担责任。如果孩子懂得珍惜自己拥有的，感恩外界给予的，能够健康快乐地成长，对于我们而言，就已经足够了！

专家点评

这位家长的孩子自幼儿园大班始，就喜爱读书至深夜，而且爱读书的良好习惯一直保持到小学毕业。这种爱书、读书、学文化、长知识的精神，且自觉成习惯，我为其点赞而赏识，"书是知识的源泉""书是知识的海洋，书是进步的阶梯""知识就是力量"。送其一个雅号"小书痴"！成人能做到者又有几何？

其引用英国诗人吉卜林的《如果》送给儿子，成人读之亦受启迪。在我们身边，这些"如果"，已成现实，面对这些"如果"，我们又能应付若何？！

93. 家庭教育与学校教育
——点与面结合的"教育体系"

北京市西城区展览路第一小学家长　王晓超

"家庭教育比学校教育更重要",这是我几次与教育专家沟通后得出的观点。当然,这并非削弱了老师和学校的作用。我觉得,对于孩子的教育,家长是言传身教,是内在的;老师和学校是知识输入,是外部的。两种教育方式的途径不同,针对一个孩子而言,家教是点,是个性教育;而老师和学校面对的是众多的孩子,是面,是共性教育。只有当点与面结合在一起,这个孩子的发展才是立体的。

一、"放养"的根本在于倡导符合孩子特质的教育,而非"不管"

就像以前人们对于"穷养儿,富养女"产生过误区一样,有人认为"放养"就是不管,让孩子想怎么玩就怎么玩。但我认为这不是"放养",而是"放任"。在女儿上学之前,除了美术课,我们从没给她报过任何课外班。所以孩子有很多时间可以玩。但玩什么,就是家长的工作了。我觉得孩子是需要不断地有新鲜事物去刺激的。那些能够体现创造力和"成果"的游戏、玩具,最能满足孩子的好奇心和成就感。除此之外,旅游也很重要,"见多识广"是有道理的。

这样的"见识"明显地体现在孩子的语言中。我是做文字工作的,所以我很相信"通感"这个概念。其实孩子不见得知道这个词具体的名词解释,但在当时的环境中,她可以体会到这个词在这个语境中的含义。有一次我们在海上坐船,有海鸥在天上飞。女儿歌兴大发,要自编一首大海之歌。其中有一句是"海鸥在空中盘旋,小船在海上飘荡"。我问她:"你知道盘旋是什么意思吗?"她告诉我不知道。我们当时根本没有人说过任何跟"盘旋"这个词有关系的话。

我最近一段时间在写书画方面的稿子,总谈到意蕴和神韵的问题。我认为就目前而言,大人带给孩子的其实就是意蕴,而孩子领会的则是神韵。这个神韵就是他的想象力。现在我们要求孩子,每次出去玩回来之后,要画几幅画,把她认为最有意思的部分用画表现出来。我觉得这就是作文的雏形。但是在游玩期间，我们不会在美景面前让她背首古诗或者告诉她这样的景色应该用什么词来表达。因为古诗也好，词也好，都是别人的感受，她需要记录的是她自己的体会。

二、每个孩子都是独立的个体，因材施教很重要

不是你想让他成为什么样的孩子，而是他本身是个什么样的孩子。

每个人的性格都是不同的，孩子也是如此。这样的前提放到教育上，更是各人各样。可能放在我孩子身上的方法，放在别的孩子身上就不适用。千万不要把别人的成功经验强加到自己孩子身上。

我女儿属于那种"到什么时候说什么事儿"的孩子。她在外面玩的时候，会很投入，甚至可以用"疯"这个词来形容。骑马、速降、飞伞、快艇，那些刺激性的运动她都喜欢。但是她到了学校，到了课堂，马上就能安静下来。这种状态从幼儿园时就开始了。

起初我以为是老师严厉，她怕被老师说，所以在课堂上才那么老实。问她是不是害怕老师，她说不是，只是觉得在那样的环境下就需要安静不说话。后来在跟老师的交流中，我更发觉了这一点。老师们都说，她玩的时候跟上课的时候判若两人。我就在想，这是为什么。总结了一下，我觉得大概跟两点有关：一是画画，她喜欢画画，只要一开始画画，立马就安静下来，所以我们平时会在需要她安静的场合，找纸笔让她画画，这可能慢慢让她知道在哪种情形下需要安静；二是让她知道后果，说白了就是让她自己管理自己，这就涉及我下面要说的内容。

三、孩子是自己的主人，要懂得承担后果

很多人都会出于对孩子的爱护，制止孩子的很多行为。但这也会有负面的影响：一是剥夺了孩子探索的欲望，二是不能让孩子真正理解什么是"不可以"。孩子对于"危险"的定义，主要是来自家长的。有时我就在想，在家长们说"不许""危险"的时候，孩子内心的独白一定是："我如果这样做了，到底会受到什么伤害呢？"

就像有一次，女儿执意要在玩耍的时候爬上一个并不稳固的柜子。我们边用手晃了晃柜子，边对她说："我们认为你爬上去会掉下来。你如果非要爬，摔痛了就自己忍着。我可以给你涂药水，帮你揉碰疼的地方，但我决不可怜你。"她看到了柜子晃

动的程度，也了解了摔跤后的疼痛感，也就知道"摔下来"的后果会怎样，于是就放弃了。

家长在制止的过程中，不能只是简单的"不行""不许"，你得告诉他"不可以"的原因是什么。你要说服他，而不是强制他。听与不听，要交给孩子选择。有可能他的选择是错的，但经历过一次之后，下一次他肯定不会再这样做。

我始终认为，符合孩子自身发展的教育才是最好的教育方式。家长的职责是陪伴，也是参与。不管我们愿意还是不愿意，孩子的成长就在那里，不缓不急。

专家点评

这位家长将家庭教育比喻为"点"，将学校教育比喻为"面"，认为在点面结合的教育体系中，孩子的发展才是"立体"的，也即是全面的，此观点无疑是正确的。家庭教育、学校教育及社会教育各有重心和特长，互补互助，培养国家的栋梁之材，这需要家长和教师付出毕生的心血来铸就，故我坚信教师是伟大而崇高的职业，教师是人类灵魂的工程师！

94. 好的教育会激发孩子的潜力

北京市西城区展览路第一小学家长 王宏燕

讲到教育心得,我相信"望子成龙,盼女成凤"是天下父母最大的心愿。可作为父母,我们又不想让学习占据孩子太多的童年时光,快乐教育是我们目前的心愿。但如何做到快乐教育,我们每个家长又无法掌握这个度。紧了孩子太累,松了孩子又会过度放松,那我们要如何教育自己的孩子呢?在这里,我将从四个方面谈一谈我对教育孩子的一些看法,与大家分享,希望能对大家有所启发。

一、父母要给孩子树立好的榜样

我们都知道,家庭教育是我们每个人的启蒙教育,会为我们一生的成长奠定基础。所以,我们应当为孩子创造一个健康、快乐的成长空间。夫妻之间的相互尊重,长幼之间的关爱互敬,家庭成员之间的和睦相处,会直接影响到孩子的身心发展。我们不能把工作中的烦恼和不愉快带进家中,带给孩子。不要随意向孩子承诺自己做不到的事情,要从小教育孩子做一个诚实守信的人。

二、培养孩子的生活能力和行为习惯

孩子与生俱来就对周围的生活环境和各种事物充满好奇,培养孩子的生活能力和行为习惯是我们最不可忽视的部分。因为孩子不可能永远待在我们身边,所以她必须要学会这些简单又烦琐的事情。例如,我们曾问女儿:"你长大后的理想是什么?"女儿说:"我想当一名美食家。"听到女儿的理想,我和她沟通:"美食家是一个不错的职业,但你有没有想过,想当美食家需要具备哪些条件?如果你想当一名美食家,你需要先当一名好厨师,让你的行动和感知相结合,这样你才能知道自己品尝的美食出自哪种调料和食材。"女儿听到了,就会跃跃欲试地想学做饭,而我也适当地让她参与其中,让她获得真实的体验。

我们平时也会让孩子洗一些小的东西,比如自己的饭碗、手帕之类的物品。孩子洗不干净的时候,过后我们会偷偷再洗一次,但是在孩子面前,我们得表扬她。这样时间一长，孩子就可以把自己能做的事情做得更好。俗话说："不想当将军的士兵不是好士兵"，但在当将军前，我只想让她当一名好士兵。

我深知良好行为习惯的形成并非一朝一夕之功，它需要孩子长期的努力。在努力的过程中，也许她会有疑虑，她会对我说："妈妈，为什么字要写得规范？为什么要保持书面整洁？为什么不可以大声吵闹发脾气？"对于她的"为什么"，我不得不耐心教育，对她说："如果你是老师或单位的领导，你会喜欢一个条理不清、字迹潦草的学生和下属吗？你喜欢找一个经常吵架、发脾气的人做朋友吗？一个人的成就与行为习惯息息相关，好的习惯会终身受益。"一种好习惯，必须持之以恒，像滴水穿石一样，一点一滴，经年累月，才能养成。

三、多和老师探讨

在孩子读书期间，老师的作用是巨大的。非常幸运，我女儿的老师是负责任的好老师，很受班里学生的欢迎。有时候，我会向老师了解孩子在学校的表现，和老师探讨如何教导孩子克服不好的习惯，使孩子的错误能够得到及时纠正。这样老师能够更全面地了解我的孩子，也有利于她从孩子的个性出发，寻找一种更适合我孩子的教育方法。

四、常与孩子沟通

在与孩子一起学习、生活的过程中，有时我也会遇到这样那样的困难。我苦口婆心地劝说与引导，但结果适得其反的情况时有发生。遇到类似的事情，我苦恼过，也思索过：我们做父母的不能总是指责孩子，也应该反思一下自己，看看问题出在哪里。或许，我们可以尝试着换一种方式，这样孩子就会更容易接受一些。其实，只要有爱心，有耐心，家庭教育总会取得成效。

总之，家庭教育是一个复杂的过程，一项伟大的事业。它要求家长综合多方面的知识，让孩子在学习、生活、交友、做人、自我修养等方面都获得良好的教育，把孩子的潜力完全发挥出来。不过，孩子的教育方式应该因人而异，不能一概而论。男孩和女孩的基本教育不同，但相同的是我们都要把孩子教育成一个自食其力、对社会有用的人。

专家点评

此文的亮点在于与孩子沟通，相互了解，有的放矢地解决歧义，发挥"动之以情，晓之以理"的情感教育法，定会如愿以偿。

95. 与孩子相伴，牵手向前

北京市西城区展览路第一小学家长　董　靖

还记得昨天他怀着忐忑的心情走进了渴盼已久的校园，还记得他因为在学校获得了人生中的第一张奖状而欢呼雀跃，还记得他闯"祸"后那低落的神情以及后来与老师、家人的促膝长谈，一切仿佛就发生在昨天。而今，我的孩子李梓铭已成为展一小三年级的学生，是一名真正的小少年了。作为家长，我真心地为孩子的一路成长而赞叹，为他曾经的努力而喝彩，更为他的勇敢向前而加油鼓劲！

还记得一年级开学前，班主任冯老师来家里进行家访。期间我们和老师谈及孩子上学前的状态还是略有担心的，当时孩子只认识很少的汉字，数量大概不超过20个，整体的识字水平还是非常低的。乃至在一年级的初期，李梓铭在阅读题目的时候，存在很大的识字困扰，语文、数学均是如此。

同时，由于他也没有接受过学前班的授课教育，所以对"上学"也没有太多的概念，甚至在遇到了困难和问题时，也略有叛逆和抵触。回想最初的画面，总有一个场景我历历在目，让人又急又恼：作业本一摊，孩子气哼哼地说凭什么只有他自己写作业，大人却不写。说罢，他转身离开书桌，自己玩去了。每每这时，我们总是会经历极大的挑战与内心的煎熬。暂且不提成绩优秀与否，孩子基本的学习日程都面临着较大的问题。

曾经，我的一位同事在传授孩子成长经验的时候，语重心长地提到"习惯"二字，强调"习惯"对于小学初期的孩子非常重要。所谓"习惯"，是一种积久养成的生活方式。一种正向、积极的学习状态经长期积累，一定会融入孩子的血脉，成为他持续前进的动力。

在这种情况下，从一年级到二年级，作为家长，我们通过各种方式，持续引导孩子适应学习生活的状态。从每一天放学后抓紧宝贵的时间写作业，到每一课的预习、复习，我们让孩子深刻地体会到：这原本就是他自己的"工作"，他要在有限的时间内完成它，并为此负责。在这个过程中，需要家庭内部成员共同努力协同向前。父母是第一监护人，要责无旁贷地承担起责任，同时也要感谢家中老人帮忙督促，并适当提醒。

每个月、每个学期、每一年，这种点滴的变化持续向好。从最初放学后就想出去玩，把作业放到一边；到后来有一些主动意识，但也有稍许的畏难情绪；再到现在，孩子已经有足够的意识，即要抓紧自己宝贵的时间完成应该完成的事情。从被动的推进，到主动地向前，两者本身的内驱力是截然不同的，由此所产生的效果也是大不相同的，包括利用时间的效率、作业的准确率、由此产生的对学业积极正向的影响力。

上面所提及的状况并不是每个孩子都会遇到和经历的，但对于很多尚未有足够的自控力、对学习也没有足够概念的孩子来说，这个阶段是必须要面对的，家长也需要持续关注。身为家长，我们要陪伴孩子亲身经历这个过程。有句感人至深的金句：陪伴是最长情的告白。的确，经历了这两年半的时间，我也越发感受到，作为家长，在孩子的成长关键期，把握关键的环节，陪他们共同走过，是多么的重要。每每孩子有倦怠、要泄气的时候，我总会告诉他再努力坚持一下，因为量变会引起质变。此时，看他带着稚嫩的脸庞，懵懂地听着我的解释，我越发体会到，在前行的路上，父母是孩子最需依靠的力量。我们不仅是照顾孩子生活起居的人，更是他们面对人生中的困难和挑战时的信念支撑与力量守护！

提及"量变引起质变"，我也颇为感叹时间的迭代是如此残忍的历练，没有任何捷径，没有任何讨巧的方法，唯有认准方向后的坚持。李梓铭在小学初期，由于识字数量有限，还基本停留在阅读最为简单的绘本图书阶段，同时由于学业尚未捋顺，也没有更多的时间可以投入到阅读"事业"上。虽说班主任冯老师曾发起过"我是读书小状元"的主题阅读活动，但后来因为种种原因还是终止了。直至后来，各种教育鸡汤不断提到的一件事——阅读，迟迟未走上正轨。我还是有一些焦虑的，因为这直接体现在孩子语文的阅读理解以及数学的应用题方面，成绩都不甚理想。我印象最深的就是，语文考试中经常有一种打乱顺序、重新排列句子的考题，每每到这种题目，李梓铭总是晕乎乎地作答，正确率不高。

感谢一个合适的时机，感谢在教育孩子的道路上，我身边有这样一群可爱又有想法的家长们一路同行。在三年级上学期，我们几个平时关系不错的妈妈们一拍即合，决定组织一个"阅读会"，让孩子们在一段时间内共同阅读同一本书，并在后续安排一个小聚会，让孩子从各自的角度畅谈书中印象最深的段落或最为精彩的片段。小小阅读会就这样开启了李梓铭的阅读之路，毕竟在一个时间段内集中全力攻读一个"大部头"，对他来讲还是一个不小的挑战。期间，他多次想放弃，不想参加阅读会，但通过我的小小激励以及他自己的努力，还是达成了第一个"小目标"。孩子也越发体会到由此带来的满足和收获，并深刻感受到原来书中竟然有这样不一般的精彩世界。

在那以后的三个多月内，李梓铭接连阅读了《海底两万里》《八十天环游世界》《彼得潘》等多部经典少年文学作品。睡前的40分钟，伴着温暖的床头灯，他漫步书中的世界。他无比珍惜这宝贵的"阅读时间"，捧着心爱的书，经历着主人公跌宕起伏的人生，时而还会"咯咯"地笑出声来。我深深地感受到孩子在这种"润物细无声"的坚持中慢慢成长，更深感一切强压式、命令式的要求均不会在本质上有所改观，只有正确方法以及恰当形式的切入，才是最完美、最奏效的。加大阅读量后，我最直观的感受是孩子作文写得很生动而且完成效率也有所提高，面对大段的阅读理解题时也得心应手了不少。另外，在今年寒假完成"阅读之星"报告时，孩子也从以往的凑数冲量，递进为完成高质量的阅读报告。感谢"阅读"带来的神奇力量，感谢在成长的路上，孩子可以与书为伴。

李梓铭从小就是左撇子，经过家庭集体商议后，我们希望保留他这个最本真的特点，包括写字在内也没有干预。但不得不承认，书写汉字时，左手的确会稍有不便。有时写得不佳，他会以"我是左撇子"为由进行辩解。我会非常认真、正式地告诉他："左撇子不是写不完美的理由，既然选择左手，就要对这个结果负责。"面对生字本，我俩经常做的一件事，就是一个个地分析，哪个字写得好，好在哪里，同时哪个字写得差，又差在何处。

孩子从最开始的不情愿，到后来会主动说"这个太难看了得擦掉"，我能深切地感受到他对自己是有标准和要求的。特别是在这学期获得了自动铅笔的书写机会后（冯老师会依据学生写字的情况，阶段性地放开使用自动铅笔的权限），李梓铭更加珍惜这来之不易的机会，写字的整体质量有了显著的飞跃。我从不认为左撇子的孩子就一定要被冠以"聪明"，其实那仅是他的一个"特点"而已，也不希望这个特点成为掣肘他前进的理由。只有付出更多，才能获得那一份肯定的回报。

坦言，在孩子小学这两年半的历程中，我最紧张的就是收到老师发来的神秘微信："方便时，请给我回个电话。"我头脑中总会第一时间闪过孩子过往在学校"闹心"的小场景，的确孩子在 7—9 岁会经历一个特别的叛逆期。真心感谢班主任冯老师在很多棘手的时刻，给予我最有力的帮助，告诉我什么时候要严肃指出错误让孩子进行改正，什么时候要积极鼓励、正面鞭策。我发自内心地感谢班主任老师这一路的温柔陪伴以及默默引领中的坚定力量。正如卢梭在其名著《爱弥儿》中说到的："最好的教育就是无所作为的教育：学生看不到教育的发生，却实实在在地影响着他们的心灵，帮助他们发挥了潜能，这才是天底下最好的教育。"

"爱与自由"，是家长与孩子一同面对的永恒主题。孩子在爱意中成长，又如何在爱的渗透中表达自己的爱？家长在给孩子释放空间、给予自由的同时，又如何让孩子学会自我约束？同时，我认为"学业"对孩子来说亦是一门大课程，对基础知识技能的汲取是其一，让孩子掌握洞察生活之美的能力是其二。无论是春日中的阵阵暖风，还是画展中那写意精美的图画，抑或是旅行路上的一朵闲云，我都希望孩子体会到自由舒展下的爱与美，对家人、对朋友、对老师，甚至对陌生人，都要保持那一份恬淡的美好用心。

自孩子出生的那一天起，每一个家长都拥有最为朴实的愿望——孩子健康、快乐就好。在前行的道路上，有多少"鸡汤"一饮而尽，又有多少教育理论相伴相随，但有时身在困顿中，我们会感到茫然、会失落无措，会执拗地寻找最初的那份理想。的确，在教育孩子的道路上不断前行，体现的既是家长的一种修为，亦是一种"不忘初心，方得始终"的探索精神。

记得有人曾说："家长们都是没有经验和实习期的，唯有向前。"时至今日，在写下这篇文章时，我也不认为自己取得了多少值得津津乐道的宝贵经验，但在这个过程中，我体会到了自己的成长与变化。虽然还偶有脾气急躁的时候，虽然还会在孩子出现"状况"时有小情绪，但我深知这一切都是当下最真实的感受和表现。接受自己前行路上的"小忐忑"，接受孩子在大众眼中的"不完美"，这就是真实的"我们"。无论是失意时的彼此搀扶，还是成功时的那一句激励，"爱"才是这一切的主角与原动力。

有次家长会的最后，班主任冯老师展示了 PPT 上的最后一段文字，一下子击中了我的内心，当场偷偷泪奔：

"每个孩子都是一颗花的种子，只不过每个人的花期不同。

有的花,一开始就会很灿烂地绽放;有的花,需要漫长的等待。

不要看着别人怒放了,自己的那颗还没动静就着急,相信是花,都有自己的花期。

细心地呵护自己的花,慢慢地看着他长大,陪着他沐浴阳光风雨,这何尝不是一种幸福?

相信孩子,静等花开。

也许你的种子永远不会开花,因为他是参天大树!"

在这条成长的道路上,愿我们以更加平和、更加勇敢的心,与孩子牵手相伴,努力向前。我相信,明天一定会更好!

专家点评

这位家长会同同学家长组织孩子们的"阅读会",这是非常可取的良策。"蓬生麻中,不扶而直",说明环境对孩子的影响是多么重要。《颜氏家训》:"目能视而见之,耳能听而闻之,蓬生麻中,不扶而直,不劳翰墨。"晋朝文学家傅玄名言:"近朱者赤,近墨者黑,"脍炙人口,孟母三迁的故事即是明证。这是儿童的从众心理使然。诚然,不良之环境将会给孩子带来负面影响,学生家长择其优者而从之。

96.
家庭教育是一种社会责任

北京市西城外国语学校附属小学家长　刘　彤

家庭教育在整个教育体系中与学校教育、社会教育"三足鼎立"，相辅相成，缺一不可。一个人的性格与幼年所受的家庭教育有着密切关系，任何事情都存在着一定的因果关系。家庭教育是给孩子打基础的教育，父母的为人处事、言行举止将直接影响到孩子的成长。当孩子形成了优良的性格，会对学习产生积极的作用。在家庭中，家长应担负起教育子女的责任，重视孩子良好性格的培养，因为孩子大部分时间都生活在家庭中，家庭的环境氛围、家庭的教育方式、家长的自身修养将对孩子个性品质的形成起到潜移默化的作用。学校只能教给孩子知识，性格的养成则直接关系到孩子的一生。虽然孩子进入学校后，教育孩子的主体力量发生了变化，但是这并不等于家长已退出对孩子的教育。在大多数情况下，家长的情感、态度和价值取向仍然在影响着子女，有时候家长甚至起着决定性的作用。

家庭要为孩子创设一个良好的生活、学习环境。孩子是父母的镜子，是父母的"作品"。良好习惯的养成不是一朝一夕就能完成的，要学会坚持。儿子刚上小学就对围棋产生了浓厚的兴趣，从后来的学习来看，他在这方面也有一定的优势，思维敏捷，沉稳冷静。在这期间，对他影响最大的、令他收获最多的，就是"只要坚持就会有所收获"。学习围棋就是要多练习，经验是在不断地对局中积累增长的，如果只是上课学习，那锻炼的机会就太少了。刚开始的一年，由于聪明和记忆力强，他很快就从零起点的入门阶段达到了一级水平，但之后他产生了自满的情绪，认为这样下去依然是很容易的，于是放松了对自己的要求，棋下得少了，练习的次数也相应减少。

发现这一苗头后，我就利用《劝学》中的经典语句和"孟母教子"的故事来引导启发他。他在不到三岁的时候，就能背出《三字经》当中的许多内容，其中就有"昔孟母，择邻处，子不学，断机杼"的事例，《劝学》中更是有对学习态度和方法的具体论述："锲而舍之，朽木不折；锲而不舍，金石可镂。"这句话的意思是如果镂刻而不能坚持下去，就连朽木也不会被折断；但若坚持一直不停地镂刻，就算是金属、石头也会被镂穿。学习知识是一个由少到多、日积月累的过程，高深渊博的学识是一点一滴积累而成的，所谓"不积跬步，无以至千里；不积小流，无以成江海"正是这样的道理。所以，学习一定要坚持不懈，只有这样才会取得成功。

之后，他每天完成学校的学习和复习之后，一有时间就在弈城网上下棋，经验在不断地积累。最终他在围棋的升段比赛中以"七连胜"的成绩晋升一段，学棋如此，学习也是如此。他在学习的时候也能持之以恒地坚持，再加上聪明好学、谨慎沉稳的先天优势，学习成绩一直保持在班上的领先位置。在这期间，坚持就是他的秘密武器，他坚持每天早上提前到校帮助值日组的同学做值日，坚持每天看书，坚持每天认真完成作业。直到现在，他已经养成了良好的学习习惯。

父母是儿女的第一任教师，更是终身的教师。家庭是人的第一课堂，也终身的课堂。国民教育的平台是靠家庭教育、学校教育、社会教育这三大支柱支撑的，现代的学校教育和社会教育都有法律的规范、科学的指导和现代技术的支持，而家庭教育几乎仍然是自然原始状态，缺乏科学指导，忽视甚至抵触现代技术的作用。如果家庭教育这一支柱继续弱小，与另外两个支柱形成巨大的差别，那么国民教育的平台就会倾斜，更不可能平稳、和谐、持续、健康地发展。

陪伴也是学习氛围的构建。孩子进入四年级，学校开展了"啄木鸟"行动，就是在大街上、小区里寻找生活中出现的错别字和不规范字，我们的目标是商店的招牌和商场里的商家广告。本来我认为随便看看找几个就行了，因为现在的招牌、广告、启示都是电脑打字，就连商品介绍和价签都很少有手写的了，找起来很不容易。可是实际行动起来，就是另外一回事了。

刚开始我并没有在意，但后来发现错别字、不规范字随处可见。孩子找起来很认真，我们一起用共三个多小时找到了一百多处书写不规范或有错误、有争议的字，包括艺术字、连笔字、繁体字、简化字、谐音字，这些字音同意不同，用法也不尽相同。比如大家熟悉的"吉野家"，上边应该是"士兵"的"士"字，却写成了"土"字；还有73路公交站附近的一个"方桌"咖啡店，"桌"字下边少了一横就不念字了；还有商场里的一些商家，为了推销商品、吸引顾客标新立异，用了许多艺术字，用图案代替偏旁部首，有的钩不出头，有的尾巴特别长，有的缺笔、断笔、中间有缺口，有方向写反的，还有故意写歪的。其实，字如果用错了，意思会有很大的不同。

看着孩子认真寻找，我也来了兴趣，每发现一处都拍摄下来。通过活动，我也增长了不少的见识，可谓收获良多！在整个过程中，我没有表现出急躁情绪和无所谓的态度，我发现家长的陪伴是最好的辅助方式，因为家长的陪伴会使孩子觉得学习并不是孤独寂寞、平淡无味的。于是，只要我一有时间就会陪孩子完成当天的任务，而且会进行良好的交流。每天放学后，我都会问孩子在学校里发生了哪些事情，问他在学校的表现怎么样，还会问他有没有需要我们帮助的地方，我们可以一起分析情况，共同想办法解决问题。

要教育好孩子，首先要以身作则，父母是孩子最好的榜样，只有自己做到了，孩子才会跟着学习。如果光说大道理，自己却不能作为孩子的榜样，那么这种教育，不过是"金玉其外，败絮其中"的教育，是起不了作用的。父母以身作则，学校积极引导，双方共同努力，让孩子向良性的方面发展，最终孩子会成为有用之才。我认为，做好家庭教育是一种社会责任。

专家点评

这位家长指出："家庭教育是一种社会责任"，是至理之言。家庭是社会的细胞，是社会最基础的结构，儿童是祖国园地的花朵，是祖国大厦的栋梁。深知家庭教育是一种责无旁贷、义不容辞的社会责任的重大意义，在家庭教育中就源源不断地流淌出正能量，即使遇到困难、挫折，也不会出现消极、颓废的负面情绪，定会知难而上，那是国家的期待、民族的希望，也是我们父辈对社会培养的报答，感恩之情的自然流露。

97. 父母助力孩子的成长

北京市西城区阜成门外第一小学家长　吴娜琼

我和孩子的爸爸都是在普通家庭成长起来的，经历过高考并以优异的成绩从外地考到北京的大学，并经过多年的打拼，在北京这个"机会和挑战并存"的大都市里站稳脚跟。孩子的出生给我们带来了很多的快乐，同时孩子身上也承载了我和她爸爸很多的期望。

和大多数年轻父母一样，我们非常重视孩子的教育，甚至在胎儿期间我们都会尽可能地进行音乐和语言的胎教。到了幼儿期和学龄前期，我们给孩子报了兴趣班，包括画画、英语和钢琴。现在孩子上小学二年级，我坚持让孩子接触各种兴趣班，新增了大提琴和舞蹈。尽管是否应该让孩子上兴趣班这个话题一直以来都颇受争议，但从我们有限的经验和感受来讲，大人的心态、坚持以及如何理性解决孩子在培养兴趣爱好过程中所遇到的问题，对孩子的健康成长是非常关键的。

一、父母坚持学习的态度会为孩子提供强大的榜样力量

由于工作性质，我和她爸爸都需要不断学习和提高。因此，在家里，我经常需要用电脑查阅英文文献，制作讲课的幻灯片，撰写文章。孩子爸爸工作非常繁忙，即便是在家的时间，他也会用手机上的微信工作群进行业务上的讨论。孩子在这样的氛围中，会感受到"连大人都需要不断学习，更何况是小孩子"，所以她在功课方面很少需要我们强迫、督促。

二、父母用自身对待工作中困难的态度引导孩子面对学习中的困难

我和她爸爸都是医生，在工作当中经常会遇到相对复杂棘手的问题，需要我们运用智慧逐步解决。尤其她爸爸是神经外科医生，在面对高难度、高风险的手术时，需要相当的胆识以及超人的毅力和耐心才能化险为夷。因为肩上的责任重大，我们的能力关乎病人能否康复，甚至关乎病人的生死。所以，在发现孩子学乐器有畏难情绪时，我首先会"将心比心"地告诉孩子："妈妈知道，一首新曲子在刚开始接触时

都是不容易的，都是困难的。"然后，我会用自己工作上遇到的难题来打比方，对她说："不能轻易被困难打倒，要敢于面对困难，战胜困难。"接下来，我还会告诉孩子："战胜困难仅仅靠勇气是不够的，还需要方法和勤奋。"

尽管如今"快乐教育"是比较流行的教育观点，但对于我和她爸爸这种一直接受传统教育并经过刻苦学习的人，我们并不是十分赞成"快乐教育"。不论是学习文化知识，还是学习乐器、舞蹈等艺术，没有一样是可以快快乐乐、轻轻松松地完成并达成目标的。我还是很认同自己以前被教导的一句话——"书山有路勤为径，学海无涯苦作舟。"离开了勤奋，真的谈不上收获，天才亦是如此。

我记得曾在哪个钢琴培训班看到一幅宣传画，中间有一张莫扎特的画像，下面还有一句话："人们把我当作天才，但却不知道我每天练琴九个小时。"当然，这是否是莫扎特本人的名言我们无从考证，但我相信大家都会认同勤奋是通往成功的必备条件。我经常会有这样的感慨，"家长"这个职业是没有实习期的，也没有岗前培训，真的是"摸着石头过河"。当然，总结我自身的经验教训，我还很赞同在学习的过程中掌握正确的方法是非常重要的，因为这可以减少甚至避免弯路。如何掌握正确的方法，我相信每个人都会有自己的经验，我的体会是作为家长，我们一定要同孩子一起学习。在陪同过程中，我们要协助孩子掌握一些学习技巧和方法。

三、父母积极乐观的人生观、价值观能为孩子健全性格的塑造提供保障

如前所述，我和孩子爸爸都是通过自身的刻苦学习和辛勤工作才能在北京立足，在我们成长经历的背后是积极乐观的人生观和正面向上的价值观在支撑。所以，我们在平时跟孩子的交流中，也会渗透这样的思想，教育孩子广交朋友，培养兴趣，热爱生命，热爱大自然，在人际交往中善良厚道，乐善好施，从小关心时事。"读万卷书，行万里路"，这样才能做到视野开阔，情操高尚，做一个有理想、有抱负、有担当、有高级趣味的人。

专家点评

这位家长是一对心存仁心仁术的白衣天使，针对少年身体、精神心理、生理发育特征，培育孩子的智商、情商等，制定科学的家庭教育方案，较非医务人员家庭具有得天独厚的条件，故毋庸再多言。

98. 我愿与你同行

北京市西城区育翔小学家长　沈帼威

我的女儿曾经是一个孱弱的孩子，个子娇小，饭量很小。为了能让她与同龄人保持同样的成长速度，我和孩子爸爸一直没有放松对她的智力开发和品德培养。唯独在吃饭方面，我和家人都非常担心，女儿会不会因为不适应学校的午餐而不利于她的成长发育？但是，为了让她与集体融为一体，我们还是决定让她参加学校的集体午餐，慢慢适应校园生活。

刚开学不久，女儿回来说午餐的紫菜汤里有沙子，我默默地将她的汤碗收了起来，对她说："那么，以后我们不喝汤了。"一年级结束的时候，女儿说："学校里每天吃粉条，我这辈子都不想吃粉条了！"我心头一颤，对她说："那么，以后有粉条的菜，你可以不吃。"

慢慢地，家长群里每天都有家长抱怨午餐的品质不好，品种单一，要求学校把午餐标准从12元升级到15元。我也开始向家委会反映，像粉条、粉丝、面筋、素肉、酸菜这种半加工食品添加剂多，建议学校去掉这些食材。但是，收效并不大。我只好安慰自己，只要女儿学习成绩好，午餐少吃一些也没关系。

二年级夏季，有两次女儿班级的很多孩子回家都出现了拉肚子的现象。但是，学校的午餐留样并没有检查出异常。"宝贝，可能是天热，中暑了吧。"我这样安慰女儿，但自己心中的疑虑却加深了一层。三年级时，又一次，有的孩子反映午饭有糊味，开始有人在家长微信群中议论。联想到之前的种种，我也觉得非常失望，决定帮女儿办理校外就餐手续。

我迫不及待地找到女儿的班主任张老师，提出了校外就餐的要求。张老师希望孩子融入集体，不搞特殊化，让我再考虑一下。第二天，放学以后，女儿说："张老师找我谈过话，说让我做妈妈的工作。午餐要在学校吃，才能发挥中队干部的带头作用。"我默默地思索片刻，问女儿："那你是怎么想的呢？"女儿说："我已经答应老师了！"我非常惊讶，问她："为什么？你不是说已经不能再忍受学校的饭菜了吗？"女儿说："张老师说得对，如果连我这个中队委都不能和集体保持一致，要回家吃饭，那其他同学就更不能忍了，那班级不就乱了吗？张老师刚来我们班，我得把她留住。"这句话令我陷入了沉思。

其实，女儿的班级频繁地更换班主任和任课教师，也是我对学校的不满之一。二年换了三个班主任，语文老师和英语老师也换了好几个。有些家长开始传言，16班是一个被边缘化的班级，这里有39个不被重视的孩子。

然而，此时此刻，最让我感到汗颜的是女儿的这番话。在面对困难的时候，我选择的是放弃，而她选择的是争取；我选择的是独善其身，而她选择的竟是与集体同行。很显然，在过去两年的校园生活中，她早已成长为一名少年，而我却浑然不知，还把她当作幼儿对待。她早已成为社会中的一员，拥有了自己的世界，不再是我的小宝宝了。她长大了，有了自己的品格。

很快，学校更换了送餐公司，饭菜质量有了改善。家长和学生们对午餐的抱怨也没有了。我也开始调整心态，正视女儿的变化，不再把目光盯在学校的客观条件上，更加关注女儿的全面成长和未来发展。我开始和班主任积极沟通孩子在学校的动态，鼓励并创造条件，让她为班级服务。在中队干部选举活动上，她被同学们选为中队学习委员。私下里，她还利用午餐的休息时间办起了自己的小科技公司，带动一小批同学学习科技知识。短短半个学期，女儿的学习成绩、责任心、动手能力和组织领导能力都有了很大的提升。

不久前，女儿的班级举行中队命名活动，老师和同学们一致选择了"青松"作为中队代号，它的寓意是面对一切困难都要坚韧不拔，勇往直前。自此，女儿更加坚强、活泼，每天回来都和我分享学校的事情。我会认真地听她讲学校里发生的种种，做一个安静的聆听者和出谋划策的"闺蜜"。当走进了她的内心，我才发现她的心灵是如此的美丽而强大！

柏拉图说："教育非他，乃心灵的转向。"转向哪里？目标自然是真、善、美和智慧。现代社会，人与人相互交织，快节奏向前发展，这也要求个体的自我发展与社会协同发展的快节奏转化。这种转化是人类智慧与美德的体现和进阶。孩子们在学校这个"小社会"的学习生活中，不断地互相融合，互相碰撞，互相汲取生活智慧和优秀的社会道德理念。这是家庭教育不可能完成的。只有家长和学校形成合力，才能给孩子们创造一个温馨和谐又一以贯之的社会系统，才能使他们学到的知识技能、行为习惯、思想品德、价值观念有被验证、被认可和被使用的环境，才能使他们拥有蓬勃发展的土壤。反之，则会使孩子们感到困惑而无所适从，这不仅降低了教育的效率，也会使孩子付出更多的学习成本。家长们应该意识到，这些成本是孩子们宝贵的成长时间和发展空间。在教育过程中，每个人都值得被珍惜，而不是被现实的困难所孤立。

庆幸的是，学校老师积极正确的引导，使我及时领悟到这一点。为此，我愿与你们，互相信任，互相扶持，团结合作，做孩子教育之路上最忠诚的旅伴，做美好心灵的引渡者。

孩子，愿你在人生的道路上，坚韧不拔，勇往直前，我们会一直与你同行。

专家点评

这位家长的孩子不适应学校集体餐饮（伙房卫生及饭菜质量是另类问题）是普遍现象，那是人类自幼起，逐步形成各种消化酶的质量、数量、比例等在消化道的固定模式，即人言的饮食习惯。各人各地区有各自的饮食习惯和爱好，故有集体食堂厨师讲"众口难调"之语。人的一生不忘怀的是"家乡的味道""母亲的味道"，其科学道理就在于此。骤然改变饮食习惯，可引起消化道不适，甚则发生消化道疾病。鉴于此，温馨提示诸位年轻父母重视孩子养成科学的饮食习惯，一生受益。

99. 我伴你成长，你伴我成熟

北京市第七中学家长　张　晶

我很荣幸，也非常感谢老师，给我这样一次交流教育孩子经验的征文评比机会！首先作为家长，我不敢说自己是教育孩子的成功典范，但是就这个话题，我确实希望能多多地和大家探讨。其实一个孩子的成长教育，不单单是家长的心血，这其中也有着老师呕心沥血的引导和长辈们的辛勤帮助。在这里，我其实更应该感谢孩子的爷爷和奶奶，可以说孩子的启蒙教育，和他的爷爷奶奶密切相关。

孩子从出生到上幼儿园这个阶段，更多的是奶奶在照顾。让我觉得欣慰的是，奶奶在教育孩子方面，绝对无条件地站在我们这一边，只选择对的，不溺爱，不娇纵！记得在孩子不到两岁的时候，有一次孩子晚上要吃巧克力，我坚决不同意，也很耐心地和孩子讲晚上吃糖会有蛀牙，得了牙病会很疼，明天早上才可以吃。但结果是孩子根本听不进去，直接趴在地下不起来，大声哭闹。冬天的地板有些冰冷，奶奶过了一会儿有些坐不住，刚要起身去抱，我赶紧朝奶奶摆手示意，不要管她。奶奶无奈地坐下，我看得出奶奶心疼的眼神……

就这样，僵持了大概 2 分多钟，孩子看到我们没有人理会她，自己主动站起来，慢慢地一点一点蹭到我身边，鼓足勇气和我说："天黑了，不能吃糖，牙会疼。"谁说小孩不懂事，其实她是在试探大人的底线，自此之后，我的孩子再也没用这种方式要挟过我们！同时我也不会忘记对孩子的承诺，在她早上醒来的那一刻，映入眼帘的就是一块用漂亮糖纸包裹的巧克力！这是我特意放在孩子床头的，因为跟孩子说话，必须讲信用！当然，更让我难以忘记的，是孩子那一刻天使般的笑容！

孩子的成长让我深切体会了什么是时光匆匆，转瞬间，孩子已经步入小学，接触比幼儿园更广阔的空间，学习更丰富的文化知识。未来等待她的，是如何更好地适应小学生活。而作为家长的我，也是心怀忐忑，毕竟在教育这条路上，我们也是边走边学。小学的生活就这样如期而至，在中国更多的家庭是"严父慈母"，然而我家却恰恰相反，我对孩子很严厉，使孩子很惧怕我。而孩子的爸爸对孩子很慈爱，甚至多少是有些娇惯的，他更愿意为孩子做很多事情。每天都帮孩子整理书包，早上起床还帮着孩子穿衣服。

有了这个原因，就产生了一个必然后果。一次由于孩子爸爸的失误，孩子的课本没有带齐，为此受到了老师的批评。在吃晚饭的过程中，她终于忍不住抱怨道："今天都怪爸爸没有给我带语文书，老师都说我了！"孩子爸爸立刻反驳说："那你为什么自己不检查呢？"你来我往中，我打断了他们的谈话，并对女儿说："孩子，你觉得学习是谁的事情？"孩子不说话，我接着问："你觉得书包该谁来收？如果是你收，会发生今天的事情吗？现在知道该怎么做了吗？"孩子慢慢地点了点头。这件事也让孩子爸爸知道，孩子已经长大了，要学会自己的事情自己做。而且，我们得让孩子懂得，有些事情错了，就要勇于承担责任。

我们家长对孩子都有美好的期望，盼着孩子上重点小学，再盼着她上重点中学、重点大学……但现实是，我的孩子并没有如愿以偿地升到重点中学，而是被分到了普通中学——北京市第七中学，我的心情难免沮丧。也曾焦虑，也曾失落，但是细细思考之后，我想明白了，重点学校也好，普通中学也罢，适合孩子就好。我还记得，第一次踏进七中的校园时，我就深深喜欢上了这个花园式的学校，这里有干净的校舍、幽静的校园、宽阔的篮球场、清雅的后花园、绿植如茵的图书馆。这里的一切都透着一股儒雅的气息。但还未来得及品味这匆匆逝去的时光，我们就像电视剧里演的一样，即将要过上"青春期遇到更年期"的日子！

上初中以后，老师们都非常负责，孩子有任何问题都会随时和家长沟通，便于家长了解孩子在学校的情况。学校的风气也很好，学习氛围也不错，我很是欣慰。我的孩子是个懂事踏实的好孩子，性格内向，属于有点缺乏自信的类型。在这里，我也非常感谢老师，在班里赋予她职务，锻炼她的个人能力。在学习方面，孩子的自主学习能力还是比较缺乏，所以成绩不是很稳定。第一次考试的时候，有些学科考得不是很好，她自己也很沮丧。我和她谈心，希望她能找到问题所在，同时也告诉她，学习是件苦差事，要知难而上，不能逃避不懂的问题，要学会自己解决问题。之后，我帮她买了一些学习资料，还找了一个家教姐姐帮她梳理知识难点，一一解决。就这样，孩子渐渐恢复了学习状态。我常常和孩子说："你只需和自己比，哪怕有一点点的进步，就是好样的！"

现在家长的工作都很忙，有的时候上学、放学也没空去接送孩子。手机是必不可少的联系孩子的工具，但手机也是孩子容易痴迷的工具，所以我们也会担心手机的负面问题，比如人身安全问题、交通安全问题。这个年龄的孩子已经开始讨厌父母的叨唠了，她们自认为长大了，能保证自己的安全，根本听不进去你对她的叮嘱。因此，我家有几个电视节目是经常看的：《红绿灯》《法制进行时》《诗词大会》。与其让她听着烦，不如更直观地看。通过看《红绿灯》，她明白了为什么要离大车越远越好，盲区是什么；通过《法治进行时》，她会明白约见网友有多可怕，也知道了如何规避一些不必要的危险；通过《诗词大会》，她会知道什么是"书到用时方恨少"，也会明白什么是"腹有诗书气自华"，内在美远比外在美更有吸引力，更有气质。所以，读书是一件刻不容缓的事情！

我很尊崇"身教胜于言教"这句话，所以我尽量在她上学的早晨做好早点。为了食材多样，我自学烘焙，力求孩子吃得丰富些，营养些。我常常在想，我无法确定能否给孩子一个美好的未来，但我会尽我所能给她一个好的身体。我想让孩子体会到我的坚持，就像她坚持学习一样，像她坚持学空手道一样。只有坚持下去，未来她才能体会到"艺多不压身"的美好。有道是"宝剑锋从磨砺出，梅花香自苦寒来"，没有人能不付出努力就享受到成功！孩子，我想对你说："未来的路是很崎岖的，太多的知识需要你去学习消化，但不论你学习的成果如何，只要你努力了，就足够了！"

此时此刻，虽已夜半更深，但孩子的成长历程仍然像过电影般在我脑海里回放。教育并不是一朝一夕就能成就的，是一个复杂的过程，家长要综合多方面的知识，更好地和孩子进行沟通，调动孩子的积极性，让孩子在学习、生活、交友、做人等方面获得良好的教育。生活中，我们要给孩子一个和谐的家庭氛围，让孩子体会到父母相处融洽，并且都很爱她。在我们家，最惬意的事就是一起其乐融融地吃饭、聊天，最温馨的事就是一起快乐地打打闹闹，最享受的事就是爸爸和女儿每天睡前那几分钟的亲密谈话，一切自然而平静。我要谢谢我的孩子，在陪伴你成长的过程中，我也变得成熟，是你磨平了我的棱角，安抚了我的焦躁，教会了我如何做一个好妈妈。未来希望你做一个自食其力、不为社会所累、对社会有用的人！

专家点评

迈进中学门槛的孩子就进入青春期，这时晚婚的父母开始进入更年期，青春期和更年期都是正常的生理发育的不同阶段，不可否认此种生理变化会带来一些精神心理的改变。为尽早适应青春期和更年期，温馨提示家长阅读相关书籍或看视频，增加此类生理知识。

100. 风信子

北京市第七中学家长　朱丽红

今天下班回来，看到学校的征文通知，我很是开心，但又十分地难以下笔。虽然我是妈妈，但是在孩子的面前，我是从不提"教育"二字的。因为这两个字由妈妈说，总显得太过强势，我更愿意用"陪伴"二字。有了陪伴，教育就会在彼此间生成、渗透、晕染开来。因为教育永远是双向的，在父母影响教育孩子的同时，孩子也在教育着我们，让我们知道该如何为人父，为人母，为人子。而这些教育都离不开身心的陪伴，离不开平等的对待，离不开纯粹的爱。

我有一个女儿，小时候由于工作关系，我并不能把她带在身边。隔着太平洋，当我下班回到家时，第一件事就是Skype，和家人说："我回来了，妈妈回来了。"这虽只是一件小事，但是如果可以坚持每天Skype，不惧时差，我自以为也很伟大了。我真心感谢科技的发展，让我们的陪伴从未中断。还记得在家人外出，没人在家看孩子时，我就坐在电脑前看着女儿画画，做手工，一起听音乐，一起吃东西。直到家里大人回来了，我们才定格一个鬼脸在屏幕上。女儿在电脑前给我朗读语文课文的视频，练习吹黑管的视频，以及各种搞怪照片，都完好地记录在电脑里的硬盘里。还有成堆手写的卡片信件、漂亮的邮票邮戳，这些都记录着我们隔着太平洋一起成长的日子。我无从知道这是不是教育，但这是我真实的日子，如果孩子能够从中感觉到爱，我想我做的就没有错。

回国工作后，我们每天都黏在一起，所有那些"如果孩子不从小自己带，就会怎样"的说辞，在我们身上都仅仅是说辞而已。我们很亲密，长得也越来越像，只是现在她的个头超过我许多，常被她开玩笑。对于孩子，我并不过多询问她的学习。学习对于每个人来说都需要更多的独立性，孩子也不例外。她有自己的判断，我从不怀疑。我能做的就是后勤工作，即保证孩子的饮食起居，保证孩子的假期旅行。

一年中，大部分时间孩子都是在校园中度过，这是一种固定的学习模式，而寒暑假就是我们去游学的最好时光。记得去年的冬天，我们一起去三亚练习帆船。出海前，教练要教大家打绳结。这是帆船航海里很基础、很重要的环节。帆船上的绳索特别多，扬帆、收帆、转向等都需要绳索的调节。在不同的地方，需要不同的绳结来固定、支撑，比如：防止脱滑要打八字结，用于承载连动的要打单套结，还有丁香结、平滑结……如果绳索乱了，就容易绊住人，飘乱帆，船就会发生危险。只是这绳结千变万化的，我着实打不来。没想到女儿看教练教了一遍就会了，还转身过来教我："妈，你打的不对，应该是这样，从下面绕过来，这样，再这样，就好了。"我问她："你怎么这么行啊？"女儿骄傲地回答："那是，我在班里中国结打得可好了，哈哈。"看着面前已经高我半头的女儿，平常腼腆的她嘚瑟起来还真像个老师呢。海边的阳光洒在我们身上，我们嬉笑着，交流着，也一起成长着。

第一次出海的经历，简直是太美妙了。船长在蔚蓝的大海上升起白色的三角形主帆，一个小伙子三两下就赤脚爬上了在风中摇摇晃晃的桅杆，那有多少米高啊，真的好酷！还有航拍的小伙子把无人机放飞到清澈的天空，我们都向无人机兴奋地挥手，没有胆怯，没有羞涩，有的就是嘚瑟。然后，我们一起唱着歌驶向无垠的大海。

这是一艘龙骨帆船，并不是一般的游船。那就意味着，船上所有的人必须工作，包括我的女儿，虽然她年纪最小，但是也必须工作。这是一个团队，为着一个共同的目标，按照制定好的航向全力以赴。很快，大海就让我们忘掉了自己。我们要轮流掌舵，控帆，练习如何转向。每个人的脑海里只有两个字"安全"。

"掌舵的，掌舵的，注意方向，偏航了，偏航了。"

"控帆的，说你呢，看着帆上的飘带！飘带！"船长大声地指导着，"其余的人都去压船。"

说到压船，第一次还真是怕。龙骨帆船在航行时是倾斜的，我们要坐到倾斜高角度的一侧，双腿伸出船外，身体面向大海坐着，手臂紧紧地握着船舷上看起来并不太粗的绳子。我心里真的很紧张，不过我女儿并没有紧靠着我，她自己找好地方，将自己固定得还不错。一个浪打来，所有人瞬间全部湿身。大家有的大叫，有的大笑，墨镜呀，帽子呀，全都被冲到了海里。不过，"勇士"还是有的，舍命拿着相机摆拍。我的墨镜沉海了，女儿的帽子、墨镜竟然都还在。我看在眼里，宽慰在心，只是少不了又要被女儿开玩笑了。

短距离的航行练习，乐趣还是很多的；但是长距离的航行，感觉就变了。我们最长的一次训练，在海上航行了六个小时，船上没有吃的，水也不多。而且为了避免上卫生间的问题，大家都没吃东西就上船了。这是饥寒交迫的六个小时，外海的风浪大，手脚也开始冰凉，着实有点不好受。除了饥饿，在海上的孤独感也越来越强。开始的兴奋慢慢消退，大家也不太说话聊天了。海的颜色越来越深，没有边际，没有海岸，也没有小说、电影里的飞鸟和鱼群。只有深不可测的水，似乎可以吞噬一切。船长对我们说："独自航行时，最大的敌人就是孤独。"我们也谈到了航海英雄郭川，他是那样的孤独，但也是那样的纯粹……

当我们航行到彼岸停靠休息时，有人去买了两个大饼和香蕉。我们大部分人都没带钱，也没带包。只是智者无处不在，就这样把两个大饼给八个人分了。这是我第一次看见真实的狼吞虎咽，女儿也不再坚持"别人给的东西不能吃"。事后我问她："你知道是谁买的吗？"女儿回答："不知道，我快饿死了，有东西就吃吧。"真是让我哭笑不得。

夕阳西下的时候，船长扬起了一张金色的球帆，阳光照射在球帆上，映着大海的蔚蓝，格外静美。我们又打开了音乐，唱着歌儿返航。无人机拍下了这一幕，一个小伙伴在后期制作中还配上了音乐，那是怎样的一个美字呢？

回到岸上，钻进旅馆，我喜欢将我们的日子用文字记录，但女儿却不太喜欢。她会急速转换频道，一头扎进游戏，或者小说当中。我也是不太管的，只是当我问她："明天还去出海嘛？"她会连头也不抬地说"去"。我就知道，她是喜欢的，并且一定有所收获，虽然未必会以我喜欢的方式总结给我看。

我不太参加家教讲座之类的活动，所以对参赛文章中的这部分要求不做记述。我之所以将此文命名为"风信子"，是因为我喜欢像无色的风一样，陪伴着我的孩子，信任着我的孩子。而世间亦有一种花以此为名，就像多彩自由的教育，令人不拘形式的自我领悟，我陪伴着孩子，共同成长绽放。

专家点评

阅读《风信子》，如同看航海的视频，引人入胜。这位家长的"自由教育"，培养出其女的独立人格的范例，侧面佐证家庭教育无统一模式，辩证教育法行之有效。孩子的天赋，50%来自基因，家庭教育、学校教育和社会教育三者具有后天的补充和调节作用。

101. 成长的路上

北京市第七中学家长　黄铜林

拿到孩子递过来的《通知》，我心中百感交集，这叫我不得不回想从孩子出生到现在，为人父亲的我到底都做了些什么？哪些行为有助于孩子成长，哪些错误行为误导了孩子？我就这样不停地反问，思考。所谓种因得果，不过是聊解宽慰，让自己心安。实际上，孩子身上的种种表现，都折射出了自己的不足，我不得不重新检视自省！

多年的体制教育与西式工作环境的冲突，教会了我批判性地看待问题，寻找问题发生的根本原因。这虽然有助于我们去伪存真，解决各种问题，但是反过来，也让我们很少去看事物光明的一面。这种思维方式，需要我们在情商方面去弥补，发现温情，找到希望。对孩子的教育，回顾至今，我也是在这种矛盾冲突中纠结。啰唆这些，我也是想发现孩子成长的家庭背景和动因。很难说我教育孩子很成功，只能说我和孩子都在成长的路上。在此，我摘取两则小事，与大家交流。

场景一：习惯与归位

习惯，这是一件大家都在说，但却很难真正做好的事情。作为家长，这无非是我们看到孩子搞乱用具，搞乱房间，搞乱学习环境时，脱口而出的两个字。难道是孩子任性？是忙于学习而无暇顾及？是偷懒吗？还是习惯？可哪来的习惯？不会是模仿家长吧？这一连串的自问，我才发现问题绝不仅仅在孩子身上。

我们祖孙三代生活在一个屋檐下，本来的家庭习惯已经延续多年，并没有这些"归位"因子，只有口头禅而已。我无法去要求别人，只能努力做好自己。我争取在家时做好自己，虽然会面对辛苦整理好的房间瞬间被摧毁，虽然会面对家人的视而不见和种种不理解，甚至还会反过来抱怨，但这是我的孩子，我只有尽我所能地树立一个自我的"归位"形象，才能让我的孩子看到。她会不自觉地对比，将来她自己独立生活时，会回忆起父亲在家时的所作所为，至少能给她一个鼓励，一个希望。

孩子这种"不归位"的状态持续了很久，直到初一期中考试回来，面对不理想的成绩，她黯然神伤，但找不到问题的症结。孩子妈妈一直埋怨孩子不努力，不刻苦，给孩子造成了很大的心理压力。但妈妈又没给孩子找到解决问题的方法，只会机械地说，反复地说，盯着她学习，好像监工，我们为什么不能换位想想呢？我建议孩子妈妈去听听家教讲座，她带着问题去听了讲座，回来一脸兴奋，好像找到了打开知识宝库的钥匙。我又再次听孩子妈妈机械地说，反复地说。我觉得有必要单独和孩子沟通。

一个周末，孩子课外班下课，我约她在达美乐吃晚饭，那里有她爱吃的比萨。等孩子吃好，我和她聊了上学时的各种痛苦、失败、教训。其中之一，是我让她收拾好各种繁复的学习资料，掌握分类的方法，按照科目进行分类。这样以后她查找资料时，可以大大提高速度，也就节约了时间。孩子当时很累，只是淡淡地说"知道了"，然后就自己骑车回家了。我以为这件事情就这样过去了，不过是千万次谈话中的一次，仿佛一个很小的石子投到了大海里。我多少有些失望，一个人步行回家。可是第二天，孩子突然要求我把书架上的东西清理出来，她要把她的学习资料分类后放入书架。刚开始我有些抵触，因为我自己的东西需要重新整理，但又意识到这是昨晚谈话的成果，于是我赶紧行动。现在书架上这些收纳分类的学习架子，我想就是一个成功的小案例吧。

场景二：说话，用词与礼貌

不知从什么时候开始，孩子有了自己的口头禅，比如"你有病""你ZZ""跟我斗，你还嫩点""老子就是这么牛B"等，称呼家长也总是说"你"。我想，也许这些是目前的时尚用词，我们都"out"了，但是不管怎样，这些词给听者带来的不会是愉悦和快感，那会是什么呢？虽然不至于厌恶，但心里肯定是不快的，尤其是孩子这样对父母说话时。孩子背了那么多《三字经》和《论语》里的话，写了那么多心得体会，难道都烟消云散了？我不敢确定，当务之急是想办法解决。

我再次建议孩子妈妈去听听家教讲座，孩子妈妈回来了，还是一脸兴奋。我们尝试换成孩子的口吻来说话，也这样回击她，她刚开始很惊讶，进而不断地重复这些话。这回轮到我们惊讶了，这到底是为什么呢？孩子表现得任性、不知感恩、无礼，好像这个世界都站在她的对立面，只有她是"无冕之王"。

回想家教讲座里关于青春期孩子的教育，对于展现出"病态"的孩子，作为家长，我们只有耐心和守望。现在体会这四个字，确实至理名言，字字粘金！所以，这次我的自省，还是调整为人父母的心态，照顾好孩子的饮食起居，其他方面则不要过多介入。毕竟目前的状态，一切都像是火药桶，一点就着。我们要放下家长所谓的权威，所谓的高高在上，以更加宽容的态度来面对孩子的青春期。同时，我想还是要本着家长负责任的态度，以自我约束的言行做表率，影响孩子。

以上这些，都是我和孩子成长路上的小事情，仿佛浪花闪现瞬间就湮没了，但就是这些如珍珠般宝贵的浪花，组成了我们精彩的人生片段，连成了一条漫长的人生之路。愿我和孩子在这条路上一起成长！

专家点评

习惯是中性词，无褒贬之义，唯有加上定语才有好坏之分。习惯的定义，根据《现代汉语词典》解释：是在长期的过程中逐渐养成的、一时不容易改变的行为、倾向或社会风尚。心理学则认为习惯有无意识和有意识形成的两类，习惯充实在人一生的各种活动中，各有各自的习惯。习惯一旦养成，必成自然，所谓"习惯成自然"是也。习惯如同物理学上的惯性，化学上的惰性，在活动中付出能量最低，同时还有抗拒外力的本能。要改变习惯，必须付出巨大的能量，如同要改变惰性元素的性能，必须给予强大的能量，才能破坏惰性元素外层稳定的电子层。

青少年是教育的"关键期"，具有可塑性，在此期间，培养孩子的良好习惯，终身受益。英国哲学家培根讲："习惯真是一种顽强而巨大的力量，它可以主宰人生。"近代教育家叶圣陶言："什么是教育？简单地说就是养成习惯。"习惯不可觑！

这位家长领悟出："习惯……很难真正做好的事情。"这是实话。

102.
静待花开的日子

北京市西城区北师大二附中西城实验学校家长　李艳红

有一次,我在一篇文章里看到这样一段话:"每个孩子都是一颗花的种子,只不过每个人的花期各有不同。有的花,一开始就会很灿烂地绽放;有的花,则需要漫长的等待。不要看着别人怒放了,自己的那颗还没动静就着急,相信是花都有自己的花期。细心地呵护自己的花,慢慢地看着它长大,陪着它沐浴阳光风雨,这何尝不是一种幸福?相信孩子,静等花开。也许你的种子永远不会开花,因为它是参天大树。"它让我有所感悟,我当即抄写了下来,从此把它当作教育女儿的座右铭,并告诉自己,静待花开吧,用心耕耘,不问结果,无论等待我们的是花、是树,抑或什么都不是。在"静待花开"的日子里,无论是"传道授业解惑"的老师们,是身为父母的我们,还是我们共同培育的"种子",都在经历和承受着许多。

女儿上小学的时候胆小、不自信,什么活动都不愿意参加。五年级的时候,她的班主任魏老师曾告诉我:"孩子胆子小,我特意点名让她参加活动,她却找到办公室说自己不想参加。"那一刻,我不知道该跟魏老师说什么,只是连声说着感谢的话。

那天晚上我想了很多,女儿的学习不优秀,性格不开朗、不自信,和我们做父母的有直接的关系,甚至就是我们亲手造成的。我和爱人一直两地分居,从女儿不到两岁开始,就是我独自带她。年轻的我工作忙,脾气急,常常因为她做的稍微让我不满意的事就朝她发脾气。记得有一天晚上,她又惹怒了我,具体是什么事,我已经记不清了。我大发雷霆,她一边哭一边哀求道:"妈妈,我想给爸爸打个电话,行吗?"我知道她是想从爸爸那里得到些安慰,可是我执拗得不让她打。因为那时我爱人才刚到北京不久,工作还没进入正轨,一切都还在适应阶段,我不想让他因为家里的事分心,也不想他为我们担心,因此狠心地牺牲了女儿唯一的感情安慰来源。"妈妈,我求求你了,你把爸爸的电话号码告诉我,我一定记住,以后再也不问你了,妈妈……"刚刚三岁的女儿一直不放弃地哀求我,但电话还是没有打出去,最后女儿哭累了,睡着了。

我常常想起那个晚上的事，知道它对女儿造成了伤害，但是万万没想到影响会有这么大。我在弱小的女儿面前一次次的强势，使她的心灵一次次地被忽视，一次次地不被尊重，最后导致她胆小、不自信，对什么都没有兴趣。每想到这里，我都会深深地自责，甚至是留下悔恨的泪水，如果再给我一次机会，如果时间可以倒流，我一定不会这样做，我一定会尊重她的想法，重视她的感受。

自此后，我努力改变自己，但是女儿的情况并没有像我们希望的那样有什么起色。转眼她小学毕业，该上初中了。为了让她接受更优质的教育，我和爱人决定把她转到北京上学。来京之前，女儿的暑假是在紧张和彷徨中度过的，她不止一次地跟我说：“妈妈，北京的孩子学习都好，我跟不上怎么办？妈妈，那里我没有朋友怎么办？”我鼓励她：“你努力学习，多交朋友，会慢慢变好的。”怀着一颗忐忑不安的心，她来到了新的学校。

"妈妈，我认识了一个同学，她叫小乔，是个学霸。""妈妈，老师让我当临时女军委。"她会隔三岔五地给远在老家的我讲述新学校里的一切。渐渐地，我觉得她爱说爱笑，性格开朗了。直到有一天，她来电话说："妈妈，我想竞聘班里的女军委。"那一刻，我知道，我的女儿真的变勇敢了。后来谈及此事，她说："我当过临时女军委，我觉得我能干好。而且我们张老师也很喜欢我，她经常教我们怎么当好班干部，话该怎么说，事该怎么办。张老师可厉害了，她只要看我们一眼，就知道我们想什么，谁有什么想法，都逃不过张老师的眼睛。"看到她一脸崇拜的神情说出这些，我真庆幸当初让她转学来到北京，因为这个决定让她在学校里遇到了像张老师一样关注她的多位老师，让她结交了亦师亦友的许多同学，让她变得自信勇敢起来。这些珍贵的品质，会伴随着她的成长，会让她这颗"种子"变得更有破土而出的力量。

何其有幸，在一次休假来京的时候，赶上了学校的家长会。这是我第一次踏进女儿的中学校园，和她口中常常提及的老师们进行了一次近距离接触和面对面交流。校长助理、年级组长、班主任先后给我们讲述了《中学生心理发展》《和着青春舞曲，奏出华丽乐章》《责任与生命同行》这几篇文章。通过参加这次家长会，我懂得了中学时期孩子的发育特点，明白了陪孩子一起成长的重要性，还理解了每个孩子都有闪光点，要有善于发现优点的眼睛，等等。总之，我感受良多，我知道还有这样一群人，他们比我们做父母的还关注我们的孩子，比我们还在乎孩子们的成长，区别仅在于我们关注的是个体，而他们关注的不仅仅是个体，还包括整体，不只是一颗种子，而是一片田野。在学校有这样认真负责的老师陪伴孩子，在家里我们更要努力做合格的父母，关注他们身体与思想的成长，学会欣赏孩子，称赞他们的进步，接受他们的不完美。我认为自己在这次家长会的收获远超过了一次教育讲座，因为学校的老师比教育家更了解我的女儿。

自此以后，我们努力按照老师们说的去做，去倾听，去陪伴。尽管她的学习成绩并不优秀，她的性格还缺少执着和顽强，但我们会和她一起成长。在静待花开的日子里，我们会让自己逐渐变得恬静和淡然，只是默默地浇水和施肥，远远地守望。不管它何时开花，开出的花是否绚烂美丽，亦不管它是否会成为一棵参天大树，我们就努力做好该做的事。我们坚信即便有一天种子开不出花，长不成树，它也一定会为田野带来一抹绿色。是的，我们坚信这一点。

专家点评

苏联革命家、教育家加里宁最早提出："教师是人类灵魂的工程师。"唐宋八大家之首韩愈所作名篇《师说》中说："古之学者必有师。师者，所以传道授业解惑也。"教师是文化的传播者，文化是民族的灵魂，故而教师为世界上最崇高的职业。该篇讲述其女在小学胆小自卑，成绩平平，又少家教之法，但在跨进中学后遇良师，孩子精神面貌和心理状态为之改善，一扫过去的阴霾，变成一位活泼开朗、求学上进、担当班干部的少女，从中可知教师在教育领域中的作用和价值。从一滴水看太阳，我为这位教师点赞！也为这位家长的开明、懂得反思和感恩点赞！

后 记

　　这一套家庭教育丛书的诞生，凝结了我们做家庭教育者的辛苦，见证了我们走过的路程，也是我们这个团队几年来的坚持才有的成果。在实践与研究中，在探索与记录中，我们得到了很多专家学者的帮助与支持。在此，我们要特别感谢北京师范大学赵忠心教授的专业指导，他严谨的治学态度，对家庭教育全情投入的初心深深感动和影响着我，年近八旬带病为《我家孩子养成记——北京百位中小学家长教育启示录》（上）的每篇文章写点评，刚一出院又倾听我们的工作汇报，还给予很多的建议和指导。在此，还特别感谢北京市西城区教科院林春腾副院长的追踪指导和亲历关注，在每一个节点，她都会引领我走向更高。还特别感谢学苑出版社的任彦霞，她的严谨，她对事业精益求精的态度让我受益匪浅。在此，我还要特别感谢与我共同工作的课题组成员，他们富有成效的工作，不断进取的精神，都是我们继续前行的动力和不断创新的源泉，感谢大家！

荣飞雪